I0885500

JACQUESON 4075

PROJET DE CODE

DE

PROCÉDURE CRIMINELLE

POUR

L'EMPIRE DU JAPON

ACCOMPAGNÉ D'UN

COMMENTAIRE

PAR

Mr. Gve. BOISSONADE
Professeur-agrégé à la Faculté de Droit de Paris.

TOKIO
1882
XVe ANNÉE DE *MEIJI*.

Traduction et reproduction réservées.

ERNEST THORIN
Libraire du Collège de France
et de l'École Normale Supérieure
7, Rue de Médicis, 7
A PARIS

PROJET DE CODE

DE

PROCÉDURE CRIMINELLE.

761

Offert par l'auteur à la Bibliothèque nationale

SOUS PRESSE:

Projet de **Code Pénal**, avec Commentaire, 1 vol.

Projet de **Code civil**, Livre IIe, DES BIENS (droits réels et personnels), 2 vol.

IMPRIMERIE

DE LA

PREMIÈRE SUCCURSALE DE LA "KOKOUBOUNSHA"

TOKIO, Takêkawatcho, No. 12.

PROJET DE CODE

DE

PROCÉDURE CRIMINELLE

POUR

L'EMPIRE DU JAPON

ACCOMPAGNÉ D'UN

COMMENTAIRE

PAR

Mr. G^ve BOISSONADE
Professeur-agrégé à la Faculté de Droit de Paris.

BIBLIOTHÈQUE NATIONALE R.F. IMPRIMÉS

DON N° 35484

TOKIO
1882
XVe ANNÉE DE *MEIJI*.

Traduction et reproduction réservées.

A Son Excellence

Monsieur OGHI TAKATO,

Sanghi et Ministre de la Justice.

Très-honoré Sanghi,

Je me fais un devoir d'inscrire le nom de Votre Excellence en tête de cet ouvrage et je lui demande d'avance la permission de l'inscrire de même sur ceux qui suivront bientôt.

C'est, en effet, Votre Excellence qui a pris l'initiative de la refonte et de la codification des lois criminelles et civiles du Japon et c'est elle qui, malgré des difficultés de toutes sortes, poursuit cette entreprise depuis plus de six ans.

Aujourd'hui, les nouveaux Codes criminels sont en vigueur.

Bien qu'ils ne soient pas restés, après la révision, tels qu'ils avaient été conçus primitivement et tels que Votre Excellence les avait présentés au Gouvernement, ils ont conservé ce qui les sépare profondément de l'ancienne législation pénale japonaise : une grande modération dans les peines et toutes les garanties de la libre défense des accusés.

Votre Excellence a pensé, cependant, que la publication, en français, des Projets qui avaient été établis sur une base plus large et du Commentaire qui en avait été fait à l'origine, serait utile à consulter pour l'application de la Loi nouvelle.

J'en offre aujourd'hui à Votre Excellence le premier volume contenant la Procédure criminelle.

On y trouvera, en même temps, le moyen de revoir et de méditer de nouveau les parties qui, ayant paru prématurées pour le Japon, ont été supprimées, mais pourront être reprises quand le moment sera venu, comme, par exemple, l'institution du Jury.

Lorsque l'œuvre entière de la codification des lois japonaises sera terminée, Votre Excellence aura, comme nous disons en France, "bien mérité de son pays;" car, suivant l'expression de l'un des Rédacteurs du Code civil français, de l'illustre Portalis, "de bonnes lois sont le plus "grand bien que les hommes puissent donner et "recevoir."

Comme français, je suis heureux que nos lois aient servi de base à cette grande œuvre japonaise et, personnellement, je suis très-honoré d'avoir été choisi comme le collaborateur de Votre Excellence.

Je la prie d'agréer ici l'hommage public de ma vive gratitude et de mon profond dévouement.

G. BOISSONADE.

Tokio, le 31 Juillet 1882.

AVERTISSEMENT.

Dans l'ordre de la préparation des Projets de Codes pour l'Empire du Japon, celui que l'on publie aujourd'hui n'a pas été achevé le premier : on avait, depuis un an déjà, terminé le Projet de Code pénal, lorsque celui de Procédure criminelle a été entrepris.

La préparation de ce Projet, commencée au ministère de la justice, en Juillet 1877 (7e mois de la xe année de *Mei ji*) [a] a été terminée à la fin de l'année 1878 [b].

Le Commentaire, destiné à servir d'Exposé des Motifs et qui a de l'analogie avec les Rapports des Commissions législatives de l'Europe, a dû être rédigé précipitamment, pendant les derniers mois, et se trouver terminé et traduit en japonais peu de semaines après le Texte.

Les deux Projets de Codes criminels, im-

---

[a] Au Japon, indépendamment de la grande Ère nationale (*Ki ghen*) qui remonte à 2542 ans, au fondateur de la dynastie impériale, à Djim mu Tenno (660 ans avant notre Ère), une ère nouvelle est proclamée à l'avénement de chaque nouvel empereur : l'ère de l'Empereur actuel est, depuis 1868, l'ère de *Mei ji*.

[b] La Commission, sous la présidence d'honneur de M. Oghi, Ministre de la justice, était composée de M. Kichira, Procureur général à la cour de Cassation (au *Daï shin in*), président, de six secrétaires du ministère de la justice (du *Shi hó shó*) et de l'auteur de ces lignes.

primés en français et en japonais, ont été alors présentés par le Ministre de la justice au Conseil suprême du Gouvernement *(Daï jo kwan)* et, bientôt, transmis par celui-ci au Sénat *(Gen-ro in)*.

Une nouvelle commission fut alors chargée de la révision et de la présentation d'un Projet définitif : elle était composée de secrétaires généraux du *Daï jo kwan* et de membres du *Gen ro in*, auxquels étaient adjoints, pour défendre leur œuvre, sans doute, les membres de la commission du *Shi hô shô*, moins l'auteur de ces lignes.

Il nous appartient moins qu'à personne d'apprécier le caractère et l'opportunité des altérations nombreuses et surtout des suppressions considérables qu'ont subies les deux Projets devant cette commission mixte.

Nous avons eu d'ailleurs la double satisfaction de voir, non seulement qu'il n'y avait là aucune démonstration contre notre personne, car, à la même époque, nous étions chargé de la préparation d'un Projet de Code civil, avec une initiative encore plus complète que pour les deux Projets de Codes criminels, mais encore (et cela nous importait davantage) qu'il n'y avait non plus aucune intention de réagir contre les idées françaises, puisque, dans plusieurs cas, on revenait au texte même du Code français dont nous avions cru devoir nous écarter très-souvent.

Nous restons ainsi seul défenseur des Projets: étranger à leur mutilation, nous pouvons, sans scrupule, en revendiquer la paternité, d'après le jugement du juge Ôoka [c]. Nous nous empressons, d'ailleurs, de déclarer que la discussion avec les commissaires du *Shi hô shô* nous a été d'un grand secours et que, sans elle, notre travail aurait été moins complet dans ses détails.

En tout cas, le Commentaire est notre œuvre exclusivement personnelle.

Aujourd'hui que les Projets révisés sont devenus des lois du pays et sont en pleine vigueur, le Gouvernement fait preuve d'une haute impartialité dans la recherche de la vérité, en ordonnant la réimpression des Projets originaux et la publication en français, pour la première fois, du Commentaire qui l'accompagnait dès l'origine et qui n'avait encore été publié que dans la traduction japonaise.

Ce travail pourra être utile à ceux des jeunes légistes japonais qui sont familiers avec la langue française, et quand la nouvelle traduction japonaise, ordonnée par le Ministre de la justice, sera terminée, il pourra rendre aussi quelques services aux tribunaux, pour l'application du Code officiel, à la condition qu'on tiendra compte exactement des changements que celui-ci a fait subir aux Projets.

Ce qui nous porte à croire qu'il y a là un

---

[c] Le juge Ôoka est célèbre, au Japon, pour avoir rendu un autre jugement de Salomon.

besoin réel et une lacune à combler, c'est le nombre vraiment démésuré de Commentaires déjà publiés sur ces nouveaux Codes, par des plumes plus zélées qu'expérimentées [d].

Nous ne nous dissimulons pas, cependant, que notre Commentaire se ressent de la précipitation avec laquelle il a dû être fait à l'origine: outre qu'il n'a pu y être consacré que trois mois, à peine, c'était encore une condition très-défavorable que l'obligation de livrer, jour par jour, littéralement, notre manuscrit aux traducteurs japonais, sans en pouvoir même garder une copie sous nos yeux; de là, quelques redites, lorsque les mêmes principes se retrouvent plusieurs fois dans la loi. Nous n'aurions pu les faire disparaître, à l'impression, que par une révision générale qui ne nous a pas été possible, à cause de nos autres travaux; nous avons pu seulement, au cours même de l'impression, corriger le style, ajouter çà et là quelques exemples et renvoyer d'une partie à l'autre.

Nous nous sommes permis aussi quelques additions au texte du Projet: justement, parce qu'il pourra servir, un jour, à modifier le Code officiel. Ces changements sont signalés en note [e].

---

[d] Déjà, on compte plus de 100 Commentaires, en japonais, sur les deux Codes criminels, depuis leur promulgation, qui ne date que du mois de juillet 1880 (7e mois de la XIIIe année de *Meiji*).

[e] Quand un article entier est ajouté, il porte le numéro de l'article précédent, avec la mention *bis* ou *ter* (96 bis, 105 bis et 105 ter, 172 bis, 350 bis, 597 bis, et 597 ter). Toutefois le n° 246 bis était déjà inscrit, comme tel, dans le Projet publié en 1879 (XIIe année de *Meiji*).

Rien n'a été négligé, d'ailleurs, pour rendre les recherches faciles aux travailleurs.

Ainsi : 1° Le Texte de chaque article du Projet se trouve résumé en marge, au moyen de *manchettes;* en outre, il est suivi d'un triple renvoi : au Code officiel, aux autres articles du Projet qui ont quelques rapports avec celui dont il s'agit, enfin, aux articles des Codes français auxquels on a fait quelque emprunt ou, au contraire, auxquels on a plus ou moins dérogé (voy. p. 7, *a*);

2° Au Commentaire, on trouve des Sommaires, par Chapitre ou par Section, reproduisant le numéro de chaque article, et indiquant les questions qui y sont traitées, avec la solution fournie, lorsqu'elle peut être résumée en peu de mots ;

3° Enfin, on trouve trois Tables générales dont l'utilité se révèle au premier aspect [*f*].

Pour la préparation de ce Projet on a eu moins d'occasion d'utiliser les Codes étrangers que

---

[*f*] La Table de Concordance du Code officiel avec le Projet est la contre-partie des Renvois du Projet au Code officiel et elle présente ce singulier résultat que, tandis que ces Renvois avaient donné environ 150 zéros, correspondant à autant d'articles supprimés du Projet, la Table de concordance inverse ne donne que 4 zéros, correspondant à autant d'additions. Cela prouverait que les auteurs de la Révision ont cru qu'il faut appliquer aux lois la maxime que notre Boileau n'a proclamée que pour la poésie : "ajoutez quelquefois et souvent retranchez."

Nous ne voulons pas laisser passer cette occasion sans féliciter hautement la *Kokoubounsha* (société de littérature nationale) qui a exécuté tout ce travail typographique très-compliqué, avec un soin tout à fait digne d'éloges et d'encouragements. C'est le premier ouvrage français qui soit sorti de ses presses et, certes, peu de nos imprimeurs français feraient mieux.

pour celle du Code pénal : les Projets de Codes allemand et italien n'étaient pas encore publiés, ou, tout au moins, on ne les possédait pas au Japon ; on n'a guère eu sous les yeux que le Code belge, peu différent du Code français et dont la révision d'ailleurs était à l'étude, et le Code d'Autriche-Hongrie dans lequel on a trouvé d'utiles indications sur les Questions au jury, sans cependant les suivre toutes. C'est donc encore le Code français qui, malgré ses imperfections reconnues (la révision en est aussi à l'étude en ce moment), a servi de base principale au Projet japonais. Mais, en réalité, on aurait bien de la peine à retrouver dans ce Projet plus de deux ou trois articles du Code français auxquels il n'ait pas été apporté de notables changements.

On reconnaîtra bientôt qu'il en a été de même pour le Code pénal et pour le Code civil.

En effet, quelque légitime que soit notre fierté nationale à l'égard des Codes français, qui ont été si souvent imités en Europe et en Amérique, il faut reconnaître qu'ils ne sont plus aujourd'hui, sur tous les points, au niveau de la science moderne et des besoins de la pratique journalière; ils sont surtout incomplets, et manquent, le plus souvent, de l'ordre et de la méthode qui facilitent l'étude, l'intelligence et l'application de la loi. On en a conservé scrupuleusement ce qu'une longue expérience a fait reconnaître bon, juste et utile, mais on a modifié ce qui est reconnu défectueux ; on s'est gardé d'innovations téméraires, mais on a évité de suivre une aveugle routine.

D'ailleurs, si ces nouveaux Codes sont destinés à être un jour appliqués aux étrangers résidant au Japon, il était bon qu'ils n'eussent pas un caractère trop exclusivement propre à une nation et qu'ils offrissent plutôt une sorte de droit commun international, à l'abri des préventions traditionnelles et des critiques systématiques dont les nations ne sont pas plus exemptes que les particuliers.

A ce point de vue, l'expérience dira bientôt lesquels, des Codes révisés ou des Projets primitifs, non seulement répondent le mieux aux besoins nouveaux du Japon, mais surtout, lesquels peuvent hâter le plus l'abolition du privilége exorbitant d'exterritorialité dont jouissent les étrangers résidant au Japon.

Il y a là, en effet, une pénible anomalie, justifiable peut-être dans un autre âge et dans d'autres contrées, mais qui, au Japon, et surtout aujourd'hui, n'est qu'une défiante prévention contre laquelle la nation proteste avec une persévérance aussi résolue au fond qu'elle est sage et mesurée en la forme.

Les traités politiques la lui ont imposée, dans des temps difficiles, où les divisions intérieures, la faiblesse du pouvoir central et l'isolement séculaire de la nation l'empêchaient de traiter d'égale à égale avec les Puissances étrangères.

Celles-ci, d'ailleurs, il faut le reconnaître, n'ont pas abusé de leurs avantages et n'ont pas méconnu les égards dûs à un peuple brave et libre; mais elles n'en ont pas moins, à l'occasion des obligations ou des actes répréhensibles imputés à leurs nationaux, un droit de juridiction qui est la négation d'un des attributs de la souveraineté territoriale, et elles appliquent leurs lois dans un pays qui n'est pas le leur et dans des cas où les sujets japonais sont intéressés comme demandeurs ou comme plaignants.

Le Japon, de son côté, respecte et observe loyalement les traités, parce que la fidélité aux engagements est une de ses vertus natives; mais il travaille patiemment à en obtenir la révision.

Elle viendra infailliblement, car la raison ne permet pas qu'un effet survive indéfiniment à sa cause. Si déjà l'utilité d'une mesure est insuffisante pour la rendre légitime, à plus forte raison en est-il ainsi, quand cette utilité a cessé. Or, les temps, au Japon, c'est-à-dire, les hommes et les choses, sont bien changés, depuis ces quinze dernières années, et la transformation sociale et économique du pays est un phénomène digne d'une véritable admiration et sans précédents dans l'Histoire de la civilisation.

Il n'est pas moins remarquable de voir un peuple si passionnément ami des innovations rester fidèlement attaché à la dynastie impériale qui le gouverne depuis plus de 25 siècles; c'est que celle-ci, elle-même, suit avec sollicitude les progrès des temps, les seconde ou les modère avec sagesse, et quelquefois même, en prend l'initiative dans l'intérêt de son peuple.

La puissante faculté du peuple japonais de s'assimiler les idées étrangères n'est pas moins frappante dans l'ordre des sciences morales, comme est le Droit, qu'elle ne l'est dans l'ordre des sciences physiques, dans les arts et dans l'industrie. Le Japon n'a pas moins d'aptitude à produire des légistes convertis aux idées modernes qu'il en a déjà montré pour former, d'après le système européen, des militaires et des marins, des médecins et des ingénieurs.

Les légistes japonais ont mis à profit les leçons que l'Europe leur a données et, chaque jour, ils nous demandent si *le fait* que nous leur avons imposé restera long-temps encore en opposition avec *la doctrine* du droit international que nous professons dans nos livres et proclamons dans nos discours.

Le pays même, en grande majorité, loin de regretter les anciennes barrières qui l'avaient si long-temps tenu séparé des étrangers, demande, au contraire, que ce qui en reste, sous le couvert des Traités, soit renversé ; mais à la condition d'avoir chez lui la juridiction, d'après le droit commun des peuples civilisés.

Quand la question sera ainsi portée sur son véritable terrain qui est celui du droit international, quand elle sera discutée au grand jour de la publicité, en Europe et en Amérique, ce ne sont pas seulement les légistes des Deux Mondes qui seront avec le Japon, mais encore tous les publicistes et les hommes d'Etat éclairés, libéraux et justes.

Pour notre part, dans la rédaction de ces Projets de Codes criminels et dans celle du Code civil, nous avons eu constamment en vue ce grand objectif de préparer la complète indépendence du Japon dans l'ordre de la Juridiction, en introduisant dans ses Lois, comme nous l'avons fait, en même temps, dans notre Enseignement, les principes de justice et de raison naturelle qui sont l'honneur des temps modernes et qui ôteront tout fondement plausible, tout prétexte même, à l'Exterritorialité.

Tokio, le 31 Juillet 1882.

G. B.

PROJET

DE

CODE DE PROCÉDURE CRIMINELLE.

INTRODUCTION.

Sommaire.

1. Objet du Code de Procédure criminelle ; son utilité.— 2. Précautions et recours contre les erreurs judiciaires, de fait et de droit.— 3. Division en cinq Livres.— 4. Innovations, par rapport au Japon.— 5. Du Jury.— 6. Dénomination du Code français corrigée.

1. Ce nouveau Projet est le complément du Projet de Code pénal, actuellement soumis aux délibérations du Sénat (*a*).

Le Code Pénal établit la théorie générale des peines et détermine les actes punissables. Le Code de Procédure criminelle est, en quelque sorte, la mise en œuvre du premier.

Bien qu'il présente plus de règles de compétence, de formes à suivre et de délais à observer que de règles de fond, il n'en a pas moins une importance égale à celle du Code pénal.

(*a*) On rappelle que ce Commentaire date de la 12e année de *Meiji* (1879).

En effet, il ne servirait de rien, soit aux inculpés, soit à la société, que les faits punissables fussent nettement déterminés par la loi et les peines fixées limitativement pour chacun d'eux, si l'instruction et le jugement en étaient livrés à l'arbitraire, si chaque tribunal n'avait pas ses attributions propres, si l'instruction préparatoire ne présentait pas des garanties suffisantes pour la liberté individuelle, ou si un respect exagéré de celle-ci compromettait la sûreté sociale, si l'accusation et la défense n'étaient pas placées l'une et l'autre sur un pied de parfaite égalité devant les tribunaux, si, enfin, les voies de recours pouvaient être tardivement rouvertes ou prématurément fermées.

Le nouveau Code satisfait, autant que possible, à toutes ces conditions essentielles d'une bonne justice pénale et à une foule d'autres dont l'énumération serait trop longue ici.

2. Mais, son caractère dominant, c'est un soin continuel à prévenir les erreurs judiciaires, tant dans le jugement des faits et de leur imputabilité aux inculpés que dans l'application de la loi pénale.

Depuis les premières recherches de l'infraction jusqu'à l'exécution du jugement, chaque pas que fait le procès pénal est dirigé et réglé par la loi.

Si, malgré toutes ces précautions, il paraissait y avoir eu une erreur de fait, il y aurait le secours extraordinaire de la Révision qui a reçu dans ce Code une extension nécessaire.

Contre les erreurs de droit et la violation des prescriptions de la loi, il y a le contrôle suprême de la Cour de Cassation qui, elle-même, suit une marche tracée par la loi.

Enfin, au-dessus de la Cour suprême il y a la clémence impériale : par la commutation et par la grâce, elle peut diminuer ou remettre la peine, lorsque, dans des cas particuliers, la sévérité de la loi paraît moins juste ou moins nécessaire que dans les cas ordinaires pour lesquels elle est écrite ; par la réhabilitation, elle rend au condamné qui a donné des preuves de repentir et d'amendement la plénitude des droits qu'il avait perdus.

3. Ces objets, aussi considérables que variés, sont présentés en cinq Livres, traitant :

Le 1er, de l'Organisation et de la Compétence des tribunaux de répression,

Le 2e, de l'Instruction préparatoire,

Le 3e, des Juridictions de jugement,

Le 4e, des Attributions de la Cour de cassation,

Le 5e, de l'Exécution des jugements.

4. Il ne serait pas sans intérêt de signaler ici les principales innovations de ce Code, comparées aux anciennes institutions judiciaires du Japon ; mais comme, depuis la Restauration du gouvernement impérial (b), de nouveaux usages judiciaires se sont établis, empruntés, plus ou moins, aux législations étrangères, cette comparaison n'aurait d'intérêt historique qu'à la condition de remonter au-delà de cet événement et elle ne rentre pas dans notre cadre. Ainsi, la prescription, mettant obstacle aux poursuites, par l'effet d'un certain temps écoulé depuis que l'infraction a été commise, est une innovation par rapport au droit ancien, mais n'en est pas une par rapport au droit actuel ; le nouveau Code a dû seulement en préciser davantage les conditions et les effets. Ainsi encore, l'institution du Ministère public fonctionne au Japon depuis quelques années : le nouveau Code ne fait qu'en compléter et en

(b) On donne quelquefois le nom de Révolution au grand événement politique de 1868 qui a renversé la féodalité au Japon ; mais nous l'appelons "Restauration du Gouvernement impérial," parce que ce fut véritablement un retour aux anciennes institutions éclipsées pendant plus de sept siècles ; c'est d'ailleurs le vrai sens de l'expression japonaise : *Taï seï fuk'ko* : "Retour de la grande politique à l'ancienneté."

mieux déterminer les attributions et il les sépare plus nettement de celle des juges. Les greffiers ont aussi, dans le nouveau Code, des attributions plus importantes et plus variées. Les voies de recours sont plus largement établies; elles sont même une véritable innovation, à l'égard des mesures prises dans l'instruction. C'est aussi une innovation très-sérieuse que la possibilité de juger par défaut ou par contumace les inculpés non présents, sauf le droit pour eux de se faire juger de nouveau dans certains délais.

5. Mais, la plus grande innovation est certainement l'introduction du jury, pour juger les crimes.

Cette institution, qu'on trouve dans les Codes de l'Europe et de l'Amérique et que quelques esprits croiront peut-être prématurée au Japon, a paru nécessaire pour mettre la législation japonaise au niveau de celle des autres nations. Il ne faut pas perdre de vue que les nouveaux Codes sont destinés à être appliqués, dans un temps prochain, aux étrangers habitant le territoire, et il est nécessaire qu'ils trouvent dans ce pays une institution qui, dans les leurs, est considérée comme la meilleure garantie d'une bonne justice criminelle.

6. Le nom donné à ce nouveau Code n'est pas tout-à-fait celui qui est adopté en France pour le même objet.

L'expression de Code d'*Instruction* criminelle a été souvent critiquée. Elle eût été exacte dans l'ancien droit français, où les affaires criminelles étaient examinées et jugées sans aucune publicité, sans observation de formes prescrites par la loi et où l'on appelait "instruction" toute l'information, la production des preuves et l'examen, jusqu'au jugement.

Lorsque, plus tard, après la Révolution de 1789, on a divisé l'information et l'examen en deux parties:

l'une pour apprécier préalablement la gravité des charges, l'autre, pour juger le fond, quand on a limité le secret de l'information à la première phase du procès pénal et établi la publicité pour la seconde, on a conservé à toutes deux le nom d'*Instruction*. Il eût fallu, au contraire, donner à toutes deux le nom de *Procédure;* car les formes sont réglées, pour chacune, avec précision et de manière à prévenir l'arbitraire du juge qui, autrefois, caractérisait l'Instruction.

Le nouveau Code japonais n'encourra pas le même reproche; avec sa dénomination, il est au Code Pénal ce que sera le Code de Procédure civile au futur Code Civil: l'un établissant le fond du droit, l'autre sa mise en œuvre ou son application.

DISPOSITIONS GÉNÉRALES.

Sommaire.

7. Objet de ces Dispositions générales. — 8. Dispositions communes ; leur utilité.

7.—Ces Dispositions Générales embrassent et dominent en quelque sorte tout le nouveau Code.

Elles concernent :

1° Les Actions ou droits de poursuite qui naissent d'une infraction, ou à son occasion, et la manière dont elles s'éteignent (art. 1er à 20) ;

2° Le mode de computation ou de calcul des délais dans lesquels les actions ou recours doivent être exercés, ou des délais qui doivent être observés comme intervalles entre un acte de procédure et un autre (art. 21 à 23) ;

3° La forme de la notification ou signification des actes aux intéressés (art. 24 à 27) ;

4° La forme de la rédaction des actes originaux de procédure et des copies (art. 28) ;

5° Les dispositions transitoires de l'ancienne législation à la nouvelle (art. 29 et 30).

8.— Dans d'autres parties du Code, notamment, en tête des Livres Ier et IIIe, on trouvera encore des Dispositions d'un caractère assez général ; mais elles ne domineront plus que la matière formant l'objet de ces Livres ; on les appellera alors *Dispositions communes*.

L'avantage en sera d'éviter la répétition de règles semblables pour des situations différentes mais analogues.

Art. 1er. L'action publique, ayant pour objet d'établir les infractions et d'appliquer les peines qui y sont attachées, est exercée par les officiers du ministère public, sous les distinctions portées par la loi.— **C. off., art. 1er.** [Proj. art. 33 à 35, 351 ;— C. i. cr. fr., art. 1er, 22 et s.] (*a*)

Objet de l'action publique.

Par qui elle est exercée.

2. L'action privée ou civile, tendant à la réparation des dommages causés aux particuliers par l'infraction, ou à la restitution des objets dont ils ont été injustement dépouillés, appartient à ceux qui ont souffert de l'infraction, conformément aux règles du droit civil. — **2.** [125 à 128, 350, 386, 474 ;— 1 et 2.]

Objet de l'action privée.

A qui elle appartient.

3. L'action publique n'est pas subordonnée à la plainte de la partie lésée, ni éteinte par la renonciation de celle-ci à sa plainte ou à son action, si ce n'est dans les cas déterminés par la loi.— **3.** [106, 386, 5e al., 390 ;— 4.]

Indépendance de l'act. publique.

4. L'action privée, à quelque somme qu'elle s'élève, peut être portée devant les tribunaux de répression, accessoirement à l'action publique, sauf dans les cas où la loi en attribue la connaissance à une juridiction différente.

Compétence pour l'action privée.

L'action privée peut aussi être portée séparément devant les tribunaux civils.— **4.** [5 à 7, 19, 396-3°, 424-3° ;— 3.]

(*a*) Le chiffre qui suit immédiatement le texte de chaque article renvoie au *Code officiel*; lorsqu'il y a eu suppression, on trouve un zéro. Les premiers chiffres placés entre crochets, renvoient au *Projet* même; lorsqu'il n'y a pas de renvoi au Projet, il y a 3 points. Les derniers chiffres renvoient au *Code d'instruction criminelle français*; si le renvoi est fait à une autre loi française, elle est désignée spécialement.

Ordre des deux jugements.

5. Si les deux actions sont pendantes simultanément, soit devant la juridiction de répression, soit devant deux juridictions différentes, l'action privée ne peut être jugée avant l'action publique, à peine de nullité des deux décisions, si, une condamnation civile ayant précédé, il y a eu ensuite condamnation pénale.—6. [532-5° ;—3, 2e al.]

Sanction.

Désistement d'action civile.

6. La partie lésée qui a porté son action devant le tribunal de répression ne peut plus s'en désister pour la porter devant le tribunal civil ; mais l'inculpé ne peut la faire déclarer non recevable devant ce tribunal, quand il y a opposé une autre exception ou moyen de défense au fond.

Changement de tribunal.

Si la partie lésée a d'abord porté son action devant le tribunal civil, elle ne peut s'en désister et la porter devant le tribunal de répression que si l'action publique est déjà intentée par le ministère public.

Act. nouvelle.

Dans les deux cas, la demande écartée peut être de nouveau portée comme entière au tribunal près duquel avait eu lieu le désistement.—7. [127 ;— C. pr. civ. fr. 402, 403.]

Acquittement, mise hors de poursuites : réparations civ.

7. La mise hors de poursuites, l'acquittement ou l'absolution de l'inculpé ne préjudicient pas aux réparations ou restitutions qui peuvent être dues à la partie lésée, d'après les règles du droit civil.

Compétence.

Lesdites réparations ou restitutions ne peuvent être demandées que devant le tribunal civil, s'il y a eu mise hors de poursuites par une juridiction d'instruction.— 8. [243, 355, 356, 393, 417, 485, 515, 523;—128, 129, 159, 191, 213, 358, 359, 366.]

8. L'action publique s'éteint : Extinction de l'act. publique.

1° par la mort de l'inculpé ;

2° par la renonciation à l'action privée ou par la transaction de la partie lésée, lorsque l'action publique est subordonnée par la loi à la plainte de celle-ci ;

3° par une décision judiciaire devenue irrévocable ;

4° par l'abolition de la peine, en vertu d'une loi postérieure à l'infraction ;

5° par l'amnistie ;

6° par la prescription. — 9. [10, 13 à 17 ; — 2, 360.]

9. L'action privée s'éteint : Extinction de l'act. privée.

1° par la mort de la partie lésée, avant la demande, lorsque le préjudice causé par l'infraction ne s'étend pas aux biens ;

2° par la renonciation à l'action ou par la transaction de la partie lésée ;

3° par une décision judiciaire devenue irrévocable ;

4° par la prescription.—10. [11 à 17 ;— 2.]

10. La prescription de l'action publique résultant d'une infraction s'accomplit : Prescription de l'act. publique.

1° par six mois, s'il s'agit d'une contravention ;

2° par trois ans, s'il s'agit d'un délit;

3° par dix ans, s'il s'agit d'un crime.

Loi nouvelle. Si le délai de la prescription est augmenté ou diminué par une loi nouvelle promulguée entre l'infraction et la poursuite, la nouvelle loi est appliquée à la poursuite.— **11.** [29, 484;— 637, 638, 640.]

Prescription de l'act. privée. **11.** L'action privée résultant d'une infraction se prescrit par le même délai que l'action publique, lors même qu'elle appartient à un incapable et bien qu'elle soit intentée devant le tribunal civil;

Mais s'il y a eu condamnation par jugement rendu sur l'action publique, l'action privée n'est plus soumise qu'à la prescription civile ordinaire.— **12.** [··· —*Ibid.* et 642.]

Cas de prescription civile ordinaire. **12.** Nonobstant la prescription de l'action publique et tant que le délai de la prescription civile ordinaire n'est pas accompli, la partie lésée conserve une action pour la réparation du dommage et pour les restitutions, conformément aux règles du droit civil; mais sans pouvoir attribuer à la faute alléguée le caractère d'une infraction.— **0.**

Point de départ de la prescription. **13.** Le délai de la prescription court depuis et y compris le jour où l'infraction a été commise, et, si elle est continue, depuis et y compris le jour où elle a cessé.—**13.** [21;— 637.]

Interruption de la prescription. **14.** La prescription de l'action publique et de l'action privée est interrompue contre les auteurs et complices de l'infraction, même non connus, et contre les personnes civilement responsables, soit par tout acte de poursuite du ministère public ou de la partie lésée agissant comme partie civile devant les tribunaux de répression, soit par tout acte d'instruction ou de procédure.—**14.** [···—*Ib.*]

15. L'interruption est réputée non avenue, si l'acte de poursuite, d'instruction ou de procédure est nul en la forme ; mais l'incompétence du ministère public, du juge d'instruction ou du tribunal saisi n'empêche pas que l'acte interrompe la prescription.—**15.** [···—C. civ. fr., 2246, 2247.] Suite.

16. Dans le cas d'interruption, le délai de la prescription recommence à courir depuis et y compris le jour du dernier acte de poursuite ou d'instruction, ayant date certaine ; sans pouvoir, en aucun cas, excéder le double du délai déterminé à l'article 10.—**14.** Suite : délai *maximum.*

17. La prescription de l'action publique et celle de l'action privée fondée sur l'infraction peuvent être invoquées devant tous les tribunaux, en tout état de cause, jusqu'au jugement définitif, et même devant la Cour de cassation ; Suite : quand et par qui est invoquée.

Elles peuvent être invoquées, soit par le ministère public, soit par l'inculpé et les personnes civilement responsables ou par leurs ayant-cause ;

Elles peuvent aussi être admises d'office par la juridiction saisie.—**0.** [···—*Ib.* 2223, 2224.] Admission d'office.

Dommages-intérêts du prévenu.

18. Dans le cas de mise hors de poursuite ou d'acquittement, l'inculpé peut obtenir des dommages-intérêts contre le dénonciateur, le plaignant ou la partie civile, s'il y a eu, de leur part, mauvaise foi ou faute lourde.

Il en sera de même, au cas de condamnation, ou même d'absolution, si la faute du plaignant ou du dénonciateur a consisté dans une exagération grave des faits incriminés.

Si la partie civile a succombé dans un recours contre l'instruction ou le jugement, par opposition, appel ou pourvoi en cassation, elle pourra être condamnée, sur la demande de l'inculpé, à des dommages-intérêts particuliers, à raison du préjudice causé à l'inculpé par chacun desdits recours mal fondés.—**16.** [· · · — 136, 212, 358, 359, 436.]

Suite : compétence.

19. Dans le cas de l'article précédent, la demande en indemnité de l'inculpé peut être formée devant le tribunal de répression jusqu'au jugement définitif.

Après ledit jugement, la demande de la partie acquittée, absoute ou condamnée, ne peut être formée que devant le tribunal civil.

Il en est de même, s'il y a eu abandon des poursuites, sur le désistement de la partie civile, ou ordonnance du juge d'instruction portant qu'il n'y a pas lieu à suivre.—**0.** [4, 243.]

Suite.

20. L'inculpé, même acquitté, ne pouarr réclamer d'indemnité de la part des officiers de police judiciaire, du ministère public ou des juges, à moins qu'ils ne se soient rendus coupables, à son égard, d'une infraction prévue par le Code pénal, ou qu'ils ne soient déclarés responsables par la loi.—17. [575, 576;—112, 164.]

21. Dans le calcul des délais fixés par le présent Code, on ne compte pas le jour à partir duquel le délai commence à courir; sauf ce qui est dit ci-dessus du délai de la prescription. Calcul des délais de procédure.

Si le dernier jour est un jour de repos légal ou un jour légalement férié, ordinaire ou extraordinaire, le délai est prolongé d'un jour, sauf à l'égard de la prescription.

Quand la loi ordonne d'observer un ou plusieurs jours d'intervalle entre un acte et un autre, les jours doivent être comptés entiers.

Le délai d'un jour est de 24 heures.

Celui d'un mois est de 30 jours.

La durée de l'année se compte d'après le calendrier légal.—18. [13;—C. pr. civ. fr. 1033.]

22. Les délais légaux, autres que ceux de la prescription, sont augmentés, à raison des distances, d'un jour par dix *ri* ou fraction de dix *ri*, calculés par terre pour le territoire du Japon. Distances : augmentation des délais.

S'il s'agit d'une île, la distance à franchir en mer se calcule sur la ligne ordinaire de navigation, à raison de cinq *ri* par jour, en mesures terrestres.

S'il y a lieu à aller et retour, soit pour les personnes, soit pour les pièces, le délai est doublé.

Le délai des distances entre le Japon et les pays d'outre-mer sera réglé par une loi spéciale.—**19.** [···—*Ib.* 63, 64, 1033.]

Déchéances.

23. Les délais fixés par le présent Code pour l'exercice des actions et des recours emportent déchéance, sauf les exceptions portées par la loi.—**20.** [362 à 364;—*Ib.* 1029.]

Notifications: compétence des greffiers.

24. Dans tous les cas où le présent Code n'attribue aucune compétence particulière pour les notifications à faire aux intéressés, lesdits actes seront rédigés par le greffier et la remise en sera faite par lui, ou, sous sa responsabilité, par un des agents du greffe.

Si la notification doit être faite hors de la circonscription du greffier qui l'a rédigée, elle sera adressée au greffier du lieu pour être, par celui-ci, remise en la forme ordinaire.—**22.** [73, 147.]

Suite: rédaction, remise.

25. L'acte de notification sera dressé en double original dont l'un sera remis à la personne intéressée, en quelque lieu qu'elle soit trouvée, ou à son domicile réel ou élu, s'il s'y trouve un parent, un allié, ou un serviteur déclarant y demeurer.

La personne à laquelle l'acte sera remis signera sur les deux originaux, et, en cas de refus ou d'impossibilité déclarée de signer, il en sera fait mention.

Si le domicile actuel est inconnu, la notification sera valablement faite au dernier domicile connu.

Si l'acte ne peut être remis à l'une des personnes ci-dessus désignées, ou si celle-ci refuse de le recevoir, le porteur le remettra au maire du lieu, lequel y apposera son *visa* et emploiera tous les moyens en son pouvoir pour le faire parvenir sans délai à l'intéressé.

Le porteur mentionnera sur les deux originaux la personne à laquelle il a remis l'acte, ainsi que le lieu, le jour et l'heure de la remise.

Le tout à peine de nullité. Nullité.

Le second original sera rapporté au greffe où il sera tenu à la disposition de la partie au nom de laquelle l'acte a été notifié.—**23.**

26. La notification faite, soit un jour de repos ou légalement férié, soit avant le lever du soleil ou après son coucher, sera nulle, à moins qu'elle n'ait été faite à l'intéressé lui-même et acceptée par lui.—**24.** [···—*Ib.* 1037.] Suite : jour férié.

27. Tous les actes dressés par un officier public porteront, à peine de nullité, la date des jour, mois et an et le lieu où ils ont été faits ; chaque feuillet sera coté et paraphé. Rédaction : date, sceau, signature.

Lesdits actes seront signés de l'officier et porteront le sceau ou timbre de l'administration à laquelle il appartient.

Toutefois, si l'acte est dressé hors de l'office public, ou si le sceau est détruit ou perdu, le défaut de sceau n'entraînera pas nullité, pourvu qu'il soit fait mention de la cause qui en a empêché l'apposition.

Dans les actes des particuliers, le sceau ne dispensera pas de la signature, à moins qu'il ne soit déclaré que la personne ne peut ou ne veut signer ; auquel cas, si l'acte n'est pas dressé en présence d'un officier public, il devra être signé par un témoin dont l'intervention sera motivée dans l'acte.—**25.**

Suite : surcharges, ratures.

28. Dans la rédaction originale ou dans la copie des actes d'instruction ou de procédure, soit de la part des officiers publics, soit de la part des particuliers, il ne sera fait aucune surcharge des mots ni des chiffres ; les interlignes, les renvois et les mots rayés seront paraphés ou marqués du sceau du rédacteur ; faute de quoi, la correction sera réputée non avenue.

Les mots rayés devront rester lisibles et le nombre en sera mentionné.

Sanction.

Le tout sera observé à peine d'une amende de 2 à 10 *yen*, si le rédacteur ou le copiste est officier public, et de sa responsabilité civile envers les intéressés.

Copies.

Les copies d'un acte irrégulier pour inobservation des règles qui précédent mentionneront spécialement lesdites irrégularités.—**26.**

Dispositions transitoires.

29. Les infractions commises avant la promulgation du présent Code seront instruites et jugées conformément à ses dispositions.

Toutefois, les actes de procédure déjà faits régulièrement seront maintenus.—**5, 27.** [10, 58;— C. civ. fr. 2; C. p. fr. 4.]

30. Les infractions spéciales dont l'instruction et le jugement sont réglés par des lois particulières continueront à y être soumises.

Infractions spéciales : lois particulières.

A l'égard des lois nouvelles qui pourront être portées à l'avenir sur les infractions spéciales, les dispositions du présent Code y seront suppléées, lorsqu'il n'y sera pas expressément dérogé par lesdites lois.—**28.** [···—643.]

Lois nouvelles.

Sommaire.

Art. 1er. — 9. De l'infraction.— 10. De l'action publique ; ancienne action populaire, à Rome.—11. Du ministère public ; son introduction au Japon.— 12. Différence entre la mise en mouvement et l'exercice de l'action publique.

2.— 13. Double objet de l'action privée ou civile.—14. Les réparations et restitutions ne sont pas des peines.

3.— 15. Indépendance de l'action publique ; ses motifs.— 16. Cas exceptés ; motifs.

4.— 17. Compétence civile des tribunaux de répression ; ses motifs.— 18. Cas exceptés ; motifs. — 19. Double dérogation au taux de la compétence civile.

5.— 20. Règle que " le criminel tient le civil en état."— 21. Sanction de la règle : trois hypothèses.

6.— 22. Ancienne maxime : *electa una via*...... ; ce qui en reste en France.—23. Ce qu'elle sera au Japon : deux applications.— 24. Sanction : hypothèses diverses.

7.— 25. Indépendance des deux responsabilités, civile et pénale.— 26. Mise hors de poursuites, acquittement, absolution.—27. Elles laissent place à la responsabilité civile.— 28. Cas où la décision favorable pénalement entraîne une décision civile favorable.— 29. Compétence exclusive des tribunaux civils.

8.— 30. Extinction de l'action publique : conséquences ; six cas limitatifs.— 31. I. Mort de l'inculpé : personnalité des peines ; renvoi pour le cas de folie ; cas de la femme adultère : mort de l'un des coupables.— 32. II. Renon-

26.— 62. Jours et heures exceptés.
27.— 63. Date, signature, sceau public ou privé.
28.— 64. Précautions contre les altérations d'un acte.
29.— 65. Disposition transitoire : les lois de procédure s'appliquent dès leur promulgation ; différence avec les lois pénales.
30.— 66. Infractions spéciales : les lois particulières anciennes subsistent ; lois nouvelles.

Art. 1er.—9. Le Code pénal a défini l'infraction, dans son article 1er. Il suffit de rappeler ici que l'infraction est tout acte défendu par la loi sous la sanction d'une peine formellement édictée.

L'expression d'*infraction* est générale (*b*): la loi l'emploie chaque fois qu'elle veut comprendre, dans un seul mot, les *crimes*, les *délits* et les *contraventions*.

Toute infraction lèse, blesse nécessairement la société ; sans quoi, la loi ne la punirait pas. Si le fait ne présentait qu'une violation, plus ou moins grave, de la loi morale, sans qu'il y eût mal social, la loi en laisserait la sanction, la punition, à la conscience du coupable et au blâme ou au mépris public. Mais, quand l'intérêt social ou général est lésé ; quand il y a trouble, désordre, mauvais exemple, alarme, la loi édicte une peine extérieure proportionnée à la gravité de l'infraction, autant pour prévenir le retour de pareils faits de la part du même individu que pour intimider ceux qui seraient tentés de l'imiter.

On a donné plus de développements à cette idée dans l'Exposé des motifs qui précède le Commentaire du Code pénal.

10. Celui qui commet une infraction encourt la peine déterminée par la loi ; mais cette peine ne peut lui être infligée que par un jugement ; ce jugement ne peut être valablement rendu que par des tribunaux

(*b*) Le mot "infraction," du latin *infringere*, "briser," signifie, au figuré, que la règle a été violée, *brisée*.

compétents ; il sera, le plus souvent, précédé d'une information ou instruction préparatoire confiée à un magistrat spécial ; un débat libre et contradictoire entre l'accusateur et l'accusé est nécessaire, les preuves de l'infraction doivent être fournies, elles seront discutées et souvent combattues.

Ce procès pénal est une *action*, et comme il est fait au nom de la société et dans son intérêt, on l'appelle *action publique*.

Autrefois, notamment dans l'ancienne Grèce et à Rome, l'action publique appartenait à tous les citoyens, au peuple et à chacun de ses membres, et, pour cette raison, on l'appelait action *populaire*. On n'avait pas alors, comme il y en a aujourd'hui dans la plupart des pays européens et comme on en a introduit au Japon, des magistrats spécialement chargés de l'exercice de cette action, au nom de tous, d'où leur nom de *Ministère public*. Il en résultait un double danger, également grave : celui de l'inaction des citoyens, par indifférence, par crainte ou par complaisance, et celui de dénonciations téméraires, dictées par un faux zèle, quand elles n'étaient pas calomnieuses et inspirées par l'intérêt, l'envie ou la vengeance.

Dans les cas peu graves, comme les vols sans violences, les injures, les dommages aux propriétés, l'action cessait d'être *populaire* : elle était *privée*, elle n'appartenait qu'à la partie lésée ; la peine alors était toute pécuniaire et au profit de cette personne seulement.

Lorsque l'Empire romain fut démembré, les peuples barbares qui s'établirent sur ses ruines paraissent avoir donné la préférence à ce deuxième système ; il fut même poussé à l'excès, car les crimes les plus graves contre les personnes pouvaient se racheter en argent ; ce n'est qu'à défaut de payement, ou s'il s'agissait de crimes contre la paix publique, que les peines corporelles recevaient leur application.

Dans les mêmes cas, on admettait encore la dénonciation de toutes personnes, et même la poursuite d'office par le juge, lorsque le fait était certain ou *flagrant*.

11. Ce n'est que vers le XVIe siècle de l'ère chrétienne que l'on voit apparaître en Europe, notamment en France, l'institution du ministère public.

Elle n'existe pas en Angleterre, mais on y reconnaît que c'est une lacune dans les lois et l'on songe à la combler.

Elle est de création récente au Japon et elle semble appelée à y rendre les mêmes services qu'en Europe : l'action publique confiée à ces magistrats sera exercée avec indépendance et fermeté, en dehors des passions personnelles et des intérêts privés qui pourraient fausser l'action de la partie lésée.

L'article 1er nous dit que " l'action publique est " exercée par les officiers du ministère public, sous les " distinctions portées par la loi."

Ces distinctions se rencontreront chemin faisant.

Disons seulement ici que ces officiers se trouvent échelonnés hiérarchiquement près des tribunaux, suivant le degré même de ces tribunaux ; chacun devra se renfermer dans sa sphère d'action, laquelle est déterminée, tant par l'étendue de la circonscription du tribunal que par la nature de l'infraction à poursuivre.

La loi n'a pas fait ici de réserves ou d'exception pour certaines matières spéciales, notamment, pour les contraventions en matière de douanes ou fiscales, où l'action publique est exercée par des agents spéciaux du trésor public. La loi règle ici le *droit commun* ; elle réserve, dans l'article 30, l'application des *lois particulières* pour ce qu'elles ont de contraire au présent Code.

12. Une autre observation, plus délicate, trouve ici sa place : il faut distinguer, à l'égard de l'action publique, la *mise en mouvement* et l'*exercice*.

La mise en mouvement de l'action publique est le fait qui en *saisit* le tribunal, c'est-à-dire qui la lui défère, qui la soumet à sa décision ; l'exercice est un ensemble de moyens de procédure qui tendent à la faire triompher.

La loi ne règle ici que l'*exercice* de l'action ; les cas dans lesquels elle est mise en mouvement, avant d'être exercée, ressortiront des dispositions ultérieures de la loi (voy. notamment, art. 125 et suiv.).

Les tribunaux sont saisis de l'action publique de quatre manières principales (*c*) :

1° Par la poursuite du ministère public ; il y a alors, tout à la fois, *mise en mouvement* et *exercice* de l'action publique, parce que le ministère public poursuit et procède pour établir l'infraction ;

2° Par la demande en réparation civile de la partie lésée par l'infraction ; dans ce cas, l'action publique est *mise en mouvement*, le tribunal est obligé de statuer sur l'infraction ; mais l'action publique n'est *exercée* que si le ministère public y est intervenu par des conclusions contre l'inculpé ;

3° Par l'infraction flagrante qui, si elle ne saisit pas le juge, l'autorise à *se saisir lui-même* dès qu'il en est informé ; là encore, l'action publique est *mise en mouvement* avant d'être *exercée ;* l'exercice n'en commence, comme au cas précédent, qu'avec les conclusions du ministère public.

4° Par l'évocation émanée d'un tribunal d'appel (*d*), lorsqu'aucune poursuite n'est exercée par le ministère public et que le fait paraît grave. Cette mesure, tout exceptionnelle, sera développée et justifiée au Livre IIe,

---

(*c*) On ne mentionne pas ici les divers cas de Renvois qui saisissent aussi un tribunal ; mais, dans ces cas, la justice est déja saisie, il ne s'agit plus que d'un règlement de compétence.

(*d*) La Haute Cour peut aussi évoquer les affaires qui sont de sa compétence (art. 100).

Chapitre IV (art. 292 et 293). Dans ce cas, la *mise en mouvement* et l'*exercice* de l'action publique se trouveront encore réunis : la poursuite sera confiée par le tribunal d'appel à l'un de ses membres.

Dans les deux cas prévus aux n°s 2 et 3, les conclusions du ministère public n'auront pas moins lieu que dans les autres, car le juge les lui demandera, soit au cours de la procédure, soit au moment où elle sera sur le point de se terminer ; mais ces conclusions ne constitueront un *exercice* de l'action publique que si elles sont, dans une mesure quelconque, défavorables à l'inculpé. Si, au contraire, le ministère public conclut à la mise hors de poursuites ou à l'acquittement, il n'exerce pas l'action publique, puisqu'il prétend qu'elle n'est pas fondée. On en doit dire autant du cas où il déclare, suivant une formule usitée, "s'en rapporter à la sagesse ou à la prudence du tribunal" sur l'issue de l'affaire.

Dans ces divers cas, l'action publique sera *jugée*, non parce qu'elle aura été *exercée*, mais parce qu'elle aura été *mise en mouvement*.

Art. 2.—13. Quelquefois, l'infraction ne lèse aucun intérêt particulier et seulement l'intérêt général ; c'est ce qui peut arriver dans les crimes politiques, tels que séditions armées et guerres civiles, ou dans la plupart des autres crimes et délits dits "contre la chose publique," comme la rébellion ou résistance à l'autorité publique, la fausse-monnaie et certains délits des fonctionnaires prévus au Livre IIe du Code pénal. Dans ces cas, l'infraction n'engendre qu'une seule action, l'action publique.

Mais, le plus souvent, il y a, en même temps, lésion d'un intérêt privé : les crimes et les délits contre les personnes ou les biens des particuliers sont dans ce cas et, dès lors, ils engendrent deux actions : l'action publique qui toujours tend à l'application de la peine édictée par la loi et est exercée par le ministère public, au nom de la société à laquelle elle appartient, comme seule satisfaction possible, et l'action privée qui appartient aux particuliers lésés par l'infraction et est exercée par eux.

Cette action privée est souvent appelée action *civile*, parce qu'elle suit les règles du droit civil, à presque tous les points de vue.

L'objet de l'action privée pourrait, à la rigueur, se définir en une seule idée : "la réparation des dommages causés" ; mais le texte y ajoute "la restitution des objets dont le plaignant a été injustement dépouillé." Cela suppose que ces objets peuvent se retrouver identiquement, en nature ; dans le cas contraire, le dommage se réparera par une valeur équivalente en argent.

L'usage général, en tout temps et en tous pays, a admis que l'argent est la forme la plus simple et la plus sûre pour réparer toutes les sortes de dommages, tant ceux causés aux biens que ceux causés aux personnes et même ceux causés à la réputation ; car, de même que ces dommages se résolvent presque toujours en une perte pécuniaire, il est naturel d'y remédier par une compensation également pécuniaire. L'estimation peut être difficile ; mais c'est la tâche des tribunaux, éclairés par le débat contradictoire entre les intéressés.

14. Au surplus, il faut se garder de considérer comme une *peine* cette réparation civile du dommage causé : il y aurait peine si le coupable devait payer le double, le triple ou le quadruple du dommage causé, comme cela se pratiquait à Rome, dans une foule de cas. Aujourd'hui, les personnes lésées n'ont droit qu'à la valeur exacte et justifiée dont elles ont été privées ; la réparation leur est due en vertu d'un principe de droit civil bien connu : "Tout fait quelconque de l'homme "qui cause à autrui un dommage oblige celui *par la* "*faute duquel* il est arrivé à le réparer" (C. civ. fr.,

art. 1382, reproduit dans la plupart des codes de l'Europe).

Art. 3.—15. Cet article pose le principe connu sous le nom de *l'indépendance de l'action publique.*

En fait, lorsqu'une infraction est commise contre un particulier, c'est, le plus souvent, par la plainte de celui-ci, faite à l'autorité, que le ministère public en est informé et qu'il a les moyens d'exercer utilement l'action publique ; mais, si le ministère public connaît l'infraction par toute autre voie, comme par une dénonciation étrangère, par le flagrant délit, par le bruit public, il peut mettre l'action publique en mouvement et l'exercer jusqu'au bout. Telle est la règle posée par notre article (v. aussi art. 106). Elle se justifie par l'idée, déjà exprimée, que la société a souffert de l'infraction, en même temps que le particulier, et qu'il ne doit pas dépendre de celui-ci de paralyser l'action de la société par un silence ou une renonciation à ses droits qui peuvent être l'effet de la crainte ou de l'affection.

Il y a cependant des cas exceptionnels, auxquels notre article se réfère, où une plainte est nécessaire pour que l'action publique puisse être exercée par le ministère public.

La loi a pensé que, dans certains cas, le dommage social était peu considérable et que la publicité de la poursuite pourrait aggraver le dommage privé, en donnant un prétexte à la curiosité ou à la malignité publiques et en troublant, par là, le repos des familles.

16. Les cas les plus saillants de cette exception, dans le Projet du Code pénal, sont les crimes et délits contre la pudeur d'autrui (art. 390), l'adultère de la femme (art. 393), la diffamation (art. 403), certains dommages de peu d'importance causés aux biens (art. 473) et l'injure (art. 476-20° et 21°).

Dans un autre cas, le motif d'exiger une plainte est

différent ; c'est lorsqu'il s'agit de crimes ou délits commis en pays étranger et justiciables de la loi japonaise (C. p. art. 5–4°) : la loi craint que, s'il n'y a pas eu plainte de la partie lésée, les preuves ne manquent ou qu'elles n'aient pas la précision nécessaire pour motiver une condamnation.

La loi japonaise n'a pas beaucoup multiplié ces exceptions ; mais la tendance des nouvelles législations étrangères, notamment, en Italie, est de les étendre (*e*).

On reviendra sur ces cas exceptionnels, au sujet de l'extinction de l'action publique (art. 8).

Art. 4.—17. L'action privée, n'étant pas une action pénale mais civile, peut, naturellement, être portée devant les tribunaux civils ; elle semblerait même ne pouvoir être portée que devant eux ; mais, par des raisons toutes pratiques de célérité, de simplicité et d'économie, on admet qu'elle puisse aussi être portée devant les tribunaux chargés de l'application des peines ou tribunaux de répression. Ces tribunaux, en effet, recueillant toutes les preuves du fait délictueux, avec ses circonstances aggravantes ou atténuantes, ont tous les éléments nécessaires pour apprécier l'étendue de la réparation civile due à la partie lésée.

Il faut remarquer d'ailleurs, comme on le reverra bientôt, que, par l'effet de la réunion des deux justices, ce sont les mêmes magistrats qui sont appelés à juger les affaires civiles et les affaires criminelles (art. 31) ; il n'y a donc aucune objection sérieuse à ce qu'ils jugent conjointement deux sortes d'intérêts qu'ils pourraient juger séparément.

En outre, la partie lésée ayant à établir, de son côté, l'existence de l'infraction et sa gravité, au point de

---

(*e*) Toutefois, l'Allemagne qui était peut-être allée un peu loin dans cette voie est revenue en arrière, dans ces derniers temps.

vue de ses intérêts civils, apporte un grand secours à l'action publique. Assurément, la partie civile ne peut demander l'application de la peine : toute ingérence de ce genre dans l'exercice de l'action publique devrait être immédiatement arrêtée, son intervention n'est qu'accessoire et toute secondaire ; mais elle est utile aux deux intérêts qui demandent réparation.

Cette association des deux actions, publique et privée, présente des difficultés pour le législateur et pour le magistrat. Le Projet s'est attaché à organiser le meilleur système possible en cette matière. Il a tenu compte des efforts tentés dans divers pays étrangers. Il a surtout cherché à ne laisser aucune obscurité, aucune incertitude, dans le rôle de la partie civile. On aura bien des occasions d'y revenir.

18. Ici encore, la loi réserve des cas exceptionnels où l'action privée ne pourra être portée devant les tribunaux de répression. Ils se trouveront dans les lois civiles, dans le code de justice militaire et, sans doute aussi, dans les lois administratives.

En France, les questions relatives à l'état civil des personnes ne peuvent être jugées que par les tribunaux civils, lors même qu'elles seraient liées à un crime ou à un délit. Si, par exemple, l'état civil d'un enfant (son âge, sa filiation ou sa nationalité) se trouvait compromis par un faux ou par un enlèvement, le rétablissement de son véritable état civil ne pourrait pas être prononcé par le tribunal de répression (Code civil, art. 326-327). Ainsi encore, si un crime ou un délit justiciable des tribunaux militaires ou maritimes a lésé un particulier, le tribunal de répression sera incompétent pour statuer sur la réparation civile ; en effet, les officiers des armées de terre et de mer, appelés à former ces tribunaux, ont une compétence toute naturelle pour apprécier la violation du devoir militaire et ils peuvent très-facilement y appliquer la loi pénale ;

mais l'appréciation des dommages civils demande des connaissances spéciales qui leur manquent le plus souvent.

Pour les matières administratives liées à une infraction, on peut supposer un comptable de deniers publics coupable de détournements.

En France, les comptables sont, en cette qualité, et pour les faits de leur gestion, justiciables de la Cour des comptes. Si un comptable est poursuivi pour détournement, ce n'est pas au tribunal correctionnel qu'il appartiendra de statuer sur le point de savoir s'il est débiteur de l'Etat et de quelle somme. L'exception sera même double : non seulement, le tribunal administratif pourra seul décider cette question, mais elle devra l'être préalablement à la poursuite, c'est une question préjudicielle ; ce qui est une nouvelle dérogation à un principe de droit commun qu'on trouvera dans l'article 5 et d'après lequel l'action publique doit être jugée la première.

Ces exceptions ne sont pas encore toutes formellement établies au Japon ; mais il était nécessaire de les réserver, avec d'autres, en ne posant pas en règle absolue la compétence des tribunaux de répression pour le jugement de l'action civile.

19. Remarquons, en terminant, que le présent article attribue la compétence civile aux tribunaux de répression, quel que soit le montant de l'indemnité réclamée, ce qui est une double dérogation aux limites ordinaires. Ainsi, tandis que les juges de paix n'ont en matière civile qu'une compétence très-limitée, même à charge d'appel, ils pourront ici, comme juges de simple police, statuer sur les réclamations les plus élevées ; mais leur décision sera susceptible d'appel, quand la demande excédera le taux de leur compétence civile en dernier ressort (art. 403, 3e al.). En sens inverse, s'il s'agit de la réparation d'un délit, le tribunal correctionnel sera

compétent pour la somme la plus minime, mais alors sans appel (art. 424, 5e al.).

Art. 5.— 20. Il résulte de l'article précédent que les deux actions nées d'une infraction peuvent être portées, tantôt devant le même tribunal, celui de répression, tantôt devant deux tribunaux différents. La loi devait déterminer laquelle des deux actions serait jugée la première.

Lorsque le tribunal de répression est appelé à statuer sur les deux actions, il est clair qu'il doit statuer d'abord sur l'action publique ; le contraire serait déraisonnable ; ce serait placer l'effet avant la cause : c'est parce que le défendeur est coupable d'une infraction qu'il est responsable du dommage causé. L'infraction doit donc d'abord être constatée, déclarée et jugée.

Mais, quand deux tribunaux sont saisis, on comprendrait que le tribunal le plus tôt éclairé jugeât le premier. Cependant, la loi le défend, dans l'intérêt de l'inculpé : si l'action civile était jugée la première, et l'était en faveur du demandeur, le jugement civil formerait une sorte de présomption, un *préjugé* contre l'inculpé, devant le tribunal de répression ; le ministère public s'en emparerait comme d'un argument et d'autant plus puissant qu'il s'agirait d'un acte de la justice rendu dans la même affaire. De là, l'axiôme célèbre : "le criminel tient le civil en état," c'est-à-dire, en suspens.

21. La disposition de cet article, étant établie dans l'intérêt de la défense de l'inculpé, est considérée comme d'ordre public ; d'où la conséquence qu'elle peut être invoquée tant par le ministère public que par l'inculpé et même par la partie demanderesse ; elle peut aussi être appliquée d'office par le tribunal civil.

Il pourra arriver cependant que le tribunal civil n'ait pas sursis, parce qu'il n'en aura pas été requis et qu'il aura ignoré qu'une action publique était pendante au même sujet, de sorte que l'action civile aura été jugée la première. Quelle sera alors la sanction de la loi ?

L'article donne la solution, directement pour un cas et indirectement pour les autres.

a. S'il y a eu condamnation civile, suivie d'une condamnation pénale, les deux décisions seront nulles : la seconde, parce qu'elle aura été ou pu être influencée par la première, et la première, parce que, si elle était maintenue, il ne servirait à rien d'annuler la condamnation pénale, laquelle resterait, dans un second jugement, exposée à la même influence, à la même prévention. Cette nullité des deux condamnations, civile et pénale, ainsi liées contre le vœu de la loi, s'obtiendra par appel, si l'infraction a été jugée par un tribunal de simple police ou correctionnel, et par le pourvoi en cassation, s'il s'agit de matière criminelle (art. 532-5°).

Telle est la solution directe de la loi.

Voici, par argument en sens contraire *(a contrario)*, les solutions indirectes, pour les cas opposés :

b. Il y a eu condamnation pénale, mais il n'y avait pas eu condamnation civile ; la condamnation pénale sera maintenue, comme la décision civile, parce que celle-ci, étant favorable à l'inculpé, n'a pu porter aucun préjudice au condamné.

c. Il y a eu, sur l'action publique, acquittement, précédé d'une condamnation civile, les deux décisions seront encore maintenues, l'acquittement, parce qu'il se trouve d'autant plus légitimement obtenu qu'il a été plus compromis ; la décision civile, parce qu'elle a été rendue dans des conditions de parfaite indépendance.

Art. 6.— 22. Le projet tranche ici un ensemble de questions qui sont encore en discussion, en France et ailleurs.

La partie lésée ayant le choix entre deux tribunaux, pour porter son action civile, et ne pouvant pas, assurément, la porter tout à la fois devant les deux tribunaux, il restait à savoir si son choix, une fois fait, serait irrévocable.

Une ancienne maxime, admise dans les pays qui ont suivi longtemps le droit romain, dit que le choix est irrévocable : " quand la partie lésée a choisi une " voie, elle ne peut plus recourir à l'autre." (*f*)

En France, la maxime n'est admise qu'en partie. Voici ce qui prévaut dans la jurisprudence, à défaut de texte législatif : si la demande a été d'abord portée devant le tribunal de répression, elle peut encore être portée devant le tribunal civil, comme juridiction de droit commun et moins rigoureuse pour le défendeur ; si, au contraire, l'action a été d'abord portée au tribunal civil, elle ne peut plus être portée au tribunal de répression, pour la raison inverse ; à moins que la partie lésée n'ait pas connu, tout d'abord, le caractère délictueux du fait dont elle demande la réparation.

23. Sur le premier point, le Projet japonais s'est tout à fait séparé du droit français : il a prohibé ce que la loi française permet ; sur le second point, il a considérablement élargi l'exception en en changeant la nature.

Ainsi : 1° La partie lésée qui a d'abord saisi le tribunal de répression ne peut plus saisir le tribunal civil ; elle est présumée n'avoir pas d'intérêt légitime à ce changement de juridiction, lequel serait, en même temps, un surcroît de lenteurs, d'embarras et de frais pour le défendeur, avec moins de lumières, peut-être, pour le tribunal civil.

Observons seulement que la loi ne défend pas tout transport de l'action privée du tribunal de répression

---

(*f*) *Electâ unâ viâ, non recurritur ad alteram.*

au tribunal civil, mais seulement le transport par voie d'un désistement, lequel, étant volontaire, peut être capricieux ou vexatoire. La prohibition ne s'appliquerait donc pas, si l'action publique avait été déclarée non recevable par l'une des juridictions d'instruction ou même de jugement ; dans ces cas, l'action privée n'ayant pu être jugée par le tribunal de répression, la voie civile resterait ouverte, parce qu'elle se trouverait avoir été la seule possible. On rencontrera, plus loin, deux textes sur ce point (art. 7 et 19).

2° La partie lésée qui a d'abord saisi le tribunal civil peut ensuite porter sa demande au tribunal de répression, sans qu'il y ait à distinguer si elle connaissait, ou non, à l'origine, le caractère délictueux du fait ; mais elle ne peut ainsi transporter son action civile au tribunal de répression que s'il est déjà saisi par le ministère public : elle ne pourrait donc pas le saisir elle-même, en se constituant partie civile devant le juge d'instruction, comme elle l'aurait pu, si elle n'avait déjà pris la voie civile.

On voit que s'il n'y a pas ici, comme en France, une prohibition presque absolue du transport de l'action du tribunal civil au tribunal de répression, il n'y a pas non plus, à cet égard, un droit illimité.

On pourrait regretter que la partie lésée soit soumise à la restriction dont il s'agit, quand elle a ignoré le caractère délictueux du fait ; mais on peut justifier cette sévérité par plusieurs raisons :

D'abord, il serait souvent très-embarrassant de savoir si la partie lésée connaissait, ou non, ce caractère délictueux ; car, rien n'est difficile à prouver comme l'ignorance où l'on est d'un fait ;

Ensuite, lors même que le demandeur parviendrait à faire cette preuve, on pourrait, le plus souvent, lui reprocher sa négligence ;

Enfin, si l'infraction tardivement connue est grave,

le ministère public qui siége au tribunal civil ne la laissera pas sans poursuites, et alors la voie se trouvera ouverte à l'action civile devant le tribunal de répression.

24. Le Projet japonais résout aussi, sur cette matière, plusieurs questions secondaires qui, en France, sont livrées aux incertitudes et aux variations de la jurisprudence, autant et plus que la double règle qui nous occupe.

On peut supposer que la partie lésée a contrevenu à l'une ou à l'autre des prohibitions de l'article 6, et alors il importe de savoir quelle sera la sanction de la loi, quels seront les moyens d'assurer son observation.

Ainsi : 1° Qui pourra, devant le tribunal indûment saisi, opposer la prohibition de la loi ?

2° Le jugement qui aurait été rendu malgré cette prohibition serait-il susceptible d'être réformé ou cassé pour cette seule cause ?

3° Si le moyen de défense (la fin de non-recevoir) est opposé en temps utile et admis, le demandeur pourra-t-il retourner au tribunal qu'il a quitté ?

I. La première question doit être divisée pour la solution.

a. Le tribunal de répression étant saisi des deux actions, la partie lésée a transporté son action au tribunal civil. Ici, le but de la loi est d'épargner à l'inculpé des frais inutiles, des lenteurs et même des vexations ; mais l'intérêt public n'est pas directement en jeu ; la conséquence naturelle est que le défendeur seul, l'inculpé, pourra opposer la fin de non-recevoir à l'action devant le tribunal civil ; le ministère public près ledit tribunal ne le pourrait pas ; le tribunal, d'office, ne le pourrait non plus. La loi a même dû limiter beaucoup le droit de l'inculpé, quant au temps, pour que cette fin de non-recevoir, qui n'est, en somme, qu'une objection d'incompétence, ne devînt pas, pour lui, un moyen frauduleux de se soustraire entièrement à la réparation qu'il pourrait devoir. En conséquence, l'exception tirée du déplacement de l'action civile doit être présentée avant toute autre exception ou défense. Autrement, voici ce qui serait arrivé : avec l'article précédent, qui ordonne de juger d'abord l'action publique, surtout quand l'action privée est portée devant le tribunal civil, le défendeur aurait d'abord demandé le jugement sur l'action publique ; puis, une fois cette action jugée, il aurait opposé devant le tribunal civil la fin de non-recevoir qui nous occupe, et ainsi, il se serait soustrait à l'action civile, laquelle n'aurait pas pu être reportée devant le tribunal de répression désormais dessaisi par le jugement. Il a donc fallu exiger que le moyen de défense tiré du désistement fût opposé avant tout autre. De cette façon, le demandeur aura la ressource que lui réserve la loi, de retourner au tribunal de répression.

b. Le tribunal civil a été saisi le premier ; la partie lésée prétend ensuite saisir le juge d'instruction, en portant plainte et en se constituant partie civile, alors que le ministère public n'a pas encore exercé de poursuites ; si l'inculpé, mandé par le juge d'instruction, demande son renvoi immédiat des fins de la plainte, il devra l'obtenir, en prouvant que les poursuites civiles ont été commencées ; le juge d'instruction, s'il connaît autrement l'existence des poursuites civiles devra également, et d'office, renvoyer le prévenu.

Mais si le ministère public, averti, soit par les poursuites civiles, soit par la plainte devant le juge d'instruction, commence des poursuites, alors l'action publique étant ouverte, l'action civile peut s'y joindre. Elle le pourrait même, après que le juge d'instruction aurait déjà renvoyé le prévenu, comme on l'a supposé plus haut.

II. La deuxième question se trouve implicitement résolue par ce qui précède : si l'inculpé a négligé de se prévaloir en temps utile de la protection de la loi, le jugement rendu sera inattaquable pour cette cause, si d'ailleurs la disposition de l'article précédent, sur l'ordre des jugements, a été observée.

Le jugement redeviendrait, au contraire, sujet à réformation en appel, ou à cassation, si le défendeur avait opposé l'exception devant le tribunal, avant toute autre défense, et n'avait pas été écouté.

III. La troisième question est formellement résolue par la loi et de la manière la plus favorable au demandeur. Il peut toujours reporter au tribunal originairement saisi l'action privée qu'il avait indûment tenté de déplacer. Il serait contraire à la raison et à l'équité de déclarer le demandeur déchu au fond : il n'a pas renoncé à son action ; il a voulu seulement la transporter. On peut le lui défendre ; mais il faut alors lui rendre la position qu'il avait d'abord. La punition de sa témérité sera encore suffisante, car il supportera les frais de la première demande dont il s'est désisté et ceux de la nouvelle demande maintenant écartée ; quant aux frais d'une troisième demande devant le tribunal près duquel il doit retourner, ils seront supportés, suivant le droit commun, par la partie qui succombera définitivement.

Observons qu'il y a un cas où l'action ainsi écartée, comme indûment transportée au tribunal civil, ne pourrait plus être reportée au tribunal de répression, c'est lorsque, dans l'intervalle, le tribunal de répression aurait statué sur l'action publique et se trouverait dessaisi. Dans ce cas, le désistement fautif de la procédure au civil et les lenteurs mises à réparer cette irrégularité équivalent à un désistement du droit d'action.

Art. 7.—25. Le procès pénal, l'action publique, peut avoir une issue favorable ou défavorable à l'inculpé ; il n'en résulte pas nécessairement que, dans le premier cas, il soit affranchi de toute responsabilité civile, pas plus que, dans le second, il doive une indemnité à la partie qui se prétend lésée, ni surtout qu'il doive toute l'indemnité réclamée.

Ce dernier point va tellement de soi, que la loi n'a pas eu besoin de l'exprimer.

Il en est autrement du cas où l'issue est favorable; dans ce cas, on aurait pu croire que si l'inculpé n'est pas punissable pour le fait à lui imputé, il n'est pas non plus responsable civilement. Mais ce serait, le plus souvent, au moins, une erreur, d'après le droit naturel et la justice absolue, et ce sera maintenant une erreur d'après le droit positif.

26. Remarquons, d'abord, que la loi prévoit trois sortes de décisions favorables à l'inculpé sur l'action publique: l'*acquittement*, la *mise hors de poursuites* et l'*absolution*.

Ce n'est pas ici le lieu de développer les différences qui les caractérisent. Il suffit de noter que l'*acquittement* suppose que l'inculpé est reconnu non coupable, après un examen complet et un jugement au fond; que la *mise hors de poursuites* suppose que les charges n'ont pas paru suffisantes pour aller jusqu'au jugement du fond, ou que l'action publique n'était pas recevable, soit parce qu'elle était éteinte pour l'une des causes qui sont énumérées à l'article suivant, soit parce que le fait n'est pas prévu par la loi pénale; enfin, que l'*absolution* suppose les même cas (moins l'insuffisance des charges), avec cette différence que l'inculpé a été reconnu coupable par les juges du *fait*, et que les juges du *droit*, ne trouvant pas de base légale à la condamnation, le renvoient sans punition, *délié, absous* (voy. art. 243, 355, 356). Au surplus, cette différence entre les juges du *fait* et les juges du *droit* ne se trouve que dans les matières criminelles où figure le jury et où elle sera l'objet de plus amples explications.

27. On va voir maintenant quand ces décisions favorables laissent place à la responsabilité civile, ce qui est la règle posée par l'article 7, et aussi quand elles l'excluent, ce qui sera exceptionnel.

Et d'abord, en principe, l'obligation civile peut subsister, quoique toute pénalité soit écartée. Pour qu'il y ait obligation civile de réparer un dommage causé, il suffit qu'il y ait faute, négligence, imprudence. Au contraire, pour qu'il y ait infraction punissable, il faut que la faute présente certains caractères plus graves, notamment l'intention de nuire, ou tout, au moins, la connaissance du mal causé et la volonté de le commettre; les cas sont rares où la loi punit correctionnellement le dommage causé involontairement et par imprudence.

Il peut donc arriver, bien souvent, que l'inculpé soit acquitté, parce que l'acte a été accompli sans volonté ou sans mauvaise intention, mais qu'il soit civilement fautif; il peut se faire, notamment, qu'une personne soit poursuivie pour vol ou détournement de la chose d'autrui ; elle établit que c'est par erreur qu'elle a retenu l'objet : elle n'est pas punissable, mais elle doit restituer l'objet, et si elle l'a aliéné ou consommé, elle en doit la valeur.

La solution serait la même si, dans l'instruction, tout soupçon de mauvaise intention était écarté et qu'il y ait mise hors de poursuites, sans renvoi devant la juridiction de jugement. De même encore, si l'action publique se trouvait éteinte par amnistie : le pouvoir souverain a bien pu, dans un but d'apaisement et de conciliation, effacer les traces légales et proclamer l'*oubli* d'une infraction ; mais il sortirait de son domaine et manquerait à la justice absolue en portant atteinte au droit de réparation civile.

Il est vrai qu'au cas où l'action publique serait non recevable par application de la chose jugée ou de la prescription, l'action civile ne serait pas non plus recevable (v. art. 9) ; mais ce serait pour d'autres motifs, qui seront donnés en leur place.

Au cas d'absolution, la question fait encore moins de doute, puisque l'inculpé aura été déclaré coupable ; il échappe, il est vrai, à la pénalité, pour une cause qui aurait dû le faire mettre hors de poursuites, si elle avait été reconnue plus tôt ; mais sa responsabilité civile est entière.

28. Voici maintenant des cas exceptionnels où la décision favorable pénalement le sera aussi civilement. Ces cas n'étant que des conséquences de principes généraux, la loi n'a pas eu à les exprimer.

Le premier de ces principes est qu'il ne doit pas y avoir contradiction entre la chose jugée au criminel et la chose jugée au civil. Si donc il y a eu acquittement fondé, soit sur ce que le fait n'a pas eu lieu, soit sur ce que l'inculpé n'en a pas été l'auteur, il est impossible que le même inculpé soit condamné civilement. C'est en ayant soin d'énoncer avec précision les motifs de l'acquittement que les tribunaux parviendront à éviter toute contradiction entre la décision civile et la décision pénale.

Le deuxième principe qui mettra obstacle à la réparation civile est celui d'après lequel l'action civile est, dans certains cas, liée à l'action publique et éteinte avec elle. Ainsi, la mise hors de poursuites ou l'absolution a eu lieu parce que l'action publique était éteinte par la prescription ; dans ce cas, l'action civile est éteinte également (voy. art. 11 et 12).

La règle de l'article 7 et les exceptions qu'elle reçoit par les principes précités doivent être observées, aussi bien quand les deux actions sont portées devant le même tribunal, celui de répression, que lorsqu'elles le sont devant deux tribunaux différents.

29. Le 2e alinéa de notre article déclare que l'action

en réparation ne peut plus être portée que devant le tribunal civil lorsque le tribunal de répression n'a pu statuer sur l'action publique ; ce qui arrive, si l'instruction s'est terminée sans renvoi à un tribunal de répression (mise hors de poursuites, ordonnance de "non lieu," art. 243). Il en est autrement, si la juridiction de répression saisie a déclaré l'action publique non recevable (art. 356). Dans ce cas, le tribunal de répression a été saisi des deux actions et il lui appartient de statuer sur les intérêts civils. Dans le cas d'incompétence proprement dite, où l'on ne peut pas dire que le tribunal a été valablement saisi, il ne peut alors non plus statuer sur les intérêts civils.

Art. 8.—30. Cet article énumère les cas dans lesquels l'action publique, quoiqu'elle ait été antérieurement recevable, a cessé de l'être et ne peut plus être portée utilement devant les tribunaux.

Dans ces cas, si la demande était formée, toute partie en cause, même celle qui a saisi le tribunal, pourrait la faire déclarer non recevable ; elle le pourrait, en tout état du procès, jusqu'au jugement ; le tribunal pourrait même la rejetter d'office, et si la décision était intervenue sur le fond, elle pourrait être cassée pour ce seul fait.

Les cas sont au nombre de six ; ils sont limitativement déterminés. Chacun d'eux mérite un examen particulier.

31.—I. *Mort de l'inculpé.* Les peines devant être personnelles, comme la faute l'a été, ne pourraient, sans une criante injustice, être prononcées contre les héritiers du coupable, même contre ses plus proches parents.

L'histoire de presque tous les peuples montre que, dans les temps d'ignorance et de barbarie, ce principe était méconnu, que, souvent même, dans les cas de crime capital, toute la famille était punie avec son chef, sans qu'on alléguât aucune complicité entre elle et lui. Plus tard, on respecta davantage le principe de la personnalité des peines ; mais on admit qu'en cas de décès de l'inculpé, le procès serait fait à sa mémoire et quelquefois même à son cadavre. C'étaient là de tristes erreurs, condamnées par la civilisation.

Qu'y a-t-il, en effet, de plus choquant et de plus injuste que de juger un être qui ne peut plus se défendre ? Lors même qu'il serait nommé un curateur, un défenseur à sa mémoire, celui-ci pourrait-il connaître toutes les circonstances qui auraient pu faire ressortir l'innocence de l'inculpé ?

Remarquons, à ce sujet, sauf à y revenir plus tard, (voy. art. 306 et 307) que la folie, même la plus complète, n'éteint pas l'action publique, mais qu'elle en suspend seulement l'exercice jusqu'à ce que la raison soit revenue à l'inculpé ; le motif est également que la défense confiée à un tiers, quand l'inculpé ne peut la diriger, est toujours insuffisante.

Si la folie était incurable, l'action civile arriverait à s'éteindre par la mort de l'inculpé, et même par la prescription, si les moyens de l'interrompre étaient négligés.

L'extinction de l'action publique par la mort de l'inculpé présente une difficulté particulière au cas d'adultère de la femme et de décès de celle-ci avant le jugement. L'action publique contre le complice s'éteindra-t-elle aussi ?

Il semble nécessaire de le décider : autrement, sa condamnation entraînerait une flétrissure pour la mémoire de la femme qui n'a pu se défendre. En vain, on objecterait qu'il peut y avoir des preuves certaines, des constatations d'un flagrant délit, des lettres. Mais, du moment qu'on reconnaît que ces preuves ne dispenseraient pas de recourir à un débat contradictoire, si la femme vivait, l'impossibilité de ce débat est un obstacle au jugement.

Il n'en serait pas de même de la mort du prétendu complice (co-auteur) de la femme poursuivie pour adultère; la mort de celui-ci ne mettrait pas fin à la poursuite contre la femme, parce qu'il n'est pas nécessaire, pour que l'adultère de la femme soit puni, que son co-auteur soit connu. Le cas où le co-auteur serait décédé avant le jugement est semblable à celui où le co-auteur, surpris avec la femme en flagrant délit, aurait pu s'échapper avant d'être reconnu.

32.—II. *Renonciation ou transaction de la partie lésée.* Dans les cas déjà visés, où l'action publique est subordonnée à la plainte de la partie lésée, il est naturel que si cette plainte est retirée, que si la partie lésée transige sur ses intérêts privés, l'action publique ne puisse plus être exercée ou continuée par le ministère public. Les cas d'injure, de diffamation, d'adultère, déjà cités, donnent application à cette règle.

En France, le principe n'a pas été posé aussi nettement par la loi et il y a des cas où l'on soutient que l'action publique, une fois fondée sur la plainte, ne s'éteint pas avec le retrait de cette plainte.

33.—III. *Autorité de la chose jugée.* Un des principes fondamentaux de l'administration de la justice criminelle et civile est l'autorité attachée aux décisions de la justice, quand elles sont devenues inattaquables: elles doivent être, dans ce cas, "considérées comme la vérité." (*g*)

Sans doute, on connaît la faiblesse de l'esprit humain et la fréquence de ses erreurs; sans doute aussi, les juges sont exposés, indépendamment de leurs propres erreurs, à celles des témoins ou des experts, sans les-

---

(*g*) Axiôme: *Res judicata pro veritate habetur* (ou *accipitur*): "La chose jugée est tenue (ou reçue) pour la vérité."

quels, le plus souvent, ils ne peuvent connaître les faits qui leur sont soumis ; mais, si les décisions judiciaires pouvaient être indéfiniment remises en question, on s'exposerait autant à remplacer la vérité par l'erreur qu'on aurait de chances de remplacer l'erreur par la vérité. En outre, les procès ne seraient jamais considérés comme terminés, et les citoyens n'auraient aucune sécurité, soit vis-à-vis de la société, soit vis-à-vis les uns des autres.

L'autorité de la chose jugée n'est, au fond, qu'une *présomption*, une probabilité de vérité ; mais elle est élevée par la loi au degré d'une certitude absolue et obligatoire pour le juge ; c'est, d'ailleurs, le seul cas où, en matière criminelle, le juge soit lié par une nature de preuve pour former sa conviction.

Pour que l'action publique soit non-recevable, parce qu'elle a été déjà l'objet d'une décision, il faut que cette décision soit devenue *irrévocable*, soit par l'épuisement des voies de recours, soit par l'expiration des délais pendant lesquels elles étaient possibles. Il est clair, notamment, que si l'action publique est portée devant le tribunal de recours, par opposition, appel ou pourvoi en cassation, la chose jugée ne peut être opposée, puisque, justement, elle est attaquée.

Remarquons encore que, même avant d'être devenue irrévocable, la chose jugée a déjà une autorité considérable et qui suffirait à interdire à un tribunal de statuer sur l'action publique. Par exemple, une affaire a déjà été jugée par défaut et le jugement est susceptible d'opposition, ou bien elle a été jugée contradictoirement, en premier ressort, et le jugement est susceptible d'appel ; mais, au lieu que l'action publique soit portée, par opposition ou appel, devant le tribunal compétent pour ce recours, elle est portée comme entière et nouvelle devant un autre tribunal. Ce tribunal sera le plus souvent incompétent : à raison du lieu, notamment; mais, dans le cas où plusieurs tribunaux sont compétents, comme on le verra au Livre Ier, ce n'est pas à cause de l'incompétence que le tribunal nouvellement saisi de l'affaire devra rejeter la demande, c'est parce qu'il y a *chose jugée;* or, tant que le jugement n'est pas attaqué, il a une force suffisante, sinon pour être exécuté, au moins pour empêcher toute nouvelle action au même sujet.

Si enfin, le nouveau tribunal était saisi pendant que le recours est formé, ce ne serait plus en vertu de la chose jugée qu'il devrait se dessaisir, mais à raison du *conflit*, incident dont il sera parlé aux Livres IIe, IIIe et IVe (art. 261 à 263, 318 à 329, 598 et s.).

Mais l'article 8 qui nous occupe n'a dû parler que des jugements devenus irrévocables et non de tous ceux qui ont déjà autorité de chose jugée; car il ne s'occupe pas de tous les cas où les tribunaux doivent se dessaisir, mais seulement de ceux plus graves, où l'action publique est éteinte.

Quelle que soit l'autorité de la chose jugée, même quand elle est devenue irrévocable, elle ne peut profiter ni nuire, au moins, en principe, qu'aux inculpés qui ont été compris dans la poursuite. Ainsi, de ce qu'il y aurait jugement à l'égard d'un auteur ou d'un complice, même contre deux, cela n'empêcherait nullement de poursuivre d'autres auteurs ou d'autres complices, et cela, lors même que le premier procès n'aurait pas révélé l'existence d'autres coupables: il n'y a pas eu à statuer sur eux; l'action reste entière à leur égard. Mais, exceptionnellement, il pourrait se faire que le jugement qui déclare l'innocence d'un inculpé entraînât, par cela même, la preuve de l'innocence de l'autre; par exemple, si une femme poursuivie pour adultère est acquittée, son prétendu complice ne pourrait plus être poursuivi; de même, si, dans une poursuite pour vol contre l'auteur principal, il a été jugé que le vol n'avait pas eu lieu : par exemple, que l'objet avait péri par accident, il ne pourrait plus y avoir de poursuites contre un prétendu complice de vol.

34.—IV. *Abolition de la peine par une loi nouvelle.* Il peut arriver que la loi supprime complétement une peine à l'égard de certains faits antérieurement punissables, mais qui ont cessé de paraître assez nuisibles à la société pour être atteints par la loi pénale.

Le nouveau Code pénal japonais ne reproduit pas toutes les pénalités antérieures; l'hypothèse n'a donc rien d'invraisemblable. Dans ce cas, les faits non encore jugés au moment de la promulgation de la loi nouvelle ne pourront plus l'être : l'action publique est éteinte, parce qu'elle n'a plus d'objet. Si même la peine avait été prononcée, elle prendrait fin, conformément au Code pénal (art. 68-4°).

35.—V. *Amnistie.* On a donné quelques développements au commentaire du Code pénal sur l'amnistie qu'il ne faut pas confondre avec la grâce, avec laquelle elle a, du reste, quelques ressemblances.

L'amnistie est un bienfait du souverain qui défend toutes poursuites à raison de certains faits, punissables d'ailleurs d'après la loi.

Ce pouvoir considérable du souverain existe en tout pays; il est, comme le droit de grâce, une des plus belles prérogatives de la souveraineté, car il a plus de puissance que la loi, et il ne s'exerce que d'une façon bienfaisante.

C'est, généralement, en matière de crimes et de délits politiques que ce droit est exercé. Quand les faits sont accomplis et que l'ordre est rétabli, quand le mal social a été peu considérable et qu'il y a plus d'apaisement à attendre de la clémence que de la répression, l'amnistie est souvent d'un grand bien et d'une sage politique.

Elle proclame l'*oubli* (d'après le sens propre de l'étymologie grecque), elle efface l'infraction. Si donc des poursuites n'ont pas encore eu lieu contre tout ou partie des coupables, elles deviennent impossibles; s'il en a été commencé, elles cessent; si des peines ont été prononcées, elles prennent fin.

L'oubli est tel, légalement, qu'en cas de nouvelle infraction, les condamnés amnistiés ne seraient pas considérés comme récidivistes.

Il en est autrement de la grâce qui n'efface pas le délit, mais fait seulement cesser la peine. La grâce ne peut figurer ici, car elle ne peut intervenir qu'après la condamnation.

36.—VI. *Prescription.* La prescription est un bienfait de la loi qui a de l'analogie, dans ses effets, avec l'amnistie, en ce qu'il opère aussi une sorte d'*oubli légal* de l'infraction.

Elle repose sur cette idée que le temps efface les preuves de l'infraction et aussi le souvenir du mal causé. Le plus souvent, les poursuites aboutiraient à un acquittement, faute de preuves certaines; ou, s'il y avait des procès-verbaux et autres actes de constatation contemporains de l'infraction et pouvant servir de base à une condamnation, il serait à craindre que les preuves favorables à l'inculpé, les preuves à décharge, n'eussent disparu. En outre, la société n'a plus le même intérêt à la punition d'un acte qui est plus ou moins oublié; l'objet de la pénalité, qui est de rassurer les intérêts alarmés et de prévenir de nouvelles infractions de la part du même individu, ne se justifie plus au même degré, lorsque le temps a effacé le trouble causé et que le coupable n'est pas retombé dans l'infraction. La société, enfin, n'est pas fatalement désarmée par le temps, car ses représentants peuvent conserver son droit par des actes qu'on appelle "interruptifs" de la prescription et dont il sera parlé sous les articles 14 à 16. On peut donc ajouter, pour achever de justifier la prescription, que la société, en n'exerçant pas son droit, dans la mesure où elle en avait la possibilité, y a renoncé.

La prescription, si le temps en est accompli, au moment des pousuites, fait écarter immédiatement l'action publique ; c'est un moyen *préjudiciel*, préalable à l'examen du fond, d'après l'étymologie latine du mot.

Le Code pénal (art. 69 et suiv.) admet une autre prescription, celle qui met fin aux peines prononcées, lorsque le condamné est parvenu à s'y soustraire. Cette prescription ne se justifie plus par la difficulté ou l'incertitude des preuves, puisque le jugement est prononcé; mais elle se fonde encore sur le défaut d'intérêt de la société à l'exécution d'une peine, pour une infraction oubliée et contre un coupable également oublié, lequel deviendrait, dès lors, un objet de pitié bien plus que de réprobation.

Ces deux prescriptions sont presque des innovations pour le Japon ; mais elles sont admises dans les législations les plus sages des autres pays et on n'a pas hésité à les admettre dans les nouveaux Codes.

Art. 9.— 37. Les causes d'extinction de l'action privée sont nécessairement moins nombreuses que celles de l'action publique.

D'abord, l'abolition de la peine et l'amnistie ne lui sont pas applicables ; il est clair que ces deux actes du pouvoir souverain, qui retirent à la société le droit de punir une infraction, ne peuvent enlever aux personnes lésées le droit qu'elles ont acquis à une réparation. La mort elle-même du coupable n'éteint pas son obligation civile, laquelle pesait sur son patrimoine plutôt que sur sa personne, et l'obligation passe à ses héritiers qui ne recueillent ce patrimoine qu'avec les charges qui le grèvent.

La mort de la partie lésée n'éteint pas non plus son

action, au moins en principe ; car le droit est acquis à son patrimoine qui a été diminué ou lésé et il passe comme tel aux héritiers.

Mais, il peut arriver que le préjudice né de l'infraction soit attaché à la personne lésée et ne s'étendre pas au patrimoine, ni, par conséquent, aux héritiers ; c'est ce qui a lieu pour les délits d'injure ou de diffamation, pour l'adultère de la femme et, généralement, pour les infractions qui causent à autrui un dommage purement moral.

Cependant, même dans ces cas, la partie lésée, tant qu'elle vit, peut soutenir et prouver que le dommage moral a entraîné pour elle un dommage pécuniaire résultant de la déconsidération ; comme serait, par exemple, la perte d'un emploi ; elle peut aussi demander une réparation pécuniaire, en conpensation du dommage moral, seule compensation qui, le plus souvent, puisse lui être accordée, et si la partie lésée est décédée après la demande, ses héritiers peuvent la suivre. Mais si la partie lésée est morte avant d'avoir formé sa demande, ses héritiers n'auront pas le même droit, parce qu'ils n'ont pas éprouvé de dommage.

Pour admettre le droit des héritiers, il faudrait supposer que l'infraction commise contre leur auteur leur a, par contre-coup, causé un dommage moral égal ou analogue ; comme si, par exemple, la diffamation avait consisté à dire de leur auteur que sa fortune était acquise malhonnêtement ; dans ce cas, il serait possible de considérer les héritiers, qui ont recueilli cette fortune, comme lésés eux-mêmes moralement.

Il en serait de même, et à plus forte raison, si la mort de l'auteur résultait de l'infraction elle-même ; dans ce cas, la mort, loin de mettre fin à l'action privée, lui donnerait, au contraire, naissance ; surtout, lorsque la mort de l'auteur priverait ses héritiers de leur soutien ; ceux-ci sont alors les personnes directement lésées par l'infraction. Il suffirait même d'être parent ou allié du défunt, sans être son héritier, pour avoir droit à la réparation, du moment qu'on serait une des personnes dont l'entretien était, de droit ou de fait, à la charge du défunt.

Quand il y a plusieurs héritiers ou autres ayant-droit, il pourra être accordé des indemnités distinctes et séparées à chacun d'eux ; le tribunal pourra aussi fixer une indemnité unique, pour être versée aux mains de celui des parents qui aura la charge de l'entretien des autres. Ce qu'il ne faudrait pas admettre, ce serait une suite de demandes séparées de divers parents ou héritiers : ils doivent se concerter pour agir ensemble, ou un seul au nom de tous.

A cet égard, le caractère purement relatif et limité de la chose jugée semble recevoir une extension, et s'appliquer même par voie d'exclusion, à des personnes qui n'auraient pas figuré au procès : on doit en effet, appliquer ici une théorie particulière qui se retrouve dans la plupart des questions de famille : un seul membre de la famille peut agir pour tous, et ce qui est jugé pour ou contre lui est considéré comme jugé pour ou contre tous ; ou l'aquelle le “ défenseur légitime ” (défenseur d'*après la loi*).

Des trois dernières causes d'extinction de l'action privée, la dernière seule, la prescritpion, demandera des explications.

L'autorité de la chose jugée a ici son effet ordinaire, avec l'extention qui vient d'être indiquée au sujet des parents.

Enfin, comme il ne s'agit ici que d'un intérêt privé, la renonciation pure et simple de la partie lésée, ou la transaction qui est une renonciation avec conditions, mettront fin à l'action civile, même dans le cas où l'action publique n'était pas subordonnée à la plainte.

Art. 10.— 38. La fixation du délai des prescriptions est toujours un peu arbitraire, comme celle de tous les délais légaux, en général. La raison et la justice naturelle ne demandent que d'éviter des délais trop longs ou trop courts. S'ils étaient trop longs, les preuves à charge pourraient disparaître, et mieux vaut ne pas commencer une poursuite qui ne peut aboutir qu'à un acquittement ; ou bien, ce seraient les preuves à décharge qui pourraient avoir disparu et, alors, un danger bien autrement grave se présenterait, celui de condamner un innocent. Si les délais étaient trop courts, la justice serait contrainte d'agir avec précipitation et les deux mêmes dangers se retrouveraient : celui d'acquitter un coupable, faute de preuves qu'on n'aurait pas eu le temps de recueillir, ou celui de condamner un innocent après une instruction précipitée.

La prescription de l'action publique est plus courte que celle des peines, parce que sa cause n'est pas la même, comme on l'a dit plus haut et comme ce qui précède le rappelle. De plus, pour la prescription des peines, le délai est d'autant plus long que la peine est plus forte ; il n'y a pas, comme ici, trois délais seulement, un pour chaque classe infraction : il y en a presque autant que de peines diverses (C. pénal, art. 70) ; la loi, se fondant, dans ce cas, sur la présomption d'oubli de l'infraction, a pensé, avec raison, qu'une infraction est d'autant moins vite oubliée que la peine prononcée a été plus forte.

En matière de prescription de l'action, on n'admet que la différence des trois degrés d'infraction : contraventions, délits et crimes ; mais on ne distingue pas le degré de gravité de chacune ; le motif en est qu'il ne s'agit encore que de poursuites : on peut bien, d'après les charges, croire à un délit ou à un crime, mais on ne pourrait faire que des conjectures sur la peine qui pourra être prononcée.

Six mois, trois ans, dix ans, ont paru des délais

suffisants pour concilier, tout à la fois, les droits de la société contre les infracteurs et la sécurité des citoyens contre des poursuites téméraires.

39. Le dernier alinéa de notre article suppose qu'il est intervenu une loi changeant le délai de la prescription dans l'intervalle de l'infraction au jour des poursuites. La nouvelle loi sera applicable à la poursuite, sans distinguer si elle abrège ou si elle augmente le délai de la prescription.

On pourrait s'étonner de cette solution qui semble, au premier abord, contraire au principe de la "non-rétroactivité des lois," au moins dans le cas où la nouvelle loi est défavorable.

Mais il ne faut pas perdre de vue que le principe de la non-rétroactivité, en matière pénale, ne s'applique que lorsqu'il s'agit de maintenir aux inculpés un droit acquis : quand il s'agit de la peine à appliquer, ils ont acquis un droit à n'être puni que dans la mesure où la loi punissait l'infraction au moment où elle a été commise ; mais il n'est pas possible de soutenir qu'un inculpé a, du jour de l'infraction, un droit acquis à n'être poursuivi que dans un délai déterminé : il n'a ce droit que si, au jour de la poursuite, la loi en vigueur ne permet plus les poursuites. Mais si, dans l'intervalle entre l'infraction et le jugement, la loi a pensé que le perfectionnement des institutions judiciaires et de la procédure permet de retrouver les preuves des infractions avec plus de sûreté et pendant un plus long temps qu'auparavant, il est juste que cette loi soit appliquée.

On retrouvera le même principe sous l'article 29, avec une application encore plus générale.

Art. 11.—40. La prescription civile ordinaire, celle qui peut être invoquée par les débiteurs après un certain laps de temps et qui les dispense de fournir la preuve directe qu'ils ont payé ou qu'ils sont autrement libérés, est, en général, assez longue. En Europe, elle est ordinairement de 30 ans, par souvenir du droit romain.

Mais lorsqu'il s'agit de la prescription de l'action civile née d'une infraction, le délai est plus court et il est exactement mesuré sur celui de l'action publique. La raison en est facile à comprendre : du moment que la loi présume que l'infraction elle-même ne peut plus être suffisamment prouvée après un certain laps de temps, il est clair qu'elle ne peut pas être plus facilement ni plus sûrement prouvée à fins civiles qu'à fin criminelle ou correctionnelle.

41. En principe, la prescription civile ne court pas contre les mineurs et les interdits, même lorsqu'ils sont régulièrement pourvus d'un tuteur ; ils conservent leurs droits de créance ou de propriété, nonobstant la négligence de leur représentant à faire valoir ces droits en justice. On dit alors que la prescription est "suspendue" au profit des incapables. Il n'en est pas de même pour leurs créances civiles résultant d'une infraction dont ils auraient souffert. C'est toujours par le même motif : la difficulté de faire, après un long intervalle de temps, une preuve sérieuse du fait incriminé.

Ajoutons, tant pour les majeurs que pour les mineurs, que si la loi n'avait pas fait cadrer ensemble les deux prescriptions, il eût été choquant de voir établir devant la justice civile un fait délictueux et que le ministère public n'eût pas le droit d'en demander la punition.

42. Il en serait autrement, pour toutes personnes indistinctement, si, avant la prescription, il avait été rendu un jugement de condamnation, sur l'action publique ; dans ce cas, les preuves du fait incriminé étant fournies contre l'inculpé, l'action privée n'aurait plus pour objet que d'établir l'étendue du dommage ; elle ne présenterait plus ni les difficultés ni les dangers signalés plus haut et elle ne serait plus soumise qu'aux délais de la prescription civile ordinaire.

Art. 12.— 43. La partie lésée par une infraction, qui aurait négligé d'agir dans le délai de la prescription déterminé pour l'action publique, aurait encore une ressource très-utile : ce serait d'invoquer en justice le dommage qu'elle a pu éprouver, en n'imputant au défendeur qu'une simple faute civile; de même, s'il s'agissait d'un vol ou détournement, elle pourrait revendiquer sa chose, en vertu du droit de propriété. Il est clair, en effet, que la partie ne doit pas être moins bien traitée quand elle a été victime d'une infraction que lorsqu'elle a souffert d'une simple faute civile.

La seule précaution qu'elle doive prendre sera, comme l'exige le texte, de ne pas imputer au défendeur les faits intentionnels qui constitueraient une infraction. Si elle le faisait pourtant, le tribunal devrait l'arrêter dans cette voie, et si elle y persistait, la demande devrait être déclarée non recevable, à cause de la prescription; si le jugement lui-même portait dans ses motifs, la trace de cette imputation défendue, le jugement devrait être cassé, comme contraire à la loi et à la prescription acquise.

Cet article du Projet japonais tranche ainsi une question qui reste très-controversée en droit français.

Art. 13.— 44. Dans tout calcul de délais, il importe de bien fixer le point de départ, le jour *a quo*, (à partir duquel); quant au dernier jour, le jour *ad quem* (jusqu'au quel), il ne présente pas de difficulté : c'est celui qui clot la période du temps fixé. Ici, il est naturel que le point de départ de la prescription soit le jour de l'infraction; il est naturel aussi que ce jour soit compris dans le délai. Outre que cette solution est plus favorable à l'inculpé, la raison veut qu'il en soit ainsi, car le jour de l'infraction appartient déjà aux poursuites; il n'est même pas rare qu'elles soient commencées ce jour-là.

45. La loi a dû modifier la règle, ou, au moins, son application, pour les infractions dites *continues*, à l'égard desquelles la prescription ne commence à courir que du jour où elles ont cessé.

Les infractions continues ne sont pas très-nombreuses. On peut citer, parmi les infractions contre la chose publique : la sédition ou guerre civile, le port ou la possession illicites d'armes ou de munitions de guerre, de faux poids ou fausses mesures, les associations illicites, le vagabondage ; parmi les infractions contre les particuliers : la séquestration de personnes.

Quelques infractions ont un caractère assez incertain et discutable, sous ce rapport ; tel est le recel de choses volées qui paraît consister autant dans la rétention des choses volées que dans leur réception première ; tel est encore le détournement de mineur ; mais, dans ces deux cas et autres semblables, il est plus vrai de dire que le délit est instantané et consiste dans le fait illicite originaire ; pour que le délit fût vraiment continu, il faudrait, au deuxième cas, qu'il dégénérât en séquestration, et, au cas de recel, qu'il y eût des déplacements réitérés de la chose recélée, ce qui constituerait plutôt une succession de recels, un délit *successif*, qu'un délit *continu*.

Les délits successifs que l'on confond souvent avec les délits continus, sont justement ceux qui se renouvellent à intervalles plus ou moins rapprochés, avec le même caractère et avec le même mobile coupable, comme l'émission ou même la fabrication de fausse monnaie, la mendicité, la vente de choses prohibées, enfin, les délits pour la punition desquels la loi exige l'*habitude*, comme l'exercice illégal de la médecine ou des accouchements.

Dans tous les cas qui précèdent, le cours de la prescription est modifié d'une façon défavorable à l'inculpé : il est clair que si le délit est, à proprement parler, *continu,* s'il se renouvelle tous les jours et à tous les instants, il ne se prescrit pas, tant que cet état de choses n'a pas cessé; s'il est *successif* et *réitéré,* à intervalles plus ou moins rapprochés, une nouvelle prescription est nécessaire pour chaque nouvelle infraction, et quelques-unes d'entre elles pourront se trouver déjà prescrites, quand les dernières ne le seront pas encore.

Art. 14.— 46. Cet article remédie aux dangers que la prescription pourrait faire courir à la société: il permet que le cours en soit interrompu par des actes de poursuite.

L'*interruption* ne doit pas être confondue avec la *suspension* de la prescription dont il est parlé sous l'article 11.

La suspension est un temps d'arrêt dans la marche de la prescription, avec réunion ou jonction du temps déjà écoulé au temps ultérieur; elle constitue donc un intervalle dans le temps nécessaire pour prescrire. Elle n'a lieu qu'en matière civile ordinaire; son application la plus fréquente est en faveur des incapables qui ne sont pas exposés à perdre leurs droits par l'effet de la prescription, laquelle ne court pas pendant leur minorité. L'article 11 laisse courir la prescription contre les mineurs lésés par une infraction; on a donné, sous cet article, la raison de cette exception.

L'interruption de la prescription est plus grave: elle supprime le bénéfice du temps déjà écoulé; la prescription interrompue doit être reprise en entier. Ainsi, si le ministère public est vigilant, il peut toujours empêcher la prescription de s'accomplir, en faisant, avant les dix ans, les trois ans ou les six mois, quelque acte de poursuite: il conserve le droit de la société et celui de la partie lésée, en ne laissant pas l'infraction tomber en oubli.

Ce n'est donc qu'au cas où l'infraction est restée

complétement inconnue que la prescription s'accomplira, et dans ce cas encore, la prescription se trouve doublement justifiée ; car un crime resté inconnu aussi longtemps n'a pas causé l'inquiétude ou l'alarme qui est une des causes de la pénalité et, de plus, les preuves doivent en avoir d'autant plus complétement disparu qu'on n'a pas eu à les chercher.

Observons, d'ailleurs, avec l'article 14, que les poursuites n'ont pas besoin d'être dirigées nominativement contre l'auteur de l'infraction, lequel peut être resté inconnu quand le crime ou le délit ne l'a pas été ; il suffirait donc d'entendre des témoins sur le fait ou d'interroger sur le même fait des individus soupçonnés, lorsque le laps de trois ou dix ans est sur le point de s'accomplir, pour interrompre la prescription et s'assurer ainsi d'une seconde période égale à la première, conformément à l'article 16.

Les poursuites de la partie lésée profiteraient aussi à l'action publique, mais à la condition d'avoir été faites devant le tribunal de répression ; enfin, si une instruction a été ouverte, chacun des actes du juge interromprait la prescription.

Art. 15.—47. Les actes de procédure sont exposés à deux causes de nullité sans lesquelles les garanties que la loi a cherchées dans ces actes seraient illusoires : la nullité pour vice de forme et la nullité pour incompétence de l'officier qui les a faits ou devant lequel ils ont été faits.

Ainsi, une citation à comparaître devant un juge ou un tribunal, un mandat d'amener ou d'arrestation, un procès-verbal de constatation, qui ne présentent pas les mentions essentielles prescrites par la loi, sont *nuls en la forme ;* ces mêmes actes, dressés par un officier autre que celui auquel la loi en donne le pouvoir, ou appelant un inculpé devant un juge ou un tribunal autre que celui que la loi désigne, sont *nuls pour incompétence.*

Cette nullité sera-t-elle si complète qu'elle doive faire considérer comme nulle aussi et non avenue l'interruption de la prescription qui en serait l'effet si l'acte était régulier aux deux points de vue ?

Le Projet japonais applique ici une distinction que le Code civil français a formellement établie, pour les matières civiles (art. 2246 et 2247) et que la jurisprudence française n'a pas hésité à étendre aux matières criminelles, parce qu'elle est conforme à la raison.

Voici cette distinction : l'acte nul *en la forme* n'interrompt pas la prescription ; autrement, les actes les plus irréguliers, les plus incomplets, les plus informes, produiraient interruption, ce qui serait injuste et choquant. Les formes, d'ailleurs, étant décrites avec précision par la loi, sont faciles à observer. L'acte nul *pour incompétence* garde, au contraire, son effet interruptif.

Le motif de cette différence est que la compétence des officiers ou des tribunaux est souvent difficile à connaître, au début d'une poursuite ; son importance est surtout relative au jugement du fond, mais elle est moindre pour les premiers actes de poursuite ; l'inculpé cité devant un juge incompétent ou devant un officier qui n'a pas qualité à cet effet, voit, au moins, ce qu'on lui impute ; le droit de la société est suffisamment exercé pour qu'il ne compte pas sur l'impunité.

Art. 16.— 48. Lorsqu'il y a interruption de la prescription, le délai doit être compté de nouveau et intégralement à partir du dernier acte de poursuite. La loi veut qu'on ne tienne compte que des actes "ayant date certaine," (*h*) afin qu'il n'y ait pas con-

---

(*h*) Il y a, en France, trois moyens de donner date certaine aux actes (C. civ., art. 1328) ; le troisième, l'attestation d'un officier public, paraît le seul applicable ici.

testation sur ce point. D'ailleurs, un acte de procédure qui n'aurait pas date certaine serait, en général, *nul en la forme*, et, comme tel, sans effet interruptif.

Mais la loi ne permet pas que, par une série de poursuites, tour à tour commencées et abandonnées, l'action publique soit conservée indéfiniment ; car cela n'empêcherait pas les preuves à charge et à décharge de s'affaiblir et de disparaître avec le temps.

La prescription sera donc définitivement acquise, lorsqu'il se sera écoulé un temps double du délai déterminé à l'article 10, par conséquent, un an, pour les contraventions, six ans pour les délits et vingt ans pour les crimes.

Art. 17.—49. Toutes les dispositions de la loi fondées sur un motif d'ordre public ont ce privilège de pouvoir être invoquées devant tout tribunal saisi, en tout état de la procédure, par toutes les parties en cause, et même de pouvoir être appliquées *d'office* par le tribunal, c'est-à-dire sans que la demande lui en soit faite.

Le texte applique ce principe à la prescription, il l'appliquera, plus tard, à la chose jugée, à l'amnistie, à l'incompétence et aux autres fins de non-recevoir contre l'action publique.

Le texte exprime que la prescription peut être invoquée ou suppléée d'office, pour la première fois, devant la cour de cassation ; on a cru devoir s'en expliquer, parce que la prescription n'est pas un moyen de défense *de pur droit :* elle repose aussi sur deux *faits :* le laps de temps écoulé et l'absence d'acte interruptif. Cette extension des pouvoirs de la cour de cassation, qui ne juge que les points de droit, est fondée sur la raison d'ordre public précitée.

Art. 18.—50. Il ne s'agit plus, dans cet article, comme dans ceux relatifs à l'action de la partie civile, de dommages-intérêts dûs par suite de l'infraction, mais, au contraire, de ceux qui seraient dûs par cette partie, à raison de l'action publique mal fondée dont elle aurait été cause.

La loi permet la dénonciation aux particuliers qui ont été témoins d'une infraction, et la plainte à ceux qui en ont souffert; mais elle ne peut laisser impunie la mauvaise foi ni même la faute grave.

La dénonciation calomineuse devient elle-même une infraction dont la gravité dépend de celle des faits imputés mensongèrement à autrui (voy. Projet de Code pénal, art. 395 et suitv.) La mauvaise foi, chez le dénonciateur ou le plaignant, entraînera donc l'obligation civile de réparer le tort causé à l'inculpé. Il en serait de même, mais à un moindre degré, chez celui qui, par légèreté, imprudence ou témérité, aurait porté une dénonciation ou une plainte qu'un examen plus sérieux lui aurait montrée être sans fondement. C'est le cas que la loi appelle faute "lourde," suivant l'expression consacrée.

La faute lourde est plus difficile à déterminer, pour le tribunal, que la mauvaise foi, parce que la mauvaise foi ne comporte pas de degrés; la faute, au contraire, pourra être plus ou moins lourde, plus ou moins légère. Le tribunal devra tenir compte, tout à la fois, des circonstances qui permettaient de s'éclairer plus ou moins facilement sur la nature du fait ou sur ses causes chez l'infracteur et aussi de la gravité de l'imputation qui demandait plus ou moins d'examen suivant le tort qu'elle pouvait causer à l'inculpé.

La loi suppose, dans le premier alinéa, que l'inculpé n'a subi aucune condamnation: il peut avoir été mis hors de poursuites, au cours de la procédure préparatoire, parce que son innocence n'a pas tardé à être reconnue, ou bien, il n'a été complétement justifié que devant la juridiction de jugement et il a été acquitté.

Lors même que l'inculpé ne serait pas complétement justifié, ou serait absous, parce que le fait reconnu à sa charge ne serait pas puni par la loi, il pourrait encore réclamer une indemnité, si la dénonciation ou la plainte avaient été exagérées, de mauvaise foi ou par une faute lourde. Ainsi un individu a tué ou blessé autrui, à la chasse, par imprudence; l'héritier de la victime, ou le blessé lui-même, ou le dénonciateur, impute à l'infracteur un homicide ou des blessures volontaires. Dans ce cas, l'inculpé ne sera pas acquitté, à cause de l'imprudence; mais le plaignant ou dénonciateur, ayant, par faute lourde ou par mauvaise foi, compromis la réputation de l'inculpé et lui ayant surtout causé une plus longue détention préventive, devra être condamné à des dommages-intérêts.

La responsabilité du plaignant s'aggravera encore par la persistance qu'il aura mise dans sa poursuite mal fondée ou exagérée, en usant des voies de recours dans lesquelles il aura définitivement succombé. Le premier inconvénient de l'usage mal fondé de ces voies de recours aura été une prolongation de la détention préventive, et lors même que la liberté provisoire aurait été accordée, ce n'aurait été qu'à charge de se représenter à toute réquisition et peut-être de fournir caution, ce qui est toujours un embarras.

Ici, il ne peut plus s'agir du dénonciateur, mais seulement de la partie civile, car celle-là seule a les voies de recours contre la décision intervenue en faveur de l'inculpé.

Art. 19.—51. On retrouve ici la double compétence des tribunaux de répression, tant pour l'application des peines que pour le règlement des intérêts civils respectivement prétendus entre la partie civile et l'inculpé. Le tribunal de répression a tous les éléments nécessaires pour apprécier la mauvaise foi ou la faute lourde du plaignant ou du dénonciateur. Il est désirable qu'il soit, de préférence, saisi de la demande en dommages-intérêts de l'inculpé. Mais la voie civile est trop naturelle pour être fermée. Elle reste même seule ouverte, lorsque le tribunal de répression est dessaisi par le jugement du fond, sans que la demande lui ait été faite. Il en est de même, lorsqu'il n'y a pas lieu d'aller jusqu'au jugement du fond, comme il est dit au 3e alinéa.

Art. 20.—52. La loi a dû prendre garde d'affaiblir le zèle des magistrats, en les menaçant d'une responsabilité civile, au cas de poursuites mal fondées : ils laisseraient, le plus souvent, un coupable impuni, de peur de commencer des poursuites contre un innocent. Or, s'il est incontestable que, dans le doute, l'inculpé doit être déclaré innocent, il n'est pas exact que, dans le doute, la justice doive s'abstenir de poursuivre: la poursuite a justement pour but d'éclaircir et de lever les doutes.

Ce que les magistrats ne peuvent faire impunément, ce sont les détentions arbitrairement opérées ou prolongées, les condamnations injustes, inspirées par la méchanceté, la faiblesse ou la corruption, ou tous autres actes contraires aux droits des citoyens et punis ou défendus par la loi.

Dans ces divers cas, la loi française autorise la *prise à partie* des magistrats, expression délicate et qui constitue un heureux souvenir du droit romain : le juge *s'est fait partie au procès*, au lieu d'en rester l'arbitre impartial; les Romains disaient, dans le même sens et avec une forme non moins saisissante, que *"le juge a fait le procès sien" (judex litem suam fecit)*.

Indépendamment des cas de fautes du magistrat assez graves pour constituer une infraction de sa part, il y a encore des cas de faute lourde où la loi pourra avoir imposé au magistrat une responsabilité civile.

Le présent Code n'a pas de disposition de ce genre: il autorise seulement la Cour de cassation à prononcer l'avertissement, la réprimande ou la censure, lorsqu'une décision aura été cassée par la faute du juge (art. 575 et 576).

Il ne serait pas déraisonnable d'autoriser dans ce cas, la partie qui a souffert du jugement cassé à demander une indemnité aux juges; mais la loi n'a pas cru devoir aller jusque là, pour le motif donné plus haut.

53. A l'égard des greffiers dont la négligence peut causer des dommages directs aux parties, la loi, en n'en faisant pas mention, les laisse sous l'empire du droit commun; ils sont donc responsables des dommages causés par leur faute; d'ailleurs, les greffiers ne sont pas juges: leurs fonctions, toutes de formes, ont une précision qu'il leur est facile d'observer.

La loi a réglé quelques cas de responsabilité des greffiers, notamment dans les articles 28, 374, 377 et 409.

Art. 21.— 54. La loi passe à un autre ordre de Dispositions générales: elles sont moins importantes pour le fond que les précédentes; mais elles ont une grande utilité pratique et elles tendent à prévenir des difficultés, des incertitudes de chaque jour. Il suffit presque de lire les articles dont il s'agit pour en saisir toute la portée.

Le nouveau Code a apporté un grand soin dans la détermination des délais qui doivent être observés, soit par le tribunal, soit par les parties, tant pour la poursuite que pour la défense. Généralement, les délais sont courts.

La loi a voulu prévenir les abus d'une trop grande lenteur dans les poursuites et le jugement; elle s'est gardée aussi de la précipitation. Mais, dès lors, le calcul des délais doit être fait avec une grande exactitude.

Dans ce calcul, on ne compte généralemant pas le jour à partir duquel court le délai (le jour *a quo*) ; le motif en est que ce jour serait le plus souvent incomplet, peut-être très avancé et, par suite, inutile à celui à qui il appartient. L'exception relative à la prescription est en faveur de l'inculpé (art. 13). Par contre, le jour final (le jour *ad quem*) celui auquel on s'arrête est compté ; mais il doit être laissé en entier pour l'exercice du droit dont il s'agit.

Ainsi, si la loi donne à un condamné, pour exercer un recours contre un jugement, trois jours à partir de la prononciation de ce jugement, le jour de la prononciation ne compte pas ; mais le délai sera expiré à la fin du troisième jour qui suit celui de la prononciation.

Au surplus, quand on dit que le dernier jour du délai doit être expiré, pour que le délai le soit, cela doit s'entendre d'après les usages judiciaires : les tribunaux, les greffes, les offices publics, ne sont pas ouverts jusqu'à minuit, ils sont fermés aux particuliers à des heures réglementaires et beaucoup moins tardives. Donc, celui qui veut exercer un recours au dernier jour doit avoir soin de se rendre au greffe avant sa fermeture. Dans ce cas, il n'est pas absolument vrai qu'un jour soit de 24 heures.

Mais quand la loi détermine un délai, non plus comme limite de l'exercice d'un droit, mais comme intervalle entre un acte et un autre, les jours doivent être entiers *(francs)*; la loi a soin de l'exprimer, le plus souvent, et lors même qu'elle ne l'aura pas fait, on devra le sous-entendre en vertu du présent article (voy. art. 436, 437, 443).

Dans d'autres cas, la loi fixe un nombre déterminé d'heures d'intervalle, par exemple, 24 ou 48 heures (voy. art. 133, 136, 188) ; dans ces cas, il n'y a pas de question : on compte d'heure à heure.

La disposition qui accorde un jour supplémentaire

quand le dernier jour du délai est légalement férié, est encore une disposition de faveur, et, pour ce motif, elle cesse quand il s'agit de la prescription dont la prolongation serait défavorable aux inculpés.

Bien entendu, si le jour férié n'est pas le dernier, il n'y a pas lieu à augmentation du délai. Si même, dans un délai de trois jours, les deux premiers étaient fériés, il n'en serait pas ajouté un seul au délai légal : la partie intéressée n'est exposée à aucune surprise.

Au Japon, l'usage présent est que les administrations, judiciaires et autres, prennent une demi-journée de repos, le dernier jour de la semaine ; il n'y aura pas lieu, dans ce cas, d'ajouter un jour, parce que la partie intéressée peut encore faire un acte de procédure pendant le temps où les administrations sont ouvertes : elle doit prendre ses précautions.

La durée légale du mois et celle de l'année sont réglées ici comme au Code pénal (Projet, art. 61).

Art. 22.—55. Les délais fixés par la loi pour l'exercice des droits, tels que les actions ou les recours, ou pour l'accomplissement de certaines obligations, telle que celle de comparaître en justice, comme partie ou comme témoin, sont déterminés pour le cas le plus ordinaire, celui où l'acte doit s'accomplir au lieu même où la personne a sa résidence, ou dans une distance inférieure à dix *ri* (*i*). Mais souvent, l'éloignement est plus considérable ; il y a lieu, tout naturellement, à une augmentation à raison de la distance à parcourir, soit qu'il s'agisse de voyage d'une personne ou d'envoi de pièces. Cette augmentation est sous-entendue dans tous les textes qui fixent des délais.

L'augmentation d'un jour par dix *ri* est assez considérable et pourra être diminuée plus tard ; mais elle

(*i*) Le *ri* répond à peu près à la lieue moyenne d'Europe : exactement, il est égal à 3 kilomètres et 891 mètres.

est, en ce moment, d'accord avec les moyens de communication ordinaires.

Dans beaucoup de cas, les communications peuvent se faire par terre et par mer. La loi veut que le calcul se fasse par terre, cette communication étant continue.

Quelquefois, il faut passer d'une île à l'autre ; alors la loi diminue de moitié la distance à parcourir par jour, ce qui équivaut à *doubler le délai* de distance : il est alors d'un jour par 5 *ri*.

Il peut arriver aussi qu'une signification doive être faite à distance et être suivie d'une réponse, ou qu'une personne soit sommée à distance d'avoir à produire une pièce ou de comparaître en personne ; dans ces cas, il y a deux fois la distance à parcourir ; c'est ce qu'on appelle *l'aller et le retour ;* naturellement, le délai est doublé. On en trouvera des exemples dans le pourvoi en cassation (art. 573) et dans les règlements de juges (art. 602).

Il sera établi des tableaux officiels des distances entre les principaux lieux. Bien entendu, il ne sera tenu compte que des distances entre les villes et communes, et jamais on n'aura à rechercher la distance du domicile particulier des personnes ; il suffira de savoir dans quelle ville ou commune il se trouve.

Pour les pays étrangers, une loi spéciale déterminera des délais calculés par grandes régions, ainsi que cela se pratique dans ces pays pour leurs rapports avec les autres. On pourra, sans doute, adopter les mêmes délais que ces pays ont adoptés vis-à-vis du Japon, parce que les moyens de communications sont réciproques.

56. Mais dans les cas exceptionnels prévus par le Code pénal (art. 5 et suiv.), où une infraction commise en pays étranger peut être poursuivie au Japon, le délai de la prescription serait toujours calculé entre le jour de l'infraction et le jour des poursuites au Japon, sans augmentation à raison de la distance des deux pays.

En songeant toujours au motif de la prescription qui est l'oubli, on reconnaîtra que l'oubli, loin d'être retardé par la distance, en serait plutôt accéléré.

Art. 23.—57. Il serait très-facile aux intéressés de prétendre et de s'efforcer de prouver que le délai, en fait, a été insuffisant et qu'il ne leur a pas été possible de l'observer.

La loi a dû poser en principe que les délais seraient *de rigueur* et que leur inobservation entraînerait déchéance; mais elle a cru aussi devoir admettre quelques exceptions, notamment, pour l'exercice des voies de recours, parce que ces voies sont la dernière ressource des intéressés contre les décisions judiciaires et que ces délais sont fort courts en matière pénale. On trouvera ces exceptions aux articles 363 et 364.

Art. 24.—58. La loi doit pourvoir à ce que tous les actes de la procédure soient connus de ceux qu'ils concernent, afin qu'ils puissent y obtempérer ou s'y opposer par les voies de droit, s'il y a lieu. A cet effet, il ne suffit pas que la loi ordonne la signification ou notification de ces actes : elle doit encore prescrire des formes donnant toutes garanties d'exactitude et de sincérité à ces remises ou communications.

En Europe, notamment en France, les notifications sont faites par les huissiers, sorte d'officiers publics assermentés et attachés à chaque classe de tribunaux (*j*). Ils rédigent un acte original portant la notification, indiquant la personne ou le magistrat à la requête duquel ils agissent, énonçant l'objet de la notification (souvent c'est la copie même d'une décision judiciaire) et désignant l'obligation qu'aura à remplir la personne

---

(*j*) Le mot français *huissier* vient d'un vieux mot, *huis*, porte, parce que les huissiers gardent la porte et veillent au bon ordre pendant les audiences.

à laquelle l'acte est notifié. L'huissier ne remet pas l'original à la partie, il en remet seulement une copie conforme à l'original (lequel reste à la disposition de celui qui a fait la notification) ; puis il mentionne, sur l'original et la copie, la remise par lui faite, avec toutes les circonstances qui s'y rapportent.

Quoique ces formalités soient un peu compliquées et, par conséquent, lentes et coûteuses, on n'a pu les éviter toutes au Japon ; autrement, les inculpés ou les parties civiles pourraient toujours alléguer avoir ignoré ce qu'ils avaient intérêt à savoir : notamment, quand il s'agirait d'actes qui font courir pour eux des délais emportant déchéance. Les incertitudes et les lenteurs en eussent encore été augmentées.

Cependant, quand il s'agit de communications à faire au ministère public, la loi n'exige qu'un *simple avis* du greffier, parce que ce magistrat ne peut être soupçonné de mauvaise foi et que les rapports entre le greffier et le ministère public sont faciles et journaliers.

Quelquefois même, la loi n'exige qu'*un avis* aux parties intéressées, par lettre du greffe. Cette lettre pourra être confiée à la poste, avec la précaution du *chargement* ou de la *recommandation* qui en assure davantage la remise et laisse une preuve de cette remise dans le récépissé du destinataire.

59. Le Projet japonais n'a pas admis l'office des huissiers en cette matière ; ils ne sont pas d'ailleurs établis au Japon jusqu'ici et, vraisemblablement, ils ne le seront pas : les pays qui les ont songent à les supprimer, parce que leurs services sont chers et donnent lieu à des abus. C'est le greffier qui sera chargé des notifications. A cet effet, il emploiera, le plus souvent, un commis assermenté ou un employé spécial, agissant sous sa responsabilité.

Un règlement administratif sera nécessaire sur ce point.

Les greffiers, ne pouvant agir hors de leur circonscription, donnent réquisition ou commission aux greffiers des autres circonscriptions de procéder aux notifications et remises d'actes dont ils leur envoient la rédaction. Le greffier ainsi commis devra mentionner la commission en vertu de laquelle il agit.

La loi réserve, au texte, les cas où d'autres officiers seraient désignés par elle pour les notifications. On ne peut guère citer, comme exception, que la remise des mandats entraînant arrestation et délivrés par le juge d'instruction, laquelle remise est confiée à des agents de la force publique, pour un motif facile à comprendre (art. 147).

Art. 25.— 60. Au lieu d'un *original* et d'une *copie*, comme en France, la loi veut ici qu'il soit fait *deux originaux*. Ce n'est, au fond, qu'un changement de nom, mais exact. En fait, la copie française présente les mêmes mentions que l'original, elle porte les mêmes signatures, elle est donc un double original.

La remise de l'acte à la personne même est préférable à la remise à son domicile, parce qu'il y a certitude que la personne a eu connaissance de ce qui lui est notifié; aussi, la remise peut-elle lui être faite partout où elle est trouvée, pourvu qu'elle consente à la recevoir, ce qui sera constaté par sa signature, par son *visa*, ou par la mention qu'elle n'a pu ou voulu signer.

La remise au domicile ne peut être faite qu'à une personne y demeurant. La remise faite à un visiteur, à un ouvrier ou employé n'y demeurant pas, serait irrégulière, parce qu'il y aurait danger que la pièce ne parvînt pas en temps utile à l'intéressé.

Si le domicile actuel est inconnu, il n'en doit pas résulter de préjudice pour celui qui fait faire la notification. Le destinataire est souvent en faute de laisser ignorer son domicile et il le cacherait fréquemment, si ce devait être un obstacle aux notifications. On notifiera à son dernier domicile connu : il a dû y donner des instructions particulières pour la transmission de ce qui le concerne.

La remise au maire est un dernier moyen de pourvoir à l'effet utile de la notification. La loi oblige cet officier à faire parvenir l'acte au destinataire, autant et aussitôt qu'il lui sera possible.

La déclaration du porteur qu'il a rempli son mandat n'est pas une preuve invincible du fait. En France, l'huissier est cru jusqu'à inscription de faux, sur ce point et sur les autres déclarations qu'il fait dans l'exercice de ses fonctions.

On n'a pas admis, au Japon, que les déclarations d'agents inférieurs eussent une semblable autorité ; la présomption sera bien en faveur de leur sincérité et de leur exactitude, mais la preuve contraire sera toujours permise et par tous les moyens possibles.

La mention de la date de la remise a une grande importance, car, le plus souvent, elle fait courir un délai, soit pour comparaître en justice, soit pour exercer un recours ; la mention de la personne à laquelle la remise a été faite n'est pas moins importante, notamment, dans le cas de l'article suivant et quand il s'agit de la signification d'un jugement par défaut (v. art. 415).

61. La sanction est sévère, c'est la nullité de l'acte, laquelle constitue déjà une protection pour la partie intéressée.

Quoique la loi ne le dise pas, la nullité de l'acte donnera lieu de le refaire aux frais du greffier, et sa responsabilité civile sera encourue, si le retard cause préjudice à l'une des parties.

Le dernier alinéa n'est pas placé sous la sanction de la nullité. Mais si le greffier ne rétablissait pas l'un des originaux au greffe, s'il le perdait surtout, il serait encore civilement responsable.

Art. 26.—62. Il y aurait à craindre, si l'acte de notification était remis à certains jours ou à certaines heures, qu'il ne fût facilement égaré ou que la remise réelle au destinataire ne fût retardée.

Pour les jours, il était naturel d'exclure les jours fériés et les jours de repos où les personnes s'éloignent souvent de leur domicile; quant aux heures, elles doivent être telles que la remise ne trouble pas le repos des citoyens. A cet égard, la limite la plus simple et la plus sûre était le lever et le coucher du soleil qui ont toujours un moment connu, quoique variant chaque jour, et la mention, portée sur l'acte, de l'heure à laquelle la remise a été faite, servira à contrôler l'observation même de la loi.

Dans tous les cas, si le destinataire présent consent à recevoir lui-même la notification, aux jours et heures exceptés, la remise sera valable.

Remarquons, en terminant, que si les diverses prescriptions de la loi ont été observées, le destinataire n'est pas recevable à soutenir qu'il n'a pas effectivement reçu la notification. Le fait peut être vrai, mais quand la partie adverse a observé la loi, elle ne doit pas souffrir d'accidents qui lui sont étrangers.

Art. 27.—63. La loi prononce ici encore la nullité des actes pour inobservation de formes considérées par elle comme essentielles.

Les actes non datés sont incomplets ; leur valeur dépend souvent du temps auquel ils ont été faits; ainsi, un officier révoqué ou démissionnaire ne peut plus faire d'actes après qu'il a dû cesser ses fonctions. Le lieu influe aussi sur la compétence de l'officier, car il ne doit pas agir en dehors de sa circonscription. La signature est d'autant plus nécessaire que souvent le corps de l'acte est écrit par un employé ; en tout cas, un acte non signé ne peut être considéré que comme un projet.

L'apposition d'un numéro d'ordre (cote) et du paraphe (signature abrégée), sur chaque feuillet, a pour but d'empêcher des fraudes qui pourraient se commettre après coup : la cote empêche la *suppression* d'un feuillet, le paraphe empêche la *substitution* d'un feuillet à un autre.

L'usage du sceau ou timbre des administrations publiques est général en tous pays : il ajoute à la garantie d'origine des actes ; il est, en effet, plus difficile de contrefaire un tel sceau qu'une signature et la peine du faussaire est plus grave aussi. Il a été fait une exception nécessaire pour le cas d'impossibilité d'apposer le sceau officiel.

Quant au sceau des particuliers, il est désirable que l'usage de le joindre à la signature se maintienne au Japon ; mais le sceau ne pourrait raisonnablement remplacer la signature, au moins, en général, à cause de la facilité des appositions frauduleuses. Si, cependant, la personne ne sait signer, elle apposera son sceau, en présence de l'officier public ou d'un témoin spécial et mention sera faite de cette circonstance.

Art. 28.— 64. Il arrive souvent que, dans la rédaction d'un acte original ou d'une copie, il y a lieu de faire des additions, des suppressions ou des corrections. La loi n'exige pas que l'original ou la copie soient refaits au net, mais elle prend des précautions pour éviter la fraude qui consisterait à faire des changements après coup. Elle défend donc de faire aucune surcharge, c'est-à-dire d'écrire un mot sur un autre ; on devra écrire entre les lignes (*k*) ou ajouter à la marge, ou effacer purement et simplement ; chaque changement portera le sceau ou paraphe du rédacteur, à la place

(*k*) En France, on défend les interlignes ; l'usage contraire est trop établi au Japon pour qu'on puisse en exiger l'abandon, avant longtemps ; mais on prend d'autres garanties.

même où le changement est fait; s'il y a des mots à effacer, on devra se borner à les barrer, de manière à ne pas les rendre illisibles, et on mentionnera au bas de l'acte le nombre de mots *rayés comme nuls*.

Dans la copie d'un acte corrigé, le copiste pourra incorporer dans le texte les additions régulières et en retrancher les mots régulièrement annulés, mais en copiant la mention du nombre de mots nuls; s'il y a des corrections irrégulières, il devra en faire une mention particulière, sans les introduire dans le corps de l'acte; il ne devrait pas, non plus, retrancher du texte les mots lisibles qui ne seraient pas régulièrement annulés; mais il devra également signaler l'incorrection.

L'inobservation de toutes ces formalités, minutieuses mais nécessaires, n'entraîne pas nullité de l'acte, comme pour les précédentes; mais seulement une amende contre l'officier public.

A l'égard des particuliers rédacteurs de l'original ou de la copie, la nullité des mentions irrégulières a paru une peine suffisante.

Bien entendu, la preuve que le rédacteur est en faute devra être fournie contre lui. La preuve sera facile, si la mention irrégulière est de la même écriture que le corps de l'acte; mais elle sera difficile, souvent même impossible, quand il s'agira de mots rayés: ils peuvent d'ailleurs avoir été rayés après coup, par une personne intéressée à dénaturer l'acte.

Art. 29.— 65. Le principe de la non-rétroactivité des lois est plus sacré en matière pénale qu'en toute autre; aussi est-il formellement proclamé dans l'article 3 du Projet de Code pénal.

On pourrait croire qu'il en est de même à l'égard des lois d'organisation judiciaire, de compétence et de procédure criminelle. Cependant, la rétroactivité de la loi est admise en cette matière, non seulement dans le Projet japonais, mais dans toutes les législations étrangères.

L'organisation des tribunaux, leur compétence et leurs formes de procéder ne doivent être considérées que comme des moyens d'arriver à la découverte de la vérité, tant dans l'intérêt de la société que dans l'intérêt des inculpés eux-mêmes. Lorsque le législateur, éclairé par l'expérience, change, en tout ou en partie, les règles antérieures sur ce point, c'est qu'il croit trouver, dans les nouvelles institutions ou dans les nouvelles formes, plus de garanties pour les intérêts engagés ; dès lors, les anciennes formes et institutions doivent immédiatement cesser de fonctionner.

Les inculpés ne pourraient raisonnablement soutenir que leurs prétendues infractions, ayant été commises sous l'empire de l'ancienne loi de procédure, doivent être jugées conformément à cette loi. Ils ne peuvent avoir un *droit acquis* au maintien d'un système que la loi nouvelle considère comme constituant une cause d'erreur. Lorsqu'il s'agit de la loi pénale proprement dite et d'une peine plus forte édictée depuis que l'infraction a été commise, l'inculpé serait admis à dire qu'il aurait pu être retenu dans le devoir par la menace d'une plus grande sévérité ; aussi la loi ne veut-elle pas que cette sévérité lui soit appliquée ; mais il ne pourrait, sans choquer la raison et la conscience publique, soutenir qu'il n'aurait pas commis l'infraction, s'il avait prévu être jugé par tels ou tels juges, avec telle ou telle procédure.

Comme conséquence du principe posé ici, si la nouvelle législation admet de nouveaux droits de recours, (ce que fait le présent Code), ils pourront être exercés, mais à la condition que le jugement, objet du recours, ne soit pas déjà devenu irrévocable au moment de la promulgation du nouveau Code.

Réciproquement, si une voie de recours antérieurement admise est supprimée, elle cessera d'appartenir à l'inculpé non encore jugé ; mais le cas ne se rencontre pas dans le nouveau Code.

Si, au moment de la promulgation d'une loi de procédure, des actes ont été déjà faits dans une poursuite, conformément à l'ancienne loi, ces actes doivent être maintenus. Le cas se présentera nécessairement lorsque ce Code sera promulgué.

Quelques auteurs étrangers, tout en admettant les solutions qui précèdent, soutiennent que les lois de procédure ne rétroagissent pas plus que les lois du fond ; ils prétendent que pour qu'on puisse dire d'une loi qu'elle rétroagit, il faut qu'elle enlève des droits acquis, ce qui est l'injustice qu'on doit éviter ; or, ici, disent-ils, il n'y a pas de droits acquis, donc, il n'y a pas rétroactivité.

La question ramenée à ces termes n'est plus qu'une question de mots ; mais il faut maintenir qu'une loi qui s'applique à des faits accomplis avant sa promulgation *agit en arrière* (*retro agit*). Ce qu'on doit seulement reconnaître, c'est que, si la loi rétroagissait contre des droits acquis, elle serait inique ; aussi est-ce parce que les lois de procédure ne rencontrent pas de droits acquis, qu'elles rétroagissent valablement.

Art. 30.— 66. Le présent Code est une loi de droit commun, pour la compétence et la procédure. Il est destiné à remplacer les lois et coutumes antérieures formant jusqu'ici le droit commun des mêmes matières. En même temps, il existe des lois spéciales relatives à certaines infractions particulières comme les délits militaires et ceux des marins, les délits de presse, ceux commis en matière de douanes, &c.

Déjà le Code Pénal (art. 10) a réservé, pour la pénalité, l'application de ces lois, avec une distinction entre les lois antérieures et celles postérieures audit Code.

Le présent Code fait une distinction analogue : les lois spéciales actuelles qui dérogent présentement au droit commun de la compétence et de la procédure dérogeront également au nouveau droit commun : elles continueront à être observées suivant leur teneur.

Les lois spéciales futures, faites avec connaissance du droit nouveau, seront considérées comme l'acceptant, toutes les fois qu'elles n'y dérogeront pas expressément.

LIVRE PREMIER.

DE L'ORGANISATION ET DE LA COMPÉTENCE

DES TRIBUNAUX DE RÉPRESSION.

DISPOSITIONS COMMUNES.

Sommaire.

67. Importance des Règles générales sur l'Organisation judiciaire et la Compétence.

67. Les codes étrangers contiennent rarement les Règles générales d'Organisation et de Compétence des tribunaux, soit en matière civile, soit en matière pénale : on ne trouve ces règles que dans des lois spéciales, souvent abrogées partiellement par d'autres, ce qui en rend l'étude et l'application fort difficiles.

En France, le fond de l'organisation judiciaire actuelle et de la compétence des divers tribunaux remonte au Premier Empire (voy. Code d'instr. crim. ; Décrets des 30 mars 1808, 6 juillet et 18 août 1810 ; Loi du 20 avril 1810) ; mais des changements partiels y ont été apportés par des lois spéciales ; quelques-uns mêmes ont été insérés dans le Code d'instruction criminelle, révisé en entier, en 1832, et partiellement, en 1856 (art. 179 à 216).

Le Projet japonais a pris soin de faire une large place à cette importante matière ; elle est d'ailleurs nécessaire à l'intelligence de toute la procédure, objet de ce Code. Les questions de compétence, notamment sont capitales, car la décision rendue par un tribunal incompétent est nulle, en général, ce qui cause un retard souvent considérable dans la décision définitive et entraîne des frais inutiles.

Les principales dispositions relatives à l'organisation judiciaire et à la compétence sont conformes à celles des lois françaises, notamment, la réunion des deux justices, civile et pénale, et l'attribution du jugement des infractions, suivant leur gravité, aux divers tribunaux civils, suivant l'élévation de degré de ceux-ci.

La formation du jury et sa compétence sont aussi imitées des lois françaises. Mais, sur tous ces points, on a apporté des améliorations considérables.

Avant de passer à l'organisation spéciale et à la compétence de chaque tribunal, le Projet présente, sous le nom de Dispositions communes, des règles qui s'appliquent aux diverses juridictions criminelles : (*a*) on a déjà signalé (nº 8) l'avantage de cette méthode.

Réunion des deux justices : civile et criminelle.

Art. 31. La justice pénale de droit commun est réunie à la justice civile et appartient aux mêmes cours et tribunaux.— **31.** [61, 66, 75, 86, 93, 101.— C. i. cr. fr., 139, 179, 252 ; loi du 20 avril 1810.]

L'organisation et la compétence des tribunaux militaires et maritimes sont réglées par des lois particulières.— **29.** [48.— C. fr. de justice militaire, du 9 juin 1857 ; C. fr. de justice maritime, du 4 juin 1858.]

(*a*) Il est à peine nécessaire de faire remarquer que la qualification de *criminelles*, donnée ici et ailleurs aux juridictions et aux dispositions concernant la poursuite et le jugement des infractions, s'applique aussi bien au sujet des *délits* et des *contraventions* qu'au sujet des *crimes* : le mot est souvent pris dans un sens général, comme dans le titre même de ce Code : il vient du latin *crimen* qui ne signifie pas seulement *crime*, mais aussi, et surtout, *accusation*.

32. Le siége et l'étendue de chaque degré de juridiction sont déterminés par décret impérial, sur la proposition du Ministre de la justice. — **32.** Circonscriptions judiciaires.

Les juges-titulaires et les juges-suppléants, à tous les degrés, sont nommés en la même forme.— **0.** Nomination des juges.

33. Il y a près de chaque cour ou tribunal un commissaire du Gouvernement ou officier du Ministère public.— **33.** Ministère public.

Il peut recevoir un ou plusieurs substituts.

Les officiers du ministère public près des cours et des tribunaux correctionnels sont nommés en la même forme que les juges.

La nomination des mêmes officiers près les tribunaux de simple police est réglée à l'article 63.— **0.** [··· — Décret fr. du 30 mars 1808 ; loi de 1810.] Nomination.

34. Les fonctions du ministère public, en matière pénale, consistent : Fonctions du Ministère public.

1° A rechercher les infractions ;

2° A requérir, de la part des juges, les actes d'instruction et de procédure et l'application de la loi aux infractions ;

3° A faire procéder à l'exécution des ordres et décisions de la justice ;

Et, généralement, à défendre devant la justice les intérêts de la société. — **34.** [122, s., 228 s., 238 s., 432, 626.— 22 s., 29 s., 165, 217, 271 s., 376.]

35. Un officier du ministère public doit toujours assister aux audiences des cours et tribu- Suite.

naux ; mais il ne doit pas être présent à la délibération, à peine de nullité dans les deux cas. — **35.** [532-5°. — Décrets de 1808, art. 88 ; i. cr. 224, 273.]

Greffiers. **36.** Dans les cours et tribunaux, il y a un greffier-titulaire avec un ou plusieurs greffiers-suppléants. — **36.**

Nomination. Les greffiers et leurs suppléants sont nommés par le Ministre de la justice, qui peut demander des présentations au tribunal ou à la cour auxquels ils doivent être attachés. — **0.** [65, 71, 82, 88, 96 *bis*, 104. — C. pr. civ. 1040 ; Décret et loi précités.]

Suite : fonctions. **37.** Le greffier ou l'un de ses suppléants assiste aux audiences et aux actes d'instruction ; il en rédige les cahiers ou procès-verbaux. — **37.**

En cas d'empêchement du greffier et de ses suppléants, le remplacement est fait par un juge-suppléant ou par un juge-titulaire. — **0.**

Le greffier conserve les originaux des jugements et des autres actes de la justice. — **37.** [162, 366 s., 629 s. — 62, 369, 370, 372, 600, 601.]

Compétence : 1er et dernier ressort. **38.** La compétence de premier et dernier ressort, quant à l'action publique et à l'action privée, est réglée, pour chaque degré de juridiction, par les dispositions du Livre IIIe qui concernent la faculté d'appel. — **0.** [396, 424. — 172 s., 199 s.]

Compétence : degré des infractions. **39.** La compétence fondée sur le degré des infractions est réglée comme il suit :

Les contraventions sont jugées par les tribunaux de simple police ;

Les délits sont jugés par les tribunaux correctionnels ;

Les crimes sont jugés par les tribunaux criminels.

Néanmoins, si le même individu est inculpé, tout à la fois, de crimes et de délits, ou de délits et de contraventions, même non connexes, la juridiction la plus élevée est compétente pour le jugement des deux sortes d'infractions.—**38.** — Cumul d'infractions de divers degrés.

Si, cependant, l'instruction de l'infraction la moins grave et non connexe n'est pas complète, le tribunal saisi peut, soit d'office, soit sur la demande du ministère public ou des intéressés, en renvoyer la connaissance au tribunal compétent.—**0.** [315, 376 s., 406 s., 431 s.—137 s., 179 s., 217 s., 365 ; loi du 27 janv. 1873.]

40. Sont considérées comme infractions connexes : — Infractions connexes.

1° Celles qui ont été commises par un ou plusieurs individus réunis, dans le même temps et dans le même lieu ;

2° Celles qui ont été commises par différents individus, en différents temps ou en différents lieux, par suite d'un concert établi entre eux ;

3° Celles qui ont été commises pour faciliter l'exécution ou assurer l'impunité d'autres infractions, soit du même, soit d'autres individus. —**39.** [349, 433-2°, 568.—226, 227, 526, 527, 540.]

Compétence : lieu de l'infraction.

41. Entre tribunaux de même degré, la compétence pour l'instruction et le jugement est déterminée par la circonscription dans laquelle l'infraction a été commise.

Lieu de l'arrestation.

Néanmoins, s'il y a incertitude à l'égard du lieu même de l'infraction, la compétence appartient au tribunal dans le ressort duquel l'inculpé a été mis en état d'arrestation.— **41.** [... — 23, 24, 29, 30, 63, 69.]

Suite.

42. Si la même infraction a été commise, en même temps ou successivement, dans le ressort de plusieurs tribunaux, la préférence, pour l'instruction et le jugement, appartient à celui de ces tribunaux dans le ressort duquel l'inculpé a été arrêté.

Il en est de même dans le cas de plusieurs infractions distinctes commises en différents ressorts.— **41.** [40-2°.]

Suite.

43. Si l'inculpé a été arrêté hors du ressort de l'un des tribunaux compétents d'après le lieu de l'infraction, il est conduit et incarcéré près de celui de ces tribunaux qui se trouve le plus rapproché.

Toutefois, si l'arrestation a eu lieu en vertu d'un mandat, l'inculpé est conduit devant le juge qui a décerné ledit mandat, sauf l'application de l'article 137.— **42.** [136.— 98, 100.]

Suite.

44. Dans le cas où plusieurs tribunaux sont compétents, s'il n'y a pas lieu à arrestation préalable, ou si elle n'a pu être faite, le tribunal qui, le premier, a commencé l'instruction ou la procédure reste seul compétent.— **43.** [45.]

45. Les complices sont jugés par le tribunal compétent pour juger l'auteur principal. Compétence : complices.

S'il y a plusieurs auteurs principaux justiciables de différents tribunaux, la préférence appartient à celui de ces tribunaux qui a été saisi le premier. Co-auteurs.

Dans l'un et l'autre cas, seront observées les exceptions relatives à la compétence de la Haute cour et de la cour de cassation ainsi que celles portées par les lois militaires et maritimes. — **44.** [98.—307, 308, 501.] Cas exceptés.

46. Si, dans les cas précédents, plusieurs tribunaux ont été saisis, sans qu'il y ait eu règlement de juges, conformément aux dispositions ultérieures du présent Code, et qu'il soit intervenu deux ou plusieurs jugements dans la même affaire, à l'égard des mêmes inculpés, l'autorité de la chose jugée reste au jugement qui est devenu le premier irrévocable.— **0.** [564.] Compétence : jugements divers.

47. Lorsqu'il s'agit d'infractions commises en pays étrangers et punissables au Japon, la compétence appartient au tribunal dans le ressort duquel a eu lieu l'arrestation de l'inculpé. Suite : infractions en pays étrangers.

S'il s'agit d'une infraction qui peut être jugée par défaut ou par contumace, la compétence appartient au tribunal du dernier domicile connu de l'inculpé.

A défaut de ce domicile, il y a lieu à règlement de juges, conformément au Livre IVe, chapitre III.— **45.** [604; Proj. C. p., 4 à 8.— 5 à 7.]

Suite: infractions à bord des navires de commerce.

48. La compétence et les formes de procéder à l'égard des infractions commises à bord des navires de commerce sont réglées par une loi spéciale.— **46.** [··· — Loi fr. du 24 mars 1852.]

Infractions des juges de paix.

49. Les contraventions qui seraient commises par les juges de paix, par le commissaire du Gouvernement ou le greffier près des mêmes juges sont jugées sans appel par le tribunal correctionnel.

Les autres infractions desdits officiers sont instruites et jugées par les tribunaux compétents ordinaires.— **0.** [··· — 479.]

Infractions des juges d'arrondissement.

50. Si les officiers des qualités sus-énoncées appartenaient à un tribunal d'arrondissement, les contraventions dont ils seraient prévenus sont jugées, sans appel, par le tribunal auquel ils appartiennent.

Dans ce cas, le tribunal doit siéger au nombre de trois juges, au moins.

Si le prévenu est un officier du ministère public, les fonctions de commissaire du Gouvernement sont remplies par un juge du tribunal.

Si le prévenu est un greffier, titulaire ou suppléant, les fonctions de greffier sont remplies par un juge-suppléant.

Si les mêmes officiers sont poursuivis pour un délit, l'instruction et le jugement appartiennent à la section criminelle du tribunal d'appel, statuant en dernier ressort.

S'il s'agit d'un crime, l'instruction est faite par un membre de ladite section.—**0.** [··· — 479 s., 483 s.]

51. Si l'un des juges ou des autres officiers membres d'une cour d'appel est prévenu d'une contravention, il est jugé par la section de ladite cour à laquelle il n'appartient pas, ou par les deux sections réunies, si l'inculpé peut siéger dans les deux sections. Infractions des juges de cour d'appel.

Les fonctions de commissaire du Gouvernement ou de greffier sont remplies comme il est dit à l'article précédent, si l'inculpé est un officier de l'une de ces qualités.

S'il s'agit du jugement d'un délit commis par l'un des membres d'une cour d'appel, ou par l'une des personnes désignées à l'article 98, la compétence appartient à la chambre criminelle de la cour de cassation.

L'instruction est faite par un membre de ladite chambre.

Il en est de même pour l'instruction d'un crime imputé aux mêmes personnes.—**0.** [··· — *Ibid.*]

52. Dans tous les cas, les crimes imputés à un officier membre d'un tribunal inférieur ou d'appel sont jugés par les tribunaux criminels, conformément au droit commun. Suite.

Toutefois, si l'accusé est membre d'une cour d'appel, le tribunal criminel est désigné par la cour de cassation, et si l'accusé est membre d'un tribunal d'arrondissement, le tribunal criminel sera composé de trois membres de la cour d'appel.— **0.** [···—*Ib.*]

Infractions des juges de la cour de cassation.

53. Si un juge de la cour de cassation ou un officier de son ministère public commet une contravention ou un délit, le jugement en appartient à la chambre de ladite cour à laquelle le prévenu n'est pas attaché, ou aux deux chambres réunies si l'inculpé peut siéger dans les deux chambres.

S'il s'agit d'un crime imputé auxdits magistrats, l'instruction en appartient à l'un des membres de ladite cour et le jugement à la Haute cour.

A l'égard des greffiers de la cour de cassation, le jugement des contraventions et des délits par eux commis appartient à ladite cour ; la même cour est chargée de l'instruction, et le jugement des crimes est renvoyé au tribunal criminel.—**0.** [···—*Ib.*]

Suite.

54. Les membres des cours ou tribunaux qui devront remplir les fonctions de juge d'instruction, de commissaire du Gouvernement ou de greffier, soit en vertu des articles précédents, soit dans tout autre cas particulier, seront désignés par le Président desdites cours ou tribunaux, lorsqu'il n'est pas autrement statué.— **0.** [290, 292, 325, 554, 590, 608.—*Ib.*]

55. Le juge qui a participé à l'instruction d'un crime ou d'un délit ne peut prendre part au jugement de ladite infraction, et celui qui a participé à une décision attaquée ne peut prendre part au jugement de recours porté devant un autre tribunal, à peine de nullité de la décision. —**0.** [330, 591.—257, 431, 503.] Cas particulier d'incompétence.

La présente disposition ne s'applique pas à l'opposition au jugement par défaut ou par contumace ni à la requête civile.—**47.** [260, 274, 392, 414, 529, 577, 611, 612.]

56. A l'exception du jury, toute juridiction d'instruction ou de jugement, saisie de la connaissance d'une affaire, est juge de sa compétence, lors même que le fond serait susceptible d'être jugé en dernier ressort; sauf les voies de recours hiérarchiques qui seront désignées ultérieurement.—**48.** [242, 258, 276, 316, 317, 396, 419 s., 532-3°.—299-1°, 408-2e al., 313.] Jugement de la compétence.

Toutefois, les juges ou tribunaux ne peuvent, sans se rendre coupables de déni de justice, se déclarer incompétents contrairement au renvoi attributif de compétence émané de la cour de cassation, dans les cas prévus au livre IVe.—**0.** [560, 569, 570, 591, 598 s., 614 s.]

57. Hors les cas de renvois attributifs de compétence, si un tribunal se déclare incompétent, il se trouve immédiatement dessaisi de l'affaire, sauf les recours de droit. [242.] Suite: dessaisissement, sursis.

S'il se déclare compétent et que sa décision

soit frappée d'appel ou de pourvoi en cassation, il peut surseoir ou passer outre, soit à l'instruction commencée, soit au jugement; sauf les cas où la loi ordonne le sursis.— **O.** [259, 262, 267, 270, 316, 323, 352, 359 *bis*, 365, 536.]

Incompétence : condamnation, sanction.

58. Nulle condamnation ne peut être valablement prononcée que par un tribunal compétent à raison de la qualité de l'inculpé, de la nature et du degré de l'infraction et du lieu où elle a été commise, et en suivant les formes prescrites à peine de nullité; le tout, d'après les lois en vigueur au temps de la procédure.

Loi nouvelle applicable.

C'est d'après la même loi que se règlent la compétence de premier et dernier ressort des tribunaux et le droit à l'appel ou aux autres voies de recours.— **O.** [29.]

Exception d'incompétence.

59. Les exceptions d'incompétence fondées sur la qualité de l'inculpé, sur la nature ou sur le degré de l'infraction peuvent être opposées par chacune des parties ou suppléées, pour la première fois, en appel et même devant la cour de cassation.

L'exception d'incompétence à raison du lieu de l'infraction peut être opposée par les mêmes parties ou suppléée d'office, mais seulement avant l'examen du fond ; après quoi, elle n'est plus recevable, même devant les tribunaux de recours.— **O.** [6, 58.]

Incompétence, défaut de formes: acquittement.

60. L'acquittement, la mise hors de poursuite ou l'absolution ne peuvent jamais être attaqués pour inobservation des formes, ni pour l'incompétence fondée sur le lieu de l'infraction; mais, si le tribunal était incompétent à raison, soit de la qualité de l'inculpé, soit de la nature ou du degré de l'infraction, le jugement serait, pour ce seul fait, infirmé en appel ou cassé, et l'action serait portée, comme entière, devant le tribunal compétent.— **411.** [537.—409.]

Sommaire.

Art. 31.— 68. Origine de la réunion, en France, de la justice criminelle à la justice civile ; ses avantages ; ils seront les mêmes au Japon.— 69. Il y a réunion, mais non confusion.— 70. Elle n'a pas lieu dans les juridictions spéciales, sauf dans la Haute cour.

32.— 71. Détermination des circonscriptions judiciaires.— 72. Nomination des juges, titulaires et suppléants.

33.— 73. Officiers du Ministère public: Commissaires du Gouvernement, Procureurs généraux ; nomination.

34.— 74. Attributions du Ministère public.— 74 *bis.* Son unité et son indivisibilité.

35.— 75. Sa présence aux audiences, son absence des délibérations.

36.— 76. Nomination des greffiers.

37.— 77. Attributions des greffiers.

38.— 78. De la compétence ; ses difficultés.—79. Cinq espèces de compétence ; de l'excès de pouvoir.— 80. Compétence de premier et dernier ressort.

39.— 81. Compétence à raison du degré de l'infraction.— 82. Exception au cas d'infractions connexes.

40.— 83. Trois sortes de connexité.

41.— 84. Compétence à raison du lieu : Code français : trois tribunaux compétents.— 85. Projet japonais : compétence du tribunal du lieu de l'infraction.

42.— 86. Infractions commises en divers lieux : compétence du tribunal du lieu de l'arrestation.

Art. 31.— 68. Dans beaucoup de pays, la justice pénale ou de répression est restée séparée de la justice civile.

En France, cette séparation a cessé sous le Premier Empire, en 1808, et, depuis lors, les mêmes tribunaux jugent les affaires pénales et les affaires civiles ; sauf l'adjonction d'un jury, pour le jugement des crimes.

On a souvent fait grand honneur de cette réforme à Napoléon 1er auquel elle est due : elle paraissait d'ailleurs d'autant plus libérale qu'elle venait d'un souverain très-jaloux de l'autorité du Gouvernement, et pourtant, elle tendait à diminuer son influence dans l'administration de la justice.

L'empereur Napoléon signalait surtout ce danger des justices pénales séparées : que, composées d'un petit nombre de magistrats, formant des corps peu imposants, elles étaient moins fortes pour résister aux influences du pouvoir central. S'il n'y avait pas à craindre une pression supérieure pour faire condamner les petits et les faibles, coupables d'ailleurs, il y avait, au moins, à la craindre pour faire échapper les grands et les forts à des poursuites méritées : on avait eu des exemples d'infractions non poursuivies, parce que le Gouvernement avait craint de souffrir dans sa dignité du bruit et de l'éclat de la répression ; faute grave, en tout temps, parce qu'un Gouvernement, en couvrant de l'impunité des illégalités qui frappent d'autant plus les yeux que leur auteur est plus en vue, s'en fait, en quelque sorte, le complice et, par là, se déconsidère lui-même, bien plus que ne le déconsidérerait la faute d'un de ses agents les plus élevés.

Avec de grands corps judiciaires, cette complaisance, cette faiblesse, n'était pas à craindre. On avait le souvenir, en France, des anciens Parlements, ou cours provinciales, qui, souvent, avaient résisté à la puissance royale, quand ils avaient cru que l'intérêt de la justice et du pays l'exigeaient. (*b*)

Pour créer de grands corps judiciaires, sans pourtant retomber dans le danger des usurpations politiques des anciens Parlements, il suffisait de réunir les juges civils et les juges criminels aux divers degrés et dans les diverses circonscriptions territoriales.

On trouvait un autre avantage à cette réunion et s'il n'a pas autant séduit l'esprit de Napoléon, il n'en a pas moins une grande valeur et l'expérience l'a, depuis lors, démontré et confirmé.

Des juges uniquement consacrés aux affaires criminelles y rencontrent plus souvent des coupables que des innocents, uniquement parce que les poursuites ne sont pas entreprises témérairement. Il en résulte qu'ils arrivent, malgré l'ordre formel de la loi, à présumer la culpabilité plutôt que l'innocence ; leur sensibilité, leur patience, leur impartialité même, s'émoussent, et les garanties des justiciables s'en trouvent diminuées.

Ce sont les mêmes raisons qui ont fait introduire le jury dans le jugement des affaires criminelles, comme on le fera remarquer en son lieu.

Par la réunion des deux justices, on arrive à cumuler les fonctions, ou à les alterner, de sorte que les juges criminels se reposent le cœur et l'esprit, pour ainsi dire, dans les affaires civiles.

Dans les petits tribunaux, où les affaires sont simples et le juge unique, c'est presque chaque jour que le magistrat passe des affaires pénales aux affaires civiles; dans les tribunaux plus considérables par l'étendue de la circonscription, par le degré de juridiction et par le nombre des magistrats, les juges, par une opération dite "roulement," passent un an ou deux dans un ordre d'affaires, puis ils retournent à l'autre.

(*b*) La dénomination de *Parlement* ne s'emploie plus aujourd'hui que pour désigner les Assemblées politiques ou Chambres législatives.

Cette réunion des deux justices a donc été adoptée pour le Japon. Elle y avait déjà une certaine application de fait; elle sera consacrée définitivement et réglée avec soin.

69. Mais il ne faudrait pas en exagérer la portée.

Déjà, l'on a vu, dans les *Dispositions générales* que les juges de l'action publique sont aussi juges de l'action privée ou civile; mais la réciproque n'a pas lieu. Ainsi, un tribunal civil, saisi d'une action en réparation de dommages privés, ne pourrait appliquer une peine, s'il découvrait, dans le fait dommageable, les caractères d'une infraction. Ce n'est pourtant pas par un défaut absolu de compétence chez le magistrat que la peine ne peut être appliquée; c'est parce que l'instance n'est pas engagée pour mener à ce double résultat; c'est parce que la procédure pénale n'est pas observée dans ce cas et que le défendeur ne trouverait pas dans l'instance civile toutes les garanties que la loi destine aux inculpés. L'effet de la réunion des deux justices ne va donc pas jusqu'à leur confusion.

Le Projet japonais, en consacrant lui-même cette réunion, a peut-être été plus préoccupé du motif d'humanité et de douceur dans le jugement des faits et dans l'application des peines que du motif politique qui avait séduit Napoléon 1er; mais il a tenu compte aussi de ce dernier, et il a donné aux cours d'appel un droit considérable qui est d'ordonner des poursuites, quand l'organe du Gouvernement reste inactif. Ce droit consacré en France et au Japon, sous le nom d'*évocation*, se trouve réglé au Livre II, chapitre IV (art. 292 à 294), où il sera justifié et expliqué.

70. Au surplus, cette réunion des deux justices ne se trouve que dans les tribunaux de droit commun: elle n'existe pas dans les tribunaux spéciaux, tels que sont les tribunaux militaires et maritimes. Ces juridictions sont purement pénales, elles ne jugent pas les

affaires civiles des militaires et des marins, pas même celles résultant de leurs infractions; c'est pourquoi notre article exprime formellement qu'il ne concerne que les tribunaux "de droit commun."

Les tribunaux militaires et maritimes ne relèvent pas non plus du ministère de la justice, mais du ministère de la guerre et de celui de la marine. Le Code d'instruction criminelle ne s'en occupera donc que pour les exclure des règles ordinaires.

Au contraire, la Haute Cour, bien qu'elle soit aussi une juridiction spéciale, étant composée de membres de la cour de cassation, a tous les avantages d'une juridiction de droit commun dont elle ne diffère que par son élévation ; elle est donc compétente pour juger l'action civile.

Art. 32.— 71. Dans plusieurs pays, les divisions judiciaires, les circonscriptions territoriales des juridictions, cadrent avec les divisions administratives.

En France, notamment, il y a un juge de paix et de simple police par canton, un tribunal civil et correctionnel par arrondissement, une cour criminelle ou d'*assises* par départment; les cours d'appel seules ont une circonscription plus étendue que les autorités administratives : une cour d'appel embrasse plusieurs départements; pour les 86 départements, il y a 26 cours d'appel (*c*).

Au Japon, on n'a pas encore une division judiciaire aussi systématique. Comme les divisions administratives elles-mêmes ne sont pas encore irrévocablement arrêtées et qu'elles seront vraisemblablement modifiées par l'expérience, il y aurait eu des inconvénients à

(c) La très-grande facilité des communications, en France, permettra de diminuer le nombre des tribunaux de première instance : on songe à n'en conserver qu'un seul par département et à supprimer quelques cours d'appel.

exposer les divisions judiciaires aux mêmes changements.

En outre, dans les localités où la population est très-agglomérée, il faut multiplier les tribunaux pour éviter l'accumulation des affaires. Dès lors, ce seront des actes du Gouvernement, qui, suivant les besoins, détermineront le lieu où siégera un tribunal et la portion du territoire qui sera dans sa juridiction.

Il rentre dans les attributions naturelles du Ministre de la justice de faire les propositions à cet égard.

72. Au Japon, beaucoup d'officiers ont des suppléants, ou adjoints, qui les remplacent en cas de besoin, et même partagent avec eux le travail, lorsqu'il y a surcharge. Les suppléants s'initient de cette manière, sous la direction du titulaire, à la pratique des affaires.

L'admission de juges-suppléants est d'autant plus nécessaire que les affaires judiciaires sont de nature à se multiplier considérablement, de temps à autre, suivant les circonstances ; en outre, le noviciat judiciaire est long et difficile.

La nomination des juges-titulaires est faite par l'Empereur ou en son nom, sur la proposition du Ministre de la justice.

Les suppléants, remplissant les mêmes fonctions, doivent être choisis avec les mêmes garanties, dans l'intérêt des justiciables.

Art. 33.—73. On a déjà parlé des origines et du rôle général du ministère public. Cette fonction est créée auprès de chaque degré de juridiction, car la société, l'intérêt général, doivent y être représentés, et comme c'est au Gouvernement qu'il appartient de défendre l'intérêt général, les officiers du ministère public sont appelés aussi *commissaires du Gouvernement*.

Le présent Code emploiera indifféremment l'expression de *Ministère public* et celle de *commissaire* du *Gouvernement* (au moins dans le présent texte français); cependant la première sera plus ordinairement employée pour exprimer *la fonction* et la seconde pour désigner *le magistrat* qui la remplit. Quand il s'agit du commissaire du Gouvernement près d'une Cour d'appel ou de la Cour de cassation, le texte français emploiera l'expression de *Procureur général* usitée en France. Au Japon, la différence est à peu près aussi tranchée (*d*). La nomination des officiers du ministère public n'est faite par l'Empereur ou en son nom que pour les cours et les tribunaux de *fu* et de *ken*; (*e*) quant aux mêmes officiers fonctionnant près des tribunaux de paix ou de simple police, ils sont nommés par le Ministre de la justice, d'accord avec celui de l'intérieur, comme il est dit à l'article 63. Leur fonction n'a pas l'importance de celle du juge, elle est aussi plus sujette à des changements de personne, à cause de leurs autres attributions administratives et de police; on a donc admis une forme de nomination moins solennelle, sinon plus rapide.

Art. 34.— 74. Les officiers du ministère public ont, en matière civile, des attributions dont il n'est pas question ici: d'ailleurs, elles y sont toujours relatives à l'intérêt de la société, dans la mesure plus limitée où cet intérêt se trouve engagé dans les procès civils.

(*d*) On donne au Ministère public le nom de *Ken-satsu-kwan*, au commissaire du Gouvernement, celui de *Ken-dji*, au Procureur général celui de *Ken-dji-tcho*.

(*e*) Les *fu* sont au nombre de trois; ce sont d'anciennes capitales provinciales; ils ont à leur tête, dans l'ordre administratif, un Gouverneur (*Tchi-dji*); les *ken* sont des divisions territoriales analogues aux départements français: à leur tête est un Préfet (*Ken-rei*).

Les circonscriptions judiciaires ne cadrent pas exactement avec ces divisions administratives: il n'y a que deux *fu* sur trois qui possèdent une cour d'appel, plusieurs *ken* en ont une; les tribunaux de première instance sont plus ou moins nombreux, dans chaque *ken*, suivant son étendue et sa population.

L'article 34 énumère les principales attributions du ministère public en matière pénale. Les trois premières se peuvent résumer en trois idées distinctes : recherche, poursuite, exécution. Chacune d'elles se trouvera développée et mise en œuvre dans la suite de ce Code; il semble donc inutile de s'y étendre maintenant. On remarquera seulement la formule générale qui termine l'article : elle répond très-bien au nom même de cette magistrature *(ministère public)*, puisqu'il défend les intérêts de tous.

Parmi les attributions du ministère public qui ne rentrent pas dans la recherche, la poursuite et l'exécution, les principales sont :

De donner des conclusions sur tous les incidents qui peuvent se produire aux débats d'une affaire ;

De requérir l'observation de la loi, dans tout le cours de la procédure, par exemple, quant à la compétence, à la publicité ou au huis-clos, quant à la production des preuves, quant aux formes à suivre, même dans l'intérêt de l'inculpé ;

De provoquer des mesures disciplinaires contre les officiers de police judiciaire, ou contre le greffier, s'il y a lieu ; il pourrait même signaler à son supérieur hiérarchique (au Procureur général ou au Ministre de la justice), les fautes ou les négligences des magistrats de son tribunal.

Enfin, c'est encore dans l'intérêt général qu'il peut exercer des recours contre les décisions de la justice, même lorsque ces recours doivent profiter aux condamnés.

L'expression japonaise de *Ken-dji* doit s'entendre dans le même sens : elle indique un *contrôleur général* des juges et des justiciables : il doit s'efforcer de maintenir les uns et les autres dans l'observation de la loi ; il doit avoir la vigilance, la fermeté et l'impartialité qui assurent ou ramènent le bon ordre dans la société et dans l'administration de la justice. S'il n'a pas d'autorité directe sur le tribunal, il a toujours le droit de remontrances; il peut aussi en faire adresser par le Procureur général près la cour d'appel et celui-ci par le Ministre de la justice.

74 *bis*. Une observation importante et générale trouve ici sa place.

On dit, ordinairement, que "le ministère public est un et indivisible." Le sens de cette formule est que tout officier du ministère public, de quelque degré qu'il soit, agit au nom du Gouvernement et de la société, comme s'il était seul à remplir cette fonction.

Ainsi, le ministère public près le tribunal de simple police interjette appel d'un jugement de ce tribunal; l'appel ainsi formé ira au tribunal du *ken* et là, il sera repris et soutenu par le ministère public près ce tribunal; il en est de même d'un appel porté à la cour d'appel; de même encore, si le ministère public d'une cour d'appel forme un pourvoi en cassation, ce n'est pas lui qui ira le soutenir devant la cour de cassation, ce sera le Procureur général près cette cour qui le soutiendra.

Bien entendu, dans ces divers cas, le ministère public près le tribunal de recours n'est pas lié par les conclusions déjà prises : il peut les modifier ou les abandonner; mais cela n'est pas contraire à l'unité qui nous occupe, car l'officier lui-même qui a pris des conclusions dans une affaire peut toujours les modifier ou les abandonner, lorsque la suite de l'affaire lui paraît demander de tels changements.

Une autre conséquence de l'unité du ministère public est que ce qui est jugé conformément ou contrairement aux conclusions d'un officier de cette qualité est considéré comme jugé vis-à-vis de tous les autres : la même affaire ne pourrait être reprise comme entière *par* ou *contre* un autre officier du ministère public.

Enfin, c'est encore par suite de l'unité du ministère

public qu'il n'est pas nécessaire que ce soit le même officier qui assiste aux différentes audiences d'une même affaire, pas plus qu'il n'est nécessaire que le même avocat assiste l'inculpé pendant toute la procédure ; or, le ministère public remplit en faveur de la société un véritable rôle d'avocat; *(f)* au contraire, il n'y a pas et il ne peut y avoir unité dans la fonction des juges, et aucun d'eux ne pourrait être changé au cours d'une procédure à l'audience, sans que le débat dût être recommencé en entier. Ce n'est que dans une instruction que le juge pourrait être changé, sans que cela entraînât la nécessité de refaire toute l'instruction. Le motif en est que l'instruction est écrite et laisse des bases suffisamment certaines pour la décision du nouveau juge d'instruction.

Art. 35.—75. La présence d'un officier du Ministère public à l'audience est essentielle ; car il peut, à chaque instant, avoir à prendre des conclusions sur la marche de la procédure ou sur les incidents qui s'élèvent ; au contraire, il ne doit pas assister à la délibération : non seulement, il n'y doit pas prendre part, mais il ne doit pas pouvoir l'entendre, parce qu'il est partie en cause. Dans les affaires importantes, le tribunal délibère en chambre du conseil, hors la présence du ministère public ; dans les affaires simples et peu graves, le tribunal peut délibérer dans la salle même d'audience, sans se retirer ; mais il doit délibérer à voix basse (c. i. cr. fr., art. 369).

La violation des deux règles de cet article entraînerait nullité de la décision, quelle qu'elle fût. Mais une pareille irrégularité n'est pas à craindre : le tribunal ne se prêterait ni à la négligence du ministère public, au premier cas, ni à son ingérance, dans le second cas.

(*f*) En France, le substitut du Procureur général porte à l'audience le nom d'*avocat* général ; celui du Procureur de la République (au Japon, Procureur impérial) porte le nom d'*avocat de la République*.

[library stamp]

Art. 36.— 76. Tout ce qui a rapport à la justice rendue par les tribunaux doit être fait en la présence et avec le concours d'un autre officier public chargé de recueillir par écrit tout ce qui se fait et se dit dans la procédure. En France, cet officier se nomme *greffiers* (du grec, *graphô*, j'écris) : les greffiers sont des écrivains officiels, des secrétaires de la justice.

Cette fonction n'exige pas des connaissances bien étendues en droit, parce que le greffier ne doit écrire que ce qui se fait et ce qui se dit et qu'il n'a aucune initiative à prendre, ni aucun avis à émettre ; mais elle demande une intelligence prompte et sûre, de l'ordre, de l'activité, surtout une grande loyauté, car les notes recueillies par le greffier seront souvent les seules traces officielles de la procédure.

Les greffiers sont nommés par le Ministre de la justice, et, comme il s'agit d'une fonction qui met cet officier en rapports journaliers et intimes avec le tribunal, il est bon que le tribunal le propose au choix du ministre ou au moins soit appelé à donner son avis sur ce choix.

Le greffier, sans avoir toutes les prérogatives des magistrats, doit être considéré comme faisant partie du tribunal, quand on le considère dans son ensemble. Les articles 49 à 53, sur la compétence spéciale en matière d'infractions des magistrats leur sont formellement applicables.

Art. 37.—77. Les fonctions principales du greffier sont suffisamment déterminées par cet article. Il faut, d'ailleurs, le rapprocher de l'article 24 qui place dans les attributions du greffier les notifications d'actes de procédure aux parties intéressées, et le compléter encore par les articles 629 à 631 du Livre V^{e} qui chargent le greffier de la garde des archives et de la statistique criminelle.

Quant à l'assistance du greffier aux audiences et aux actes d'instruction, elle est tellement essentielle que le tribunal ou le juge ne peuvent siéger ou procéder valablement en son absence. Les Livres IIe et IIIe entrent dans des détails sur cette fonction du greffier.

Art. 38.—78. Après ces règles générales d'Organisation judiciaire qui répondent au premier objet du présent Livre, la loi passe à son deuxième objet, aux règles de Compétence dont l'importance et la difficulté demandaient une place spéciale.

On peut dire que la *compétence* d'une autorité est l'étendue de son pouvoir, la limite entre ce qu'elle peut faire et ce qui lui est interdit. La compétence (d'après la signification propre du mot français) est *ce qui appartient* à une autorité.

Dans une société bien organisée, les limites de la compétence de chaque autorité doivent être soigneusement déterminées, pour éviter les conflits, les rivalités, les excès de pouvoir, les lenteurs, et aussi, pour que les services publics soient remplis avec plus d'aptitude par chacune de ces autorités : la compétence, en matière de services publics, correspond à ce qu'on nomme en économie politique "la division du travail" qui est la meilleure méthode pour faire mieux et plus vite.

Mais quelques efforts que fasse le législateur, les questions de compétence sont toujours difficiles à résoudre, lorsqu'elles se présentent dans l'application. Théoriquement, la loi trace des limites aussi précises que possible aux divers pouvoirs; mais, lorsqu'il s'agit ensuite de faire rentrer les faits pratiques dans les unes ou les autres de ces limites, les difficultés se présentent en foule et demandent toute le sagacité de ceux qui doivent appliquer ces règles (voy. p. 56).

En matière de juridiction, plus peut-être qu'en

aucune autre, il est nécessaire de déterminer la compétence de chaque autorité.

79. La compétence judiciaire peut s'envisager sous cinq aspects différents :

1° La compétence de premier et dernier ressort ;

2° La compétence à raison du degré de l'infraction à juger ;

3° La compétence à raison de l'étendue de la circonscription ou du lieu de l'infraction ;

4° La compétence à raison de la qualité personnelle de l'inculpé ;

5° La compétence à raison de la nature de l'infraction ou de la nature de l'intérêt lésé.

On pourrait citer d'autres limites aux droits des diverses juridictions, des limites plus tranchées encore et dont la violation est qualifiée du nom d'*excès de pouvoir*. On peut dire alors que le juge est sorti entièrement de ses *attributions*.

Ainsi, si une juridiction d'instruction, qui ne doit statuer que *sur les charges*, a prétendu statuer *au fond*, elle a commis un excès de pouvoir ; il en faut dire autant d'une juridiction *civile* qui statuerait sur l'*action publique* résultant d'une infraction. Mais, dans ces divers cas, si le droit du tribunal était contesté avant la décision, rien n'empêcherait de qualifier d'*incompétence* la limite de son droit, et l'expression d'*excès de pouvoir* serait employée seulement dans le recours exercé contre la décision illégale.

Les règles de compétence peuvent être violées de deux manières différentes et tout-à-fait opposées : un tribunal peut avoir statué sur une matière ou dans un cas où il était *incompétent ;* il peut, en sens inverse, s'être déclaré incompétent, lorsqu'il était *compétent*. Dans l'un et l'autre cas, la décision est attaquable ; seulement, dans le second cas, il n'y a eu, il n'a pu y avoir qu'une décision préparatoire ; mais elle sera annulée et le tribunal devra reprendre la connaissance de l'affaire qu'il a refusé de juger, car il ne peut se soustraire à son devoir de juger les affaires qui sont de sa compétence.

Remarquons enfin que les questions de compétence, en matière pénale, sont d'ordre public, ce qui étend beaucoup, pour les intéressés, le droit de les faire valoir, ainsi qu'on le verra aux Livres suivants.

80. La première sorte de compétence, celle qui est l'objet du présent article 38, est relative au pouvoir de juger en premier ou en denier ressort, ce qui correspond, comme le dit le texte, à la faculté d'appel accordée ou refusée par la loi, suivant l'importance du procès. C'est aux Livres IIe et IIIe que ces cas seront déterminés.

Les autres compétences sont réglées ci-après.

Art. 39.—81. On sait, par l'article 1er du Projet de Code pénal, qu'il y a trois degrés d'infractions : les crimes, les délits et les contraventions.

Cette division des infractions en trois classes a plusieurs genres d'utilités qui ont été indiquées au Commentaire du Code pénal ; le Code d'instruction criminelle nous en présentera de nouvelles. Celle-ci est la première, la plus frappante et aussi la plus naturelle : la compétence varie avec le degré de l'infraction.

Plus l'infraction est grave, plus il faut que le jugement en soit entouré de garanties, par le nombre des juges, par leur élévation et par les formes de procéder. On peut, au contraire, si l'infraction a peu d'importance, exiger un peu moins, à ces divers égards ; mais, en compensation, on rapproche davantage les juges des justiciables.

Ainsi, les contraventions sont jugées par les *juges de paix* ou *tribunaux de simple police*, les délits, par les tribunaux d'*arrondissement* (de *ken*) ou tribunaux *correctionnels*, et les crimes, par des cours *criminelles* ou cours d'*assises* dont la composition est plus compliquée.

82. Mais l'article 39 nous signale une exception assez notable à cette séparation des infractions pour le jugement. Si l'inculpé est poursuivi, tout à la fois, pour plusieurs infractions de divers degrés, connexes ou non (le mot sera bientôt expliqué), il n'est pas nécessaire de le traduire devant les divers tribunaux compétents: le plus élevé peut juger les infractions moindres; la célérité et la simplicité y gagnent, sans que la société ni l'inculpé y perdent aucune garantie. C'est, de plus, un moyen facile d'assurer l'application d'une disposition du Code pénal (art. 112), d'après lequel, "en cas de plusieurs infractions à punir, la peine la plus forte est seule prononcée."

Du reste, la disposition de la loi qui permet de réunir dans une même poursuite et dans un même jugement plusieurs infractions, même non connexes, n'est applicable que si toutes sont suffisamment instruites ou peuvent l'être facilement par le tribunal le plus élevé (car c'est toujours un droit du tribunal, comme on le verra ailleurs, de faire un supplément d'instruction); dans le cas contraire, il renverra au tribunal qui se trouve compétent d'après les règles ordinaires celles des affaires qu'il ne pourrait facilement instruire et qui d'ailleurs seraient non connexes; car, si elles étaient connexes, il devrait absolument les instruire et les juger.

La mesure dont il s'agit peut être ordonnée d'office par le tribunal qui est le meilleur juge, tant de l'insuffisance de l'instruction que des moyens d'y remédier. Le ministère public, qui participe à l'instruction, peut, sans aucun doute, provoquer cette mesure ou la combattre, s'il la croit inutile.

Quant à l'inculpé, on pouvait hésiter sur son droit; mais on l'a admis; car, outre que la loi préfère mettre, en général, sur le pied de l'égalité de droits l'accusateur et l'accusé, l'inculpé a un intérêt légitime à ce que l'instruction soit complète et faite dans les meilleures conditions possibles.

Art. 40.— 83. La différence entre les infractions connexes et celles non connexes a, d'après l'article précédent, un grand intérêt pour la compétence ; d'autres articles lui donneront aussi de l'intérêt ; la loi a donc dû définir la *connexité*, dont le sens propre est que les infractions sont liées (*nouées* ensemble).

Elle a, d'ailleurs, à peu près suivi les dispositions du Code français (i. cr. art. 227).

Dans le premier cas de connexité, il n'y a pas à chercher d'autre lien entre les infractions que celui de l'identité de temps et de lieu, lorsqu'il n'y a qu'un seul auteur ; mais, s'ils sont plusieurs, il faut nécessairement qu'ils aient *agi ensemble*. Du reste, les infractions peuvent n'avoir pas le lien *de but*, bien plus important, qui forme le 3e cas de connexité ; mais il est utile que le même tribunal les juge ensemble, parce que leur réunion donne la mesure de la moralité de l'agent ; elle permet au tribunal de se déterminer en meilleure connaissance de cause, pour la fixation de la peine, entre le *minimum* et le *maximum* qui souvent lui appartiennent ; elle l'éclaire aussi sur la convenance qu'il y a à accorder ou non les circonstances atténuantes.

Dans le deuxième cas, il n'y a plus unité de temps et de lieu, mais il y a pluralité de coupables, agissant par suite d'un *concert* : le mal social est plus grand et les faits prennent, en général, dans ce concert, une physionomie mieux déterminée.

Le troisième cas de connexité est le plus important : il donne aussi aux faits un caractère plus précis ; les infractions se prouvent, en quelque sorte, les unes par les autres ; l'immoralité et le mal social sont notablement augmentés ; aussi, la loi fait-elle souvent de cette connexité une circonstance aggravante : notamment, dans le cas de meurtre ou de coups et blessures volontaires précédés ou suivis de vol ou d'un autre crime ou délit (Projet de Code pénal, art. 330 et 338).

On verra, aux articles 349 et 435, que bien que les infractions connexes doivent être jugées dans une même procédure, rien n'empêche, pour plus de clarté, de diviser les preuves et le débat pour chacune ; sauf à les réunir ensuite dans la décision ; comme aussi on pourrait réunir dans un même débat celles qui auraient été l'objet d'accusations séparées ; le tout, pour arriver plus sûrement à la découverte de la vérité.

Art. 41.—84. La loi suppose maintenant qu'une seule infraction a été commise ; le degré en est connu ; par conséquent, le degré de la juridiction compétente l'est aussi ; si, par exemple, l'infraction est un délit, ou paraît telle, le tribunal correctionnel est compétent.

Mais quel est celui des tribunaux correctionnels de l'Empire qui pourra connaître de l'affaire ?

En France, la loi admet la compétence de trois tribunaux : 1° de celui du lieu où l'infraction a été commise, 2° de celui du lieu où le prévenu a son domicile ou sa résidence habituelle, et 3° de celui du lieu où il est arrêté. (*g*)

Ce n'est pas à dire, pour cela, qu'ils pourront, tous les trois, instruire et juger cumulativement le délit : il y aurait là un *conflit positif* exposant la société et l'inculpé à trois décisions différentes, sans compter que

---

(*g*) Le Projet est ainsi plus précis que le Code français qui parle " du lieu où le prévenu *pourra* être trouvé " (art. 6, 23, 24, 30, 63, 69) ; l'article 29 emploie même l'expression dubitative : *pourrait* ; en sorte qu'on ne voit pas bien si la loi a voulu parler du lieu où le prévu a été effectivement *trouvé*, ou du lieu où il serait possible qu'il le fût : c'est, évidemment, le premier sens qu'il faut adopter, autrement, les juges de toutes les circonscriptions seraient compétents, car un prévenu *peut être trouvé et arrêté* partout.

l'inculpé ne pourrait se défendre utilement et en personne que devant un seul de ces trois tribunaux.

La loi française attribue la compétence à trois tribunaux, pour assurer davantage la répression ; mais dès que l'un d'eux est saisi, les autres doivent s'abstenir, et s'ils ont ignoré d'abord que déjà des poursuites étaient commencées en un autre tribunal, ils doivent se dessaisir.

85. Au Japon, on n'a pas suivi ce système, dont les inconvénients sont reconnus depuis longtemps. On a admis, en principe, qu'un seul tribunal serait compétent, celui du lieu de l'infraction.

C'est, en effet, sur le lieu de l'infraction qu'il sera le plus facile d'en recueillir les preuves, par des auditions de témoins, par des visites de lieux et autres moyens d'investigation dont il sera parlé au Livre IIe.

On n'y sera pas privé, d'ailleurs, des autres renseignements qui pourraient être obtenus au domicile de l'inculpé ou au lieu où il a été arrêté ; car le tribunal du lieu de l'infraction peut donner des commissions rogatoires aux autorités judiciaires des autres lieux, comme il est dit plus loin (art. 73) ; enfin, l'arrestation de l'inculpé n'en sera pas rendue plus difficile, car le juge du lieu peut décerner (délivrer) des mandats, ou ordres d'arrestation, exécutoires dans tout l'Empire (art. 147).

L'article suppose, en terminant, que le lieu même de l'infraction pourrait être incertain ; dans ce cas, la compétence appartient au tribunal dans le ressort duquel l'inculpé a été arrêté.

On pourrait peut-être se demander comment l'arrestation peut avoir eu lieu sans l'ordre d'un juge déjà saisi ; mais le fait est très-facile à admettre : l'inculpé a pu être arrêté dans un lieu où il a été trouvé porteur d'objets de nature à le faire présumer auteur d'une infraction ; c'est un cas assimilé au flagrant délit (art. 115) ;

il peut arriver aussi qu'un juge ait délivré un mandat d'arrestation, comme étant le juge du lieu de l'infraction et qu'ensuite il ait reconnu son incompétence, ce qui ne détruit pas la validité du mandat, comme on le verra au Livre IIe (art. 132 et 242).

Art. 42.— 86. Ici, la difficulté naît de la pluralité des lieux de l'infraction ; il faut toujours choisir rationnellement le juge compétent, et c'est encore celui dans le ressort duquel l'arrestation a eu lieu qui est le plus naturellement préféré, lors même que l'arrestation n'aurait pas eu lieu en vertu de son ordre.

Il n'est pas difficile de concevoir qu'un crime ou un délit soit commis en différents lieux, simultanément ou successivement. Les crimes politiques commis en état d'insurrection sont presque toujours commis en différents lieux, simultanément, et la pluralité de lieux et d'auteurs n'empêchera pas que ce soit une seule et même infraction, du moment que les auteurs ont agi en vertu d'un plan concerté.

Le délit de vagabondage, celui de colportage d'objets dont la vente est prohibée, sont des délits continus ou successifs et qui, le plus souvent, se trouveront avoir été commis en différents lieux.

Enfin, il peut y avoir eu plusieurs délits répétés, mais distincts, commis en différents lieux, comme des vols, et ils pourront être de la compétence d'un seul juge, tant en vertu de l'article 39, ci-dessus, que de l'article 246 *bis*.

Art. 43.— 87. Si, dans le cas d'infraction commise en divers lieux, l'arrestation n'est pas faite dans un des ressorts où l'infraction a eu lieu, la loi, ne voulant rien laisser au hasard ou à l'arbitraire, détermine la compétence du juge le plus proche, parmi ceux des lieux de l'infraction. Ainsi, un individu qui a commis plusieurs vols à Tokio et à Kanagawa est arrêté à Kobé, il sera transféré à Kanagawa ; s'il est arrêté à Hakodaté, il sera conduit à Tokio.

Mais s'il y a eu un mandat d'arrestation, c'est devant le juge qui l'a décerné que sera conduit l'inculpé ; sauf à ce juge à se dessaisir en faveur d'un autre, s'il y a lieu.

Art. 44.— 88. Il n'y a pas lieu à arrestation préalable dans le cas d'une contravention ou d'un délit n'entraînant qu'une amende. Dans ce cas, lors même qu'elle aurait été faite par erreur, elle ne pourrait déterminer la compétence.

Dans d'autres cas, il est possible que l'arrestation, quoique permise par la loi et ordonnée par le juge, n'ait pu être faite.

Dans ces divers cas, la préférence entre plusieurs tribunaux compétents à raison du lieu de l'infraction est déterminée par la priorité dans l'initiative des poursuites.

Art. 45.— 89. En France, la triple compétence à raison du lieu demande, plus qu'au Japon, que la loi détermine la compétence à l'égard des complices.

Evidemment, on ne pourrait juger l'auteur principal au lieu du délit ou au lieu de son domicile et le complice au lieu de son domicile ou au lieu de son arrestation : le complice doit, autant que possible, être jugé avec l'auteur principal, et comme il s'est associé avec celui-ci pour l'infraction, il doit lui rester associé pour le jugement.

Le principal avantage de cette réunion est d'éviter la contrariété de jugements dans une même affaire ; sans compter plus de célérité et d'économie.

Au Japon, la compétence étant fondée sur le lieu de l'infraction, le complice sera soumis à la même juridiction, et le lieu sera le même, le plus souvent, pour l'auteur et pour le complice. Mais, lorsqu'il y a, comme on l'a vu plus haut, plusieurs tribunaux compétents à raison du lieu et que la préférence est déterminée par le lieu de l'arrestation ou par la priorité des poursuites, alors le complice, en quelque lieu qu'il soit arrêté, ou lors même qu'il aurait été poursuivi le premier, sera traduit devant les mêmes juges que l'auteur principal.

La règle qui précède reçoit exception, lorsque les auteurs et les complices ne sont pas justiciables de tribunaux de même nature, à raison de certaines qualités personnelles qui donnent lieu à une compétence spéciale.

Ainsi, quand l'auteur principal est un militaire, justiciable des conseils de guerre, et le complice un individu justiciable des tribunaux de droit commun, c'est l'auteur principal qui passe sous la juridiction compétente pour le complice : il ne faut pas priver ce dernier de ses *juges naturels*, et l'auteur principal n'y perdra aucune garantie ; au contraire, il y trouvera une procédure et des formes plus favorables à sa défense.

Il en serait de même si le complice était justiciable de la Haute cour ou de la cour de cassation, à raison de quelque dignité ou fonction élevée : comme il ne doit pas perdre, à cause de l'auteur principal, le bénéfice de cette compétence spéciale, il en fera profiter ce dernier, qui, s'il eût été seul, n'y aurait pas eu droit.

90. Si, au lieu d'un auteur principal ayant des complices, nous supposons, avec la loi, plusieurs auteurs ou co-auteurs, l'un ne peut suivre l'autre accessoirement. D'un autre côté, il faut éviter, sur la même affaire, la pluralité de jugements qui pourraient être contraires l'un à l'autre. Dès lors, le tribunal valablement saisi le premier, en vertu des règles précédentes, sera compétent à l'égard de tous les auteurs.

Mais, bien entendu, s'il y avait chez l'un des inculpés une qualité personnelle motivant une compétence spéciale, la plus favorable profiterait à tous, conformément à ce qui est dit plus haut.

Art. 46.— 91. Dans le cas où deux ou plusieurs tribunaux seraient saisis de la même affaire, il y aurait *conflit positif*. Un premier moyen de le faire cesser, serait d'opposer l'exception ou déclinatoire d'*incompétence*, si l'un de ces tribunaux n'était pas compétent d'après les règles qui précèdent.

Mais il pourrait se faire, d'après les mêmes règles, qu'ils fussent tous compétents, et le danger de jugements contraires sur la même affaire n'en existerait pas moins.

On proposera alors une nouvelle exception dite *exception de conflit*, sur laquelle le tribunal qui n'est pas préféré par la loi devra se dessaisir.

Rien n'empêche, d'ailleurs, pour abréger, de présenter les deux exceptions en même temps, la seconde subsidiairement à la première et pour le cas où celle-ci ne serait pas admise.

Si l'exception de conflit est rejetée aussi, on recourt alors à une procédure particulière appelée *Règlement de juges*. C'est alors l'autorité judiciaire supérieure, celle dont relèvent les divers tribunaux en conflit, qui détermine lequel d'entre eux conservera la connaissance de l'affaire. Quelquefois, il faut recourir, d'emblée (*de plano*), à la cour de cassation ; d'autres fois, c'est par le pourvoi en cassation qu'elle sera appelée à faire le règlement de juges. On trouvera toute cette théorie dans les articles 318 à 329, 559, 598 et suivants.

92. La loi suppose dans notre article 46 qu'aucun des moyens qui précèdent n'a été employé et que deux ou plusieurs jugements sont intervenus dans la même affaire ; ils pourraient être contraires, et alors leur

exécution simultanée serait impossible ; ils pourraient même être conformes et il serait encore nécessaire d'opter entre eux pour l'exécution, au moins au cas de condamnation, car une seule condamnation doit être subie et il est nécessaire de savoir en vertu de quel jugement elle le sera.

Alors la loi décide, avec raison, que l'*autorité de la chose jugée* et la *force exécutoire*, resteront à celui des jugements qui est devenu le premier inattaquable. Ce jugement, en effet, n'a pu être détruit par un nouveau jugement, lors même que celui-ci aurait satisfait aux autres conditions de validité.

C'est par le pourvoi en cassation que ce redressement sera obtenu (art. 564).

Art. 47.— 93. Quand il s'agit d'un crime ou d'un délit commis en pays étranger et punissable au Japon, d'après les articles 4 et suivants du Code pénal, il ne peut être question de la compétence à raison du lieu de l'infraction ; c'est alors le lieu de l'arrestation qui détermine la compétence des tribunaux japonais. C'est, en effet, la présence de l'inculpé au Japon qui, en général, motive la poursuite, parce qu'elle y cause un danger, une alarme ; c'est donc au lieu où il est trouvé qu'il doit être jugé.

Si, par exception, il peut être jugé par contumace ou par défaut, le tribunal compétent sera celui de son dernier domicile connu. Mais, dans ce cas encore, il pourrait n'y avoir pas de domicile connu, cependant, la poursuite doit avoir lieu ; et comme le cours de la justice se trouve arrêté, on dit qu'il y a *conflit négatif ;* c'est un autre cas de Règlement de juges appartenant à la cour de cassation (Livre IVe, chap. III).

Art. 48.— 94. Il y a encore ici une dérogation nécessaire aux principes de la compétence.

Quand il s'agit d'une infraction commise à bord d'un navire de l'Etat, c'est le Code militaire maritime qui sera applicable.

S'il s'agit d'un navire de commerce, une loi spéciale déterminera la compétence.

Vraisemblablement, les navires de commerce japonais appartiendront à un port déterminé où ils seront "immatriculés", comme cela est pratiqué en Europe, et s'il s'agit d'infractions graves, de crimes principalement, il pourra paraître préférable que les coupables y soient ramenés et jugés ; pour les infractions moindres, elles pourront être jugées dans les ports de relâche.

On donnera, sans doute, un certain droit d'information et d'instruction préparatoire au commandant du navire ; il devra pouvoir interroger l'inculpé, entendre des témoins, constater les faits, pour empêcher la disparition des preuves (*h*).

Art. 49.— 95. Cet article et les cinq suivants ont rapport à la compétence fondée, non plus sur le lieu de l'infraction, mais sur *la qualité* de l'infracteur ; elle se combine d'ailleurs avec la compétence fondée sur *le degré* de l'infraction.

Les infractions qui pourraient être commises par des magistrats doivent être jugées dans des conditions qui donnent toutes garanties d'indépendance et d'impartialité, tant dans l'intérêt de la société que dans celui de l'inculpé. Le projet a atteint le but, en donnant, en général, la compétence à l'autorité judiciaire supérieure à celle du magistrat qui a commis l'infraction.

Il était évidemment impossible de donner la compétence aux juges du lieu de l'infraction, lorsqu'ils sont

(*h*) Cette matière spéciale est réglée en France par un Décret du 24 mars 1852.

Un *décret* a été fait, au lieu d'une *loi*, parce qu'à cette époque, dite *dictatoriale*, le Président de la République, Louis Napoléon Bonaparte, avait usurpé la pouvoir législatif.

inférieurs au délinquant dans l'ordre hiérarchique : on aurait pu craindre, soit la faiblesse dans la répression, soit une sévérité exagérée, pour éviter le soupçon de faiblesse. On ne pouvait non plus faire juger le délinquant par les membres du tribunal auquel il appartient : si la faiblesse ne pouvait provenir du respect de la hiérarchie, elle pouvait provenir de l'affection et des égards dus à des relations journalières ; en sens inverse, une prétendue indépendance pouvait servir à abriter des rivalités, des jalousies, nées de ces relations même. Il était donc naturel et presque nécessaire de donner la compétence aux juges du degré supérieur à celui de l'infracteur. On avait songé un instant à la donner à l'un des tribunaux voisins, de même degré ; mais, outre l'inconvénient qu'il aurait encore fallu recourir au degré supérieur pour faire le choix entre les tribunaux voisins, on n'échappait pas à tout danger de complaisance ou de rivalités secrètes, sinon entre les personnes, au moins entre les tribunaux eux-mêmes. Toutefois, on a pu, dans certains cas, éviter de remonter à la juridiction supérieure, soit en augmentant le nombre des juges pour le jugement, soit en profitant de ce que les deux plus hautes juridictions ont deux chambres ou sections différentes.

Un article distinct est consacré aux infractions qui pourraient être commises par des magistrats de chaque degré hiérarchique.

96. Et d'abord, il s'agit des infractions d'un juge de paix, du commissaire du Gouvernement ou du greffier fonctionnant près de lui.

Si l'infraction est une contravention, le tribunal de simple police est incompétent : le juge de paix ne peut être jugé par son suppléant, et le suppléant ne peut l'être par le juge titulaire ; ni l'un ni l'autre ne doit juger les officiers du ministère public ou du greffe.

Mais on aura toutes les garanties désirables en

déférant la connaissance de l'affaire au tribunal correctionnel. Et, comme il s'agit d'une contravention, il est clair que la décision du tribunal correctionnel sera sans appel, car ce tribunal est le juge d'appel ordinaire en matière de contraventions.

Si l'infraction des magistrats ou officiers dont il s'agit est un délit ou un crime, la compétence de droit commun n'est pas modifiée : le tribunal correctionnel jugera le délit, avec appel, et la cour criminelle jugera le crime, sans appel.

Art. 50.— 97. On suppose maintenant les trois sortes d'infractions commises par un magistrat plus élevé d'un degré, c'est-à-dire appartenant à un tribunal d'arrondissement.

1° Il s'agit d'une contravention : elle ne sera pas jugée par le juge de simple police, parce qu'il pourrait n'être pas assez indépendant ; il y aurait d'ailleurs quelque chose de choquant à ce que l'inférieur jugeât son supérieur ; en outre, la décision ne serait pas sans appel, au moins le plus souvent, et l'appel reporterait l'affaire devant le tribunal même auquel appartient le contrevenant. On peut donc admettre tout d'abord la compétence du tribunal correctionnel, à cause du peu de gravité de l'infraction, et il la jugera sans appel, parce que ce n'est qu'une contravention ; mais il siégera au nombre de trois juges, pour ne pas laisser à un seul la tâche délicate et pénible de juger un de ses collègues.

Il fallait encore prévoir le cas spécial où la contravention serait commise par un des officiers du ministère public ou du greffe : la loi ne pouvait confier au titulaire, ou au suppléant de cette fonction, le rôle de poursuivre ou de rédiger la procédure, l'un à l'égard de l'autre ; c'est alors dans le tribunal même que seront pris ceux qui rempliront la fonction de commissaire du Gouvernement ou de greffier.

2° Il s'agit d'un délit commis par l'un des membres du tribunal d'arrondissement ; ici, la gravité de l'infraction demande que le tribunal auquel appartient l'inculpé soit incompétent : on portera l'affaire à la juridiction supérieure, à la cour d'appel. Mais elle jugera en dernier ressort, parce qu'il s'agit d'un délit.

3° Il s'agit d'un crime ; l'instruction, au lieu d'être faite par le juge d'instruction du tribunal, sera, pour le même motif, faite par un des membres de la cour (section criminelle) ; quant au jugement, il appartiendra à la cour criminelle où siége un jury.

Art. 51.—98. Cet article, comme les précédents, traite des trois degrés d'infractions qui pourraient être commises par des magistrats, mais en les supposant encore plus élevés dans la hiérarchie judiciaire : il concerne les membres d'une cour d'appel. On ne pouvait songer à faire juger les contraventions et les délits de ces magistrats par les juges ordinaires de ces infractions, lesquels, étant inférieurs à l'inculpé, par le rang, seraient soupçonnés de manquer d'indépendance. La cour d'appel jugera donc la première sorte d'infraction, les contraventions, et comme il y a deux sections dans une cour d'appel, c'est celle à laquelle n'appartient pas le contrevenant qui sera compétente.

Mais, il y a dans une cour d'appel deux magistrats qui peuvent siéger dans les deux sections : le Premier président et le Procureur général ; il faut, par respect du principe, réunir les deux sections pour le jugement.

Il n'eût pas été déraisonnable de donner à la même cour le jugement des délits d'un de ses membres ; mais le fait étant plus grave, il fallait suivre la même marche ascendante ; d'ailleurs, les relations journalières des membres d'une cour d'appel peuvent établir entre eux des liens d'affection ou susciter des rivalités ; dans l'un et l'autre cas, la justice absolue serait compromise. La loi a donc donné à la cour de cassation (chambre criminelle) le jugement des délits des membres d'une cour d'appel.

C'est aussi un membre de la cour de cassation qui fera l'instruction préparatoire du délit, s'il y a lieu.

Pour un crime, la cour de cassation n'aura que l'instruction : le jugement restera de la compétence de la cour criminelle, c'est-à-dire du jury.

Art. 52.— 99. La compétence du jury, à l'égard des crimes imputés aux membres des trois ordres de tribunaux inférieurs est facile à justifier : le jury se trouve dans des conditions de complète indépendance et d'impartialité parfaite à l'égard des magistrats de l'ordre judiciaire ; il n'y a entre ces deux sortes de juges ni supériorité hiérarchique, ni relations personnelles obligées, ni rivalités de fonctions.

Il restait cependant encore une précaution à prendre, en cas de crime imputé à un magistrat. Comme la cour criminelle se compose de deux éléments : le jury, juge *du fait*, et les magistrats, juges *du droit*, il fallait que ceux-ci fussent également à l'abri du soupçon. Pour cela, la loi distingue :

1° Si l'accusé d'un crime est membre d'une cour d'appel, la cour de cassation désignera la cour criminelle qui doit le juger : c'est dire qu'elle devra la choisir assez éloignée du lieu de l'infraction pour qu'aucun membre de la cour d'appel à laquelle appartient l'accusé ne puisse y être appelé ;

2° Si l'accusé n'est membre que d'un tribunal d'arrondissement, la cour criminelle sera composée de trois membres de la cour d'appel, afin qu'aucun membre du tribunal d'arrondissement n'en puisse faire partie.

Art. 53.— 100. La loi suppose enfin une infraction commise par un membre de la cour de cassation ou par un des officiers fonctionnant près d'elle.

S'il s'agit d'une contravention ou d'un délit, la connaissance en appartient à la cour elle-même, en ayant toujours soin de ne pas donner le jugement à la chambre dont l'inculpé fait partie. Mais la loi a dû prévoir encore, (tout invraisemblable que soit l'hypothèse) que l'infraction pourrait être commise par un des magistrats qui ont des fonctions dans les deux chambres (le Premier président et le Procureur général) : dans ce cas, le jugement appartiendrait aux deux chambres réunies.

S'il s'agit d'un crime imputé à un membre de cette cour, la cour en fait l'instruction par un de ses membres; mais le jugement en est réservé à la Haute cour. Il est vrai que les magistrats de la Haute cour sont tirés de la cour de cassation; mais, à côté des magistrats se trouve un jury composé d'une façon spéciale, comme on le verra au chapitre VI et qualifié même de *Haut jury*.

Pour les greffiers, l'instruction des crimes à eux imputés serait faite par un membre de la cour de cassation; mais le jugement resterait de la compétence des cours criminelles ordinaires.

Art. 54.— 101. Dans les divers cas sus-mentionnés, lorsqu'il n'y a plus à désigner un tribunal, mais seulement un de ses membres, pour une fonction exceptionnelle, c'est au Président à faire cette désignation, comme acte d'administration intérieure. La règle est la même pour tous les cas semblables qu'on rencontrera dans la suite, à moins qu'une disposition spéciale n'en décide autrement, comme on en a des exemples aux articles 290 et 292.

Art. 55.— 102. La loi, considérant que l'homme qui s'est prononcé sur une difficulté ne revient qu'avec grande peine sur sa première opinion, même de très-bonne foi, ne veut pas exposer le juge à cette faiblesse ni les justiciables à ses conséquences; de là, la défense, pour le juge qui a fait l'instruction, de juger ensuite le fond, et, pour le juge de premier ressort, de juger l'appel ou le pourvoi en cassation, si, dans l'intervalle, il avait été promu à la juridiction supérieure. Il en est de même au cas de révision (art. 591). Les seuls cas où le premier juge puisse juger le recours contre sa décision sont ceux où ce recours est porté devant le même tribunal; le vœu de la loi est alors que ce soit, autant que possible, le même juge qui révise la décision attaquée. Un de ces cas est très-fréquent, c'est l'opposition au jugement par défaut; un autre, beaucoup plus rare, est la requête civile qui n'est admise, en matière pénale, que contre les décisions de la cour de cassation (art. 577, 612) (*i*).

Il reste un cas qui pourrait faire doute, c'est celui où l'opposition contre un acte d'instruction est portée à la chambre du conseil, c'est-à-dire au tribunal réuni. Dans ce cas, l'esprit de la loi est évidemment que le juge s'abstienne. Il faut même reconnaître que la chambre du conseil est, au point de vue de l'instruction, un autre tribunal, une autre juridiction, ce qui donne lieu à l'application de la règle et non de l'exception.

Le respect de cette disposition de la loi est assuré par deux sanctions: 1° si le juge ne s'abstient pas de la connaissance de l'affaire qui lui est déférée, il sera sujet à récusation (art. 330); 2° si la récusation

(*i*) Le nom de requête *civile* ne veut pas dire qu'elle s'emploie dans les *matières civiles*, ce qui ne serait pas exact, au moins dans le présent Projet: il veut dire requête *polie*, et on fera bien d'exprimer au Japon ce sens un peu inattendu, pour éviter l'équivoque. Le nom a été adopté dans l'ancien droit français, pour indiquer qu'on n'y devrait employer aucune expression irrévérencieuse pour la justice ni pour la décision attaquée.

Aujourd'hui, en France, la requête civile n'a application qu'en matière civile et administrative; mais c'est toujours dans le sens de *requête polie* (C. pr. civ., art. 480 et s.). Du reste, une forme impolie n'entraînerait plus nullité. Dans un cas analogue, celui de la *prise à partie*, la loi défend, sous peine d'amende, l'emploi de termes injurieux (*ibid.*, art. 512).

n'a pas été demandée ou obtenue, la décision à laquelle il a indûment participé sera entachée de nullité et sujette à cassation, pour composition illégale du tribunal (art. 532-2°), sans distinguer si le jugement est favorable ou défavorable à l'inculpé.

Art. 56.— 103. Quelques efforts que fasse la loi pour régler la compétence, elle ne peut empêcher que de fréquentes contestations ne soient élevées à ce sujet. Souvent l'inculpé contestera la compétence, ne fût-ce que pour gagner du temps et pour retarder le jugement. Il ne fallait, ni fermer absolument cette voie de contestation, qui peut être fondée, ni permettre qu'elle dégénérât en abus.

La loi admet un double principe qui concilie tous les intérêts : le tribunal devra toujours statuer sur sa compétence, quand elle sera contestée; il pourra même, d'office, se déclarer incompétent; mais sa décision, à cet égard, sera toujours susceptible de recours, par appel ou pourvoi en cassation, suivant le degré de la juridiction saisie.

La loi ajoute qu'il y aura toujours recours, même quand le fond du procès n'en serait pas susceptible : par exemple, si un tribunal d'arrondissement était appelé à statuer sur une contravention, une cour d'appel, sur un délit, ou l'une ou l'autre de ces juridictions sur un appel à elle déféré. C'est qu'en effet, ces juridictions ne peuvent rendre une décision inattaquable que si elles sont compétentes; or, cette question de compétence les touche trop pour qu'elles puissent la décider sans recours : elles y seraient, en quelque sorte, *juges et parties*.

La loi excepte le jury, tout d'abord, de la règle que toute juridiction est juge de sa compétence : la compétence est une question de pur droit qu'il ne peut appartenir aux jurés de trancher, puisqu'ils ne sont que juges du fait; les magistrats de la cour criminelle ne pourraient pas non plus dessaisir le jury qui est une fois saisi de l'affaire par l'ordonnance du juge d'instruction non frappée de recours en temps utile ou confirmée sur le recours: la cour pourra seulement se déclarer incompétente pour l'application de la peine, s'il y a lieu (art. 317). Il y a encore un cas, formellement excepté ici, où la compétence ne peut être contestée, où le tribunal, du moins, ne pourrait accueillir la contestation et se dessaisir pour incompétence, c'est celui où il est saisi par un renvoi de la cour de cassation, ainsi qu'on en verra plusieurs applications au Livre IVe. Dans ce cas, le renvoi est dit "attributif de compétence," et comme il est l'œuvre de la juridiction la plus élevée, il est inattaquable. Le tribunal qui, en pareil cas, refuserait de juger l'affaire qui lui a été renvoyée, se rendrait coupable d'un délit particulier puni par le Code pénal, celui de "déni de justice."

Art. 57.— 104. La loi prévoit ici les deux décisions que le tribunal peut rendre sur la compétence, quand il n'y a pas eu renvoi attributif.

D'abord il peut se déclarer incompétent: alors, non seulement ses droits cessent pour la suite de l'affaire, mais encore il est censé n'avoir eu aucun droit dans le passé. Ses décisions antérieures ne vaudraient que pour les mesures conservatoires et urgentes, notamment, pour ce qui concerne la mise en liberté provisoire qui pourrait avoir été accordée ou refusée. Cette exception se trouve formellement énoncée à l'article 242. La décision est, comme on l'a dit, susceptible de recours: on le verra au Livre IIe (chap. IV) pour les juridictions d'instruction et au Livre IIIe (chap. I et II) pour les juridictions de jugement. C'est là, et aussi au Livre IVe, pour le pourvoi en cassation, qu'on examinera l'effet desdits recours.

Si le juge ou le tribunal se déclare compétent, il retient l'affaire et peut procéder immédiatement à la suite de l'instruction ou de l'examen; mais, là encore, le recours est possible: il sera même plus fréquent et peut-être quelquefois abusif; la loi devait déclarer si l'exercice de ce recours serait ou non suspensif de la suite de la procédure.

Le mieux a paru être, au moins en général, de laisser au juge ou au tribunal un pouvoir d'appréciation à cet égard; car si le recours devait toujours être suspensif, l'inculpé n'aurait jamais manqué de l'exercer; s'il ne devait jamais être suspensif, il y aurait eu l'inconvénient de continuer une procédure qui pourrait être ensuite annulée toute entière pour incompétence. Le tribunal estimera, d'après la nature de l'affaire et la bonne foi plus ou moins probable de celui qui a fait le recours, s'il est préférable de surseoir ou de passer outre. Le cas où le recours émanera du ministère public est un de ceux où le tribunal sera, sans doute, le plus disposé à accorder le sursis.

La loi excepte les cas où le sursis serait ordonné par ses dispositions particulières et l'on en rencontrera dans la suite: notamment, ceux de demande en règlement de juges, laquelle est une variété de l'exception d'incompétence (art. 262, 267, 270, 323).

Art. 58.—105. La compétence est, comme on l'a dit, une des plus sérieuses garanties d'une bonne justice, tant dans l'intérêt de la société que dans l'intérêt des inculpés; elle doit donc être scrupuleusement observée.

Il en est de même des formes de procéder, au moins pour celles auxquelles la loi attache le plus d'importance.

C'est au temps où l'action est portée et suivie devant les tribunaux qu'il faut s'attacher pour observer la compétence et les formes de procédure. La loi fait ici l'application particulière du principe plus large posé par l'article 29, aux *Dispositions générales*, où il a été développé.

Toutefois, les diverses compétences et les nombreuses formes de procédure n'ont pas la même importance aux yeux de la loi et leur inobservation n'entraînera pas toujours la même sanction.

L'inobservation des formes n'entraînera jamais la nullité ou la cassation d'une décision favorable à l'inculpé, c'est-à-dire d'un acquittement ou d'une mise hors de poursuites; les formes ne sont cependant pas toutes établies en faveur de l'inculpé; plusieurs le sont autant et plus dans l'intérêt de la société; mais la loi n'a pas permis que l'individu acquitté pût souffrir d'une négligence dont il n'est pas l'auteur. L'inobservation des formes ne peut donc faire annuler qu'une condamnation, et encore, pour cela, faut-il qu'il s'agisse de formes essentielles, de celles que la loi prescrit "à peine de nullité." On verra, toutefois, au sujet du pourvoi en cassation, que les formes prescrites dans l'intérêt de la défense de l'inculpé, à l'audience, peuvent entraîner la nullité de la condamnation, lors même que la loi n'y a pas attaché expressément cette sanction.

A l'égard des diverses sortes de compétence, la loi paraît ici leur donner une importance égale, mais l'article suivant fait une distinction au sujet de celle à raison du lieu.

Art. 59 et 60.—106. Sur les cinq sortes de compétence, il y en a trois qui, aux yeux de la loi, ont une telle importance que leur inobservation entraînera la nullité de la décision, quelle qu'elle soit, condamnation, mise hors de poursuites ou acquittement. Ces cas sont: la compétence à raison de la qualité de l'inculpé, celle à raison de la nature et celle à raison du degré de l'infraction.

A cet égard, le Projet japonais est plus rigoureux

que la législation française, qui ne permet pas d'annuler, pour incompétence, les sentences favorables à l'inculpé, ou tout au moins, qui ne les déclare annulables que *dans l'intérêt de la loi*, c'est-à-dire, d'une façon théorique et "sans préjudicier aux parties acquittées" (C. i. cr. fr., art. 409 et 442; comp. art. 296 et 299).

Mais il a paru juste aux rédacteurs du Projet de ne pas respecter une sentence, même favorable, rendue par des juges incompétents.

Une telle sentence ne peut constituer *un droit* pour celui qui l'a obtenue; autrement, les décisions émanées d'autorités absolument incompétentes, même étrangères à l'ordre judiciaire, auraient pu être maintenues, ce qui serait inadmissible: un zèle intempestif, joint à une complète ignorance des attributions respectives des autorités du pays, parfois, une coupable complaisance d'officiers incompétents, auraient pu priver la société de l'une de ses plus sérieuses garanties contre les criminels.

Ainsi, un juge de paix saisi de la connaissance d'une contravention, se croit le droit de statuer sur un délit connexe allégué par la partie lésée, et prononce l'acquittement de l'inculpé, sous le prétexte qu'il n'y a pas de preuves suffisantes; un tribunal correctionnel saisi de la connaissance d'une infraction considérée comme délit par la partie poursuivante, lorsque le fait est qualifié crime par la loi, a prononcé l'acquittement; un tribunal criminel de droit commun a jugé et acquitté un militaire, pour un crime justiciable des conseils de guerre, ou, réciproquement, un tribunal militaire a jugé et acquitté un individu justiciable des tribunaux ordinaires; un inculpé justiciable de la Haute cour a été jugé et acquitté par un tribunal de droit commun; un des crimes attribués à la Haute cour par l'article 98 a été jugé par une cour d'assises, alors que la Haute cour était déjà convoquée pour juger ce crime; dans tous ces cas, la société a été privée des garanties essentielles qu'elle cherche dans la compétence : la sentence est nulle.

Sans doute, il sera très-pénible à l'individu acquitté de comparaître devant de nouveaux juges et d'y courir le risque d'être condamné ; mais, comme on l'a dit, l'erreur ou la connivence des premiers juges ne peut constituer un droit pour lui.

107. D'ailleurs, pour éviter autant que possible, de si fâcheuses méprises, la loi multiplie les moyens de prévenir l'erreur ou de l'empêcher de se consommer. Ainsi, l'exception tirée des trois incompétences, à raison du degré ou de la nature de l'infraction, ou à raison de la qualité de l'inculpé, peut être proposée, ou opposée par toutes les parties en cause, même par celle qui a saisi le tribunal, c'est-à-dire par le ministère public ou par la partie lésée; elle peut l'être en tout état de cause, c'est-à-dire, à toute époque de la procédure, jusqu'au jugement du fond ; elle peut l'être aussi en appel, ou par voie de pourvoi en cassation, lors même que le moyen aurait été négligé devant les premiers juges ; enfin, elle peut être suppléée d'office par les tribunaux saisis du fond ; car il ne serait pas raisonnable qu'ils fussent obligés de juger une affaire qu'ils ne croient pas de leur compétence.

Devant la cour de cassation, une distinction est à faire, au sujet de son pouvoir de déclarer l'incompétence : s'il s'agit de sa propre compétence, à l'égard du pourvoi même, il n'est pas douteux qu'elle puisse, d'office, se déclarer incompétente, s'il y a lieu; mais, s'il s'agit de l'incompétence des tribunaux dont la décision est attaquée, il faut que ce moyen lui soit proposé, comme toutes les autres ouvertures à cassation.

En somme, les trois premières incompétences sont d'ordre public et les solutions qui précédent en sont la conséquence naturelle.

108. Au contraire, l'exception d'incompétence à

raison du lieu de l'infraction n'a pas, au même degré, le caractère d'ordre public : elle peut bien aussi être proposée par toutes les parties en cause, et même suppléée d'office par le tribunal ; mais elle ne peut l'être qu'au début du procès au fond, et avant que l'examen en soit commencé.

La loi, en donnant la compétence au tribunal du lieu de l'infraction, a espéré plus de facilité dans les recherches, plus de rapidité dans l'instruction, moins de déplacement pour les témoins ; mais elle n'a pas cru que cette compétence fût indispensable à la découverte de la vérité ; aussi y apporte-t-elle, elle-même, plusieurs dérogations (*j*). On conçoit donc que l'exception tendant à faire observer cette compétence soit plus limitée dans son emploi, au moins quant au moment jusqu'où elle est recevable. S'il en était autrement, le cours de la justice serait exposé à de fréquentes entraves : souvent le lieu de l'infraction ne serait exactement connu qu'après les débats commencés ; ou même, l'inculpé laisserait à dessein la justice s'engager dans cette incompétence ; puis, il ferait tomber toute la procédure commencée, en invoquant l'exception.

Il devra donc se hâter de la faire valoir ; autrement, il sera déchu de ce moyen de défense.

Et ce ne sont pas seulement les sentences de condamnation qui seront inattaquables par la partie condamnée ; celles d'acquittement ou de mise hors de poursuites ne pourront de même être attaquées par le ministère public. Elles seront moins attaquables encore

---

(*j*) On pourrait encore justifier la compétence à raison du lieu par une considération omise à la page 105 et qui retrouve sa place ici : c'est au lieu où elle a été commise que l'infraction a causé le plus d'alarme ou de trouble social, c'est donc là que doit être rendu le jugement qui rassurera les citoyens ; comme aussi, si l'acte commis n'est pas répréhensible, c'est là qu'un acquittement rendra au prévenu la bonne renommée qu'il a été menacé de perdre. Mais ces considérations n'ont pas paru suffire à permettre d'opposer en tout état de cause l'exception d'incompétence à raison du lieu.

pour le ministère public que celles de condamnation le seraient pour le condamné; car, si ce dernier avait proposé, en temps utile, l'exception d'incompétence à raison du lieu et qu'il n'y eût pas été fait droit, il aurait encore, outre la voie ordinaire de l'appel, le pourvoi en cassation pour violation de la loi ; tandis que le ministère public, dans le même cas, n'aurait pas ce dernier recours contre une sentence favorable à l'inculpé.

109. Quant à la dernière incompétence, celle qui ne permet à certains tribunaux que de juger en premier ressort ou à charge d'appel, elle ne se fait jamais valoir en forme d'exception, au cours du procès, puisque les parties ne peuvent savoir d'avance si le tribunal s'arrogera une compétence en dernier ressort qu'il n'aurait pas. Cette incompétence se fait valoir sur l'appel (art. 365), et ensuite par le pourvoi en cassation (art. 532-3°).

110. Après ces dispositions communes à l'organisation des divers tribunaux et à leur compétence, la loi passe aux règles propres à chacun d'eux.

CHAPITRE PREMIER.

DES TRIBUNAUX DE SIMPLE POLICE.

Compétence des juges de simple police.

Art. 61. Le tribunal de paix, jugeant comme tribunal de simple police, est compétent pour connaître de toutes les contraventions commises dans sa circonscription; sauf les cas où la loi en attribue la connaissance à une autre juridiction.— **49.** [31, 39-5e al., 44, 46, 49 à 53, 376, 418.— C. i. cr. fr. 138 s.; Loi du 27 janv. 1873.]

Juges de paix; suppléants.

62. Les fonctions de juge de simple police sont remplies par le juge de paix.— **50.**

Les suppléants du juge de paix peuvent assister aux audiences de simple police, avec voix consultative.— **0.**

En cas d'empêchement du juge-titulaire, il est remplacé par un juge-suppléant.— **50.** [23.]

Ministère public: commissaire de police.

63. Les fonctions du ministère public près le tribunal de simple police sont remplies par le commissaire de police du lieu.— **51.** [386, 396, 399, 405.— 144.]

S'il y a plusieurs commissaires de police, celui qui remplira les fonctions du ministère public est désigné par le Ministre de la justice, d'accord avec le Ministre de l'intérieur, sur la proposition du commissaire du Gouvernement près le tribunal d'arrondissement.— **0.**

En cas d'empêchement du commissaire de police, les fonctions du ministère public sont remplies par son suppléant, s'il en a un, et, à défaut de celui-ci, par un suppléant du juge de paix.— **0.** [··· — 144; Loi de 1873.]

64. Le commissaire du Gouvernement près le tribunal de simple police adresse, chaque mois, au commissaire du Gouvernement près le tribunal d'arrondissement, un état des affaires de simple police jugées dans cet intervalle par le juge de paix et des affaires encore pendantes. Etat mensuel.

Cet état est visé par le juge de paix qui peut y ajouter ses observations.—**52.** [74, 81, 92, 97, 630-3e al.—178.]

65. Les fonctions de greffier près le tribunal de simple police sont remplies par le greffier de la justice de paix ou par l'un de ses suppléants.— **53.** [37, 377.] Greffiers.

Sommaire.

Art. 61.— 111. Compétence territoriale des juges de paix ou de simple police; cas exceptés.
62.— 112. Rôle utile des juges-suppléants.
63.— 113. Commissaires du Gouvernement; nomination.
64.— 114. Rapports mensuels; leur utilité multiple.
65.— 115. Greffier; son suppléant.

Art. 61.— 111. Le juge civil le moins élevé, au Japon, est le juge de paix *(tchi-an han-dji)*; c'est aussi lui qui juge les infractions les moins graves, les contraventions; on l'appelle alors "juge de simple police" *(i-kei-saï han-dji)*.

En principe, il ne juge que celles qui ont été commises dans l'étendue de sa juridiction territoriale : le droit commun qui détermine la compétence d'après le lieu de l'infraction reçoit ici son application; on ne rencontre même pas les exceptions admises pour les cas de crimes ou délits, en faveur du lieu de l'arrestation, car les contraventions ne donnent pas lieu à arrestation préalable.

La loi excepte cependant les cas où la compétence est attribuée à une autre juridiction.

Ces cas sont de trois sortes, au moins :

1° Ceux où la contravention doit être jugée par une autre autorité que le juge de paix ; par exemple, les contraventions des magistrats de l'ordre judiciaire eux-mêmes (art. 49 à 53) et les contraventions imputées à celui qui est en même temps traduit en police correctionnelle pour un délit (art. 39-5e al.) ;

2° Ceux où la contravention a d'abord paru avoir le caractère d'un délit et, comme telle, a été soumise au tribunal correctionnel, mais où, par suite de l'examen à l'audience, elle a été reconnue n'être qu'une contravention ; dans ce cas, le tribunal correctionnel la juge (art. 418) ;

3° Ceux où la contravention est bien jugée par un tribunal de simple police, mais non par celui du lieu où elle a été commise ; tels sont les cas de diverses contraventions commises en différents lieux par le même individu (art. 44).

Cependant, ici, il n'y aurait aucun inconvénient à ce que chaque juge se bornât à juger la contravention commise sur son territoire; comme il n'y a pas arrestation et que le cumul des peines est admis en matière de contravention (proj. c. p. art. 113), les deux motifs qui permettent de réunir les poursuites de plusieurs délits en une seule ne se rencontrent plus.

Mais le juge de paix ne violerait pas la loi en

jugeant les diverses contraventions imputées au même contrevenant, si celui-ci ne demandait pas le renvoi ; l'article 46 serait alors applicable.

Art. 62.—112. Le premier alinéa consacre, comme on l'a vu en commençant, la réunion des deux justices, civile et pénale.

Les juges-suppléants font, près des tribunaux, une sorte de noviciat ou stage qui ne peut être utile à eux-mêmes et à la justice que s'ils suivent assidûment les audiences, pour être en état d'y remplacer convenablement le titulaire empêché.

Quand ils assistent aux audiences, ils ne peuvent participer à la délibération, c'est-à-dire à la *décision* : ce serait changer la composition du tribunal ; mais il est conforme à la dignité de leur titre qu'ils donnent leur avis.

Lorsqu'ils remplacent, comme juges, le titulaire empêché, l'empêchement de celui-ci n'a pas besoin d'être justifié, ni même déclaré dans le jugement ; le seul fait que l'audience est tenue par le suppléant prouve que le titulaire est empêché. Il est laissé à la sincérité du titulaire d'apprécier la légitimité de son empêchement : le seul besoin de repos suffirait. Ce ne serait même pas un abus, si, pour de très-petites affaires et sans qu'il y ait danger pour les justiciables, le titulaire en laissait le jugement au suppléant, pour former son expérience.

Art. 63.— 113. Le rôle du ministère public près des juges de paix étant très-simple, il n'a pas paru nécessaire de le confier à des officiers spéciaux ayant exclusivement cette fonction, comme cela a lieu près des tribunaux plus élevés : elle est donnée au commissaire de police de l'arrondissement *(goun, kou)*, lequel est chargé, en même temps, de la police judiciaire et de la police administrative locales. C'est le système suivi en France ; il est simple et économique.

La loi prévoit qu'il pourrait y avoir plusieurs commissaires de police pour le canton, à raison de son importance administrative et de sa population ; dans ce cas, celui d'entre eux qui devra remplir la fonction du ministère public sera désigné, d'après ses aptitudes particulières, par les deux ministres desquels il relève, en vertu de ses deux fonctions de police.

Comme les ministres ne peuvent apprécier par eux-mêmes les aptitudes de fonctionnaires si éloignés d'eux par le rang et souvent par la distance, la proposition à l'emploi leur est faite par le commissaire du Gouvernement près du tribunal de département. Cet officier sera le supérieur hiérarchique et direct du commissaire du Gouvernement près le tribunal de simple police ; il a donc intérêt à faire un bon choix.

Le remplacement du commissaire de police par le suppléant du juge de paix, ne présente pas de difficultés.

Art 64.—114. Pour que les tribunaux ne se laissent pas aller à une négligence qui retarderait l'expédition des affaires et en causerait l'accumulation, la loi assure le contrôle de l'autorité supérieure à cet égard : les commissaires du Gouvernement, à tous les degrés, font un rapport à leur supérieur hiérarchique, à époque fixe, sur les affaires jugées et sur celles restant encore pendantes.

Ici, le rapport est mensuel, parce que ces affaires sont nombreuses, mais simples.

Si le supérieur (le commissaire du Gouvernement près le tribunal de département) croyait remarquer de la négligence, il donnerait des instructions pour faire cesser cet état de choses.

Le *visa* du juge de paix prouve qu'il reconnaît l'exactitude du rapport.

Les "observations" pourront avoir pour objet d'expliquer et d'excuser, au besoin, l'accumulation des affaires pendantes : il peut y avoir eu retard dans l'expédition des affaires, par maladie du juge ou du suppléant, ou augmentation, par suite de causes locales, comme des troubles, ou la tenue de marchés publics ou autre cause d'agglomération de résidents. Une des observations du juge de paix pourra être de demander un nouveau suppléant.

Ces rapports, dont les éléments seront fournis par les greffiers serviront beaucoup à établir la statistique générale de la justice criminelle confiée au Ministre de la justice (art. 629 à 631).

On trouvera une disposition analogue pour les autres juridictions ; l'utilité en sera la même.

Art. 65.— 115. Cet article ne demande pas de développements :

La loi n'indique pas par qui le suppléant du greffier sera désigné, lorsqu'il y en aura plusieurs. A cause du grand nombre des affaires et de leur peu d'importance, le greffier-titulaire pourra désigner lui-même son suppléant.

En cas d'empêchement du greffier-suppléant, la fonction serait remplie par le suppléant du juge de paix (art. 37).

CHAPITRE II.

DES TRIBUNAUX CORRECTIONNELS.

Compétence : jugement des délits.

66. Les tribunaux civils de département, jugeant comme tribunaux correctionnels, sont compétents pour connaître de tous les délits commis dans l'étendue de leur circonscription ; sauf les cas où la loi en attribue la connaissance à une autre juridiction.

Instruction des crimes et délits.

Ils sont aussi chargés de l'instruction préparatoire des délits et des crimes.

Appel des jugements de simple police.

C'est devant les mêmes tribunaux qu'est porté l'appel des jugements rendus en premier ressort par les tribunaux de simple police, dans l'étendue de la circonscription.—**54.** [31, 32, 39-3e et 5e al., 44, 50-5e al., 51, 53, 244 *bis*, 396, 406 s. —174 s., 179 s.]

Roulement annuel.

67. Les fonctions de juge correctionnel sont conférées pour un an, dans chaque tribunal de département, à un ou plusieurs juges-titulaires, par le Président, sur l'avis du tribunal et du Commissaire du Gouvernement, réunis en chambre du conseil.

Elles ne peuvent être conférées au même juge pendant plus de deux ans consécutifs, ni être rendues au même juge une troisième fois, avant que tous les juges du tribunal aient été appelés à remplir lesdites fonctions pendant un an au moins. — **55.** [76. — Ord. fr., 11 oct. 1820 ; Décret, 16 août 1859.]

68. Les fonctions de juge d'instruction sont confiées pour un an à un ou plusieurs membres du tribunal civil par décision du Ministre de la justice. Juges d'instruction : nomination, durée des fonctions.

Elles peuvent être renouvelées.

Le juge continuera ses fonctions après l'année, tant qu'il n'en aura pas été relevé. — **56.** [67. — 55 à 58.]

69. En cas d'empêchement d'un juge-titulaire, pour l'instruction ou le jugement, il est remplacé par un autre juge-titulaire ou par un juge-suppléant. Remplacement.

Dans tous les cas, les juges-suppléants peuvent assister aux audiences correctionnelles et aux actes d'instruction, avec voix consultative. — **57.** [62.]

70. Les fonctions du ministère public près du tribunal correctionnel sont remplies par le commissaire du Gouvernement près le tribunal civil, ou par l'un de ses substituts désigné par lui, et, à défaut de ceux-ci, par un juge-suppléant désigné par le Commissaire du Gouvernement, après avis du Président. — **58.** [33, 34, 63. — 26.] Min. public.

71. Les fonctions de greffier près du tribunal correctionnel et du juge d'instruction sont Greffier.

remplies par le greffier près du tribunal civil ou par l'un de ses suppléants désigné par lui.—**59.** [36, 37, 65, 82, 407.]

Officiers de pol. judiciaire.

72. Sont chargés, comme officiers de police judiciaire, de la recherche des infractions, concurrement avec le commissaire du Gouvernement :

Le Préfet et le vice-préfet de police, à Tokio ;

Les Préfets, dans les départements.

Sont encore officiers de police judiciaire, comme auxiliaires du commissaire du Gouvernement et agissant sous sa direction, ainsi qu'il est dit au Livre IIe :

Les commissaires généraux de police,

Les commissaires de police,

Les officiers de gendarmerie,

Les sous-préfets,

Les juges de paix,

Les maires, dans les communes où les officiers de l'une des qualités ci-dessus exprimées n'ont pas leur siége.

Ceux desdits officiers qui ont des suppléants seront par eux remplacés, en cas d'empêchement.—**60.** [118, 222 à 225, 229.—9, 10, 11 à 21, 48 à 54.]

Commissions rogatoires.

73. Les officiers de police judiciaire, les officiers du ministère public et les juges des cours et tribunaux de tout l'Empire peuvent recevoir des préfets, des juges et officiers du ministère public des autres cours et tribunaux, des délégations ou commissions rogatoires pour recueillir, dans leur circonscription, chacun suivant la nature de ses fonctions, des renseignements ou des preuves de nature à faciliter ou à compléter l'instruction des affaires.—**61.** [24-2e al., 138, 139, 183, 187.—83, 84, 90, 103, 283, 303, 488.]

74. Tous les deux mois, le commissaire du Gouvernement adresse au Procureur général près la cour d'appel un état des affaires instruites et jugées, dans l'intervalle, par le tribunal correctionnel, et de celles qui y sont encore pendantes. Etats bi-mensuels.

Le même officier transmet, en même temps, au Procureur général les états des affaires de simple police qui lui ont été adressés en vertu de l'article 64.

Ces états sont visés par le Président du tribunal qui peut y ajouter ses observations.—**62.** [64, 81, 92, 97, 631.—198, 249, 250.]

Sommaire.

Art. 66.—116. Compétence territoriale des tribunaux correctionnels ; cas exceptés.

67.—117. Changement périodique de fonctions entre les juges : roulement.

68.—118. Juges d'instruction : nomination ; renouvellement et prolongation indéfinie de la fonction.

69.—119. Juges suppléants : voix consultative.

70.—120. Ministère public, substitut ; remplacement par un juge ; pourquoi la réciprocité n'est pas permise.

71.—121. Greffiers : renvoi.

72.—122. Police judiciaire : Préfets ; Officiers auxiliaires du commissaire du Gouvernement.

73.— 123. Commissions rogatoires : hiérarchie à observer.
74.— 124. Etats bi-mensuels : voie hiérarchique.

Art. 66.— 116. Le 1er alinéa de cet article est semblable à l'article premier du chapitre précédent, sauf qu'il s'agit d'une infraction plus grave. La loi y consacre, une fois de plus, la réunion des deux justices, civile et pénale, et la compétence fondée tant sur le degré que sur le lieu de l'infraction, sous la réserve des exceptions qui pourront se trouver dans d'autres parties du même Code ou dans des lois spéciales ultérieures. Les principales dérogations à cette double compétence seront fondées sur la qualité des délinquants ou sur la connexité des délits.

Une disposition propre aux tribunaux correctionnels, c'est qu'indépendamment du jugement des délits, qui est leur attribution principale, ils sont encore chargés, en la personne d'un ou plusieurs de leurs membres, de l'instruction préparatoire, non seulement des délits graves, mais même des crimes.

Enfin, ils sont chargés de juger l'appel porté contre les décisions des juges de simple police, lorsque la décision ne peut être rendue en dernier ressort, ce qui sera déterminé au Livre IIIe, chapitre 1er (art. 396).

Quelquefois, les tribunaux correctionnels jugent de simples contraventions, et alors sans appel: par exemple, les contraventions des juges de paix (art. 49) et celles qui, par l'effet de l'apparence, leur avaient été déférées comme délits (art. 418).

Art. 67.— 117. Cet article a pour objet de faire produire tous ses effets utiles à la réunion de la justice civile et pénale dans les mêmes juges.

L'opération qui fait passer successivement les juges d'un tribunal, ou d'une cour d'appel, des sections ou chambres civiles aux sections criminelles, et réciproquement, s'appelle, en France, *roulement* (voy. décrets des 30 mars 1808 et 18 août 1810; décrets des 16 août 1859 et 28 mai 1862).

Au lieu de confier cette opération au hasard, à un tirage au sort, elle se fait par une sorte d'accord où il est tenu compte des convenances personnelles et des aptitudes des juges, en même temps que des exigences de la loi. Ce qui importe, c'est que les fonctions de juge criminel ne se perpétuent pas dans les même magistrats.

Le système établi par cet article satisfait à ces conditions. Le juge le plus apte aux affaires criminelles pourra y être appelé deux années de suite, après quoi, il devra laisser à ses collègues le temps d'y figurer au moins pendant un an, et ainsi de suite, pour les autres périodes.

Au reste, la loi n'exige pas que tous les juges passent successivement, en réalité, dans les différentes sections, il suffit qu'ils aient été appelés à y siéger; mais si un juge, pour des causes personnelles et justifiées, désirait ne pas siéger à son tour dans une section criminelle, il pourrait y être autorisé. Une telle dispense ne vaudrait que pour l'année; elle serait difficilement renouvelable. Dans ce cas, le procès-verbal constatant le roulement mentionnerait la désignation du juge, son refus motivé et son remplacement. Mais la réciprocité ne serait pas admise: un juge ne pourrait refuser de quitter la section criminelle et de passer dans la chambre civile; c'est là que serait le danger que la loi veut éviter.

Art. 68.— 118. A la différence de la fonction de juge correctionnel, ou juge *du fond*, celle de juge d'instruction, ou juge *des charges (io shin han dji*, juge d'enquête préalable), est confiée par le Gouvernement et elle est indéfiniment renouvelable en faveur du même juge.

Le motif de la première différence est que la fonction de juge d'instruction exige des aptitudes particulières dont l'administration supérieure doit avoir seule l'appréciation. En France, la nomination est faite par décret du chef de l'Etat (c. i. cr., art. 55) : au Japon, il a paru suffisant de la confier au Ministre de la justice. Mais comme le Ministre de la justice ne peut pas toujours connaître par lui-même les aptitudes de chaque magistrat, il pourra, s'il y a lieu, prendre officieusement l'avis du commissaire du Gouvernement et celui du Président du tribunal.

La seconde différence relative à la durée indéfinie de la fonction est que le juge d'instruction ne prend que des décisions provisoires ou préparatoires ; il n'y a donc pas lieu de craindre chez lui les habitudes de sévérité, les préventions défavorables aux inculpés qui ont motivé le roulement entre les juges de jugement.

Art. 69.— 119. Cet article est identique au second article du chapitre précédent et ne demande aucune explication particulière. On remarquera seulement que, comme il y a ici deux opérations distinctes, l'instruction et le jugement, c'est à l'une comme à l'autre que les juges-suppléants peuvent assister et même être appelés à remplacer les titulaires.

Art. 70.— 120. Cet article ne présente non plus aucune difficulté. Le substitut est désigné par son chef seul et rien n'empêche que le même substitut soit attaché aux affaires correctionnelles exclusivement, pendant un temps plus ou moins considérable, ou qu'il soit appelé, tour à tour, aux affaires civiles et correctionnelles.

Le chef du *parquet* (a) tiendra compte, à cet égard,

(a) En France, on donne le nom de *Parquet* aux officiers du Ministère public, d'après une ancienne disposition de la place qu'ils occupaient dans le *Prétoire*, autre nom ancien donné à la partie de la salle d'audience séparée du public et réservée au tribunal.

de la nature des affaires et des aptitudes de ses divers substituts.

Mais, s'il faut recourir à un juge-suppléant, il sera naturel de prendre l'avis du Président qui tiendra compte des besoins du service du tribunal.

Si aucun juge-suppléant n'était libre, il faudrait nécessairement recourir à un juge-titulaire, quoique le texte ne le dise pas.

Il convient de remarquer à ce sujet que tandis qu'un juge-titulaire ou suppléant peut remplir la fonction de commissaire du Gouvernement (et on en verra d'autres exemples, notamment, art. 292), la réciproque n'a pas lieu et jamais un officier du ministère public ne peut remplir la fonction de juge.

En France, il suffirait presque, pour justifier cette différence, de faire remarquer que le juge est inamovible et ne peut dès lors être suppléé par un magistrat révocable comme le sont les officiers du ministère public; mais cette raison serait sans valeur au Japon, puisque les juges eux-mêmes, quant à présent, n'y sont pas inamovibles. La raison ne serait même pas toujours suffisante en France, puisque les juges de paix n'y sont pas inamovibles et cependant ne peuvent être suppléés par le ministère public. Le vrai motif de cette exclusion est que les officiers du ministère public pourraient être influencés dans leur rôle de juge par celui tout différent qu'ils ont à remplir chaque jour comme *avocats* du Gouvernement; en outre et surtout, celui qui siégerait comme juge aurait à statuer sur les conclusions prises dans la même affaire par son chef ou par son subordonné, ce qui serait tout-à-fait choquant.

Art. 71.— 121. On trouvera au Livre IIe pour les actes d'instruction et au Livre IIIe, pour les audiences, des détails suffisants sur le rôle du greffier (voy. aussi, ci-dessus, p. 98-99).

Art. 72.— 122. Le rôle du commissaire du Gouvernement est multiple, comme on l'a déjà annoncé et comme on le verra dans la suite.

Celui qui se présente d'abord est la recherche des infractions, laquelle consiste à recueillir tous les renseignements qui peuvent lui parvenir, à les éclaircir et à préparer les bases, les éléments d'une poursuite sérieuse.

Pour la poursuite, il sera seul, avec la partie lésée, s'il y a lieu ; mais pour les recherches, il a un égal et des auxiliaires subordonnés.

Son égal, celui qui peut agir concurremment avec lui et indépendamment de lui, c'est le Préfet.

Le Préfet, ayant la police administrative a naturellement la police judiciaire ; car si la police administrative n'a pu prévenir une infraction, il faut qu'elle puisse en préparer et en assurer la répression.

Dans les départements, le Préfet réunit les deux polices ; à Tokio, elles sont séparées et confiées à deux Préfets différents, à cause de l'importance de la population (*b*).

En fait, le Préfet ne prendra guère l'initiative de la recherche des infractions, il se bornera à fournir le service de ses agents au commissaire du Gouvernement, chaque fois que la demande lui en sera faite. Mais, si l'on suppose un crime ou un délit politique d'une certaine gravité, un complot, des troubles ou des agitations populaires, la responsabilité du Préfet, gardien de l'ordre et de la paix publique, est trop sérieusement engagée pour que la loi ne lui permette pas de faire, en son propre nom et librement, toutes les recherches nécessaires.

Il en serait de même pour des infractions de droit commun qui causeraient un trouble général, comme un

(*b*) La même division se retrouve dans plusieurs capitales de l'Europe, notamment à Paris.

grand incendie volontaire, un vol à main armée, ayant une sérieuse gravité, par le nombre des agresseurs ou le lieu de l'infraction ; telle serait encore une grève générale d'ouvriers, de *djin riki sha fu*, de facteurs à la poste aux lettres, de chauffeurs ou mécaniciens de chemins de fer ou de bateaux à vapeur à service régulier, si, d'ailleurs, la grève était accompagnée de circonstances qui lui donnassent un caractère délictueux.

Les autres agents chargés de la police judiciaire, c'est-à-dire de la recherche des infractions, sont des auxiliaires du commissaire du Gouvernement ; ils agissent par ses ordres et sous sa direction.

Plusieurs sont cependant aussi, comme agents administratifs, sous la direction du Préfet ; mais des raisons de simplicité et d'économie dans le service public n'ont pas permis, pas plus dans les autres pays qu'au Japon, d'avoir des agents différents pour ces deux fonctions.

Les conflits ne sont pas impossibles entre le Préfet et le commissaire du Gouvernement, mais ils sont peu à craindre parce que celui des deux officiers qui mettrait abusivement obstacle au service requis par son collègue, encourrait des peines disciplinaires ou la révocation, suivant la gravité du cas.

En France, la loi considère aussi les juges d'instruction comme officiers de police judiciaire (art. 9, 57, 279) ; sans doute, parce qu'ils coopèrent, avec le commissaire du Gouvernement, à la recherche des infractions. Au Japon, on a préféré ne les considérer que comme *juges*, ce qui n'empêchera pas d'ailleurs qu'ils soient, dans une certaine mesure, soumis au contrôle du Procureur général, quant à l'exercice de cette partie de leur fonctions (voy. art. 79).

Art. 73.— 123. Comme les Préfets et les officiers du ministère public, ainsi que les juges des tribunaux ne peuvent agir que dans les limites de leur ressort territorial et que cependant ils peuvent avoir besoin de recueillir des renseignements ou des preuves au dehors, la loi leur permet de s'adresser aux officiers des mêmes qualités fonctionnant dans les autres ressorts.

La demande de ces services mutuels se fait par voie de délégation ou "commission rogatoire" (*c*).

Le fonctionnaire ainsi commissionné ne pourrait refuser d'obtempérer à la demande, sous la même répréhensibilité que s'il manquait à ses devoirs ordinaires; mais, bien entendu, il faudrait que les actes qui lui sont demandés fussent de ceux que comportent ses fonctions.

Le bon ordre du service et les convenances hiérarchiques ne permettent pas qu'un officier donne une commission ou délégation à un officier d'un rang supérieur au sien.

Dans le cas où il en serait besoin, il devrait faire donner la délégation par son chef. Mais la loi ne s'oppose pas à ce que la délégation se donne à degré égal; elle ne s'oppose même pas à ce que les officiers du ministère public et les juges à tous les degrés puissent donner commission rogatoire aux Préfets, comme ceux-ci le pourraient aux magistrats de l'ordre judiciaire. Ici, c'est la nature de la fonction judiciaire qui est à considérer plus que le rang ordinaire *(kwan tô)* de l'officier qui la remplit; or, dans l'ordre des services publics, la Justice est au moins aussi élevée que l'Administration, si elle ne l'est pas davantage (*d*).

(*c*) Commission *demandant, priant*, du latin: *rogare*, "prier."

(*d*) On ne trouve ni en France, ni peut-être ailleurs, en Europe, la division générale des fonctionnaires japonais de tous ordres, même des officiers de l'armée et de la marine, en trois grandes classes: *Tchoku nin*, avec trois rangs (1er à 3e), *Sô nin*, avec quatre rangs (4e à 7e), *Han nin*, avec 10 rangs (8e à 17e), avec des degrés purement honorifiques. Cette échelle hiérarchique ne supprime pas toujours les difficultés de préséance, comme on pourrait le croire: elle a d'ailleurs été modifiée pour l'ordre judiciaire.

Art. 74.— 124. Le commissaire du Gouvernement près chaque tribunal de département exerce un "contrôle général" *(ken satsu)* sur le fonctionnement de la justice dans son ressort; c'est le rôle du ministère public dans tout l'Empire.

Mais la hiérarchie ne permet pas que le commissaire du Gouvernement d'un département communique directement avec le Ministre. Il adresse donc à son supérieur hiérarchique immédiat, qui est le Procureur général à la cour d'appel du ressort, tous les rapports, avis et renseignements qu'il doit lui donner, comme les demandes relatives aux difficultés qu'il peut rencontrer dans ses fonctions.

Les états bi-mensuels dont il s'agit ici sont de simples tableaux où l'on indiquera la nature des infractions, la partie qui poursuit et le nom de l'inculpé; si l'affaire est terminée, on ajoutera la nature de la décision, sa date, et si elle a été contradictoire ou par défaut.

Les appels des jugements de simple police seront mentionnés séparément.

Des instructions ministérielles pourront demander d'autres détails, dans un intérêt de statistique (comp. art. 529 à 531).

CHAPITRE III.

DES COURS D'APPEL.

Section criminelle. **75.** Dans chaque cour d'appel, il y a une section criminelle jugeant au nombre de trois juges, au moins.

Attributions. Ses fonctions consistent, indépendamment de celles qui lui sont exceptionnellement attribuées par la loi, à statuer sur les appels formés tant contre les ordonnances des juges d'instruction et de la chambre du conseil des tribunaux correctionnels de la circonscription que contre les jugements rendus en premier ressort par lesdits tribunaux.— **63.** [282 s., 292, 293, 424 s.— Loi et Décrets fr. de 1810 ; 135-6e al., 199 s., 217 s., 479 s., 483 s.]

Roulement. **76.** Les membres de la section criminelle sont désignés pour un an par le Premier président de la cour d'appel, après avoir pris l'avis dudit tribunal et du Procureur général réunis en chambre du conseil.

Nul ne peut faire partie de la section criminelle pendant plus de deux ans consécutifs, ni y être rappelé une troisième fois, avant que tous les membres du tribunal aient été appelés à y figurer pendant un an, au moins.— **64.** [67. — Ord. et Décrets fr. cités.]

77. En cas d'empêchement d'un ou plusieurs membres de la section criminelle, le Premier président, sur l'avis du Procureur général, appelle à les remplacer un ou plusieurs membres de la section civile. Remplacement.

Le Premier président peut toujours présider la section criminelle.— **65.** [69.] Présidence.

78. Les fonctions du ministère public sont remplies près de la section criminelle par le Procureur général ou par l'un de ses substituts désigné par lui.— **66.** [33, 34, 63, 70.— 135, 10e et 11e al., 205, 210, 217 s., 271 s.] Min. public.

79. Le Procureur général peut faire, par lui même ou par l'un de ses substituts, dans toute l'étendue de la circonscription de la cour d'appel, les actes de police judiciaire et de poursuite attribués au commissaire du Gouvernement près des tribunaux correctionnels. Poursuites.

Il exerce aussi une surveillance générale sur les juges d'instruction et sur les officiers de police judiciaire du ressort de la cour.— **67.** [··· — 27, 57, 250, 274 s., 279 s., 284.] Surveillance.

Dans tous les cas, il peut adresser au commissaire du Gouvernement de sa circonscription des circulaires et des instructions individuelles, tant au sujet des poursuites à exercer que de leurs autres fonctions. Circulaires et instructions.

80. Le Procureur général et le Premier président correspondent directement avec le Ministre de la justice.

Ministre de la justice, lequel peut pareillement leur adresser des circulaires ou des instructions individuelles, sur l'administration de la justice dans leur circonscription.— 0. [— 274.]

États trimestriels.

81. Tous les trois mois, le Procureur général adresse au Ministre de la justice un état des affaires jugées ou instruites par la cour, dans l'intervalle, et de celles qui restent pendantes.

Le même officier transmet aussi, avec ses observations, s'il y a lieu, les états qui lui ont été adressés par les commissaires du Gouvernement de sa circonscription, conformément à l'article 74.

Lesdits états sont visés par le Premier président qui peut y ajouter ses observations.— 68. [64, 74, 92, 97, 631.]

Greffier.

82. Les fonctions de greffier près la section criminelle sont remplies par le greffier de la cour d'appel ou par l'un de ses suppléants désigné par le Premier président.— 69. [36, 37, 65, 71.]

Sommaire.

Art. 75.— 125. Dénomination française de Cours, pour les juridictions jugeant sans appel.

76.— 126. Renvoi au roulement : article 67.

77.— 127. Remplacement du juge ; présidence de la section criminelle ; partage.

78.— 128. Procureur général près la section criminelle.

79 et 80.— 129. Son rôle près des tribunaux du ressort ; circulaires et instructions ; contrôle sur les officiers de police judiciaire.— 130. Contrôle sur les Juges d'instruction et sur les Préfets.

81.—131. Etats trimestriels.
82.—132. Greffier.

Art. 75.—125. En France, on donne le nom de Cours aux juridictions supérieures qui jugent sans appel. C'est ainsi que les tribunaux qui jugent les crimes se nomment *Cours* d'assises; on nomme Cour de cassation la juridiction destinée à maintenir l'exacte et uniforme interprétation de la loi; il y a une *Haute cour* de justice pour certaines affaires criminelles spéciales; en matière administrative, il y a la Cour des comptes; enfin, on nomme *Cours* d'appel, les tribunaux qui comprennent dans leur circonscription plusieurs départements et tous les tribunaux d'arrondissement qui s'y trouvent. Il y en a 26 en France, pour 86 départements. Au Japon, il y en a seulement 4, pour 3 *fu* et 38 *ken*. L'inconvénient d'avoir les juges d'appel si éloignés des justiciables sera certainement corrigé avec le temps et déjà on se propose de créer 3 nouvelles cours d'appel pour l'application des nouveaux Codes.

Les cours d'appel, par l'effet de la réunion des deux justices, jugent les appels en matière correctionnelle; il y aura donc dans chaque cour deux sections ou chambres, au moins, dont l'une sera consacrée aux appels correctionnels. Mais comme la section des appels correctionnels aura aussi des attributions en matière d'instruction des crimes et des délits, on lui donne le nom de section *criminelle*, à cause de la plus grave de ses attributions.

En France, il y a, dans chaque cour d'appel, une chambre criminelle spéciale, appelée *chambre d'accusation* ou chambre *des mises en accusation*: on ne l'a pas admise au Japon; son rôle, modifié d'ailleurs, sera rempli par la section criminelle.

Le premier alinéa de l'article 75 nous dit que la section statue au nombre de trois juges, au moins.

C'est une garantie que l'examen sera plus approfondi et donnera plus de lumières que les décisions de première instance qui sont rendues, en général, par un seul juge.

Les attributions ordinaires de la section criminelle sont indiquées au deuxième alinéa.

Celles qui sont accordées par d'autres dispositions de la loi et auxquelles le texte se réfère ne sont pas très-nombreuses.

On a déjà vu le jugement des délits des magistrats faisant partie des tribunaux de département et l'instruction des crimes imputés aux mêmes magistrats (art. 50) ; on verra au Livre suivant (art. 292) le droit d'évocation.

Art. 76.— 126. La loi prend des mesures simples et déjà connues pour que les mêmes magistrats ne restent pas trop longtemps occupés des affaires criminelles.

On peut se reporter à ce qui a été dit sous l'article 67, au sujet du roulement.

Art. 77.— 127. La loi suppose ici un empêchement momentané ; alors, le remplacement se fait facilement ; mais, s'il y avait décès ou changement de ressort d'un juge, le remplacement ne pourrait se faire qu'en la forme déterminée à l'article précédent. La solution serait la même si un juge se retirait de la section criminelle pour une cause justifiée.

Le Premier président de la Cour n'est attaché spécialement à aucune section : il préside, l'une ou l'autre, à son gré.

Cela n'empêche pas que chaque section ait son président ordinaire, désigné pour un an, en même temps que les autres membres.

Il y aura, sans doute, des lois ou décrets sur la composition des tribunaux : spécialement, sur la nomination des présidents de section. En tout cas, à défaut de disposition contraire des lois ou règlements, la présidence, dans chaque affaire, appartiendra au juge le plus élevé en degré et, à égalité de degré, au plus ancien en fonctions.

Quand le Premier président présidera la section criminelle, il ne sera pas nécessaire qu'un des juges se retire; le nombre de trois est un *minimum* qui peut être dépassé ; mais il sera préférable qu'un des juges se retire, pour éviter les occasions de partage des voix qui ont des inconvénients.

La loi générale d'organisation judiciaire dira comment on remédie au partage des voix : donner au président voix prépondérante est peut-être un danger ; appeler un ou deux nouveaux juges et recommencer les débats, comme cela se fait en France, entraîne des lenteurs (voy. c. proc. civ., art 117 et 118).

Art. 78.— 128. En français, le nom de Procureur *général* indique un procureur qui a une autorité, un droit de contrôle sur d'autres procureurs. C'est qu'en effet, le commissaire du Gouvernement près la Cour d'appel a sous son autorité et sa direction les commissaires du Gouvernement près des tribunaux de département et leurs substituts.

Au Japon, le nom de *ken-dji-tcho* exprime la même idée (p. 94, note *d*).

La loi ne prévoit pas le cas où tous les substituts seraient empêchés, parce qu'ils seront toujours assez nombreux pour que le fait soit peu vraisemblable. Si pourtant le cas se présentait, le Procureur général désignerait pour cette fonction, un des juges-suppléants, après avoir pris l'avis du Premier président, conformément à l'article 70.

Art. 79 et 80.— 129. En sa qualité de chef du ministère public dans toute l'étendue de la cour d'appel, le Procureur général peut se transporter dans tous les départements de son ressort et y procéder à tout ou partie des actes attribués aux commissaires du Gouvernement de sa circonscription. Ce qu'il peut faire par lui-même, il peut le mander à l'un de ses substituts. C'est évidemment là une marche exceptionnelle qu'il ne suivra que dans des cas graves. Il pourrait notamment, se réserver de porter la parole à l'audience, si l'affaire présentait des difficultés particulières.

Le Procureur général remplit près des commissaires du Gouvernement de son ressort le même rôle que le Ministre de la justice remplit près des Procureurs généraux : les *circulaires* générales et les *instructions* individuelles ou personnelles sont un des moyens qu'emploie le Procureur général pour donner l'impulsion et la direction à ses subordonnés. Il pourrait aussi les blâmer ou déférer leurs actes répréhensibles au Ministre de la justice.

A l'égard des officiers de police judiciaire, le contrôle du Procureur général sera plus rare, parce qu'ils sont déjà sous la surveillance directe des commissaires du Gouvernement du département; mais il pourrait s'exercer sur les Préfets et sous-préfets, en tant qu'officiers de police judiciaire, parce qu'ils ne sont pas, à cet égard, subordonnés auxdits commissaires.

Toutefois, le Procureur général ne devrait pas user de blâme vis-à-vis de ces derniers officiers dont le rang hiérarchique peut être égal au sien ; il devrait se borner à signaler au Ministre de la justice leurs actes répréhensibles, commis dans l'exercice de leurs fonctions de police judiciaire et ne constituant d'ailleurs aucune infraction pénale.

130. On a dit plus haut que le juge d'instruction n'est pas formellement rangé parmi les officiers de police judiciaire ; mais comme la recherche des infractions rentre aussi dans ses fonctions, une fois qu'il est

saisi, il serait, de ce chef, soumis au contrôle du Procureur général; seulement, son caractère de juge *(han dji)* obligerait ce dernier à plus de ménagements dans ses observations et à un recours plus fréquent à l'autorité du Ministre de la justice.

Il faut admettre, de même, que les Préfets, ayant des fonctions de police judiciaire, sont, de ce chef, soumis aux mêmes contrôle et surveillance du Procureur général; et, comme les Préfets relèvent, non pas exclusivement du Ministre de l'intérieur, comme on est trop porté à le croire, mais de tous les Ministres, à cause de la variété de leurs attributions, c'est encore du Ministre de la justice que le Préfet pourrait recevoir des avertissements, s'il y avait lieu, au sujet de ses fonctions de police judiciaire.

Art. 81.— 131. A mesure que le ressort s'étend davantage et que, par conséquent, la quantité des affaires judiciaires augmente, la loi restreint le nombre des états ou rapports que le chef du ministère public d'un ressort doit fournir chaque année à son supérieur hiérarchique: le commissaire du Gouvernement près du tribunal de simple police en fournit douze; celui du tribunal correctionnel en fournit six; le Procureur général en fournit quatre.

On verra plus loin que le Procureur général à la cour de cassation n'en fournit que deux.

Art. 82.— 132. Cet article ne présente aucune difficulté. Si le greffier-suppléant près la section criminelle n'était empêché que momentanément, son remplaçant serait valablement désigné par le greffier-titulaire de la cour.

CHAPITRE IV.

DES COURS CRIMINELLES (*a*).

Compétence territoriale.

Art. 83. Les cours criminelles sont compétentes pour juger les crimes commis dans chaque *fu* ou *ken*, à l'exception des crimes pour lesquels la loi établit une compétence spéciale. — **70.** [98, 431 s.— 251.]

Elles jugent également les faits qualifiés crimes par la loi, lorsqu'ils n'ont été que tentés ou manqués ou lorsqu'ils présentent une excuse légale, lors même que la poursuite ne peut tendre qu'à l'application d'une peine correctionnelle.— **0.** [··· — 68.]

Quatre sessions par an.

84. Chaque année, les cours criminelles tiennent quatre sessions ou assises, au moins, de trois mois en trois mois.

Si le nombre des affaires l'exige, il peut être tenu des sessions supplémentaires, par décision du Ministre de la justice, sur l'avis du Président de la cour d'appel et du Procureur général.—**71.** [··· — 259.]

Lieu des sessions.

85. Les sessions des cours criminelles se tiennent, autant que possible, dans le local de

---

(*a*) L'expression de "*tribunaux* criminels" employée par inadvertance dans les Dispositions communes (art. 39, 52 et 53) y doit être remplacée par celle de "*Cours* criminelles."

la cour d'appel, pour chaque *fu* ou *ken* où siége une cour d'appel, et dans le local du tribunal civil, pour les autres *fu* ou *ken*.

S'il y a plusieurs tribunaux civils dans un *fu* ou *ken* les sessions se tiennent dans lè local du tribunal civil du lieu où siége la préfecture. — **72.**

En cas d'empêchement, le local est désigné par le Ministre de la justice.— **0.** [· · · — 258.]

86. Les cours criminelles se composent, pour chaque session: Composition :

1° D'un membre de la cour d'appel, président, désigné par le Ministre de la justice, sur l'avis du Président de ladite cour et du Procureur général; à défaut de cette désignation, quinze jours avant celui où doit s'ouvrir la session, elle est faite par la cour d'appel réunie en chambre du conseil, sur l'avis du Procureur général; [435 s.—226 s.] Président,

2° De deux assesseurs pris dans la cour d'appel, sur la désignation du Président, après avis du Procureur général, pour les sessions qui doivent se tenir au lieu où siége ladite cour d'appel; dans les autres *fu* ou *ken*, les assesseurs sont le Président et le plus ancien juge du tribunal civil du *fu* ou *ken ;* en cas d'empêchement de l'un ou de l'autre, le remplacement se fait par ordre d'ancienneté de grade; sans que d'ailleurs aucun juge puisse être tenu de siéger au criminel dans plus de deux sessions chaque année ;— **73.** [459, 4° al.— 252, 253, 263, 264.] Deux assesseurs,

Dix jurés. 3° De dix jurés désignés par la voie du sort, pour chaque affaire, suivant les dispositions des articles 89 à 91 ci-après et 454 à 459.— **0.** [...—393 à 406.]

Ministère public. **87.** Les fonctions du ministère public près la cour criminelle sont remplies par le Procureur général ou par l'un de ses substituts désigné par lui.

Le Procureur général peut aussi désigner pour ces fonctions l'officier du ministère public qui a pris part à l'instruction préparatoire; à défaut de désignation spéciale, ou en cas d'empêchement de celui qui aura été désigné, lesdites fonctions sont remplies par le commissaire du Gouvernement près le tribunal civil où se tient la session, ou par l'un de ses substituts désigné par lui.— **74.** [78, 422 s.— 252, 265, 271 s.]

Greffier. **88.** Les fonctions de greffier sont remplies près la cour criminelle par le greffier du tribunal civil où se tient la session, et, en cas d'empêchement, par un de ses suppléants désigné par le le Président dudit tribunal.— **75.** [82, 454, 460, 463, 464, 520.—252.]

Tirage du jury. **89.** Dix jours au moins et quinze jours au plus avant le jour fixé pour l'ouverture de chaque session de la cour criminelle, le Président du tribunal où doivent se tenir les assises tire au sort, à l'audience publique, en présence et sur les réquisitions du commissaire du Gouvernement, la liste du jury de la session.

A cet effet, il est déposé publiquement dans une urne autant de numéros qu'il y a de noms portés sur la liste annuelle des jurés-titulaires du *fu* ou du *ken*, dressée en vertu de la loi sur le jury; une autre urne reçoit un nombre de numéros égal à ceux de la liste annuelle des jurés-supplémentaires dressée conformément à la même loi.

Il est successivement extrait, par le Président, vingt numéros pour les jurés-titulaires et quatre pour les jurés-supplémentaires. — O. [445 s.— 388 s.; Lois 21 nov. 1872 et 31 juillet 1875.]

90. La liste de la session est dressée par le greffier, au fur et à mesure de la sortie des numéros; elle porte: Liste du jury.

1° Le numéro d'ordre de sortie au tirage,

2° Le numéro d'ordre qu'il occupe sur la liste annuelle,

3° Le nom du juré correspondant.

Cette liste est signée immédiatement par le Président, le Commissaire du Gouvernement et le greffier.

Il en est transmis, sans délai, une double copie, signée de même, au Président de la cour criminelle et à l'officier chargé du ministère public pour la session.— O. [445 s., 454 s., 446, 490.— 272.]

91. Les jurés tombés au sort sont convoqués, sans délai, à leur domicile, pour le jour, l'heure Convocation des jurés.

et le lieu de la première audience publique de la session.

La convocation est faite au nom du commissaire du Gouvernement, par le greffier du tribunal civil où doit se tenir la session.

Il en est laissé copie.

Les autres dispositions des articles 25 à 28 seront observées.— 0. [449.— 389.]

Etats par sessions.

92. Après chaque session des cours criminelles, le Procureur général adresse au Ministre de la justice un état des affaires jugées par chacune d'elles, avec ses observations et celles des magistrats qui ont présidé.

Ledit état est visé par le Président de la cour d'appel qui peut y joindre aussi ses observations.— 76. [74.— 601.]

Sommaire.

Art. 83.— 133. Compétence des cours criminelles.— 134. Les crimes manqués, tentés ou excusables ne dégénèrent pas en délits; objection.— 135. Réponse: caractère légal du crime; singularités où conduirait le système contraire.—136. Code français.

84.— 137. Quatre sessions par an: intervalle de trois mois; sessions extraordinaires.

85.— 138. Lieu de tenue des assises.— 138 *bis*. Digression sur les circonscriptions judiciaires.

86.— 139. Double élément des cours criminelles: magistrature et jury; président et assesseurs.

87.— 140. Ministère public: hypothèses diverses.

88.— 141. Greffier: il est désigné par la loi.

89.— 142. Jury: ses origines romaines et féodales; ses transformations modernes. — 143. Objections faites contre le jury.— 144. Réponses aux objections.— 145.

Art. 83.—133. A mesure que la gravité de l'infraction croît, la loi étend la circonscription de la juridiction, parce qu'elle prévoit que le nombre en est moins considérable et aussi parce que la composition du tribunal est plus compliquée.

Pour les crimes, il y a une seule juridiction par *fu* ou par *ken*.

Le principe qui détermine la compétence d'après le lieu de l'infraction (art. 41-1er al.) reçoit ici son application naturelle ; on applique aussi les cas exceptionnels où la compétence est déterminée par le lieu de l'arrestation (art. 41-2e al., 42, 43).

Les exceptions que réserve la loi sont relatives aux crimes justiciables de la Haute Cour et des tribunaux militaires et maritimes.

134. Notre article résout une question fort importante et qui n'était pas sans difficulté.

Il arrive souvent qu'un fait qualifié crime par la loi, ou ayant ce caractère par la nature de la peine qu'il entraîne, ne devra cependant être puni que de peines correctionnelles, parce que la peine devra être abaissée d'un ou plusieurs degrés, soit par l'effet d'une excuse légale, soit à raison de ce que le crime n'a été que tenté ou manqué.

On suppose, bien entendu, que ces causes légales d'abaissement sont reconnues par le juge d'instruction, juge des charges, et il n'est pas douteux qu'il ait qualité pour les apprécier, comme il apprécie les causes d'aggravation et tous les caractères de l'infraction qui peuvent influer sur la compétence. A l'égard des circonstances atténuantes, la question ne se présenterait pas, parce qu'elles ne sont pas déterminées par la loi et ne peuvent être appréciées et déclarées que par la juridiction de jugement.

Dans les cas d'abaissement prévus par la loi, l'affaire devra-t-elle être portée devant le tribunal criminel? Cela revient à se demander si l'infraction doit être qualifiée *délit* ou *crime*.

Quand on se reporte à la définition du délit, qui d'après le Code pénal, est "toute infraction punie de peines correctionnelles," on est porté à croire qu'il n'y aurait qu'un délit dans les cas qui nous occupent. Mais pourtant il ne faut pas hésiter à lui laisser la qualification de *crime*.

Supposons, par exemple, un crime qui, commis par un majeur de 20 ans, entraînerait la réclusion de 6 à 10 ans; s'il est commis par un mineur, la peine n'est plus que l'emprisonnement; on ne dira pas, cependant, que ce mineur n'est auteur que d'un délit.

Supposons encore un crime qui, s'il était consommé, mériterait, la peine de la réclusion, majeure ou mineure; s'il n'est que tenté, la peine doit être abaissée de deux à trois degrés, c'est-à-dire qu'elle sera nécessairement correctionnelle; ce n'est pourtant pas un délit qui a été commis, c'est une tentative de crime.

Dans ces cas et autres semblables, la poursuite devra avoir lieu devant le tribunal criminel.

135. L'objection tirée de la définition du délit, qui se détermine par la peine de l'infraction, n'a plus de valeur, si l'on remarque que c'est la peine *normale* de l'infraction qu'il faut considérer pour savoir quelle est la nature de l'infraction; si, ensuite, cette peine se trouve diminuée par des circonstances particulières, l'infraction, quoique moins punie, ne change pas de qualification légale.

Le résultat serait d'ailleurs fort singulier en pratique: beaucoup de *crimes* tentés ou manqués ne seraient plus que des *délits*, parce qu'il suffirait d'un ou deux degrés d'abaissement pour que la peine devînt correctionnelle; tandis que d'autres resteraient toujours *crimes*, parce qu'étant punissables des peines les plus graves, l'abaissement, même le plus favorable, ne permettrait jamais d'en faire descendre la peine à l'emprisonnement; d'autres enfin, de gravité moyenne, pourraient devenir délits ou rester crimes, suivant l'usage plus ou moins favorable que ferait le tribunal de sa faculté d'abaisser la peine; en sorte qu'il serait impossible de savoir d'avance à quelle catégorie d'infractions ils appartiennent et la compétence resterait incertaine ce qui est inadmissible.

Une autre singularité du système que la loi écarte résulterait de la différence du principe de la loi pénale au sujet de la tentative de crime et de celle de délit : la tentative de crime est toujours punissable, celle de délit ne l'est que dans les cas spécialement déterminés par la loi (Proj. c. p., art. 125 et 129); or, si un crime tenté pouvait dégénérer en délit, il pourrait arriver qu'il échappât à toute punition, si la nature de l'infraction n'était pas de celles où la loi punit la tentative de délit; résultat aussi choquant qu'inadmissible.

Une raison qui achèverait de lever les doutes, s'il en pouvait rester, c'est que l'inculpé perdrait les garanties particulières de la juridiction criminelle, dans un cas où, étant moins coupable, il est plus digne d'intérêt.

Enfin, une disposition de la loi qu'on trouvera au Livre IIIe, Chap. III (art. 486) permet de poser au jury des questions résultant du nouvel aspect que l'infraction prendrait au cours des débats; ainsi une accusation de crime tenté ou manqué pourrait se transformer, s'aggraver, dans le sens d'une accusation de crime consommé; or, si la justice correctionnelle était saisie de la tentative de crime, elle ne pourrait statuer sur un crime consommé. Il est donc préférable de saisir immédiatement la justice criminelle.

Une disposition de la loi, formelle en ce sens, était utile pour prévenir toute hésitation de la jurisprudence à cet égard.

136. La loi française a, sur ce point, une disposition contraire à l'opinion qui précède (c. p., art. 68), mais seulement pour un cas particulier: le mineur de 16 ans, excusable comme tel, qui a commis un crime autre que ceux que la loi punit de peines perpétuelles et qui n'a pas de complices est jugé par les tribunaux correctionnels. Mais, par cela même que c'est une règle particulière au mineur, et limitée encore dans son application, il en résulte que la règle générale est opposée et n'est autre que celle ici établie pour le Japon.

Remarquons, d'ailleurs, qu'en France, la question a moins d'intérêt qu'au Japon, puisque la peine n'est pas abaissée au cas de crime manqué ou tenté (c. p., art. 2); mais l'intérêt subsiste dans les cas d'excuse légale.

Art. 84.—137. A cause de leur composition particulière, telle qu'elle est réglée par les articles suivants, les cours criminelles ne pouvaient être permanentes.

Composées d'un double élément local (magistrats-assesseurs et jury) et présidées par un membre délégué de la cour d'appel, elles ont une durée temporaire.

Ce système, généralement adopté en Europe, y a donné des résultats assez satisfaisants pour qu'il ait paru bon de l'appliquer au Japon.

En principe, il y a quatre sessions ou assises par année (*b*) ; elles ont lieu de trois mois en trois mois :

(*b*) Les mots français *session* et *assises* viennent du latin *sedere*, "s'asseoir;" ils s'employaient autrefois pour les magistratures dites "ambulantes," qui se transportaient dans différents lieux de leur circonscription : elles tenaient des *assises*, quand elles *s'arrêtaient* pour juger.

elles ne devraient pas être plus rapprochées, ni plus éloignées, même en observant le nombre de quatre dans l'année, de peur de prolonger inutilement les détentions préventives. La durée des sessions est indéterminée : elle variera avec le nombre et l'importance des affaires à juger.

La loi ne décide pas et elle laisse à un règlement ultérieur la question de savoir si la cour d'assises se réunira au commencement de chaque trimestre, ou au milieu, ou vers la fin, en réservant, dans ce cas, le nombre de jours nécessaires pour juger les affaires instruites et renvoyées devant elle.

Il est vraisemblable que les époques ne seront pas les mêmes dans chaque *ken*, à cause de la présidence qui est donnée à un membre de la cour d'appel : il y aurait inconvénient grave à distraire des autres affaires de la cour un trop grand nombre de juges à la fois.

En France, cette matière est réglée par les lois et décrets d'organisation judiciaire de 1810 déjà cités (*c*).

Lorsque la session est close, le même jury ne peut plus être convoqué : les affaires dont l'instruction ne se trouve terminée qu'après la séparation du jury sont reportées à la session suivante.

Mais si, pour des raisons majeures, on désire faire juger ces affaires avant la session ordinaire suivante, on peut former une session extraordinaire, avec un nouveau jury.

Au Japon aussi, on pourra tenir des sessions extraordinaires ou supplémentaires, soit quand le grand nombre des affaires devrait retenir le même jury pendant un temps trop long, soit quand le jugement de certaines affaires paraîtra urgent et qu'on se trouvera encore loin de la réunion ordinaire du jury.

(*c*) En France, à cause de la grande population de Paris, les assises du département de la Seine ont lieu de quinzaine en quinzaine, et quelquefois il y a deux chambres ou sections fonctionnant en même temps.

Comme il y a là une question d'administration de la justice et non une question de droit, on comprend que la décision en dépende du Ministre de la Justice et qu'il prenne l'avis des deux premiers magistrats de la cour d'appel.

Art. 85.— 138. Cet article règle le lieu où se tiennent les sessions des cours criminelles.

Il n'était pas possible de ne faire siéger ces cours qu'aux lieux où se trouvent les cours d'appel. Elles sont trop peu nombreuses et, par suite, trop éloignées du lieu du crime. Il en fût résulté aussi un trop grand déplacement des témoins et des jurés. Les sessions se tiendront donc au lieu qu'on peut appeler le *chef-lieu judiciaire* du *fu* ou du *ken*, où se trouve, au moins, un tribunal civil. S'il y avait plusieurs tribunaux civils dans le *ken*, la préférence appartiendrait à celui qui siége dans le chef-lieu administratif. C'est peut-être la seule différence légale qui existe entre les divers tribunaux civils d'un même *ken*. Il en est de même en France des tribunaux d'arrondissement : c'est dans le tribunal du chef-lieu départemental que se tiennent les assises.

138 *bis*. A l'occasion de cette disposition, il convient de préciser davantage et de compléter ce qui concerne la circonscription et la hiérarchie des tribunaux japonais.

On a dit plus haut (p. 92 et 94) qu'au Japon les divisions judiciaires ne cadrent pas avec les divisions administratives. En France, où la concordance des deux divisions n'est pas exacte non plus, on trouve cependant un tribunal de paix par canton, un tribunal civil et correctionnel, ou de première instance, par arrondissement, une cour d'assises ou cour criminelle par département ; de sorte qu'on peut désigner un tribunal par la division administrative ou territoriale qu'il embrasse : il est notamment usité de dire tribunal *d'arrondissement*, ce qui vaut mieux que l'expression de tribunal *civil* ou *de première instance*, puisque les justices de paix ont aussi ce double caractère.

Au Japon, les nouvelles divisions administratives ou territoriales sont :

1° Les *fu* et les *ken* qui sont analogues aux départements français, avec un Gouverneur pour les premiers et un simple Préfet pour les autres : différence plutôt honorifique que juridique (p. 94, note *e*).

La seule juridiction qui leur soit propre, qui comprenne un *fu* ou un *ken* entier et ne s'étende pas au delà, est la cour criminelle : c'est la véritable juridiction départementale, comme est, en France, la cour d'assises.

2° Les *goun* et les *kou* : les premiers sont des agglomérations de communes rurales comprenant même de petites villes ; les seconds sont des divisions de grandes villes. On pourrait assimiler les uns et les autres aux arrondissements français, au point de vue administratif, car à leur tête se trouve un subordonné du Préfet, un véritable sous-préfet *(goun-tcho, kou-tcho)*. Mais comme il n'y a pas de juridiction propre au *goun* ou au *kou*, il n'y a donc pas, au Japon, ce qu'on appelle en France un *tribunal d'arrondissement* : les tribunaux civils ordinaires, en même temps juges correctionnels, y sont appelés juges de première instance *(shi shin saïbancho)* expression impropre (usitée en France, et aussi improprement), puisque les juges de paix jugent également de petites affaires civiles et ne les jugent le plus souvent qu'à charge d'appel. Ces tribunaux ont, au Japon, des circonscriptions qui semblent plutôt basées sur les anciennes divisions territoriales que sur les nouvelles et ils portent le nom de leur chef-lieu, c'est-à-dire de la ville où ils siégent (*d*).

(*d*) C'est par inadvertance que, dans quatre articles précédents (art. 50, 52, 63, 64), et dans le commentaire qui s'y rapporte, on leur a donné le nom de tribunaux "d'arrondissement"; dans la suite (art. 66, 67), on leur a donné celui de tribunal "de département."

On peut donc, lorsqu'on veut désigner leur degré d'importance, les nommer tribunaux de département, de *ken*, ce qui n'indique pas qu'il n'y en ait qu'un seul par département : au contraire, il y en a plusieurs, en général ; mais, de cette façon, on évite de faire croire qu'il y ait un tribunal civil par *goun* ou par *kou* (arrondissement). Il n'y a même pas un juge de paix par *goun* ou *kou :* le plus souvent, une justice de paix s'étend sur plusieurs *goun* ou *kou,* ou sur des portions de différents *goun* ou *kou,* et on désigne encore chaque tribunal de paix par le lieu où il siége.

3° Les *moura* ou *son* qui répondent aux communes françaises et européennes : ils ont à leur tête un *ko-tcho* qui a plus ou moins le caractère du maire français. Il n'y a, au Japon, aucune juridiction civile ou pénale propre à la commune, pas plus qu'en France (*e*).

Quant aux cours d'appel *(djôtô-saïbancho, kôso-saïbancho)*, on a déjà dit qu'étant en très-petit nombre, elles embrassent nécessairement plusieurs *ken* dans leur circonscription, ce qui fait qu'on ne peut encore les désigner que par la ville où elles siégent : c'est une nouvelle ressemblance avec le système français.

Art. 86.— 139. La cour criminelle est composée, pour chaque session, de deux éléments bien distincts par leur origine et par leurs attributions : la magistrature et le jury.

Il y a d'abord un magistrat tiré de la cour d'appel du ressort, qui en est Président. Le mode de sa désignation est administratif, c'est-à-dire ministériel. La loi pourvoit au cas où la désignation régulière n'aurait pas été faite.

(*e*) Les maires ont eu pendant longtemps la juridiction de simple police, concurremment avec les juges de paix, sous certaines distinctions, (c. i. cr., art. 166 à 171) : mais une loi du 27 janvier 1873 la leur a enlevée, en la laissant exclusivement aux juges de paix. Ils ont encore une juridiction administrative dans quelques cas de très-minime importance.

Le Président a deux *assesseurs* (*f*); ils sont pris dans la cour d'appel ou dans le tribunal civil du *ken* suivant une distinction faite clairement au texte. On comprend qu'on ne les prenne pas toujours dans la cour d'appel, car son personnel ne suffirait pas à fournir tous les juges criminels du ressort. Le rôle des assesseurs est d'ailleurs assez facile pour qu'il ne soit pas nécessaire de les emprunter à une si haute juridiction. Mais, comme ils sont pris d'après une qualité fixe (le président du tribunal civil et le plus ancien juge), il en résulterait que la fonction reviendrait toujours aux mêmes juges; pour obvier à cet inconvénient qui atteindrait dans une certaine mesure le principe du *roulement*, la loi permet à ces magistrats (sans leur en faire un devoir) de se récuser, quand ils auront fait partie de deux sessions dans la même année. Ils sont alors, naturellement, remplacés par les plus anciens, en descendant.

Les changements plus ou moins fréquents dans le personnel de chaque tribunal seront un autre correctif du retour trop souvent répété des mêmes juges au rôle d'assesseur.

Le deuxième élément de la cour criminelle est le jury; il n'est qu'indiqué au présent article. La loi complète d'abord ce qui concerne l'élément de la magistrature ordinaire dans les cours criminelles.

Art. 87.— 140. Il est nécessaire d'emprunter le ministère public de l'une des juridictions permanentes, pour siéger près de la juridiction criminelle qui est temporaire.

Le Procureur général peut toujours occuper lui-même le siége du ministère public dans toute l'étendue du ressort, pour une ou plusieurs des affaires à juger.

(*f*) En français, *assesseur* signifie celui qui "siége à côté" d'un chef, un *assistant*.

Généralement, il ne portera la parole que dans les affaires graves et difficiles. Il peut aussi déléguer a cet effet un de ses substituts. Mais ce ne sera ordinairement qu'au chef-lieu de la cour d'appel que l'un des substituts siégera au criminel, parce qu'autrement presque tous les substituts seraient éloignés de la cour.

Il reste encore deux autres officiers du ministère public pouvant être appelés à cette fonction :

1° Celui qui a participé à l'instruction ; il n'y a pas contre lui matière à récusation, comme contre le juge d'instruction (voy. art. 55), parce qu'il ne juge pas : il n'y a aucun danger réel à ce que, s'étant déjà prononcé pour les poursuites, dans l'instruction, il se prononce pour la condamnation devant le jury ; il connaît d'ailleurs l'affaire mieux qu'un autre officier du ministère public ; enfin, le principe de l'unité et de l'indivisibilité du ministère public (v. p. 96) ôte tout intérêt à distinguer si c'est le même officier ou un autre qui suit l'affaire jusqu'au jugement.

Dans le cas qui nous occupe, ce n'est pas la loi qui désigne l'officier dont il s'agit, c'est le Procureur général, son chef hiérarchique.

2° A défaut des trois officiers qui précèdent, c'est la loi qui désigne celui qui remplira la fonction de ministère public près la cour criminelle : il n'est autre que celui qui siége près du tribunal civil dans lequel se tiendront les assises.

Art. 88.— 141. Le greffier ne sera jamais délégué par la cour d'appel ; il est désigné par la loi et pris sur les lieux mêmes où se tiennent les assises.

Art. 89.— 142. La loi arrive à la composition du jury.

Ce n'est pas sans une mûre réflexion que les rédacteurs du Projet ont fait entrer cette institution considérable dans la loi japonaise.

On trouve aujourd'hui l'institution du jury dans la plupart des pays européens et en Amérique. On a l'habitude d'en attribuer l'honneur à l'Angleterre. Il faut reconnaître que c'est elle, en effet, qui en a, la première, généralisé et fixé l'usage dans les temps modernes. Mais on trouve des traces du jury dans la législation romaine, où il était employé en matière civile seulement, et dans les temps de la féodalité, où il était, au contraire, employé seulement en matière criminelle, en faveur des seigneurs ou des nobles, lesquels ne pouvaient être jugés que par d'autres nobles de même degré; on appelait cette justice: jugement "par les pairs" (de *pares*, égaux); les ecclésiastiques étaient aussi jugés par des tribunaux composés de juges ecclésiastiques; il n'y avait que les bourgeois et les paysans qui ne fussent pas jugés par leurs pairs : pour eux, il y avait des juges officiels.

La grande innovation de l'Angleterre a été d'introduire le jugement par jurés pour toutes les classes de citoyens.

La France l'a suivie après la Révolution de 1789. Il y eut même, à l'origine, deux jurys : le jury d'accusation et le jury de jugement.

L'Angleterre les a encore tous deux, mais la France n'a conservé que le jury de jugement.

On a fait de même pour le Japon, parce que le jury d'accusation paraît avantageusement remplacé par le juge d'instruction qui ne décide pas sur le fond, mais sur la gravité des charges, sur les suites à donner à l'affaire: lors même qu'il se tromperait, son erreur serait sans influence sur le jury de jugement.

143. On a fait, en Europe, de graves objections au jugement par jurés; on a dit, surtout, que le jury manquait fréquemment des lumières nécessaires pour la décision des causes qui lui étaient soumises; que, bien souvent, il était sujet à la faiblesse ou à une pitié exa-

gérée, contraire à la sécurité de la société, et que, d'autres fois, sous l'influence des évènements, de l'alarme causée par certains crimes graves ou répétés, il pouvait céder à des passions hostiles aux accusés.

144. Il est facile de répondre à ces objections:

1° A celle tirée du défaut de lumières: le jury n'a pas, en général, à juger les points de droit de l'accusation, mais seulement les faits de la cause; les uns sont matériels, tels que l'existence de l'acte même qui est incriminé et le point de savoir si l'accusé en est l'auteur; les autres sont moraux, comme le point de savoir si l'accusé a agi avec la volonté, la liberté, l'intelligence qui constituent la responsabilité ou l'imputabilité pénale.

Pour être sainement appréciés, ces faits n'exigent qu'une compréhension commune, surtout lorsqu'ils sont discutés en présence du jury, par des personnes intéressées à être claires et précises, comme le ministère public qui soutient l'accusation et l'avocat qui défend l'accusé.

Il faut reconnaître pourtant que, quelquefois, le jury aura à résoudre de véritables questions de *droit* mêlées au *fait*, comme la légitime défense, l'ordre de l'autorité légitime ou de la loi, qui excluent la culpabilité, et plusieurs autres faits dits "justificatifs ou absolutoires" que l'on signalera au Livre IIIe, chapitre III, au sujet des questions qui doivent être posées au jury; mais, par cela même encore que ces questions sont nettement discutées devant le jury, la solution en devient facile, et l'expérience des pays étrangers n'a pas découragé les partisans de l'institution du jury.

Le Projet japonais a d'ailleurs donné une grande étendue à l'Allocution que la loi, par l'organe du Président, adresse au jury sur la nature de ses attributions (v. art. 452).

Remarquons enfin que les jurés ne sont pas pris au hasard parmi les citoyens.

Il y a des conditions générales de position sociale, exigées pour être apte à la fonction de juré ; il faut, en outre, avoir été porté sur une liste *annuelle* formée par le choix de certains magistrats ou de citoyens éclairés et indépendants qui écarteront les gens présumés illéttrés ou ignorants, en sorte que quand le tirage au sort interviendra, pour donner la liste de session, il ne pourra désigner que des hommes d'une éducation sinon supérieure, au moins suffisante.

2° A l'objection tirée de ce que le jury est enclin à la pitié, à l'indulgence, ou à la faiblesse, on peut répondre qu'en admettant que cela soit, et il est difficile de le nier, c'est assurément un moindre mal que le danger contraire qu'on rencontrerait chez les magistrats qui, même avec le correctif tiré de la réunion des deux justices, civile et pénale, seraient encore portés à une trop grande sévérité, par l'habitude où ils seraient de juger des criminels. Si le jury ne donne pas toutes les garanties désirables à la répression, c'est-à-dire à la société, la magistrature ordinaire n'en donnerait pas assez à l'innocence et à la défense des accusés.

3° Enfin, s'il est vrai que les jurés puissent subir les influences extérieures des évènements et partager les passions du temps et du lieu, il n'est pas démontré que la magistrature soit à l'abri des mêmes influences; on pourrait même craindre qu'elle n'en subît de plus puissantes et de plus constantes. D'ailleurs, on trouvera au Livre IVe, chap. IV, sous le nom de "Renvoi pour cause de sûreté publique ou de suspicion légitime," une mesure exceptionnelle qui permet à la cour de cassation de porter les affaires devant une juridiction de même ordre, mais d'un autre lieu que celui où les circonstances locales pourraient diminuer l'impartialité ou l'indépendance des juges.

Il est certain que le jury a été souvent critiqué ; mais il a été loué plus souvent encore, même de la part des magistrats dont il a pourtant diminué le rôle; il a triomphé de toutes les objections, et les esprits les plus sages, les moins enclins aux illusions et aux théories généreuses, s'y sont ralliés comme à une des sauvegardes de la liberté individuelle, de la vie et de l'honneur des citoyens, toujours en jeu, l'une ou l'autre, dans les procès criminels.

145. Pour arriver à former un jury de *jugement*, quatre opérations seront nécessaires.

D'abord, il faudra dresser une *liste générale* des personnes qui pourront être appelées éventuellement à la fonction de juré. C'est une loi spéciale qui déterminera les conditions d'aptitude à cette fonction. Elle donnera un nombre indéterminé de jurés. Les conditions d'aptitudes pourront, avec le temps, être plus généralement remplies et le nombre des jurés s'en trouvera augmenté; ce sera un signe des progrès du pays dans l'instruction.

Il y aura, en second lieu, une *liste annuelle*. Cette liste aura un nombre fixe de jurés, proportionnel à la population locale et, par suite, à l'importance de la liste générale. Ce qui caractérisera la formation de cette liste sera le choix, confié, probablement, à une commission mixte, de magistrats, d'administrateurs et de quelques membres électifs des conseils locaux.

Ces deux listes ne sont pas l'objet des dispositions du présent Code.

L'exemple des autres pays a montré qu'elles doivent être régies par une loi spéciale, susceptible de modifications, suivant les temps et l'expérience; tandis que si elles prenaient place dans le Code, les règles n'en pourraient être changées qu'en en détruisant l'harmonie générale. En France, le Code d'instruction criminelle contenait une grande quantité d'articles sur ces deux listes et elles sont depuis longtemps abrogées, ce qui le défigure (v., notamment, art. 381 à 387).

Les lois spéciales qui ont remplacé ces articles ont été elles-mêmes fréquemment modifiées : l'extension progressive du droit de suffrage politique, couronnée par le suffrage universel, a été cause en grande partie de ces changements. Aujourd'hui, la loi en vigueur est du 21 novembre 1872.

146. Les deux autres listes sont : la liste *de session* et la liste *de jugement*. Elles sont, au contraire, réglées par le présent Code, parce qu'il n'y a pas lieu d'y prévoir de changements ultérieurs. Elles sont tirées au sort, lequel, s'il est "aveugle," n'est jamais injuste ni malhabile.

L'article 89 suppose donc qu'il existe une liste *annuelle* régulièrement dressée par département, ou mieux, par *fu* ou *ken*, et se trouvant en la possession du tribunal où doivent se tenir les sessions criminelles. Sur cette liste sera fait, à l'audience publique dudit tribunal, un tirage au sort, qui donnera la liste *de session*.

147. Pour la facilité du tirage, il faut que les noms prennent en quelque sorte un corps et soient placés dans une urne, ou boîte, assez profonde et assez étroite pour que l'on puisse agiter les noms et les prendre avec la main, sans pouvoir les distinguer d'avance.

En France, les noms sont inscrits ou collés sur des boules de bois. C'est un travail annuel assez long, d'une exécution délicate et une peine à peu près inutile.

Au Japon, on mettra dans une urne autant de *numéros* différents qu'il y a de *noms* sur la liste annuelle. Ces numéros serviront indéfiniment. Chaque numéro correspondra, sur la liste, à un nom de juré, qu'elle soit dressée par ordre alphabétique ou dans un ordre différent.

Quand tous les numéros sont dans l'urne, c'est comme si tous les noms s'y trouvaient.

Lorsqu'on extraira un numéro (en agitant les numéros

dans l'urne à chaque prise), il sera appelé à haute voix et le nom du juré qui se trouve en regard sera proclamé comme sorti, et immédiatement inscrit sur la liste *de session*. Ce sont là les jurés-*titulaires*.

148. Indépendamment de la liste annuelle *ordinaire*, il y aura une autre liste annuelle dite *supplémentaire*, portant d'autres noms, et où ne se trouveront que des jurés demeurant dans la ville même où se tiennent les assises.

Ces jurés, dits *supplémentaires*, sont destinés à remplacer les jurés-titulaires auxquels est survenu un empêchement, de fait ou de droit, entre le tirage au sort et la première audience.

Il convient donc d'extraire de cette seconde liste, au moyen d'une urne spéciale, quelques noms, pour cette fonction éventuelle. Le procédé sera le même que plus haut.

Le dépôt des numéros dans les urnes, sera fait publiquement. Le greffier annoncera successivement, d'après la liste annuelle, les numéros et les noms correspondants et le président mettra chaque numéro dans l'urne.

Le nombre de vingt jurés-titulaires a paru suffisant, pour obtenir ensuite une liste de dix jurés, pour chaque affaire, même après les récusations possibles qui seront réglées au Livre IIIe (art. 456 à 458). Celui de quatre jurés-supplémentaires suffira également, en général, pour faire face aux empêchements survenus dans la période indiquée, qui n'est que de quinze jours au plus. En France, les jurés-supplémentaires ont une destination un peu différente comme on l'expliquera sous les articles 446 et 448.

149. Ces opérations doivent se faire entre le dixième et le quinzième jour avant l'ouverture de la session, c'est-à-dire avant la convocation du jury de jugement, Il ne fallait pas procéder au tirage prématurément; d'abord, pour ne pas exposer les jurés à des sollicita-

tions, à des influences fâcheuses; ensuite, parce que les dangers d'empêchements survenus aux jurés eussent été plus grands.

Il ne fallait pas non plus faire le tirage à une époque trop rapprochée de l'ouverture des assises, parce qu'il faut que les jurés soient convoqués, puissent mettre ordre à leurs affaires personnelles et se transporter au chef-lieu du tribunal où ils siégeront.

Art. 90.—150. La rédaction de la liste, sa signature par le Président, par le commissaire du Gouvernement et le greffier et son envoi, en double original, au tribunal criminel, sont des formalités essentielles, mais elles sont si naturelles qu'elles ne demandent aucun développement.

Art. 91.—151. Les jurés tombés au sort sont prévenus par le greffier d'avoir à se trouver au siége de la cour criminelle, au jour et à l'heure à eux fixés pour la première audience publique de la session.

Cette audience est solennelle et a une grande importance, comme on le verra au Livre IIIe (art. 445-453).

La convocation se fait au nom du commissaire du Gouvernement, non comme accusateur public, mais comme chargé de faire exécuter un acte de l'autorité judiciaire.

La remise n'a pas besoin d'être faite à la personne même du juré; on suit ici la forme ordinaire des notifications.

Art. 92.— 152. Cet article rappelle ceux qui terminent les chapitres précédents.

Comme les cours criminelles fonctionnent sous le contrôle du Procureur général, même quand elles ne se tiennent pas au chef-lieu de la cour d'appel, c'est lui qui réunit la liste des affaires criminelles jugées dans tout le ressort et qui l'adresse au ministre de la justice.

On ne parle pas ici des affaires pendantes, parce qu'elles ne restent jamais pendantes devant le jury : le jury ne se sépare pas avant d'avoir jugé toutes les affaires inscrites pour la session.

Il peut arriver, il est vrai, qu'une affaire soit renvoyée à une autre session, mais c'est alors par suite d'une circonstance exceptionnelle qui en fait dessaisir le jury, notamment, la maladie d'un accusé (v. art. 306) ou un témoignage suspect (art. 342) ou la maladresse d'un juré (art. 469). Mais ces cas, rares d'ailleurs, ne sont pas de la nature de ceux pour lesquels la loi veut que les affaires pendantes soient signalées au Ministre de la justice, dans le but de stimuler le zèle des magistrats ou de prévenir leur négligence.

Les observations des présidents d'assises auront un intérêt particulier : elles pourront se rapporter surtout au rôle du jury, aux qualités qu'il a pu montrer ou à celles qui ont pu lui manquer, dans ce rôle nouveau que lui donne la législation japonaise.

Ces observations, après un certain temps de pratique de l'institution, pourront donner lieu à des améliorations dans la formation des listes générale et annuelle.

CHAPITRE V.

DE LA COUR DE CASSATION.

93. Il y a dans la cour de cassation une section ou chambre criminelle dont les membres sont nommés par décret impérial, sur la proposition du Ministre de la justice, pour un temps indéterminé.—**77, 79.** [· · · —Règl. 28 juin 1738 ; Décret 1er déc. 1790 ; L. 2 br., an IV ; L. 27 vent. an VIII ; L. 29 avr. 1806 ; Ord. 15 janv. 1826 ; ord. 29 août 1847.] Chambre criminelle.

94. Les attributions de la chambre criminelle consistent à statuer : Attributions.

1° Sur les poursuites pour délits imputés aux personnes désignées aux articles 51, 53 et 98 ; —**0.**

2° Sur les pourvois en cassation fondés sur les causes déterminées au Livre IVe, chapitre Ier ;

3° Sur les pourvois en révision fondés sur les causes déterminées au chapitre IIe du même Livre ;

4° Sur les demandes en règlements de juges, dans les cas prévus au chapitre IIIe ;

5° Sur les demandes en renvoi pour cause de sureté publique ou de suspicion légitime, conformément au chapitre IVe ;—**77.**

Et, généralement, sur toutes les affaires qui lui sont déférées par son Procureur général, soit d'office, soit par ordre du Ministre de la justice, dans les cas prévus par la loi.— **0.** [295 s., 405, 430, 517, 526; 531 s.; 581 s.; 598 s.; 614 s.— 177, 216, 296 s., 371, 373, 374; 407 s.; 416 s.; 443 s.; 485 s.; 525 s.; 542 s.]

Nombre des juges.

95. La chambre criminelle ne peut statuer qu'au nombre de cinq juges au moins.— **78.**

Remplacement.

En cas d'empêchement d'un ou plusieurs membres et d'insuffisance du nombre des autres, le remplacement se fait, par ordre d'ancienneté, parmi les membres de la chambre civile.— **79.**

Min. public.

96. Les fonctions du ministère public près la chambre criminelle de la cour de cassation sont remplies par le Procureur général de ladite cour.

Un ou plusieurs de ses substituts sont attachés à la chambre criminelle, par désignation du Ministre de la justice, sur l'avis du Procureur général.— **80.**

Greffier.

96 bis. Les fonctions de greffier près la chambre criminelle sont remplies par le greffier titulaire de la cour ou par l'un de ses suppléants désigné par le Premier président.— **81.**

Etats Sémestriels.

97. Le procureur général adresse tous les six mois au Ministre de la justice un état des affaires jugées ou instruites par la cour, dans cet intervalle, et de celles qui restent pendantes.

L'état est visé par le Premier président qui peut y joindre ses observations.— **82.**

Sommaire.

Art. 93.— 153. La Cour de cassation ou Cour suprême est unique pour tout l'Empire : la nature de ses attributions l'exige.

Dès que, dans un pays, l'unité de législation écrite remplace la législation coutumière qui est, en général, aussi variée que les localités, il faut que le législateur assure, en même temps, l'unité d'interprétation de la loi ; autrement, les habitudes locales reprendraient facilement le dessus et les bienfaits d'une loi uniforme seraient bientôt perdus.

La France s'est trouvée, après 1789, dans une situation semblable, à beaucoup d'égards, à celle du Japon. Elle venait d'abolir les derniers vestiges du système féodal ; elle préparait une législation uniforme, en matière civile et pénale ; les coutumes provinciales et locales allaient cesser d'avoir force de loi : elle songea aussitôt à instituer une Cour suprême, appelée à dire le dernier mot dans les procès, sur le sens et l'application de la loi (*a*).

(*a*) L'institution du *tribunal* de cassation, en 1790 (le nom de *Cour* ne date que du premier Empire), ne fut pas, de tous points, une innovation : elle emprunta beaucoup à l'ancien *Conseil du Roi*, notamment, une partie de sa procédure : on applique encore aujourd'hui un grand nombre d'articles d'un Règlement du 28 Juin 1738. En effet, à côté des coutumes générales et locales, il y avait, depuis longtemps, beaucoup d'Ordonnances royales applicables à tout le Royaume et pour lesquelles il était déjà nécessaire d'avoir une interprétation uniforme.

Les résultats obtenus par cette belle institution qui a résisté à plusieurs changements successifs dans la forme du Gouvernement, ont entièrement répondu à ce qu'on attendait d'elle.

Le Japon a depuis plusieurs années une Cour de cassation *(Daï-shin-in)*. Les attributions de cette cour ne sont pas encore entièrement fixées, pas plus, du reste, que son organisation intérieure. Assurément, il conviendra de la décharger de tout examen des faits et de limiter son rôle à celui d'interprète souveraine de la loi. C'est, en tout cas, ce que fait le Projet pour les matières criminelles.

154. Il ne faut pas conclure de ce qui précède que, dans l'intention du Projet, la cour de cassation soit une sorte de comité législatif, dont les avis auraient force de loi, ni même qu'elle soit un comité consultatif que le Gouvernement et les particuliers consulteraient dans les cas difficiles, en dehors d'un litige actuel. Elle ne sera toujours, comme en France, en Italie, en Belgique et ailleurs, qu'une juridiction, appliquant la loi et ne la faisant pas ; ses décisions n'interviendront que dans des cas litigieux et n'auront d'autorité que pour les cas qui lui seront soumis. Elle ne statuera pas pour l'avenir, "par voie de disposition générale et réglementaire," pour tous les cas semblables qui lui seraient déférés (voy. c. civ. fr. art. 5) : elle pourra toujours changer de jurisprudence, quand elle se trouvera mieux éclairée ; la chose jugée sur le droit, comme sur les faits, n'aura d'autorité qu'entre les parties qui ont figuré au procès. C'est, du reste, avec ce caractère que la cour de cassation fonctionne déjà aujourd'hui au Japon.

155. Le Livre IVe est consacré exclusivement aux "attributions" de la cour de cassation ; elles sont considérables, plus encore par leur importance que par leur nombre, et, cependant, on ne lui a donné aucune part

au jugement des faits, si ce n'est dans le cas exceptionnel de révision. Dans le présent chapitre, il n'est question que de son organisation et de sa compétence prises dans leur ensemble et leur généralité.

Comme les tribunaux des autres degrés, la cour de cassation réunit la justice civile et la justice pénale, mais son organisation est, à cet égard, très-différente de celle des autres tribunaux : elle a bien une chambre civile et une chambre criminelle ; mais les membres de l'une et de l'autre y peuvent rester indéfiniment ; il n'y a pas de roulement, c'est-à-dire, de passage périodique des membres d'une chambre dans l'autre.

En effet, il n'y a pas les mêmes raisons de ces permutations périodiques : les juges de la chambre criminelle, n'ayant pas à juger les faits, mais seulement l'application de la loi aux faits, il n'y a pas à craindre, de leur part, cette sorte de sévérité involontaire dont on a parlé et qu'on a voulu combattre par le roulement. Au contraire, on trouve avantage à laisser les mêmes membres dans chaque section : ils y acquerront l'expérience et le savoir si nécessaires à leurs hautes fonctions, et l'expédition des affaires, destinées à être très-nombreuses, en sera plus facile et plus prompte.

Remarquons, à ce sujet, que ce n'est pas seulement la nomination des membres de la cour de cassation qui est faite par décret impérial, mais c'est aussi leur attache à l'une ou à l'autre chambre. Le motif de cette différence est justement le caractère illimité de cette attache : un changement de chambre qui serait motivé, pour un des membres, par des raisons de service ou d'aptitudes particulières, ne pourrait se faire que par décret impérial.

Cela n'empêche pas qu'on ne puisse trouver, à la cour de cassation, une réunion suffisante des deux justices : on a déjà vu l'interversion du rôle des deux chambres, lorsqu'il s'agit de juger les infractions que pourrait commettre un magistrat de ladite cour ; il peut même, dans ce cas, y avoir lieu à statuer en chambres réunies (art. 53) ; on verra plus loin que le remplacement momentané des membres empêchés dans une chambre se fait par des membres de l'autre chambre.

Art. 94.— 156. La loi énumère ici les principales attributions de la cour de cassation en matière criminelle ; elles formeront l'objet d'un Livre entier et spécial, le IVe.

Il est inutile, quant à présent, d'entrer dans aucun détail au sujet de ces attributions. C'est leur importance et leur caractère tout particulier qui ont motivé l'assignation à elles faite d'un Livre entier : il était impossible, en effet, de les placer comme quatrième chapitre du Livre IIIe, parce que les juridictions, objet des trois premiers chapitres, jugent les faits et le droit, tandis que la cour de cassation ne juge que le droit. Les seuls cas où la cour de cassation ait la plénitude de juridiction, en fait et en droit, sont ceux mentionnés au 1er alinéa du présent article : il suffit de rappeler que la cour de cassation juge les délits imputés aux membres d'une cour d'appel (art. 51-3e al.), à ses propres membres (art. 53-1er al.), ou à l'une des personnes indiquées à l'article 98.

Parmi les autres attributions qui pourront être données par des lois spéciales à la cour de cassation sera, sans doute, la discipline des autres cours et tribunaux.

Art. 95.— 157. C'est une mesure de raison que de confier la décision sur les recours à un plus grand nombre de juges que ceux qui ont statué sur la décision attaquée. Si les cours d'appel statuent à 3 juges, c'est que, généralement, les décisions, objet de l'appel, ont été rendues par un seul juge. Il était donc naturel que la loi exigeât la présence de 5 juges à la cour de cassation.

Le deuxième alinéa ne présente pas de difficulté.

Art. 96.— 158. La cour de cassation a nécessairement un ministère public; il est composé d'un chef, Procureur général, et de substituts, dont un ou plusieurs sont attachés à la section criminelle, par désignation du Ministre de la justice.

Il a paru inutile de faire intervenir ici un décret impérial.

Le Procureur général peut toujours prendre la parole dans l'une ou l'autre section, sans avoir besoin d'aucune autorisation.

Lorsqu'il y a plusieurs substituts attachés à l'une ou à l'autre chambre, c'est le Procureur général qui désigne, pour chaque affaire, celui qui la suivra et y portera la parole, à moins que le service de chacun ne soit autrement distribué, soit par nature d'affaires, soit par période de temps.

Art. 96 bis.— 158 bis. Il n'y a rien à dire ici de particulier au sujet des greffiers.

Art. 97.— 159. Cet article reproduit une disposition qui a été déjà suffisamment justifiée, au sujet des autres tribunaux.

Ici, les états ne sont plus que sémestriels, parce que chaque arrêt a été déjà adressé au Ministre de la justice, pour qu'il en assurât l'exécution (art. 576, 613, 620). La principale utilité sera encore de faciliter le travail de statistique et aussi de reconnaître si le personnel de la cour est assez nombreux pour une prompte expédition des affaires.

CHAPITRE VI.

DE LA HAUTE COUR.

Compétence. **98.** La Haute cour est compétente pour les crimes prévus au Livre IIe, chapitres Ier, IIe et IIIe du Code pénal.

Elle juge aussi les crimes imputés :

1° Aux membres de la famille impériale *(kôzokou)* ;

2° Aux officiers des 1er, 2e et 3e rangs *(tchokounin)* ;

3° Aux juges et aux officiers du ministère public de la cour de cassation.

Leurs co-auteurs ou complices sont jugés par la même Cour, quelle que soit leur qualité.—**83.** [45, 53.— Sén.-cons., 10 juil 1852, et 4 juin 1858 ; Lois constit. des 24 fév. 1875, art. 9 ; 16 juil. 1875, art. 12 ; 22 juil. 1879, art. 3.]

Convocation. **99.** La Haute cour siége en vertu d'une convocation faite par décret impérial rendu sur la proposition du Ministre de la justice et déterminant les affaires qu'elle aura à juger.— **84.**

Siége. Elle siége à Tokio, si le décret de convocation ne détermine pas un autre lieu.— **0.**

Evocation. **100.** A défaut de convocation, la Haute cour peut évoquer les affaires qui sont de sa compétence, en suivant les formes déterminées au Livre IIe, chapitre IVe, pour l'évocation par les cours d'appel.— **0.** [292 à 295.]

Si la Haute cour n'est pas convoquée et si elle n'a pas fait l'évocation, les tribunaux ordinaires sont compétents pour l'instruction et le jugement.— **0.** Tribunaux ordinaires.

La convocation et l'évocation ne sont plus possibles, lorsque la juridiction ordinaire de jugement se trouve irrévocablement saisie de l'affaire.— **0.**

101. La Haute cour se compose : Composition.

1° De cinq membres de la cour de cassation, dont un est président, nommés, chaque année, par décret impérial, sur la proposition du Ministre de la justice ;

2° De deux juges-supplémentaires, nommés en la même forme et destinés à remplacer les juges-titulaires empêchés ;— **85.**

3° D'un haut jury de dix membres désignés par le sort, au moment de la session, sur une liste annuelle spéciale dressée conformément à la loi sur le jury.— **0.**

102. Les fonctions de juge d'instruction sont confiées à un ou plusieurs membres de la chambre criminelle de la cour de cassation, désignés par le décret de convocation ou par décret ultérieur.— **86.** Juge d'instruction.

Le recours contre l'ordonnance du juge d'instruction est réglé à l'article 105.

Min. public.

103. Les fonctions du ministère public sont remplies par le Procureur général à la cour de cassation assisté d'un de ses substituts désigné par le Ministre de la justice, après le décret de convocation.— 87.

Greffier.

104. Les fonctions de greffier sont remplies par le greffier de la cour de cassation, ou par l'un de ses suppléants désigné par le Président de ladite cour.— 88.

Voies de recours : 1. contre l'ordonnance du juge d'instruction ;

105. L'ordonnanee du juge d'instruction portant, soit renvoi devant la Haute cour ou devant une autre juridiction, soit mise hors de poursuites, est susceptible d'opposition devant la Cour elle-même, de la part du ministère public et des inculpés, dans les formes et les délais prescrits aux articles 274 et suivants.

2. contre l'arrêt de la H. cour sur l'opposition ;

La décision de la Haute cour sur ladite opposition n'est susceptible que de requête respectueuse devant ladite Cour et dans les cas seulement prévus à l'article 577.

3. contre l'arrêt de la H. cour sur le fond.

105 bis. Les décisions de la Haute cour sur le fond ne sont susceptibles que des recours ci-après :

1° La requête respectueuse ;

2° L'opposition, devant la Cour même, en cas de jugement rendu par défaut, sur un délit connexe ;

3° Le pourvoi en révision devant la cour de cassation, pour les causes ordinaires admises devant ladite cour par l'article 581.— 89.

105 ter. Si un ou plusieurs des accusés ayant été condamnés par contumace, n'ont été constitués prisonniers qu'après la séparation du haut jury, ils pourront être traduits devant les tribunaux ordinaires, s'il n'y a pas eu une nouvelle convocation ou une évocation à leur égard. — **0.** [254.] Contumaces.

Sommaire.

Art. 98.—160. But d'une Haute cour de justice.—161. On trouve une Haute cour, en France, sous tous les régimes, depuis la Révolution.—162. Double fondement de cette compétence exceptionnelle : I. Nature des infractions.—163. Elle ne comprend pas les délits. —164. II. Qualité des inculpés ; trois classes.—165. Influence de la qualité de l'auteur, des co-auteurs et des complices.

99.—166. Convocation ; siége.

100.—167. Evocation : elle n'avait pas lieu en France ; elle est proposée au Japon : son utilité.—168. Compétence possible des tribunaux ordinaires ; conflit ; sanction de la nullité, s'il y a lieu.—169. Incompétence de la Haute cour : sa décision reste inattaquable.

101.—170. Permanence de la Haute cour : motifs ; son renouvellement annuel.—171. Haut jury, non permanent.

102.—172. Juge d'instruction : quand il est nommé.

103.—173. Ministère public : cas d'évocation.

104.—174. Greffier.

105, 105 bis et 105 ter.—175. Recours contre les décisions de la Haute cour ; insuffisance des précédents français. —176. Ordonnance du juge d'instruction ; opposition. —177. Trois objets possibles de l'ordonnance.—178. Trois décisions possibles de la Haute cour sur chaque cas d'opposition.—179. Recours, par requête "respectueuse," contre l'arrêt de la Haute cour rendu sur l'opposition.—180. Suite.—181. Suite.—181 bis. Objections possibles à tout ce système ; réponses.—182. Arrêt

Art. 98.— 160. C'est dans le but de donner les garanties nécessaires à la société et aux inculpés, tout à la fois, que le Projet a introduit une Haute cour de justice dont la composition répond à ce double but.

D'une part, la nature très-grave de certains crimes ou la position élevée de certains inculpés pourraient faire craindre de ne pas trouver dans les juges et les jurés ordinaires une fermeté suffisante pour le châtiment ;

D'autre part, il pourrait arriver que, soit par un zèle exagéré pour l'intérêt public, soit par une sorte d'alarme inspirée par le rang des coupables, la justice ordinaire ne fût portée à une excessive sévérité.

On a voulu prévenir ce double danger, par la création d'une Haute cour, composée de magistrats de la cour de cassation et d'un jury choisi dans des conditions plus relevées que le jury ordinaire, d'où son nom de Haut jury.

161. En France, depuis la Révolution, il y a eu, presque sans interruption, une Haute cour de justice, pour juger des crimes d'une gravité exceptionnelle, sous le nom de crimes "de lèse-nation," de crimes "de haute trahison," d'attentats "à la sûreté de l'Etat."

On trouve une Haute cour "nationale," dans une loi du 5 mars 1791, une Haute cour "de justice," dans la Constitution républicaine du 5 fructidor an III, ou 22 août 1795 (art. 265 et suiv.) ; elle est conservée dans la Constitution organique du consulat, du 22 frimaire an VIII, ou 13 décembre 1799 (art. 73) ; elle devient Haute cour "impériale," dans le Sénatus-consulte organique du 1er Empire, du 28 floréal an XII, ou 18 mai 1804 (art. 101 et s.).

Sous la Restauration des Bourbons et ensuite sous la monarchie de Louis Philippe d'Orléans, l'une des deux chambres législatives peut siéger comme " Cour des Pairs" (charte de 1814, art. 33; charte de 1830, art. 28).

La Constitution de la 2e République, du 4 novembre 1848, institue une Haute cour "de justice" (art. 91 et s.).

Celle du 14 Janvier 1852, dite " dictatoriale," après le coup d'Etat du Prince Louis Napoléon, promet aussi une Haute cour (art 54 et 55) ; mais ce n'est qu'après l'établissement du 2e Empire qu'elle est définitivement organisée, par les Sénatus-consultes des 10 juillet 1852 et 4 juin 1858.

Après la chûte de l'Empire, depuis le 4 septembre 1870 jusqu'en 1875, il n'y a pas de Haute cour ; mais les trois lois dites " constitutionnelles," organiques de la 3e République, donnent au Sénat le droit de juger, " comme cour de justice," le Président de la République, les Ministres et les auteurs d'attentats contre la sûreté de l'Etat (Lois constit. des 24 février 1875, art. 9 ; 16 juillet 1875, art. 12 ; 22 juillet 1879, art. 3).

On trouve dans la plupart des pays européens une institution semblable créée dans le même but.

162. L'article 98 détermine le double fondement de la compétence de la Haute cour :

I. *La nature des infractions.* Ce sont les crimes prévus aux trois premiers chapitres du Livre IIe du Code pénal : les crimes contre la personne de leurs Majestés impériales, les crimes contre la sûreté intérieure et extérieure de l'Etat. Ces deux dernières classes de crimes ont un caractère essentiellement politique ; ceux du chapitre premier, lors même qu'ils auraient un mobile politique, sont considérés comme les plus odieux de tous les crimes, et la loi n'a pas cru être trop sévère en les assimilent aux crimes contre la personne des ascendants.

C'était d'ailleurs consacrer une idée restée traditionnelle dans tous les pays monarchiques, que "l'Empereur est comme le père de ses sujets." La loi a même ajouté ici quelques aggravations ou plutôt diminué les atténuations que le droit commun autorise à l'égard des enfants coupables de crimes ou délits envers leurs parents. Toute cette matière est longuement développée au Commentaire du Code pénal.

163. Le Projet ne donne compétence à la Haute cour, pour les infractions dont il s'agit, que lorsqu'elles ont le caractère de *crimes :* elle ne la lui donne pas pour les *délits*. Cependant, si, dans la poursuite, il se rencontrait des délits connexes de la part, soit des mêmes inculpés, soit d'autres inculpés, la Haute cour serait compétente, d'après le droit commun, en vertu de l'indivisibilité de la poursuite. La compétence de la Haute cour cesserait, au contraire, si des délits seulement étaient mis à la charge des inculpés, comme seraient des offenses à la personne de l'Empereur (Proj. c. p., art. 132) ou des actes ayant le caractère de violation de la neutralité (art. 156).

On a dit plus haut (p. 157-159) qu'il arrive souvent qu'un fait est qualifié *crime* par la loi, mais ne doit être puni que de peines correctionnelles, à raison de quelque circonstance déjà certaine au moment des poursuites ; par exemple, il n'y a eu que tentative ou acte préparatoire, ou il y a une excuse légale et, dans ces divers cas, la peine normale du crime doit se trouver abaissée aux peines de délits. En pareil cas, la Haute cour reste compétente, par les raisons données plus haut ; la poursuite aura lieu pour *crime* et non pour délit : un crime préparé, tenté, manqué ou excusable est toujours un *crime*. Ce point se retrouvera au commentaire du Code Pénal, Livre 1er, chap. IV.

Mais, lorsque le fait se présente comme un simple délit, il n'a pas paru nécessaire d'attribuer compétence à la Haute cour. Du moment que l'infraction ne motivait plus l'intervention du haut-jury, l'élément judiciaire de cette cour étant tiré de la Cour de cassation, il était plus simple de donner la compétence en matière de délits à la cour de cassation elle-même, ce qui a été fait par l'article 94.

164.—II. *La qualité des inculpés.* La loi régit les membres de la famille impériale (*kô-zokou*), comme les simples sujets, et, en cela, elle ne porte aucune atteinte à la dignité du trône ; elle assure davantage, au contraire, le respect qui lui est dû. Dans les divers pays monarchiques de l'Europe, les membres de la famille du souverain sont pareillement justiciables de la plus haute juridiction.

Bien entendu, la justice pénale s'arrête devant Leurs Majestés impériales elles-mêmes, car la justice se rend au nom de l'Empereur. On ne pourrait admettre, de la part du souverain, que la responsabilité civile de ses actes, laquelle s'obtiendrait sur les biens de sa "liste civile" et serait réclamée du Ministre de sa maison.

Sont encore justiciables de la Haute cour les hauts officiers du Gouvernement, depuis le premier rang jusqu'au troisième inclusivement, *tchokou-nin* (v. p. 142, *d*) et les membres de la cour de cassation ; mais sans y comprendre le greffier, quoiqu'il fasse partie de la cour : la loi, en effet, n'accorde cette distinction qu'aux juges et officiers du ministère public.

On a vu, par l'exposé des règles de compétence en matière d'infraction des magistrats, sous les articles 49 à 53, que la loi prend un grand soin d'assurer l'indépendance de la justice, en prenant le juge à un degré hiérarchique plus élevé que le justiciable.

Ici, cette garantie n'était plus possible, puisque le magistrat poursuivi est placé au sommet de la magistrature ; mais la présence du haut-jury donnera le supplément de garanties cherché. Il est, en outre, à remarquer que la Haute cour est compétente à l'égard de ces magistrats, lors même que leur rang serait inférieur au troisième, ce qui sera le plus fréquent.

165. Il peut arriver que les hauts officiers et fonctionnaires dont il s'agit aient eu des co-auteurs ou des complices justiciables, en principe, des tribunaux ordinaires; mais l'unité et l'indivisibilité de la procédure ne permettent pas de les juger séparément; tous seront donc traduits devant la Haute cour, car elle donne un surcroît de garanties aux complices.

En sens inverse, si les inculpés justiciables de la Haute cour n'étaient que complices d'un crime justiciable des tribunaux ordinaires, les auteurs principaux bénéficieraient de la juridiction de la Haute cour.

C'est en vertu du même principe que se règle la compétence pour un crime commis par un militaire justiciable des conseils de guerre, ayant des complices ou co-auteurs non militaires justiciables de la Haute cour: dans ce cas, tous seraient jugés par la Haute cour, parce que les individus non militaires ne doivent pas être privés de leurs juges naturels, lesquels sont ici les plus élevés (v. plus haut, p. 108).

Art. 99.— 166. La gravité des circonstances qui donnent lieu à la juridiction de la Haute cour, demandait que sa convocation eût une certaine solennité.

Comme elle n'a pas de sessions ordinaires et périodiques, elle sera convoquée par décret impérial, sur la proposition du Ministre de la justice. Le décret déterminera les affaires qu'elle aura à juger, ce qui comprend, tout à la fois, la désignation des faits et des personnes. Cependant, cette détermination ne sera pas limitative, car si l'instruction ou les débats révèlent, soit des faits connexes, soit des co-auteurs ou des complices non désignés, ils n'en rentreront pas moins dans la compétence de la Haute cour, d'après le droit commun. Lorsqu'il s'agira de faits insurrectionnels, la désignation des faits aura plus d'importance que celle des personnes et parmi celles-ci, les principaux auteurs pourront être seuls désignés.

Le lieu où siégera la Haute cour sera déterminé par le même décret, en général, mais rien ne s'opposerait à ce qu'il fût désigné par un décret ultérieur. Des raisons d'ordre public et de sécurité peuvent faire choisir un lieu plutôt qu'un autre. Ces raisons seront exposées avec quelques développements au Livre IVe, chapitre IVe, au sujet d'une attribution analogue de la cour de cassation.

Mais si le décret impérial de convocation ne fixe pas le lieu de la session, ce lieu sera naturellement Tokio, parce que les magistrats de cette cour sont tirés de la cour de cassation qui elle-même siége à Tokio, et parce que la Haute cour étant la plus haute juridiction du pays et, comme telle, unique, a sa place naturelle dans la capitale.

Art. 100.—167. En France, la Haute cour ne se réunissait que par décret impérial; si elle n'était pas convoquée pour une affaire de sa compétence, la justice ordinaire, la cour d'assises, était valablement saisie.

En fait, sous le dernier Empire, quoiqu'il se soit présenté plusieurs occasions graves de convoquer la Haute cour, notamment, des attentats à la vie de l'Empereur, elle ne l'a pas été une seule fois. Le Gouvernement savait que l'opinion publique avait plus de considération pour la justice ordinaire et il n'usait pas de son droit (*a*).

On trouve, au contraire, deux convocations de la Haute cour, sous la deuxième République, en 1848 et

(*a*) C'est pour cette raison que, sous le second Empire, un cousin même de l'Empereur étant poursuivi pour homicide volontaire d'un journaliste, on ne convoqua pas la Haute cour : il fut traduit devant la Cour d'assises et acquitté, comme ayant été en état de légitime défense, dans sa maison.

1849, pour des faits insurrectionnels très-graves : elle ne siégea pas à Paris, mais à Bourges et à Versailles.

Au Japon, si la Haute cour n'est pas convoquée, elle pourra se réunir spontanément, après une délibération dont la forme se trouve réglée au sujet des cours d'appel et qui se nomme *évocation* (b).

Le cas sera rare, sans doute, et il est prévu plutôt pour le respect du principe que pour l'application pratique. Cependant, il n'est pas invraisemblable. On pourrait supposer un cas d'insurrection, où la liberté d'action du Chef de l'Etat serait suspendue, où le décret de convocation ne pourrait être envoyé ou serait intercepté ; alors, la Haute cour se réunirait, sur la convocation d'office faite par son Président et se constituerait par un arrêt d'évocation.

168. Mais s'il n'y a eu ni convocation de la Haute cour, ni évocation de l'affaire par elle, comme le cours de la justice ne doit pas être interrompu, les tribunaux criminels ordinaires seront compétents et si les poursuites ne sont pas faites par le ministère public, la cour d'appel du lieu de l'infraction pourra faire l'évocation.

Pour éviter tout conflit entre la Haute cour et la justice ordinaire, la loi a du déterminer le moment à partir duquel la justice ordinaire ne pourrait plus être dessaisie par une convocation de la Haute cour ou par une évocation de sa part ; ce moment n'est ni celui où l'instruction serait commencée, ni même celui où, l'instruction étant terminée, la juridiction de jugement (cour criminelle) serait saisie, c'est, comme la loi a eu soin de l'exprimer, celui où les voies de recours contre l'instruction et le renvoi sont épuisées.

Ici se place une observation importante sur cette compétence spéciale de la Haute cour.

(b) Les mots français *convocation* et *évocation* ont la même étymologie latine: *vocare*, "appeler." Dans la convocation, le décret *appelle les juges à se réunir* ; dans l'évocation, ce sont les juges qui *appellent l'affaire à eux*.

On a vu, sous l'article 60, que si une décision a été rendue par un tribunal incompétent à raison de la nature de l'infraction ou de la qualité de l'inculpé, elle est sujette à cassation, même lorsqu'elle est favorable à l'inculpé, c'est-à-dire lorsqu'il y a eu acquittement ou absolution ; mais, en ce qui concerne l'incompétence des tribunaux ordinaires dans les affaires justiciables de la Haute cour, il y a une distinction à faire, fondée justement sur la possibilité de la compétence ordinaire.

Pour qu'une décision des tribunaux ordinaires soit nulle en ces matières, il faut qu'elle ait été rendue malgré la convocation de la Haute cour ou l'évocation régulièrement faite par elle. Autrement, lesdits tribunaux se sont trouvés compétents, comme il est dit plus haut.

Reste à savoir comment se ferait valoir la nullité de la décision des tribunaux ordinaires, s'il y avait lieu.

Deux moyens s'offriraient, d'après les principes généraux :

1° Le pourvoi ordinaire en cassation, soit de la part du ministère public, soit de la part du condamné ;

2° La continuation des poursuites devant la Haute cour qui se trouvait déjà saisie et le rejet de l'exception de chose jugée, si elle était opposée.

En fait, le premier moyen serait préférable, car le délai du pourvoi est très-court et une fois qu'il serait expiré sans qu'il en eût été usé, la décision serait devenue inattaquable et l'exception de chose jugée devrait triompher devant la Haute cour et la dessaisir.

Mais si le pourvoi avait été formé en temps utile, comme il entraînerait un temps assez long avant d'être jugé, il y aurait lieu de rejeter l'exception de chose jugée, si elle était proposée devant la Haute cour, nonobstant le pourvoi. De son côté, la cour de cassation devrait casser le premier arrêt comme incompétemment rendu.

169. Si, en sens inverse, on suppose que la Haute cour, après convocation ou évocation, a jugé des affaires qui, d'après la loi, n'étaient pas de nature à lui être soumises, la décision, quelle qu'elle soit, sera inattaquable, car, ni la société ni les inculpés n'ont pu souffrir de cette intervention d'une juridiction plus élevée qu'il n'était nécessaire. Si la loi limite les cas de compétence de la Haute cour, c'est que les magistrats qui la composent et le haut jury qui lui est adjoint ne doivent pas être mis en mouvement pour des affaires d'importance secondaire; mais le fait, ayant eu lieu, n'a causé dommage qu'à ces personnes, en les troublant dans leurs autres fonctions ou dans leurs affaires particulières ; leur justice n'en a pas été moins correcte et la nullité de leur décision n'aurait aucune raison d'être, en même temps qu'elle ne réparerait pas le trouble causé.

Art. 101.— 170. La Haute cour est constituée d'une façon permanente, au moins pour l'un de ses éléments, celui de la magistrature.

Il y a à cela un double motif: d'abord, celui de rendre l'évocation possible, ce qui ne se pourrait pas si la Cour n'était pas permanente ; ensuite, parce qu'il ne conviendrait pas que les magistrats, laissés au choix du Gouvernement, fussent choisis, ou parussent l'être, en considération des affaires à juger.

Il y aura donc, chaque année, un décret nommant les magistrats de la Haute cour. Rien n'empêchera de continuer tout ou partie des mêmes magistrats, surtout quand ils n'auront pas eu à siéger dans l'année écoulée.

Il va sans dire que si la Haute cour était convoquée vers la fin d'une année et que les affaires à elles soumises ne fussent pas terminées avant l'expiration de l'année, les magistrats ainsi désignés siégeraient valablement jusqu'à la décision définitive. Cela n'empêcherait pas de constituer la Haute cour, avec d'autres magistrats, pour la nouvelle année.

171. Le deuxième élément de la Haute cour, le haut jury, n'est convoqué que si la Cour l'est elle-même ; le jury n'est donc pas permanent.

C'est la loi organique du jury qui indiquera les conditions particulières d'aptitude à cette fonction.

En France, le haut jury remonte aussi loin que la Haute cour; il était d'abord électif. A la Cour des Pairs, il n'y avait pas de jury : la chambre des Pairs siégeait toute entière, comme aujourd'hui le Sénat, quand il est constitué en cour de justice. Sous la deuxième République et sous le deuxième Empire, les hauts jurés étaient pris dans les conseils généraux des départements.

Au Japon, comme il y a aujourd'hui des conseils généraux par *fu* et par *ken*, on pourra adopter le même principe, lequel est excellent.

Art. 102.— 172. Les sept magistrats désignés en vertu de l'article précédent sont appelés seulement au jugement. Pour l'instruction, il y a lieu de désigner un autre magistrat de la cour de cassation, car le même juge ne peut participer à l'instruction préparatoire et au jugement (art. 55).

Le magistrat instructeur est nommé au moment de la session effective et non à l'avance ; comme il ne juge pas au fond, il n'y a aucune objection sérieuse à ce qu'il soit choisi seulement au moment où les poursuites commencent.

S'il y a évocation par la Cour, il est nommé par celle-ci.

La décision du juge d'instruction, soit favorable soit défavorable aux inculpés, n'est susceptible que d'opposition devant la Haute cour et ce recours n'appartient qu'aux accusés et au ministère public ; non à la partie civile.

C'est sous l'article 105 que seront donnés les développements nécessaires sur ce recours.

Art. 103.— 173. Le Procureur général à la cour de cassation fait, de droit, partie de la Haute cour, sans être désigné chaque année.

Quant au substitut, il n'y a aucun inconvénient à ce qu'il soit désigné après la convocation et en vue des affaires à juger, puisque le ministère public ne juge pas, moins encore que le juge d'instruction.

Cet article et le précédent ne supposent que le cas de convocation par décret : ils ne s'appliquent pas au cas d'évocation par la Cour elle-même.

Dans ce cas, elle devrait prendre dans son sein le juge d'instruction, conformément aux règles de l'évocation. Elle y prendrait même l'officier du ministère public, si le Procureur général à la cour de cassation avait conclu contre l'évocation (comp. art. 291). On conçoit d'ailleurs que la Haute cour ne puisse pas appeler à l'affaire des membres de la cour de cassation ; car, bien que ses membres soient tirés de ladite cour, ils n'ont aucune autorité sur les autres.

Le nombre de sept juges, y compris les deux juges supplémentaires suffira à tout, si aucun membre n'est empêché ; dans le cas contraire, il serait du devoir du Gouvernement de compléter le personnel de la Haute cour ; sans quoi, elle ne pourrait pas siéger et les tribunaux ordinaires redeviendraient compétents.

Art. 104.— 174. Le greffier, comme le Procureur général à la cour de cassation, n'a pas besoin d'être nommé chaque année.

S'il y a lieu de désigner un suppléant du greffier, le Premier président de la cour de cassation a le droit de le désigner, comme pour un service rentrant dans les attributions de ce suppléant.

Art. 105, 105 bis et 105 ter (*c*).—175. La question des recours contre les décisions de la Haute cour est délicate et ne se trouve pas beaucoup éclairée par la législation française, tant actuelle qu'antérieure.

Aujourd'hui, si le Sénat français avait à statuer comme "Cour de justice," en vertu des dispositions précitées, il rencontrerait de sérieuses difficultés de procédure dont il ne pourrait sortir que par des mesures exceptionnelles et nécessaires, contre lesquelles il n'y aurait évidemment aucun recours possible, parce qu'il est en même temps, comme l'ancienne Cour des Pairs, un corps politique.

Sous le 2e Empire, la Haute cour était organisée en véritable tribunal ; elle avait deux chambres : une chambre *d'accusation* et une chambre *de jugement*. Le sénatus-consulte de 1852 portait que les arrêts de la chambre d'accusation n'étaient susceptibles *d'aucun recours* (art. 13). Quant à la décision de la chambre de jugement, il n'était rien dit des recours; mais on aurait certainement décidé qu'elle n'en admettait aucun.

Au Japon, on est forcément amené à décider autrement et il n'en résultera cependant aucun amoindrissement de la Haute cour, car c'est devant elle-même que seront portés les recours.

176. Et d'abord, la décision du juge d'instruction ne pouvait être à l'abri d'un recours : un seul juge d'instruction a nécessairement moins d'autorité qu'une chambre d'accusation. Comme on n'a pas admis au Japon de chambre des mises en accusation pour les crimes ordinaires, on a dû y suppléer par deux recours:

(*c*) De ces articles, le premier a seul été ajouté au moment de la présente publication : il y avait là une lacune évidente à combler. Les articles 105 bis et 105 ter ont été formés avec l'ancien article 105 divisé.

l'opposition devant le tribunal correctionnel (art. 274 et s.) et l'appel devant la cour du ressort (art. 282 et s.). Ici, il ne peut être question d'appel, mais seulement d'opposition devant la juridiction à laquelle appartient le juge instructeur, par conséquent, devant la Haute cour elle-même.

Pour les formes et les délais de cette opposition, la loi renvoie aux dispositions du droit commun.

177. L'ordonnance du juge d'instruction pourra avoir l'un de ces trois objets : 1° renvoi devant la Haute cour pour le jugement, 2° renvoi devant la juridiction de droit commun, par incompétence de la Haute cour, 3° mise hors de poursuites.

Dans les deux premiers cas, l'opposition peut avoir lieu, tant de la part du ministère public que de l'inculpé ; dans le dernier, elle ne peut émaner que du ministère public ; dans aucun cas, la partie civile, s'il y en a une constituée, ne peut exercer ce recours, elle n'aurait qu'une action civile.

Chacun de ces trois cas mérite une observation :

178.— I. Sur le premier renvoi, on comprendrait, à la rigueur, que la loi ne permît pas l'opposition, car si l'incompétence de la Haute cour est alléguée par le ministère public ou par l'inculpé, la Cour pourra admettre ce débat, au commencement ou même au cours des débats au fond, en vertu du principe que toute juridiction est juge de sa compétence (art. 56). Mais, il y aurait inconvénient grave à convoquer le haut jury, si la compétence de la Haute cour n'était pas certaine : mieux vaut donc admettre l'opposition et la juger d'abord.

Si la Cour se déclare compétente, elle ordonnera la convocation du jury et il va rester à voir si cet arrêt est lui-même susceptible de recours.

Si la cour se déclare incompétente, elle renverra l'affaire, devant la juridiction qui doit en connaître et, comme la Haute cour, sans le jury, n'est autre que la cour de cassation, son renvoi sera attributif de compétence et indiscutable devant la juridiction de renvoi (art. 56).

Enfin, sur cette première opposition, la Haute cour peut mettre l'inculpé hors de poursuites.

179. Ces trois décisions ne sont susceptibles que d'une seule voie de recours: la requête respectueuse (*d*); ce recours, où la juridiction elle-même qui a statué est invitée à réformer sa propre décision, à cause de quelque irrégularité de forme ou de fond qui se serait produite, est trop naturel et trop légitime pour qu'il soit besoin de le justifier; on le retrouvera d'ailleurs, dans une application plus générale, au sujet de la cour de cassation (art. 577).

180.— II. Sur le renvoi par le juge d'instruction devant une autre juridiction, l'opposition pourra amener les trois mêmes décisions de la Haute cour: 1° la confirmation de ce renvoi qui deviendra dès lors attributif de compétence; 2° l'infirmation de l'ordonnance de renvoi et la retenue de l'affaire par la Haute cour se déclarant compétente; 3° la mise hors de poursuites.

Ces trois arrêts seront également susceptibles de requête respectueuse.

181.—III. Enfin la mise hors de poursuites prononcée par le juge d'instruction pourra être soit confirmée, soit infirmée avec retenue de l'affaire par la Haute cour ou avec renvoi à une juridiction de droit commun, et toujours avec possibilité de recours par ladite requête.

181 bis. On pourrait, peut-être faire deux objections au système proposé ici et prétendre par là que le juge

---

(*d*) On donnera désormais le nom de "requête *respectueuse*" à la requête *civile*, puisque cette qualification a le sens de requête *polie* (v. p. 117, note *i*): il ne faut pas introduire au Japon l'usage d'une expression qui égare tout le monde, à la première lecture.

Du reste, on a déjà adopté le nom d'*aï so* qui exprime bien le sens ici indiqué.

d'instruction ne doit que recueillir les preuves sans rendre d'ordonnance, par conséquent sans qu'il y ait ouverture au recours par opposition.

On objecterait : 1° que si le juge renvoie l'inculpé devant une autre juridiction, il tend à dessaisir la Haute cour régulièrement saisie par la convocation ou par l'évocation.

A cette première objection la réponse est double : d'abord, la décision du juge d'instruction n'est pas souveraine, puisque l'opposition du ministère public ou de l'inculpé peut appeler la Haute cour à se prononcer sur les points décidés par l'ordonnance ; ensuite, le juge d'instruction est lui-même nommé par le décret de convocation ou par l'arrêt d'évocation.

On objecterait : 2° que si le juge met l'inculpé hors de poursuites et que, sur l'opposition, la Haute cour infirme l'ordonnance et retienne l'affaire, elle se trouve avoir déjà apprécié les charges, qu'elle n'est plus dans les conditions d'impartialité sagement exigées par l'article 55.

Cette objection est plus grave ; mais nous répondons que le danger est moindre que dans les autres cas, puisque c'est le haut jury qui, en réalité, statuera définitivement sur ces charges. Le seul inconvénient qui subsiste, c'est qu'en cas de déclaration de culpabilité par le jury, la Cour aura à déterminer l'étendue de la peine, son abaissement plus ou moins considérable, suivant les circonstances. Nous répondons ici qu'il y a lieu de croire que la Cour se déterminera uniquement par le débat contradictoire et non par les charges révélées dans l'instruction seule.

182. Passons maintenant à l'arrêt de la Haute cour sur le fond. Ici, il y a trois recours possibles : 1° la requête respectueuse encore ; 2° l'opposition, au cas de défaut d'un des inculpés ; 3° la demande ou pourvoi en révision. Il est clair qu'il ne peut être question de

pourvoi en cassation, pas plus que pour les arrêts rendus sur l'opposition précédente, puisque c'est la cour de cassation même qui a statué sous un autre nom.

183.— I. La requête respectueuse présente ici une légère difficulté :

On pourrait croire que la Haute cour est dessaisie par son arrêt sur le fond et qu'une nouvelle convocation serait nécessaire pour lui permettre de statuer sur la requête respectueuse. Mais il ne faut pas hésiter à dire que l'acte qui a saisi la Haute cour ne l'a pas seulement saisie pour la poursuite et le jugement, mais encore pour toutes les suites légales que l'affaire pouvait comporter ; c'est ainsi qu'elle pourrait, sans nouveau décret impérial ou sans nouvel arrêt d'évocation, connaître des infractions connexes et des infractions de co-auteurs ou de complices, non compris dans le décret ou l'arrêt ; or, le recours dont il s'agit est une suite possible et naturelle de l'affaire.

184.— II. Il faut décider de même pour l'opposition à l'arrêt ou à la partie de l'arrêt rendue par défaut. Mais ici, il faut bien remarquer que l'arrêt rendu par défaut n'est pas un arrêt rendu *par contumace :* il suppose une inculpation de *délit* seulement, tandis que l'arrêt par contumace suppose un *crime.* D'un autre côté, la Haute cour ne connaît que des crimes, au moins en principe. Il faut donc supposer un délit non principal, mais seulement connexe, et le délinquant ayant fait défaut.

Si l'on est dans le cas où l'opposition ne dure que trois jours après la signification de l'arrêt (art. 429 combiné avec l'art. 415), il n'y a pas d'objection à ce que la Haute cour puisse statuer sur cette opposition formée à bref délai. Mais si l'on est, au contraire, dans l'un des cas où l'opposition est recevable jusqu'à la prescription (art. 415), sera-t-il permis de la soumettre à la Haute cour sans une nouvelle convocation ? Le cas est plus douteux ; toutefois, la solution affirmative paraît préférable : d'abord, à cause du principe posé plus haut (que toutes les suites de l'affaire lui appartiennent), ensuite, parce qu'elle est permanente, sans le jury, et, justement, on est ici dans un cas où le jury n'aurait pas à se prononcer, lors même que dans l'affaire principale à laquelle le délit était connexe, il aurait répondu sur la question relative à ce délit.

Il faudrait décider autrement pour le cas de contumace et la loi s'en explique. La condamnation prononcée par contumace tombe de plein droit par l'arrestation du condamné : il n'y a pas à l'attaquer et à la faire réformer, elle est non avenue : il faudrait donc une nouvelle convocation ou un nouvel arrêt d'évocation, à défaut desquels la justice ordinaire serait compétente (art. 100 et 105 ter.).

185.— III. La demande en révision n'est limitée à aucun délai (art. 584) ; elle peut soulever des questions d'inconciliabilité entre décisions de juridictions diverses (art. 582-2°) ; elle donne lieu à un examen préalable sur sa recevabilité, puis, à un renvoi devant une juridiction compétente. Ces raisons, et d'autres qu'il serait prématuré de déduire ici, sont décisives pour reconnaître que la demande en révision, doit, suivant le *droit commun* de cette matière, *exceptionnelle* elle-même, être portée d'abord devant la cour de cassation. Si elle estime qu'il y ait lieu de convoquer la Haute cour, elle en informera le Ministre de la justice qui pourra demander un décret impérial de convocation ; si le décret est refusé, la Haute cour pourra évoquer l'affaire, sur la proposition de son Procureur général ou d'un de ses membres. En dernière analyse, il resterait place à un renvoi par la cour de cassation devant la justice ordinaire, toujours compétente, et ce renvoi serait attributif de compétence (art. 591).

LIVRE II.

DE LA RECHERCHE DE LA POURSUITE ET DE L'INSTRUCTION DES INFRACTIONS.

Sommaire.

186. Triple objet de ce Livre: division en trois chapitres.

186. Ce Livre va nous montrer la double fonction simultanée du Ministère public et du Juge d'instruction, se fortifiant et se contrôlant, sans se gêner ni se confondre.

La Recherche des infractions appartient au ministère public, surtout au début de la procédure; plus tard, le juge d'instruction l'approfondit, la complète, s'il y a lieu.

La Poursuite appartient aussi au ministère public, au nom de la société, et, en même temps, à la partie lésée, se constituant partie civile, pour ses dommages-intérêts.

L'Instruction, est exclusivement, dans l'office du juge d'instruction, non pour les nouvelles recherches qu'elle comprend, mais pour les constatations, pour l'appréciation des preuves et pour les mesures d'autorité que la loi permet de prendre contre l'inculpé.

La division du Livre en trois Chapitres se trouve tout naturellement indiquée.

CHAPITRE PREMIER.

DE LA RECHERCHE DES INFRACTIONS.

Double attribution du Min. public.

Art. 106. Dans les cas où le commissaire du Gouvernement acquiert, soit par une plainte, une dénonciation ou un acte flagrant, comme il est prévu ci-après, soit par toute autre voie, la connaissance ou le soupçon d'une infraction, il en recherche les preuves ou indices, ainsi que les auteurs ou complices, et il procède aux poursuites, comme il est dit aux articles 122 et suivants.— **92.** [34, 122 s.— 8, 10, 22.]

SECTION PREMIÈRE.

DES PLAINTES ET DÉNONCIATIONS.

Plainte de la partie lésée.

107. Toute personne qui se prétend lésée par un crime ou un délit peut en porter plainte, soit au juge d'instruction, soit au commissaire du Gouvernement près le tribunal correctionnel, soit à tout officier de police judiciaire, tant du lieu de l'infraction que du lieu où l'inculpé pourrait être trouvé.

Suite.

Si la plainte est faite au juge d'instruction, il procèdera comme il est dit aux articles 130 à 132.

Suite.

Si elle est faite au commissaire du Gouvernement, celui-ci pourra, s'il y a urgence et si le fait paraît entraîner l'emprisonnement ou une peine plus grave, procéder aux premières constatations et à l'interrogatoire de l'inculpé et des témoins; après quoi, il transmettra les pièces au juge d'instruction compétent, avec son avis ou ses réquisitions, s'il y a lieu.

Les officiers de police judiciaire pourront de même, au cas d'urgence, faire lesdits interrogatoires et constatations, et transmettront les pièces au commissaire du Gouvernement dont ils dépendent. Suite.

S'il s'agit d'une contravention, la plainte sera portée, soit au juge de simple police du lieu où elle a été commise, soit au commissaire du Gouvernement près ledit juge; elle pourra aussi être portée à tout officier de police judicaire qui la transmettra audit juge.— **93.** [2, 3, 18, 19.— 63 s.] Suite.

108. Le plaignant joint à sa plainte tous les renseignements et indices qu'il est en son pouvoir de fournir. Suite.

Il peut, en outre, se constituer partie civile devant le juge compétent, comme il est dit au Chapitre II, section 2, ci-après.— **94.** [2, 125 s. —66, 67.] Renvoi.

109. La plainte est faite par écrit signé du plaignant; Formes.

Elle peut aussi être faite verbalement à l'officier public qui en dresse acte et en donne lecture au plaignant, lequel signe sa déclaraticn avec l'officier public.

En cas d'impossibilité de signer par le plaignant, il en est fait mention.

Dans les deux cas, il est délivré au plaignant un certificat de sa déclaration.— **95.** [27, 28.— 31, 65.]

Dénonciations par les fonctionnaires.

110. Tout fonctionnaire public qui, dans l'exercice de ses fonctions, acquiert la connaissance ou le soupçon d'un crime ou d'un délit est tenu d'en faire immédiatement la dénonciation au commissaire du Gouvernement du lieu où il exerce lesdites fonctions.

La dénonciation doit être faite par écrit signé du fonctionnaire et être accompagnée des renseignements et indices qu'il est possible au fonctionnaire de fournir.

S'il s'agit d'une contravention, la dénonciation sera adressée au commissaire du Gouvernement près le tribunal de simple police.— **96.** [20.— 29, 358.]

Dénonciations par les particuliers.

111. Tout particulier et tout fonctionnaire hors l'exercice de ses fonctions qui acquièrent la connaissance ou le soupçon d'une infraction peuvent en faire la dénonciation aux autorités judiciaires, soit du lieu de l'infraction, soit du lieu où ils se trouvent, en suivant les règles déterminées aux articles 108 et 109.

Les officiers qui auront reçu la dénonciation procéderont comme il est dit à l'article 107.— **97.** [18, 19.— 48 s., 359.]

112. Les plaignants et les particuliers dénonciateurs peuvent se faire représenter par un fondé de pouvoir spécial. Mandataires.

La procuration reste annexée à la plainte ou à la dénonciation.

Les plaintes des mineurs, des interdits ou des femmes mariées sont valablement faites par le père, le tuteur ou le mari.— **98.** [···—31.]

113. Les plaignants sont toujours reçus à se désister de leur plainte et les dénonciateurs à rétracter leur dénonciation, et tous les deux à rectifier ou à modifier leur déclaration, en suivant la forme où elle a été faite ; sauf les dommages-intérêts de l'inculpé. Désistement, rétractation, rectification.

Ils peuvent déclarer les motifs de leur désistement ou rétractation, mais ils n'en sont pas tenus.— **99.** [6.— 66, 67, 359.]

SECTION II.

DES INFRACTIONS FLAGRANTES.

114. L'infraction flagrante est celle qui est découverte au moment où elle se commet ou vient de se commettre.— **100.** [···—41-1er al.] Infraction flagrante.

115. Sont assimilés au crime et au délit flagrant : Cas assimilés à l'infraction flagrante.

1° Le cas où un individu est poursuivi par une ou plusieurs personnes appelant à l'aide ;

2° Le cas où un individu est trouvé possesseur d'armes, d'instruments ou d'autres objets de nature à faire présumer qu'il est auteur ou complice d'un crime ou d'un délit;

3° Le cas où le chef d'une maison requiert l'assistance d'un magistrat pour constater un crime ou un délit, même non flagrant, commis dans cette maison, ou pour y arrêter l'auteur présumé de l'infraction.—**101.** [···—41-2e al., 46.]

Saisie du délinquant. **116.** Tout agent de la force publique, tout fonctionnaire ayant le droit d'en disposer ou de la requérir et se trouvant dans l'exercice de ses fonctions, qui surprendra un individu en état de crime ou délit flagrant et de nature à entraîner l'emprisonnement ou une peine plus forte, devra saisir ou faire saisir ledit individu, sans qu'il soit besoin de mandat ou d'ordre d'arrestation.

Dans les cas assimilés au crime ou au délit flagrant, l'arrestation sera subordonnée aux circonstances.— **102.** [···—16-4e et 5e al., 40 s.]

Suite. **117.** L'inculpé arrêté sera conduit immédiatement, soit devant le juge d'instruction, soit devant le commissaire du Gouvernement ou devant un des officiers de police judiciaire.

Le magistrat dressera acte de l'arrestation et de la dénonciation écrite ou verbale qui devra l'accompagner.— **103.**

Suite. **118.** Si l'arrestation est faite par un officier de police judiciaire, celui-ci sera tenu de procéder lui-même, immédiatement, à l'interrogatoire de l'inculpé et aux constatations urgentes, ainsi qu'il est dit au Chapitre III, section 4, ci-après. — **104.** [···—49, 50.]

119. Tous autres fonctionnaires, et même tous particuliers, ont le droit d'arrestation, dans le cas de crime ou délit flagrant et dans les cas prévus aux deux premiers alinéas de l'article 115. — **105.** [···—106.] Suite.

120. Dans le cas de l'article précédent, si l'auteur de l'arrestation ne peut conduire lui-même l'inculpé devant l'un des magistrats désignés à l'article 117, il le déposera aux mains d'agents de la force publique, en faisant connaître la cause et les circonstances de l'arrestation, et en déclarant ses nom, prénom, profession, qualité et domicile. Suite.

Il sera tenu, en outre, de faire sa dénonciation, dans le plus bref délai, à l'un desdits magistrats, en la forme prescrite à l'article 109. Suite.

Il pourra même être requis par l'inculpé ou l'agent de la force publique de se rendre avec eux devant le magistrat; dans ce cas, à moins d'empêchement légitime, il devra déférer à cette réquisition.— **106.** Suite.

121. Les règles particulières à la constatation et à l'instruction des infractions flagrantes sont déterminées aux articles 218 et suivants. — **0.** [···—Loi du 20 mai 1863.] Renvoi.

Sommaire.

SECTION Ire.

SECTION II.

Art. 106.—187. Lorsqu'on dit que les premières recherches appartiennent au ministère public, cela ne veut pas dire qu'il ait le devoir ni même le droit de faire au hasard, en tout temps et en tout lieu, des investigations secrètes, pour découvrir s'il ne s'est pas commis quelque infraction dans son ressort. Il faut toujours, raisonnablement, supposer que certains faits répréhensibles sont arrivés à sa connaissance, ou, tout au moins, qu'il en a le soupçon. Cette notion, si imparfaite qu'elle soit, est, ordinairement, le point de départ et le fondement de ses recherches.

La loi suppose que les premiers renseignements parviendront au commissaire du Gouvernement, soit par une plainte de la partie lésée, soit par la dénonciation d'une personne quelconque, publique ou privée, qui aura connaissance du fait, soit "par toute autre voie," ce qu'il faut entendre, tant du bruit public que des premières constatations faites, au cas d'urgence, par les officiers de police judiciaire, auxiliaires du commissaire du Gouvernement, qui auraient eux-mêmes reçu une plainte ou une dénonciation, ou auraient été témoins d'une infraction flagrante.

Sur ces premières bases, le commissaire du Gouvernement, soit par lui-même, soit par sesdits auxiliaires, suivant la gravité du cas, prend des informations, plus ou moins secrètes, pour connaître les témoins qui pourraient être entendus plus tard, et pour découvrir les autres preuves qui devront être soumises au juge, soit d'instruction, soit de jugement, et appréciées par lui.

Ces preuves peuvent se rapporter, tant au fait incriminé lui-même et à ses circonstances qu'à la personne qui en serait l'auteur.

Ce sont ces idées simples et premières que le Projet présente dans un article préliminaire, dont le principal objet est d'introduire les deux Sections suivantes relatives, l'une aux plaintes et dénonciations, l'autre à l'infraction flagrante.

188. Le Projet japonais s'est bien gardé de dire, comme le Code français, que le ministère public et la police judiciaire, outre la recherche des infractions,

"en rassemblent les preuves et en livrent les auteurs à la justice" (art. 8 et 10; comp. art. 22).

Le ministère public et ses auxiliaires, en principe et sauf l'exception de flagrant délit ou d'urgence, n'interrogent pas le prévenu, ni les témoins, ou, s'ils le font, ils ne dressent pas en forme un acte constatant ces interrogatoires; ils ne font pas de visites domiciliaires, ni de perquisitions, ni de saisies, ni les constatations qui s'y rapporteraient; on ne peut donc pas dire qu'ils "rassemblent les preuves:" ils ne peuvent que recueillir des renseignements ou éclaircissements qui leur apprendront s'ils doivent saisir le juge d'instruction, ou le tribunal directement, ou s'abstenir de toute poursuite (voy. art. 122).

C'est devant le juge d'instruction ou devant le tribunal seulement que les preuves se produiront régulièrement.

Et il est juste qu'il en soit ainsi: le ministère public devant jouer le rôle de demandeur, le rôle d'une partie en cause, dans le procès pénal qui peut suivre, ne doit pas se préparer, se créer à lui-même des preuves de ce qu'il allègue.

Quelles que soient la loyauté et la sincérité présumées de ce magistrat, il ne faut pas qu'il puisse être soupçonné d'avoir, par excès de zèle pour la société, exagéré les faits, forcé ou dénaturé les preuves.

Le ministère public, ni ses auxiliaires, ne peuvent non plus "livrer à la justice" les auteurs prévenus (soupçonnés) d'infraction: le droit d'arrestation n'appartient également qu'au juge ou au tribunal; sauf toujours le cas exceptionnel de flagrant délit, sans même y comprendre celui d'urgence.

Au reste, la loi française a pu manquer d'exactitude, dans la définition du rôle du ministère public, mais, dans le développement de ses attributions, elle est restée fidèle aux principes exposés ici.

SECTION PREMIÈRE.

DE LA RECHERCHE DES INFRACTIONS.

Art. 107.— 189. La différence entre la plainte et la dénonciation est déjà indiquée sous l'article précédent; elle est plus accentuée encore par le rapprochement du présent article et des articles 110 et 111 ci-après.

La plainte est faite par la partie lesée, la dénonciation par toute autre personne.

L'article 107 suppose d'abord que l'infraction est un crime ou un délit; dans le dernier alinéa, on suppose qu'il s'agit d'une simple contravention. Dans les deux premiers cas, la plainte se porte aux officiers du tribunal correctionnel désignés au texte d'une façon assez large pour que le plaignant ne soit pas exposé, pour le dépôt de sa plainte, à se tromper sur la compétence.

La marche la plus régulière et la plus rapide serait de déposer la plainte au juge d'instruction, car le plaignant pourrait, en se constituant partie civile, comme on le verra plus loin, saisir directement le juge et provoquer une instruction immédiate; mais les particuliers connaîtront généralement mieux le commissaire du Gouvernement. Cet officier, par la nature plus variée et plus active de ses fonctions, sera plus habituellement en communication avec les particuliers.

Au Japon, comme en France, les plaignants s'adresseront, le plus souvent, au commissaire du Gouvernement ou à ses auxiliaires (commissaire de police, maire, juge de paix), lesquels sont encore plus rapprochés d'eux. Ceux-ci transmettront la plainte; ils y ajouteront telles observations qu'ils jugeront à propos, soit sur le fond même de l'affaire, telle qu'elle leur apparaît, soit sur la considération dont jouit le plaignant, ou sur la réputation de l'inculpé.

190. On a vu, sous l'article 41, que la compétence

pour l'instruction et le jugement est déterminée, en principe, par le lieu de l'infraction.

La loi, ici, étend un peu la compétence pour la plainte, laquelle pourra être faite devant le magistrat du lieu où l'inculpé pourrait être trouvé (*a*). Il peut arriver, en effet, que la partie plaignante n'ait eu connaissance, soit de l'infraction elle-même, soit de son auteur, que dans un lieu autre que celui où elle a été commise ; elle peut aussi avoir voulu s'assurer davantage du fait, ou de l'identité du coupable, avant de dénoncer celui-ci ; elle a pu le suivre ou le faire suivre, pour observer ses démarches et, au moment où elle a une certitude suffisante, l'inculpé n'est plus au lieu de l'infraction.

Obliger alors le plaignant à s'adresser à un tribunal éloigné de la présence de l'inculpé, ce serait souvent compromettre le résultat de la plainte.

Mais les officiers locaux ne prendront que les mesures urgentes et l'instruction régulière ne sera faite que par le tribunal du lieu de l'infraction.

Si, dans ce cas, la plainte est faite au juge d'instruction dudit lieu, il procèdera comme il est dit spécialement à l'article 132. Si elle est faite au commissaire du Gouvernement, celui-ci, après une information sommaire et les constatations urgentes, s'il y a lieu, renverra audit juge d'instruction la plainte et les pièces qu'il a pu rédiger. Si elle est faite aux officiers de police judiciaire, ceux-ci la renverront au commissaire du Gouvernement dont ils dépendent.

Il eût semblé plus simple et aussi plus rapide que le commissaire du Gouvernement et ses auxiliaires renvoyassent la plainte directement au juge d'instruction du lieu de l'infraction ; mais, d'abord, pour les officiers de police judiciaire, il convient mieux qu'ils ne corres-

(*a*) Il s'agit bien ici de la possibilité, de l'éventualité de la découverte de l'inculpé (comp. p. 104, *g*).

pondent qu'avec leur chef immédiat. Pour le commissaire du Gouvernement lui-même, il a paru préférable qu'il fît le renvoi au juge d'instruction de son tribunal, parce qu'il peut y avoir lieu à arrestation urgente et que, ne pouvant prendre lui-même cette mesure, il doit, au moins, pouvoir la provoquer de la part du magistrat auquel elle est permise ; or, il ne pourrait adresser de pareilles réquisitions au juge d'instruction du tribunal dans le ressort duquel l'infraction a eu lieu.

Il va de soi, quoique la loi ne le dise pas, que les officiers auxiliaires du commissaire du Gouvernement doivent toujours transmettre à leur chef les plaintes qu'ils ont reçues : ils ne sont pas juges, en principe, de leur bien ou mal fondé, à moins qu'elles ne soient manifestement absurdes ou mensongères ; de même, le commissaire du Gouvernement n'est tenu de transmettre lesdites plaintes au juge d'instruction que si elles lui paraissent fondées. Pour qu'il fût obligé absolument à cette transmission, il faudrait que la plainte fût accompagnée d'une constitution de partie civile saisissant le juge.

Lorsqu'il s'agit d'une contravention, il n'y a pas de dérogation au droit commun. La compétence pour recevoir la plainte n'est pas étendue : elle appartient au juge de paix du lieu de l'infraction et aux officiers de police judiciaire qui fonctionnent près de lui.

Art. 108.— 191. Il ne suffirait pas que la partie lésée signalât à la justice le fait dont elle a été victime ; autrement, les recherches seraient bien difficiles et souvent infructueuses.

Elle fera donc bien de joindre à sa plainte tous les renseignements et indices possibles.

Elle peut indiquer qui elle soupçonne, lorsqu'elle n'a pas de certitude à l'égard de l'auteur. S'il s'agit de vol ou de détournement, elle indiquera la nature des objets et leur valeur, et, dans tous les cas, le temps et le lieu du délit et les moyens employés pour le commettre.

Au surplus, si elle ne s'est pas expliquée, elle pourra être appelée à donner de nouveaux éclaircissements : on verra plus loin qu'elle peut être entendue comme *témoin*, si elle ne s'est pas portée *partie civile*, comme le présent article lui en donne le droit.

La partie lésée se constitue partie civile, lorsqu'elle se fait demanderesse en dommages-intérêts, c'est-à-dire, lorsqu'elle exerce l'action privée résultant pour elle de l'infraction.

Cette action dont les principes ont été posés dans les *Disposition générales* (art. 2 et suiv.) sera présentée avec plus de détails, dans son exercice, au Chapitre suivant, section IIe.

Remarquons seulement, dès à présent, que la plainte ne met en mouvement, ni l'action publique, ni l'action privée ; elle ne saisit pas la justice ; elle n'est qu'une base pour les recherches.

Mais la plainte étant quelquefois une condition nécessaire pour la validité de l'action publique, comme on l'a vu aux *Dispositionss générales* (art. 3), cette condition se trouve remplie, dès que la partie lésée a dénoncé le fait, lors même qu'elle ne s'est pas portée partie civile.

Art. 109.—192. La forme écrite est la plus simple pour la plainte.

La loi n'indique pas en quelle forme elle sera remise par le plaignant. Elle pourrait donc être envoyée par la poste ou par un porteur; seulement, cette transmission indirecte pourrait faire craindre quelque fraude ou mensonge, surtout si le nom du plaignant n'était pas connu, et si la cause qui a empêché la remise directe n'est pas énoncée.

Le mieux sera donc que le plaignant porte lui-même sa plainte, s'il n'en est pas absolument empêché. L'officier la lira immédiatement, et s'il désire quelques éclaircissements, il les demandera et les fera ajouter, s'il y a lieu.

Si le plaignant veut faire une plainte verbale, l'officier la rédige et la fait signer au plaignant après la lui avoir lue. Il signe lui-même, parce qu'il est le rédacteur.

Cette plainte est alors une pièce authentique, laquelle ne prouve pas la vérité des faits dénoncés, mais prouve le fait même de la dénonciation.

Si le plaignant ne sait ou ne peut signer, il en est fait mention; mais il peut toujours apposer son sceau, et il sera fait mention que c'est lui qui l'a opposé (art. 27).

Les mêmes formalités seraient observées, si, le plaignant n'ayant pu se transporter près de l'officier public, celui-ci s'était transporté près du plaignant, sur sa demande. Il pourrait arriver, notamment, que le crime ou le délit consistât dans des coups ou blessures qui mettraient la victime dans l'impossibilité de se déplacer.

La loi ne mentionne pas ce cas particulier; mais il n'est pas douteux que l'officier public puisse se transporter ainsi près du plaignant, sans d'ailleurs y être obligé. Tout ce qui concerne la recherche des infractions présente une grande latitude pour les officiers qui en sont chargés.

Le certificat délivré au plaignant a pour but de lui fournir la preuve qu'il a fait sa déclaration et, dès lors, l'officier qui l'a reçue doit donner à l'affaire les suites qu'elle comporte.

Art. 110.— 193. Il s'agit ici de la *dénonciation* qui ne diffère de la *plainte* que parce qu'elle n'émane pas de la partie lésée

La loi supposera successivement que la dénonciation est faite par un officier public et par un particulier.

Pour un fonctionnaire ou officier public, la dénonciation est un *devoir ;* mais, à la condition que l'infraction parvienne à sa connaissance " dans l'exercice de sa fonction ; " autrement, il n'a plus, à cet égard, d'autre obligation qu'un simple particulier. Si le fait constitue un crime ou un délit, il *doit* faire la dénonciation, non au juge d'instruction, mais au commissaire du Gouvernement près le tribunal correctionnel. Ce fonctionnaire, étant chargé de la poursuite, verra s'il y a lieu de donner suite à l'affaire.

On remarquera que ce n'est pas au commissaire du Gouvernement du lieu de l'infraction que la dénonciation doit être faite, mais au commissaire du Gouvernement du lieu où le dénonciateur exerce sa fonction. Si cette voie n'est pas la plus directe, pour arriver à la répression, elle est, au moins, la plus logique, elle est souvent la seule possible, et elle sera peut-être encore la plus rapide.

D'abord, le commissaire du Gouvernement dont il s'agit est en communication naturelle et ordinaire avec les autres officiers du même lieu ; ensuite, le dénonciateur peut ne pas connaître exactement le lieu de l'infraction ; enfin, si l'infraction se révèle ainsi dans un lieu autre que celui où elle a été commise, il y aura peut-être occasion de recueillir au même lieu d'utiles renseignements ; il y aura souvent besoin d'échanger de nouvelles communications entre les deux fonctionnaires ; c'est donc du temps épargné.

Le fonctionnaire fait sa déclaration par écrit, signé de lui ; il n'a pas besoin de se déplacer.

S'il s'agit d'une simple contravention, la dénonciation est faite au commissaire du Gouvernement près du juge de paix.

Art. 111.— 194. La différence principale entre la dénonciation d'un particulier et celle d'un fonctionnaire agissant dans l'exercice de sa fonction est que, pour le particulier, la dénonciation n'est plus *un devoir*, mais *une faculté*, sauf un cas particulier qu'on trouvera à l'article 120.

Il n'est pas difficile de justifier cette différence.

Le fonctionnaire doit seconder les services publics, chaque fois que l'occasion lui en est fournie par sa fonction; s'il ne le fait pas, il manque à un devoir professionnel et il peut, suivant la gravité du cas, encourir la réprimande, la suspension ou la révocation; en outre, il est présumé, par sa qualité même, avoir une notion assez exacte des choses pour n'être pas exposé à se méprendre sur le caractère répréhensible des faits à dénoncer.

Le particulier, au contraire, peut bien avoir envers la société un devoir *moral* analogue; mais ce devoir ne saurait avoir la même sanction qu'un devoir *légal* : le particulier peut, en effet, ne pas être en état d'apprécier exactement le caractère délictueux des faits : il pourrait toujours alléguer son ignorance, ou, tout au moins, son incertitude à cet égard; il peut aussi craindre, non seulement les haines et les vengeances, mais surtout la responsablilité d'une erreur, ce que n'a pas à craindre le fonctionnaire, au moins en général (voy. art. 18, 19 et 20).

Du reste, les renseignements utiles que pourrait donner un particulier ne seront pas perdus : il pourra toujours être appelé en témoignage lorsque le fait aura été autrement connu et, dans ce cas, il ne peut plus se refuser à dire tout ce qu'il sait (art. 201).

Le particulier fera la dénonciation, suivant sa convenance, soit au lieu de l'infraction, soit au lieu où il se trouve.

Il observera la même forme qu'un plaignant.

Quant au fonctionnaire auquel la connaissance d'une infraction arriverait *en dehors* de l'exercice de sa fonction, il est naturel de l'assimiler légalement à un particulier : bien que les raisons données, plus haut, pour dispenser le particulier du devoir de dénoncer, ne s'appliquent pas avec la même force au fonctionnaire, il est de règle et de tradition que, hors l'exercice de sa fonction, il n'est pas fonctionnaire.

Art. 112.— 195. Voici une nouvelle différence entre le fonctionnaire et les particuliers dénonciateurs : ces derniers peuvent charger de leur dénonciation un fondé de pouvoir spécial ; il en est de même pour une plainte qu'ils auraient à faire comme parties lésées.

Il en est autrement du fonctionnaire : il doit faire sa dénonciation lui-même : elle fait partie de ses devoirs professionnels ; or, ces devoirs ne peuvent être exercés par un mandataire.

D'ailleurs, la condition est facile à remplir pour le le fonctionnaire, puisque sa dénonciation se fait toujours par écrit.

La procuration des particuliers doit rester jointe à la plainte ou à la dénonciation pour justifier l'intervention du mandataire.

Les personnes incapables d'exercer elles-mêmes leurs droits ont ici leur représentant légal habituel. Il ne sera pas nécessaire, en général, de joindre à la plainte une pièce authentique prouvant la qualité du représentant ; il suffira que le père, le tuteur ou le mari, déclare qu'il agit en cette qualité.

Si, pourtant, le fait allégué était grave et si la qualité du représentant était douteuse, l'officier qui recevrait la plainte pourrait en demander une justification en bonne forme.

La loi, dans cette dernière hypothèse, ne parle plus de dénonciation, mais seulement de *plainte ;* c'est qu'il sera rare et peu naturel que le représentant qui connaît un fait délictueux, autre que celui dont serait lésé le mineur ou la femme, en fasse la dénonciation au nom de ceux-ci : il la fera plutôt en son propre nom.

Art. 113.— 196. Il est possible que le plaignant ou dénonciateur s'aperçoive qu'il s'est trompé, en tout ou en partie : il est donc nécessaire qu'il puisse rétracter ou rectifier sa déclaration, tant dans l'intérêt général que dans l'intérêt de l'inculpé et dans le sien propre ; car sa responsabilité pourrait être engagée, en cas d'erreur grave (art. 18). Le plaignant ou dénonciateur n'échapperait même pas à toute responsabilité, si la rétractation ou la rectification était tardive et que déjà l'inculpé eût été injustement inquiété.

Les expressions (françaises) *se désister* et *se rétracter* ont le même sens, celui d'un *retrait complet* de la déclaration; seulement, dans l'usage, le *désistement* se dit de l'abandon d'un *droit :* on doit donc ne l'appliquer qu'à la plainte qui est un droit ; la *rétractation* se trouve alors réservée à la dénonciation qui est plutôt un *devoir social* qu'un droit.

Les expressions *modifier* et *rectifier* se ressemblent aussi, en ce sens que toutes deux laissent subsister une partie de l'ancienne déclaration et se bornent à y opérer *un changement ;* elles peuvent se dire indistinctement de la plainte et de la dénonciation, la seule différence entre *modifier* et *rectifier* est que modifier veut dire *changer en partie,* soit *en ajoutant,* soit *en retranchant ;* tandis que *rectifier* veut spécialement dire qu'on *redresse une erreur.*

Celui qui se désiste ou se rétracte, qui modifie ou rectifie sa déclaration, n'est pas obligé d'indiquer ses motifs, ni d'expliquer son erreur ; mais il fera mieux de le faire, pour prévenir tout soupçon de partialité ou d'influence illégitime.

La forme à employer pour la nouvelle déclaration sera tout naturellement celle employée pour la première, et il sera très-utile d'en demander un certificat, conformément à l'article 109.

SECTION II.

DE L'INFRATION FLAGRANTE.

Art. 114.— 197. On a supposé dans la précédente section que le ministère public est informé de l'infraction par la déclaration d'une personne déterminée.

On suppose maintenant que l'infraction se révèle d'elle-même, soit au ministère public, soit à ses auxiliaires qui se trouvent par hasard sur les lieux ou sont prévenus et appelés à la hâte par les personnes qui ont été témoins de l'infraction. Celles-ci n'en ont pas fait de dénonciation proprement dite, elles ont seulement fourni à l'autorité le moyen de la constater sans délai.

Ce cas est celui qu'on appelle, en français, d'une façon figurée : "infraction flagrante" *(brûlante)* et en japonais : *gen kô hanzaï* "infraction présente."

Dans le Code français, l'expression "flagrant délit" se prend, tantôt dans le sens général d'*infraction* flagrante, comprenant, tout à la fois, le *crime* flagrant et le *délit* flagrant ; on y pourrait même faire rentrer la *contravention* flagrante ; tantôt dans le sens propre et étroit de *délit* flagrant, ne comprenant ni le crime, ni la contravention. C'est dans ce sens limité qu'a été employée l'expression de *flagrant délit* dans une loi spéciale du 20 mai 1863, sur le jugement desdites infractions.

L'expression adoptée par le Projet japonais est générale, mais elle est mieux choisie : ce n'est ni *djuzaï*, ni *kéizaï*, ni *ikéizaï*, c'est *hanzaï*, infraction.

La définition japonaise de l'infraction flagrante est aussi plus exacte qu'en France : on ne dit pas, comme dans l'article 41 du Code d'instruction criminelle que l'infraction flagrante est celle " *qui se commet actuelle-*

ment ou *qui vient de se commettre.*" En ce sens, toute infraction aurait été flagrante; car il y a toujours eu un moment où *elle se commettait*, un moment où *elle venait d'être commise.*

Ce qui rend l'infraction flagrante, c'est la simultanéité, la concomittance entre l'infraction commise et sa découverte ou sa constatation. On conçoit, dès lors, qu'il y ait quelques dérogations au droit commun, non pour la pénalité, bien entendu, mais pour la recherche et la constatation des infractions ainsi flagrantes: il y a urgence à en saisir les preuves et à s'assurer de la personne de l'inculpé; le temps et les frais seront épargnés et les dangers d'erreur diminués.

La loi n'a pas dû limiter ces dérogations à la marche ordinaire de la procédure au seul cas où l'infraction est découverte au moment où elle se commet, elle l'étend, comme en France, au cas où elle est découverte aussitôt qu'elle vient de se commettre. Il y a là une extention de temps difficile à déterminer législativement: elle est laissée à la sagesse des officiers de justice.

Assurément, on ne dira pas qu'une infraction "vient de se commettre," lorsqu'elle remonte à un jour ou davantage; mais on pourrait le dire, raisonnablement, lorsqu'elle ne remonte qu'à quelques heures.

Plus l'infraction sera grave, plus il sera raisonnable et utile de prolonger ce délai qui permet de considérer comme flagrante l'infraction qui vient de se commettre.

Art. 115.— 198. Indépendamment de l'infraction flagrante proprement dite, telle qu'elle est définie à l'article 114, il y a des cas où se rencontrent les mêmes dangers de fait et la même urgence de recueillir les preuves, où, par conséquent, les mêmes particularités de procédure se justifient.

Ces cas sont dits: *cas assimilés* à l'infraction flagrante, et ils forment l'objet de l'article 115.

Le premier cas est celui qu'on appelle en France "la poursuite, la dénonciation par la clameur publique" (art. 16, 41, 106).

Cette expression n'est pas toujours entendue d'une façon uniforme : on lui a donné dans le Projet japonais un sens précis et limité : il faut supposer qu'un individu s'enfuit et qu'une ou plusieurs personnes se sont lancées à sa poursuite, en appelant les passants ou les voisins à leur aide, par des cris d'alarme (*b*). Il y a ici une double présomption de culpabilité contre celui qui s'enfuit : sa fuite d'abord et l'appel des autres.

Il y a peu de préjudice à l'arrêter : s'il est innocent, la vérité sera bientôt reconnue, et il y aurait, au contraire, un grand danger à le laisser s'échapper.

On pourrait croire que ce cas rentre, par sa nature même, dans le cas de crime ou délit flagrant proprement dit, c'est-à-dire "qui vient de se commettre ;" mais il peut arriver, au contraire, que le crime ou le délit ait déjà plusieurs jours de date et que le coupable se soit caché depuis lors : on le découvre, il s'échappe, on le poursuit, on appelle à l'aide ; il y a flagrant délit, ou, au moins, cas assimilé au flagrant délit.

Le deuxième cas est celui où un individu est trouvé nanti, possesseur d'objets de nature à faire présumer qu'il est auteur d'un crime ou d'un délit ; ces objets peuvent être des instruments de crime, comme des armes, ou des moyens d'effraction, ou en être le produit, comme des objets qui, par leur variété, par le désordre où ils sont, paraissent volés.

Bien entendu, il faut, en général, d'autres circonstances qui corroborent, qui fortifient la présomption ; car, on peut être porteur d'une arme à feu ou d'un sabre pour sa défense et non parce qu'on a commis un

---

(*b*) Tels seraient les cris : "au secours ! au voleur ! à l'assassin ! arrêtez-le !" Au Japon, on crie : "*taskété kourè ! dorobô ! hito goroshi !......*"

crime ou un délit; mais si le sabre est ensanglanté ou si une personne vient d'être frappée d'une arme à feu et qu'on trouve à peu de distance un individu porteur d'un fusil ou d'un pistolet fraîchement déchargé, il y a grave présomption qu'il est l'auteur du crime commis.

De même, si un individu est trouvé, la nuit ou même le jour, porteur d'un fardeau qu'il cherche à dissimuler, à soustraire aux regards; s'il donne aux agents qui l'interrogent des explications embarrassées ou peu satisfaisantes: il y a lieu de présumer un vol.

Le Projet n'exige pas ici, comme le Code français, que cette découverte ait lieu " dans un temps voisin du délit" (art. 41): en effet, il n'est pas sûr qu'il y ait eu délit, il y en a seulement grave présomption; il pourrait arriver aussi qu'un vol fût certain, sans qu'on en connût l'auteur: il a caché les objets pendant un temps plus ou moins long; au moment où il les transporte dans un autre lieu, il est soupçonné, on reconnaît tout ou partie des objets volés: il est très-utile d'assimiler ce cas au flagrant délit.

Le troisième cas est celui de réquisition du chef d'une maison demandant, soit à un officier de police judiciaire, soit au commissaire du Gouvernement ou au juge d'instruction, de constater dans cette maison un crime ou un délit, même non flagrant, qui y a été commis, ou requérant l'arrestation, dans cette maison, de l'individu qu'il en croit l'auteur.

Dans ce dernier cas, l'urgence naît de cette réquisition du chef de la maison: il n'est pas à présumer qu'il agisse témérairement et sans de fortes raisons de croire à l'existence d'un crime ou d'un délit ou à la culpabilité de celui qu'il désigne.

Art. 116.— 199. On a déjà observé que la circonstance qu'une infraction est flagrante n'en change pas la pénalité: elle n'influe que sur le droit de recherche et de constatation et elle donne à l'instruction un caractère d'urgence.

C'est à ce principe que se rattache le droit et même le devoir d'arrestation immédiate établi par cet article.

La loi suppose d'abord que l'infraction est, à proprement parler, *flagrante,* et que le fait est de nature à entraîner l'emprisonnement ou une peine criminelle; l'auteur se trouve en présence d'un agent de la force publique, même inférieur, ou d'un officier militaire ou de police qui peut *disposer* de la force publique par un ordre direct, ou enfin d'un fonctionnaire de l'ordre administratif ou judiciaire qui peut *la requérir;* cet officier est dans l'exercice de ses fonctions; dès lors, l'arrestation est non seulement permise, mais elle est ordonnée par la loi.

Ce qu'il y a de particulier ici, c'est qu'il n'est pas besoin, comme dans les cas ordinaires, d'un mandat ordinaire d'arrestation émané du juge d'instruction.

Si le fonctionnaire n'est pas dans l'exercice de sa fonction, il n'a plus le *devoir,* mais il y a encore le *droit* d'arrestation, comme l'a un simple particulier, ainsi qu'il est dit à l'article 119.

Quand la loi suppose que le coupable est surpris en flagrant délit par un agent de la force publique, il ne faut pas l'entendre uniquement dans le sens où l'agent aurait été le seul ou le premier à découvrir le fait délictueux : on doit l'entendre aussi dans le sens où l'agent aurait été appelé par des témoins du fait; on serait encore dans la définition de l'infraction flagrante " qui vient de se commettre."

Bien que la loi fasse à l'officier public un devoir de procéder à l'arrestation du prévenu, cela n'exclut cependant pas, pour lui, toute appréciation du fait. Ainsi, il faut d'abord qu'il reconnaisse que le fait est de nature à entraîner une peine privative de la liberté. Il pourrait, à plus forte raison, avoir à apprécier si le fait flagrant a bien les caractères d'une infraction : s'il est défendu par la loi, si l'auteur est dans les conditions légales de la responsabilité, s'il a agi librement, avec intention et raison. Dans le cas où cette appréciation rapide lui donnerait une conviction contraire, il ne pourrait être tenu de procéder à l'arrestation. Lors donc que la loi fait un devoir à l'agent de l'autorité d'arrêter l'individu surpris en état de crime ou délit flagrant, elle suppose que les conditions constitutives de toute infraction sont remplies et reconnues.

200. Lorsque l'on se trouve non plus dans le cas de flagrant délit proprement dit, mais dans un des trois cas assimilés au flagrant délit, l'arrestation n'est plus *un devoir* pour l'agent de l'autorité, mais *une faculté*. La nécessité d'une appréciation du fait est plus évidente encore et la difficulté de cette appréciation est aussi plus grande. Généralement, en pareil cas, les apparences exagèrent les faits.

Dans le premier cas assimilé au flagrant délit, il peut y avoir irritation, colère des personnes présentes à un acte plus ou moins répréhensible ; l'inculpé, craignant de mauvais procédés des assistants, cherche à fuir, on le poursuit ; mais le fonctionnaire public peut trouver beaucoup moins de gravité dans les faits, après un examen sommaire.

De même, dans le deuxième cas de l'article 115, des explications sont nécessaires entre l'inculpé et l'officier public, avant de procéder à l'arrestation ; cette mesure ne peut donc pas être obligatoire, mais seulement facultative.

A plus forte raison, en est-il ainsi dans le troisième cas assimilé au flagrant délit. Le chef de maison qui requiert l'arrestation, soit d'une personne qui s'est introduite chez lui, soit d'un serviteur, d'un ouvrier ou même d'un parent peut s'abuser entièrement sur la nature des faits qu'il incrimine ou sur l'identité de leur auteur : le magistrat ne peut être tenu d'obtempérer à cette réquisition sans un examen attentif.

Ce qu'on peut admettre seulement, dans ces trois cas, et surtout dans les deux premiers, c'est que, dans le doute, l'arrestation aura lieu le plus souvent : elle sera de peu de durée, si elle n'est pas fondée ; l'erreur sera promptement reconnue par le magistrat compétent et l'inculpé sera relaxé.

Art. 117.— 201. L'arrestation étant faite souvent par un officier inférieur, plus promptement arrivé sur les lieux du délit ou à l'appel des citoyens, celui-ci devra sans délai, conduire l'inculpé devant l'un des deux magistrats chargés concurremment de l'instruction. Il serait plus régulier de conduire l'inculpé, de préférence, devant le juge d'instruction ; mais les officiers auxiliaires du commissaire du Gouvernement sont autorisés à le conduire devant leur chef hiérarchique. Les agents inférieurs de la force publique pourront même conduire l'inculpé devant un autre officier auxiliaire plus élevé qu'eux : par exemple, devant le commissaire de police.

Le magistrat devant lequel l'inculpé aura été conduit constatera l'arrestation et recevra la dénonciation de l'agent, laquelle pourra être verbale dans ce cas particulier et relatera les principales circonstances du fait.

Art. 118.— 202. Si l'arrestation est faite, non par un simple agent de la force publique, mais par un officier de police judiciaire, tel qu'un commissaire de police, cet officier, avant de faire conduire l'inculpé devant le juge d'instruction ou le commissaire du Gouvernement, devra procéder lui-même à un interrogatoire sommaire, dont il dressera acte. Il pourra souvent obtenir un aveu immédiat que, plus tard, le prévenu ne ferait peut-être pas.

La loi renvoie au chapitre III, section IV (art. 218 et suiv.) pour les autres particularités de l'instruction des infractions flagrantes : ces infractions ne figurent ici que comme cas particulier de la Recherche.

Art. 119.— 203. Cet article rappelle la différence relative aux dénonciations, et signalée plus haut, entre les particuliers et les fonctionnaires publics.

Les particuliers et les fonctionnaires hors l'exercice de leurs fonctions n'ont pas le devoir d'arrêter ou de faire arrêter les individus surpris en flagrant délit ; mais ils en ont le droit, et ce droit est important à déclarer, parce qu'il y a là une atteinte à la liberté individuelle.

Il n'y a pas d'ailleurs à craindre l'abus de la part de ces personnes ; elles seront plutôt portées à la réserve, de peur d'engager imprudemment leur responsabilité.

Remarquons, en outre, que ce ne sont pas seulement les officiers de la force publique se trouvant hors de l'exercice de leurs fonctions qui sont assimilés aux particuliers, au point de vue de l'arrestation des inculpés, mais encore tous autres fonctionnaires, même dans l'exercice de leurs fonctions. En effet, dès qu'il ne s'agit plus d'un agent de la force publique ou d'un officier ayant le droit de la commander ou de la requérir, le fonctionnaire n'a plus le moyen effectif de procéder ou de faire procéder à l'arrestation ; il ne peut donc avoir un devoir à cet égard : l'arrestation n'est plus que facultative. On remarquera enfin que le droit même d'arrestation cesse tout-à-fait pour les particuliers et pour tous autres que les officiers de la force publique, lorsqu'il s'agit du troisième cas assimilé au flagrant délit, du cas de réquisition par le chef d'une maison.

Art. 120.—204. Quelquefois, les circonstances de

temps et de lieu, le défaut de force suffisante, ne permettront pas à l'auteur de l'arrestation, fonctionnaire ou particulier, de conduire le prévenu devant le juge d'instruction, devant le commissaire du Gouvernement ou même devant un des auxiliaires de celui-ci. Dans ce cas, le prévenu sera conduit et remis au poste de police le plus proche, d'où il sera conduit, par d'autres agents, devant le magistrat compétent.

L'auteur de l'arrestation se fera connaître au poste où il a déposé le prévenu, et ensuite il fera sa dénonciation en la forme ordinaire. Seulement, ici, la dénonciation devient obligatoire, quoique la loi ne prononce pas de peine pour l'inaccomplissement de ce devoir.

Au reste, si, plus tard, le prévenu justifiait de son innocence, l'auteur de l'arrestation serait plus exposé à la peine de l'arrestation arbitraire, par cela seul qu'il n'aurait pas fait tout ce que la loi lui prescrit pour régulariser son acte.

Enfin, toujours dans l'intérêt de la régularité de l'arrestation et comme garantie de la liberté individuelle, la loi autorise l'inculpé et l'agent de la force publique à exiger que l'auteur de l'arrestation les accompagne immédiatement devant le magistrat compétent.

En cas de refus, sans excuse légitime appréciée par le chef des agents, l'auteur de l'arrestation pourrait être contraint par la force. La loi ne le dit pas, mais c'est la conséquence naturelle du principe posé : les dispositions impératives de la loi peuvent toujours être exécutées par la force. D'ailleurs, on peut dire que l'auteur de l'arrestation semble, à son tour, par sa résistance, coupable d'une infraction flagrante, celle d'arrestation arbitraire, et même se rend présentement coupable d'une autre infraction flagrante, celle de refus d'obéir à une disposition impérative de la loi et à une injonction de l'autorité légitime.

Art. 121.— 205. La loi rappelle, en terminant cette section, qu'elle ne s'occupe de l'infraction flagrante qu'au point de vue de la Recherche : on la retrouvera plus loin, à propos de la partie de l'Instruction relative aux constatations.

CHAPITRE II.

DE LA POURSUITE DES INFRACTIONS.

Sommaire.

206. Deux sortes de poursuites : deux sections.

206. La Poursuite des infractions est l'acte qui tend à saisir, soit le juge d'instruction, soit le tribunal même de répression : le juge d'instruction, pour qu'il ait à informer et à prendre les mesures d'autorité tendant à s'assurer de la personne de l'inculpé et à recueillir les preuves à charge et même à décharge; le tribunal, pour qu'il ait à statuer au fond, sans autre instruction que les débats de l'audience, quand l'affaire, ne paraissant d'ailleurs constituer qu'un délit, est simple et peu grave ; car, pour un délit grave par sa nature ou complexe et surtout pour un crime, il doit toujours y avoir une instruction.

La Poursuite ne peut avoir lieu que de deux côtés : du côté de la société représentée par le ministère public, ou du côté de la personne directement lésée.

De là deux sections dans ce Chapitre.

SECTION PREMIÈRE.

DE LA POURSUITE DU MINISTÈRE PUBLIC.

Cinq issues des recherches:

Art. 122. Hors le cas de crime ou de délit flagrant, lorsque le commissaire du Gouvernement a terminé ses recherches, il procéde comme il suit :

1re,

1° Si le fait lui parait constituer un crime, il requiert le juge d'instruction d'informer et d'instruire, comme il est dit au Chapitre suivant;

2° Si le fait lui parait constituer un délit, il peut, suivant la gravité, les complications ou la simplicité de l'affaire, soit requérir le juge d'instruction d'informer et d'instruire, soit saisir directement le tribunal correctionnel; 2e,

3° Si le fait ne parait constituer qu'une contravention, il envoie les pièces et renseignements au commissaire du Gouvernement près le tribunal de simple police, avec son avis; 3e,

4° Si le fait ne parait pas présenter les caractères d'une infraction, ou si l'action publique parait éteinte ou non recevable, il ne procède à aucune poursuite; 4e,

5° Si le fait, soit à raison du lieu où il a été commis, soit à raison de sa nature ou de la qualité de l'inculpé, parait de la compétence d'un autre tribunal, il renvoie l'affaire au commissaire du Gouvernement près ledit tribunal. — **107.** [245. — 8, 22, s., 47.] 5e.

Avis donné à la partie civile.

123. Dans tous les cas qui précèdent, si le commissaire du Gouvernement a reçu une plainte de la partie lésée, il l'informe de la détermination qu'il a prise. — **108.**

Avis au juge d'instruction.

Si la plainte ou la dénonciation lui a été transmise par le juge d'instruction, il fait connaître sa détermination motivée à ce magistrat, lequel en donne avis au plaignant. — **0.**

Transmission des pièces et renseignements.

124. Lorsque le commissaire du Gouvernement requiert le juge d'instruction d'informer sur une infraction, il lui transmet les pièces et renseignements qu'il a pu recueillir et lui fait connaître les lieux qu'il peut être utile de visiter, les individus dont l'arrestation parait nécessaire et les personnes qui peuvent être entendues comme témoins à charge ou à décharge.— **109.** [133 s., 161, 163 s., 173 s., 183 s.— 47, 60.]

SECTION II.

DE LA POURSUITE DE LA PARTIE CIVILE.

Constitution de la partie civile.

125. Lorsque la partie lésée par un crime ou un délit veut poursuivre, conjointement avec l'action publique, la réparation du dommage à elle causé, elle doit le déclarer expressément, soit dans la plainte même, soit dans un acte subséquent adressé au juge d'instruction et notifié à l'inculpé.

Elle saisit le juge.

Si l'action publique n'a pas encore été intentée, la constitution de la partie civile saisit le juge d'instruction des deux actions.

Dans tous les cas, le juge d'instruction donne connaissance au commissaire du Gouvernement de la constitution de la partie civile.—**110.** [2 s., 197, 275, 282, 296, 386, 396, 405, 424, 430, 474, 507, 517, 526, 538, 539.— 2, 3, 63, 64-2e al., 66, 67, 135-2e al., 145, 182, 190, 202, 223, 315, 335, 368, 373, 412, 419, 422, 429-6e al., 436, 470.]

Election de domicile.

126. Si la partie civile n'a pas son domicile réel dans le ressort du tribunal compétent, elle doit, dans l'acte de sa constitution, faire élection d'un domicile spécial dans la ville ou siége le tribunal et en faire la déclaration au greffe.

C'est à ce domicile que lui seront faites les notifications du ministère public et de l'inculpé.

A défaut de l'un de ces domiciles, la partie civile ne pourra se plaindre du défaut de notification des actes de la procédure qui la concernent. Sanction.

En cas de changement de domicile, la partie civile devra en donner avis, par la voie du greffe, tant au ministère public qu'à l'inculpé; faute de quoi, les notifications seront valablement faites à l'ancien domicile.— **21.** [297.—68.]

127. La partie lésée peut se constituer partie civile accessoirement à l'action publique, ou modifier ses conclusions, en tout état de cause, même à l'audience ou devant la juridiction d'appel, jusqu'à la décision définitive. Délais de la constitution de la partie civile.

Elle peut même, si elle s'est désistée des poursuites, sans renoncer à son droit, reprendre ses conclusions primitives ou les modifier.— **111.** [6.— 66, 67, 359-2e al.]

128. La demande de la partie civile et son désistement peuvent être faits par un fondé de pouvoir. Mandataire de la partie civile.

Si la partie lésée est dans un cas d'incapacité légale, la demande et le désistement sont faits par son représentant ordinaire.—**112.** [112.— 31.]

Sommaire.

SECTION Ire.

Art. 122.—207. Possibilité de cinq issues différentes des poursuites du ministère public.

SECTION PREMIÈRE.

DE LA POURSUITE DU MINISTÈRE PUBLIC.

Art. 122.— 207. La loi commence par exclure de ce qui va suivre le cas de crime ou délit flagrant, où le rôle du ministère public sera plus étendu.

La loi suppose ensuite que le ministère public a terminé ses recherches et elle indique les divers partis qu'il peut prendre et qui sont au nombre de cinq.

Les trois premiers ont un caractère commun : le ministère public a acquis la conviction ou, au moins, de graves soupçons qu'une infraction a été commise, il a probablement des indices sur l'auteur, il connaît les personnes dont le témoignage pourrait être utile à recueillir ; dès lors, il met l'action publique en mouvement et il procède à la poursuite (comp. p. 22). Désormais l'affaire est du domaine de la justice et le ministère public ne pourrait plus la lui retirer.

S'il s'agit d'un crime, il saisit le juge d'instruction au moyen de réquisitions écrites tendant à ce qu'il informe contre tel individu, à raison de tel fait déterminé, ou qu'il instruise sur ce fait, sans désignation de l'inculpé, si les premières recherches ne l'ont pas encore fait connaître; les mêmes réquisitions pourront indiquer les témoins à entendre, les lieux à visiter ou les objets à saisir, comme il est dit à l'article 124.

La loi française, ici encore, manque d'exactitude, lorsqu'elle dit (art. 8 et 10 précités) que la police judiciaire "livre les inculpés à la justice:" pour les livrer à la justice, il faudrait qu'elle les eût d'abord mis en arrestation; or, c'est justement ce qu'elle ne peut faire, hors le cas de flagrant délit.

Si le fait ne paraît constituer qu'un délit, le commissaire du Gouvernement a deux voies ouvertes devant lui: ou requérir le juge d'instruction, comme au cas de crime, ou saisir directement le tribunal qui instruira lui-même l'affaire à l'audience et rendra un jugement.

La première voie est la plus sage et c'est elle qu'indique le texte, lorsque le délit est grave ou compliqué par la présence de plusieurs délinquants ou par la pluralité d'infractions réunies.

Si, au contraire, le délit est peu grave et simple, la poursuite directe devant le tribunal sera plus rapide et suffisante.

Si le fait n'a que les caractères d'une contravention, il se trouve que c'est à tort que le commissaire du Gouvernement près le tribunal correctionnel a été saisi; dès lors, il renverra l'affaire à l'officier remplissant la même fonction près le juge de simple police. Il lui donnera en même temps son avis, pour le faire profiter des renseignents déjà obtenus, celui-ci est d'ailleurs son subordonné et il a moins d'expérience des choses de la justice.

Il peut arriver même que le fait n'ait aucun caractère répréhensible d'après la loi; le ministère public ne fait alors aucune poursuite.

Il en est de même, quoique le fait ait le caractère

d'une infraction, si l'action publique se trouve éteinte : notamment, par la mort de l'inculpé, par la prescription ou par l'effet de la chose jugée, ou si elle ne se trouve pas dans les conditions de la recevabilité, par exemple, parce qu'une plainte n'aurait pas été déposée, dans le cas où la loi l'exige.

Enfin, le ministère public pourrait reconnaître l'incompétence du tribunal près duquel il siége et, par suite, sa propre incompétence à poursuivre ; il devrait alors renvoyer l'affaire au ministère public près du tribunal compétent.

Art. 123.— 208. Dans le cas où la plainte avait été portée par la partie lésée au commissaire du Gouvernement, il est nécessaire que cette partie soit informée de la détermation prise par ce magistrat, quelle qu'elle soit.

Dans les trois premiers cas, il faut qu'elle soit avertie que les poursuites vont avoir lieu et devant quel magistrat, afin qu'elle puisse se joindre à la poursuite, si elle le désire, en se constituant partie civile.

Dans le cas où le commissaire du Gouvernement renvoie l'affaire à un autre ministère public pour incompétence, la partie lésée a le même intérêt à en être informée.

Enfin, si le commissaire du Gouvernement estime qu'il n'y a pas lieu à poursuite de sa part, il doit encore en avertir le plaignant, afin qu'il puisse, soit saisir le juge d'instruction et faire une poursuite en son propre nom, en se constituant partie civile, soit se pourvoir en réparation du dommage.

Si, comme le prévoit le 2e alinéa, le juge d'instruction avait reçu une plainte ou une dénonciation et l'avait transmise au commissaire du Gouvernement, celui-ci, dans le cas où il estime qu'il y a lieu à une instruction, pour crime ou délit, la demanderait par voie de réquisitions qui saisiraient le juge; dans les autres cas, il l'avertirait, soit de son intention de citer directement au tribunal, soit du renvoi qu'il a fait au tribunal compétent, soit enfin qu'il estime n'y avoir pas lieu à donner suite à l'affaire.

Toutes ces nuances sont délicates, mais importantes. Il est essentiel, surtout de distinguer les cas où le juge d'instruction est déjà saisi par la constitution de la partie civile, et celui où il ne l'est pas encore; car, au premier cas, le ministère public ne peut, en abandannant la poursuite, dessaisir le juge; tandis qu'au second cas, il peut, suivant son appréciation, le saisir ou ne le pas saisir.

Art. 124.— 209. Cet article, très-simple dans sa rédaction et très-naturel par son objet, se trouve suffisamment expliqué par ce qui a été dit sur l'article 122.

SECTION II.

DE LA POURSUITE DE LA PARTIE CIVILE.

Art. 125.— 210. On a déjà dit que la plainte seule de la partie lésée ne saisit pas le juge d'instruction; sous ce rapport, elle ne diffère pas de la dénonciation d'un tiers: ni l'action publique, ni l'action civile ne sont encore "mises en mouvement."

Mais si la partie lésée veut réclamer la réparation du dommage à elle causé, elle accompagne sa plainte ou la fait suivre d'une demande expresse en ce sens. C'est ce qu'on appelle "se constituer partie civile."

Aucune formule n'est limitativement déterminée à cet égard par la loi: la demande étant rédigée hors la présence du magistrat, il ne conviendrait pas que la partie fût exposée à faire une demande nulle, pour avoir ignoré une formule (*a*).

(*a*) Au Japon, l'autorité paraît trop exigeante à l'égard des formules, surtout en matière administrative: il ne faudrait pas que les officiers de

Ce qui est nécessaire, mais suffisant; c'est que la demande soit expresse : il ne suffirait pas que la partie se bornât à faire des réserves au sujet de ses droits, ni qu'elle fît mention des dommages par elle éprouvés.

Mais il n'est pas nécessaire qu'elle fixe un chiffre de réparation en argent; elle peut le laisser entièrement à l'appréciation du tribunal, sauf à le discuter ensuite à l'audience.

Dans l'usage, la partie lésée se bornera, sans doute, à déclarer qu'elle "se porte partie civile;" c'est l'expression de la loi, et l'emploi en sera certainement adopté dans la pratique.

La partie civile peut aussi poser des conclusions motivées et détaillées: ce sera utile dans les affaires un peu compliquées.

La constitution de la partie civile doit être notifiée à l'inculpé, pour qu'il se mette en mesure d'y défendre, au point de vue civil.

211. Dans le 1er alinéa, la loi suppose que l'action publique est déjà intentée par la poursuite du ministère public, au moment où la partie civile se constitue ; dès lors, la demande de celle-ci ne forme que l'exercice de l'action civile. Dans le 2e alinéa, la loi suppose qu'il n'y a pas encore eu de poursuite de la partie publique. On aurait pu croire que, dans ce cas, comme dans le précédent, la demande avait un effet purement civil ou privé; cela n'est pas et ne pouvait pas être. Si la demande ne devait avoir qu'un effet purement civil, le juge d'instruction n'aurait pas dû être saisi. On a donc décidé, d'accord avec la loi française, mais d'une manière plus explicite, que la constitution de la partie civile

---

justice suivissent cet exemple: sans doute, quand un acte peut être retardé sans inconvénient, quand l'officier y trouve une obscurité, une lacune ou une irrégularité réelle, il fait bien d'avertir la partie intéressée, pour qu'elle le refasse ; mais, il ne faudrait pas, quand l'acte est terminé et ne peut plus être recommencé, lui refuser les effets qu'il peut raisonnablement produire.

met l'action publique *en mouvement*, en même temps qu'elle forme l'exercice de l'action civile (v. p. 21.).

La question a un grand intérêt pratique : en effet, désormais, que le ministère public poursuive ou non, le juge d'instruction devra se prononcer sur les suites que peut comporter l'action publique. Le ministère public, d'ailleurs, sera, à chaque instant, mis en demeure de se prononcer sur l'affaire : aucun des principaux actes de l'instruction ne devra se faire sans qu'il soit invité à donner ses conclusions, et si l'affaire va jusqu'à l'audience, par ordonnance du juge d'instruction, il y sera nécessairement présent et il devra y conclure ; ses conclusions pourront être en faveur de l'inculpé, ce qui est la négation d'une poursuite ; mais la justice ne sera pas plus liée par ces conclusions que si elles étaient défavorables.

212. Du reste, il ne faudrait pas voir dans ce droit donné à la partie civile de mettre en mouvement l'action publique, le même droit qui est connu, en France, sous le nom de *citation directe* et que consacre l'article 182 du Code d'instruction criminelle.

En France, la partie lésée a le droit de saisir non seulement le juge d'instruction, mais le tribunal correctionnel lui-même, de sorte que les personnes les plus honorables peuvent être appelées ainsi publiquement devant un tribunal de répression, pour un prétendu délit, sans instruction préalable. Des abus sont à craindre et ils ne sont pas rares : la cupidité, la méchanceté, une erreur grave, peuvent amener la citation d'une personne irréprochable devant le tribunal correctionnel ; elle y sera acquittée, sans doute ; mais le scandale est produit et quelquefois la déconsidération, par l'effet de la malignité publique.

On réclame depuis longtemps, en France, l'abolition de ce droit exorbitant de la partie qui se dit lésée par un délit, et il ne tardera sans doute pas à disparaître.

Le législateur français a eu l'occasion, en 1866, de montrer sa tendance dans le sens de cette suppression. Les dispositions des articles 5, 6 et 7 du Code d'instruction criminelle, relatives aux infractions commises en pays étranger *par* un Français ou *contre* un Français, ne prévoyaient que les *crimes ;* une loi du 27 juin 1866 (insérée audit Code et remplaçant lesdits articles) y a ajouté les *délits ;* mais elle a écarté la citation directe, en disant que " la poursuite est intentée à la requête du ministère public: " la partie lésée est exclue ; mais, évidemment, on n'a pas entendu la priver du droit de se constituer partie civile devant le juge d'instruction; seulement, ici, ce ne pourra être qu'après que les poursuites auront été commencées par le ministère public.

Là encore, la loi française pèche par la rédaction.

213. Le droit de citation directe n'a jamais eu lieu en matière de *crime.* Il ne peut être conservé sans inconvénient qu'en matière de *contravention.* C'est ce que fait le Projet japonais.

Mais il n'y a pas même raison de défendre à la partie qui se dit lésée de saisir le juge d'instruction. La procédure devant ce magistrat n'est pas publique : elle ne déconsidère pas celui qui en est l'objet. S'il y a eu une plainte mal fondée, par suite d'erreur ou de mauvaise foi, le juge ne tardera pas à s'en apercevoir et à rendre une ordonnance de *non-lieu* (art. 243); si, au contraire, la plainte et la poursuite sont fondées en fait, le renvoi de l'inculpé devant le tribunal de répression se trouve justifié et fondé, à son tour, sur l'autorité du juge.

Le dernier alinéa de notre article nous dit que, dans tous les cas, soit que le ministère public ait déjà commencé des poursuites, ou non, il est informé par le juge d'instruction de la constitution de la partie civile. Il a intérêt, en effet, à la connaître, car il trouvera dans la partie civile un utile auxiliaire pour les recherches et l'établissement des charges.

Art. 126.— 214. Pour que l'intervention de la partie civile qui peut être domiciliée au loin ne retarde pas la marche de l'instruction et de la procédure orale, s'il y a lieu, la loi l'oblige à élire un domicile dans la ville où siége le juge saisi. C'est au greffe que se fait la déclaration de cette élection.

Cette condition imposée à la partie civile d'élire un domicile au lieu où l'affaire sera jugée est conforme aux règles de la procédure civile, dans laquelle la compétence est déterminée, en général, par le domicile du défendeur; il faut, dès lors, que le demandeur choisisse un domicile au même lieu, pour recevoir, sans prolongation de délais, les notifications qui doivent lui être faites (c. pr. civ. fr., art. 61-1°). Le but est ici le même, comme l'indique le 2e alinéa: le défendeur, l'inculpé, n'a peut-être pas son domicile réel au lieu de l'infraction, mais, du moment qu'il doit y être jugé, la nécessité que la partie civile y élise domicile est toujours égale.

La sanction est la plus simple et la moins rigoureuse possible: la partie civile ne pourra pas se plaindre de n'avoir pas reçu les notifications qui l'intéressent, quand elle ne se sera pas conformée à la loi.

Le dernier alinéa, sur le changement de domicile, ne demande pas d'explications.

Art. 127.— 215. Cet article indique l'étendue du droit, pour la partie lésée, de se constituer partie civile, ou de modifier, en plus ou en moins, les conclusions qu'elle aurait déjà prises.

S'il n'y avait encore aucune poursuite du ministère public, il est clair que le droit, pour la partie lésée, de se constituer partie civile, en formant sa plainte, ne serait limité que par la prescription, comme il est dit aux Dispositions générales.

Mais, si déjà la justice de répression est saisie, le droit de la partie lésée peut se trouver périmé, au plus tard, par le dessaisissement de la juridiction de répression; auquel cas, il ne lui reste plus que la voie civile.

Au surplus, la loi est aussi favorable que possible à cette partie : elle peut poser ses conclusions en tout état de la procédure, même à l'audience, pourvu que ce soit avant le jugement du fond; elle le peut aussi en appel, si ce recours est exercé par le ministère public ou par l'inculpé.

La loi suppose enfin que la partie aurait pu, après une première constitution, se désister de sa demande, comme le lui permet l'article 6 des Dispositions générales, soit parce que les preuves lui manquaient, soit par tout autre motif; comme le désistement de l'action intentée n'est pas un désistement du droit d'agir, mais seulement de la procédure commencée, la partie lésée peut, dans les mêmes délais, reprendre ses conclusions premières, avec ou sans changements.

Art. 128.— 216. Il n'est pas nécessaire, pour la validité d'une réclamation pécuniaire et civile, que la partie figure elle-même dans le procès; elle peut agir par l'organe d'un mandataire spécial. Le désistement serait permis sous la même condition d'un mandat spécial. On devrait admettre aussi, quoique la loi ne le dise pas, que l'action pût être intentée par un mandataire général, s'il s'agissait de dommages à des biens dont le mandataire aurait l'administration : c'est un effet naturel de la généralité de ce mandat, et, par conséquent aussi, le mandataire général, ayant été juge de l'opportunité de l'action, doit, de même, être juge de celle du désistement.

C'est par le même principe que le père ou le tuteur peut agir pour le mineur lésé et le mari pour sa femme, et, après l'action intentée, ils pourraient se désister : leur mandat légal est assez étendu pour qu'ils aient ce double droit.

CHAPITRE III.

DE L'INSTRUCTION PRÉPARATOIRE.

DISPOSITIONS PRÉLIMINAIRES.

Sommaire.

217. Double utilité de l'instruction préparatoire : intérêt de la société, intérêt de l'inculpé.—218. Jugement des charges ; ordonnances de clôture de l'instruction.

217. Le but de l'instruction préparatoire des crimes et des délits graves est double :

1° La loi ne veut pas que les inculpés soient traduits devant la juridiction de jugement avant que les preuves principales soient recueillies : autrement, il pourrait y avoir acquittement d'un coupable, faute de preuves suffisantes.

2° En sens inverse, la loi veut éviter que, sur de simples soupçons d'un crime ou d'un délit grave, une personne innocente soit traduite publiquement devant la justice de *répression;* sans doute, après l'examen, son acquittement serait prononcé, mais il n'en résulterait pas moins pour elle un notable préjudice à sa considération et à ses intérêts.

218. Le juge d'instruction a donc pour mission de rassembler les preuves de la culpabilité ou de l'innocence, et, comme il faut justifier le nom de *juge* qui lui appartient, on dit qu'il "juge les charges" (art. 238 et s.).

On verra plus loin que lorsque l'instruction est complète, il rend une ordonnance dite " de clôture " laquelle, quel que soit son objet, a le caractère d'un véritable "jugement." Toutefois, pour éviter toute confusion entre ce jugement "des charges" et le jugement "du fond," la loi emploiera spécialement ici le nom d'*ordonnance* ou l'expression de "décision d'instruction," par opposition au *jugement* proprement dit qui sera toujours appelé "le jugement."

On donne seulement ici les deux exemples extrêmes de ces ordonnances :

1° Si le juge reconnaît l'innocence de l'inculpé, ou, au moins, l'insuffisance des charges, il déclare "qu'il n'y a pas lieu à suivre contre lui" et il ordonne la mise en liberté (ordonnance dite *de non lieu*) ; sauf à reprendre les poursuites, s'il est produit de nouvelles charges (art. 300) ;

2° Si le juge reconnaît "qu'il y a charges suffisantes contre l'inculpé," soit d'un crime, soit d'un délit, il ordonne le renvoi de l'inculpé devant la juridiction compétente pour le jugement (ordonnance dite *de renvoi*).

Rôle du juge d'instruction.

Art. 129. Hors les cas de crime ou délit flagrant, le juge d'instruction ne peut commencer une instruction sans en avoir été requis par le commissaire du Gouvernement ou par la partie civile régulièrement constituée, comme il est dit au Chapitre précédent, à peine de nullité de ce qui aura précédé lesdites réquisitions ou constitution.— **113.** [218 s.— 61-1er al.]

Plainte ou dénonciation : mandat de comparution.

130. Toutefois, au cas de plainte ou dénonciation à lui adressée, le juge d'instruction pourra toujours décerner un mandat de comparution contre la personne soupçonnée de crime ou de délit et procéder à son interrogatoire ; après quoi, s'il estime qu'il y a lieu à suivre, il fera, en son propre nom, une dénonciation au commissaire du Gouvernement auquel il transmettra en même temps la plainte ou la dénonciation qu'il a reçue.—114. [107, 110.—70.]

131. Le juge d'instruction pourra même, s'il y a urgence, décerner un mandat d'amener ou de dépôt, à la charge d'en donner immédiatement avis au commissaire du Gouvernement, avec les renseignements qui lui sont parvenus. Urgence : mandat de dépôt.

Si, dans ce cas, le commissaire du Gouvernement ne requiert pas de poursuites, dans le jour qui suivra celui de la communication à lui faite, l'inculpé sera mis immédiatement en liberté, sans préjudice de poursuites ultérieures, s'il y a lieu.—115. [133 s.—61-2e al.]

132. Dans les cas où, aux termes des articles 107 et 111, la plainte ou la dénonciation aurait été faite ou transmise au juge d'instruction du lieu où se trouvait l'inculpé, ce juge pourra procéder à son interrogatoire et aux constatations urgentes; après quoi, si le fait parait entraîner l'emprisonnement ou une peine plus grave, il enverra l'inculpé, sous mandat de dépôt, au juge d'instruction du lieu de l'infraction; s'il ne délivre pas de mandat, il renverra l'affaire au commissaire du Gouvernement dudit lieu.—116. [···—69.] Juge du lieu où se trouve l'inculpé.

Sommaire.

Art. 129.—219. Le juge d'instruction ne procède pas "d'office," sauf le cas de flagrant délit.

Art. 129.— 219. C'est un principe général de droit et de procédure qu'un juge ne peut se saisir "d'office" de la connaissance d'une affaire : il faut qu'il lui soit demandé de statuer sur un différend pour qu'il puisse le faire (voy. c. pr. civ. fr., art. 480-3°, 1028-5°).

La loi consacre ici ce principe pour l'instruction : il faut, pour que le juge puisse commencer l'instruction, qu'il soit saisi par la poursuite du ministère public ou de la partie civile régulièrement constituée, à peine de nullité : si le juge avait commencé l'instruction sans poursuites et que celles-ci eussent lieu plus tard, ce qui aurait été fait avant les poursuites ne serait pas validé, mais devrait être recommencé.

Cependant, il y a une notable exception au principe; la loi la signale immédiatement : c'est celle du crime ou du délit flagrant.

Dans ce cas, on verra que le juge peut commencer les constatations, d'office, sans aucune réquisition, à charge d'en informer de suite le commissaire du Gouvernement.

On dit quelquefois, à ce sujet, que le juge est saisi "par le fait même de l'infraction," d'autres disent qu'il est saisi "par la loi ;" mais ces deux formules sont inexactes, car elles conduiraient à croire que le juge est saisi, même à son insu, c'est-à-dire quand il ignore que le fait a été commis, ce qui est insoutenable ; il n'est même pas saisi, quand il a seulement *connaissance* du fait délictueux ; pour qu'il soit saisi, il faut qu'il ait fait un premier acte d'instruction; on doit donc dire que le juge "se saisit lui-même;" l'expression a déjà été employée (p. 22). C'est là l'exception.

Dans les cas ordinaires, une fois le juge d'instruction saisi par une poursuite, soit du ministère public, soit de la partie civile, il n'est pas nécessaire que, pour procéder à chacun des actes d'instruction, il en soit requis par la partie qui poursuit; c'est le contraire qui a lieu; il peut et même il doit continuer l'instruction d'office, sauf à demander pour certains actes les conclusions du ministère public, comme on le verra par la suite. La même règle s'applique aux juridictions de jugement, aux juges du fond.

Art. 130.— 220. A raison du danger continuel de fuite des coupables, la loi introduit, sinon des exceptions proprement dites, au moins des tempéraments à la règle qui précède.

Ainsi, le juge auquel une plainte ou une dénonciation est adressée, n'est pas encore saisi; mais il peut *mander* l'inculpé à comparaître devant lui et l'interroger sur les faits à lui imputés.

La loi entrera, ci-après, dans des détails nombreux sur les divers mandats que peut délivrer le juge d'instruction. Bornons-nous à remarquer ici que le mandat de comparution ne porte pas *contrainte*, mais qu'il invite seulement l'inculpé à comparaître, et, lors même que la forme adoptée aurait quelque chose d'impératif, elle laisse toujours l'obéissance à la volonté libre de la personne mandée.

On verra bientôt ce qui peut arriver s'il n'est pas obtempéré, obéi au mandat de comparution.

Si, après l'interrogatoire, le juge d'instruction trouve le fait assez vraisemblable et assez grave pour être l'objet de poursuites du ministère public, comme il ne peut *requérir* le commissaire du Gouvernement d'y procéder, ce qui serait un renversement des rôles, il lui fait une dénonciation en forme, comme fonctionnaire ayant acquis, dans l'exercice de ses fonctions, la connaissance ou le soupçon d'un crime ou d'un délit (voy. art. 111). Il y joint la plainte ou la dénonciation qu'il a reçue.

Vraisemblablement, le ministère public poursuivra.

Il pourrait arriver que le juge d'instruction eût plus de doute que de soupçon réel ; dans ce cas, il ne ferait pas de dénonciation en son propre nom, mais il transmettrait au commissaire du Gouvernement la plainte ou la dénonciation, pour donner à celui-ci le moyen de prendre plus librement tel parti qu'il jugerait à propos.

Enfin, le juge pourrait être convaincu qu'il y a, de la part du plaignant ou du dénonciateur, erreur ou mauvaise foi, et il ne ferait aucune communication au commissaire du Gouvernement, comme celui-ci, en pareil cas, pourrait n'en pas faire au juge d'instruction, ainsi qu'on l'a fait remarquer sous l'article 107.

Le Code français ne fait pas de pareilles distinctions : il prescrit d'une façon générale la communication de la plainte au commissaire du Gouvernement ; mais, dans la pratique, le juge d'instruction néglige souvent des plaintes qui lui paraissent ridicules ou téméraires, à moins qu'il n'y ait constitution de partie civile.

Art. 131.— 221. Bien que le juge ne soit pas saisi par la plainte ou la dénonciation, la loi lui permet encore, s'il y a urgence ou danger de fuite de l'inculpé, de décerner deux autres mandats : le mandat d'amener qui permet de contraindre l'inculpé, par la force, à se rendre devant le juge et qui sera tout-à-fait justifié, si déjà il n'a pas obéi à un mandat de comparution, et le mandat de dépôt qui permet de le garder sous la main de la justice, après l'interrogatoire.

Le juge, dans ces cas, avertit le commissaire du

Gouvernement de la délivrance de ces mandats et il y joint les renseignements qu'il a pu obtenir par l'interrogatoire ou autrement.

Mais, malgré les graves soupçons qui ont déterminé le juge à prendre ces mesures préventives exceptionnelles, le commissaire du Gouvernement peut ne pas être d'avis de poursuivre : il peut répondre en ce sens au juge et celui-ci devra mettre immédiatement l'inculpé en liberté ; il en sera de même, si le commissaire du Gouvernement tarde plus d'un jour à requérir des poursuites. Dans l'un et l'autre cas, le juge d'instruction, n'étant pas saisi, ne pourrait conserver l'inculpé en prison, sans se rendre coupable de détention arbitraire.

Mais cette liberté n'empêche pas des poursuites ultérieures, et cela, sans même qu'il soit besoin de charges nouvelles, puisqu'aucune décision d'instruction n'est intervenue.

Art. 132.— 222. On a vu, aux articles 107 et 111, que, par exception, la plainte ou la dénonciation peuvent être faites ou transmises au juge d'instruction du lieu où l'inculpé se trouve. Dans ce cas, ledit juge pourra procéder, comme il est dit plus haut, à l'interrogatoire de l'inculpé ; il pourrait même faire les constatations urgentes, comme une audition de témoins, une visite domiciliaire, ou une saisie de pièces à conviction ; ensuite, si le fait lui paraît assez grave pour entraîner la privation de la liberté, il enverra l'inculpé, sous mandat de dépôt, devant le juge d'instruction du lieu de l'infraction, lequel procèdera suivant les formes ordinaires, après avoir visé le mandat ou en avoir délivré un nouveau en son nom.

Mais si le mandat de dépôt n'est pas délivré, ce n'est plus l'*inculpé* qui est renvoyé, c'est l'*affaire*, c'est-à-dire la plainte, et alors c'est au commissaire du Gouvernement qu'elle est renvoyée. Ces nuances peuvent paraître minutieuses, mais elles sont un respect des principes : le commissaire du Gouvernement peut recevoir des pièces, ce n'est pas à lui à recevoir un inculpé et à le faire détenir.

SECTION PREMIÈRE.

DES MANDATS.

Mandat de comparution.

Art. 133. Lorsque le juge d'instruction, régulièment saisi par le ministère public ou par la partie civile, décernera un mandat de comparution contre une personne soupçonnée d'un crime ou d'un délit, il devra laisser entre la délivrance du mandat et le moment fixé pour la comparution un délai d'au moins 24 heures.

Interrogatoire.

La personne mandée à comparaître devra être interrogée immédiatement, ou au moins dans la même journée.— **118.** [136.—93.]

Commission rogatoire.

134. Si la personne qui doit comparaître n'a pas sa résidence dans le ressort du juge qui a délivré le mandat, celui-ci pourra donner commission rogatoire au juge d'instruction de la résidence de ladite personne, pour que celui-ci décerne un pareil mandat.

Il indiquera au juge commis les points à éclaircir et sur lesquels le comparant devra s'expliquer.—**119.** [73, 138, 139.]

135. Le juge peut décerner immédiatement un mandat d'amener dans les cas suivants : — Mandat d'amener.

1° Si la personne mandée à comparaître ne s'est pas présentée au jour fixé ;

2° Si la personne mandée n'a pas de résidence fixe ;

3° Si elle a déjà été condamnée à une année d'emprisonnement ou à une peine supérieure ;

4° Si le juge craint qu'elle ne prenne la fuite ou ne fasse disparaître les preuves existant à sa charge ;

5° S'il craint qu'elle ne mette à exécution des tentatives ou des menaces délictueuses.—**120, 121.** [···— 91, 94.]

136. L'inculpé contre lequel a été décerné un mandat d'amener est conduit par la force publique devant le magistrat qui a délivré le mandat. — Suite.

Il doit être interrogé dans les 48 heures, après quoi, il sera, de droit, mis en liberté, s'il n'est placé sous mandat de dépôt.—**122.** [133.—93, 98.] — Interrogatoire.

137. Si l'inculpé se trouvait hors de la circonscription du juge, au moment de la délivrance du mandat d'amener, il pourra, lors de la présentation du mandat, demander à être conduit devant le juge d'instruction du lieu où il se trouve, lequel le placera provisoirement sous mandat de dépôt, en énonçant cette cause, et en donnera immédiatement avis au juge origi- — Eloignement de l'inculpé : exception.

naire, pour connaître quelle suite il doit donner à l'affaire.— **123.** [100 s.]

Suite.

138. Dans le cas de l'article précédent, le juge qui a délivré le mandat d'amener devra, sans délai, soit ordonner que son mandat reçoive son exécution immédiate, soit donner commission rogatoire au juge qui a retenu l'inculpé, pour l'interroger sur les faits qu'il lui indiquera.

Après cet interrogatoire, le juge commis pourra, soit mettre l'inculpé en liberté, avec ou sans caution, soit ordonner son transfert, sous le mandat d'amener ou de dépôt, devant le juge originaire.— **124.** [73, 134.—103.]

Transport du juge.

139. Si la personne objet du mandat de comparution ou d'amener est dans l'impossibilité de se déplacer, par maladie ou autre cause légitime et justifiée, le juge d'instruction qui a délivré le mandat pourra se transporter près de cette personne pour l'interroger, si elle réside dans son ressort ; au cas contraire, il donnera commission rogatoire à cet effet au juge d'instruction de la résidence.

Dans l'un et l'autre cas, si le fait est peu grave, la commission rogatoire pourra être donnée au juge de paix du lieu de la résidence de l'inculpé.— **125.** [73, 183.]

Mandat de dépôt.

140. Hors le cas prévu à l'article 137 et le cas de flagrant délit ou de fuite de l'inculpé, le mandat de dépôt ne pourra être décerné qu'après l'interrogatoire de l'inculpé, soit par le juge d'instruction du lieu du délit, soit par celui du lieu de l'arrestation, s'il y a eu commission rogatoire, et dans le cas seulement où l'infraction entraînerait une peine criminelle ou l'emprisonnement.— **126**. [133, 136, 137.—94.]

141. Après dix jours de l'exécution du mandat de dépôt, le juge d'instruction devra transformer ledit mandat en un mandat d'arrêt, ou mettre provisoirement l'inculpé en liberté, avec ou sans caution. Durée du mandat de dépôt.

Dans tous les cas, l'inculpé souscrira un engagement de se représenter à tous les actes de la procédure, chaque fois qu'il en sera requis.

Toutefois, le commissaire du Gouvernement pourra requérir le juge d'instruction de surseoir à la mise en liberté pendant un nouveau délai de dix jours.

La même prolongation de dix jours pourra avoir lieu contre l'inculpé qui refuserait de prendre le susdit engagement ou y manquerait après l'avoir pris.— **127**. [230 s.]

142. Le mandat d'arrêt ne pourra être délivré qu'après que la procédure commencée aura été communiquée au commissaire du Gouvernement et que celui-ci aura été invité à donner ses conclusions sur la délivrance dudit mandat.—**128**. [34.] Mandat d'arrêt.

143. Le mandat d'arrêt énoncera sommairement le fait incriminé, ainsi que les circons- Suite : énonciations.

tances connues qui peuvent en modifier la gravité, en plus ou en moins.

Le texte de la loi qui le punit y sera transcrit en entier.

Il y sera fait mention que le commissaire du Gouvernement a été entendu sur la délivrance dudit mandat.—**129.** [433.]

Forme commune des mandats.

144. Tous les mandats porteront, autant qu'il sera possible, les nom, prénom, profession, qualité et domicile de la personne contre laquelle ils seront délivrés; si l'on ne connaît pas les nom ou prénom, l'individu sera désigné par son signalement physique, dans les mandats qui doivent être confiés aux agents de la force publique, d'après l'article 147 ;

Ils porteront la date des jours, mois et an ;

Ils seront signés et scellés par le juge qui les aura délivrés et par le greffier.—**130.** [27.—95.]

Sanction.

145. Les conditions imposées par l'article 143 et par les deux derniers alinéas de l'article précédent, pour la délivrance des mandats de dépôt et d'arrêt seront observées à peine de nullité desdits mandats.— **0.** [536-6°.— 112.]

Remise du mandat de comparution.

146. Le mandat de comparution sera notifié en la forme ordinaire, par un agent du greffe, soit à la personne mandée, en quelque lieu qu'elle soit trouvée, soit à sa résidence.— **131.** [24.— 95, 105.]

147. Les mandats d'amener, de dépôt et d'arrêt contiendront réquisition de la force publique pour en assurer l'exécution, si besoin en est. Remise des autres mandats.

Ils seront exécutoires dans toute l'étendue de l'Empire.

Ils seront remis à un ou plusieurs agents de la force publique, en autant d'originaux qu'il sera nécessaire.

Au moment de l'exécution, un original sera représenté à l'inculpé et il lui en sera remis copie, s'il le requiert, en observant les formalités prescrites à l'article 25, 2e alinéa.— **132.** [24.—97, 98, 108.]

148. Si l'agent chargé de l'exécution du mandat soupçonne que l'inculpé est caché, soit à sa résidence, soit dans tout autre lieu privé, il procédera à une perquisition, en présence du maire ou de son suppléant requis à cet effet, et, en cas d'empêchement ou d'absence de ceux-ci, en présence de deux voisins. Perquisitions.

Soit que l'inculpé ait été ou non découvert, il sera dressé acte de la perquisition ; le maire ou les deux voisins signeront audit acte.

La perquisition ne pourra être faite avant le lever ni après le coucher du soleil.— **133, 134, 135.** [177 s.]

149. Si l'inculpé contre lequel est décerné un mandat de comparution est un soldat ou un officier des armées de terre ou de mer actuellement de service, le mandat sera présenté à son Officiers et soldats : formes particulières.

chef de poste qui devra l'autoriser à se rendre devant le juge, à moins d'empêchement absolu.

S'il s'agit d'un mandat d'amener, de dépôt ou d'arrêt décerné contre un soldat ou un officier, même non de service, le mandat sera présenté au commandant de place ou au chef du corps, lequel devra, soit en autoriser l'exécution, soit saisir la juridiction militaire, s'il y a lieu, en s'assurant de la personne de l'inculpé.— **136.** [191.]

Incarcération.

150. L'inculpé saisi ou retenu en vertu d'un mandat de dépôt ou d'arrêt sera conduit dans la prison désignée par le mandat, à moins que son transfert immédiat ne soit impossible; auquel cas, il devra être provisoirement conduit dans une des prisons les plus voisines.

Dans tous les cas, le gardien-chef de la prison sera tenu, sur l'exhibition du mandat, de recevoir l'inculpé et d'en donner recépissé.— **137.** [104, 107, 110, 111.]

Déclaration d'exécution.

151. L'officier qui aura été chargé de l'exécution d'un mandat déclarera sur l'original qu'il a été exécuté ; au cas contraire, il déclarera pour quelle cause il n'a pu l'être ;

Après quoi, il remettra les pièces sus-mentionnées au greffe du tribunal, lequel lui en donnera décharge.—**138.** [25-7e al.— 109.]

Remise des mandats à un détenu.

152. Si l'inculpé contre lequel est décerné un mandat de dépôt ou d'arrêt est déjà détenu, la copie du mandat lui sera remise en personne par le greffier, et il en sera fait mention sur l'original et sur la copie.—**139.**

153. Hors le cas de mise au secret prévue ci-après, les inculpés sont autorisés à recevoir la visite de leurs proches parents ou alliés, de leurs amis ou de leur avocat, en se conformant aux règlements de la prison. Visites, communications aux détenus.

Les lettres, livres et autres documents écrits ne pourront être échangés entre les personnes du dehors et l'inculpé qu'après avoir été communiqués au juge d'instruction qui pourra les retenir provisoirement.

Tous autres objets seront échangés par la voie du directeur de la prison par lequel ils seront examinés et contrôlés.

En cas de doute ou de contestation sur l'admissibilité, le juge d'instruction permettra ou refusera la remise des objets.— **140.** [156 s.]

154. Au cours de l'instruction, si le juge estime, d'après les charges, que l'infraction ne doit pas entraîner l'emprisonnement ou une peine plus forte, il pourra, soit sur la demande de l'inculpé ou du ministère public, soit d'office, donner main-levée pure et simple du mandat de dépôt ou d'arrêt. Main-levée des mandats.

Toutefois, s'il s'agit de la main-levée du mandat d'arrêt, le juge devra préalablement demander les conclusions du ministère public, quand la demande n'émanera pas de celui-ci.— **141.** [···—94.]

Codes mis à la disposition des inculpés.

155. Pendant l'instruction et jusqu'à la décision définitive, dans toute prison où seront détenus les inculpés, il sera mis à leur disposition un exemplaire des deux Codes criminels. —**142.**

Sommaire.

Art. 133.—223. Quatre sortes de mandats.—224. Mandat de comparution.

134.—225. Commissions rogatoires.

135.—226. Mandat d'amener.

136.—227. Suite.

137.—228. Suite; cas particulier : éloignement de l'inculpé.

138.—229. Suite ; issues diverses du mandat d'amener, dans ce cas.—230. Double différence du Projet avec le Code français, dans le cas dont il s'agit.

139.—231. Transport du juge ou commission rogatoire.

140.—232. Mandat de dépôt : interrogatoire préalable; deux cas exceptés.

141.—233. Durée du mandat de dépôt ; deux cas de prolongation.

142 et 143.—234 et 235. Mandat d'arrêt : trois conditions ; leur utilité.

144.—236. Conditions de forme communes aux quatre mandats : leur utilité.

145.—237. Nullité de forme : sanction.

146 et 147.—238. Notification du mandat de comparution. —239. Force exécutoire des trois mandats dans tout l'Empire.

148.—240. Perquisition pour découvrir l'inculpé.

149.—241. Mandats contre un militaire ou un marin de l'Etat.

150.—242. Incarcération de l'inculpé.

151.—243. Exécution et inexécution des mandats.

Art. 133.—223. Le mot "mandat," en français, veut dire "ordre, commission;" c'est ainsi qu'on dit, en matière civile: "mandat ou procuration" et en matière de commerce ou de comptabilité publique: "mandat de payement." En procédure criminelle, ce mot n'est guère employé que pour indiquer les actes par lesquels le juge d'instruction cherche à s'assurer, soit de la comparution de l'inculpé, soit de la garde de celui-ci, sous sa main, pour la suite de l'instruction et de la procédure.

Il y a dans le Projet, comme dans le Code français, quatre mandats: les deux premiers (mandat *de comparution* et mandat *d'amener*) tendent à obtenir la présence momentanée de l'inculpé, les deux derniers (mandat *de dépôt* et mandat *d'arrêt*) tendent à le retenir prisonnier.

Dans le premier mandat, la comparution est *volontaire,* tandis qu'elle est *forcée* dans le second. Les mandats de dépôt et d'arrêt sont privatifs de la liberté, aussi, la loi prend-elle des précautions pour qu'il n'en soit pas fait un usage exagéré ou abusif.

Le mandat d'amener, à la rigueur, pourrait être considéré comme "privatif de la liberté," car, outre son exécution forcée, il peut entraîner un emprisonnement de 48 heures, en attendant l'interrogatoire; mais ce n'est pas là son effet essentiel, il vaut donc mieux réserver cette qualification aux deux derniers mandats.

224. On suppose dans cette section et dans les suivantes que le juge d'instruction est saisi.

Il ne décernera qu'un mandat de comparution, quand

le délit est peu grave, ou même, quand s'agissant d'un délit grave ou d'un crime, les soupçons contre l'inculpé n'ont pas une grande force.

Pour que la comparution volontaire soit possible, le juge doit laisser 24 heures d'intervalle entre l'heure de la délivrance du mandat et celle de la comparution. Le mandat devra donc porter, non seulement la date du jour, mais encore l'heure de la délivrance ; à moins que le juge ne cite à deux jours d'intervalle, auquel cas, il n'y a plus d'intérêt à mentionner l'heure de la délivrance. Dans tous les cas, le mandat doit porter l'heure et le lieu où l'inculpé devra comparaître.

Il semblerait plus logique que l'intervalle de 24 heures se comptât, non de la délivrance du mandat par le juge, mais de sa remise à la personne ou au domicile de l'inculpé. Mais il y a à cela une impossibilité pratique : le juge ne peut savoir à quel moment précis le mandat sera remis et, d'un autre côté, il doit fixer une heure pour la comparution. Il aura d'ailleurs la faculté de citer à deux jours, quand il n'y aura pas urgence.

Pour que le mandat de comparution ne soit pas vexatoire contre une personne faiblement soupçonnée, l'interrogatoire doit avoir lieu aussitôt que l'inculpé comparaît. Cependant, il peut y avoir d'autres interrogatoires indiqués pour le même jour, il suffit donc que tous les inculpés soient interrogés le jour où ils ont comparu.

Jusqu'au moment où le juge est disposé à l'interroger, l'inculpé est libre d'aller et de venir, même de se retirer ; à moins que le juge ne croye devoir le retenir, en signant immédiatement un mandat d'amener.

Art. 134.— 225. Il ne fallait pas, sur de faibles soupçons, déplacer de loin une personne qui peut être mal à propos inculpée. La loi laisse donc au juge la faculté de donner commission rogatoire au juge de la résidence de l'inculpé de décerner ledit mandat de comparution et d'interroger l'inculpé.

Bien que la loi ne le dise pas, le juge commis pourrait décerner un mandat d'amener, soit parce que le premier mandat serait resté sans effet, soit parce qu'il y aurait lieu de craindre la fuite de l'inculpé.

Naturellement, le juge commis sera informé des points sur lesquels devra porter l'interrogatoire.

A la suite de cet interrogatoire, le juge commis aura les mêmes pouvoirs que le juge originaire, au sujet de la délivrance d'un autre mandat, qui ne pourra être que le mandat d'amener ou de dépôt, avec transmission immédiate de l'inculpé près du juge originaire, pour les suites à donner à l'affaire (v. art 138).

Dans tous les cas, le juge commis transmettra au même juge le résultat de son interrogatoire.

Bien que la loi ne désigne que le juge d'instruction du domicile de l'inculpé, comme pouvant recevoir la commission rogatoire, il ne faut pas y voir l'exclusion d'une faculté accordée plus loin au juge d'instruction saisi laquelle lui permet de charger le juge de paix dudit interrogatoire, dans les affaires peu graves (art. 139).

Art. 135.— 226. Il serait souvent dangereux de délivrer un mandat de comparution.

Quand les soupçons sont fondés, ce mandat sera pour l'inculpé un avertissement des poursuites qui le menacent et sa fuite sera presque certaine.

La loi autorise donc le juge à décerner de suite un mandat d'amener, dans cinq cas qu'elle détermine.

Chacun de ces cas est facile à justifier :

Au premier cas, l'inculpé n'a pas obtempéré à l'ordre de la justice, il n'a plus droit aux mêmes ménagements : un nouveau mandat de comparution serait d'ailleurs dérisoire.

Au deuxième cas, l'inculpé, n'ayant pas de résidence

fixe, ne recevrait probablement pas le mandat de comparution, il faudrait alors revenir au mandat d'amener, après une perte de temps ; mieux vaut employer de suite le mandat en vertu duquel il sera recherché et conduit devant le juge.

Au troisième cas, l'inculpé ayant déjà été condamné à une peine assez grave, les soupçons d'une nouvelle infraction sont plus fondés ; il y a aussi une sorte de présomption qu'il s'enfuira en présence de nouvelles poursuites.

Au quatrième cas, la crainte de la fuite de l'inculpé ou de la destruction des preuves de l'infraction résulte des circonstances. Ce cas laisse au juge une grande latitude et ôte à l'énumération de la loi tout caractère réellement limitatif.

Au cinquième cas, le juge craint que l'inculpé n'aggrave l'infraction, en consommant les effets résolus ou tentés ; le but ne sera même sérieusement atteint que par le mandat de dépôt, si, après l'interrogatoire, le juge conserve les mêmes craintes.

Art. 136.— 227. A la différence du mandat de comparution qui est adressé à l'inculpé lui-même et remis à sa personne ou à son domicile, le mandat d'amener, comme les deux mandats de dépôt et d'arrêt est *adressé* aux officiers, commandants ou agents de la force publique ; il est *remis* à un agent spécial ayant le droit de requérir lesdits officiers ou agents, pour lui prêter main forte, sur la présentation dudit mandat.

Le juge d'instruction ne doit pas tarder à interroger l'inculpé plus de 48 heures après son arrivée. Si donc l'interrogatoire ne peut avoir lieu de suite, l'inculpé sera incarcéré dans la maison de justice qui se trouve le plus proche du tribunal.

Rien ne s'opposerait à ce que le juge procédât à

deux ou plusieurs interrogatoires successifs, s'il espère en obtenir d'utiles résultats, pourvu qu'il n'excédât pas le délai de 48 heures.

Art. 137.— 228. La loi, ici encore, use de ménagements pour un inculpé contre lequel il n'y a pas encore de charges bien précises, en lui épargnant la nécessité d'un voyage pénible et plus ou moins humiliant.

Si l'inculpé, "au moment de la délivrance du mandat d'amener," n'est pas dans la circonscription du juge, il est évident que ce n'est pas la connaissance de ce mandat qui l'a fait s'éloigner : on ne peut pas dire qu'il a fui devant ce mandat.

Alors, il est admis à se faire conduire devant le juge d'instruction du lieu où il se trouve. Celui-ci, n'ayant pas de commission rogatoire, ignore entièrement de quelle imputation il s'agit et ne peut interroger l'inculpé ; il doit seulement s'assurer de sa personne ; dès lors, il le retient sous un mandat de dépôt, motivé sur la demande même de l'inculpé ; puis, il avise immédiatement le juge originaire du fait dont il s'agit et lui demande s'il doit interroger le prévenu ou le faire conduire devant ledit juge.

On remarquera que la loi n'autorise pas le juge qui a décerné le mandat de dépôt à en suspendre l'exécution par une liberté provisoire, comme il le pourra, en vertu de l'article suivant, après l'interrogatoire : il ne lui appartient pas d'affaiblir la mesure prise par le juge originaire ; or, un mandat de dépôt suspendu par la mise en liberté provisoire garantit moins la comparution de l'inculpé qu'un mandat d'amener, lorsque l'inculpé présent peut-être contraint.

La mesure autorisée par cet article n'est prise que "si l'inculpé la requiert," or, le plus souvent, les inculpés ignoreront qu'ils ont ce droit, et les agents pourraient ignorer aussi qu'ils doivent y obtempérer. Il sera donc nécessaire, dans la pratique, que les agents chargés de l'exécution des mandats d'amener soient prévenus eux-mêmes du droit de l'inculpé et aient ordre non seulement de s'y conformer, mais même d'avertir l'inculpé du droit qui lui appartient, lorsqu'ils le trouveront hors de l'arrondissement du juge qui a délivré le mandat. On pourrait même imprimer l'article 137 au dos des mandats d'amener.

Art. 138.— 229. Le juge originaire, dès qu'il est avisé de l'incident survenu, doit donner la commission rogatoire au juge du lieu, ou se faire envoyer le prévenu sous le mandat d'amener qu'il a délivré.

S'il y a commission rogatoire, le juge commis a, naturellement, les pouvoirs d'un juge d'instruction ordinaire : s'il lui paraît qu'aucune charge ne pèse sur l'inculpé, il ordonne sa mise en liberté ; au cas contraire, il maintient son mandat de dépôt, sous lequel il envoie l'inculpé devant le juge originaire ; il peut aussi ordonner que le mandat d'amener originaire soit exécuté purement et simplement.

Dans tous les cas, il donne avis au juge originaire des mesures qu'il a cru devoir prendre et il lui transmet copie du procès-verbal de son interrogatoire.

Quand le juge commis ordonne la mise en liberté, il peut la subordonner, ou non, à un cautionnement. On retrouvera plus loin (section v, art. 230 et suiv.) cette distinction relative à la mise en liberté provisoire.

Le plus souvent, sans doute, la mise en liberté provisoire pendant l'instruction devra être subordonnée à un cautionnement, garantissant la représentation de l'inculpé à la suite des actes de procédure auxquels il sera appelé. C'est que, dans les cas ordinaires, la liberté provisoire n'est donnée qu'après un mandat de dépôt ou d'arrêt qui suppose des charges assez considérables. Mais, dans le cas de notre article, le mandat de dépôt n'a pas été fondé sur les charges : il a été délivré sur la demande de l'inculpé lui-même, lequel a préféré être placé sous ce mandat, plutôt que de subir, loin de son domicile, l'exécution du mandat d'amener.

230. Dans cette disposition exceptionnelle, le Projet japonais s'est complètement écarté du Code français qui, dans son article 100, accorde à l'inculpé une faveur analogue, mais pour un cas tout opposé : le cas où l'inculpé peut demander à être conduit devant le juge local, au lieu de se soumettre au mandat d'amener, est celui où il est trouvé à plus de 5 myriamètres (environ 12 *ri* japonais) du siége du juge originaire, *après deux jours* de la délivrance du mandat.

Mais, cet intervalle de deux jours, loin de justifier la prétention de l'inculpé, d'éviter le voyage humiliant, est une raison de la faire repousser. Il est probable qu'il a eu connaissance du mandat et qu'il en a fui l'exécution. Dans le projet japonais, au contraire, il faut que ce soupçon soit impossible et, pour cela, la loi exige que l'éloignement de l'inculpé soit concomitant à la délivrance même du mandat. Le Code français, au lieu de dire *après* deux jours, aurait dû dire *avant* deux jours.

La loi française, dans le même article 100, contient une autre disposition qui prive l'inculpé du bénéfice dont il s'agit lorsqu'il est trouvé nanti d'objets qui font présumer qu'il est auteur d'un crime ou d'un délit : dans ce cas, le mandat d'amener sera toujours exécuté.

Le Projet japonais n'a pas admis cette disposition : elle aurait l'inconvénient de laisser à des agents de la force publique, souvent peu éclairés, l'appréciation de circonstances d'une gravité si considérable ; il a paru plus sage de laisser cette appréciation au juge local qui, gardant l'inculpé sous mandat de dépôt, informera en même temps le juge originaire de la nature des objets trouvés en la possession de l'inculpé.

Art. 139.— 231. Voici encore un adoucissement à l'exécution du mandat de comparution ou d'amener.

L'inculpé peut être malade ou dans l'impossibilité de se rendre à l'injonction du juge, soit par la maladie grave d'un de ses proches parents près duquel il doit rester, soit par un emploi public qui ne lui permettrait pas de s'absenter plusieurs heures ou une journée sans grave préjudice pour des intérêts généraux ; par exemple, il est employé aux chemins de fer, aux télégraphes, aux phares, dans un poste où il ne peut être immédiatement remplacé.

Certains emplois privés pourraient, à la rigueur, être assimilés à un emploi public, au point de vue qui nous occupe ; par exemple, un commandant de navire d'une compagnie de navigation, devant partir le lendemain, ou le chef d'une grande entreprise privée de travaux d'utilité publique, dans des circonstances où sa présence est absolument nécessaire.

Dans ces cas, le juge d'instruction peut se transporter près de lui, assisté du greffier, pour procéder à l'interrogatoire.

Mais le juge ne se déplacera pas hors de son ressort: si la résidence de l'inculpé était hors du ressort, le juge donnerait commission rogatoire au juge d'instruction de la résidence ou, si le fait était peu grave, au juge de paix.

Dans ce même cas d'infraction paraissant peu grave, la commission rogatoire pourrait être donnée au juge de paix, même dans le ressort du juge d'instruction (art. 183).

Bien entendu, comme le dit le texte, l'empêchement devrait être *justifié* et non simplement *allégué*. La justification, au cas de mandat de comparution, se fera, pour une maladie, par certificat de médecin ou par attestation des voisins; elle se fera par la déclaration du chef de l'administration, s'il s'agit d'un service public ou privé; le juge pourrait même s'en rapporter à la seule déclaration écrite de l'inculpé, s'il était impossible à celui-ci de fournir une preuve immédiate.

Dans le cas de mandat d'amener, l'agent chargé de l'exécution du mandat pourra vérifier par lui-même la légitimité de l'empêchement et il en fera son rapport au juge.

Art. 140.— 232. Le mandat de dépôt étant privatif de la liberté, pour un temps assez long, la loi ne permet pas, en principe, qu'il soit délivré avant que le juge ait pu apprécier par lui-même, au moyen d'un premier interrogatoire, la gravité des charges qui pèsent sur l'inculpé.

Si l'interrogatoire a été fait par un juge commis, le mandat de dépôt ne peut être délivré par le juge originaire qu'après qu'il a eu connaissance de cet interrogatoire.

La loi apporte deux exceptions à ce principe protecteur de la liberté individuelle; ce sont :

1° Le cas prévu à l'article 137, où l'inculpé préfère lui même le mandat de dépôt, dans le lieu de sa résidence, à un voyage gênant ou humiliant;

2° Le cas où l'inculpé est en fuite, en fuite *réelle* et non pas seulement quand sa fuite est à craindre, cas où il n'y a lieu qu'à la délivrance du mandat d'amener avant l'interrogatoire (v. art. 135).

Pour assurer l'observation de la loi, il sera bon que le mandat de dépôt mentionne que l'interrogatoire a été fait ou que l'exception est motivée sur la fuite de l'inculpé (*a*). Déjà l'article 137 a imposé au juge

(*a*) La loi n'exige pas cette mention, mais on pourra aisément l'ajouter au texte ou l'imposer par une circulaire ministérielle.

l'obligation d'énoncer la cause exceptionnelle de la délivrance du mandat de dépôt dans le cas qu'il prévoit.

Il faut nécessairement, pour qu'il y ait lieu à la délivrance du mandat de dépôt que le fait imputé au prévenu soit de nature à entraîner l'emprisonnement ou une peine criminelle. Cette condition devrait même être observée dans le cas de fuite de l'inculpé; elle n'est pas observée, au contraire, dans le cas tout particulier de l'article 137, puisque le mandat de dépôt y remplace le mandat d'amener, sur la demande de l'inculpé lui-même.

Il ne sera pas nécessaire que le juge mentionne dans le mandat de dépôt que le fait paraît de nature à entraîner une peine privative de la liberté. La délivrance de ce mandat prouve que le juge apprécie le fait de cette manière. D'ailleurs, si le mandat de dépôt était délivré dans un cas qui, même prouvé, ne doit pas entraîner emprisonnement, il y aurait de la part du juge, excès de pouvoir et droit d'opposition immédiate, au profit de l'inculpé (v. art. 258).

Art. 141.— 233. On verra, par les deux articles suivants, que le mandat de dépôt présente moins de garanties pour l'inculpé que le mandat d'arrêt, en ce sens que le ministère public n'a pas donné ses conclusions spéciales au sujet de ce mandat, et que le fait incriminé et le texte de la loi pénale n'y sont pas énoncés.

Dès lors, il ne fallait pas que ce mandat pût remplacer le mandat d'arrêt pendant un temps indéfini. La loi limite donc la durée du mandat de dépôt à 10 jours, en principe. Après ce délai, si le juge d'instruction n'est pas encore assez fixé sur la nature du fait ou des charges, pour délivrer le mandat d'arrêt, il doit mettre l'inculpé en liberté provisoire.

Cette liberté provisoire pourra être subordonnée, ou non, au cautionnement dont il a déjà été parlé et qui sera développé sous les articles 230 et suivants.

Lors même que l'inculpé ne serait pas soumis au cautionnement, il devra prendre l'engagement écrit, au greffe, de se représenter à tous les actes de procédure, chaque fois qu'il en sera requis. Faute par lui de prendre cet engagement, le mandat de dépôt sera prolongé de dix jours.

La prolongation du délai de 10 jours peut aussi être demandée par le commissaire du Gouvernement, lorsque le premier délai a été insuffisant pour ses recherches; dans ce cas, le juge d'instruction doit faire droit à cette demande; après quoi, le mandat d'arrêt devra être délivré ou la mise en liberté prononcée.

Le refus par l'inculpé de fournir le cautionnement demandé ou de faire la soumission de se représenter n'autoriserait pas la prolongation du mandat de dépôt, mais la délivrance du mandat d'arrêt; car, du moment que le double délai de 10 jours est écoulé, le juge d'instruction est présumé avoir eu le temps suffisant, sinon pour apprécier définitivement les charges, au moins pour déterminer la nature des faits incriminés et remplir les formalités et conditions du mandat d'arrêt.

Art. 142 & 143.— 234 et 235. Le mandat d'arrêt est le plus grave, en ce sens que la privation de la liberté peut y être plus longue que dans le mandat de dépôt: il ne comporte pas de limites légales. On a donc dû le soumettre à de nouvelles conditions.

Il suppose, bien entendu, comme le mandat de dépôt, l'interrogatoire préalable de l'inculpé et une inculpation assez grave pour entraîner une peine privative de la liberté. De plus, il faut: 1° qu'il énonce le fait incriminé et ses principales circonstances constitutives, 2° qu'il relate la teneur du texte de la loi qui punit ce fait, 3° que le ministère public ait donné ses conclusions au sujet dudit mandat.

Les deux premières conditions ont pour but et pour effet d'écarter tout soupçon de détention arbitraire et, en même temps, de permettre à l'inculpé de s'occuper de sa défense : la dernière condition est tout à la fois une garantie pour la société et pour l'inculpé. Du reste, il ne faut pas croire que le juge ne puisse délivrer le mandat d'arrêt que sur des conclusions *conformes* du ministère public : ici, comme en toute autre matière, le juge est libre de décider autrement que ne le requiert l'accusateur ; mais il doit être éclairé par l'avis de ce magistrat. Les cas où le juge *doit* déférer à la réquisition du commissaire du Gouvernement sont très-rares et ne concernent que des formalités qui ne touchent pas aux droits de l'inculpé ; on en trouvera un exemple dans l'article 173.

La preuve que les deux premières conditions sont remplies résulte du contexte du mandat lui-même ; quant à la troisième, on doit mentionner expressément, dans le mandat, que le ministère public a donné ses conclusions, sans qu'il soit nécessaire de dire dans quel sens elles ont été données.

Le mandat d'arrêt présente donc, en quelque sorte, le caractère annoncé d'un "jugement des charges ;" aussi verra-t-on au Chapitre IV (art 258-2°), qu'il peut être l'objet d'un recours par voie d'opposition.

Art. 144.— 236. Cet article est commun à tous les mandats, il est d'ailleurs de pure forme et ne demande pas de développements. Quant à l'utilité de ces formes elle est évidente : il faut : 1° une désignation aussi précise que possible de l'inculpé, pour éviter les erreurs de personnes, tant celles qui exposeraient à l'arrestation un autre que l'inculpé que celles qui permettraient à celui-ci de s'y soustraire, 2° une date précise, comme dans tous les actes publics, et 3° la marque certaine de son origine, c'est-à-dire les sceaux et signatures des deux officiers de justice qui y participent : du juge et du greffier (comp. art. 27).

On remarquera aussi que l'impossibilité de connaître les nom et prénoms de l'inculpé n'est pas un obstacle à la délivrance des mandats, sauf pour celui de comparution. Ce mandat devant être remis au domicile de l'inculpé, faute de pouvoir l'être à sa personne (art. 146), demande une désignation parfaite de l'inculpé.

Les trois autres mandats étant remis à des agents de la force publique, pour être exécutés *contre* la personne elle-même de l'inculpé (art. 147), il suffit d'un signalement physique de l'individu, à défaut de ses noms et qualités. Il sera même utile de joindre ce signalement aux noms et qualités, quand faire se pourra, afin d'éviter les erreurs de personne.

Depuis l'invention de la photographie, on joint souvent au mandat, quand on le peut, un portrait photographique de l'inculpé, surtout si l'affaire est grave.

A défaut de moyens de désigner l'inculpé par son nom ou son signalement, il faut surseoir à la délivrance des mandats et continuer les recherches : autrement, il y aurait grand danger d'arrestations arbitraires et d'erreurs regrettables.

Art. 145.— 237. Les garanties que la loi a voulu donner à la liberté individuelle seraient illusoires, si la loi n'avait attaché une sanction énergique à leur inobservation ; c'est la nullité du mandat de dépôt ou d'arrêt délivré contrairement aux conditions qui précèdent.

Il ne faudrait pas croire, néanmoins, que l'inculpé pourra se soustraire, de sa propre autorité, à l'exécution du mandat : il doit d'abord y obtempérer, en protestant, s'il s'en croit le droit, mais sans faire aux agents une résistance qui deviendrait elle-même un délit. Cette nullité s'obtient par la voie d'opposition déjà indiquée et qu'on retrouvera sous l'article 258-2°.

Il pourra même y avoir, contre le juge, des poursuites pour arrestation et détention illégales ou arbitraires, conformément aux articles 311 et 312 du Code pénal; mais, pour cela, il ne suffirait pas d'une faute, il faudrait l'intention coupable, d'après les principes généraux.

La loi ne prononce pas la nullité du mandat de comparution, parce qu'il suffira à l'inculpé de n'y pas obéir, ni celle du mandat d'amener, parce que la privation de liberté qu'il entraîne étant très-courte, la voie d'opposition n'aurait plus d'utilité. Mais le principe de la nullité serait encore applicable, si un mandat d'amener et même de comparution nul en la forme était invoqué comme interruptif de prescription (art. 15).

Art. 146 et 147.— 238. Le mandat de comparution, à cause de sa nature déjà signalée plusieurs fois, s'adresse à l'inculpé lui-même: il doit être remis à sa personne ou à son domicile; c'est donc la voie du greffe qui est employée à cet effet, comme pour les notifications ordinaires.

En France, le mandat de comparution n'est pas adressé à l'inculpé, mais, d'une façon générale et comme les trois autres mandats, "à tous huissiers ou agents de la force publique dûment requis de citer l'inculpé."

Ce système n'est pas le plus rapide, car il exige ensuite qu'un huissier ou agent soit commis par le juge ou par le commissaire du Gouvernement, ce qui fait deux actes au lieu d'un seul.

239. Les trois autres mandats s'adressent nécessairement à la force publique et le seul fait qu'un agent en soit porteur suffit à lui donner qualité pour le mettre à exécution; l'agent porteur du mandat peut, en vertu dudit mandat, se faire prêter main forte pour l'exécution.

L'autorité des mandats confiés aux agents de la force publique n'est pas limitée à la circonscription du juge qui les a délivrés : ils ont la force ordinaire des autres actes de l'autorité judiciaire : ils sont exécutoires dans tout l'Empire.

Les limites de la circonscription du juge l'empêcheraient de faire des visites domiciliaires ou des actes d'instruction quelconques, hors de son ressort; il ne pourrait pas dater un de ses actes d'un lieu qui n'est pas dans son ressort; mais l'acte, une fois valablement fait, a, comme un jugement, des effets dans tout l'Empire, s'il en est besoin, parce qu'il est fait implicitement au nom de l'Empereur de qui émane toute justice.

La loi ne dit pas que le mandat de comparution est exécutoire dans tout l'Empire, parce que cet acte n'entraînant pas contrainte, on ne peut guère dire, à proprement parler, qu'il soit *exécutoire*.

En principe, le juge d'instruction ne mandera à comparaître devant lui qu'un inculpé domicilié ou résidant dans sa circonscription. Autrement, il donnera commission rogatoire au juge du domicile de faire l'interrogatoire, ou, tout au moins, de faire notifier le mandat à l'inculpé par le greffier dudit lieu.

Quant aux autres mandats, comme il est souvent nécessaire, pour les mettre à exécution, de lancer des agents de la force publique dans différentes directions, chacun d'eux doit être porteur d'un original du mandat signé du juge et du greffier.

Au moment de l'arrestation, un original est représenté à l'inculpé et, s'il en demande une copie, elle lui est délivrée.

Art. 148.— 240. L'exécution des mandats d'amener, de dépôt ou d'arrêt serait presque toujours impossible, si les agents n'avaient pas le droit de perquisition dans tous les lieux où ils soupçonnent que l'inculpé se tient caché. Cette perquisition ne pourrait non plus être limitée au domicile de l'inculpé, car il ne manquerait pas de se cacher partout ailleurs.

Sans doute, il résultera de la perquisition un trouble momentané pour les particuliers, mais un trouble de cette nature ne peut être mis en comparaison avec le mal public résultant de l'impunité d'un coupable de crime ou délit. D'ailleurs, la présence du maire ou de deux voisins est une garantie que les agents procèderont à la perquisition avec égards pour les habitants.

Pour diminuer le trouble dont il s'agit, la loi défend les perquisitions de nuit et, pour qu'il n'y ait pas d'équivoque sur le mot *nuit*, la loi le remplace par l'absence du soleil sur l'horizon.

La perquisition étant une mesure exceptionnelle, l'agent en dressera un acte de constatation, signé du maire ou des deux témoins; ce sera une preuve que l'agent a rempli son devoir.

La perquisition qui précède sera plus rare pour le mandat d'arrêt que pour celui de dépôt ou d'amener, parce que, le plus souvent, le mandat d'arrêt suivra l'un ou l'autre de ces derniers; mais, il pourrait arriver que l'inculpé eût comparu volontairement, sur mandat de comparution, ou eût été contraint sur mandat d'amener, et que le mandat de dépôt n'eût pas été délivré ou qu'il eût été suivi de mise en liberté provisoire et qu'ensuite le mandat d'arrêt fût décerné.

Art. 149.— 241. Il était nécessaire que la loi prît des précautions particulières pour la remise du mandat de comparution et pour l'exécution des trois autres mandats, lorsque l'inculpé est un soldat des armées de terre ou de mer: celui-ci, en effet, ne peut être soustrait à son service, même momentanément, sans que ses chefs en soient avertis et puissent au besoin s'y opposer.

Au cas de mandat de comparution contre un militaire, il faut l'autorisation du chef *de poste* sous lequel le soldat est de service; celui-ci ne devra refuser l'autorisation que pour empêchement absolu, ce qui fait supposer qu'il aurait un nombre très-limité d'hommes de service.

S'il s'agissait d'un officier de service mandé à comparaître, et qu'il ne fût pas seul gardien du poste, il apprécierait lui-même la possibilité de son déplacement, ou, en tout cas, s'il en référait à son chef, ce qui serait son devoir professionnel, l'agent du greffe ne serait pas tenu de présenter le mandat audit chef.

Lorsqu'au contraire, il s'agit d'un des trois autres mandats, sans qu'il y ait à distinguer s'il s'agit d'un simple soldat ou d'un officier, ni si l'inculpé est de service ou non, le mandat doit être présenté au chef *du corps*, ou au commandant *de place*, officier supérieur qui doit être averti, non seulement du déplacement requis à l'égard de l'un de ses subordonnés, mais aussi de la nature et de la cause de cette réquisition.

Ici, il pourrait se présenter un conflit d'autorités : comme il s'agirait d'un crime ou délit imputé à un militaire, la justice militaire pourrait se prétendre compétente ; l'officier pourra donc donner ou refuser son autorisation à l'exécution du mandat. Mais s'il la refuse, il devra d'abord faire placer l'inculpé aux arrêts ou en prison, de manière à ce qu'il ne puisse se soustraire à la justice, et saisir ensuite la justice militaire dans le plus bref délai.

On trouvera dans le Code militaire des cas où la justice ordinaire est compétente pour juger les militaires ; notamment, le cas où un militaire est prévenu de complicité avec un inculpé non militaire.

Les distinctions de cet article qui paraissent faites plutôt pour l'armée de terre que pour celle de mer s'appliqueraient à cette dernière, en changeant les dénominations.

Art. 150.—242. Lorsqu'il y a eu comparution volontaire sur le premier mandat, ou comparution forcée sur le mandat d'amener, et qu'il y a lieu à la délivrance du mandat de dépôt ou à celle du mandat d'arrêt, quand les faits sont exactement connus et les charges suffisantes, l'inculpé est conduit dans un lieu de détention préventive désigné audit mandat.

Toutefois, si l'heure avancée, si la difficulté actuelle des moyens de transport, ou une autre cause, s'opposait à l'exécution de cette partie du mandat, l'inculpé serait valablement incarcéré dans une prison voisine.

Le gardien de la prison devra toujours recevoir l'inculpé, sur l'exhibition du mandat; il pourrait quoique la loi ne le dise pas, en demander copie, s'il avait des doutes sur la régularité de la pièce, car il a le droit de mettre sa responsabilité à couvert.

Il donne, de son côté, un reçu de l'inculpé pour couvrir la responsabilité de l'agent.

Art. 151.—243. Quand le mandat est exécuté, l'officier le déclare sur l'original qui lui a été confié et il le remet au greffe du tribunal.

Si le mandat n'a pu être exécuté, l'officier le déclare, ainsi que les causes de l'inexécution. Ces causes seront, le plus souvent, l'absence de l'inculpé au lieu où il a été cherché et l'inutilité des perquisitions faites.

Le greffier donne un récépissé du mandat pour décharger l'officier qui le lui a remis.

Art. 152.—244. Dans le cas où l'inculpé est déjà détenu sous mandat de dépôt et qu'il y a lieu à la délivrance du mandat d'arrêt, il n'est pas besoin que le mandat soit remis à un agent de la force publique; c'est le greffier qui fait la remise du nouveau mandat à l'inculpé, dans la prison.

Au contraire, si l'inculpé doit être placé sous mandat

de dépôt, aussitôt après l'interrogatoire, c'est encore à un agent de la force publique que le mandat est remis pour conduire l'inculpé en prison, parce qu'il pourrait y avoir résistance.

Art. 153.—245. On verra, dans la section suivante, pour quels motifs les inculpés peuvent être privés de toute communication avec le dehors. Dans le cas où cette mesure essentiellement temporaire et exceptionnelle n'a pas eu lieu ou a pris fin, les inculpés peuvent recevoir leurs parents ou amis et, à plus forte raison, leur avocat, s'ils en ont choisi un, car il n'y a pas encore lieu à la nomination d'un avocat d'office.

Ces visites ne sont pas permises tous les jours, ni surtout à toute heure : elles sont soumises à des règlements d'ordre intérieur. Elles ont lieu en présence d'un employé de la prison qui veillera à ce qu'il ne soit remis aux inculpés rien qui puisse faciliter leur évasion ou les aider à égarer la justice dans ses recherches. Il n'est pas nécessaire que l'employé entende ce qui se dit entre l'inculpé et ses visiteurs ; cependant, il est bon que dans les prisons il y ait des *parloirs* disposés de façon à ce que les visiteurs et les inculpés soient assez éloignés l'un de l'autre pour que les entretiens ne puissent avoir lieu qu'à haute voix. C'est un moyen de rendre plus rare la mise au secret : l'inculpé et ses parents ne seront pas privés de la consolation de se voir et, d'un autre côté, ils ne pourront pas se faire aisément des communications qui seraient de nature à égarer la justice.

Il y aurait danger de laisser communiquer à l'accusé des lettres, livres ou documents qui pourraient gêner l'instruction : ces objets devront être présentés d'abord au juge d'instruction qui peut les retenir ou, au moins, en défendre la remise à l'inculpé.

Les vêtements, aliments, médicaments, ou objets

propres à distraire ou occuper les loisirs de l'inculpé, lui seront remis après le contrôle du directeur de la prison.

S'il y a des difficultés sur l'admission, il faut en laisser la décision au juge et non au directeur.

Art. 154.— 246. La délivrance des mandats de dépôt ou d'arrêt suppose, comme on l'a dit plus haut, que l'infraction parait devoir entraîner une peine privative de la liberté ; mais le juge pourrait, par la suite de l'instruction, reconnaître ou présumer que l'infraction est moins grave et n'entraînerait qu'une amende ; en pareil cas, le plus souvent, il rendra immédiatement une ordonnance de clôture de l'instruction, avec renvoi devant le juge compétent, et la "main-levée" du mandat de dépôt ou d'arrêt s'en suivra tout naturellement.

Mais il pourrait arriver aussi que le juge tînt à éclaircir certains doutes, soit au sujet de l'inculpé même dont il s'agit, soit au sujet d'autres individus, inculpés ou non ; dans ce cas, il continue l'instruction ; mais, pour ne pas prolonger indûment une détention préventive qu'il estime mal fondée, il rend une ordonnance de main-levée pure et simple du mandat, sans caution, et sans même qu'il y ait lieu à l'engagement par l'inculpé de se représenter ; car dans les délits punis d'une amende seule, l'inculpé a la faculté de faire défaut.

Il ne faut donc pas confondre cette mise en liberté *pure et simple* avec la mise en liberté *provisoire* dont parle la section v, ci-après (art. 230 et suivants), laquelle peut être subordonnée à un cautionnement et l'est toujours à l'engagement de se représenter. Une autre différence notable entre les deux mises en liberté, c'est que celle-ci peut être prononcée sur la demande du ministère public ou même *d'office*, tandis que la mise en liberté provisoire ne peut être prononcée que sur la demande *de l'inculpé*.

Une seule condition est commune aux deux mises en liberté, c'est que le ministère public soit invité à donner ses conclusions pour la main-levée du mandat d'arrêt, lequel n'avait été décerné aussi que sur ses conclusions. Il va sans dire que les conclusions peuvent être contraires à la main-levée du mandat, sans que le pouvoir du juge en soit diminué.

Art. 155.— 247. La disposition de cet article est éminemment favorable à la défense de l'inculpé : elle manque au Code français.

Dès que l'inculpé est privé de sa liberté, il a le droit de songer à sa défense ; il en a aussi le loisir ; mais ce droit serait illusoire, s'il ne pouvait se rendre compte par lui-même des dispositions de la loi relatives à l'instruction et à la suite de la procédure. Tous les inculpés ne peuvent réclamer l'assistance d'un avocat, surtout au cours de l'instruction.

Il ne suffit pas d'ailleurs que la loi soumette les mandats et le reste de la procédure à des conditions de forme et de fond qui sont la garantie des inculpés autant et plus encore que de la société, ni qu'elle ouvre à l'inculpé des voies de recours successifs contre les divers actes : il faut encore qu'il sache, en temps utile, quelles sont ces formes et conditions, pour se plaindre de leur inobservation, et qu'il prépare ses moyens de défense, *en droit* autant qu'*en fait*.

Dans ce but, par une idée aussi nouvelle que généreuse, la loi japonaise ordonne qu'il soit mis à la disposition de l'inculpé, dès son incarcération, un exemplaire du présent Code et du Code pénal.

SECTION II.

DE LA MISE AU SECRET.

Mise au secret.

Art. 156. En tout état de l'instruction préparatoire, le juge pourra, s'il le croit nécessaire à la découverte de la vérité, ordonner, soit d'office, soit sur les conclusions du commissaire du Gouvernement, que l'inculpé placé sous mandat de dépôt ou d'arrêt sera mis au secret.

Dans tous les cas, l'ordonnance sera communiquée immédiatement au commissaire du Gouvernement.—**143.** [· · · — 613.]

Ses effets.

157. La mise au secret emporte isolement et interdiction de communiquer avec personne et de recevoir ni d'envoyer des correspondances, papiers, argent ou autres objets, sans l'autorisation écrite et spéciale du juge d'instruction.

La nourriture et les soins médicaux ou autres, même fournis par la prison, ne seront donnés à l'inculpé que par les personnes désignées par le directeur de la prison.—**144.** [153.]

Sa durée.

158. La mise au secret ne pourra durer plus de dix jours consécutifs, à moins que l'ordonnance n'en soit renouvelée de dix jours en dix jours.

Garanties.

En cas de renouvellement, le juge d'instruction devra en faire un rapport motivé au Président du tribunal.

Le juge d'instruction devra voir et interroger l'inculpé au moins deux fois dans chaque période de dix jours, et il en sera dressé acte en la forme ordinaire des interrogatoires, telle qu'elle est réglée ci-dessous.— **145.** [166 s.— 613.]

159. La mise au secret sera levée par une ordonnance spéciale ou inscrite à la suite de l'ordonnance qui l'a prescrite.— **0.** [154.] Main-levée.

Sommaire.

Art. 156.—248. Dangers des communications de l'inculpé avec le dehors; utilité de la mise au secret.—249. Quand elle peut être ordonnée.
157.—250. Effets de la mise au secret.
158.—251. Sa durée; son renouvellement.—252. Interrogatoires plus fréquents; garanties de l'inculpé.
159.—252. Main-levée.—253. Interdictions spéciales de communiquer, sans mise au secret.

Art. 156.—248. Si les inculpés détenus pouvaient communiquer avec le dehors, sous les seules conditions de contrôle énoncées à l'article 153, il y aurait souvent à craindre qu'il ne leur fût possible, à l'aide de leurs parents, amis ou complices, de faire disparaître les preuves de leur infraction, de se préparer des témoignages mensongers à décharge, ou de se faire donner des renseignements ou des conseils qui leur permettraient d'égarer les recherches de la justice; la loi a donc dû autoriser l'isolement des inculpés: c'est ce qu'on nomme leur "mise au secret."

Cette mesure ne peut être prise que par le juge d'instruction.

La loi résume les avantages cherchés dans la mise au secret, en la permettant au juge, "lorsqu'elle lui parait nécessaire à la découverte de la vérité." Cette formule reviendra souvent dans la loi; chaque fois, notamment, qu'il s'agira de donner au juge, soit d'instruction, soit de jugement, un pouvoir exceptionnel dans la conduite de la procédure.

249. En général le juge n'emploiera la mise au secret qu'au début de l'instruction ; plus tard, l'utilité de cette mesure serait perdue, le plus souvent. Cependant, le juge pourrait toujours y recourir, après l'avoir négligée, s'il y voyait quelque avantage sérieux ; par exemple, si l'inculpé, après avoir vu quelque parent ou ami, changeait ses moyens de défense, ou rétractait des aveux déjà faits.

La mise au secret peut être ordonnée sur les conclusions du ministère public ; elle peut aussi l'être d'office. Bien entendu, elle peut toujours être refusée au ministère public.

Soit que le ministère public ait, ou non, requis la mise au secret, il en est informé. Il importe, en effet, qu'il connaisse toujours l'état de l'instruction et la situation de l'inculpé ; il devra, en pareil cas, mettre plus de diligences dans ses recherches pour faire abréger le secret.

La partie civile ne pourrait pas demander la mise au secret, pas plus, d'ailleurs, qu'aucune autre mesure d'instruction.

Elle pourrait seulement signaler, officieusement, au juge d'instruction le danger de laisser communiquer l'inculpé avec telle ou telle personne, et, si le juge était touché de l'observation, il agirait d'office.

L'inculpé, sans pouvoir demander lui-même à être mis au secret, pourrait toujours refuser de recevoir la visite des personnes étrangères à la justice.

Art. 157.—250. Cet article présente, en peu de mots les effets de la mise au secret.

L'interdiction de communication avec l'accusé, soit pour les personnes, soit pour les choses, est absolue : elle s'applique même aux avocats.

Quelque soit le respect de la loi pour le droit de défense de l'inculpé, il ne doit pas devenir un obstacle aux recherches. D'ailleurs, ce n'est que quand la prévention ou l'accusation est déterminée par la clôture de l'instruction que le véritable droit de défense commence. Jusques-là, c'est par tolérance que la communication de l'inculpé avec un avocat est permise et le juge doit pouvoir la suspendre dans la mesure qui lui parait nécessaire à la découverte de la vérité.

Certaines lois étrangères sont plus libérales et donnent, même d'office, un avocat aux inculpés, pendant l'instruction; mais l'expérience n'est pas encore suffisamment faite en Europe, pour qu'on puisse proposer cette mesure au Japon (*a*).

Art. 158.—251. La mise au secret étant une mesure exceptionnelle et très-pénible pour l'inculpé, ne doit pas avoir une durée indéfinie; il ne faudrait pas que le juge, par oubli, par indifférence ou pour rendre sa tâche plus facile, la laissât se prolonger plus qu'il n'est nécessaire. La loi lui assigne donc une durée normale de dix jours; mais elle en permet le renouvellement de dix en dix jours. Déjà, la nécessité de ce renouvellement préserve l'inculpé de l'oubli où il pourrait être laissé; de plus, et ce qui est une plus puissante garantie en sa faveur contre les abus, le juge doit informer le Président du tribunal de chaque renouvellement et en donner le motif.

Ce motif, il est vrai, pourra avoir la formule générale de la loi elle-même: "la nécessité de découvrir la vérité;" le juge pourra y ajouter: "le danger de sug-

(*a*) En France, un projet de loi présenté aux Chambres par le Gouvernement, pour réformer l'instruction, propose de donner un avocat d'office pendant l'instruction (voy. *Journ. officiel*, 14 et 15 janvier 1880.) La question est encore à l'étude, elle parait rencontrer une certaine résistance du côté de la magistrature.

gestions trompeuses du dehors ou de communications secrètes de l'inculpé avec ses complices;" mais le juge comprendra lui-même que ces raisons, en se reproduisant trop souvent, deviendraient banales, et le Président ne manquerait pas de l'avertir de se hâter de rentrer le plutôt possible dans la marche ordinaire de l'instruction.

On trouvera plus loin (art. 257) une autre obligation du juge d'instruction de tenir le Président au courant de l'état des instructions commencées; elle sera fondée sur le même motif d'éviter des lenteurs préjudiciables à la liberté individuelle et à la bonne administration de la justice.

252. C'est encore pour combattre la lenteur du juge que la loi l'oblige à interroger l'inculpé au moins deux fois dans chaque période de dix jours, pendant la mise au secret; il sera même désirable qu'il le fasse plus souvent; mais, en tant que *devoir*, la loi ne pouvait raisonnablement exiger davantage.

L'instruction ne consiste pas seulement dans une série d'interrogatoires, mais dans une foule d'autres actes qui vont suivre et qui prennent beaucoup de temps au juge surtout dans les siéges importants.

L'interrogatoire étant constaté, il y aura une preuve que le juge a satisfait à la loi.

Si le juge manquait à ce devoir, il serait sujet à réprimande ou à des mesures disciplinaires plus graves, suivant les cas. En tout cas, l'inculpé pourrait adresser au tribunal une demande en main-levée de la mise au secret, comme il peut le faire contre un mandat illégal ou contre tout autre excès de pouvoir, ainsi qu'il est dit à l'article 258-4°.

Art. 154.— 252. La mise au secret ayant lieu en vertu d'une ordonnance du juge, et étant renouvelée en la même forme, doit être levée par une autre ordonnance, soit séparée, soit inscrite à la suite de la première.

De cette façon, il y a au dossier une preuve qu'elle n'a pas duré plus de temps que la loi ne le permet.

Si, en fait, la mise au secret avait été levée sans ordonnance, mais qu'il fût prouvé que l'inculpé a communiqué avec ses parents ou amis sans difficultés, la faute du juge serait sans conséquence. Il sera mieux, toutefois, qu'il se conforme à la volonté de la loi ; dans le cas contraire, il devra, au moins, recevoir un avertissement.

253. La loi n'a pas dit si le juge d'instruction pourrait, sans mettre l'inculpé au secret, lui interdire de communiquer avec une ou plusieurs personnes déterminées.

Il ne parait pas douteux qu'il le puisse: "qui peut le plus peut le moins," dit un axiome général de droit. La seule question serait de savoir si, en pareil cas, une ordonnance spéciale serait nécessaire ; mais il faut répondre négativement. Cette interdiction spéciale ne présente pas les inconvénients sérieux de l'isolement de l'inculpé, elle rentre dans les mesures ordinaires d'instruction que le juge peut toujours prendre dans l'intérêt de la vérité.

SECTION III.

DES PREUVES.

DISPOSITIONS COMMUNES.

Art. 160. La loi n'établit aucune présomption de culpabilité tirée des circonstances de la cause; sauf ce qui est dit au sujet de l'autorité de la chose jugée.—[8-3°, 9-3°, 49, 356-3°, 506, 4ᵉ al., 564.] Présomption légale unique de culpabilité.

Autres preuves, appréciées par le juge.

L'aveu libre et volontaire de l'inculpé, les actes de constatation, les pièces à conviction, les témoignages des tiers, les rapports des experts, les présomptions de fait et les indices de toute nature, sont laissés à l'appréciation des juges qui forment leur conviction d'après les dictées de leur conscience et les lumières de leur raison. — 146. [452-*p*.— 342.]

Devoir du juge de les recueillir.

161. Le juge d'instruction, une fois saisi, doit, soit d'office, soit sur les réquisitions spéciales du commissaire du Gouvernement, soit sur la demande de la partie civile ou de l'inculpé, recueillir les preuves ou indices, tant à charge qu'à décharge, qui sont de nature à l'aider à la découverte de la vérité.—147.

Présence du greffier; sanction: nullité.

162. Lorsque le juge procèdera à l'interrogatoire de l'inculpé, à des perquisitions, visites de lieux, saisies d'effets ou auditions de témoins, il devra, à peine de nullité, être assisté du greffier du tribunal, lequel dressera un acte circonstancié desdites opérations et le signera avec le juge.

Son remplacement.

En cas d'urgence et d'impossibilité d'obtenir l'assistance du greffier, pour des opérations à faire en dehors du tribunal, le juge se fera assister de deux témoins, et, s'il s'agit d'un interrogatoire dans la prison, du directeur ou du greffier de ladite prison.

Dans ces cas, le juge dressera lui-même l'acte de constatation et le fera signer par lesdits assistants, après lecture.—148. [37.—62.]

Sommaire.

254. Importance, en procédure pénale, de la théorie des preuves; différences des modes de preuve, en matière civile et en matière pénale.— 255. Matières civiles: *preuves* proprement dites ou témoignages de l'homme, *présomptions*, soit légales, soit de fait.— 256. Matières pénales: Serment.— 257. Aveu volontaire et libre.— 258. Correspondances et documents écrits de l'inculpé. — 259. Actes authentiques.— 260. Témoignages des particuliers.—261. Expertises.—262. Présomptions de fait, indices, évidence.— 263. Pièces à conviction.

Art. 160.-- 264. L'autorité de la chose jugée est la seule présomption légale admise contre l'inculpé; elle est admise aussi en sa faveur.— 265. Autres présomptions légales, favorables à l'inculpé.—266. La force des autres preuves est laissée à la raison et à la conscience du juge.

161.— 267. Droit et devoir du juge d'instruction de recueillir les preuves à charge et à décharge.

162.—268. Présence nécessaire du greffier: motifs. Sanction: nullité. Cas particuliers de remplacement.

254. De toutes les parties de la procédure criminelle la théorie des preuves est certainement la plus importante par son objet. On peut dire que la preuve de l'infraction est tout le procès pénal : c'est sur la preuve que porteront tous les efforts de l'accusation et tous ceux aussi de la défense. Sans la preuve, nul ne peut dire qu'il y a eu infraction ; sans la preuve, il ne peut y avoir de condamnation.

La preuve sera complexe : elle portera d'abord sur la réalité du fait même imputé à l'inculpé, sur ses caractères constitutifs comparés à ceux que la loi exige pour la punition, sur l'identité de l'agent, sur sa responsabilité, c'est-à-dire sur les conditions morales de volonté, de liberté et d'intelligence qui rendent le fait *imputable* à l'agent, et encore sur une foule de circonstances externes et internes qui peuvent augmenter ou diminuer la gravité du mal moral ou du mal social : les unes purement internes et d'intention, comme la préméditation dans le meurtre, les autres externes, comme celles de temps, de lieu, de moyens, de pluralité d'auteurs, lesquelles sont très-importantes à établir dans une foule de crimes et de délits.

Heureusement, dans l'application de la loi à chaque cas, tous ces éléments de l'infraction ne sont pas à prouver, à la fois ; tantôt, les uns ne sont pas contestés par l'inculpé, tantôt, les autres ne sont pas prétendus par l'accusation. Mais, enfin, c'est toujours au sujet des preuves qu'il y a débat et contestation.

Les moyens de preuve ne sont pas absolument les mêmes en matière pénale qu'en matière civile, et ceux qui sont communs aux deux matières n'y fonctionnent pas toujours de la même manière, ni avec le même effet. Il y a peut-être plus de preuves admises, et plus d'effet donné aux preuves communes, en matière pénale qu'en matière civile ; mais ces différences sont autant en faveur du défendeur que contre lui. Une esquisse rapide des preuves employées dans les deux ordres de matières le fera aisément comprendre.

255. En matière civile, on divise ordinairement en deux classes les moyens d'établir les faits allégués de part et d'autre : les uns s'appellent *preuves* proprement dites, les autres *présomptions*.

Les preuves offrent toutes le caractère d'un *témoignage de l'homme* ayant directement trait aux faits en question : il y a témoignage d'un officier public dans l'acte authentique, témoignage des particuliers dans la preuve spécialement dite " testimoniale," témoignage de la partie, soit *contre* elle-même, dans la reconnaissance écrite ou dans l'aveu verbal, soit *pour* elle-même, dans le serment prêté, quand il lui a été déféré ou référé ; les rapports d'experts ont de l'analogie avec la preuve testimoniale.

Les présomptions sont d'une autre nature : on n'y trouve aucun témoignage de l'homme.

Dans les matières civiles, il y a un assez grand nombre de cas où, étant donnés certains faits non contestés ou prouvés, la loi, par une sorte de conjecture fondée sur la vraisemblance et sur l'ordre ordinaire des choses, en induit l'existence d'autres faits non prouvés autrement. Ainsi, de la longue possession d'un immeuble, sans trouble et avec publicité, elle induit que le possesseur est propriétaire ; d'un long intervalle de temps après l'exigibilité d'une dette, sans poursuites du créancier, elle induit que le débiteur a payé ; d'une quittance donnée pour le capital, sans réserves des intérêts, elle induit que ces derniers sont payés. Ces conjectures, ces suppositions, s'appellent *présomptions* (*a*) et, comme elles viennent de la loi, on les appelle présomptions *légales*, par opposition aux présomptions dites *de fait* ou *de l'homme*, lesquelles sont laissées à la prudence *du juge* qui les puise dans les faits et non dans la loi.

Les présomptions légales imposent, en quelque sorte, au juge, la conviction de certains faits non prouvés autrement. Il y a cependant des degrés divers de force entre elles : les unes admettant la preuve contraire, les autres ne l'admettant pas.

Si la loi japonaise actuelle n'est pas encore assez précise sur ce point, il est à croire que, dans la rédaction nouvelle des lois civiles, on fera, comme en Europe, une large part aux présomptions légales.

Parmi les preuves proprement dites, on trouve aussi des degrés différents de force : le serment déféré par la partie est dit *décisoire*, parce qu'il fait gagner le procès à la partie qui le prête et le fait perdre à celle qui refuse de jurer ; l'aveu fait en justice entraîne la perte de la

---

(*a*) Du latin *præ*, avant, et *sumere*, prendre : dans le sens "d'opinion préconçue, de préjugé avant examen ;" mais ce sens est pris en bonne part.

cause pour celui qui l'a fait; le témoignage de l'officier public, portant sur des faits dont il a une connaissance personnelle et qu'il est chargé de constater, ne peut être combattu qu'au moyen d'une plainte en faux (on dit, pour cela, qu'il "est cru jusqu'à inscription de faux"); enfin, le témoignage des particuliers a une force très-limitée, il n'est admis que dans des procès de peu d'importance ou dans les cas où il n'a pas été possible aux parties de se procurer une preuve écrite.

256. En matière pénale, il y a bien des différences sur la nature des preuves admises et sur le degré de leur force.

D'abord, le *serment* ne peut être déféré ni à l'inculpé, ni par lui, sur l'existence du fait, pas plus que sur aucun autre des éléments de sa culpabilité : l'inculpé ne peut être fait juge dans sa propre cause, et ne peut en remettre le jugement au ministère public ou à la partie civile, c'est-à-dire à ses accusateurs; dans le premier cas, il se trouverait placé entre la tentation de se sauver par un parjure, par un faux serment, et le danger de se condamner par un refus de jurer; dans le second, il se priverait témérairement des bienfaits de la loi et de la justice, en se soumettant à la décision de ses adversaires.

257. L'*aveu,* au contraire, est admis en matière pénale. C'est assurément une des preuves les plus convaincantes pour le juge, car l'homme qui est souvent enclin à se vanter du bien qu'il n'a pas fait, n'est guère porté à s'accuser du mal qu'il n'a pas commis.

Bien entendu, pour que l'aveu ait une force probante, il faut qu'il soit volontaire et pleinement libre.

L'histoire de presque tous les pays présente l'usage de la torture ou de la "question," aussi déraisonnable qu'inhumain, en ce qu'il ne permet pas de distinguer les innocents des coupables; il est d'ailleurs contraire à la notion la plus élémentaire du droit criminel : l'accusé a *le droit* essentiel de se défendre et non *le devoir* de se charger lui-même ; si déjà il doit être interdit à l'accusateur de lui déférer le serment sur sa culpabilité ou son innocence, à combien plus forte raison doit-il être interdit de lui arracher un aveu dans les tourments !

Mais si l'aveu a été libre, la probabilité, la présomption est qu'il est sincère. Cependant, là encore, il faut de grands scrupules pour y voir une preuve convaincante. Dans une accusation capitale, l'aveu peut provenir d'un dégoût de la vie et du désir d'y mettre fin par une condamnation à mort, chez celui qui n'aurait pas le triste courage du suicide. Plus vraisemblablement, dans une accusation moins grave, l'aveu pourra être un moyen, pour un vagabond ou un infirme, de s'assurer, dans une prison, un refuge prolongé et des aliments. D'autres fois, un criminel, auteur de plusieurs méfaits de gravités différentes, à l'égard desquels il n'est pas soupçonné, s'avouera coupable de la plus faible d'entre elles, espérant qu'ensuite les soupçons ne s'arrêteront pas sur lui, au sujet de ses autres crimes ou délits. Mais, le cas où il y a le plus à craindre un aveu mensonger, le cas qui est en même temps le plus digne d'indulgence, est celui où l'inculpé s'avouera coupable d'un délit qu'il n'a pas commis, pour détourner de justes soupçons qui pourraient porter sur son parent, sur son conjoint ou sur son ami.

Ces exemples suffiraient déjà pour établir que l'aveu n'est pas une preuve qui impose la conviction au juge, qui doive toujours entraîner la condamnation. Mais voici une considération qui lève tous les doutes, s'il en pouvait rester : l'aveu, même volontaire et libre, ne peut guère raisonnablement porter que sur les faits matériels et les circonstances externes de l'infraction : il ne peut établir suffisamment l'intention de l'agent, sa liberté, et, surtout, son état de raison, sans lesquels il n'y a pas de responsabilité pénale : l'homme ne peut être reconnu juge de son propre état mental.

Au contraire, pour ce qui est des faits externes, le juge sera généralement convaincu par l'aveu volontaire : d'abord, parce que les aveux mensongers sont rares et aussi, et surtout, parce que, presque toujours, l'aveu sera corroboré par d'autres preuves.

258. Les *correspondances* ou *documents écrits* émanés de l'inculpé ont de l'analogie avec l'aveu et auront une force égale, peut-être même supérieure, parce qu'étant, le plus souvent, découverts par les recherches, ils ne peuvent guère avoir été frauduleusement préparés. Ce ne sont pas des aveux proprement dits, parce que l'accusé ne s'y déclare pas coupable; mais il y fournit lui-même la preuve de son acte criminel ou de sa participation à un tel acte.

Les correspondances et pièces écrites émanées des co-auteurs ou des complices ont contre leurs auteurs le même caractère voisin de l'aveu, mais contre les autres inculpés, ce ne sont que des *indices;* on peut aussi les faire rentrer dans les *pièces à conviction.*

259. Les *actes authentiques* ou dressés par des officiers publics ont une grande force en matière criminelle : ces officiers ne sont pas les mêmes qu'en matière civile ; ils sont quelquefois d'un rang assez peu élevé ; toutefois, ils méritent autant et peut-être plus de confiance dans leur témoignage que de simples particuliers.

En France, les actes dressés par les officiers de police judiciaire, pour constater les infractions, se nomment *procès-verbaux* ou *constats* (*b*) ; les uns sont " crus jusqu'à inscription de faux," les autres peuvent être

(*b*) Le nom de *procès-verbal* paraît bizarre aujourd'hui, alors qu'il est une constatation *écrite* : le nom est ancien et date d'une époque où la constatation se faisait *verbalement*, en présence de témoins. Quant au mot *constat*, il est plus exact et en même temps plus clair : on l'a cependant remplacé, dans le Projet, par l'expression d'*acte de constatation*, moins brève, mais encore plus claire.

combattus par la preuve contraire, notamment, par témoins; cette différence tient au degré, au rang de l'officier. Au Japon, cette différence ne sera pas admise, même à l'égard des actes du juge d'instruction assisté du greffier (art. 336); une seule exception concernera les minutes des jugements et les cahiers d'audience (art. 373). Mais, par cela même, quand on combattra par la preuve testimoniale le procès-verbal d'un officier plus ou moins élevé, cela ne voudra pas dire que cet officier a dénaturé volontairement la vérité, qu'il a commis le crime de faux, dans l'exercice de sa fonction; cela pourra signifier seulement qu'il s'est trompé en fait : l'officier n'est plus considéré lui-même que comme un simple témoin, que l'on peut toujours combattre, sans l'accuser de faux témoignage.

Du reste, de ce qu'un procès-verbal serait cru jusqu'à inscription de faux, cela ne voudrait pas dire qu'il entraînerait nécessairement condamnation, lors même qu'il porterait sur le fait principal donnant lieu à l'inculpation et qu'il en reconnaîtrait l'inculpé comme auteur : un procès-verbal ne constate que les faits matériels, il ne peut constater, bien moins encore que l'aveu, les éléments moraux d'une infraction, tels que l'intention, l'intelligence, la liberté de l'agent.

Les procès-verbaux ou actes de constatation n'en ont pas moins une grande importance pour l'établissement des faits qui sont la première base de la poursuite et de la condamnation.

260. Les *témoignages* des particuliers sont une des preuves les plus utiles et les plus fréquentes des infractions : lors même qu'on admettrait en matière criminelle les limites que cette preuve reçoit en matière civile, la preuve testimoniale n'en serait guère moins recevable; car, en matière civile, on peut prouver par témoins tous les faits pour lesquels il n'a pas été possible de se procurer une preuve écrite du défendeur; or, justement,

les faits délictueux ne sont pas de nature à ce que le ministère public ni la partie lésée puissent en avoir une reconnaissance écrite de l'inculpé.

261. Les *expertises* sont d'un emploi fréquent en procédure criminelle: elles suppléent aux connaissances spéciales ou techniques qui peuvent manquer au juge, dans beaucoup de cas, pour apprécier les éléments matériels de l'infraction; elles peuvent même être nécessaires pour apprécier l'élément moral le plus essentiel de la responsabilité, à savoir la plénitude de la raison, sinon au moment de l'acte, ce qui est plus difficile, ou moins au moment de la poursuite et dans l'état habituel de l'inculpé, ce qui fournit des présomptions de fait sur son état au moment de l'acte. Cette recherche est l'objet d'une branche aujourd'hui très-importante de la médecine légale: les médecins dit *aliénistes* sont souvent nommés experts pour examiner l'état mental des inculpés.

262. La loi pénale admet nécessairement comme preuves les *présomptions de fait* qui, n'étant pas déterminées par la loi, sont naturellement laissées à l'appréciation et à la sagesse des juges.

En cette matière, on emploie souvent le nom d'*indices* qui présente le même sens, un peu affaibli. On pourrait y joindre l'*évidence* qui, en sens inverse, est une preuve plus forte, où les faits, non contestés, parlent d'eux-mêmes (*c*).

Si l'on voulait rendre ces nuances sensibles par des exemples, en prenant le cas d'une accusation de meurtre, avec lutte probable entre la victime et le meurtrier, on pourrait dire qu'il y a *présomption de fait*, quand la victime non encore morte, mais incapable

(*c*) Le mot *évidence* est peu usité, en droit français; on n'en pourrait guère citer qu'un cas et il n'appartient pas au droit pénal, mais à la procédure civile (c. pr. civ., art. 181). Au contraire, en droit anglais, il est très-usité, mais avec un sens plus étendu, il signifie "preuve," en général, et quelquefois "témoignage."

de parler, étant confrontée avec l'inculpé, a été prise d'un tremblement nerveux, d'un accès de frayeur ou de terreur : c'est même une présomption très-forte ; si, la victime étant morte ou incapable de manifester une impression, c'est l'inculpé qui, mis en sa présence, se trouble, change de couleur, sanglotte, ce n'est qu'un *indice ;* mais, supposons qu'on ait trouvé, sur le sol mouillé où a eu lieu la lutte, des traces de pas cadrant exactement avec le pied nu ou avec la chaussure de l'accusé, ou, sur l'un de ses bras, une morsure qui forme l'empreinte exacte des dents de la victime, si l'accusé n'a pu donner une explication plausible de l'une ou l'autre de ces coïncidences (ce qui serait sans doute impossible), il y a *évidence.*

Au surplus, il importe peu de déterminer exactement si, dans un cas donné, il y a présomption, indice ou évidence : les effets n'en sont pas légalement différents ; le juge est, comme on va le remarquer tout à l'heure, seul appréciateur du degré de certitude ou de conviction que ces circonstances ont produit sur lui.

263. Les *pièces à conviction* sont des objets matériels qui servent à démontrer, en tout ou partie, la réalité des faits incriminés ; tel serait, par exemple, un lambeau de vêtement trouvé sur le lieu de la lutte et manquant justement à l'un des vêtements que portait l'accusé, une arme lui appartenant, trouvée sur le lieu du crime et ayant pu servir à l'accomplissement du meurtre ; un sabre ou des vêtements ensanglantés, trouvés au domicile de l'inculpé et au sujet desquels il ne peut donner d'explication satisfaisante. Dans un cas de complot politique, les pièces à conviction seraient : une liste de conspirateurs, des plans de guerre civile, des armes et munitions préparées, etc.

Chacune de ces preuves sera l'objet de nouvelles remarques, lorsqu'on arrivera aux dispositions que s'y rapportent.

Il reste à analyser les dispositions préliminaires ou communes à toutes les preuves.

Art. 160.— 264. Le principe posé par cet article est d'une importance considérable : il constitue une profonde différence entre les matières pénales et les matières civiles.

En matière pénale, les preuves de culpabilité doivent être en principe, *directes,* spéciales à l'infraction objet des poursuites et tirées de l'instruction même de la cause. Il n'existe qu'une seule présomption légale de culpabilité, c'est celle qui résulterait d'un jugement antérieur de condamnation, lequel, évidemment, n'a pu, lui-même, être rendu que sur des preuves directes.

Ainsi, un inculpé est poursuivi pour un crime ou pour un délit ; au cours de l'instruction préparatoire ou de l'examen à l'audience, le ministère public produit un jugement devenu inattaquable, condamnant ledit individu pour le même crime ou le même délit ; le tribunal n'a plus à continuer l'examen de la cause : la culpabilité n'est plus contestable ; le tribunal ne prononcera pas une nouvelle condamnation, parce que la première reste exécutoire : il ne peut que se dessaisir, en motivant sa décision sur l'existence du premier jugement.

Ainsi encore, devant une juridiction de jugement, le ministère public demande l'aggravation de peine fondée sur une première condamnation dont il produit un extrait, et l'identité du premier condamné avec l'inculpé n'est pas contestée : celui-ci ne pourra pas nier que la condamnation soit fondée, ni débattre de nouveau les faits qui l'ont motivée, pour échapper aux effets de la récidive.

Il en serait de même, cela va sans dire, s'il y avait eu acquittement antérieur ; sous ce rapport, la présomption de vérité attachée à la chose jugée est aussi invincible en faveur de l'inculpé qu'elle peut lui être défavorable : elle est même plus forte encore en sa faveur que contre lui, car les jugements de condamnation peuvent être l'objet d'une révision (Livre IVe, chap. II), tandis que ceux d'acquittement, régulièrement rendus, sont absolument irrévocables.

On a déjà parlé de l'autorité de la chose jugée, comme éteignant l'action publique et l'action privée (p. 41-42).

265. A l'égard de la non-culpabilité, la loi admet d'autres présomptions légales que celle de la chose jugée. Ainsi les mineurs de 12 ans et les sourds-muets, sont présumés par la loi n'avoir pas eu l'intelligence suffisante de leur acte pour en être pénalement responsables.

La minorité de 12 ans, il est vrai, et la surdi-mutité, ne se présument pas, elles doivent être prouvées directement ; mais une fois l'âge ou l'infirmité prouvés, il n'y a plus à discuter la culpabilité : elle est présumée absente.

Quand il s'agit de la démence alléguée, au contraire, la présomption est que l'homme est sain d'esprit : c'est à l'inculpé ou à son défenseur à prouver la démence. On pourrait croire que cette présomption de raison est une présomption légale de culpabilité ; ce serait une erreur ; il restera toujours possible à l'inculpé raisonnable, ou présumé tel, de soutenir et de prouver que, tout en ayant accompli l'acte incriminé et établi contre lui, il n'est pas coupable, soit parce qu'il a été contraint par une menace à laquelle il n'a pu résister, soit parce qu'il a rempli un devoir, en obéissant à l'ordre de son supérieur hiérarchique, soit, enfin, qu'il a exercé un droit, parce qu'il était en état de légitime défense de lui-même ou d'autrui.

Remarquons encore que l'inculpé ayant à prouver, pour sa défense, qu'il a été contraint, ou qu'il a obéi à un ordre légitime, ou qu'il a exercé une légitime défense, on en peut bien conclure que la présomption légale soit qu'il y a, en général, liberté d'action, absence d'ordre légitime de commettre un acte nuisible, enfin, absence d'aggression injuste motivant la légitime défense ; mais ce n'est pas là une présomption de *culpabilité* : c'est, tout au plus, une présomption d'*imputabilité du fait* ou de *responsabilité de l'agent*, et, comme elle peut être combattue par toute preuve contraire, il n'y aura pas nécessairement culpabilité.

266. A défaut de présomptions légales de culpabilité, il y a un grand nombre de preuves directes autorisées par la loi.

Le présent article en fait l'énumération et il sert ainsi d'introduction aux divisions de la section des preuves.

Mais la loi prend bien soin de dire au juge qu'aucune de ces preuves ne lui impose une décision contre l'inculpé, de même qu'aucune d'elle n'est trop faible, à elle seule, ne consistât-elle qu'en de simples indices, pour autoriser une condamnation : il suffit que le juge ait la conviction intime, mais entière, de la culpabilité, pour prononcer contre l'inculpé, soit sur les charges, dans l'instruction, soit sur le fond, dans le jugement. Si cette conviction n'est pas entière, il doit décider en faveur de l'inculpé.

D'où donc tirera-t-il cette conviction, si les preuves ne s'imposent pas à lui, par l'autorité de la loi ?

Après les preuves et démonstrations externes fournies, le plus souvent, en sens contraire, par l'accusation et par la défense, il tirera sa conviction, suivant les expressions de la loi, de sa raison qui l'éclaire de sa lumière et de sa conscience qui parle au dedans de lui et, en quelque sorte, lui dicte la sentence.

Art. 161.— 267. Cet article pose en règle que le juge d'instruction qui n'aurait pu se saisir d'office de la connaisance d'une affaire, peut, au contraire, dès qu'il est dûment saisi, recueillir toutes les preuves, indices et renseignements qui pourraient l'éclairer ; sans doute, il en sera requis, le plus souvent, par le ministère public, par la partie civile, ou par l'inculpé : mais, si une première preuve le met sur la trace d'une autre, si un témoin lui révèle l'existence d'un autre témoin, il peut et il doit favoriser, par tous les moyens qui sont en son pouvoir, la production de ces nouvelles preuves, sans distinguer, d'ailleurs, si elles sont à charge ou à décharge.

Art. 162.— 268. Les principales preuves, celles dont la loi fait l'énumération en cet article, exigent la présence du greffier. C'est une règle générale que le juge ne peut remplir sa fonction, soit pour l'instruction, soit pour le jugement, sans la présence et la coopération du greffier qui *tient la plume*, c'est-à-dire relate par écrit tous les faits de la procédure, sous la direction du juge et conformément à la loi.

Ce n'est pas seulement pour diminuer le travail du juge que la loi veut qu'il soit assisté d'un greffier, c'est aussi comme garantie de la régularité et de la sincérité des opérations. Quelle que soit la confiance que la loi doive avoir dans le juge, elle croit devoir aussi lui donner un témoin continuel de ses actes ; quoique le greffier soit l'inférieur du juge, sa présence est une garantie contre les oublis et les négligences, et, au besoin, contre la partialité, si le juge était exposé à manquer à son devoir.

La présence du greffier est essentielle : elle est exigée à peine de nullité des actes auxquels ils n'a pas assisté et sa présence doit être constatée par sa signature aux actes.

A cause de la nature même du rôle du greffier, on ne doit pas hésiter à dire qu'un tribunal n'est pas valablement composé sans la présence du greffier : il fait partie du tribunal (voy. art. 36 et p. 98).

L'article 162 nous dit encore comment, pour les actes d'instruction urgents, il est possible de suppléer l'assistance du greffier pour des opérations à faire au dehors ou dans la prison.

S'il s'agissait d'une audience et que le greffier et son suppléant fussent empêchés, le remplacement serait fait par un juge, comme il est dit à l'article 37.

---

§ I.—DE L'INTERROGATOIRE ET DES CONFRONTATIONS.

Interrogatoire avant tout acte.

163. Quand l'inculpé sera présent, le juge l'interrogera avant tout autre acte d'instruction, sauf le cas où il serait urgent de procéder à quelques constatations ou auditions de témoins. —**149.** [140.]

Présence du min. public.

164. Le commissaire du Gouvernement pourra toujours assister à l'interrogatoire de l'inculpé et proposer au juge les questions qu'il lui semblerait utile de poser.—**0.** [···—62.]

Sollicitations de l'aveu.

165. Le juge pourra solliciter de l'inculpé l'aveu de sa culpabilité, la désignation de ses co-auteurs ou complices, ou toute autre déclaration qu'il croira conforme à la vérité; mais il ne devra user, pour les obtenir, ni de menaces ou d'intimidation, ni de promesses illusoires ou de fausses allégations.—**150.** [Proj. c. p., 316.]

Encouragement à l'aveu.

Le juge pourra seulement faire comprendre à l'inculpé que son aveu et ses autres déclarations favorables à la découverte de la vérité pourraient lui mériter l'indulgence du tribunal, dans la mesure où la loi la permet, et, en sens inverse, que ses tentatives pour égarer la justice pourraient motiver la sévérité du tribunal.— **0.**

Dans aucun cas, l'instruction ne devra être prolongée dans le seul but d'obtenir un aveu ou des déclarations de l'inculpé.— **0.**

166. Il sera dressé acte par le greffier de l'interrogatoire et des réponses de l'inculpé et il lui en sera donné lecture. Rédaction de l'interrogatoire.

L'inculpé sera invité par le juge à dire s'il persiste dans ses déclarations et, dans le cas de l'affirmative, il signera ledit acte avec le juge et le greffier, à moins qu'il ne déclare ne vouloir ou ne pouvoir signer.

Mention sera faite de l'observation des dispositions qui précèdent.—**151.** [160.]

167. Si l'inculpé rétracte ses déclarations, en tout ou en partie, ou s'il y fait quelque addition ou changement, l'interrogatoire sera repris ; après quoi, l'acte sera clos dans la forme indiquée ci-dessus, avec mention de l'incident et des nouvelles déclarations.—**152.** Rétractations.

168. L'inculpé pourra obtenir copie de l'acte constatant ses déclarations.—**153.** [147, 4e al.] Copie.

169. Le juge d'instruction pourra ordonner la confrontation de l'inculpé avec un autre inculpé, avec un témoin ou avec toute autre Confrontations.

personne, pour constater, soit l'identité de l'inculpé, soit une complicité, soit toute autre circonstance de nature à manifester la vérité.—154. [202, 339.]

Constatation des confrontations.

170. Il sera dressé un acte constatant lesdites confrontations, les déclarations respectives des individus confrontés et les incidents qui ont pu survenir à cette occasion.

Il ne sera donné lecture aux personnes confrontées que de la partie de l'acte constatant leurs déclarations respectives, en observant les formalités prescrites aux articles 166 et 167. —155.

Sourds, muets, étrangers.

171. Si l'inculpé ou l'un des individus confrontés est sourd, les questions lui seront posées par écrit; s'il est muet, il y répondra par écrit.

Si le sourd ou le muet ne sait pas lire et écrire, il lui sera donné un interprète.

Interprète.

Il sera aussi donné un interprète à ceux qui ne comprendraient pas la langue japonaise.—156. [204.—332, 333.]

Suite.

172. Dans les deux cas prévus à l'article précédent, l'interprète jurera, dans la forme réglée par l'article 195, pour le serment des témoins, "de reproduire, aussi fidèlement que "possible, les questions du juge et les réponses "à ces questions."

L'interprète signera, après lecture, les actes de la procédure auxquels il a pris part.

Les articles 210 et 211 sont applicables à l'interprète qui, étant régulièrement requis, refusera son ministère ou le serment.—**157.** [204.]

172 bis. Les interprètes reçoivent une indemnité comme les experts, conformément à l'article 217.—**157.** Indemnité.

§ II.—DES CONSTATATIONS, PERQUISITIONS ET SAISIES DE PIÈCES A CONVICTION.

173. Le juge d'instruction se transportera sur les lieux du crime ou du délit, toutes les fois qu'il le croira utile à la découverte de la vérité. Transport du juge.

S'il en est requis par le commissaire du Gouvernement, il devra déférer à cette réquisition. —**158.** [···—32, 36, 87.]

174. Le juge d'instruction dressera acte de la visite des lieux et des circonstances de fait qui pourront donner des éclaircissements ou indices sur l'identité du coupable, sur le temps, le lieu, les moyens et le caractère de l'infraction. Visite des lieux.

Il constatera également les circonstances favorables à l'inculpé.—**159.** [160, 161.]

175. S'il se trouve sur les lieux de l'infraction des objets susceptibles d'être transportés et qui puissent, par leur provenance ou leur état, révéler, soit l'identité du coupable, soit quelque circonstance de l'infraction, ils seront saisis Saisie des pièces à conviction.

comme pièces à conviction, décrits sommairement et tranportés au greffe, sous la surveillance et la responsabilité du greffier, après que le juge d'instruction y aura apposé son sceau.

Les objets qui, par leur mince volume ou leur grand nombre, pourraient s'égarer ou ne pourraient recevoir le sceau, seront placés dans des boîtes ou sacs également scellés.— **160.** [···— 35 s., 38, 89.]

Garde des lieux.

176. Si les constatations, recherches ous aisies ne peuvent se terminer le même jour, le juge pourra faire clore ou garder les lieux, jusqu'à la reprise desdites opérations.—**161.**

Perquisitions domiciliaires.

177. Le juge d'instruction pourra aussi se transporter au domicile de l'inculpé ou de toute autre personne, pour y faire la perquisition des objets de la nature ci-dessus désignée qui seraient présumés être en leur possession.

Si la personne, inculpée ou non, chez laquelle a lieu la visite ou perquisition domiciliaire, n'est pas présente, le juge d'instruction requerra l'assistance des parents ou alliés habitant avec elle ; à leur défaut, celle du maire, et, en cas d'empêchement de celui-ci, de deux voisins ou amis.

L'article 148, 3e alinéa, sera observé pour les perquisitions domiciliaires.—**162.** [···— 37, 88.]

Assistance de l'inculpé.

178. L'inculpé non détenu pourra toujours assister en personne, ou se faire représenter par un mandataire spécial, aux visites de lieux, aux perquisitions à son domicile et aux constatations qui s'y rapportent.

S'il est détenu, il pourra seulement s'y faire représenter, à moins que le juge d'instruction ne croye utile de l'y faire assister en personne.

Assistance des accusateurs.

Le commissaire du Gouvernement et la partie civile ou le mandataire spécial de celle-ci, pourront aussi assister auxdites opérations, en informant d'avance le juge de leur désir; mais sans qu'il en doive résulter aucun retard préjudiciable à l'instruction.—**163.** [···—39.]

Suite.

179. Dans les perquisitions domiciliaires, le juge d'instruction procèdera à la saisie des objets suspects, comme il est dit à l'article 175.

Il donnera récépissé des objets saisis aux personnes chez lesquelles ils se trouvent.—**164.** [···—87 s.]

Questions à l'inculpé.

180. L'inculpé, qu'il soit présent, ou non, à la saisie des pièces à conviction, sera toujours invité à s'expliquer à leur égard, d'après les questions qui lui seront posées par le juge d'instruction.

Il sera dressé acte desdites questions et réponses.—**165.** [165, 473.—35, 329.]

Questions aux personnes présentes.

181. S'il y a lieu de recueillir des témoignages sur les lieux de l'infraction ou au domicile des personnes susdésignées, le juge d'instruction les interrogera séparément et en présence du greffier seulement.

Les autres formalités ci-après établies pour l'audition des témoins seront observées à cet égard.—**166.**

Il en sera de même des pénalités pour refus de prêter serment ou de déposer.—[195.—32, 33.]

Défense d'entrer ou de sortir.

182. Pendant le cours des opérations qui précèdent, le juge d'instruction pourra ordonner qu'aucune personne ne sorte du lieu où elles se font, ou n'y pénètre, sans son autorisation.

Sanction.

Tout contrevenant sera immédiatement retenu ou expulsé; en cas de résistance ou de réitération, il sera conduit dans la maison de dépôt la plus voisine et condamné, à la plus prochaine audience, sans opposition ni appel, sur les conclusions du ministère public, à un emprisonnement simple de 11 à 15 jours et à une amende de 2 à 10 *yen*, ou à l'une de ces deux peines seulement.—**167.** [34.]

Commission au juge de paix.

183. Dans les affaires peu graves, le juge d'instruction pourra charger le juge de paix, même dans sa circonscription, des visites de lieux et des perquisitions domiciliaires susénoncées.—168. [73, 139.—90.]

Réquisitions à la poste, aux télégraphes, &c.

184. Le juge d'instruction pourra, au moyen d'une réquisition motivée aux administrations des télégraphes, des chemins de fer et autres moyens de transports publics, se faire remettre les lettres, dépêches, papiers et effets quelconques adressés à l'inculpé ou à d'autres personnes mêlées à l'instruction, ou expédiées par elles.

Il en sera donné récépissé.

Les pièces et effets seront rendus aux susdites administrations, dès qu'elles pourront l'être sans inconvénient.—169.

§ III.—DES AUDITIONS DE TÉMOINS.

185. Le juge d'instruction fera citer à comparaître devant lui, comme témoins à charge ou à décharge, toute personne qui lui aura été désignée à cet effet par le ministère public, par la partie civile ou par l'inculpé. Citation aux témoins.

Toutefois, si le nombre de personnes désignées pour être citées excède cinq en matière correctionnelle et dix en matière criminelle, soit du côté de la poursuite, soit du côté de la défense, le juge pourra se borner à faire citer d'abord les cinq ou dix personnes qui lui ont été indiquées en première ligne ou qu'il estimera le mieux informées ; sauf à en faire citer ensuite un plus grand nombre, s'il le croit nécessaire à la découverte de la vérité. Nombre de témoins.

Le juge d'instruction pourra, d'office, faire citer encore comme témoins toutes autres personnes que celles ci-dessus désignées, lorsqu'il estimera qu'elles peuvent fournir à l'instruction d'utiles informations.— **170.** [181, 337 à 346, 444.— 71 ; C. pr. civ. fr., 281.] Suite.

186. Les témoins seront cités, au nom du juge d'instruction, par un acte signé du greffier et remis, en la forme prescrite par l'article 25, à la personne ou au domicile du témoin. Forme de la citation.

Si la citation doit être donnée hors du ressort du juge d'instruction, la réquisition de citer sera par lui envoyée au greffe du tribunal du domicile du témoin.—**171.** [24.—72.]

Commission au juge de paix.

187. Si le témoin qu'il s'agit d'entendre demeure hors de la ville où siège le juge d'instruction saisi, celui-ci pourra donner commission rogatoire, pour l'entendre, au juge de paix du domicile.

Si le témoin demeure hors du ressort du juge d'instruction saisi, la commission rogatoire pourra être donnée, soit au juge d'instruction, soit au juge de paix du lieu.

Dans ce cas, la citation sera donnée au nom du juge commis, par la voie du greffe de ce juge. —**172.** [25 s., 73.—84, 85.]

Mentions dans la citation.

188. La citation indiquera le nom et le domicile du témoin et, autant que possible, ses prénoms, sa qualité et sa profession.

Elle portera le jour, l'heure et le lieu de la comparution requise, et la mention de la sanction pénale ci-après portée par la loi au cas de non-comparution.

Délai.

Si le témoin demeure dans la ville où il doit déposer, la citation devra lui être remise 24 heures au moins avant le moment de la comparution, et 48 heures auparavant, s'il demeure hors de la ville, à moins de 10 *ri* de distance. —**173.** [26 s.]

189. En cas d'inobservation des susdites formalités, le greffier négligent sera condamné par le tribunal, sur les conclusions du ministère public, sans opposition ni appel, à une amende de 2 à 10 *yen*.

Peines contre le greffier.

Les frais de la nouvelle citation, s'il y a lieu, seront à sa charge.— **0.**

190. Si le témoin justifie qu'il est dans l'impossibilité de se transporter devant le juge, par maladie ou par un service public auquel sa présence est nécessaire, ou par une autre cause légitime et majeure, le juge se transportera auprès de lui pour recevoir sa déposition.—**174.** [139.—83 s.]

Témoin empêché.

191. Si le témoin est un soldat ou un sous-officier de l'armée de terre ou de mer, se trouvant à son corps, la citation lui sera adressée par l'entremise de son chef de corps ou commandant, lequel lui donnera l'autorisation de se rendre devant la justice, ou, en cas d'empêchement absolu, résultant du service, fera au juge la demande d'une prolongation de délai, en la motivant.—**175.** [149.]

Témoin militaire ou marin.

192. Hors les cas d'excuse prévus aux deux articles précédents, si le témoin régulièrement cité ne se présente pas, le juge mentionnera sa non-comparution sur le double de la citation et le dénoncera au commissaire du Gouvernement, pour être condamné par le tribunal correctionnel, sans appel, à une amende de 2 à 10 *yen*.

Témoin non comparant : peines.

Suite.

Le témoin pourra, en outre, être réassigné, avec notification de la condamnation, ou contraint à comparaître, sous mandat d'amener ; le tout à ses frais.

En cas de réassignation sans comparution, l'amende sera doublée et le mandat d'amener sera délivré, si ce témoignage parait nécessaire. —**176.** [196, 203, 343 à 346.—80, 92, 157, 158, 355, 356.]

Suite : excuse.

193. Toutefois, si le témoin condamné une première ou une seconde fois justifie, au moyen d'une opposition, soit qu'il n'a pas reçu la première ou la deuxième assignation, soit qu'elle ne remplissait pas les conditions prescrites par l'article 188, soit qu'il a été empêché de comparaître par une cause grave et imprévue, l'amende sera remise, en tout ou en partie, par le tribunal, sur les conclusions du ministère public.—**177.** [344.— 81, 158.]

Garantie de l'identité du témoin.

194. Le témoin qui se rendra à la citation en présentera au greffier le double qu'il a reçu et, en cas de perte, présentera toute autre pièce pouvant établir son identité.—**178.** [···—74.]

Serment du témoin.

195. Avant de déposer, le témoin sera requis, par le juge d'instruction, de jurer sur l'honneur qu'il va " dire, sans haine, sans crainte et sans " complaisance, toute la vérité et rien que la " vérité."

La formule du serment lui sera lue par le juge d'instruction et il répondra : "je le jure."

Après quoi, il apposera sa signature et son sceau sur ladite formule écrite, laquelle restera au dossier.

S'il déclare ne pouvoir signer ou n'avoir pas de sceau, il en sera fait mention.—**180.** [211.—75, 155, 317.]

196. Si le témoin refuse de prêter serment ou de déposer il sera condamné, sans appel, à une amende de 5 à 20 *yen*, le ministère public entendu.—**183.** [192.] Suite : amende.

197. Toutefois, ne seront pas requis de prêter serment : Dispenses du serment.

1° La partie civile ;

2° Les parents ou alliés en ligne directe de la partie civile ou de l'inculpé ;

3° Leurs frères et sœurs, oncles et tantes, neveux et nièces et alliés aux mêmes degrés ;

4° Leur conjoint légitime ;

5° Leur tuteur ou celui dont ils ont la tutelle ;

6° Leurs serviteurs ou employés à gage.

Les dépositions de ces personnes, soit qu'elles aient prêté serment ou non, ne vaudront que comme simples renseignements.— **181.** [212.—75, 79, 156, 317, 322 ; C. pr. civ. fr., 268, 283, 285.] Renseignements.

198. Ne seront pas admis à prêter serment et ne seront également entendus qu'à titre de simples renseignements : Interdictions du serment.

1° Les mineurs au-dessous de 16 ans;

2° Les individus ne jouissant pas de la plénitude de leurs facultés intellectuelles;

3° Les sourds-muets de naissance;

4° Les individus dont les droits civiques sont perdus ou suspendus par l'effet de condamnations pénales;

5° Les individus mis en accusation pour crime, ou traduits devant le tribunal correctionnel pour délit entraînant l'emprisonnement avec travail;

6° Les individus qui auraient été précédemment poursuivis à raison de la même affaire et ensuite mis hors de poursuites, faute de preuves suffisantes.—182. [*Ibid.*]

Déclarations préalables.

199. Le témoin, après la prestation de serment, déclinera ses nom, prénoms, âge, lieu de naissance, qualités, profession et domicile.

Il déclarera, en outre, s'il est, ou non, parent ou allié de l'inculpé ou de la partie civile, au degré ci-dessus désigné, ou serviteur de l'un ou de l'autre.

Au cas de l'affirmative, le juge l'avertira que la suite de ses déclarations ne sera admise que comme simple renseignement.— **179.** [···—75. 317.]

Déposition.

200. Le témoin, soit qu'il prête serment ou non, sera ensuite invité à déposer, librement et à son gré, de ce qu'il sait, tant sur l'inculpé que sur les faits de la cause.

Questions.

Le juge d'instruction pourra ensuite l'inviter

à s'expliquer particulièrement sur certains faits et lui faire toutes les questions qu'il jugera utiles à la découverte de la vérité.— **0.** [···— 319.]

Refus de répondre.

201. Le témoin qui refusera de s'expliquer sur certains faits, sans d'ailleurs prétendre les ignorer, pourra être condamné à l'amende fixée pour le refus de comparaître.

Toutefois, sont exempts de ladite amende : les médecins, pharmaciens, sages-femmes, les avocats, avoués, notaires, fonctionnaires publics ou ministres d'un culte, qui ne refuseraient de répondre que sur des faits à l'égard desquels ils déclarent devoir garder le secret professionnel. —**183.** [Proj. c. p., 402.]

Isolement des témoins.

202. Les témoins déposeront hors la présence les uns des autres et hors celle de l'inculpé ;

Toutefois, le juge d'instruction pourra les confronter entre eux ou avec l'inculpé, soit pour éclaircir des contradictions graves entre leurs déclarations respectives, soit pour lever des doutes sur l'identité de l'inculpé.— **184.** [169, 339, 380, 463.— 73, 316, 317, 326.]

Transport des témoins.

203. Les témoins pourront être requis de se rendre avec le juge sur les lieux du crime ou du délit, ou en tout autre lieu où ce transport paraîtrait nécessaire à la précision ou à l'intelligence de leur déposition.

Le refus du témoin, à cet égard, sera punissable comme le refus de comparaître. — **185.** [192.]

Témoin sourd, muet, ou étranger.

204. Si un témoin est sourd ou muet, ou ne parle pas la langue japonaise, les dispositions des articles 171 et 172 seront appliquées.—**186.** [341.— 333.]

Kô-zokou, dignitaires.

205. Si un témoin appartient à la famille impériale, s'il est un des dignitaires énumérés à l'article 98, ou ministre plénipotentiaire étranger, il déposera dans sa demeure, devant le juge d'instruction assisté de son greffier.—**187.** [··· — 510 s.]

Rédaction des dépositions.

206. Il sera dressé par le greffier un acte séparé des dépositions de chaque témoin.

Il y sera fait mention du serment prêté ou de la cause pour laquelle il ne l'a pas été.

Les questions du juge et les déclarations du témoin seront résumées de manière à présenter tout ce qui peut être utile à la suite de l'instruction.—**188.** [37.— 76, 318.]

Lecture et signature de l'acte.

207. Le greffier lira l'acte au témoin qui sera invité par le juge à en reconnaître la conformité avec ses déclarations.

Le témoin pourra demander des additions, suppressions ou changements, en les motivant; il en sera fait mention.

Après quoi, il signera l'acte, avec le juge et le greffier; s'il ne veut ou ne sait signer, il en sera fait mention en la forme ordinaire.—**189.** [166, 167.—76.]

208. Les témoins à charge et à décharge pourront demander au greffe la taxe et le remboursement immédiat de leurs frais de déplacement. Indemnités aux témoins.

S'ils vivent d'un travail payé par jour, ils recevront, en outre, une indemnité égale à la perte de leur gain ou salaire.

Les sommes seront ordonnancées par le juge d'instruction, sans autre recours que le pourvoi en cassation pour l'application du tarif.—**190.** [172 bis, 217.—82.]

§ IV.—DES EXPERTISES.

209. Dans le cas où le juge d'instruction estimera utile de se faire assister d'un ou plusieurs experts ayant les connaissances spéciales pour éclairer la justice sur la nature, les moyens et les effets de l'infraction, il rendra une ordonnance nommant lesdits experts et désignant les divers objets sur lesquels devront porter leurs investigations et leur examen. Nomination d'experts.

Les femmes et les étrangers pourront être nommés experts.—**191.** [160.—43, 44; C. pr. civ. fr., 302 s.]

210. Les personnes que le juge aura l'intention de nommer experts seront convoquées par lettre du greffe. Convocation des experts.

Amende. Si elles ne se rendent pas à la première convocation, elles seront citées en la forme prescrite pour les témoins, avec indication qu'il s'agit de les charger d'une expertise et réquisition de se présenter, sous les peines portées par la loi.

En cas de non-comparution, le juge d'instruction en fera mention sur la citation et dénoncera au commissaire du Gouvernement le refus de service légalement requis.

L'article 192 sera appliqué, sauf qu'il n'y aura pas lieu au mandat d'amener.—**192.** [347.]

Serment des experts. **211.** Les experts, avant de commencer leurs opérations, prêteront serment " de remplir avec " tout leur savoir et en toute sincérité, le man- " dat qui leur est donné par la justice, et de lui " en rendre un compte fidèle et exact."

La prestation de serment sera faite en la forme prescrite pour les témoins.

Elle sera mentionnée à la suite de l'ordonnance et l'acte qui la contient y sera annexé.

Le refus de serment sera puni comme le refus d'accepter l'expertise.—**193, 194.** [172, 195.]

Exclusions du serment. **212.** Les personnes qui, aux termes des articles 197 et 198, ne peuvent être soumises à la formalité du serment des témoins ne pourront être chargées des expertises.

Renseignements. Néanmoins, en cas d'urgence et s'il est impossible de trouver immédiatement des personnes compétentes remplissant les conditions requises pour le serment, le juge pourra charger de l'expertise une ou plusieurs autres personnes ayant les connaissances nécessaires, et leur rapport vaudra comme simple renseignement.—195. [160.]

213. Le juge d'instruction devra assister aux expertises, autant qu'il lui sera possible. —**196.** Assistance du juge.

214. Le juge pourra toujours, au cours de l'instruction, adjoindre ou substituer, par une nouvelle ordonnance, d'autres experts à ceux déjà nommés, s'il l'estime nécessaire, ou si les experts eux-mêmes le demandent. Nouveaux experts.

Il pourra aussi requérir de nouvelles investigations; dans ce cas, il les mentionnera à la suite de l'ordonnance.—**197.**

215. Les experts feront par écrit un rapport détaillé et circonstancié des opérations auxquelles ils auront procédé, du nombre de jours qu'ils y auront consacrés et des résultats qu'ils auront obtenus. Rapport des experts.

S'ils n'ont obtenu aucun résultat utile sur un ou plusieurs points, ils en indiqueront les causes probables.

S'il y a désaccord entre eux sur un ou plusieurs points, ils pourront, à leur choix, faire chacun un rapport séparé, ou un seul rapport avec mention des divergences d'opinions.—**198.**

216. Le rapport sera daté et signé par les Formes du rapport.

experts; chaque feuillet portera leur sceau ou leur paraphe.

Le rapport sera également visé, signé et daté par le juge d'instruction et par le greffier.

Il sera annexé à l'ordonnance de nomination.

Si l'expertise avait été confiée à un étranger, il en serait annexé au rapport une traduction en langue japonaise, faite par un interprète désigné par le tribunal.—**199.**

Indemnités aux experts.

217. Les experts recevront, conformément au tarif général, le remboursement de leurs frais de déplacement et les autres indemnités justifiées.—**200.** [172 bis, 208.]

Sommaire.

§ I.—DE L'INTERROGATOIRE ET DES CONFRONTATIONS.

§ II.— DES CONSTATATIONS, PERQUISITIONS ET SAISIES DE PIÈCES A CONVICTION.

§ III.— DES AUDITIONS DE TÉMOINS.

sanction. Refus motivé par raisons de conscience.— 303. Résistance opiniâtre du témoin ; refus de déposer. Cumul d'amendes.

197 et 198.— 304. Différences des causes pour lesquelles tantôt le serment n'est pas *requis* des témoins et tantôt n'est pas *reçu*.— 305. Comparaison entre les témoignages réguliers et les simples renseignements.— 305 bis. Remarque au sujet du changement de condition du témoin entre l'infraction et le moment de sa déposition.

199.— 306. Déclaration par le témoin de ses noms et qualités.

200.— 307. Déposition du témoin ; questions du juge : précaution qu'il doit prendre.

201.— 308. Refus des témoins de s'expliquer sur certains faits.— 309. Secret professionnel.

202.— 310. Isolement des témoins : motif ; exception.

203.— 311. Réquisition de transport sur les lieux ; refus du témoin ; amende.

204.— 312. Témoin sourd, muet, étranger : interprète.

205.— 313. Privilège des *Kô-zokou*, des *Tchokou-nin*, etc.

206 et 207.— 314. Rédaction des témoignages.

208.— 315. Indemnité aux témoins : recours pour violation du tarif des frais de justice.

§ IV.— DES EXPERTISES.

Art. 209.— 316. Utilité des expertises.— 317. Possibilité au juge de confier l'expertise à une femme ou à un étranger.

210.— 318. Convocation de l'expert ; son refus de comparaître : amende.

211.— 319. Refus de serment : simples renseignements.

212.— 320. Incapacité de prêter serment : même amende.

213.— 321. Assistance du juge aux expertises.

214.— 322. Nouveaux experts, nouvelles investigations, s'il y a lieu.

215.— 323. Rapport des experts ; résultat des expertises ; désaccord des experts.

216.— 324. Formes de l'expertise.

217.— 325. Indemnité aux experts.

§ I.—DE L'INTERROGATOIRE ET DES CONFRONTATIONS.

Art. 163.—269. L'interrogatoire est naturellement le premier acte de l'instruction. Il est de principe qu'on ne doit imputer à personne un acte mauvais sans l'entendre. L'inculpé pourrait, dès le premier mot, démontrer le mal-fondé des soupçons dont il est l'objet: peut-être, le vrai coupable a-t-il fait à dessein une fausse dénonciation, pour détourner de lui-même l'attention de la justice. En sens inverse, l'inculpé pourrait faire immédiatement un aveu total ou partiel qui simplifierait beaucoup les opérations de la justice.

Il pourrait arriver cependant qu'avant l'interrogatoire de l'inculpé, le juge fît sagement de procéder à d'autres opérations que la loi permet à cause de l'urgence. On peut supposer le cas où des traces de pas sur la neige ou sur la terre devraient être vérifiées et reconnues avant que d'autres pas, la pluie ou une autre cause prochaine les fissent disparaître; ou bien, en cas de blessure mortelle, il pourrait être urgent de recueillir le témoignage de la victime mourante. Il serait facile de multiplier les exemples.

Comme la loi ne prononce pas de sanction spéciale pour l'inobservation de cette prescription, il faut laisser au juge un pouvoir assez large d'appréciation de l'urgence qui le porterait à procéder à des constatations avant l'interrogatoire. Il n'y a pas de raison d'ailleurs de craindre qu'il soit porté à retarder l'interrogatoire préalable aux autres opérations; au contraire, l'interrogatoire lui est plus facile, puisqu'il peut le faire sans se déplacer. Toutefois, s'il y avait à cet égard, une faute évidente, le juge d'instruction serait exposé à l'avertissement ou à la réprimande (v. art. 79 et p. 150).

Art. 164.—270. La loi française est muette sur la présence du ministère public à l'interrogatoire; mais cette présence n'est pas contraire à la raison ni à la bonne justice : s'il s'agissait de l'examen à l'audience, le ministère public y serait nécessairement présent ; on ne voit pas pourquoi il ne le serait pas à l'interrogatoire dans l'instruction, ainsi qu'aux autres actes où l'inculpé est présent. Il est naturel aussi que le ministère public puisse provoquer des questions à l'inculpé ; toutefois, par convenance vis-à-vis du juge, il devra être assez réservé à cet égard.

Art. 165.— 271. Le juge ne manque pas à son devoir d'impartialité en provoquant, en sollicitant des aveux de l'inculpé ou la désignation de ses co-auteurs ou complices ; ce qui lui est formellement interdit, c'est d'employer la menace, l'intimidation, à plus forte raison, la violence, ou tout moyen qui, de près ou de loin, ressemblerait à une torture physique ou morale.

Déjà le Code pénal (art. 316 et 317) édicte des peines contre "les juges, officiers de police ou gardiens de "prisons qui exerceraient des violences ou de mauvais "traitements contre les inculpés, pour leur arracher des "aveux ou déclarations ;" la présente disposition défend des faits moins graves et moins répréhensibles, mais encore trop contraires à la dignité de la justice et à la liberté de la défense pour être tolérés.

Désormais, la loi japonaise pousse le respect du droit de la défense jusqu'à interdire formellement au juge toute allégation fausse, toute promesse captieuse qui tendrait à surprendre un aveu que l'accusé ne serait pas dans l'intention de faire s'il n'était pas trompé.

Ainsi, un juge d'instruction qui affirmerait faussement à l'inculpé que ses complices sont arrêtés, qu'ils l'ont dénoncé comme étant des leurs, qu'ils ont eux-mêmes fait des aveux complets, et qui, obtiendrait ou tenterait d'obtenir par ce mensonge des aveux qui ne lui eussent pas été faits sans cela, manquerait gravement à son devoir et mériterait des peines disciplinaires sévères, lesquelles pourraient aller jusqu'à la révocation, surtout en cas de réitération.

Il y aurait faute grave aussi, si le juge promettait à l'inculpé le renvoi des poursuites ou l'acquittement, au cas où il ferait des aveux complets. Le juge ne peut rien promettre de semblable, qu'il s'agisse de sa propre décision ou de celle d'un autre juge : il ne peut se lier lui-même par un tel engagement, encore moins pourrait-il lier le juge de jugement. D'ailleurs, l'aveu ne saurait effacer la faute.

Ce que la loi ne défend pas au juge, parce que ce n'est plus, ni une promesse, ni une menace, c'est, comme le dit le 2e alinéa, de faire remarquer à l'accusé l'influence favorable ou défavorable que pourraient avoir sur l'esprit des juges sa sincérité ou ses réticences.

Enfin, le juge manquerait encore à son devoir, si, dans la seule espérance d'obtenir un aveu ou des révélations de complices, il prolongeait l'instruction ou seulement la mise au secret, comme moyen de vaincre la volonté de l'inculpé.

L'observation fidèle de ces sages prescriptions contribuera certainement à rendre prochaine au Japon l'application de ses lois aux étrangers habitant le territoire.

Art. 166.— 272. L'interrogatoire ne laisserait au juge que des impressions fugitives, s'il n'était pas constaté par écrit ; il pourra être utile aussi d'en conserver les résultats, non pour la juridiction de jugement, qui, elle aussi, procèdera à un interrogatoire, mais pour les juridictions de recours contre l'instruction.

L'acte, dressé par le greffier, est lu à l'inculpé, lequel est invité à dire s'il persiste dans ses déclarations et à signer ledit acte.

S'il refuse de le signer, la foi restera à l'acte, à

cause de la signature du juge et du greffier. Cette constatation est authentique comme celles qui suivront.

Art. 167.—273. Cet article complète le précédent : si l'inculpé rétracte ses aveux, soit dans le même interrogatoire, soit dans un interrogatoire ultérieur, cela ne détruit pas nécessairement l'opinion que le juge a pu se former. Il arrivera souvent, d'ailleurs, que l'inculpé s'égarera dans ses contradictions et un juge habile en profitera pour lui faire comprendre que la sincérité lui servirait plus que tous ses efforts pour tromper la justice.

Art. 168.—274. Il est conforme à l'équité de donner à l'inculpé une copie de son interrogatoire, s'il la demande. Peut-être, il est vrai, en profitera-t-il pour éviter de se contredire dans les interrogatoires ultérieurs ; mais il ne serait pas digne de la loi et de la justice que le juge pût profiter de l'oubli de l'inculpé, au sujet de ses précédentes déclarations, pour l'induire à se contredire lui-même. C'est la suite des idées de l'article 165.

Art. 169.—275. Les confrontations, les mises en présence de divers inculpés du même fait, de l'inculpé et d'un témoin, ou de l'inculpé avec la victime, sont encore un puissant moyen d'arriver à obtenir des aveux, soit par l'impossibilité de nier, en face d'un contradicteur intéressé lui-même à établir la vérité, soit par le trouble, la honte ou le remords que la présence de la victime, quelquefois d'un cadavre, produiront chez l'inculpé.

Les confrontations avec les complices ou avec les témoins sont des incidents de l'interrogatoire, et seront constatées en même temps. Celle de l'inculpé avec la victime pourra être spéciale et distincte de l'interrogatoire; lorsqu'elle est prudemment ménagée et opérée au moment opportun, alors que déjà l'inculpé hésite entre l'aveu et la dénégation, elle peut produire un effet décisif.

Art. 170.— 276. Les confrontations et les déclarations auxquelles elles ont donné lieu sont constatées en la même forme que l'interrogatoire. S'il y a plusieurs individus confrontés, il ne sera donné lecture à chacun que de ce qui le concerne : l'instruction doit rester secrète pour ceux qu'elle ne concerne pas.

Art. 171.—277. Si l'inculpé sourd ou muet, ou atteint des deux infirmités, sait écrire, il n'y a aucune difficulté: l'interrogatoire se fait par écrit; mais s'il ne sait pas écrire, il ne reste que la ressource du langage par signe inventé pour l'usage des sourds-muets, mais qui est encore peu connu et presque inusité au Japon. L'instruction sera bien difficile et elle se terminera le plus souvent par une mise hors de poursuite.

S'il s'agissait d'un sourd-muet de naissance, il ne serait pas punissable, d'après le Projet de Code pénal. A son égard, l'instruction se bornerait à constater la réalité de sa double infirmité; il devrait, toutefois, y avoir renvoi au tribunal de répression, pour décider s'il y a lieu de prononcer l'emprisonnement *de garde* autorisé par la loi (C. p. art. 94).

Il est prévu encore que l'inculpé pourrait ne pas parler la langue japonaise, cela suppose un sujet d'une province extrême de l'Empire, où le peuple ne parle souvent qu'un *dialecte* local que le juge ne comprendrait pas et qui empêcherait l'inculpé de comprendre le juge ; on peut aussi supposer un inculpé étranger qui, en l'absence de traité stipulant l'exterritorialité pour son pays, se trouve soumis à la loi japonaise. Enfin, cette disposition s'étendra encore quand l'exterritorialité aura cessé et que le Japon sera rentré dans le droit commun des nations indépendantes.

Dans ces divers cas, il sera nommé un interprète connaissant les deux langues, pour traduire les questions du juge et les réponses de l'inculpé.

Art. 172.—278. Comme le juge ne peut contrôler par lui-même la fidélité de l'interprétation, l'interprète donnera une garantie de sa sincérité, en prêtant serment "de remplir fidèlement sa mission." Ce serment sera analogue à celui qui est demandé aux témoins.

Le rôle de l'interprète est assez important pour que celui-ci signe à l'acte constatant l'interrogatoire.

L'interprète est assimilé par la loi à un expert et il doit encourir les mêmes pénalités pour refus de prêter son ministère ou de faire le serment requis.

§ II.—DES CONSTATATIONS, PERQUISITIONS ET SAISIES DE PIÈCES A CONVICTION.

Art. 173.—279. Dans beaucoup de cas, les crimes et les délits laissent des traces sur les lieux où ils ont été commis, comme les vols avec escalade ou effraction, les tentatives d'incendie, les meurtres, les séquestrations de personnes, les fabrications de fausse monnaie.

Ces traces seront, suivant leur nature, des indices ou des présomptions de fait, et pourront même constituer l'évidence pour le juge, sinon quant à l'auteur de l'infraction, au moins quant à l'existence du fait même de l'infraction. Quelquefois, elles serviront aussi à en découvrir l'auteur, comme des traces de pas se rapportant au pied de l'inculpé, des entailles dans les bois des portes, correspondant, par leur dimension et leur nature, à un instrument d'effraction saisi sur l'inculpé ou dans sa demeure.

C'est par un transport sur les lieux que le juge d'instruction procèdera à cette inspection ou vérification. Il peut le faire d'office, ou sur la demande du commissaire du Gouvernement, à laquelle il devra déférer, par une exception au droit commun, déjà signalée.

La loi ne dit pas que l'inculpé puisse faire aussi cette demande, il n'est pas douteux qu'il en ait le droit, en même temps qu'il peut y avoir intérêt ; mais le juge d'instruction n'est pas tenu d'y déférer et s'il le fait, ce sera comme s'il agissait d'office. Cependant, dans la rédaction de l'acte qui suivra, il sera bon, pour l'exactitude, de mentionner que l'inculpé a lui-même demandé cette visite des lieux : le défenseur peut avoir intérêt à signaler cette demande de l'inculpé, comme une circonstance favorable.

Art. 174.— 280. Cet article indique très-exactement les constatations à faire ; cependant, l'énumération qu'il donne des faits à constater n'est pas limitative.

Le juge devra mettre un grand soin dans ses recherches ; aucun détail n'est à négliger ; il devra mentionner dans l'acte tous les éclaircissements qu'il aura pu recueillir ; les circonstances douteuses pourraient être mentionnées comme telles : elles pourront se trouver éclairées par la suite de l'instruction.

Il est de toute justice, et ce n'est que se conformer à la vérité, de constater les circonstances favorables à l'inculpé.

Art. 175.— 281. Indépendemment des traces de crime ou délit laissées sur les lieux et qui ne peuvent être transportées, parce qu'elles sont inhérentes aux immeubles comme des taches de sang, des empreintes de pas, des traces d'effraction, il peut se trouver des objets mobiliers qui fourniront aussi des indices ou une évidence, soit du fait même, soit de l'individualité de l'auteur; ce sont les pièces à conviction, telles qu'une arme laissée sur les lieux, un lambeau de vêtement déchiré dans la lutte, une simple attache de vêtement, un fragment de papier. Ces objets sont souvent d'une précieuse utilité pour la découverte de l'auteur de l'infraction, et ils jouent un grand rôle dans les preuves.

Souvent l'inculpé fera des aveux complets, quand on lui représentera un instrument ayant servi à commettre le crime et dont la propriété lui appartient, ou même un objet dont la propriété ne lui appartient pas, mais qui a été trouvé dans sa demeure.

Les moyens matériels prescrits par la loi pour constater l'identité des objets saisis et pour assurer leur conservation sous la main de la justice ne demandent pas de justification.

Tout ce que dit la loi des pièces à conviction saisies sur les lieux de l'infraction, s'appliquerait, bien entendu, si des objets analogues se trouvaient en tout autre lieu, par exemple, au domicile de l'inculpé ou dans ses mains.

Art. 176.— 282. La garde des lieux est encore une mesure de précaution pour conserver les traces de l'infraction aux places où elle a été commise.

Le juge peut requérir la force publique pour cette garde.

Art. 177.— 283. L'opération dont il s'agit ici se nomme "visite ou perquisition domiciliaire." Le but et les résultats possibles en sont identiques à ceux des *visites de lieux*.

L'absence de la personne au domicile de laquelle est faite la visite n'empêche pas la perquisition. Il est seulement pris des précautions pour que l'absent ait une sorte de représentant à l'opération.

Le renvoi à l'article 148 se rapporte à l'heure de la

perquisition qui ne doit être ni trop matinale ni trop tardive, par égards pour le repos des citoyens.

Art. 178.— 284. Il est juste que l'inculpé puisse aussi assister ou se faire représenter aux visites de lieux ou aux perquisitions à son domicile; la loi ne lui refuse ce droit que s'il s'agit de perquisitions chez des tiers. Le juge lui-même peut d'ailleurs, requérir son assistance aux visites et perquisitions, et alors on doit admettre que ce pourrait être même aux domiciles des tiers.

Le commissaire du Gouvernement peut assister auxdites opérations partout où elles se font.

Pour la partie civile, il convient de ne l'admettre qu'aux mêmes lieux que l'inculpé, sauf le cas où le juge croirait devoir l'appeler seule au domicile des tiers.

Le juge n'est pas tenu d'avertir le ministère public, la partie civile, ni l'inculpé, de la visite qu'il compte faire ; c'est donc à ceux-ci à l'informer de leur désir d'y assister, s'ils prévoient que ces visites auront lieu, et il ne serait pas nécessaire de les attendre, s'il y avait urgence.

Art. 179.— 285. Quand le juge saisit des objets suspects chez des tiers, il leur en donne récépissé, parce que ces objets peuvent leur appartenir, ou être placés sous leur responsabilité; il va sans dire que ces objets leur seront restitués après le jugement, si d'ailleurs la possesssion par des particuliers n'en est pas défendue par la loi.

Art. 180.— 286. L'inculpé devra être questionné diversement, suivant les circonstances, au sujet des objets saisis comme pièces à conviction. Par exemple :

Les objets lui appartiennent-ils ?

Comment étaient-ils parvenus en sa possession ?

Comment explique-t-il qu'ils se soient trouvés sur les lieux de l'infraction ?

Comment l'inculpé explique-t-il que ses vêtements soient tachés de sang ?

Comment explique-t-il qu'un fragment déchiré qui manque à son vêtement, se soit justement trouvé sur les lieux du crime ?

Comment se fait-il qu'on ait trouvé chez lui ou dans un lieu dont il avait la possession, des monnaies fausses, des moules ou autres instruments de falsification de la monnaie, ou des planches gravées à la manière des papiers-monnaie ? &c., &c.

Il y a là matière à un nouvel interrogatoire qui sera constaté de la manière ordinaire, et, pour peu que le juge soit habile, il lui sera plus ou moins facile d'obtenir des aveux.

Si les réponses de l'inculpé, après avoir été contrôlées, se trouvent mensongères, cela devient une présomption très-défavorable contre lui.

Si l'inculpé refuse de répondre, ou nie que les objets lui appartiennent; s'il répond, suivant la coutume des inculpés, *shirimassen* ou *wakarimassen* : "je ne sais pas, je ne comprends pas," le juge appréciera.

Les pièces à conviction seront pour lui, suivant les cas, des indices, des présomptions de fait ou l'évidence.

Art. 181.— 287. Les visites domiciliaires et les descentes sur les lieux donnent souvent occasion à des interrogations de témoins, pour lesquelles on suivra les formes ordinaires indiquées au paragraphe ci-après.

La loi indique ici une des conditions essentielles du témoignage qu'on aurait pu, à tort, croire possible de négliger ici, à savoir, la séparation des témoins au moment de leur déposition.

Cette condition sera justifiée, plus loin, avec les

autres. Quant au serment, il est naturel qu'il doive être requis sous la sanction ordinaire : le lieu où se rend le témoignage ne doit pas en diminuer les garanties de sincérité.

Art. 182.— 288. Le juge peut, suivant les cas, retenir toutes les personnes présentes ou les exclure toutes, ou prendre pour quelques-unes seulement la mesure de la retenue ou de l'exclusion.

Il retiendra tout le monde, lorsqu'il soupçonnera qu'il y a parmi les personnes présentes un auteur ou un complice de l'infraction ; il les exclura toutes, lorsqu'il n'aura qu'à constater des circonstances matérielles et que la présence des curieux ne pourrait que le gêner.

La punition de ceux qui résisteraient aux injonctions du juge ne présente qu'une particularité, c'est qu'elle n'est pas susceptible des deux recours ordinaires : opposition et appel. Le pourvoi en cassation reste donc seul possible, cette différence est facile à justifier : les faits sont simples et ils ne changeraient pas de caractère après un nouvel examen ; le pourvoi en cassation tend à prévenir les excès de pouvoir, toujours à craindre en matière d'instruction.

Du reste, on n'a pas admis, comme en France (art. 34), que la peine fût prononcée par le juge d'instruction : elle sera prononcée à l'audience du tribunal correctionnel, en la forme ordinaire.

Art. 183.— 289. La disposition de cet article est analogue à celle de l'article 139, 2e alinéa.

Il ne faut pas que la loi impose au juge d'instruction un déplacement inutile, quand un magistrat inférieur et plus rapproché des lieux peut remplir aussi bien le même office.

Art. 184.— 290. Le pouvoir donné au juge d'instruction d'intercepter les lettres et dépêches "adressées à des personnes mêlées à l'instruction ou expédiées par elles" est très-considérable et ce magistrat ne devra en user qu'avec réserve. Mais le secret des correspondances n'est plus un droit individule, lorsqu'il se trouve en opposition avec le droit de la société et de la justice.

La désignation des personnes contre lesquelles est permise cette mesure est faite par la loi d'une façon un peu large ; il n'est pas nécessaire que ces personnes soient actuellement inculpées ; il suffit qu'elles soient déjà soupçonnées ; ce point est nécessairement laissé à l'appréciation du juge.

Le récépissé qu'il doit donner a pour but de dégager la responsabilité des administrations qui ont dû se dessaisir desdites correspondances ou d'autres effets.

Lorsque lesdits objets ne sont plus nécessaires au juge d'instruction et, au plus tard, après le jugement définitif, ils sont restitués aux administrations qui les avaient livrés.

§ III.—DES AUDITIONS DE TÉMOINS.

Art. 185.— 291. La preuve testimoniale est une des plus fréquentes et des plus utiles à la justice. Ce n'est pas à dire qu'une infraction aura eu, le plus souvent, des témoins oculaires; cela est, au contraire, assez rare ; mais il y aura des témoins à entendre sur les circonstances qui ont précédé, accompagné ou suivi l'infraction, sur la moralité de l'inculpé, sur ses habitudes, et, dans certains cas, sur celles de la victime; c'est aussi par le témoignage des tiers que les allégations de l'inculpé seront contrôlées, c'est-à-dire vérifiées ou démenties.

Du moment que la loi n'établit aucune différence légale entre les preuves, du moment qu'elle laisse au juge toute indépendance pour former sa conviction, il n'importe pas de savoir si les témoignages portent directement sur le fait incriminé lui-même ou seulement sur des faits secondaires ou accessoires.

Du moment encore que le juge peut se décider aussi bien par des *indices* ou par des *présomptions de fait* que par des *preuves* proprement dites et directes, il s'en suit que les témoignages peuvent lui révéler ces indices ou ces présomptions.

Les témoins sont appelés par le juge d'instruction, soit sur la demande du ministère public ou de la partie civile, soit sur celle de l'inculpé, soit même d'office, comme le permet le 3e alinéa de cet article.

Pour qu'il n'y ait pas exagération de la part de la poursuite ou de la défense dans le nombre des témoins dont l'audition est demandée, ce qui entraînerait des frais et des lenteurs souvent inutiles, le juge peut limiter le nombre des personnes citées à cinq ou à dix de chaque côté, suivant le degré de l'infraction.

Art. 186.— 292. La forme de la citation des témoins ne présente pas de difficulté.

On remarquera seulement sur le 2e alinéa, que, le greffier ne pouvant faire de citations hors de son ressort, le juge d'instruction donnera commission rogatoire au greffier du domicile des témoins éloignés, pour leur remettre la citation.

Art. 187.— 293. Il convient aussi d'épargner au témoin un trop long déplacement, quand l'affaire n'est pas d'une grande difficulté ou a peu de gravité.

Dans le cas donc où il demeure hors de la ville où siège le tribunal, ou même hors du ressort du juge d'instruction, celui-ci peut donner commission rogatoire de l'interroger, soit au juge de paix, soit au juge d'instruction du ressort.

Art. 188.—294. La citation doit désigner le témoin, de façon à ce qu'il n'y ait pas de doute sur son identité.

Elle indique le lieu et l'heure où il doit comparaître.

Elle l'avertit de la peine qu'il encourrait, en cas de non-comparution sans excuse légitime.

Le délai de 24 ou 48 heures entre la remise de la citation et le moment de la comparution serait augmenté du délai des distances, conformément au droit commun, s'il y avait plus de 10 *ri* de distance.

Art. 189.—295. La punition encourue par le greffier négligent est très-légitime, elle est d'ailleurs modérée et ne demande pas d'autre justification que le principe de la responsabilité des fautes de tout mandataire dont le service est imposé.

Art. 190.—296. La loi qui a admis que le juge pourrait se transporter près de l'inculpé, en cas d'empêchement légitime de comparaître, a pu, à plus forte raison, lui imposer la même obligation à l'égard d'un témoin. Cependant, il est clair que le juge ne se déplacera ainsi que pour recueillir des témoignages qu'il a lieu de croire importants.

Art. 191.—297. La disposition de cet article rappelle celle de l'article 149: la justice doit laisser à l'autorité militaire un certain pouvoir d'appréciation des besoins du service.

Le juge, en cas d'empêchement du témoin militaire ou marin accordera le délai demandé ou se transportera près du témoin pour l'entendre.

Art. 192.—298. La non-comparution d'un témoin, sans excuse légitime, est un refus de service légalement requis.

La peine prononcée ici contre le témoin est la même que contre le greffier négligent.

Toutefois, elle est doublée en cas de réitération. De plus, le témoin peut être amené par la force publique, si la déposition paraît avoir de l'importance.

Art. 193.— 299. L'opposition permise au témoin et la remise totale ou partielle de l'amende sont manifestement justes et ne demandent pas d'explications.

Art. 194.—300. La mesure prescrite par cet article a pour but d'éviter une fraude ou une erreur qui ferait venir une autre personne que celle qui est citée.

Art. 195 et 196.—301. C'est une innovation dans la loi que le serment soit exigé des témoins.

En Europe, le serment fait en justice a un caractère religieux : celui qui prête serment est considéré comme prenant Dieu *à témoin* de la vérité de ce qu'il va dire et comme appelant sur lui-même la punition du ciel, s'il manque à son serment.

Il y a des objections à réunir ainsi les choses religieuses et les choses humaines et c'est peut-être pour cela que le serment en justice n'était pas jusqu'ici exigé ni même admis au Japon. En l'y introduisant, on a cru convenable de ne demander au témoin qu'un serment "*sur l'honneur*." D'ailleurs, en donnant au serment un caractère religieux, on créerait à la justice des embarras, dans le cas où un athée déclarerait que, ne croyant pas à Dieu, il ne peut sincèrement prêter serment. Le cas se présente assez souvent aujourd'hui en Europe. Il y a aussi des sectes religieuses qui, par respect pour la divinité, s'interdisent de prendre Dieu à témoin. On ne peut plus alors condamner le témoin pour refus de serment, pas plus dans le premier cas que dans le second, par respect pour la liberté de conscience.

Mais, dans cette limite où l'enferme la loi japonaise,

le serment est encore fort utile: il avertit le témoin que sa déposition est grave, elle devient plus solennelle, et le témoin sera plus éloigné du mensonge et surtout des réticences qui sont si habituelles aux témoins; aussi jure-t-il "de dire non seulement *la vérité*, mais encore "*toute la vérité*, et aussi de la dire sans haine, sans "crainte et sans complaisance."

Avec l'apposition du sceau et de la signature, le serment sera, à la fois, oral et écrit.

302. Ce n'est pas une trop grande sévérité que de considérer comme plus coupable que celui qui refuse de comparaître celui qui, ayant comparu, refuserait de prêter serment et de déposer: la simple non-comparution peut être le résultat de la paresse, de la négligence ou du soin d'intérêts personnels que l'on préfère à l'intérêt de la justice; mais le refus de prêter serment et de déposer, quand on est présent, est un mauvais vouloir manifeste contre lequel la loi doit sévir.

Dans le cas, cependant, où le témoin déclarerait qu'il ne peut se défendre d'un sentiment de haine ou de crainte à l'égard de l'inculpé, comme, par exemple, cela pourrait être de la part de la victime du crime ou du délit, le juge devrait refuser d'entendre le témoin et ne pas prononcer l'amende. Cette sincérité du témoin ne doit pas être découragée.

Le refus de déposer après le serment prêté est puni d'une nouvelle amende.

303. Cette résistance continue et non justifiée du témoin aux prescriptions de la loi donne lieu à un cumul de peine qu'il ne faut pas considérer comme une exception à la règle "qu'en cas de conviction de plusieurs délits, la peine la plus forte est seule prononcée" (Proj. c. p., art. 112): cette règle ne s'applique qu'autant que tous les délits sont encore *à punir;* mais si, après une première punition prononcée, une nouvelle peine est encourue, il y aura lieu de la prononcer. Ainsi, un

témoin *ne comparaît pas*, il est condamné à une première amende de 2 à 10 *yen* (art. 192) ; sur la réassignation, il *ne comparaît pas encore*, la nouvelle amende est double de la première, de 4 à 20 *yen* (*ibid.*) ; plus tard, ayant comparu, il refuse de *prêter serment* : nouvelle amende de 5 à 20 *yen* (art. 196) ; enfin, supposons qu'ayant prêté serment, il refuse *de déposer* : nouvelle amende de 5 à 20 *yen* (même art.).

Il y a donc cumul de peines, comme il y a cumul d'infractions, et ce résultat est dû à ce que chaque peine suit immédiatement chaque infraction. Cependant, le principe du *non-cumul* des peines, de leur *confusion*, redeviendrait applicable, quand il y a refus de prêter serment et de déposer, même à titre de renseignements, si le juge ne prononçait pas la première amende avant de demander les renseignements : il ne prononcerait alors qu'une seule amende, parce que les deux délits seraient *à punir* en même temps.

Si l'affaire est renvoyée devant une juridiction de jugement, la même opiniâtreté du témoin donnera lieu à de nouvelles amendes (art. 343 et 346).

Art. 197 et 198.— 304. Certaines personnes sont présumées par la loi n'être pas dans les conditions d'indépendance nécessaire pour rendre un témoignage sincère. La loi fait sagement en n'exigeant pas d'elles le serment ; elles pourront être entendues toutefois, mais à titre de renseignements, sous la sanction de l'amende.

D'autres sont présumées n'avoir pas l'intelligence nécessaire pour que leur serment ait la valeur morale qui convient, ou même, elles sont en état de suspicion légitime vis-à-vis de la justice quant à leur sincérité.

Pour les premières, le juge ne demandera pas le serment ; mais si le ministère public ou l'accusé contre lesquels ces témoins sont produits ne s'opposait pas à leur prestation de serment, elle serait reçue. Pour les autres, le juge ne devrait pas admettre le serment, lors même que la partie contre laquelle le témoignage est invoqué déclarerait ne pas s'y opposer.

Il n'est pas nécessaire de reprendre séparément les six classes de personnes prévues à l'article 197 ; nous remarquerons seulement que si la partie lésée ne s'était pas portée partie civile, son serment serait non seulement recevable, mais requis.

La loi qui se défie, avec raison, de la liberté du serviteur ou de son impartialité, quand il s'agit pour lui de témoigner en faveur de son maître ou contre lui, n'a pas une pareille défiance à l'égard du témoignage du maître pour ou contre son serviteur ; aussi n'est-il pas mention du maître parmi les personnes, dont le serment n'est pas requis. En effet, le maître ne peut pas attendre de son serviteur (inculpé ou partie civile) des avantages qui puissent l'influencer dans le sens de la complaisance ; tout au plus, y apporterait-il une certaine bienveillance qui ne peut, du reste, égarer le juge ; si, en sens inverse, il avait eu contre son serviteur des griefs assez sérieux, il l'aurait probablement congédié déjà et il ne pourrait être question de refuser son témoignage.

Aucune incapacité de témoigner n'existe non plus par suite de relations de droit ou de fait entre le témoin et l'officier du ministère public, quoiqu'il soit partie en cause, comme l'inculpé et la partie civile : la situation est fort différente : l'officier du ministère public n'agissant que dans l'intérêt de la société n'est suspect d'aucune passion personnelle dans la cause : il ne doit avoir d'autre passion que celle du devoir, dans la recherche de la vérité et dans l'application de la loi.

Sur les six autres classes de personnes prévues à l'article 198, on remarquera la cinquième comprenant les individus accusés de crimes ou prévenus de délits assez graves : bien que ces individus doivent être présumés innocents jusqu'à leur condamnation, il n'en est pas moins vrai que de graves soupçons pèsent sur eux et que leur sincérité sur d'autres faits peut être également soupçonnée. D'ailleurs, si leur serment était reçu et qu'ensuite, après le jugement de l'affaire dans laquelle ils ont déposé, ils fussent condamnés sur les poursuites dont eux-mêmes sont l'objet, leur témoignage deviendrait suspect, rétroactivement, et il serait trop tard pour en corriger l'effet.

A l'égard des personnes énoncées au 6e alinéa, il y a également quelque soupçon de partialité : elles pourraient ou charger les autres inculpés, de peur que les soupçons ne se retournassent contre elles-mêmes, ou, en sens inverse, les décharger par complaisance, de crainte que ceux-ci ne fissent, par vengeance, quelques révélations qui feraient reprendre les poursuites contre elles. Il y aurait un autre danger, qui serait en même temps un grand scandale : on pourrait entendre un ancien inculpé, maintenant acquitté par jugement devenu irrévocable, se déclarer auteur et seul auteur du crime ou délit au sujet duquel il a été acquitté.

Remarquons enfin, au sujet des témoins sourds-muets, qu'ils ne sont incapables de prêter le serment des témoins que si leur double infirmité remonte à la naissance ; dans ce cas, ils sont présumés n'avoir pas eu les moyens ordinaires de développer leur intelligence ; c'est par le même motif que, s'ils étaient auteurs d'une infraction, ils seraient exempts de peine. Si, au contraire, leur infirmité était postérieure à leur naissance et résultait d'une maladie ou d'un accident, ils pourraient témoigner avec serment.

Dans l'un et l'autre cas, il ne s'agit évidemment que de faits connus par la vue *(de visu)*, puisque le témoin est sourd.

305. Dans le cas de nos deux articles, si, par suite de l'ignorance de la condition du témoin où ont été le

juge et les parties, le serment a été prêté, le témoignage ne sera pas nul, mais il ne vaudra que comme renseignement.

Cette différence entre les *témoignages* proprement dits et les simples *renseignements* est plus théorique que pratique, puisque le juge pourra tirer sa conviction d'un renseignement aussi bien que d'un témoignage, et même, être plus touché d'un renseignement que d'un témoignage opposé, soit parce qu'il a plus de précision et s'accorde mieux avec les autres preuves, soit parce que la sincérité du déposant et son exactitude lui paraissent plus probables, comme seraient celles d'un jeune homme de 12 à 15 ans, d'une honnêteté et d'une intelligence reconnues.

Néanmoins, le juge devra toujours tenir compte de la défiance de la loi et ne pas se déterminer sur un simple renseignement, sans mûre réflexion, quoiqu'il ne s'agisse encore que de l'appréciation des charges. Heureusement, il se rencontrera presque toujours plusieurs éléments de preuve qui se corroboreront mutuellement. Au surplus, la loi n'attache pas la nullité à l'inobservation de l'article 398 : elle ne la prononce même pas, lorsque la violation de cette disposition aura eu lieu devant une juridiction de jugement (comp. art. 338) : on pourrait seulement, dans le cas de condamnation et où les témoins, ayant indûment prêté serment, auraient témoigné à charge, fonder un pourvoi sur "l'inobservation des formes prescrites dans l'intérêt de la défense" et encore faudrait-il que l'inculpé eût protesté contre le serment (voy. art. 532-6°).

Une seule différence légale existe entre le témoignage et le renseignement : la peine du faux témoignage est plus forte d'un degré que celle du faux renseignement (voy. Proj. c. p. art. 257 bis).

305 bis. Récemment, quelques personnes ont exprimé des doutes sur le point de savoir si un témoin

qui se trouvait incapable de témoigner sous la foi du serment, au moment où a eu lieu l'infration, pourrait prêter serment, dans l'instruction ou devant la juridiction de jugement, quand son incapacité aurait cessé à cette époque.

On aurait tort de prétendre donner une solution identique pour les six classes d'incapables prévues à l'article 197 et aussi pour les six autres prévues à l'article 198: ce n'est qu'en se pénétrant attentivement des causes diverses qui motivent la défiance de la loi que l'on peut donner une solution exacte pour chaque cas.

Nous commencerons d'abord par faire remarquer qu'il y a une situation inverse qui ne demande pas moins d'attention, quoique la solution en soit moins douteuse et qui peut éclairer sur la situation proposée.

Et d'abord, le témoin était pleinement capable de témoigner avec serment au moment de l'infraction et, c'est par une cause postérieure qu'il a cessé de l'être. Ainsi, la personne lésée qui aurait pu témoigner, si elle ne s'était pas portée partie civile, a pris cette qualité; de même, une personne étrangère à l'inculpé au moment de l'infraction est devenue son conjoint, son allié par mariage, son parent par adoption, son tuteur ou son serviteur; il n'y a aucun doute qu'en pareils cas, l'incapacité de témoigner sous la foi du serment ne commence avec sa cause : la défiance de la loi, au sujet d'un tel témoignage, est fondée sur la qualité du témoin, sur la nature de ses relations avec l'une des parties intéressées au moment où il dépose, parce que c'est à ce moment seul qu'il peut égarer la justice.

Le principe est le même si nous parcourons les six classes de personnes auxquelles l'article 198 *interdit* le témoignage avec serment; seulement l'application ne peut se rencontrer dans le 1er et le 3e cas : on *ne devient pas*, après l'infraction, mineur de 16 ans ou sourd-muet *de naissance*.

Mais supposons qu'après l'infraction commise, celui qui en avait été témoin non suspect devienne fou, perde ses droits civiques, soit lui-même mis en accusation, ou se soit trouvé compromis dans la même affaire, bien que mis hors de poursuites : évidemment, son témoignage est devenu suspect, soit quant à la raison, soit quant à la sincérité, et il ne pourra prêter serment.

Passons maintenant au cas inverse : la cause de suspicion qui existait au moment de l'infraction a cessé au moment où le témoin est appelé à déposer. Ainsi, la partie civile s'est désistée, la parenté est dissoute par le retrait de l'adoption, le mariage et l'alliance ont cessé par le divorce, la qualité de tuteur a cessé par l'âge du pupille ou par le changement du tuteur, le serviteur a quitté son maître ; le mineur a atteint 16 ans accomplis, les droits civiques ont été recouvrés, l'accusation a été purgée par acquittement : dans tous ces cas, la cause de suspicion a cessé : la plénitude du droit et du devoir de témoigner sous la foi du serment est recouvrée.

Il n'y a que deux cas, sur les douze prévus par nos articles, où cette solution ne puisse être donnée : ce sont ceux de folie et de surdi-mutité de naissance qui viendraient à cesser après l'infraction : il est clair que l'insensé (et le sourd-muet de naissance est, dans le système de la loi pénale, présumé faible de jugement, même pour les choses qui frappent ses yeux), il est clair, disons-nous, que celui qui, par son état mental, n'a pu apprécier exactement les faits dont il a été témoin, ne deviendra pas, *rétroactivement*, en état de les mieux apprécier, parce qu'il se trouvera, plus tard, guéri de son infirmité.

A l'égard du mineur, devenu majeur de 16 ans, le même raisonnement semblerait possible, quoiqu'à un degré moindre ; mais il vaut mieux poser en principe que son témoignage devient valable, parce qu'un mineur a plus d'intelligence qu'un fou ou qu'un individu sourd-muet depuis sa naissance; seulement, le juge tiendra compte de la légèreté de l'adolescence et pourra ne pas donner à ce témoignage toute l'importance qu'aurait celui d'un majeur.

Art. 199.— 306. Toutes les déclarations du témoin devant être faites sous la foi du serment, ce n'est qu'après la prestation de ce serment qu'il décline ses noms et qualités. Il aura cependant dû préalablement se faire connaître, en remettant la citation qu'il a reçue (art. 194), mais son identité n'est officiellement reconnue qu'après le serment.

C'est pour le même motif qu'il n'est interrogé qu'après le serment, sur ses relations légales avec l'inculpé ou la partie civile.

Si le serment se trouvait, par suite de ces relations, avoir été indûment prêté, la déposition dégénèrerait en simple renseignement et le juge en avertirait le témoin.

La loi n'exige pas que le juge demande au témoin s'il jouit de ses facultés mentales et de ses droits, ni s'il est dans le cas des 5e et 6e alinéas de l'article 198. Ce serait désobligeant pour le témoin.

Art. 200.— 307. Pour que le témoin soit à l'abri de toute influence et produise sa pensée en toute liberté, le juge l'invite d'abord à dire tout ce qu'il sait, sur les faits de la cause, dans l'ordre qui lui conviendra; seulement, il pourrait toujours l'empêcher de s'égarer ou de s'étendre sur des faits indifférents. Il lui fera ensuite toutes les questions qu'il jugera utiles, en précisant, le plus possible, les points à éclaircir.

Comme le témoin pourrait ne pas savoir tout d'abord de quelle imputation il s'agit, soit quant aux faits, soit quant à l'inculpé, le juge devra alors le lui indiquer; mais, en ayant bien soin de ne lui citer les faits ou l'inculpé que comme objets de doute et en se gardant de toute forme d'interrogation qui pourrait faire pressentir sa propre opinion au témoin ou lui suggérer des réponses affirmatives. Ainsi, rien ne serait plus contraire à l'impartialité et à la réserve obligée du juge que de questionner le témoin en ces termes: "Ne savez-"vous pas que...? L'inculpé n'a-t-il pas...? Telle chose "n'est-elle pas?"

Art. 201.—308. Le refus du témoin de s'expliquer sur certains faits qu'il connaît, serait un manquement à son serment qui est de dire *toute la vérité*. La peine du refus de déposer serait donc applicable. Ce ne serait pas le cas de la peine du faux témoignage; car ce délit prend sa gravité dans le danger que la justice soit trompée, et ici, elle ne le serait pas: elle serait seulement privée d'éclaircissements qu'elle est en droit d'attendre; elle saurait qu'elle doit les chercher ailleurs. Il en serait autrement, si le témoin s'était tû volontairement sur certains faits dont il connaissait l'importance et que le juge, n'ayant pas découvert la *réticence*, ait pu considérer le témoignage comme complet.

309. Une exception très-importante est admise en faveur de certaines personnes appelées par leur profession à recevoir des déclarations confidentielles, et elles trahiraient la confiance qu'elles doivent mériter, si elles révélaient à la justice les faits qui sont parvenus à leur connaissance sous le sceau du secret professionnel.

Ces personnes apprécieront souverainement si le témoignage leur est permis ou non, et elles ne pourront être punies pour refus de prêter serment ou de déposer. La même disposition se trouve déjà dans le Projet de Code pénal (art. 402), au sujet duquel elle se trouve justifiée.

Bien que l'énumération faite par la loi paraisse limitative (*d*), comme il s'agit ici d'affranchissement d'une peine, les juges correctionnels pourraient accorder le bénéfice de la dispense à des personnes qui, dans l'esprit de la loi, pourraient y rentrer.

Art. 202.— 310. Si les témoins s'entendaient déposer les uns les autres, il y aurait à craindre qu'ils ne fussent influencés par ce qu'ils entendraient, sans même cesser d'être de bonne foi : l'expérience a prouvé, au Japon, comme ailleurs, qu'un témoin craint souvent d'être soupçonné de dissimuler la vérité, en disant qu'il ne sait rien ou en déclarant qu'il a oublié ce qu'il a pu savoir, et, alors, il serait porté à répéter plus ou moins ce qu'il entendrait dire aux autres, soit pour, soit contre l'inculpé : avec l'isolement, ce danger n'est pas à craindre ; à moins que les témoins ne se fussent concertés avant leur audition, ce qui n'est pas rare, mais est inévitable.

Ils ne déposeront pas non plus en présence de l'inculpé.

La première disposition se retrouvera dans la procédure orale ou à l'audience ; il en sera autrement de la seconde.

Ici, la procédure est secrète, et elle n'est que préparatoire : il n'est pas encore nécessaire que l'inculpé connaisse les témoignages portés contre lui.

La loi admet une dérogation à cette double règle, au cas où le juge d'instruction estime nécessaire de confronter les témoins entre eux ou avec l'inculpé. Cette dernière confrontation a déjà été prévue et réglée aux articles 169 et suivants à l'occasion du premier interrogatoire.

(*d*) On a ajouté, au moment de cette publication, *les fonctionnaires publics* qui avaient été omis par inadvertance dans le texte du Projet.

Art. 203.—311. Lorsque la déposition d'un témoin se rapporte à quelque circonstance locale importante et que le juge ne peut apprécier le sens ou l'importance du témoignage sans mettre le témoin en présence des lieux dont il s'agit, le transport peut être ordonné par lui.

Un cas qui pourrait être assez fréquent serait celui où le témoin déclarerait avoir vu ou entendu les faits incriminés, étant lui-même dans un lieu plus ou moins distant; ou, au contraire, le cas où il nierait avoir vu ou entendu, quoiqu'il fût rapproché, et lorsque le juge aurait de la peine à croire à l'exactitude de cette partie du témoignage.

Quelquefois, le juge fera dresser, par des experts, un plan des lieux de l'infraction, pour que, dans la procédure ultérieure, il ne soit plus nécessaire de s'y transporter de nouveau.

Il ne devait pas être permis au témoin de se refuser au transport requis par le juge: l'amende serait la même que pour le refus de comparaître (art. 192), car le témoignage se trouvera, par ce refus, incomplet ou inutile: la loi est encore indulgente en n'appliquant pas la peine du refus de déposer qui est plus forte (art. 186).

Art. 204.—312. La disposition de cet article relative au témoin sourd, suppose, comme on l'a remarqué, 1° qu'il n'est pas sourd-muet de naissance; 2° qu'il a été au moins témoin *oculaire*. On pourrait aussi l'appliquer au sourd-muet de naissance appelé à donner des renseignements : un interprète lui est toujours nécessaire.

Lors même que le témoin, étranger ou non, parlerait une langue ou dialecte connus du juge et du greffier appelés à constater sa déposition, il ne pourrait déposer en cette langue sans interprète, parce que sa déposition doit figurer au dossier et peut avoir à passer sous les yeux d'une juridiction de recours ou de jugement; elle doit, dans tous les cas, être soumise au ministère public.

Art. 205.— 313. La faveur accordée aux personnes énumérées à l'article 98, est toute naturelle. La plupart de ces personnes, d'ailleurs, à cause de leurs importantes fonctions, ne pourraient se déplacer sans inconvénient pour le service public.

Art. 206 et 207.— 314. On vient de dire que la rédaction abrégée des dépositions est nécessaire pour les conclusions que devra prendre le ministère public et pour l'appréciation des juridictions de recours.

L'acte qui constate la déposition est lui-même une preuve authentique; mais il ne prouve que la déposition et non l'infraction ou les faits à décharge; c'est toujours le témoignage qui est la preuve des faits défavorables ou favorables à l'inculpé.

S'il y a eu lieu à l'intervention d'un interprète, il signe aussi à l'acte.

Ces formalités sont identiques à celles de l'acte dressé après l'interrogatoire de l'inculpé (comp. art. 166 et 169).

Art. 208.— 315. La loi ne pouvait laisser à la charge du témoin les frais de déplacement et de séjour que l'appel de la justice l'a forcé d'avancer. Ces frais sont remboursés provisoirement par le greffe; mais ils retomberont définitivement sur la partie perdante: l'inculpé, l'Etat ou la partie civile.

Les ouvriers journaliers méritaient aussi que la perte de leur salaire quotidien leur fut remboursée.

Pour les frais de justice, il y aura un tarif dont le juge fera l'application, sauf recours en cassation. Mais il n'y aura pas de recours pour l'estimation du salaire perdu et remboursable au témoin, c'est une simple question de fait (*e*).

§ IV.—DES EXPERTISES.

Art. 209.— 316. L'appréciation des faits qui constituent une infraction demande souvent des connaissances spéciales, techniques [de science, d'art ou d'industrie], que le juge d'instruction ne possède généralement pas. Ainsi, dans un cas de mort attribuée à un crime, à un empoisonnement par exemple, il n'y a guère qu'un médecin ou un chimiste qui puisse affirmer l'emploi du poison : il faut une ouverture du corps [autopsie] et une analyse des viscères ; dans le cas de coups ou blessures ayant occasionné la mort, il faut, ordinairement, un médecin ou un chirurgien, pour reconnaître la nature et les dimensions de l'instrument employé et l'étendue des lésions intérieures ; dans le cas de fausse monnaie, il faut souvent l'avis d'un homme connaissant les métaux pour constater la nature des métaux employés ; il en est de même pour la falsification des écritures, où un habile professeur d'écriture sera utile à consulter, et pour la falsification des denrées, où un chimiste sera encore utile, ou tout au moins, un marchand ou un préparateur de pareilles denrées.

Dans ces divers cas, le juge supplée à son insuffisance personnelle en appelant des experts à son aide. Lors même que, par hasard, le juge aurait des connaissances spéciales suffisantes pour apprécier les éléments techniques du délit, il devrait, par convenance et pour la sécurité des intéressés, nommer des experts, sauf à contrôler leur rapport d'après ses propres lumières.

317. Le mot *experts* (en français) veut dire *habile;*

(*e*) Cette distinction était négligée dans le texte antérieur.

on disait autrefois que le juge nommait des hommes « à ce cognoissants. »

Les experts sont choisis par le juge, il doit donc rendre à cet égard une ordonnance qui les désigne clairement et qui détermine les points qu'ils auront à examiner et sur lesquels ils auront à donner leur avis.

La loi a pris la peine de dire que les femmes et les étrangers pourraient être nommés experts, parce qu'on aurait pu croire qu'il y avait là un office exclusivement réservé aux hommes et ayant le caractère de droit *civique* c'est-à-dire propre aux hommes et aux nationaux. Mais il est évident qu'il y a des cas où le choix d'une femme est préférable ; par exemple, pour certains examens corporels, dans le cas de viol tenté ou consommé, d'avortement, de coups et blessures, une sage femme sera généralement nommée.

Dans le cas, où une analyse chimique serait nécessaire, il pourrait être préférable de nommer un docteur étranger plus habitué à ce genre d'opération que l'on ne l'est présentement au Japon.

De même, lorsque les étrangers seront soumis à la juridiction japonaise, si l'inculpé est étranger, il sera souvent préférable de nommer un expert étranger également, pour que l'inculpé ne puisse alléguer l'incapacité d'un expert japonais.

Art. 210.—318. Généralement, le juge ne nommera un expert qu'après l'avoir consulté sur sa nomination ; car l'expert pourrait être empêché, ou déclarer lui-même son incapacité pour le genre d'examen qu'on lui demande.

Si la personne appelée officieusement à cet effet ne se présente pas, elle est citée en bonne forme et elle encourt, au cas de non-comparution, les mêmes peines que le témoin non comparant, avec les mêmes droits de se faire relever de l'amende, s'il y a lieu.

Mais le mandat d'amener n'est pas délivré, parce que si l'on peut espérer qu'un témoin, étant amené de force devant le juge, consentira à déposer, on ne peut espérer vaincre de la même manière la résistance d'un expert, dont la fonction demande une bonne volonté continue.

Art. 211.— 319. L'expert, une fois nommé, a beaucoup de ressemblance avec un témoin ; il aura à déposer sur ce qu'il a découvert dans ses recherches. Il est donc naturel de le soumettre à la même formalité du serment.

Le refus de serment n'est pas puni plus que le refus d'accepter l'expertise, c'est encore la peine de l'article 192 et non celle de l'article 196.

Art. 212.— 320. Toujours, à cause de leur assimilation aux témoins, certains experts ne peuvent prêter serment ni être experts ; ce n'est que faute de pouvoir trouver en temps utile des personnes à la fois compétentes et capables de prêter le serment que l'on admettra à l'expertise ceux qui ne peuvent jurer, et seulement pour fournir de simples renseignements. (comp. p. 342).

La loi n'interdit pas de prendre l'expert parmi les personnes déjà appelées à témoigner ; sans doute, le juge fera mieux d'éviter ce cumul de qualités, mais si l'un des témoins était seul capable de bien remplir cette fonction, il pourrait être valablement choisi : il réunirait en quelque sorte, deux témoignages en sa personne ; mais ce n'est pas un cas d'incompatibilité absolue.

Art. 213.— 321. La présence du juge aux expertises sera utile et il ne devra s'en dispenser que si elles doivent être longues et si ses autres instructions l'en empêchent.

Art. 214.— 322. Il pourrait se faire que l'expert nommé parût lui-même incapable ou insuffisant; alors le juge le remplacerait ou lui adjoindrait un co-expert. Les experts peuvent aussi demander eux-mêmes ce remplacement ou cette adjonction.

Le juge peut, d'office, ou sur les indications que lui fournissent les experts, leur demander de pousser leurs recherches sur d'autres points que ceux qui leur avaient été primitivement soumis.

Dans le premier cas, il faut une nouvelle ordonnance; elle n'est pas nécessaire dans le second.

Art. 215.— 323. Le 1er alinéa ne demande aucune explication.

Dans le 2e, la loi suppose qu'il n'a été obtenu "aucun résultat utile:" il faut entendre par là que les points à éclaircir sont restés obscurs, aussi bien sur ce qui serait favorable à l'inculpé que sur ce qui lui serait défavorable; car ce serait un résultat *utile* que celui qui, dans une accusation d'homicide, conclurait qu'il n'y a pas trace de poison, ou trace de coups ou blessures volontaires.

Mais on dirait qu'il n'y a pas de résultat utile, si les circonstances n'avaient pas permis de réussir dans l'expertise; par exemple, pour la recherche d'un poison, les *réactifs* nécessaires ont manqué ou se sont trouvés altérés; pour la recherche de coups ou blessures ayant pu occasionner la mort, l'état du cadavre était dans un état de décomposition trop avancé pour qu'il fût possible d'avoir une certitude positive ou négative.

Ce sont là les causes et autres semblables que les experts déclareront, pour expliquer l'inutilité du résultat.

Quels que soient les progrès des sciences physiques, et peut-être même à cause de ces progrès, il arrive souvent que les experts sont divisés d'opinion. La loi, dans ce cas, permet aux experts de faire des rapports séparés, ce qui aurait pu faire doute (*f*). Si la divergence est grave et qu'il y ait partage, le juge fera sagement de nommer un nouvel expert. Dans le cas contraire, il se formera une opinion à lui-même, à la lecture du rapport.

On n'oublie pas qu'il ne s'agit toujours que de l'instruction ; plus tard, s'il y a lieu, le tribunal chargé du jugement entendra de nouveau les experts et pourra même requérir de nouvelles expertises.

Art. 216.— 324. Les conditions de pure forme étant toujours très-précises dans la loi, ainsi qu'il convient, sont celles qui demandent le moins d'explications.

La seule lecture de l'article suffit pour le bien comprendre.

Art. 217.—325. Bien que la fonction d'expert soit obligatoire, sauf les exemptions justifiées, il n'en faut pas moins que les experts soient indemnisés de leurs frais et dommages : le tarif contiendra les principales bases de cette indemnité.

SECTION IV.

DE L'INSTRUCTION DES INFRACTIONS FLAGRANTES.

Information d'office par le juge d'instruction.

218. Dans tous les cas de crimes ou délits flagrants, tels qu'ils sont déterminés aux articles 114 et 115, le juge d'instruction, s'il en est averti

(*f*) En France, l'expertise n'ayant pas été réglée pour les matières criminelles, on y applique par analogie, les règles du Code de procédure civile (art. 302 à 323). L'article 318 veut que les experts, même divisés d'opinion, ne fassent qu'un seul rapport; mais cette disposition n'est pas observée en matière criminelle, pour ne pas gêner la liberté des experts.

avant le commissaire du Gouvernement, pourra, suivant l'urgence et d'après la gravité du fait, commencer l'information, d'office, et sans attendre les réquisitions de ce magistrat, mais après l'avoir averti.

En conséquence, il pourra se transporter sur les lieux du crime ou du délit, décerner tout mandat autre que le mandat d'arrêt et procéder à tout ou partie des actes d'instruction, en observant les formalités ci-dessus déterminées.— 201. [114 s., 129, 143.— 59.]

219. L'instruction sera réputée ouverte dès que le juge aura dressé un acte de constatation ; il y mentionnera que le fait se présente comme crime ou délit flagrant. Ouverture de l'instruction.

Il enverra, sans délai, au commissaire du Gouvernement, pour avoir ses réquisitions, les actes de la procédure commencée, laquelle sera suivie et terminée dans la forme ordinaire.— **202.** Envoi au min. public.

220. Dans les mêmes cas de crime ou délit flagrant, si le commissaire du Gouvernement en est averti avant le juge d'instruction, il pourra, après avoir prévenu celui-ci et sans l'attendre, se transporter sur les lieux du crime ou du délit et procéder à tout ou partie des divers actes confiés au juge d'instruction par les dispositions ci-dessus, en observant les mêmes formalités.— **203.** [···—32 s.] Pouvoirs du min. public.

221. Le commissaire du Gouvernement transmettra sans délai au juge d'instruction les Transmission au juge d'instruction.

actes de la procédure commencée, avec ses réquisitions, lors même qu'il estimerait qu'il n'y a lieu à suivre.— **204.** [···—45.]

Pouvoirs des officiers de pol. judiciaire.

222. Les attributions données au commissaire du Gouvernement par l'article 220 pourront être exercées, dans les mêmes cas, par les officiers de police judiciaire désignés à l'article 72.

Limites.

Toutefois, ils ne pourront entendre de témoins, ni faire procéder à une expertise, que sans prestation de serment et à titre de simples renseignements.

Ils transmettront immédiatement leurs actes au commissaire du Gouvernement, avec leurs observations.

Suite.

Ils ne pourront décerner aucun mandat; mais s'ils ont procédé à la saisie de l'inculpé, conformément à l'article 116, ils le feront conduire, sans délai, devant le commissaire du Gouvernement.— **203, 205.** [118.—49 s.]

Interrogatoire; renvoi au juge d'instruction.

223. Celui-ci procèdera, dans les vingt-quatre heures, à l'interrogatoire de l'inculpé et en dressera acte; après quoi, il pourra, soit le mettre en liberté pure et simple, soit le renvoyer, sous mandat de dépôt, devant le juge d'instruction, avec toutes les pièces ci-dessus et avec ses réquisitions; auquel cas, l'instruction sera réputée ouverte.— **206.** [136.—60.]

Interrogatoire par le j. d'instruction.

224. Le juge d'instruction interrogera l'inculpé, dans les 24 heures, après quoi, il donnera main-levée du mandat de dépôt ou le maintiendra, en se conformant, pour la suite, aux règles ordinaires.— **207.** [133, 136.— 60.]

225. Les actes d'instruction faits par le commissaire du Gouvernement ou par ses auxiliaires, audit cas de crime ou délit flagrant, pourront être refaits par le juge d'instruction dans la forme ordinaire. Réfection des actes.

Toutefois, les premiers actes resteront au dossier.— **208.** [· · · — 60.]

226. Dans les cas prévus aux articles 220, 222 et 223, s'il ne s'agit que d'un délit flagrant, le commissaire du Gouvernement pourra, après l'interrogatoire de l'inculpé, soit qu'il ait ou non délivré le mandat de dépôt, citer directement ledit inculpé devant le tribunal correctionnel pour la première audience. Citation directe au tribunal par le min. pub.

Il en donnera immédiatement avis au juge d'instruction.— **209.** [122-2°.—Loi fr. 20 mai 1863.]

227. Toutefois, avant de citer les témoins et l'inculpé, le commissaire du Gouvernement interpellera ce dernier sur le point de savoir s'il désire un délai de 3 jours pour sa défense. Délai pour comparaître.

Dans aucun cas, le délai pour comparaître ne devra excéder 5 jours depuis l'interrogatoire, si l'inculpé est détenu.— **0.** [*Ibid.*]

228. Les témoins, dans le cas où l'inculpé n'aura pas demandé un délai pour préparer sa Citation des témoins.

défense, pourront être cités par lettre du greffe, pour comparaître le même jour, d'heure à heure.

Toutefois, si un témoin ainsi cité n'a pas comparu et si son témoignage paraît nécessaire, il sera cité en la forme ordinaire, pour la plus prochaine audience, sous la sanction pénale établie par l'article 192.— **0.**

Contraventions flagrantes.

229. Les contraventions, flagrantes ou non, pourront être constatées par le juge de paix et par tous les officiers de police judiciaire désignés à l'article 72.

Ceux-ci entendront le plaignant, l'inculpé et les témoins; ils saisiront, s'il y a lieu, les objets qui pourraient servir à conviction.

Après quoi, ils transmettront les pièces au commissaire du Gouvernement près le tribunal de simple police.

Il sera procédé pour le jugement, comme il est dit au Livre IIIe, chapitre 1er (articles 376 et suivants).— **0.** [···— 11, 16, 148.]

Sommaire.

Art. 218.— 326. Au cas de flagrant délit, le juge d'instruction peut se saisir d'office; actes urgents qu'il peut faire seul.

219.— 327. Ouverture de l'instruction sans poursuites.

220 et 221.— 328. Attributions exceptionnelles du commissaire du Gouvernement; transmission au juge d'instruction : résultats divers.— 329. Arrestation de l'inculpé; sa remise en liberté pure et simple.

222 et 223.— 330. Attributions exceptionnelles des officiers de police judiciaire; pouvoirs des Préfets.— 331.

Art. 218.— 326. On a déjà rencontré les crimes et délits flagrants, au sujet de la Recherche des infractions (art. 114 et suiv.); on y a vu que le droit d'arrestation sans mandat y est accordé aux officiers de police et même aux particuliers (art. 116 et 119).

On a dit aussi que le crime ou délit flagrant présente cette particularité que le juge d'instruction est investi du droit d'informer, sans poursuite du ministère public ni de la partie lésée. Il a été dit qu'on peut attribuer *au fait même* du flagrant délit ou *à la loi* la *saisine* du juge, mais qu'il est plus exact de dire qu'il *se saisit lui-même*, par exception, en vertu de la loi (v. p. 248); en effet, tant que le juge ne s'est pas *mis en mouvement*, on ne peut pas dire qu'il soit *saisi*, et si le ministère public ou la partie civile l'avaient devancé, on ne pourrait pas dire qu'il est saisi *par la loi*, ni *par le fait* du flagrant délit; il serait certainement alors saisi par ceux-ci. C'est là la grande anomalie du flagrant délit, en ce qui concerne le juge d'instruction, c'est qu'il agit d'*office*, par dérogation à l'article 129.

Mais il y en a une plus grande encore, en ce qui concerne le ministère public, c'est qu'il fait, au besoin, les actes réservés, en général, au juge d'instruction; à la charge, bien entendu, pour l'un et l'autre, de rentrer, aussitôt que possible, dans la procédure régulière, objet des Sections précédentes.

Le premier devoir de chacun de ces officiers est donc, lorsqu'il commence l'information, d'avertir l'autre, afin qu'il se joigne à lui le plus tôt qu'il sera possible.

Mais l'urgence justifie cette double anomalie.

Le pouvoir du juge au sujet des mandats est augmenté : il peut décerner un mandat de dépôt avant l'interrogatoire de l'inculpé, contrairement à la règle générale de l'article 140. S'il ne peut délivrer le mandat d'arrêt, c'est qu'il est impossible à ce moment d'en remplir les diverses conditions énoncées aux articles 142 et 143.

Le juge fera sagement de ne délivrer qu'un mandat d'amener, quand il pourra procéder à l'interrogatoire dans un bref délai.

Art. 219.— 327. Le 1er alinéa vient à l'appui de ce qui a été dit que "le juge se saisit lui-même:" il ouvre l'instruction par son premier acte.

Le 2e alinéa prouve que l'action publique est mise en mouvement, sans poursuites, puisque le ministère public peut conclure contre la poursuite et que l'instruction n'en sera pas moins suivie et close en la forme ordinaire.

Art. 220 et 221.— 328. La loi reconnaît ici au commissaire du Gouvernement le droit exceptionnel signalé plus haut, à la charge d'avertir aussitôt le juge d'instruction.

On pourrait se demander si, lorsque le commissaire du Gouvernement a ainsi procédé seul aux premiers actes de constatation, l'instruction est ouverte, et si elle doit être continuée jusqu'au bout, lors même que le commissaire du Gouvernement reconnaîtrait qu'il a été trompé par les apparences et qu'il estimerait "n'y avoir lieu à suivre."

Mais il ne faut pas hésiter à dire que le juge d'instruction n'étant pas encore saisi, l'action publique n'est pas en mouvement.

Il arrivera de deux choses l'une : ou le ministère public trouvera les premières charges suffisantes pour continuer l'instruction, alors il saisira le juge par des réquisitions en la forme ordinaire, comme il va être dit à l'article 223 ; ou il estimera qu'il n'y a pas lieu de donner suite à l'affaire ; alors, il se bornera à transmettre au juge d'instruction les actes qu'il a faits, parce qu'il a emprunté le rôle de celui-ci.

Si le juge d'instruction estime de son côté, à la vue des pièces, qu'il y a crime ou délit flagrant et s'il ne s'est pas écoulé un trop longtemps pour que l'on puisse encore dire que le délit est flagrant, alors le juge pourra se saisir lui-même, en requérant le commissaire du Gouvernement de l'accompagner.

Ces désaccords entre les deux magistrats seront rares ; mais il ne doivent pas affaiblir la répression.

329. On pourrait encore se demander si le commissaire du Gouvernement qui aurait cru devoir procéder à l'arrestation de l'inculpé pourrait, avant l'arrivée du juge d'instruction, ou avant de lui avoir transmis la procédure commencée, mettre le prévenu en liberté provisoire avec ou sans caution. Législativement, on pourrait peut-être l'admettre, mais pratiquement, dans le Projet, le cas est inadmissible, quand on se reporte aux conditions établies pour cette mise en liberté provisoire: il faut, dans tous les cas, que le prévenu prenne au greffe l'engagement de se représenter, et, s'il doit y avoir cautionnement, il faut qu'il fasse verser une somme au trésor public et que la quittance en soit apportée au greffe, ou qu'un tiers s'engage au greffe comme caution d'une somme à payer en cas de non-comparution à première réquisition ; or, avant que ces formalités soient accomplies, le juge d'instruction aura

dû recevoir la procédure par la même voie du greffe; il sera saisi et c'est à lui seul que la liberté provisoire doit être désormais demandée ; c'est à lui aussi que la loi donne le pouvoir de fixer le montant de la garantie.

Le commissaire du Gouvernement pourrait, au contraire, remettre le prévenu en liberté pure et simple, comme il pouvait ne pas l'arrêter; la justice d'ailleurs n'étant pas encore saisie.

La solution serait la même si le commissaire du Gouvernement saisissait immédiatement le tribunal correctionnel, comme il va être dit; dans ce cas, c'est au tribunal correctionnel qu'il appartiendrait de donner ou de refuser la liberté provisoire.

Art. 222 et 223.— 330. Les officiers de police judiciaire auxiliaires du commissaire du Gouvernement pourront, au même cas de flagrant délit, exercer les droits exceptionnels accordés à leur chef.

Toutefois, la loi, pour maintenir une juste différence entre les uns et les autres, ne leur permet pas de recevoir le serment des experts ni des témoins, ni de décerner aucun mandat.

Ils peuvent seulement procéder à l'arrestation de l'inculpé, à son interrogatoire sommaire et aux constatations urgentes, comme il est dit à l'article 118 et comme le renvoi à l'article 220 le leur permet, après quoi, ils le feront conduire devant le commissaire du Gouvernement qui est leur chef hiérarchique.

Les préfets, bien qu'ils ne soient pas auxiliaires du commissaire du Gouvernement, pourront procéder de même ; mais ils devront encore se renfermer dans les mesures urgentes, parce qu'il s'agit ici, pour eux, d'une fonction encore plus exceptionnelle que pour le commissaire du Gouvernement et pour ses auxiliaires.

331. Si le commissaire du Gouvernement, après avoir interrogé l'inculpé, dans le cas où il a été conduit

devant lui, estime que l'affaire à lui soumise par ses auxiliaires ne comporte pas de suites, il n'en avisera pas le juge d'instruction, parce qu'il n'y a pas eu de véritable empiètement sur les fonctions de celui-ci : l'affaire est abandonnée.

S'il estime, au contraire, qu'il y a lieu de suivre, il adresse ses réquisitions au juge avec les pièces ; celui-ci est saisi et l'instruction est ouverte.

Le mandat qu'il peut délivrer est encore le mandat de dépôt, parce que le mandat d'amener ne peut être rationnellement délivré que par l'officier devant lequel le prévenu doit être conduit.

Art. 224 et 225.— 332. Bien qu'il s'agisse ici d'un mandat de dépôt, l'interrogatoire doit être presque immédiat : la loi ne donne pas même au juge le délai de 48 heures qui lui appartient au cas de mandat d'amener d'après l'article 136 : il n'a ici que 24 heures comme le commissaire du Gouvernement.

Le droit du juge d'instruction, de refaire les actes qui lui paraissent incorects, est nécessaire : il ne peut être tenu d'accepter des actes incomplets ou irréguliers, quand il est en son pouvoir de les refaire, en bonne forme.

Toutefois, les actes remplacés ne seront pas supprimés : ils pourront être encore d'utiles renseignements, à cause du moment même où ils ont été dressés.

Art. 226 et 227.— 333. La circonstance qu'un délit est flagrant n'a pas d'influence sur sa gravité, si donc il est peu grave et en même temps sans complication, le ministère public pourra citer directement l'inculpé au tribunal correctionnel, à l'audience, comme il pourrait toujours le faire, s'il s'agissait d'un délit non flagrant. Pour que le juge d'instruction ne croye pas à une irrégularité, il est immédiatement averti de la détermination prise par le commissaire du Gouvernement.

Comme il n'y a pas alors d'instruction préparatoire et pour que les preuves ne disparaissent pas, l'affaire doit être jugée promptement; on laisse cependant à l'inculpé un délai de 3 jours pour préparer sa défense, s'il le demande.

La loi prend soin aussi d'empêcher que la détention préventive ne se prolonge abusivement: elle fixe un délai *maximum* de 5 jours.

Art. 228.— 334. Ce n'est qu'au cas où l'inculpé n'a pas demandé les trois jours auxquels il a droit que les témoins seront cités *par lettre;* autrement, il sera préférable de les citer en la forme ordinaire, pour éviter des retards. En effet, si le témoin ne comparaît pas, sur une citation par lettre, il ne peut être condamné et une nouvelle citation devient nécessaire; mieux vaut donc la faire tout d'abord, quand l'inculpé prend les trois jours de délai pour sa défense.

Art. 229.— 335. Les contraventions ne sont le plus souvent constatées qu'au moment où elles sont flagrantes; car, de leur nature, elles laissent peu de traces, ou l'identité de leur auteur est difficile à établir après un certain intervalle de temps. Cela est surtout vrai pour les contraventions relatives au passage sur la voie publique et généralement pour celles qui ne se commettent pas au domicile des personnes.

Au contraire, les contraventions aux règles professionnelles, à l'usage de la voie publique au devant des propriétés, peuvent se constater assez aisément, même quand elles ont cessé d'être flagrantes.

Lorsqu'une contravention est flagrante, elle est constatée par les officiers de police judiciaire désignés à l'article 72, et souvent même par des agents spéciaux et inférieurs préposés à la police des rues, des champs ou des bois.

Ces agents font une instruction sommaire, s'il y a lieu, puis le tribunal de simple police est saisi, soit par le commissaire du Gouvernement, soit par la partie lésée, comme il est dit au Livre IIIe, chapitre 1er.

SECTION V.

DE LA LIBERTÉ PROVISOIRE.

Art. 230. Pendant le cours de l'instruction, qu'il s'agisse d'un crime ou d'un délit, flagrant ou non flagrant, le juge d'instruction pourra toujours, sur la demande de l'inculpé placé sous mandat de dépôt, ordonner qu'il soit provisoirement mis en liberté, à charge de se représenter à toute réquisition, pour la suite de l'instruction et pour la procédure du jugement, s'il y a lieu. Liberté provisoire : demande de l'inculpé.

Si l'inculpé est placé sous un mandat d'arrêt, le commissaire du Gouvernement sera préalablement invité à donner ses conclusions sur la demande, sans préjudice de son droit d'opposition, conformément à l'article 251.—**210.** [138, 141.— 94, 3e al., 113 s., 117.] Conclusions du min. public.

231. L'inculpé qui obtiendra la liberté provisoire devra prendre, au greffe, l'engagement de se représenter, conformément à l'article précédent. Engagement de se représenter.

Election de domicile.

Il devra faire en même temps élection d'un domicile spécial dans la ville où siége le tribunal.

C'est à ce domicile que lui seront faites les réquisitions et autres notifications relatives à la procédure.

Les sommations de comparaître devront être faites 24 heures, au moins, avant le moment fixé pour la comparution.—**211.** [···—113, 121.]

Cautionnement.

232. La mise en liberté provisoire pourra toujours, hors les cas où la loi en dispose autrement, être subordonnée à un cautionnement garantissant la représentation de l'inculpé et dont le montant sera fixé par l'ordonnance du juge d'instruction accordant ladite liberté.—**212.** [··· — 114.]

Suite.

233. Le cautionnement consistera, soit dans l'engagement personnel souscrit devant le greffier par un tiers ayant son domicile réel ou élu dans le ressort du tribunal et dont la solvabilité sera reconnue par le juge d'instruction, soit dans un dépôt d'espèces fait par l'inculpé ou par un tiers, à la caisse des consignations, dont le reçu sera remis au greffe.

Si l'inculpé est un incapable, la demande pourra être faite, en son nom, par ses parents ou par son représentant.—**213.** [···—120, 121.]

Perte du cautionnement.

234. La somme versée ou promise à titre de cautionnement sera acquise ou exigible au profit du trésor public, si l'inculpé s'est enfui ou s'est autrement soustrait aux recherches.

Le cautionnement pourra être acquis, en tout ou en partie, si l'inculpé, ayant été dûment requis, a manqué, sans excuse légitime, à se présenter à un acte de la procédure.— **214.** [···— 125.]

235. La perte totale ou partielle du cautionnement sera prononcée par ordonnance du juge d'instruction rendue sur les conclusions du ministère public. Suite.

S'il y a eu engagement d'un tiers, il sera contraint au payement par les voies de droit ordinaires, sur la poursuite du ministère public. —**215.** Contrainte de la caution.

236. Toutefois, si le juge d'instruction rend ultérieurement une ordonnance de non-lieu ou de renvoi devant le tribunal de simple police ou devant le tribunal correctionnel, pour délit puni d'une amende seulement, il pourra, sur les conclusions du ministère public, ordonner la restitution de tout ou partie de la somme ainsi perdue ou payée.— **218.** [···— 122.] Restitution du cautionnement.

237. Si l'inculpé a encouru la perte totale ou partielle de son cautionnement ou a laissé contraindre sa caution au payement, il pourra être replacé par le juge d'instruction sous le mandat auquel il était soumis précédemment; ce qui sera fait à la suite de l'ordonnance de mise en liberté provisoire ou par une ordonnance séparée. Retrait de la liberté provisoire.

Il en sera de même, dans tous les cas où le juge d'instruction croira utile à l'instruction de rapporter l'ordonnance de mise en liberté provisoire.

Restitution du cautionnement.

Dans ces cas, ce qui restera du cautionnement sera restitué à ceux qui l'auront fourni ou l'engagement de la caution sera éteint.—**216.** [···—115, 123.]

Sommaire.

Art. 230.—336. Bien que l'inculpé doive être réputé innocent jusqu'à ce que sa condamnation soit devenue irrévocable, il n'en est pas moins raisonnable et souvent nécessaire de le soumettre à une détention préventive, quand le fait incriminé peut entraîner la privation de la liberté ; autrement, il arriverait, le plus souvent, que l'inculpé disparaîtrait quand il comprendrait que les preuves sont suffisantes contre lui.

Mais, il peut se faire aussi que, les charges n'étant pas considérables, ou que, l'inculpé donnant des preuves de sincérité dans sa défense, le juge soit disposé à suspendre la détention préventive, en accordant à l'inculpé la liberté *provisoire*, sous la condition de se représenter, à première réquisition, à tous les actes de la procédure.

Cette faveur est devenue très-générale dans les législations étrangères, et le Projet japonais qui, dans la pensée des Rédacteurs, doit un jour régir les étrangers, ne pouvait pas négliger d'organiser cette liberté provisoire.

Cet article, outre la condition fondamentale pour l'inculpé de se représenter, exige aussi qu'il fasse une demande; car il n'y a pas de raison de lui accorder une faveur qu'il ne désirerait pas; d'ailleurs, on ne pourrait, sans sa volonté, obtenir qu'il s'engageât à se représenter.

Il faut aussi, mais seulement quand il y a mandat d'arrêt, que le ministère public donne ses conclusions à l'égard de la main-levée; du reste, il n'est pas nécessaire qu'elles soient conformes à la demande.

Le Projet n'exige pas, comme le Code français (art. 118), que la demande de l'inculpé soit communiquée à la partie civile, "pour avoir ses observations écrites:" on a pensé que la partie civile, qui n'a pas qualité pour demander l'emprisonnement préventif de l'inculpé, n'en a pas davantage pour s'opposer à sa mise en liberté; elle pourra toujours, au cours de la procédure, présenter des observations à ce sujet, d'une façon tout à fait officieuse; mais le système du Code français entraîne un retard de 24 heures, ce qui est mauvais.

Art. 231.— 337. Il ne suffisait pas que la loi mît à la liberté provisoire la condition pour l'inculpé de se représenter à première réquisition, il fallait encore qu'il comprît, par un engagement exprès et formel, la gravité de cette obligation.

Du moment que l'inculpé cesse d'être détenu, il doit être sommé, à personne ou domicile, d'avoir à comparaître aux autres actes de l'instruction et de la procédure; mais il ne faudrait pas que l'éloignement de son domicile retardât la marche de celles-ci. De là, la nécessité de faire élection de domicile dans la ville où se fait l'instruction.

Le délai de 24 heures entre la sommation et le moment fixé pour la comparution suffit pour que l'inculpé ne soit pas involontairement en défaut. Il ne doit donc pas s'éloigner de la ville.

Art. 232.— 338. Une autre condition à laquelle la liberté provisoire est subordonnée en principe est celle de donner un cautionnement, garantissant qu'il se représentera chaque fois qu'il en sera requis; et l'importance de ce cautionnement est fixée souverainement par le juge d'instruction, lequel tiendra compte, à la fois, de la gravité de l'inculpation, de la force des charges, des intérêts ou affections qui attachent l'inculpé plus ou moins fortement aux lieux où il se trouve, enfin, des ressources de l'inculpé ou de celles de sa famille.

On avait d'abord songé, dans le premier Projet, à rendre le cautionnement *obligatoire,* au lieu de le laisser à la *décision facultative* du juge : on pensait que si le juge avait dû mettre une grande réserve dans l'emploi d'un mandat privatif de la liberté, il devait, en sens inverse, être très-limité dans la main-levée provisoire dudit mandat.

Mais on a considéré que souvent le mandat de dépôt serait délivré d'urgence et avant que les charges eussent pu être suffisamment appréciées, que, dès lors, il était juste que le juge pût en atténuer l'effet par une liberté provisoire affranchie d'une charge pécuniaire; à l'égard même du mandat d'arrêt, qui n'est délivré qu'en plus complète connaissance de cause, il n'eût pas été beaucoup plus rationnel de le subordonner absolument à un cautionnement, car le juge pourrait toujours en réduire le montant à une somme si minime que la garantie pécuniaire serait illusoire.

L'exigibilité du cautionnement est donc devenue facultative pour le juge, dans le Projet définitif.

C'est ainsi d'ailleurs qu'il existe en France et dans la plupart des législations étrangères. Toutefois, en France, il y a un cas, d'une application très-large, où le cautionnement ne peut être exigé, c'est celui où la mise en liberté provisoire est *de droit*, c'est-à-dire est obligatoire pour le juge, sans même qu'il y ait demande de l'inculpé (v. art. 113 et 114). On n'a pas admis dans le Projet cette liberté de droit (*a*). Mais, dans l'avenir, si les résultats de cette innovation sont reconnus bons dans la pratique, il pourra se rencontrer des cas où la loi croira devoir dispenser l'inculpé du cautionnement; on a donc exclu du pouvoir du juge "les cas où la loi dispense du cautionnement."

Art. 233.— 339. Le cautionnement est de deux espèces :

1° Un engagement personnel pris par un tiers, de payer la somme fixée par le juge, au cas où l'inculpé ne se représenterait pas ; ce tiers doit être solvable et domicilié dans le ressort du tribunal;

2° Un dépôt d'espèces fait par ce tiers, s'il ne remplit pas les conditions précédentes, ou par l'inculpé lui-même.

On remarquera que l'inculpé n'est pas admis à se

(*a*) Il faut se garder de considérer comme analogues audit cas du droit français, ceux prévus par les articles 136, 243, 244 et 245, où la loi emploie aussi les mots de *liberté de droit :* dans ces cas, ce n'est pas d'une liberté *provisoire* qu'il s'agit, mais d'une liberté *pure et simple* ou *définitive*, comme il est exprimé formellement aux articles 131, 223, 242 et 251.

cautionner lui-même par une obligation ou engagement personnel, mais seulement par un dépôt d'argent.

Le cautionnement en argent est versé à la caisse publique des dépôts et consignations et le reçu en est remis au greffe.

Les mineurs ou les femmes mariées étant incapables de disposer d'une somme d'argent sans y être dûment autorisés, c'est par leur tuteur ou mari que sera fait le dépôt ou pris l'engagement servant de garantie de leur représentation : la demande elle-même de la mise en liberté provisoire pourra être faite par le représentant ; mais on ne devrait pas hésiter à admettre la femme et le mineur à faire eux-mêmes cette demande.

Art. 234.— 340. La perte du cautionnement est forcée, si l'inculpé s'est enfui ou s'est soustrait aux recherches, par un changement de nom ou de domicile ; et cela, lors même qu'il n'aurait pas été sommé de se représenter.

Au contraire, elle n'est pas absolue, mais laissée à l'appréciation du juge, et elle peut n'être que partielle, s'il n'y a eu que défaut de se représenter après sommation.

Art. 235.—341. Il n'y a pas besoin de l'intervention du tribunal pour prononcer, soit contre l'inculpé, soit contre le tiers, la perte de la somme déposée, telle qu'elle est indiquée à l'article précédent ; comme cette peine est prononcée en vertu d'une sorte de contrat de gage, le juge d'instruction suffit pour constater la violation de l'engagement. Le ministère public donnera ses conclusions dans les deux cas.

Mais s'il n'y a qu'engagement d'un tiers, il faut recourir aux voies civiles ordinaires de la condamnation et, plus tard, de la saisie des biens, et alors c'est le ministère public qui poursuit.

Art. 236.— 342. Ce qui a motivé la peine de l'inculpé dans les dispositions précédentes, c'est autant le danger social de voir les efforts de la justice déjoués dans la poursuite du coupable que la faute morale résultant du manquement de l'inculpé à la promesse faite à la justice. Si donc, après qu'il a manqué de se représenter en justice, il est mis hors de cause, ou renvoyé devant une juridiction de police, pour des faits qui ne comporteraient pas emprisonnement, il apparaît alors que c'est à tort et par erreur qu'il avait été mis en détention préventive et que la liberté, au lieu de lui être rendue provisoirement et sous condition, aurait dû lui être rendue purement et simplement, que, dès lors, l'inculpé n'a pas entravé l'instruction, puisqu'il se trouvait dans un cas où l'instruction n'était pas nécessaire ni usitée.

C'est sous l'influence de ces idées que la loi permet au juge de relever l'inculpé, ou son répondant, contre tout ou partie de la peine prononcée pour défaut de représentation. On pourrait, dès lors, se demander pourquoi la restitution du cautionnement est une faculté pour le juge et non une obligation, et pourquoi la restitution peut n'être que partielle : le motif en est que, la mise en liberté n'ayant été que conditionnelle, l'inculpé a toujours manqué à un engagement librement pris envers la justice : il a aussi causé un dommage social, parce qu'il a diminué la confiance future de la justice dans des engagements semblables. Enfin, l'erreur de la justice, reconnue plus tard, ne détruit pas sa faute, pas plus que ne serait exempt de faute celui qui, ayant résisté à une arrestation préventive, en faisant violence aux agents, serait ensuite acquitté du chef du délit pour lequel il était mis en arrestation.

Art. 237.— 343. La liberté dont il s'agit n'étant que conditionnelle et provisoire, il est de sa nature de cesser quand la condition à laquelle elle était subordonnée n'a pas été remplie, et même de pouvoir être retirée par le juge, s'il croit nécessaire ou utile à l'instruction d'avoir, à tout instant, l'inculpé à sa disposition.

En pareil cas, ce qui restera du cautionnement sera rendu ou la caution sera libérée de son engagement.

SECTION VI.

DE LA CLÔTURE DE L'INSTRUCTION.

Communication de la procédure au min. public.

Art. 238. A toute époque de l'instruction, le commissaire du Gouvernement pourra demander au juge d'instruction communication de la procédure commencée, sans pouvoir garder le dossier plus de 24 heures.

Il pourra faire telles réquisitions qu'il jugera à propos et le juge d'instruction pourra y faire droit ou passer outre.—**117.** [34, 122 s.]

Suite.

239. Lorsque le juge d'instruction estimera, soit qu'il est incompétent, soit que la prolongation de l'instruction ne pourrait plus rien ajouter d'essentiel à la charge ou à la décharge de l'inculpé, il transmettra toutes les pièces de la procédure au commissaire du Gouvernement, en lui demandant ses conclusions sur l'issue à donner à l'affaire.—**220.** [···—127.]

Supplément d'instruction.

240. Le commissaire du Gouvernement devra renvoyer les pièces dans les trois jours, avec ses conclusions.

Il pourra aussi requérir un supplément d'instruction auquel le juge pourra se refuser.

Dans ce cas, le commissaire du Gouvernement aura un nouveau délai de deux jours pour donner ses conclusions définitives.— **220, 221.**

241. Quelles que soient les conclusions du commissaire du Gouvernement, le juge d'instruction devra clore la procédure par une des cinq ordonnances ci-après déterminées.—**222.** Cinq ordonnances de clôture.

242. Si le juge d'instruction reconnaît que l'infraction est de la compétence d'un autre juge d'instruction, à raison du lieu où elle a été commise, ou que la connaissance en appartient à une juridiction spéciale, à raison de sa nature ou de la qualité de l'inculpé, il rendra une ordonnance portant qu'il est incompétent et que l'inculpé, s'il est détenu, restera à la disposition du commissaire du Gouvernement, pour être traduit devant les juges compétents. Ier cas : incompétence.

Le juge pourra aussi, s'il estime qu'il y a urgence, décerner le mandat de dépôt, ou donner main-levée pure et simple d'un précédent mandat, en faisant mention dans l'ordonnance, soit du maintien ou de la délivrance du mandat, soit de sa main-levée.—**223.** [56, 130, 131.]

243. Si le fait ne paraît pas constituer une infraction, si les preuves à la charge de l'inculpé manquent ou sont insuffisantes, si même il y a IIe cas : non-lieu.

preuve de non culpabilité, ou si l'action publique paraît éteinte ou non recevable, le juge d'instruction rendra une ordonnance portant qu'il "n'y a pas lieu à suivre," et, si l'inculpé est détenu, il sera, de droit, mis en liberté, sauf ce qui est dit à l'article 251.—**224.** [356.—128.]

IIIe cas: contravention.

244. Si le fait relevé à la charge de l'inculpé paraît constituer une contravention, le juge d'instruction renverra l'inculpé devant le tribunal de simple police et, s'il est détenu, la liberté sera de droit.—**225.** [376 s.—129.]

IVe cas: délit.

245. Si le fait paraît constituer un délit, le juge d'instruction ordonnera le renvoi de l'inculpé devant le tribunal correctionnel.

Dans le cas où le délit n'entraînerait qu'une amende, la liberté sera de droit et, si elle a été accordée sous caution, le cautionnement cessera.

Si le délit entraîne l'emprisonnement avec ou sans travail, la liberté provisoire pourra être accordée ou maintenue, avec ou sans caution.

Si l'inculpé n'avait pas été mis en état d'arrestation pendant l'instruction, le juge pourra décerner contre lui un mandat de dépôt ou d'arrêt; après quoi, il pourra le mettre en liberté provisoire, avec ou sans cautionnement.

Dans les deux cas, l'inculpé prendra au greffe l'engagement de se présenter à l'audience, au jour pour lequel il sera appelé et, à défaut dudit engagement, il sera mis en état d'arrestation jusqu'au jugement.—**226.** [···—130, 131.]

246. Si le fait paraît constituer un crime, le juge d'instruction ordonnera le renvoi de l'inculpé devant la cour criminelle, "en état d'accusation." Ve cas : crime.

Si la liberté provisoire a été accordée, elle cessera et le cautionnement sera restitué.

L'ordonnance de mise en accusation portera que l'inculpé soit placé ou retenu dans la maison d'arrêt de l'arrondissement, jusqu'à ce que son transfèrement soit requis par le Procureur général, conformément à l'article 291.— **227.** [431 s.— 126, 133, 134, 232.]

246 bis. Si le juge d'instruction reconnaît qu'il y a contre l'inculpé charges suffisantes de plusieurs infractions de gravité différente, même non connexes, il pourra, soit saisir les diverses juridictions compétentes, soit renvoyer l'inculpé devant la juridiction la plus élevée, conformément à l'article 39. Pluralité d'infractions.

247. L'inculpé sera désigné aussi exactement que possible dans l'ordonnance, comme il est dit à l'article 144.— 229. Désignation de l'inculpé.

248. L'ordonnance du juge portant clôture de l'instruction, quel que soit son objet, sera motivée en fait et en droit. Motifs de fait et de droit des cinq ordonnances.

Au cas d'incompétence, le juge en indiquera la cause et, de même, s'il ordonne ou maintient l'arrestation préventive.

Au cas de renvoi des poursuites, il mentionnera : soit que le fait n'est pas puni par la loi, soit que l'action publique est éteinte ou non recevable et pour quelle cause, soit que les preuves à la charge de l'inculpé sont insuffisantes ou manquent, ou même, s'il y a lieu, qu'il y a preuve à sa décharge.

Au cas de renvoi devant une des trois juridictions de jugement, il déterminera la nature et les circonstances particulières du fait punissable ; il citera le texte de la loi pénale applicable et indiquera qu'il paraît y avoir charges suffisantes contre l'inculpé.—**228.** [354.]

Transmission au min. public.

249. L'ordonnance du juge d'instruction, quel que soit son objet, sera transmise immédiatement, en original, au commissaire du Gouvernement, lequel pourra la frapper d'opposition ou d'appel, dans les délais et dans les formes déterminés au chapitre suivant.— **230.** [274 s., 282 s.]

Notification à l'inculpé et à la partie civile.

250. Dans les deux jours qui suivront le retour de l'ordonnance au greffe, avec ou sans opposition ou appel du commissaire du Gouvernement, le greffier en notifiera copie à la partie civile et à l'inculpé, lesquels pourront également y former opposition ou appel.— **230.** [*Ib.*]

Suspension de la mise en liberté.

251. Dans les diverses cas où l'inculpé doit être mis en liberté provisoire ou définitive, il n'y sera mis qu'après un délai d'un jour entier depuis l'envoi de l'ordonnance au commissaire du Gouvernement et si l'opposition ou l'appel ne sont pas formés par lui dans ledit délai.— **O.** 259, 279, 283, 359 bis, 535.]

252. Si l'inculpé contre lequel a été délivré un mandat de dépôt ou d'arrêt n'a pu être saisi ou s'est échappé et si l'une des juridictions d'instruction ordonne son renvoi devant la cour criminelle, ou devant le tribunal correctionnel pour délit entraînant l'emprisonnement, il sera fait mention dans l'ordonnance ou l'arrêt de renvoi que l'inculpé n'a pu être saisi ou s'est échappé et qu'il ne pourra, sans se constituer prisonnier, exercer aucun des recours réglés par le chapitre suivant. Inculpé non saisi ou évadé.

Il en sera de même à l'égard de celui qui, ayant obtenu la liberté provisoire, ne se sera pas représenté après en avoir été dûment requis. — 231.

253. Si l'inculpé a été renvoyé devant le tribunal correctionnel ou de simple police, il y sera jugé par défaut, comme il est dit au Livre III, chapitres 1er et 2e.— **O.** [388 s., 414 s.] Défaut.

254. S'il y a eu renvoi devant la cour criminelle et que les délais de recours soient expirés sans que l'accusé ait été constitué prisonnier, le Président dudit tribunal, sur la réquisition du Commissaire du Gouvernement, rendra une ordonnance portant que " l'inculpé Contumace.

"est rebelle à la loi *(contumax)*, qu'il est des- "saisi de l'exercice de ses droits et de l'adminis- "tration de ses biens, lesquels seront placés "immédiatement sous séquestre judiciaire et "qu'il sera procédé au jugement par contu- "mace, à la plus prochaine session de la cour "criminelle, sans assistance de jurés."—**0.** [... —465 s.]

L'ordonnance nommera le séquestre, lequel agira sous le contrôle du ministère public, d'après les règles fixées par le droit civil pour le séquestre judiciaire.—**232.**

Copie de ladite ordonnance sera affichée à la porte de la dernière résidence connue de l'accusé et à la porte de l'auditoire de la cour criminelle.—**0.** [518 s.]

Séquestre.

255. Pendant le séquestre, il pourra être accordé des secours, par décision du tribunal civil à la famille du condamné qui serait dans le besoin.—**0.**

Arrestation du contumax.

256. Si l'accusé est constitué prisonnier avant le jugement, l'ordonnance de contumace sera réputée non avenue, les voies de recours contre les actes d'instruction seront ouvertes et il sera procédé, s'il y a lieu, en la forme ordinaire.—**0.**

Avis à donner au Président du tribunal.

257. Lorsqu'une instruction sera terminée par une des cinq ordonnances ci-dessus désignées, le juge d'instruction en donnera immédiatement avis au Président du tribunal.

A l'égard des affaires non terminées, le juge d'instruction en fera, tous les 15 jours, un rapport sommaire audit Président.—**233.** [74.]

Sommaire.

Art. 238.— 344. Communication au ministère public, sur sa demande, au cours de la procédure. Ses réquisitions : liberté du juge.

239.— 345. Cas où la procédure peut ou doit être close par le juge d'instruction. Transmission des pièces au ministère public avant la clôture.—346. Réserve obligée du juge sur son sentiment. Différence au cas d'incompétence.

240.— 347. Délai pour les conclusions. Réquisition d'une nouvelle instruction. Pouvoir du juge de la refuser. Nouveau délai.

241.— 348. Clôture de l'instruction ; nécessité de statuer : cinq ordonnances possibles.

242.— 349. I. Déclaration d'incompétence par le juge. Mesures d'urgence : délivrance, confirmation ou mainlevée du mandat de dépôt. La mise en liberté est alors pure et simple. Pouvoir du ministère public.

243.— 350. II. Ordonnance de non-lieu : trois cas.

244.— 351. III. Renvoi au tribunal de simple police.

245.— 352. IV. Renvoi au tribunal correctionnel : décision sur la liberté pure et simple ou provisoire, suivant les cas.

246.— 353. V. Renvoi à la cour criminelle.

246 bis.— 354. Cas de plusieurs infractions, connexes ou non.

247.— 355. Désignation de l'inculpé.

248.— 356. Obligation générale des juges de motiver leurs décisions, en fait et en droit ; raisons de cette obligation : son application aux diverses ordonnances.

Art. 238.— 344. Dans l'intérêt de la poursuite, le ministère public a le droit de se tenir au courant de l'état de l'instruction et des résultats déjà obtenus. Toutefois, il ne devrait pas retarder l'instruction, en retenant les pièces plus de 24 heures.

La loi ne dit pas si le juge doit lui-même communiquer les pièces dès que la demande lui en est faite par le ministère public. On doit l'admettre, en principe, mais si le juge était sur le point de faire un interrogatoire ou une visite domiciliaire, ou une audition de témoins, il pourrait évidemment retarder la communication jusqu'après cet acte d'instruction.

Sur cette communication, le ministère public prendra telles conclusions qu'il croira utiles; mais le juge n'est pas tenu d'y déférer: s'il y défère, il fera l'acte de procédure requis, un des actes déjà connus, comme la délivrance d'un mandat, une perquisition, une audition de témoins; s'il ne croit pas l'acte nécessaire, ni utile, ni même permis, il n'aura pas à statuer par un refus en forme, à la différence d'un juge de jugement qui doit statuer sur toutes les conclusions (art. 532-9°).

Art. 239.— 345. Le juge d'instruction apprécie seul le moment où il doit clore l'instruction. La loi indique ici les deux seules causes qui peuvent l'y déterminer.

La première cause serait son incompétence: l'instruction sera alors *close* par le juge, sans être *terminée*, parce qu'elle ne peut avoir aucune issue ultérieure utile, dans des conditions où elle n'aurait dès lors que des inconvénients publics et privés.

La deuxième cause est que le juge ne croit plus pouvoir rien attendre de nouvelles investigations, soit qu'il aît une conviction favorable ou défavorable à l'inculpé, soit même qu'il conserve des doutes qui se résoudront nécessairement en faveur de l'inculpé.

Le juge d'instruction ne doit pas clore l'instruction sans prendre les conclusions du commissaire du Gouvernement; il devra donc lui transmettre toutes les pièces de la procédure, lors même qu'il aurait déjà eu occasion de le faire en vertu de l'article précédent et lors même qu'aucun nouvel acte n'aurait été fait depuis.

346. Il n'est pas dit, dans la loi, que le juge doive exprimer son avis et, en effet, il ne doit pas le faire, pour que les conclusions du ministère public soient plus libres de toute influence; d'ailleurs, on sait qu'il est *juge*, juge des charges, et c'est le devoir essentiel d'un juge de ne pas faire connaître son sentiment sur l'affaire qui lui est soumise, si ce n'est par sa décision même, par son jugement. En fait, le commissaire du Gouvernement aura pu, au cours de l'instruction, s'entretenir officieusement de l'affaire avec le juge; mais ici, le commissaire du Gouvernement exprime le premier son sentiment, par ses *conclusions*, ensuite, le juge, par son *ordonnance*.

Nous ferons seulement remarquer que si, avant la fin des opérations, le juge estimait qu'il est incompétent, il serait naturel, convenable et presque nécessaire qu'en transmettant le dossier, encore incomplet, au commissaire du Gouvernement, et en lui demandant ses conclusions sur la question de compétence, il lui indiquât les raisons de douter sur sa compétence, à raison soit du lieu, soit de la nature de l'infraction, soit de la qualité de la personne inculpée; il pourrait même avoir moins de scrupules de faire connaître ici son opinion personnelle, parce qu'elle ne porte pas sur *le fond* de l'affaire, ni quant aux points de fait, ni quant aux points de droit.

Dans les autres cas, le juge annoncera au commissaire du Gouvernement qu'il considère l'instruction comme terminée et demandera ses conclusions finales sur les suites que peut comporter l'affaire.

Art. 240.— 347. Ici, comme l'examen à faire de la procédure est plus long que sur les communications précédentes, et qu'il n'en résulte plus de retard pour les opérations, le ministère public peut garder le dossier trois jours.

Toutefois le ministère public pourrait croire nécessaire de faire un supplément d'instruction.

Si le juge y accède, il y aura lieu ensuite à une nouvelle communication de la procédure, comme il est dit à l'article précédent et le ministère public aura, de nouveau, trois jours pour prendre ses conclusions. Mais on ne pourrait songer à obliger le juge d'instruction à faire une nouvelle, instruction qu'il croit inutile; dans ce cas, il renvoie ou laisse le dossier au commissaire du Gouvernement qui doit alors donner ses dernières conclusions dans un délai supplémentaire de deux jours.

Art. 242.— 348. Sur ces conclusions et quelles qu'elles soient, le juge doit prendre l'un des cinq partis énoncés ci-après et objet chacun d'un article spécial.

On trouve ici l'application d'un principe fondamental de l'organisation de la justice: le juge, une fois saisi de la connaisance d'une affaire, même irrégulièrement, doit statuer, soit sur l'affaire même qui lui est soumise, soit sur la recevabilité, soit sur sa propre compétence; le refus de statuer serait un déni de justice, c'est-à-dire un délit grave puni par la loi (v. Proj. c. p., art 318).

On a déjà eu occasion (p. 216 et 241) de faire remarquer l'importance, à ce sujet, de la constitution de la partie civile qui *saisit* le juge et la différence avec la plainte qui ne le saisit pas.

Art. 242.— 349. On sait que "toute juridiction est *juge de sa compétence*" (art 56): il serait déraisonnable, en effet, qu'elle fût tenue de juger le fond, quand elle croit que la connaissance ne lui en appartient pas.

Lors donc que le juge d'instruction se croit incompétent, pour l'une des trois causes déjà énoncées, il n'a qu'à le déclarer, ce qui le dessaisit de l'affaire.

Sa décision n'est pas un jugement, mais une ordonnance: différence qui est plus dans le mot que dans la chose; mais il vaut mieux que la loi qualifie *ordonnance* une décision éminemment provisoire.

Malgré l'incompétence du juge, par lui-même reconnue, le mandat de dépôt qui aurait été déjà délivré peut être maintenu comme mesure de sûreté; s'il y avait eu délivrance du mandat d'arrêt, il ne vaudrait plus que comme mandat dépôt; car l'appréciation des charges que suppose la délivrance d'un mandat d'arrêt, perd sa force par la déclaration d'incompétence du juge.

Si aucun de ces mandats n'a encore été délivré, le juge peut, au dernier moment, délivrer un mandat de dépôt; il peut aussi, en sens inverse, donner main-levée pure et simple d'un mandat de dépôt ou d'arrêt qu'il aurait délivré, en prenant, dans ce dernier cas, les conclusions du ministère public; dans tous les cas, il fait mention dans l'ordonnance de la mesure qu'il a prise. La loi ne permet pas au juge d'instruction incompétent de subordonner la mise en liberté à un cautionnement, ce qui la rendrait *provisoire :* il serait difficile de lui permettre une mesure qui implique une appréciation plus détaillée des faits, et qui présuppose que le juge pourrait sommer l'inculpé d'avoir à se représenter devant lui, ce qu'il ne peut faire, puisqu'il est dessaisi pour l'avenir.

Si l'inculpé est retenu ou placé sous mandat de dépôt, il reste, désormais à la disposition et sous la responsabilité du commissaire du Gouvernement, lequel devra, sans délai, le traduire devant la juridiction qui lui paraîtra compétente ; il peut aussi faire mettre ledit inculpé en liberté pure et simple, c'est-à-dire sans engagement de se représenter. Ce pouvoir du commissaire du Gouvernement ne doit pas surprendre, si l'on songe qu'aucune juridiction n'est plus saisie : ce qui est plutôt une anomalie, c'est la détention préventive sans juge saisi. Aussi, après dix jours de ce mandat de dépôt, le commissaire du Gouvernement devra mettre l'inculpé en liberté, si, dans l'intervalle, aucun nouveau juge n'a été saisi et cette liberté sera pure et simple (v. art. 141) : toujours parce qu'il ne peut être question d'obliger l'inculpé à se représenter aux actes d'une procédure qui est terminée quant à présent et qui pourrait ne pas être reprise.

Art. 243.— 350. La seconde ordonnance prévue à cet article porte, en France, le nom d'ordonnance de *non-lieu*, parce qu'il "n'y a pas lieu à suivre" contre l'inculpé : cette idée étant simple et claire, on l'a conservée dans la loi japonaise.

Les causes pour lesquelles il n'y a pas lieu à suivre sont assez variées et énumérées au texte; ce sont:

1° Le cas où le fait n'est pas punissable par la loi, lors même qu'il serait répréhensible ;

2° Le cas où les preuves manquent ou sont insuffisantes à la charge de l'inculpé; il pourrait même y avoir preuve directe qu'il n'est pas auteur du fait : par exemple, s'il était absent du lieu de l'infraction au moment où elle a été commise (*a*) ;

La loi fait sagement de séparer le cas où il y a preuve de non-culpabilité de ceux où il y a défaut de preuves de culpabilité: il importe à la considération de l'inculpé que les doutes défavorables soient dissipés à son égard. C'est dans le même cas qu'il faudrait faire rentrer l'hypothèse ou l'inculpé, bien qu'auteur du fait, devrait jouir d'une exemption de peine conformément au Code pénal (Proj., Livre, 1er, Chap. IV) ;

3° Le cas où, les conditions de la pénalité se rencontrant d'ailleurs contre l'inculpé, le juge reconnaît, ou que l'action publique n'est pas recevable (par exemple, pour défaut de plainte préalable, quand la loi l'exige), ou même qu'elle est éteinte, soit par la prescription déjà accomplie au moment où la poursuite a commencé, soit, même depuis, par l'amnistie ou par une décision devenue irrévocable.

Si l'inculpé mourait au cours de l'instruction, il ne serait pas nécessaire de rendre une ordonnance de non-lieu, car la clôture de l'instruction, dans ce cas, est plutôt le fait de la loi que le fait du juge. Le juge mentionnerait le décès de l'inculpé sur le dossier et l'affaire se trouverait terminée, s'il n'y avait pas d'autre inculpé.

(*a*) En Europe, on désigne cette situation par le mot latin *alibi*, " ailleurs : " l'inculpé, étant *ailleurs*, ne peut avoir été l'auteur d'une infraction qui supposait la présence de l'infracteur.

La preuve de l'*alibi* accuse tellement une erreur de la poursuite que, si elle n'est fournie qu'après la condamnation, elle donne lieu à une voie extraordinaire de réformation du jugement, sous le nom de Révision (voy. art. 582-3°).

Si l'inculpé en faveur duquel intervient une ordonnance de non-lieu est détenu, il doit être mis en liberté, si, d'ailleurs, il n'est détenu, en même temps, pour une autre cause.

Toutefois, d'après l'article 251, il reste encore détenu pendant un délai de 24 heures, en prévision de l'opposition permise au ministère public.

L'inculpé, ainsi mis hors de poursuites, n'est pas à l'abri de poursuites nouvelles, à raison du même fait. D'abord, les poursuites peuvent être reprises par voie d'opposition ou d'appel contre l'ordonnance du juge, ainsi qu'on le verra au Chapitre suivant. En outre, même après épuisement des voies de recours, comme le juge d'instruction n'a statué que sur les charges qui lui ont été révélées, de nouvelles poursuites peuvent être faites à raison de charges ou preuves nouvelles produites contre le même inculpé. Le cas est réglé à l'article 300.

Art. 244.— 351. Le fait à raison duquel la poursuite a eu lieu peut s'être trouvé réduit, dans l'instruction, à de très-faibles proportions, à celles d'une simple contravention. Il n'y avait eu instruction que parce que les faits avaient été exagérés dans la plainte ou dans la dénonciation, ou, par les apparences, au cas d'infraction flagrante. C'est même un des plus précieux avantages de l'instruction, que de rendre ainsi aux faits leur véritable physionomie. Le juge alors renvoie l'inculpé au tribunal de simple police et le met en liberté pure et simple, s'il était détenu.

Art. 245.— 352.—IV. La quatrième solution que peut donner le juge, dans son ordonnance, suppose qu'il a reconnu l'existence d'un délit qui entraîne le renvoi au tribunal correctionnel. Mais, ici, il faut faire quelques distinctions au sujet de la mise en liberté.

Si le délit ne peut entraîner qu'une amende, la liberté sera, de droit, accordée ou maintenue, et elle sera, non pas *provisoire*, mais *pure et simple*.

Si le délit peut entraîner l'emprisonnement, la liberté ne peut être que *provisoire*, le juge peut l'accorder ou la refuser et la soumettre au cautionnement, ou non, suivant la gravité du cas et la situation de l'inculpé.

Ce qui donne, dans ce cas, le caractère provisoire à la liberté, même lorsqu'il n'y a pas de cautionnement requis, c'est l'obligation pour l'inculpé de se représerter et d'en preudre l'engagement au greffe.

A cet effet, si l'inculpé n'avait pas encore été l'objet d'un mandat de dépôt ou d'arrêt, le juge décernerait un de ces mandats, suivi de l'ordonnance de mise en liberté provisoire, avec engagement par l'inculpé de se représenter; de cette façon, en cas de manquement à la comparution à l'audience, l'inculpé pourrait être mis immédiatoment en état d'arrestation.

La loi autorise ici un mandat de dépôt, quoique ce mandat ne soit lui-même que très-temporaire et limité, d'après l'article 141 ; mais il peut durer plus de dix jours et même plus de vingt jours, quand il y a liberté provisoire.

Il n'y aurait lieu à le transformer en mandat d'arrêt que si l'inculpé perdait le bénéfice de la liberté provisoire avant le jour du jugement.

Art. 246.—353—v. Enfin, le fait peut constituer un crime, le juge renvoie alors l'inculpé devant la cour criminelle ou d'assises.

Ici, il ne peut donner la liberté provisoire, et s'il l'avait donnée, il devrait la faire cesser et faire restituer le cautionnement.

Le Projet japonais s'écarte ici assez sensiblement du Code français.

En France, le juge d'instruction ne renvoie pas

directement devant la cour d'assises, mais devant une section de la cour d'appel qui statuera sur la "mise en accusation," c'est-à-dire sur le renvoi en cour d'assises.

Au Japon, le renvoi immédiat et direct devant la cour criminelle est prononcé par le juge d'instruction, sauf le droit d'opposition et d'appel, tant de l'inculpé que du ministère public et même de la partie civile, dans certains cas (voy. art. 274 à 276).

Si aucun de ces recours n'est formé, le renvoi à la cour criminelle aura son effet.

Pendant les recours l'inculpé garde prison.

En pratique, la différence entre les deux législations ne sera peut-être pas considérable.

Il est vraisemblable que, le plus souvent, l'inculpé fera appel contre l'ordonnance du juge; mais il aura d'abord la voie de l'opposition devant le tribunal même et il pourra arriver qu'ayant succombé, il ne tente pas un nouveau recours.

Le motif qui a fait introduire au Japon cette innovation est double: d'abord, les cours d'appel sont très-peu nombreuses et fort éloignées et, par conséquent, si tous les renvois leur étaient soumis, de plein droit, il en résulterait de longs retards dans la justice criminelle; ensuite, le rôle de la cour devant être considéré comme une décision d'appel sur l'instruction, il n'est pas logique qu'un appel ait lieu de plein droit: il faut qu'il soit interjeté par une des parties en cause.

Art. 246 bis.— 354. Cet article (*b*) a pour but de compléter les diverses hypothèses que peut rencontrer le juge d'instruction. Il n'est que la consécration des règles générales de compétence posées à l'article 39.

(*b*) Il a été introduit dans le Projet, aux derniers jours; de là, le redoublement du numéro.

Si les infractions sont connexes, le renvoi sera fait à une seule des juridictions, à la plus élevée (v. p. 903, *a*). Si les infractions ne sont pas connexes, le juge peut diviser ou réunir les renvois.

Art. 247.— 355. La désignation précise de l'inculpé est peut-être de toutes les parties de l'ordonnance la plus essentielle; mais elle ne demande aucune justification ni explication : la loi se borne à renvoyer à ce qui a déjà été dit à ce sujet, à l'occasion des mandats (art. 144).

Art 248.— 356. L'ordonnance de clôture présente encore ici une analogie avec le jugement: elle est motivée en fait et en droit; *en fait*, pour qu'il soit connu sur quelle infraction le juge a statué et quelles circonstances particulières celle-ci a pu présenter; c'est aussi par la désignation précise des faits que le juge peut établir la légitimité de sa décision et sa concordance avec celle de la loi; *en droit*, pour que la décision, si correcte qu'elle puisse être, ne paraisse pas, aux yeux des justiciables, émaner de l'arbitraire du juge.

On développera davantage cette double obligation du juge, à l'occasion des motifs des jugements proprement dits (v. art. 354).

On va reprendre séparément les motifs des diverses ordonnances.

1° Au cas d'incompétence, le motif de fait sera que le lieu de l'infraction *serait* tel lieu, situé hors du ressort du juge saisi, ou que l'inculpé est militaire; le motif de droit sera le rappel de la règle qui fixe la compétence du juge du lieu ou qui rend les militaires justiciables des conseils de guerre; dans ces cas même, à cause de leur simplicité, il suffirait au juge de dire: "attendu que tel lieu où l'infraction aurait eu lieu est "hors de notre circonscription," ou bien "attendu que

“ l'inculpé était militaire au moment où il *aurait* commis “ l'infraction, ordonnons que l'inculpé soit renvoyé de- “ vant le juge compétent.” Il pourrait se faire aussi que l'incompétence du juge ordinaire provînt de ce que l'affaire appartiendrait à la Haute cour déjà convoquée.

2° Au cas de mise hors de poursuites, le motif de fait sera qu'il n'y a pas de charges suffisantes contre l'inculpé, ou qu'il y a preuve de non-culpabilité, ou que le délai de la prescription est écoulé et, dans ces cas, il est tellement évident “qu'il n'y a pas lieu à suivre,” qu'il est inutile de déduire autrement le motif de droit.

3° Au cas de renvoi devant une des trois juridictions de jugement, le motif de fait sera qu'il résulte de l'instruction qu'il y a charges suffisantes contre l'inculpé de telle ou telle infraction, et le motif de droit du renvoi sera l'indication du texte de la loi qui punit le fait dont il s'agit.

Art. 249, 250 et 251.— 357. Afin de ne pas retarder la mise en liberté qui ne peut avoir lieu que s'il n'y a pas opposition du ministère public, l'ordonnance du juge est transmise, sans délai, au commissaire du Gouvernement, en original et non en copie.

Au contraire, l'inculpé et la partie civile en reçoivent une copie, dans les deux jours qui suivent le renvoi de l'ordonnance au greffe.

Si le ministère public veut empêcher la mise en liberté, soit provisoire, soit définitive, il doit se hâter d'y faire opposition; il n'a pour cela que 24 heures. Cette disposition s'applique non seulement à la liberté accordée par l'ordonnance de clôture, mais même à la liberté provisoire accordée au cours de l'instruction (v. art. 230).

Art. 252.— 358. Il arrive assez souvent que l'inculpé soupçonné ne peut être saisi, ou s'échappe après avoir été l'objet d'un mandat de dépôt ou d'arrêt, ou même qu'ayant été mis en liberté provisoire, il ne se représente pas à la première réquisition du juge; l'instruction n'en est pas moins continuée et les charges pourront sembler d'autant plus fortes que l'inculpé n'a pas toujours produit de témoins ni d'autres preuves à décharge.

L'ordonnance de renvoi aura donc lieu, le plus souvent, soit devant le tribunal correctionnel, soit devant la cour criminelle; elle mentionnera la circonstance que l'inculpé s'est soustrait au mandat.

Les deux recours ordinaires contre ladite ordonnance, l'opposition et l'appel, lui sont interdits, tant qu'il ne se constitue pas prisonnier.

Quant au pourvoi en cassation, il lui est fermé, par cela seul qu'il n'a pas le droit d'appel (art. 531).

Art. 253.— 359. La fuite de l'inculpé renvoyé devant le tribunal correctionnel ou de simple police ne modifie pas très notablement la procédure pour le jugement.

Il sera jugé par défaut, comme il est prescrit aux Chapitres Ier et IIe du Livre suivant (art. 388 et suiv., art. 414 et suiv.).

Art. 254.—360. A cause de la gravité des affaires criminelles, la loi multiplie les précautions pour que l'inculpé renvoyé devant la cour criminelle, et désormais *accusé*, soit informé en temps utile des poursuites dont il est l'objet et puisse se rendre à l'appel de la justice. L'accusé est mis une dernière fois en demeure de se présenter, par la publication de l'ordonnance du Président de la cour criminelle, laquelle le déclare "rebelle à la loi," *contumax*. L'affiche de l'ordonnance a pour but d'en faciliter la connaissance à l'inculpé; ses parents ou amis pourront l'en informer et lui donner l'occasion de se mettre en règle avec la loi et la justice.

Comme la disposition de ses biens pourrait lui faciliter les moyens de continuer sa résistance à la justice, elle lui est enlevée par la nomination d'un administrateur judiciaire ou séquestre. Les droits et devoirs de cet administrateur sont les mêmes que ceux des administrateurs des biens d'autrui, nommés par la justice, en matière civile. La loi n'a pas à s'en occuper ici davantage. C'est le ministère public qui contrôle le séquestre.

Art. 255.—361. Cette dispodition toute d'humanité n'a pas besoin d'être justifiée.

C'est le tribunal civil qui est compétent pour les secours, parce qu'il n'y a là aucune appréciation à faire de l'infraction, mais seulement des besoins de la famille.

Art. 256.—362. Du moment que l'inculpé se représente et se rend prisonnier avant le jugement, il n'y a pas lieu de déroger, à son égard, à la procédure ordinaire.

C'est au Livre IIIe qu'on verra ce qui adviendrait s'il ne se représentait qu'après la condamnation (art. 528 et suivants).

Art. 257.— 363. La double disposition de cet article a pour but d'obliger le juge d'instruction à ne pas négliger les instructions, à ne pas les laisser se prolonger au delà de ce qui est nécessaire.

Le Président pourra toujours avertir le juge d'instruction de se hâter, tant dans l'intérêt général que dans celui des inculpés. Il pourrait même faire au juge des injonctions qui l'exposeraient à se rendre coupable de déni de justice (voy. Proj. c. p., art. 318).

Enfin, on sait que le Procureur général a un droit de contrôle sur les juges d'instruction (art. 79).

CHAPITRE IV.

DES VOIES DE RECOURS CONTRE LES ACTES D'INSTRUCTION.

Art. 258. Au cours de l'instruction et jusqu'à sa clôture, la voie de l'opposition sera ouverte, tant au ministère public qu'à l'inculpé : —**234.** [274.] Opposition pendant l'instruction.

1° Contre la décision du juge d'instruction rejetant un déclinatoire ou une exception d'incompétence; [59, 239.]

2° Contre la délivrance d'un mandat de dépôt ou d'arrêt contrairement à la loi; [140, 142, 143.]

3° Contre la concession ou le refus de la liberté provisoire, lorsque le juge n'aura pas observé les formes et conditions prescrites par la loi à ce sujet; [230 s.—119.]

4° Contre toute autre décision constituant un excès de pouvoir. [276, 278 bis, 290, 565.]

259. L'opposition sera formée par une déclaration au greffe du tribunal, avec ou sans moyens à l'appui; si elle émane du ministère public, le greffier en notifiera copie à l'inculpé, lequel pourra la combattre par un mémoire déposé au greffe. [278.] Forme.

L'exécution provisoire de l'acte attaqué ne sera pas suspendue par l'opposition, sauf ce qui Effet.

est dit de la liberté provisoire à l'article 251.— 235. [279, 283, 359 bis.—135, 8e et 11e al.]

Décision de la chambre du conseil.

260. Le tribunal réuni en chambre du conseil, au nombre de trois juges au moins, statuera, à bref délai, sur l'opposition, après examen tant de la procédure que des mémoires fournis, et sur les conclusions écrites du ministère public.

La décision du tribunal sera exécutée immédiatement et ne sera susceptible d'appel qu'avec les ordonnances de clôture dont il est parlé ci-après.— **236.** [268.—135, 6e al.]

Exception de conflit positif.

261. Nonobstant la compétence du juge et la légalité de ses actes, il y aura lieu de la part du ministère public, de l'inculpé et de la partie civile à l'exception de conflit positif, si deux juges d'instruction ou un juge d'instruction et un tribunal se trouvent saisis simultanément de la même affaire ou d'affaires connexes, de telle sorte qu'il y ait danger de décisions contraires.

Sursis.

Si le juge admet l'exception, il surseoira à l'instruction, toutes choses demeurant en état; s'il la rejette, il passera outre.

Opposition.

Soit que le juge ait admis ou rejeté l'exception, l'opposition sera recevable devant la chambre du conseil, jusqu'à la clôture de l'instruction. — **0.** [318 s., 532-4°, 598 s.]

Chambre du conseil: deux décisions.

262. Sur l'opposition, si la chambre du conseil reconnaît l'existence du conflit, elle ordonnera au juge de surseoir à l'instruction, sauf aux mesures urgentes, toutes choses demeurant en état, jusqu'à ce qu'il ait été statué sur le règlement de juges par la juridiction supérieure, à la requête du ministère public ou de la partie demanderesse.

Si la chambre du conseil ne reconnaît pas l'existence du conflit allégué, elle ordonnera qu'il soit passé outre à la suite de l'instruction, sans préjudicier au droit des parties de se pourvoir directement en règlement de juges.—**0.** [*Ib.*— 525 s.; C. pr. civ. fr., 363 s.]

263. Si les juges entre lesquels il est allégué y avoir conflit positif sont dans le ressort de la même cour d'appel, le règlement de juges sera demandé à ladite cour, en la même forme que les règlements de juges contre les juridictions de jugement, prévus à l'article 322. Règlement de juges.

Si les juges ne relèvent pas de la même cour d'appel, la demande en règlement de juges sera portée directement à la cour de cassation, conformément au Livre IVe, Chapitre III.—**0.** [*Ib.*]

264. Le juge d'instruction pourra être récusé avant la clôture de l'instruction, soit par le ministère public, soit par l'inculpé, soit par la partie civile, pour les causes ci-après : Récusation du juge.

1° Si entre le juge ou sa femme et l'inculpé, la partie civile ou leur conjoint légitime, il y a parenté ou alliance aux lignes et degrés prévus à l'article 197.—**237.**

La même cause de récusation subsistera si, le mariage qui produisait l'alliance étant dissous, il en reste des enfants.

La récusation sera limitée au degré de gendre et beau-père ou de beau-frère, si le mariage est dissous et qu'il n'en reste pas d'enfants.

2° Si le juge est tuteur de l'accusé ou de la partie civile ;— **237.**

3° Si le juge, avant d'être saisi, a été entendu comme témoin dans l'affaire ;— **0.**

4° Si le juge, sa femme, ou l'un de ses parents ou alliés, au degré ci-dessus désigné, a été lésé directement par le crime ou le délit ;— **0.**

5° Si, depuis l'instruction commencée, le juge ou l'une des personnes désignées au 1er alinéa ont été l'objet de menaces ou de violences de la part, soit de l'inculpé, soit de la partie civile, ou de personnes agissant sous leur influence ;— **0.**

6° Si le juge ou sa femme a reçu des présents ou agréé des offres de la part des mêmes personnes, lors même que ces offres ou présents n'auraient pas le caractère de tentatives de corruption.— **237.** [330 s., 532-1°.— C. pr. civ., 378 s.]

Formes ; réponse du juge.

265. La récusation sera demandée au juge lui-même, par une requête en double original, déposée au greffe et accompagnée d'un mémoire et des pièces justificatives.

Le tout sera communiqué au juge récusé qui devra, dans les 24 heures, répondre, à la suite de la requête elle-même, s'il admet ou refuse la récusation.

L'un des originaux sera rendu au demandeur par la voie du greffe; l'autre restera au dossier.— 238.

266. En cas de refus par le juge de se récuser, le demandeur pourra saisir le tribunal par une opposition, en la forme déterminée à l'article 259. Chambre du conseil.

Le tribunal, réuni en chambre du conseil, entendra les explications du juge d'instruction et statuera, en suivant la forme prescrite à l'article 260.

Le juge se retirera avant la délibération.— 239.

267. La demande et l'opposition tendant à la récusation n'empêcheront pas le juge de continuer l'instruction; sans qu'il puisse toutefois rendre l'ordonnance de clôture. Continuation ou sursis.

Il pourra aussi surseoir, s'il n'y a pas urgence.— **240.** [331.]

268. En cas de rejet des causes de récusation, il pourra y avoir appel, mais seulement avec l'appel contre l'ordonnance de clôture.— **241.** [260.] Recours par appel et pourvoi.

269. Tout juge qui connaîtrait en sa personne une des causes de récusation ci-dessus énoncées doit proposer au tribunal de se récuser. Récusation spontanée.

Il en sera de même si des causes à lui personnelles, non prévues par la loi, paraissent commander son abstention.

Dans ces deux cas, la chambre du conseil approuvera ou rejettera les causes de récusation, sans aucun recours.— **242.**

Admission de la récusation.

276. Si la récusation est admise, le juge récusé devra s'abstenir de tout acte ultérieur dans la même affaire.

Il sera remplacé, sur l'ordre du Président, par un autre juge du même tribunal, lequel pourra, soit d'office, soit sur la demande de la partie intéressée, refaire tout ou partie des actes du juge récusé.— **243.** [333.]

Récusation du greffier.

721. Les greffiers ou leurs suppléants pourront être récusés pour les mêmes causes que les juges.

La demande sera portée directement devant la chambre du conseil.— **244.** [332]

Récusation spontanée du commissaire du Gouvernement.

272. Le commissaire du Gouvernement ne pourra être récusé, ni par l'inculpé, ni par la partie civile; mais il pourra toujours proposer à la chambre du conseil de se récuser pour toute cause qui lui semblerait commander son abstention.

Dans ce cas, l'article 269 sera seul applicable.

Le commissaire du Gouvernement dont la récusation aura été admise sera remplacé par un juge du tribunal.

Id. de son substitut.

Si la cause de récusation existe dans la personne d'un substitut, il la soumettra au commissaire du Gouvernement, lequel lui permettra ou le dispensera de suivre l'affaire.— **245.** [332.]

273. Les dispositions qui précèdent seront applicables, si les causes de récusation existent contre un ou plusieurs officiers du tribunal de première instance ou d'appel statuant sur un recours contre un acte d'instruction.

Récusation des juges de recours.

Il y aura lieu, en outre, à récusation, si, contrairement à l'article 55, un juge qui a pris part à la décision attaquée siége dans la juridiction de recours.

274. Les ordonnances du juge portant clôture de l'instruction, aux termes des articles 242 et suivants, pourront être, dans tous les cas, frappées d'opposition par le ministère public. —**246.** [258.— 135, 1er al.]

Opposition du min. public aux ordonnances de clôture.

275. La partie civile aura le droit d'opposition contre l'ordonnance par laquelle le juge se sera déclaré à tort incompétent et contre celle portant mise hors de poursuites ou renvoi devant le tribunal de simple police.

Id. de la partie civile.

Les deux autres ordonnances ne pourront être attaquées par la partie civile que pour excès de pouvoir portant préjudice à ses intérêts, ou pour incompétence, soit du juge d'instruction, soit de la juridiction à laquelle l'affaire est renvoyée, autre toutefois que l'incompétence à raison du degré de l'infraction.— **234, 246.** [··· — 135, 2e al.]

276. L'inculpé aura le droit d'opposition contre l'ordonnance par laquelle le juge se sera, à tort, déclaré incompétent, contre celle portant

Id. de l'inculpé.

renvoi devant la cour criminelle, et, dans les autres cas de renvois, pour excès de pouvoir ou incompétence, sous les mêmes conditions que la partie civile.— **246.** [···—135, 3e al.]

Délai. **277.** Le délai de l'opposition sera d'un jour pour tous les ayant-droit.

Il courra, pour le ministère public, à partir du jour où l'ordonnance lui aura été communiquée, et, pour la partie civile ou l'inculpé, à partir de la notification à eux faite.—**247.** [282, 296.— 135, 4e al.]

Formes. **278.** L'opposition du ministère public sera inscrite sur l'original de l'ordonnance.

Celle de la partie civile et de l'inculpé sera faite, soit sur le double de l'acte de notification de l'ordonnance, soit par une déclaration au greffe du tribunal.

L'opposant aura un nouveau délai de trois jours, à partir de son opposition, pour fournir ses moyens par un mémoire.

Le greffier, notifiera sans délai, le mémoire avec l'opposition aux parties qui doivent y défendre.

Le délai courra, pour les défendeurs, du jour de ladite notification.— **248.** [259.]

Nouv. moyens d'opposition. **278 bis.** Une fois l'opposition formée et le mémoire fourni, l'opposant pourra encore produire de nouveaux moyens d'opposition.

Opposition incidente. La partie défenderesse pourra elle-même former opposition incidente, pour les causes qui lui appartiennent, même après l'expiration du délai; mais sans prorogation des autres délais légaux. —249. [534, 555.]

La chambre du conseil saisie de l'opposition peut aussi, même d'office, infirmer l'ordonnance du juge pour excès de pouvoir, pour incompétence autre que celle à raison du lieu de l'infraction, ou pour toute autre violation des règles d'ordre public.—254. [286, 290, 401.] Infirmation d'office.

279. Le délai de l'opposition et l'opposition formée aux ordonnances de clôture en suspendront l'exécution, sauf en ce qui concerne la prise de corps.—**250.** [251, 252, 283, 359 bis, 525.—135, 8e al.] Effet suspensif.

280. La procédure et les mémoires seront soumis à la chambre du conseil. Décision de la Chambre du conseil.

Le ministère public donnera ses conclusions par écrit, quand il n'aura pas lui-même formé l'opposition.

La chambre du conseil statuera par une ordonnance.

Elle pourra confirmer ou réformer, en tout ou partie, l'ordonnance du juge et statuer, s'il y a lieu, sur la mise en liberté ou sur la prise de corps.—**251, 252.**

281. Le greffier, sans délai, communiquera au ministère public l'ordonnance de la chambre du conseil, en original. Communication.

Il en notifiera copie à la partie civile et à l'inculpé.—**256.** [249, 250.]

Appel : formes, délai.

282. Le ministère public, la partie civile et l'inculpé pourront interjeter appel contre l'ordonnance de la chambre du conseil, dans les mêmes formes et dans les mêmes cas que ceux où ils peuvent former opposition, conformément aux articles 274 et suivants.

Le délai sera de deux jours, comptés comme il est dit à l'article 277.—**0.** [·····—135, 6e al.]

Effet suspensif.

283. Le délai et l'instance d'appel seront suspensifs de l'exécution de ladite ordonnance, sauf en ce qui concerne la prise de corps.—**0.** [259, 279.]

Appel, sans opposition.

284. L'appel pourra être interjeté directement contre l'ordonnance du juge portant clôture de l'instruction, sans qu'il soit nécessaire d'y avoir formé opposition. [397, 425.]

Dans ce cas, le délai d'appel absorbera le délai d'opposition.

Si, dans le même cas, il y a opposition d'une partie et appel d'une autre, les deux recours seront portés au tribunal d'appel.—**0.**

Transmission des pièces.

285. S'il y a appel interjeté contre l'ordonnance du juge d'instruction ou de la chambre du conseil portant clôture de l'instruction, le commissaire du Gouvernement transmettra au Procureur général près la cour d'appel les actes de la procédure avec son avis.

Les pièces à conviction, s'il y en a, resteront provisoirement au greffe du tribunal qui a fait l'instruction. [288.—133.]

L'inculpé, s'il ne doit pas être mis en liberté, gardera prison près du même tribunal. Liberté provisoire de l'inculpé.

Toutefois, l'inculpé, demandeur ou défendeur à l'une des voies de recours prévues au présent chapitre, pourra demander la liberté provisoire à la juridiction dont la décision est attaquée.

Les articles 230 et suivants seront applicables à cette demande.—**0.** [···—116.]

286. S'il y a appel d'une des parties en cause, celles qui y sont défenderesses pourront elles-mêmes interjeter appel incident, jusqu'à l'arrêt définitif, pour toutes raisons de fait ou de droit. Appel incident.

Le Procureur général aura le même droit.

Dans ce cas, il adressera ses conclusions motivées au commissaire du Gouvernement près le tribunal originaire, lequel les fera notifier à l'inculpé.

Celui-ci aura un délai de 3 jours pour déposer sa réponse au greffe.—**0.** [278 bis, 2e al.]

287. La cour saisie d'un appel peut toujours infirmer, d'office, la décision de la chambre du conseil pour les causes portées au 3e alinéa de l'article 278 bis.—**0.** Infirmation d'office.

288. La cour d'appel pourra, si elle le croit nécessaire, donner commission rogatoire à l'un des juges du tribunal originaire, même à celui qui a fait l'instruction, pour interroger le prévenu sur les points qu'elle déterminera. Interrogatoire de l'inculpé.

Elle pourra même, dans les affaires graves, ordonner que l'inculpé soit transféré devant elle, pour être interrogé par un de ses membres.

Elle pourra aussi demander les pièces à conviction.— **0. comp. 253** (*a*). [285.— 228.]

Supplément d'instruction.

289. Si la cour d'appel estime, soit d'office, soit sur les conclusions de son Procureur général, que les premières poursuites n'ont pas compris tous les auteurs ou complices du fait incriminé, ou que d'autres infractions, connexes ou non, n'ont pas été instruites, ou que l'instruction n'est pas suffisante, à tous autres égards, elle pourra, soit donner commission rogatoire à l'un des juges du tribunal originaire, pour faire ledit supplément d'instruction, soit commettre un de ses membres pour y procéder, aux poursuites et diligences de son Procureur général, et pour lui en faire un rapport.

La cour, sur le vu des mémoires fournis par les parties en cause, sur le rapport du juge commis et sur les conclusions écrites du Procureur général, statuera, en chambre du conseil, tant sur la procédure attaquée que sur le supplément d'instruction.— **0. comp. 255.** [···— 228.]

Décision de la cour d'appel.

290. Si la cour confirme l'ordonnance, elle ordonnera que celle-ci obtienne son plein et entier effet.

(*a*) La texte officiel, ayant supprimé l'appel contre la décision de la chambre du conseil, a transporté à celle-ci quelques-unes des prérogatives de la cour d'appel : de là, une double mention du texte officiel.

Si elle infirme l'ordonnance, en tout ou en partie, elle rendra une nouvelle ordonnance sur le tout.— **O. comp. 252.** [280.—221 s.]

Renvoi à la cour criminelle.

291. Si la cour ordonne ou confirme le renvoi devant la cour criminelle, elle ordonnera ou confirmera aussi la prise de corps.

Dans ce cas, s'il n'y a pas eu de pourvoi en cassation, dans le délai fixé ci-après, comme aussi lorsqu'il n'y aura pas eu d'appel, le Procureur général ordonnera immédiatement la transmission de la procédure et des pièces à conviction, ainsi que le transfert de l'accusé près de la cour criminelle.

Il rédigera aussi ou fera rédiger l'acte d'accusation, ainsi qu'il est dit au Livre IIIe, chapitre IIIe, article 432.

S'il s'agit d'un autre renvoi, le Procureur général renverra la procédure au commissaire du Gouvernement près du tribunal dont la décision a été attaquée et ce magistrat pourvoira, s'il y a lieu, aux suites que comporte l'affaire. — **260.** [246, 287, 432.—230 à 232.]

Droit d'évocation.

292. Dans tous les autres cas, si des faits criminels ou délictueux, à l'égard desquels il n'y aurait aucune poursuite commencée, sont dénoncés par un ou plusieurs des membres de la cour d'appel à son Président, ou si celui-ci en a une connaissance personnelle, il devra convoquer la cour, à bref délai, toutes sections réunies, en chambre du conseil, pour recevoir la dénonciation en forme, en présence du Procureur général, lequel donnera ses conclusions sur le point de savoir s'il y a lieu d'évoquer l'affaire et d'instruire sur les faits dénoncés.

1er cas. Si le Procureur général est d'avis de poursuivre et si la cour évoque l'affaire, celle-ci chargera un des membres de sa section criminelle de procéder à l'instruction, aux poursuites et diligences de son Procureur général.

IIe cas. Si le Procureur général conclut qu'il n'y a pas lieu à suivre et que la cour soit d'avis contraire, elle évoquera l'affaire et confiera l'instruction à deux de ses membres, dont l'un remplira les fonctions du ministère public.

Les dispositions du présent article sont applicables, lors même qu'il s'agirait de crimes ou délits justiciables de la Haute cour, tant que celle-ci n'a pas elle-même fait l'évocation, conformément à l'article 100.— **0.** [···—235, 250; L. fr. 20 avril 1810, art. 11.]

Opposition à l'ordonnance du j. instructeur. **293.** Dans les cas prévus à l'article précédent, les ordonnances du juge-instructeur seront susceptibles d'opposition devant la cour d'appel réunie en chambre du conseil, par les mêmes causes et dans les mêmes formes et délais que ceux qui sont prescrits aux articles 258 et suivants.— **0.** [···—236 à 238.]

Renvoi ou jugement. **294.** Soit qu'il y ait eu opposition ou non, s'il est reconnu qu'il y a charges suffisantes d'un crime, l'affaire sera portée à la cour criminelle. [431.]

Si l'instruction n'a révélé qu'un délit ou une contravention, le jugement en appartiendra à la section criminelle de la cour d'appel, laquelle statuera en dernier ressort.— **0.** [··· — 239.]

295. La décision de la cour d'appel, dans tous les cas qui précèdent, pourra être attaquée au moyen du pourvoi en cassation, par chacune des parties, pour les causes et sous les distinctions portées à l'article 539 et dans la forme réglée à l'article 544.—**0. comp. 257.** [··· —296 s.] Pourvoi en cassation.

296. Le délai du pourvoi sera, pour le Procureur général, de trois jours après la communication à lui faite de l'arrêt rendu en chambre du conseil. Délai.

La partie civile et l'inculpé auront le même délai, après la signification qui leur aura été faite dudit arrêt.— **0.** [368, 405, 430, 517.]

297. Les recours prévus au présent chapitre pourront être formés par les parties elles-mêmes ou par leur mandataire légal ou conventionnel; sauf ce qui est dit par l'article 252 à l'égard de l'inculpé en fuite.—**0.** Mandat, élection de domicile.

Toute personne demanderesse ou défenderesse à un recours qui n'aura pas son domicile réel ou sa résidence habituelle dans la ville ou siége la juridiction de recours, devra faire élection de domicile audit lieu et en donner avis au greffe;

faute de ce faire, les notifications lui seront valablement faites par voie d'affiche à la porte dudit tribunal.—**21.** [360, 545.— 68, 121, 183.]

Toutefois, l'inculpé détenu préventivement ne sera pas tenu de faire élection de domicile et les notifications lui seront faites à personne dans la prison.

Garantie des inculpés.

298. Dans tous les cas où il sera fait notification à l'inculpé d'une décision attaquable, le greffier mentionnera dans ladite notification la faculté et le délai dudit recours; faute de quoi, l'inculpé conservera son recours jusqu'à ce que l'omission ait été réparée.—**258.** [368.]

Restitution contre la déchéance.

299. Sont applicables aux recours formés tardivement contre les décisions des juridictions d'instruction les articles 362 à 364 ci-après. — **259.**

Mise hors de poursuites : charges nouvelles.

300. L'inculpé qui aura été mis hors de poursuites par une décision d'instruction devenue irrévocable ne pourra plus être poursuivi, par l'action publique, à raison du même fait, même sous une autre qualification, à moins qu'il ne soit produit contre lui des charges sur lesquelles il n'avait pas encore été statué.

Dans ce cas, les charges nouvelles ne pourront être appréciées que par la cour d'appel, lors même qu'elle n'aurait pas été appelée à statuer sur la première instruction.

A cet effet, le Procureur général soumettra les charges nouvelles à la section criminelle

réunie en chambre du conseil ; si la cour estime qu'il y a lieu à une nouvelle instruction, elle en chargera un de ses membres et il sera procédé, pour le surplus, conformément aux articles 289, 293 et 294.— 261. [···—246 à 248.]

Sommaire.

364. Justification des voies de recours contre les actes d'instruction ; division du chapitre.

Art. 258.—365. Quatre premiers cas d'opposition pendant l'instruction. — 366. I. Exception d'incompétence. — 367. II. Mandat de dépôt ou d'arrêt.—368. III. Liberté provisoire.— 369. IV. Excès de pouvoir.

259.—370. Forme de l'opposition et des recours en général. — 371. Elle n'est pas suspensive de l'exécution ; exception pour la mise en liberté provisoire.

260.—372. L'opposition est jugée par le tribunal, en chambre du conseil. La décision est exécutoire, sauf appel sur l'ordonnance de clôture.

261.— 373. Exception de conflit : divers cas où il peut y avoir conflit positif, même dans le système du Projet japonais. — 374. L'opposition à la décision du juge appartient ici à la partie civile.

262.— 375. Décisions diverses de la chambre du conseil. Effets du mandat de dépôt. Demande directe en règlement de juges.

263.— 376. Double condition pour qu'une juridiction puisse faire le règlement de juges entre deux juges d'instruction.

264.— 377. Six cas de récusation.

265.— 378. Requête à fin de récusation.

266.— 379. Décision du juge : refus de se récuser ; opposition devant la chambre du conseil.

267.— 380. Continuation de l'instruction, jusqu'à la clôture exclusivement, ou sursis.

268.— 381. Suspension du droit d'appel : motif.

269.— 382. Proposition par le juge de récusation volontaire ; décision de la chambre du conseil sans recours.

364. Les actes du juge d'instruction n'étant pas soumis préalablement à une discussion publique et contradictoire entre l'inculpé et le ministère public, ont de l'analogie avec les décisions par défaut; il est donc juste qu'ils puissent être contestés, attaqués, après coup, et réformés s'il y a lieu. La voie de recours ouverte en pareil cas, à l'inculpé, au ministère public et même à la partie civile, est l'*opposition* dont le nom s'emploie justement pour les autres recours contre les décisions par défaut.

La loi va présenter, successivement, des cas où l'opposition a lieu au cours de l'instruction, pour en faire suspendre ou redresser la marche, et des cas où elle a lieu lors de la clôture de ladite instruction, pour en faire annuler les résultats.

Les articles 258 et suivants règlent l'opposition qui

a lieu au cours de l'instruction ; les articles 274 et suivants règlent celle qui a lieu après la clôture.

Puis vient l'appel contre la décision rendue sur l'opposition (art. 282 et suiv.), avec les incidents de supplément d'instruction et d'évocation, enfin, le pourvoi en cassation, renvoyé au Livre Ve, et quelques disposition finales.

Art. 258.— 365. La loi indique d'abord quatre premiers cas d'opposition qui peuvent avoir lieu au cours de l'instruction ; ce ne seront pas les seuls, mais ce seront les plus fréquents : les deux autres, se présentant dans des circonstances plus rares, sont traités plus loin.

366.—Ier cas. On sait que l'incompétence est de quatre sortes : à raison du lieu de l'infraction, à raison de la nature et du degré de l'infraction, à raison de la qualité de l'inculpé (voy. art. 58 et 59).

Le juge pourrait, d'office, reconnaître et déclarer son incompétence; mais il peut se croire compétent ou l'être effectivement; si le ministère public est d'avis opposé, il peut poser des conclusions tendant au dessaisissement du juge; l'inculpé, dans le même cas, proposera l'exception ou déclinatoire pour incompétence, au moyen d'une requête, dont la loi ne détermine pas la forme, pour lui laisser, à cet égard, toute latitude.

Si le juge, mis en demeure de statuer sur sa compétence, par une ordonnance, rejette l'exception, sa décision est susceptible d'opposition immédiate : il est inutile qu'il continue une instruction qui pourra se trouver entièrement vicieuse.

Si, en sens inverse, le juge se déclarait incompétent, soit d'office, soit sur les conclusions d'une des parties, ce serait un cas de clôture de l'instruction (art. 242) et l'opposition serait réglée par l'article 274.

367.—IIe cas. Les deux mandats privatifs de la liberté

ne peuvent être délivrés que dans des cas et sous des conditions déterminés (art. 140, 142, 143); l'opposition est permise contre ces actes, autant au ministère public qu'à l'inculpé; car il ne faut pas perdre de vue que le ministère public, au nom de l'intérêt général, doit aussi défendre l'inculpé contre tout excès de pouvoir, si celui-ci ne le fait pas lui-même.

368.—IIIe cas. Il s'agit encore de la liberté qui a été accordée ou refusée contrairement à la loi, mais de la liberté *provisoire*. Il faut remarquer d'abord qu'il n'y a pas lieu à opposition lorsque la liberté provisoire dépend de la seule appréciation du juge, quant à ses dangers ou à son innocuité; il y a une foule d'autres actes d'instruction pour lesquels le juge a un pouvoir discrétionnaire et qui ne peuvent être l'objet d'une opposition; autrement, ce serait, en réalité, transférer l'instruction au tribunal tout entier, ce qui n'est pas le système de la loi. Mais si le juge a accordé la liberté provisoire, au cours de l'instruction, sans demande de l'inculpé, ou sans exiger de lui l'engagement de se représenter à toute réquisition, "il n'y a pas observé les formes et conditions prescrites par la loi," le ministère public doit avoir le droit de s'y opposer (comp. art. 251). En sens inverse, si le juge avait accordé la liberté provisoire, à charge par l'inculpé de se présenter chaque jour au greffe, sans qu'il y ait d'ailleurs réquisition, pour y faire constater qu'il ne s'éloigne pas, l'inculpé aurait le droit d'opposition, parce que le juge aurait dépassé les conditions de la loi, ce qui est, en même temps, "un excès de pouvoir."

La fixation du montant du cautionnement est, au contraire, laissée à l'appréciation du juge; mais, s'il n'avait exigé de l'inculpé qu'un cautionnement dérisoire ou, en sens inverse, s'il en avait exigé un manifestement exagéré, eu égard, soit à la faible gravité de l'infraction, soit à la position de l'inculpé, le ministère public aurait l'opposition au premier cas et l'inculpé au second, parce que la loi serait méconnue, sinon dans ses termes, au moins dans son esprit.

La liberté provisoire peut se trouver encore un sujet d'opposition, quand elle est accordée ou refusée dans l'ordonnance de clôture; mais on n'est pas encore arrivé à ce point.

369.—IVe cas. Les cas qui précèdent, surtout les deux derniers, rentreraient à la rigueur dans l'expression générale d'*excès de pouvoir ;* mais ils ont pu recevoir une désignation particulière.

Comme le juge pourrait commettre beaucoup d'autres excès de pouvoir qu'il convient d'arrêter ou de combattre par une opposition, et comme il serait difficile de les préciser d'avance dans la loi, il est nécessaire d'avoir une formule large et compréhensive qui les embrasse tous : la loi française ne l'emploie pas ici ; mais elle est fréquente en matière administrative.

Il y aurait excès de pouvoir dans le cas d'une mise au secret prolongée au-delà des limites permises par la loi, dans le cas d'une instruction commencée d'office, hors le cas de flagrant délit, dans le cas où le juge aurait refusé d'entendre le nombre *minimum* de témoins fixé par la loi lorsqu'on les lui présentait (art. 185).

Mais, pour qu'il y ait lieu à opposition pour excès de pouvoir, il faut qu'il y ait eu une *décision* entachée dudit excès de pouvoir. Il ne serait pas possible de faire opposition à un excès de pouvoir qui consisterait dans l'omission de faire un acte prescrit par la loi, comme si, par exemple, les pièces à conviction n'étaient pas représentées à l'inculpé, ou s'il n'avait pas été appelé à une visite des lieux ou à une perquisition domiciliaire, quoiqu'il en eût fait la demande.

Dans ces cas, l'inculpé ou même le ministère public n'aurait plus que le droit d'opposition à l'ordonnance de clôture, comme il sera dit plus loin.

De même, si le juge avait refusé de délivrer un mandat de dépôt dans un cas où la loi le prescrit (art. 182) ou de faire une descente de lieux, une perquisition domiciliaire ou une saisie de pièces à conviction, quand il en est requis par le commissaire du Gouvernement (art. 173), il ne pourrait y avoir opposition immédiate, puisqu'on ne peut s'opposer à un refus, mais seulement à un acte positif. Il n'y aurait même pas lieu à opposition à l'ordonnance de clôture, dans le cas de l'article 182, mais seulement à un blâme du juge d'instruction (art. 79); dans les derniers cas, l'opposition à l'ordonnance de clôture pourrait avoir pour effet utile de faire ordonner un supplément d'instruction où les omissions du juge seraient réparées.

Art. 259.— 370. Dans les procédures orales et contradictoires, les voies de recours sont généralement limitées à un temps assez court, à partir du moment où est intervenue la décision attaquée; ici, la loi permet l'opposition pendant toute l'instruction (v. art. 258, 1er al.), par le motif qu'il vaut encore mieux redresser celle-ci dans son cours, si elle est vicieuse, que la laisser se terminer avec le vice dont elle est entachée et de la voir ensuite annulée en tout ou en partie.

La forme de l'opposition est celle qu'on retrouvera, en général, pour les autres recours: une déclaration au greffe de la juridiction dont la décision est attaquée; en fait, comme le recours est porté devant le tribunal même dont fait partie le juge d'instruction, il se trouve que c'est, en même temps, le greffe du tribunal qui doit connaître du recours, mais ce n'est pas à ce titre que l'opposition est portée au greffe, c'est comme greffe de la juridiction d'instruction.

L'opposant pourrra donner, en même temps, ses moyens à l'appui; sinon, il les donnera dans les trois jours (art. 278); mais, s'il ne les donne aucunement, il courra risque que son opposition soit considérée comme un moyen dilatoire et rejetée sans un examen suffisant.

Si l'opposition émane de l'inculpé, le ministère public en est informé par un avis du greffe ; si elle émane du ministère public, l'inculpé en reçoit *copie*, par la même voie, afin de pouvoir y répondre.

371. Comme l'opposition pourrait être abusive, au moins de la part de l'inculpé et n'avoir d'autre but que d'entraver l'instruction, elle n'est pas, en général, suspensive de la mesure attaquée. Une seule exception est admise : si le ministère public s'opposait à la mise en liberté provisoire de l'inculpé et qu'il le fît dans les 24 heures de l'ordonnance, la liberté serait suspendue. Cette exception est fondée sur le danger de fuite de l'inculpé : un retard de 24 heures n'est d'ailleurs pas sérieusement préjudiciable à l'inculpé. Pour lui en épargner le chagrin, il n'y aura pas d'inconvénient à ne l'informer du succès de sa demande qu'au moment même où il pourra sortir de prison.

Au contraire, si, la liberté ayant été refusée, l'opposition était suspensive de l'ordonnance, le résultat serait aussi singulier qu'inadmissible : ce serait la mise en liberté provisoire de l'inculpé, justement dans le cas où elle lui est refusée !

L'exécution des mandats et de la mise au secret, naturellement et pour le même motif, n'est pas suspendue par l'opposition ; il faudrait pour cela qu'il eût été statué sur l'opposition et qu'elle eût triomphé.

Art. 260.— 372. Lorsqu'il s'agit d'un jugement proprement dit rendu par défaut, l'opposition est portée devant le juge même qui a statué, ainsi qu'on le verra au Livre IIIe (art. 329 et 414).

Mais, ici, l'opposant ne trouverait guère plus de garanties pour la nouvelle décision rendue par le même juge ; il sera entendu, il est vrai, par la production d'un mémoire, mais la décision sera encore rendue sans publicité.

La loi a donc donné le jugement de l'opposition au tribunal même dont fait partie le juge d'instruction, et comme, il n'y a pas encore de débat public, le tribunal se réunit "en chambre du conseil." La présence de trois juges au moins est nécessaire. Bien entendu, le juge d'instruction n'en fait pas partie (art. 55).

Le tribunal doit se réunir le plus tôt possible, par ce double motif que l'opposition ne suspend pas l'exécution de l'acte attaqué, même quand il est défavorable à l'inculpé, et la suspend, au contraire, quand il lui accorde la liberté provisoire.

L'inculpé, qu'il soit demandeur ou défendeur à l'opposition, n'est pas entendu en personne : il peut seulement produire un mémoire (art. 278). Le ministère public, opposant ou défendeur, donne ses conclusions par écrit, ce qui implique qu'il n'est pas présent non plus.

Il y aurait eu de graves inconvénients à permettre que l'instruction fût suspendue par l'appel et ensuite par le pourvoi contre la décision de la chambre du conseil. Elle sera donc provisoirement exécutée et ne sera susceptible desdits recours qu'avec l'ordonnance finale du juge d'instruction ou ordonnance de clôture.

Cette ordonnance sera elle-même susceptible d'opposition : sur ladite opposition, la partie qui a succombé pourra reproduire ses premiers moyens, si elle y trouve encore intérêt; elle le pourra aussi, et surtout, sur son appel contre l'ordonnance de la chambre du conseil statuant sur la seconde opposition.

Si le tribunal rejette l'opposition, l'acte attaqué sera maintenu et l'instruction continuera. Elle continuera également, quoique l'acte soit infirmé sur l'opposition : ledit acte, alors, sera refait régulièrement, s'il y a lieu, ou il ne le sera pas, si la loi ne l'exige pas ou même l'interdit.

Mais dans le cas d'incompétence du juge, l'instruction devra cesser immédiatement et le juge commettrait un excès de pouvoir, s'il ne rendait pas, sans délai, l'ordonnance de clôture, pour incompétence motivée sur la décision de la chambre du conseil.

Art. 261.— 373. S'il est essentiel qu'un juge n'instruise pas une affaire pour laquelle il est incompétent, il ne l'est pas moins d'éviter que deux juges différents instruisent la même affaire, pour laquelle d'ailleurs ils pourraient être compétents l'un et l'autre.

Le cas de cette compétence multiple sera plus rare au Japon qu'en France, du moment qu'on n'a pas admis, en principe, d'autre compétence que celle fondée sur le lieu de l'infraction ; mais on a vu au Livre Ier (*Dispositions communes*, art. 42 et s.), que l'infraction peut avoir été commise en différents lieux, qu'il peut y avoir aussi incertitude sur le lieu même où elle a été commise et que, quelquefois, le lieu de l'arrestation donne compétence au juge dudit lieu.

Il peut donc y avoir deux juges saisis en même temps, c'est ce que l'on nomme, dans l'usage et dans la loi, *conflit positif*, par opposition à un autre conflit, dit *négatif*, où aucun juge ne se croit compétent et où le cours de la justice menace d'être arrêté (art. 604 et s.) Il pourrait arriver encore que l'affaire fût l'objet d'une instruction préparatoire dans un lieu et d'une poursuite directe au tribunal correctionnel dans un autre lieu, ou même qu'elle fût déjà portée à une cour criminelle, après une autre instruction. Enfin, il pourrait arriver que ce ne fût pas la même affaire qui présentât le conflit, mais deux affaires qui, bien que différentes, fussent connexes, liées l'une à l'autre.

Dans tous ces cas, il y a à craindre la divergence de décisions et un obstacle au cours régulier de la justice.

Si la loi ne permettait d'arrêter, dès le début et dans

tout leurs cours, ces deux procédures simultanées pour un même objet, on arriverait, le plus souvent, à un cas de cassation, pour contrariété de décisions, ce qu'il faut éviter le plus possible.

Il y a donc lieu à une nouvelle exception ou moyen de défense, non plus pour incompétence, mais pour conflit; sur cette exception, le juge statuera et sa décision pourra être attaquée par opposition, soit qu'il ait admis, soit qu'il ait rejeté l'exception. La seule différence entre le cas où il admet l'exception et celui où il la rejette est que, quand il l'admet, il y a nécessairement *sursis*, mais sans *dessaisissement*, quand, au contraire, il rejette l'exception, il passe outre et continue l'instruction. Tel est le cinquième cas d'opposition.

374. On remarquera, à cette occasion, que, tandis que les quatre premiers cas d'opposition n'appartenaient qu'au ministère public et à l'inculpé, celui-ci appartient aussi à la partie civile.

En effet, la partie civile a un intérêt légitime et évident à ce qu'il n'y ait pas contrariété de décisions, en ce qui la concerne.

L'opposition dont il s'agit est portée, comme les précédentes, à la chambre du conseil du tribunal.

Art. 262.— 375. Si le juge a rejeté l'exception de conflit, c'est qu'il a pensé que l'affaire dont il était saisi n'était pas la même que celle qui lui était présentée comme déjà pendante devant un autre juge. La partie qui a cru à l'existence du conflit peut persister dans sa prétention: elle fait alors opposition à la *décision* du juge (b).

La chambre du conseil examinera de même s'il est exact qu'un autre juge ou tribunal soit saisi de la même

---

(b) On n'emploie pas ici le nom d'*ordonnance*, parce que le juge n'ordonne pas: il déclare l'exception mal fondée et passe outre.

affaire ou d'une affaire suffisamment connexe pour qu'il y ait lieu de surseoir. Mais sa solution, quelle qu'elle soit, ne peut être définitive : la question de conflit positif, supposant deux ou plusieurs tribunaux saisis de la même affaire, ne peut être vidée que par un tribunal supérieur à ceux qui se trouvent saisis et dont ceux-ci relèvent, en même temps, comme étant dans sa circonscription. La décision qui a cet objet se nomme *règlement de juges* et il en sera question plus au long, au Livre IIIe, à l'occasion des juridictions de jugement (art. 322 et suiv.) et au Livre IVe, comme attribution importante de la cour de cassation.

On verra seulement ici quelle peut être l'issue provisoire du conflit.

Si la chambre du conseil reconnaît la réalité du conflit allégué, elle ordonne au juge de surseoir à l'instruction commencée, jusqu'à ce qu'il ait été procédé audit règlement de juges par la juridiction compétente.

En attendant, les choses restent dans le même état : si l'inculpé est détenu, il garde prison ; s'il est en liberté provisoire, il y demeure ; cependant, le juge n'aurait pas moins de pouvoir que lorsqu'il est incompétent ; il pourrait donc mettre l'inculpé en liberté, et ici, avec ou sans caution, parce que l'instruction n'est pas mise à néant, comme dans le cas d'incompétence ; réciproquement, il pourrait décerner un mandat de dépôt, comme mesure urgente ; il pourrait aussi faire quelques constatations urgentes, comme la loi l'y autorise.

Quand l'inculpé sera placé ou maintenu sous mandat de dépôt, on peut se demander s'il bénéficiera de l'article 141 qui assigne à ce mandat une durée *maximum* de 20 jours. Il paraît impossible de lui en accorder le bénéfice : cet article qu'on a considéré comme applicable au cas d'incompétence (v. p. 386), parce que l'inculpé ne doit pas souffrir de la mauvaise direction donnée aux poursuites et parce qu'il sera toujours possible de saisir promptement une juridiction compétente, ne peut plus être invoqué ici par l'inculpé, pour plusieurs raisons :

1° Parce que la faute peut très-bien n'être pas imputée au ministère public du lieu où il est détenu ;

2° Parce que le juge qui l'a placé sous mandat de dépôt n'a plus qualité pour transformer ce mandat en mandat d'arrêt conformément audit article 141 ;

3° Enfin, parce que l'inculpé peut lui-même demander le règlement de juges qui fixera définitivement la compétence.

Si, au contraire, la chambre du conseil ne reconnaît pas qu'il y ait conflit, elle ordonne que l'instruction soit continuée ; sauf à la partie demanderesse à réclamer le règlement de juges, directement, à la juridiction supérieure.

La loi dit que cette demande devra être directe, ce qui veut dire qu'elle sera présentée par requête au greffe de ladite juridiction et non par forme de recours, d'appel, contre la décision de la chambre du conseil, lequel recours se fût fait au greffe du même tribunal. Ce qui prouve qu'il ne s'agit point ici d'un appel, c'est que souvent le règlement de juges devra être demandé d'emblée (*de plano*) à la cour de cassation, comme on le verra à l'article suivant et plus loin (art. 321).

Art. 263.— 376. Le principe d'après lequel se détermine la juridiction compétente pour statuer sur le règlement de juges est double : il faut 1° que la juridiction soit supérieure aux divers tribunaux en conflit, 2° qu'elle soit la même pour tous deux : ainsi, une cour d'appel ne peut faire le règlement de juges entre deux juges d'instruction que s'ils sont tous deux de son ressort, ce qui quelquefois obligera à recourir à la cour de cassation, comme le prévoit notre article.

Art. 264.— 377. Le 6e cas d'opposition, au cours

de l'instruction, est un moyen de *récuser* (refuser) le juge d'instruction pour les causes que la loi énumère.

La récusation est fondée sur des circonstances qui font craindre que le juge ne soit pas, relativement à l'affaire, dans les conditions d'indépendance ou d'impartialité qui sont nécessaires pour une bonne justice.

La récusation est ouverte à toutes les parties en cause, chacune suivant son intérêt.

Le 1er cas de récusation est la parenté ou l'alliance entre le juge ou sa femme et l'inculpé ou la partie civile. Si la parenté existe avec l'inculpé, c'est alors, vraisemblablement, le ministère public ou la partie civile qui proposera la récusation. Si la parenté a lieu avec la partie civile, c'est l'inculpé qui craindra la partialité du juge; mais le ministère public pourrait toujours proposer la récusation dans l'intérêt d'une bonne justice. La distinction au sujet du mariage dissous, avec ou sans enfants, ne demande que de l'attention.

Le 2e cas se justifie aussi de lui-même; on remarquera seulement qu'il ne comprend que le juge tuteur et non son proche parent.

Le 3e cas ne s'applique également qu'au juge. Il sera bien rare, d'ailleurs, que le juge ait été entendu comme témoin dans l'affaire; cela supposerait qu'elle avait été instruite d'abord par un autre juge ou par un officier de police judiciaire, au cas de flagrant délit.

Le 4e et le 5e cas supposent le juge placé dans des conditions très-défavorables à l'impartialité; on y voit reparaître le juge, sa femme et ses proches parents ou alliés.

Le 6e ne s'étend pas aussi loin, il ne comprend que le juge et sa femme, comme ayant reçu des présents. On suppose avec raison que les présents n'auraient pas eu le caractère de tentative de corruption, parce qu'autrement le juge pourrait encourir non plus seulement la récusation, mais la révocation et de plus fortes peines. Tous ces cas de récusation manquent tout-à-fait dans le Code d'instruction criminelle français. On y supplée avec le Code de procédure civile (art. 378 et s.).

Art. 265.— 378. Pour qu'il y ait lieu à opposition tendant à faire valoir la récusation, il faut, comme dans les autres cas d'opposition, qu'il y ait un acte du juge qui puisse être attaqué. Celui donc qui veut récuser le juge lui adressera d'abord une requête, par la voie du greffe, avec les causes et les moyens à l'appui.

Pour éviter les lenteurs et les formalités inutiles, la loi veut que le juge réponde sur la requête elle-même dans les 24 heures.

L'utilité du double original de la requête est justifiée par la disposition même de l'article.

Art. 266.— 379. La loi suppose d'abord que le juge répond à la requête par un refus de se récuser. Cette décision est susceptible d'une opposition, laquelle est portée, en la forme ordinaire, à la chambre du conseil.

Le tribunal entend le juge dans ses explications, et statue, sur les conclusions du ministère public, hors la présence de ces deux officiers.

Art. 267.— 380. Il est naturel que la demande et l'opposition tendant à la récusation ne suspendent pas nécessairement l'instruction, sauf au juge à ne pas prononcer l'ordonnance de clôture.

Toutefois, il est laissé à la délicatesse du juge d'apprécier s'il doit surseoir ou non. Lorsque la récusation sera fondée en apparence, et qu'il n'y aura pas péril en la demeure (c) le juge fera peut être mieux de surseoir.

(c) *Periculum in mora:* "danger à attendre."

Art. 268.— 381. La disposition de cet article est la même que celle de l'article 260; si la loi s'en est expliquée, c'est parce que la solution aurait pu faire quelque doute, à raison de la gravité du cas; mais il restait toujours la crainte que ces voies de recours ne fussent abusives et employées par l'inculpé, dans le seul but de retarder l'instruction.

De la part du ministère public et de la partie civile, le même abus n'était pas à craindre; mais il est dans l'esprit général de la loi, de mettre une sorte d'égalité entre l'accusation et la défense. Enfin, il est clair que le juge reste passif dans ce débat et ne pourrait attaquer la décision de la chambre du conseil.

Art. 269.— 382. La délicatesse du juge doit lui commander de proposer lui-même sa récusation, lorsqu'elle n'est pas demandée, s'il sait être dans un des cas de récusation, ou même dans un cas non prévu où son impartialité pourrait être diminuée ou tout au moins exposée au soupçon.

Mais, dans les deux cas, il ne décidera pas lui-même: ce soin est laissé à la chambre du conseil qui statue alors sans aucun recours ultérieur possible, car le point n'est plus litigieux, à proprement parler.

Art. 270.— 383. Cet article suppose que la récusation est admise, soit dans le cas de l'article précédent, soit dans le cas où elle est demandée par l'une des parties en cause.

Le juge récusé devra s'abstenir immédiatement. Il sera remplacé, et ses actes pourront être refaits en tout ou partie, suivant la gravité du cas.

Art. 271.— 384. Le rôle du greffier est moins considérable que celui du juge; cependant, comme il rédige les actes de constatation et fait des notifications d'une grande importance, il ne faudrait pas que sa sincérité pût être soupçonnée ; delà, la possibilité de le récuser pour les mêmes causes que le juge et aussi la possibilité pour lui de proposer sa récusation volontaire ou spontanée.

Art. 272.— 385. Le commissaire du Gouvernement, au contraire, n'ayant, par la nature de sa fonction, aucun moyen légal de peser sur la décision et d'en altérer l'impartialité ou l'indépendance, ne peut être récusé, ni par l'inculpé, ni par la partie civile.

Mais, en fait, son influence et son autorité morale sont considérables et la délicatesse lui commanderait, comme au juge, de proposer sa récusation dans le cas de l'article 269.

Si le tribunal admet la récusation, le commissaire du Gouvernement ne sera pas remplacé par un de ses substituts qui pourrait être influencé par son chef, mais par un membre du tribunal: ordinairement, par un suppléant.

Si la cause de récusation n'existe que dans un des substituts chargé de l'affaire, il la soumettra à son supérieur qui le fera remplacer, s'il y a lieu, sans intervention du tribunal.

Art. 273.— 386. Pour ne pas diviser ce qui concerne la récusation, au moins, quant à l'instruction, la loi anticipe sur les dispositions qui vont suivre, au sujet de l'appel contre les actes d'instruction ; ainsi, la loi admetla récusation, non seulement d'un des juges du tribunal siégeant en chambre du conseil, mais encore d'un des membres de la cour d'appel statuant sur une opposition quelconque aux actes d'instruction, fût-ce même à l'occasion d'une récusation du juge d'instruction.

Il en serait de même contre un membre de la cour de cassation ; mais la loi a réservé de le dire au Livre

IVe, où est traité tout ce qui concerne la cour de cassation (v. art. 579).

C'est aussi par la voie de la récusation que les parties pourraient demander l'observation de l'article 55 qui défend qu'un juge qui a participé à un acte d'instruction ou de procédure siége ensuite dans la juridiction qui statue sur le recours contre ledit acte. La récusation n'est pas le seul moyen admissible en pareil cas: le pourvoi en cassation serait recevable (art. 532-2°); mais, mieux vaut prévenir une nullité que la réparer.

Art. 274.— 387. On a vu aux articles cités au texte que le juge d'instruction peut rendre cinq ordonnances de clôture: celle par laquelle il se déclare "incompétent," celle par laquelle il déclare "n'y avoir "lieu à suivre," enfin, trois ordonnances "de renvoi" devant l'une des juridictions de jugement.

Chacune de ces ordonnances peut être frappée d'opposition par le ministère public; car, soit que la décision profite à l'inculpé, soit qu'elle lui nuise, il y a toujours un intérêt public engagé et si la décision paraît mauvaise au ministère public, il est nécessaire qu'il puisse l'attaquer.

Art. 275.— 388. La partie civile a aussi le droit d'opposition, mais avec moins d'étendue que le ministère public.

La loi la lui accorde d'abord dans trois cas où ses intérêts seraient manifestement en souffrance:

1° Si le juge s'est déclaré incompétent. La partie civile soutenant que c'est à tort et que le juge, au contraire, était compétent, allègue, en quelque sorte, un déni de justice.

La partie civile ne pourrait, au contraire, attaquer l'ordonnance par laquelle le juge aurait déclaré sa compétence, en rejetant un déclinatoire au cours de l'instruction (art. 268-1°) : elle devrait attendre la clôture et, alors, l'incompétence deviendrait un de ses moyens d'opposition, comme on le voit ci-après.

2° Si l'inculpé a été mis hors de poursuites, la partie civile peut soutenir, que c'est à tort qu'elle se trouve ainsi privée, sinon de la réparation qu'elle réclame, au moins de la voie par laquelle elle la réclame, car on sait que, dans ce cas, la partie lésée conserve son action en indemnité devant les tribunaux civils (art. 7, 2e al.).

3° Si l'inculpé a été renvoyé devant le tribunal de simple police, la partie civile peut prétendre qu'elle ne trouve pas devant ce tribunal les garanties auxquelles elle a droit pour la réparation d'une infraction qu'elle prétend plus grave qu'une contravention.

Au contraire, elle ne peut, en principe, faire opposition aux ordonnances de renvoi devant le tribunal correctionnel ou devant la cour criminelle. Il est clair, en effet, que dans ces deux derniers cas, ses intérêts civils sont pleinement sauvegardés.

Pour qu'elle pût attaquer ces deux dernières ordonnances, il faudrait qu'elle alléguât, soit un excès de pouvoir qu'elle croit préjudiciable à ses droits, comme le fait d'avoir accordé la liberté provisoire, au cas de renvoi devant la cour d'assises, contrairement à l'article 246, soit l'incompétence du juge d'instruction, ou l'incompétence de la juridiction de renvoi, et encore faudrait-il que ce fût l'incompétence à raison du lieu de l'infraction ou à raison de la qualité de l'inculpé; car si elle ne pouvait alléguer l'incompétence de la juridiction de renvoi que parce que l'infraction serait plus grave que le juge ne l'a reconnue, c'est-à-dire, serait un crime et non un délit, elle n'en souffrirait pas, puisqu'elle pourrait, au tribunal correctionnel, obtenir toutes les réparations justifiées et aurait la voie de l'appel à la cour, si elle n'était pas satisfaite du jugement.

Art. 276.—389. L'inculpé ne peut également faire opposition à l'ordonnance que quand il y a intérêt, ce qui exclut d'abord l'ordonnance "de non-lieu;" cela exclut aussi, en principe, les ordonnances de renvoi au tribunal de simple police ou au tribunal correctionnel, car il lui sera aussi facile et il ne sera pas plus long pour lui de se défendre devant ces juridictions: au contraire, le renvoi à la cour criminelle, outre qu'il est plus déshonorant, entraîne des délais plus longs, et celui qui se prétend innocent ou, tout au plus, coupable d'un délit ou d'une contravention, doit être admis à épuiser tous les recours contre l'instruction avant de comparaître devant le jury.

Dans les deux autres cas de renvoi, l'inculpé ne peut former opposition que pour incompétence du juge ou de la juridiction de renvoi, à raison du lieu ou de sa qualité; enfin, il peut toujours faire opposition pour un excès de pouvoir qui lui serait préjudiciable, comme serait le fait de maintenir la détention préventive ou de subordonner la liberté à un cautionnement, dans le cas où la prévention n'entraînerait qu'une amende.

Art. 277.—390. Le délai de l'opposition est aussi court que possible: il n'est que de 24 heures pour tous ceux auxquels elle appartient.

Il n'y a de différence que par rapport au point de départ: pour l'inculpé et la partie civile, c'est à partir de la notification à eux faite de l'ordonnance: sans cette notification, ils ne la connaîtraient pas. Pour le ministère public, il suffit qu'elle lui soit communiquée en original: il a suivi l'affaire pas à pas, son opinion est formée dès avant l'ordonnance.

Art. 278.—391. L'ordonnance du juge est communiquée en original au ministère public pour éviter les frais d'une copie; il y inscrira donc son opposition.

Lorsqu'ensuite copie de l'ordonnance est signifiée à l'inculpé et à la partie civile, ils y trouveront en même temps copie de l'opposition du ministère public.

Si l'opposition provient de l'inculpé, elle est portée à la connaissance du ministère public par lettre du greffe et à celle de la partie civile par une notification en forme: à tous deux, afin qu'ils y puissent défendre; l'opposition de la partie civile est portée de la même manière à la connaissance du ministère public et de l'inculpé.

Le demandeur et les défendeurs à l'opposition ont, chacun séparément, pour présenter leurs moyens de défense par écrit, un délai de jours qui diffère par le point de départ, ainsi qu'on le voit à la lecture du texte: pour le demandeur, il est naturel que le point de départ du délai soit le jour même de son opposition; pour la partie défenderesse, le point de départ ne doit pas être l'avis de l'opposition formée, mais la notification de la copie du mémoire de l'opposant; autrement, cette partie n'y pourrait pas faire une défense utile. Au reste, le greffier pourra, sans violer la loi, ne notifier l'opposition qu'avec le mémoire qui en contient les moyens.

Art. 278 bis.— 392. La loi n'avait pas de motif de refuser à l'opposant le droit d'ajouter à ses moyens d'opposition, pendant le délai qui appartient au défendeur.

Elle devait encore moins contester au défendeur le droit de former une opposition incidente, quoique tardive: du moment que le tribunal est saisi d'une opposition, il n'y a aucun inconvénient à ce qu'il en juge deux; la vérité ne peut qu'y gagner. On trouvera plus loin l'appel incident du défendeur en appel (art. 286 et 401) et même le pourvoi incident (art. 534). Lorsque le défendeur à l'opposition attaque, à son tour, l'ordonnance contre laquelle il n'avait pas protesté d'abord, il n'est pas suspect d'avoir voulu retarder l'instruction et on ne peut lui faire un devoir d'accepter une ordonnance que son adversaire n'accepte pas lui-même.

Du reste, pour éviter tout abus, la loi a soin d'ajouter qu'il n'en résultera pas de nouveaux délais, ni pour le nouvel opposant, ni pour l'opposant primitif.

Le tribunal lui-même voit ses pouvoirs élargis ; il n'aurait pu d'office infirmer l'ordonnance : mais du moment qu'il est saisi de la connaisance de l'affaire par une opposition en bonne forme, il peut infirmer l'ordonnance pour des causes qui ne lui auraient pas été proposées dans l'opposition principale ou incidente : il suffit qu'elles soient fondées sur l'ordre public.

Art. 279.—393. Il y aurait de graves inconvénients à exécuter l'ordonnance de clôture avant l'épuisement des voies de recours : s'il s'agit d'un des renvois devant une des trois juridictions de jugement, il serait déraisonnable d'y traduire l'inculpé et de s'exposer à rendre un jugement annulable ; s'il s'agit de la mise hors de poursuites, il y aurait le danger inverse de mettre en liberté un inculpé qui pourrait être sujet à être repris et qu'on ne retrouverait peut-être plus. C'est pour ce motif que déjà l'article 251 avait dit que l'inculpé, dans aucun cas, ne serait mis en liberté avant l'expiration des 24 heures données au ministère public pour l'opposition, et seulement si, dans ce délai, l'opposition n'avait pas eu lieu.

Reste le cas d'une ordonnance par laquelle le juge se déclarerait incompétent ; il est clair que, dans ce cas, il n'y a pas urgence à exécuter, puisque l'exécution serait le fait par le ministère public de se pourvoir devant une nouvelle juridiction, ce qui, dans tous les cas, prendrait un temps plus long que celui de l'opposition.

Art. 280 et 281.— 394. La procédure sur l'opposition aux ordonnances de clôture est la même que celle des autres oppositions déjà vues : mémoires des parties et conclusions écrites du ministère public, décision de la chambre du conseil, tant sur le fond que sur la mise en liberté ou sur la prise de corps.

Le mode de communication de l'original de la décision au ministère public et de notification de la copie aux autres intéressés est le même que pour l'ordonnance de clôture elle-même (v. art 249 et 250).

Art. 282.— 395. L'ordonnance rendue sur l'opposition contre l'ordonnance de clôture seulement, est susceptible d'appel, dans le délai très-bref de deux jours.

L'appel se porte à la cour d'appel, section criminelle.

On pourrait s'étonner que la loi, admettant l'appel contre l'ordonnance de la chambre du conseil, n'ait pas supprimé l'opposition et n'ait pas autorisé seulement l'appel direct contre l'ordonnance du juge ; c'eût été un recours de moins et, par conséquent, du temps et des frais épargnés.

Le motif qui a fait admettre l'opposition est l'éloignement de la cour et la prévision que beaucoup d'appels seront évités au moyen de l'opposition sur laquelle l'autorité de l'ordonnance du juge pourra être confirmée ou rectifiée.

Les formes de l'appel, les personnes qui le peuvent interjeter et les causes qui le motivent sont les mêmes que pour l'opposition (v. art. 274 et suiv.)

Art. 283.— 396. Il y a aussi une entière ressemblance entre l'opposition et l'appel, quant aux effets : les deux recours sont suspensifs de l'exécution de l'ordonnance, même de la mise en liberté et toujours avec l'exception relative à la prise de corps. En effet, quoique la liberté provisoire des prévenus mérite toute la faveur possible, elle doit cependant être conciliée avec les garanties nécessaires contre la fuite des inculpés. En conséquence, lorsque la mise en liberté est contestée par le ministère public, opposant ou appelant, l'inculpé garde prison, pendant un jour depuis que l'ordonnance a été communiquée au ministère public, pour que celui-ci ait le temps d'examiner s'il y a lieu pour lui de former l'un desdits recours (art. 251).

En sens inverse, si l'ordonnance refuse à l'inculpé la liberté provisoire, ou la lui retire après la lui avoir accordée et que l'inculpé frappe l'ordonnance d'opposition ou d'appel, cette prise de corps ordonnée ou maintenue n'est pas suspendue (voy. art. 279).

Art. 284.— 397. On verra aux Livres IIIe (art. 405 et 430) et IVe (art. 531) que la négligence du droit d'opposition ou d'appel fait perdre le droit de se pourvoir en cassation ; on conçoit, en effet, qu'un moyen extraordinaire, un secours extrême, comme le pourvoi en cassation, ne soit pas ouvert à ceux qui ont négligé les recours ordinaires ; mais il n'y a pas mêmes motifs de fermer la voie de l'appel à ceux qui ont négligé l'opposition : l'appel est une voie ordinaire comme l'opposition et on comprend qu'une partie préfère s'adresser de suite à la juridiction supérieure, plutôt que de recourir au tribunal qui a déjà statué. Il en est de même de la décision rendue par défaut par un tribunal de simple police ou de police correctionnelle : la partie condamnée qui a négligé la voie de l'opposition peut user de l'appel (art. 397 et 425).

Toutefois, dans ce cas, l'appelant n'a pas les deux délais cumulés : celui de l'appel absorbera celui de l'opposition : il sera de deux jours, ce qui est encore le double du délai d'opposition.

Le 3e alinéa a pour but d'abréger la procédure, sans diminuer les garanties d'aucune des parties.

Art. 285.— 398. Quelle que soit la partie qui interjette appel, c'est le commissaire du Gouvernement qui transmet les actes de la procédure attaquée.

Il la transmet, non au greffe de la cour d'appel, mais au chef du ministère public près de cette cour.

Il y joint son avis, s'il n'est pas l'appelant; autrement, son avis se trouve suffisamment exprimé dans ses conclusions.

Les pièces à conviction et l'inculpé ne sont pas transférés à la cour d'appel, tant qu'elle ne l'ordonne pas, conformément à l'article 288 ci-après.

La loi permet encore à l'inculpé incarcéré de demander la liberté provisoire à la juridiction dont la décision est attaquée; ce qui suppose qu'elle ne lui avait pas été refusée par l'ordonnance, c'est-à-dire qu'il ne l'avait pas demandée.

Art. 286 et 287.— 399. Lorsque la cour est une fois saisie d'un appel, toutes les parties qui auraient pu le former peuvent soit y défendre, soit s'y joindre comme appelant elles-mêmes; dans ce dernier cas, on dit qu'elles forment incidemment appel, leur appel, qui sert de défense au premier appel dit "principal," est lui-même dit "incident," comme on a vu plus haut (art. 278 bis) une opposition incidente du défendeur à l'opposition principale.

Cette disposition se justifie de la même manière que la précédente : il peut arriver qu'une partie n'appelle pas, parce que la décision, sans la satisfaire entièrement, lui paraît cependant préférable à l'éventualité d'une autre décision qui pourrait être encore moins favorable; mais, si l'adversaire n'accepte pas la première décision, il est juste alors que chacun puisse la critiquer dans ce qu'elle a de contraire à ses intérêts.

400. La loi accorde aussi le droit d'appel incident au Procureur général près la cour; car, il serait dé-

raisonnable qu'ayant à conclure sur l'appel d'une des parties, il ne pût lui-même relever dans la décision attaquée des griefs qui auraient échappé à son subordonné près du tribunal. Cet appel du Procureur général, peut, en France, être *principal* (art. 135, 9e al.); mais on ne l'a pas admis comme tel, au Japon, parce qu'il entraînerait un trop long délai suspensif de l'exécution de l'ordonnance.

L'appel incident du Procureur général est notifié à l'inculpé par l'entremise du commissaire du Gouvernement, et il entraîne un délai supplémentaire de trois jours, augmenté du délai de distance, pour que l'inculpé puisse fournir sa réponse.

401. Enfin, la loi donne à la cour, une fois saisie d'un appel, le droit de redresser, d'office, certains griefs tirés de l'ordre public, comme l'excès de pouvoir et l'incompétence autre que celle à raison du lieu, laquelle est la moins grave : ainsi, s'il y avait renvoi devant une cour criminelle, et que l'appel eût pour objet de faire reconnaître que l'infraction ne constitue qu'un délit, ou même que les charges ne sont pas suffisantes, la cour d'appel pourrait, tout en reconnaissant que le fait constitue un crime, comme l'a décidé l'ordonnance de renvoi, déclarer qu'il est de la compétence d'une juridiction militaire ou de la Haute cour (comp. art. 278 bis).

Art. 288.—402. Il est naturel que la cour d'appel appelée à statuer non seulement sur la régularité de l'instruction, mais surtout sur la force des charges, puisse procéder ou faire procéder à un supplément d'instruction. Elle peut le demander au même juge d'instruction, ou à un autre juge du même tribunal, ou même à un juge d'un autre tribunal dans le ressort duquel il pourrait y avoir d'utiles renseignements à recueillir.

L'envoi de l'inculpé et des pièces à conviction sera

rarement nécessaire, mais il fallait l'admettre, au moins, en principe.

Art. 289 et 290.—403. Quand la cour instruit, comme le prévoit cet article, sur des faits nouveaux, ou contre de nouveaux inculpés, on peut déjà dire qu'il y a de sa part "évocation," comme on le verra d'une façon encore plus saillante sous l'article 292 ci-après.

Il est d'intérêt général que tous les faits, même non connexes, imputés à un même individu, soient jugés en même temps, pour l'application de la règle du non-cumul ou de la confusion des peines (v. Proj. c. p., art. 112 et s.). Il est encore plus utile de réunir dans une même poursuite tous les individus prévenus ou soupçonnés d'une même infraction. C'est à quoi pourvoit cet article, avec assez de détails pour qu'il n'y ait pas besoin de le développer.

Remarquons seulement que la nouvelle instruction peut être ordonnée d'office ou sur les conclusions du Procureur général seulement. Elle ne pourrait donc être demandée, ni par le commissaire du Gouvernement près le tribunal originaire, ni par la partie civile, ni par l'inculpé. Ces personnes pourraient seulement présenter des observations dans le sens de l'utilité d'une nouvelle instruction, mais elles ne pourraient poser de conclusions à cet égard. Le Procureur général ou la cour s'éclairerait de ces observations et leur donnerait telle satisfaction qui paraîtrait utile.

Si le juge d'instruction originaire ou un autre juge procède à un supplément d'instruction, il ne rend pas une nouvelle ordonnance, mais il fait seulement un rapport sur la nouvelle instruction, à laquelle il a procédé.

404. La décision de la cour d'appel sur l'opposition étant, comme celle du tribunal, une décision d'instruc-

tion préparatoire n'est pas rendue en audience publique, mais en chambre du conseil.

L'article 290 prévoit les deux décisions extrêmes : ou la confirmation de la première ordonnance (du juge ou de la chambre du conseil) ou son infirmation, avec ordonnance nouvelle ; mais, il va de soi que la cour pourrait modifier l'ordonnance en partie seulement.

Art. 291.— 405. Cet article, quoiqu'important, est assez complet dans ses détails pour ne pas demander de développements.

S'il n'y a pas de pourvoi en cassation contre la décision rendue sur l'appel, ou si même il n'y a pas eu d'appel, il ne reste plus qu'à exécuter la décision rendue sur l'instruction.

S'il y a eu renvoi à la cour criminelle, c'est au Procureur général à pourvoir aux suites de l'affaire, par conséquent, au transfert de l'accusé et des pièces à conviction, ainsi qu'à la rédaction de l'acte d'accusation.

S'il y a eu renvoi à une juridiction de police, ou mise hors de poursuites, c'est encore au commissaire du Gouvernement près le tribunal originaire à faire exécuter l'ordonnance.

Art. 292.— 406. Le droit accordé à la cour d'appel par cet article est considérable ; c'est encore l'*évocation*, mais sur l'initiative complète de la cour d'appel, alors qu'elle n'est saisie d'aucun recours.

On peut s'étonner, lorsqu'il a été posé en principe que les juges n'agissent pas d'office, mais seulement sur des poursuites du ministère public ou de la partie lésée, que la cour puisse ainsi ordonner des poursuites, mettre le Procureur général en demeure d'agir et, à son refus, charger un de ses membres de la fonction du ministère public.

On n'est pas moins surpris quand on voit qu'en

France ce droit exorbitant des cours d'appel leur a été donné sur la proposition de l'Empereur Napoléon 1er qui voulait, "en fortifiant le pourvoir judiciaire, établir "un contre-poids à la puissance du pouvoir exécutif" (voy. ci-dessus, p. 89).

Ce droit d'évocation est établi en France, mais un peu trop laconiquement, par les articles 235 et 250 du Code d'instruction criminelle et par l'article 11 de la Loi du 20 avril 1810.

Il peut arriver, en effet, que des crimes ou des délits soient imputables à des hommes puissants par leur position politique, par leurs dignités ou par quelque autre cause, et que le ministère public, même celui de la cour d'appel, craigne de faire des poursuites; le ministre de la justice pourrait pourtant leur enjoindre de poursuivre, mais la faiblesse ou la crainte peuvent l'arrêter lui-même. C'est alors que la cour d'appel peut *évoquer* l'affaire, c'est-à-dire "l'appeler à elle."

Ces remarques ont été faites déjà au sujet de l'évocation par la Haute cour (p. 191-192). Mais ce qu'on a omis de dire, c'est que cette garantie sociale ne sera sérieuse et efficace qu'après la consécration d'une autre qui est l'inamovibilité de la magistrature; car des magistrats révocables à volonté ne seront pas plus indépendants que le ministère public.

407. L'article 292 exige, pour que le droit d'évocation prenne naissance, que les faits criminels ou délictueux soient dénoncés à son Président, par un ou plusieurs des membres de la cour d'appel. Il faut, en effet, que la cour soit convoquée par son Président, elle ne pourrait se réunir d'office, ni dans ce cas, ni dans aucun autre. Du reste, si les faits délicteux étaient connus du Président lui-même, il pourrait spontanément convoquer la cour dans le même but.

La dénonciation est alors faite de nouveau devant la cour et il en est dressé acte en forme.

Le Procureur général est invité à donner ses conclusions sur le point de savoir s'il lui paraît qu'il y aît lieu de commencer des poursuites à raison des faits dénoncés.

S'il requiert des poursuites, la cour n'est pas obligée de les ordonner; mais elle les ordonnera le plus souvent et elle chargera un de ses membres de l'instruction. Dans ce cas, la décision de la cour a déjà le caractère d'une *évocation*, quoiqu'elle fasse droit aux conclusions du ministère public: la cour est saisie par la convocation même de son Président et par la dénonciation, et elle devrait statuer sur l'objet de ladite dénonciation, lors même que le Procureur général refuserait de conclure.

Il y a une double anomalie dans cette réunion de la cour, d'office, et dans cette circonstance que l'instruction est commencée par la juridiction d'appel. Mais, comme le Procureur général a requis les poursuites, c'est lui qui continuera à remplir le rôle du ministère public dans cette instruction extraordinaire.

Si, au contraire, le Procureur général conclut qu'il n'y a pas lieu à commencer des poursuites, et que cependant elles semblent nécessaires à la cour, l'évocation donne lieu à une nouvelle dérogation au droit commun : la cour prend dans son sein, non-seulement le juge-instructeur, mais encore l'officier qui fera fonction du ministère public.

Il eût été possible, à la rigueur, de laisser cette fonction au Procureur général, comme cela a lieu en France, en pareil cas; mais il a semblé contraire au but que se propose la loi et, en même temps, peu conforme à la dignité du Procureur général, de lui imposer des poursuites qu'il ne croit pas justifiées: il aurait naturellement négligé les recherches qui sont dans son rôle ordinaire, et conclu constamment, pendant l'instruction, contre toutes les mesures de rigueur que l'instruction aurait pu demander.

On remarquera que, dans les cas qui nous occupent, ce n'est pas seulement la section criminelle, mais toute la cour d'appel, qui délibère sur l'évocation et sur ses suites.

Bien que la Haute cour soit une juridiction exceptionnelle et supérieure aux cours d'appel, cela n'empêche pas qu'une cour d'appel puisse évoquer une affaire qui, de sa nature, serait de la compétence de la Haute cour. On a vu, en effet, par l'article 100, que les tribunaux ordinaires sont compétents pour juger les crimes dont la connaissance est attribuée à la Haute cour, tant que celle-ci n'a pas été convoquée ou n'a pas elle-même fait l'évocation.

Art. 293.— 408. Une fois l'instruction terminée, les choses se passeront comme devant un tribunal de première instance, sauf qu'il ne pourra y avoir appel.

Le juge-instructeur rendra une ordonnance de clôture, elle sera, comme ses autres actes d'instruction susceptible d'opposition devant la cour réunie en chambre du conseil (*d*).

Ce sont les mêmes règles quant aux cas, aux formes et aux délais d'opposition, et quant aux personnes qui peuvent la faire.

Bien entendu, dans le second cas d'évocation, l'officier du ministère public qui sera admis à former ou à combattre l'opposition ne sera pas le Procureur général, mais le membre de la cour chargé du ministère public dans ce cas spécial.

Art. 294.— 409. Si la cour reconnaît qu'il y a charges suffisantes d'un crime, elle renvoie l'inculpé

(*d*) En France, en pareil cas, le juge-instructeur ne fait qu'un rapport sur l'instruction dont il a été chargé : il ne rend pas d'ordonnance et c'est la cour qui décide directement sur les suites à donner à l'affaire.

On a préféré, dans le Projet japonais, suivre les règles ordinaires de l'instruction, comme on l'a fait pour la Haute cour (art. 105).

devant la cour criminelle, en état d'accusation : son rôle est terminé.

Si elle ne reconnaît qu'un délit ou une simple contravention, ce qui sera rare, parce qu'en pareil cas, les poursuites ordinaires n'auraient pas rencontré les mêmes obstacles, elle en renvoie l'auteur devant sa section criminelle. De cette façon, l'affaire ne sort pas de ses mains et elle reçoit une décision sans appel.

Art. 295.— 410. Le pourvoi en cassation est un recours extrême que l'on rencontre toujours après tous les autres, soit en matière d'instruction, soit en matière de jugements.

C'est au Livre IVe, chapitre Ier, qu'on en exposera les règles fondamentales, les formes et les effets, ainsi que les principales applications, soit quant aux causes du pourvoi, soit quant aux personnes qui peuvent y recourir.

Art. 296.— 411. Le délai du pourvoi est de trois jours pour toutes les parties ; seulement, le point de départ n'est pas le même pour chacune, comme on l'a déjà vu, au sujet de l'opposition et de l'appel (voy. art. 277 et 282).

Art. 297.— 412. La loi doit plutôt favoriser les recours que les entraver, au moins, quand ils ne paraissent pas "frustratoires," c'est-à-dire formés uniquement dans le but de "tromper" la justice et de retarder ses décisions.

En conséquence, la loi autorise la formation des recours, non seulement par les parties, mais par leur mandataire : l'avocat de l'inculpé aurait ce droit en vertu de cette seule qualité. La loi le déclare formellement, au sujet des recours contre les décisions au fond (art. 360) ; si elle ne s'en explique pas ici, c'est qu'il est plus rare qu'un inculpé ait un avocat pendant l'instruction.

L'obligation de faire élection de domicile, pour celui qui est intéressé comme demandeur ou défendeur à un recours, n'a pas besoin d'autre justification que son but qui se trouve indiqué dans la loi.

La loi n'a pas dispensé l'inculpé de cette obligation, mais, s'il est détenu préventivement, il est naturel que l'élection de domicile ne soit pas nécessaire et que les notifications lui soient faites en personne dans sa prison.

Art. 298.— 413. Il y a ici une innovation très-utile aux inculpés. En Europe, en France notamment, l'avertissement du droit au pourvoi et du délai pour le faire n'est donné qu'aux individus qui viennent d'être condamnés en cour criminelle (C. instr. cr., art. 371).

On a pensé qu'au Japon cette mesure devait être généralisée, c'est-à-dire applicable à toutes les condamnations et à tous les recours dont elles sont susceptibles: on la trouvera ainsi établie au Livre IIIe (art. 368).

En ce qui concerne les décisions sur les actes d'instruction, lesquelles ne sont pas prononcées en présence de l'inculpé, mais lui sont notifiées, c'est dans la notification même qu'est donné à l'inculpé le double avertissement du recours permis et du délai dans lequel il doit être exercé.

La sanction de cette disposition est aussi naturelle qu'elle est simple: tant que l'omission n'a pas été réparée par un avertisement spécial, en bonne forme, émané du greffier, le droit de recours reste entier.

Art. 299.— 414. On expliquera sous les articles cités, au sujet des juridictions de jugement, les cas où il peut y avoir restitution contre la déchéance des recours.

Art. 300.—415. Les décisions d'instruction ont, comme celles rendues sur le fond, l'autorité de la chose jugée ; mais elles ne statuent que sur les charges soumises au juge ; l'autorité de la chose jugée n'empêche donc pas que de nouvelles charges produites donnent lieu à de nouvelles poursuites.

Comme les ordonnances de mise hors de poursuites n'énoncent pas, en général, avec une grande précision, les charges sur lesquelles il a été statué, c'est seulement par l'examen attentif de la procédure que l'on pourra s'assurer si les charges produites comme *nouvelles* le sont réellement. Ce que la loi défend surtout, c'est que le fait soit soumis de nouveau au juge avec un simple changement de qualification : ainsi, après une mise hors de poursuites pour homicide volontaire, la loi ne veut pas qu'il puisse être fait de nouvelles poursuites pour homicide par imprudence, encore moins pourrait-on poursuivre un accusé d'homicide volontaire, mis hors de poursuites, en lui imputant seulement des "coups et blessures volontaires ayant occasionné la "mort sans intention de la donner."

Ici, la loi accorde à l'inculpé une protection qui ne se trouverait pas dans la seule autorité de la chose jugée, puisque l'instruction n'a statué sur le fait que tel qu'il était qualifié d'abord ; mais l'expérience des autres pays a prouvé qu'il y avait là un besoin de garantie pour les citoyens contre des poursuites abusivement renouvelées.

Mais il importe de bien déterminer ce qu'on doit entendre par "charges nouvelles." Le Code français, qui a une disposition à peu près semblable (art. 246), définit les charges nouvelles (art. 247) et peut être suivi utilement ici.

Les charges nouvelles sont de deux sortes : ou bien, ce sont de nouvelles *preuves* des faits déjà imputés à l'inculpé, comme de nouveaux témoignages, de nouveaux actes de constatation, même de nouveaux indices, pourvu, d'ailleurs, qu'ils soient graves: ou bien, ce sont de nouveaux *faits* à la charge du même inculpé, qui changent le caractère de l'infraction, soit en plus, soit même en moins, et lors même que ces faits nouveaux ne seraient attestés que par les mêmes témoins; dans ce dernier cas, on pourrait dire qu'il y a en même temps preuves nouvelles, car si les personnes sont les mêmes, le témoignage est différent par son objet.

Si les faits nouveaux donnaient à l'inculpation le caractère de crime, alors qu'elle n'avait à l'origine été poursuivie que comme délit, il y aurait, en même temps, changement dans la durée de la prescription : elle serait de dix ans au lieu de trois; de sorte que, si la prescription de trois ans se trouvait désormais accomplie (l'interruption ayant été rendue non avenue par la mise hors de poursuites), il resterait encore pour l'exercice de la nouvelle action publique ce qui manquerait au délai de dix ans.

L'appréciation des charges nouvelles est confiée, dans tous les cas, à la cour d'appel, laquelle statuera dans la forme où elle procède à un supplément d'instruction.

On remarquera ici que, sur ce point, le Projet s'écarte du Code français qui ne donne l'examen des charges nouvelles à la cour d'appel que lorsqu'elle a statué sur les premières poursuites; de sorte que, dans le cas contraire, ce serait le juge d'instruction qui prendrait la connaissance des charges nouvelles; mais on a voulu donner une garantie plus efficace aux inculpés, en ne rendant pas trop faciles les nouvelles poursuites.

Remarquons enfin que le Procureur général seul peut saisir la cour des nouvelles poursuites: la partie civile ne le pourrait pas: il serait à craindre qu'elle n'eût gardé en réserve un témoin secondaire ou une pièce peu importante, pour s'en faire une nouvelle arme contre l'inculpé; au contraire, un pareil abus, qui suppose l'animosité, n'est pas à craindre du ministère public.

On ne devrait pas même admettre facilement le ministère public à présenter comme charge nouvelle le témoignage d'une personne déjà portée sur la première liste des témoins à charge et que le juge d'instruction n'aurait pas cru devoir entendre.

LIVRE III.

DU JUGEMENT DES INFRACTIONS.

DISPOSITIONS COMMUNES.

Art. 301. La rôle des affaires à juger, pour chaque jour d'audience, sera réglé d'après l'ordre de leur inscription au greffe du tribunal saisi. Ordre du rôle.

Toutefois, le Président du tribunal pourra modifier cet ordre, soit d'office, pour abréger les détentions préventives, soit, sur la demande des parties, pour des causes graves et justifiées. — **262.** [381, 413.] Pouvoir du Président.

302. Toutes affaires criminelles, correctionnelles et de simple police, portées devant les juridictions de jugement, y seront examinées, débattues et jugées en audience publique, à peine de nullité des condamnations prononcées. —**263.** [370-1°, 532-10°.— 153, 190, 369, 519; C. pr. civ., 87; L. fr. 20 avril 1810, art. 7.] Publicité des audiences.

303. Néanmoins, si, d'après la nature des inculpations, les débats paraissent devoir être Exception, huis-clos.

dangereux pour la pudeur publique, le tribunal pourra, soit sur les conclusions du ministère public, soit d'office, ordonner que les débats aient lieu, en tout ou en partie, sans la présence du public, en exceptant les avocats inscrits au tribunal et les autres personnes dont le tribunal croira la présence utile aux débats.

Publicité du jugement.

Dans ce cas même, les portes de l'auditoire seront ouvertes pour le prononcé du jugement et, s'il s'agit d'une affaire soumise au jury, pour la lecture de la déclaration des jurés.

Le jugement seul pourra être reproduit par la voie de la presse. — **264.** [· · · — C. pr. civ., 87; Const. 1848, art. 81.]

Absence d'entraves à l'audience.

304. En toute matière, l'inculpé, qu'il soit ou non détenu, comparaîtra à l'audience libre d'entraves; il pourra seulement être accompagné de gardes, s'il était en état de détention ou avait été mis en liberté provisoire.

Contrainte à comparaître.

Si, dans les mêmes cas, l'inculpé refuse de comparaître à l'audience, sans en être empêché par une maladie évidente ou dûment constatée, il pourra y être contraint par la force et le jugement sera réputé contradictoire, lors même qu'il refuserait de se défendre. — **265.** [388, 410. — L. fr. 9 sept. 1835, sur les cours d'ass., art. 9.]

Expulsion pour violences.

305. Si, à l'audience, l'inculpé s'efforce, par des violences ou par des clameurs réitérées, de mettre obstacle aux débats, il pourra, après deux avertissements du Président et en vertu d'un jugement rendu sur les réquisitions du ministère public ou d'office, être expulsé de l'auditoire, et, s'il était détenu, il sera reconduit dans la prison, sans préjudicier à la continuation des débats et au jugement, lesquels seront réputés contradictoires.

Audience suivante.

Si les débats durent plus d'un jour, la susdite mesure n'aura pas d'effet pour les jours suivants, sauf à être reprise, en cas de nouvelle rébellion.— **267.** [... — *Ib.*, art. 10.]

Maladie : sursis.

306. Si l'inculpé ne peut assister à l'audience, par suite de maladie évidente ou dûment constatée, ou s'il est en état d'aliénation mentale, il sera sursis aux débats jusqu'à sa guérison.

Reprises des débats : distinction.

Dans ce cas, si les débats avaient été déjà commencés et que le sursis ait été fondé sur la démence, ils seront toujours repris en entier; s'il s'agit de toute autre maladie, les débats ne seront recommencés que si l'une des parties le requiert, ou si le sursis a duré plus de trois jours consécutifs.— **268.** [329, 334.]

Suspension des délais de recours.

307. Si, au moment où, soit la maladie, soit la démence est survenue, les débats étaient clos, tant sur les faits incriminés que sur l'application de la loi, le jugement serait rendu.— **268.**

Les délais de recours resteront suspendus pour et contre l'inculpé pendant sa maladie ou sa démence.

Reprise des délais.

Après sa guérison dûment constatée, s'il s'agit

d'une condamnation de simple police ou correctionnelle, le greffier lui notifiera la condamnation, pour faire courir le délai d'appel ou de pourvoi en cassation.

Affaire criminelle.

S'il s'agit d'une condamnation criminelle, le Président des assises ou le juge qu'il délèguera se transportera dans la prison, assisté du greffier, et lui fera donner lecture de la sentence prononcée contre lui ; il l'avertira, en outre, qu'il a cinq jours pour se pourvoir en cassation.— **0.** [368.]

Jugement par défaut ou par contumace.

308. Tout inculpé qui, n'ayant pu être contraint par la force, ne comparaîtra pas volontairement au jour fixé pour les débats, après avoir été régulièrement cité ou averti, sera jugé par défaut ou par contumace, comme il est dit aux chapitres suivants.— **269.** [388 s., 414 s., 518 s.]

Le défaut ou la contumace d'un ou plusieurs des inculpés ou accusés n'empêchera pas de juger contradictoirement par le même jugement ceux qui sont présents, conformément aux règles ordinaires.— **271.** [527.— 474.]

Police de l'audience.

309. Le Président a la police de l'audience ; il prend toutes les mesures impératives ou prohibitives pour assurer le respect de la justice et le bon ordre. [··· — 267.]

Les assistants se tiendront la tête découverte et garderont le silence ; tout trouble ou interruption, toute marque d'improbation ou d'approbation seront immédiatement réprimés ; leurs auteurs pourront même être expulsés de l'auditoire.— **272.** [··· — C. pr. civ., 88.]

Évacuation de la salle.

310. Si les perturbateurs sont nombreux, s'ils paraissent agir en vertu d'un plan concerté ou s'il est difficile de les distinguer des autres assistants, le Président pourra faire évacuer la salle d'audience, sans préjudicier à la continuation des débats. — **0.** [··· — *Ib.* 89 ; I. cr., 504.]

Offenses au tribunal.

311. Si, parmi les assistants, il en est qui se rendent coupables d'offenses, d'injures, d'outrages ou de toute autre contravention ou délit envers les juges, les jurés, le ministère public ou le greffier, ils seront arrêtés en vertu d'un ordre écrit du Président et renvoyés à l'audience suivante, pour y être jugés, sur les conclusions du ministère public, quelle que soit la qualité des délinquants.

Il sera dressé acte, séance tenante, de l'infraction et de la mesure ordonnée par le Président.— **273.** [··· —*Ib.* 91.]

Peines : compétence.

312. Dans le cas de l'article précédent, le juge de simple police prononcera les peines de simple police, sans appel, et les peines correctionnelles, à charge d'appel ; les juges correctionnels et les juridictions plus élevées prononceront sans appel les peines correctionnelles. — **274.** [··· — 505.]

Autres délits d'audience.

313. Toute autre infraction non qualifiée crime, commise à l'audience, par quelque personne que ce soit, sera jugée séance tenante sur les conclusions du ministère public.

Peines : compétence.

Les peines de simple police seront prononcées sans appel, quel que soit le juge tenant l'audience ; les peines correctionnelles seront prononcées à charge d'appel, s'il s'agit d'un juge de simple police ou d'un tribunal correctionnel, et sans appel, s'il s'agit d'une juridiction plus élevée.— **273.** [···—181, 505.]

Crime commis à l'audience.

314. Si l'infraction commise à l'audience constitue un crime, le Président en fera dresser acte par le greffier, ainsi que des dépositions des témoins et des déclarations de l'inculpé, et le tribunal, après avoir entendu le ministère public, renverra ledit inculpé devant le juge d'instruction en état de mandat de dépôt, pour être procédé suivant les règles ordinaires.—**275.** [507, 508.]

Compétence normale.

315. Sauf les cas prévus aux articles précédents, aucun tribunal ne peut statuer que sur les faits à raison desquels il est saisi.

Infractions connexes.

Toutefois, il pourra juger les faits connexes à l'infraction principale, révélés par les débats, s'ils rentrent dans sa compétence ordinaire ; sauf au tribunal à surseoir au jugement du fond et à procéder ou à faire procéder à un supplément d'instruction, s'il l'estime nécessaire. —**276.** [40, 246 bis, 289.]

316. Au cours des débats, en matière correctionelle ou de simple police, l'exception d'incompétence et toute fin de non-recevoir contre l'action publique pourront être proposées par le ministère public et par l'inculpé, ou suppléées d'office, si elles n'avaient pas été déjà rejetées par la cour de cassation. [8, 59.] Exceptions, fins de non-recevoir.

La partie civile ne pourra opposer que l'exception d'incompétence et seulement dans les cas prévus à l'article 275.— **277.** Partie civile.

Si l'exception est admise, l'action publique sera déclarée non recevable, sauf l'appel ou le pourvoi en cassation; si elle est rejetée, il pourra être sursis ou passé outre aux débats, nonobstant l'appel ou le pourvoi en cassation, lesquels, dans ce cas, ne seront pas suspensifs. — **278.** [57, 352, 359 bis.] Décision.

317. Si les mêmes exceptions sont proposées devant la cour criminelle, les débats seront toujours continués jusques et y compris la déclaration du jury; sauf à la cour à se déclarer incompétente pour l'application de la loi, ou à déclarer l'action publique non recevable, s'il n'y a pas encore eu de décision de la cour de cassation à cet égard.— **0.** 56, 485.— 301.] Exceptions devant la cour criminelle.

318. Si deux juridictions se trouvent saisies de la même affaire ou d'affaires connexes et que l'exception d'incompétence ne puisse être proposée, chaque partie pourra, en tout état de cause, demander, par des conclusions spéciales, Conflit de juridictions de jugement.

qu'il soit sursis à l'examen et au jugement, jusqu'à ce qu'il ait été fait un règlement de juges par la juridiction compétente.

Admission ou refus du sursis.

Le tribunal, après examen du conflit allégué et le ministère public entendu, pourra refuser le sursis, sauf à la partie intéressée à se pourvoir en règlement de juges; il pourra aussi admettre le sursis, même d'office; dans ce cas, il fixera un délai dans lequel la partie intéressée devra former sa demande en règlement de juges; faute de quoi, les débats seront repris. — **0.** [261 à 263.— C. pr. civ. 363 s.]

Règlement de juges : compétence.

319. La demande en règlement de juges entre deux juges de simple police relevant du même tribunal correctionnel sera portée à ce tribunal.

Elle sera portée à la cour d'appel, si les deux juges ne relèvent pas du même tribunal ou si le conflit s'élève entre un juge de simple police et un tribunal correctionnel.

Si les deux juges en conflit ne relèvent pas de la même cour d'appel, la demande sera portée à la cour de cassation.— **0.** [598 s.—526 s.]

Suite.

320. La même compétence hiérarchique sera observée, si le conflit s'élève entre deux tribunaux correctionnels.— **0.** [···—527, 540.]

Suite.

321. Si le conflit s'élève entre deux cours d'appel ou deux cours criminelles, ou entre un de ces tribunaux et un tribunal inférieur, la demande sera toujours portée à la cour de cassation, conformément au Chapitre III du Livre IVe.

Le règlement de juges sera encore demandé à la cour de cassation, si le conflit s'élève entre un tribunal militaire et un tribunal ordinaire.— **O.** [··· — 527.]

322. La demande en règlement de juges sera introduite, en forme de requête, par la voie du greffe du tribunal auquel le sursis a été demandé; elle sera accompagnée d'un mémoire justificatif rédigé en double original. Suite : formes.

Un des originaux sera transmis par le greffier à la partie défenderesse, avec invitation d'y répondre dans les trois jours.

A l'expiration de ce délai, le ministère public transmettra la demande à la juridiction compétente d'après les articles précédents, avec les mémoires, et, s'il n'est ni demandeur ni défendeur, il y joindra son avis.

Le ministère public pourra demander au tribunal saisi de surseoir jusqu'au règlement de juges; le tribunal pourra aussi, d'office, ordonner le sursis.

Le ministère public donnera, en même temps, avis de la demande en règlement de juges au ministère public près des autres tribunaux saisis, lesquels pourront surseoir ou passer outre.— **O.** [··· —525, 528 s.]

323. Le tribunal saisi de la demande en Suite : décision.

règlement de juges se réunira à bref délai en chambre du conseil, pour examiner les pièces relatives à la demande; le ministère public sera entendu.

Si le conflit ne paraît pas établi, la demande sera rejetée par une délibération motivée, laquelle sera notifiée, par les soins du ministère public, aux tribunaux contre lesquels le conflit avait été élevé.

Si le conflit paraît établi, le tribunal ordonnera que les pièces des deux procédures engagées lui soient transmises avec l'avis du ministère public et les observations des parties qui n'ont pas encore produit les leurs.

La notification de cette ordonnance emportera, de plein droit, sursis immédiat aux deux procédures.— **0.** [262, 325.—531, 534.]

Suite. **324.** Les avis et mémoires prévus au 3e alinéa de l'article précédent devront être remis au greffe de chaque tribunal, dans les trois jours de la notification faite aux intéressés.

Les greffiers transmettront le tout, sans délai, au tribunal ou à la cour saisie du règlement de juges.— **0.**

Suite. **325.** Il sera statué sur le règlement de juges, à l'audience publique, sur le vu des requêtes et mémoires des parties et sur les conclusions du ministère public.— **0.** [263, 323.]

Si le règlement est fait par une cour d'appel, l'examen sera précédé du rapport d'un des juges.

326. Si l'existence du conflit est reconnue, le tribunal déterminera la juridiction qui doit rester saisie, conformément aux causes de préférence déterminées aux *Dispositions communes* du Livre Ier. [art. 39 et s.] Suite.

Dans le cas contraire, la demande sera rejetée et les divers tribunaux resteront saisis.

Dans les deux cas, le ministère public transmettra copie de la décision aux tribunaux intéressés.

Les parties en cause en seront informées par notification des greffes respectifs. — **0.** [··· — 532, 536.]

327. Le règlement de juges sera susceptible d'opposition dans les trois jours de la notification prescrite à l'article précédent, par la partie intéressée qui n'aurait pas été mise en demeure de fournir ses moyens, conformément à l'article 323, 3e alinéa. Opposition au règlement de juges.

L'opposition sera formée au greffe du tribunal devant lequel procède la partie.

Elle sera communiquée à ceux qui doivent y défendre et transmise au tribunal qui a statué, avec les mémoires respectifs, lesquels devront être fournis dans les trois jours suivants.— **0.** [··· — 535, 537.]

328. Dans aucun cas, le règlement de juges ne sera susceptible d'appel. Autres recours.

Il sera susceptible de pourvoi en cassation, dans les trois jours de la notification prescrite à l'article 326, s'il n'y a pas lieu à opposition, et de l'avis de la décision rendue sur l'opposition, si elle a été faite. [559.]

Suspension. Le délai desdits recours et les recours formés seront suspensifs.— 0. [359 bis.]

Reprise des procédures. **329.** Soit qu'un seul ou plusieurs tribunaux restent saisis, après le règlement de juges, les procédures commencées seront reprises en l'état où elles étaient restées.

Toutefois, s'il s'agit d'une affaire soumise au jury, la procédure sera recommencée en entier, si la suspension a duré plus de trois jours.

Dans tous les cas, la procédure sera recommencée, si la demande en est faite par le ministère public ou par la partie qui a contesté le conflit.

Le tribunal pourra toujours, d'office, ordonner que l'audition de la cause soit recommencée.— 0. [306, 334.]

Récusations. **330.** Les juges de simple police, ceux des tribunaux correctionnels ou d'appel et ceux des cours criminelles, ainsi que les greffiers desdites juridictions, pourront être récusés par le ministère public, par l'inculpé ou par les personnes intéressées civilement, pour les causes énoncées à l'article 264.

En outre, si l'un des juges appelés pour le jugement avait connu de l'affaire, soit comme juge d'instruction, soit comme juge de premier ressort, il pourra être récusé, conformément à l'article 55.— **279.** [· · · — C. pr. civ. 378 s.]

331. La récusation devra être proposée avant l'examen du fond et avant les autres exceptions ou déclinatoires tendant à écarter l'action publique ou privée. Suite.

Toutefois, si les causes de récusation sont survenues au cours des débats, la récusation sera recevable tant que le jugement ne sera pas rendu.

Il en sera de même de la récusation prévue au 2e alinéa de l'article précédent.

La demande en récusation sera suspensive des débats.— **280.** [267.] Suspension.

332. La récusation contre les juges du fond et les greffiers sera demandée et jugée en la même forme que contre les juges d'instruction. Suite : formes.

Les articles 265, 266 et 268 à 271 seront appliqués.— **281.**

333. Si la récusation d'un juge de simple police est admise, il sera remplacé par son suppléant ; en cas d'empêchement de celui-ci, l'affaire sera portée au juge de police le plus voisin. Suite : remplacement.

S'il y a récusation d'un ou plusieurs juges correctionnels ou d'appel, ils seront remplacés par d'autres membres du même tribunal.

Le greffier récusé, titulaire ou suppléant, sera remplacé par un suppléant du même greffe, et, en cas d'empêchement, par un juge-suppléant.

L'article 272 sera applicable à la récusation de l'officier du ministère public.— **0.**

Reprise après suspension.

334. Les dispositions de l'article 329 seront applicables à la reprise de la procédure suspendue par l'effet de la récusation.

Il en sera de même pour tous autres cas de suspension de la procédure par cause majeure ou fortuite, chaque fois que la loi n'a pas autrement statué.— **282.** [306.]

Preuves.

335. Toutes les preuves à charge et à décharge admises devant le juge d'instruction le sont également devant les juridictions de jugement.— **283.** [160 s.]

Procès-verbaux : lecture.

336. Si l'infraction a déjà été l'objet d'une instruction préparatoire, les procès-verbaux et autres actes de constatation dressés au cours de ladite instruction, par les officiers compétents et en bonne forme, seront lus par le greffier, si l'une des parties le requiert, ou d'office, si le Président estime que la lecture puisse en être utile à éclairer le tribunal.

Force probante.

Toutes les déclarations portées auxdits procès-verbaux, même relatives à des faits vus ou entendus par les officiers eux-mêmes, n'auront que la force de témoignages, à charge ou à décharge, et pourront être combattues par toutes preuves contraires.— **284.** [··· — 154.]

Les officiers qui ont rédigé lesdits procès-verbaux pourront toujours être cités comme témoins par le ministère public, par la partie civile, ou par l'inculpé, et même appelés d'office par le tribunal.

Le juge d'instruction ne pourra être appelé que d'office ou avec la permission du tribunal et seulement pour donner des explications sur le sens de ses procès-verbaux.— **285.** [173 s.]

337. Chaque partie pourra citer ses témoins, même au delà des limites fixées par l'article 185. Témoignages.

Les témoins qui auraient déjà été entendus dans l'instruction pourront être de nouveau cités ou appelés, pour être entendus de la même manière.

Chacune des parties pourra aussi requérir la lecture des dépositions recueillies dans l'instruction, si le témoin n'a pas été cité, ou si, ayant été dûment cité, il n'a pas comparu, ou même, si le témoin ayant comparu, il paraît utile de faire le rapprochement des deux dépositions.

Le Président pourra toujours ordonner d'office ladite lecture.— **286.** [···— 318.]

338. Les témoins cités à l'audience déposeront suivant les formes et conditions prescrites aux articles 194 à 206.— **287.** Suite.

339. Les témoins cités ne pourront communiquer entre eux et n'assisteront pas aux débats, tant qu'ils n'auront pas déposé.— **288.** [202, 380, 463.— 316, 320.] Suite.

Ils seront entendus dans l'ordre de la liste présentée par la partie qui les a fait citer.

Toutefois, le juge ou le Président pourra,

après avoir pris l'avis de cette partie, intervertir cet ordre dans l'intérêt de la vérité. — **289, 290.** [349. — 317.]

Suite.

340. Les témoins et inculpés ne pourront être interrogés que par le Président ou par les autres juges et le commissaire du Gouvernement, après que ceux-ci auront demandé la parole au Président.

Les parties en cause pourront demander au Président de poser aux témoins les questions qu'elles croiront utiles à éclairer le débat. [... — 319.]

Il sera tenu note sommaire par le greffier des dépositions des témoins à l'audience. — **291.** [206. — 372.]

Suite : interprète.

341. Si un témoin ou l'inculpé ne parle pas ou ne comprend pas la langue du pays, ou s'il est sourd ou muet, il lui sera donné un interprète et il sera procédé comme il est dit, pour le même cas, au sujet de l'instruction préparatoire, par les articles 171, 172 et 204. — **298.** [... — 332, 333.]

Suite : suspicion.

342. Si la déposition d'un témoin paraît fausse et faite de mauvaise foi, le tribunal pourra, soit sur la réquisition de l'une des parties, soit d'office, et en observant les mêmes formalités qu'au cas de l'article 314, ordonner l'arrestation du témoin et son transfert devant le juge d'instruction, en état de mandat de dépôt, pour être procédé contre lui pour faux témoignage, s'il y a lieu.

Dans ce cas, la déposition du témoin sera rédigée séance tenante, par le greffier, en la forme déterminée aux articles 206 et 207, et transmise au juge d'instruction.

Le tribunal pourra, audit cas, soit sur les réquisitions d'une des parties, soit d'office, renvoyer l'affaire à une autre audience et, s'il s'agit d'une affaire criminelle, à un autre jury. — **292.** [... — 330, 331.]

343. Le témoin régulièrement cité qui ne comparaîtra pas, lors de l'appel de son nom, et n'aura pas fait parvenir au tribunal la justification d'une excuse légitime, sera condamné, séance tenante, sur les conclusions du ministère public, aux frais de la citation et à une amende : Suite : non comparution.

De 0,50 *sen* à 1 *yen* 95 *sen*, en matière de simple police ; Amende.

De 2 à 10 *yen*, en matière correctionnelle ;

De 5 à 20 *yen*, en matière criminelle.

L'amende sera la même contre le témoin comparant qui refuserait de prêter serment ou de déposer. [196.]

Il ne sera pas prononcé de condamnation contre le témoin non comparant ou refusant de déposer en forme, lorsqu'il aura été cité à décharge par un prévenu ou accusé qui serait lui-même défaillant ou contumace. — **293.** [192. — 80, 304.]

Suite : excuse, décharge.

344. La condamnation prévue à l'article précédent ne sera susceptible ni d'opposition ni d'appel.

Toutefois, le tribunal pourra décharger le témoin non comparant de tout ou partie de l'amende, si celui-ci justifie d'une excuse légitime, par une requête au tribunal, avec preuves à l'appui, dans les trois jours de la notification à lui faite, par le greffier, de la condamnation prononcée. [193.— 81, 304.]

En matière criminelle, la cour ne pourra plus faire remise de l'amende après la clôture de la session.— **294.** [448.]

Suite : remise de l'affaire.

345. Dans les cas prévus aux deux articles précédents, la partie qui a cité le témoin non comparant pourra demander au tribunal que l'affaire soit remise à un jour déterminé et que le témoin soit réassigné audit jour.

Si cette demande n'émane pas du ministère public, il donnera ses conclusions sur la remise.

Le tribunal pourra aussi, d'office, ordonner la remise et la réassignation.— **295.**

Suite : nouvelle amende.

346. Si le témoin ainsi réassigné ne comparaît pas encore, il sera condamné, sur les conclusions du ministère public, au *maximum* des amendes ci-dessus déterminées et aux frais de la réassignation.

S'il s'agit d'une affaire de simple police, elle ne pourra plus être remise.

S'il s'agit d'une affaire correctionnelle ou

criminelle, le tribunal pourra passer outre ou surseoir de nouveau; mais, dans ce cas, il décernera contre le témoin un mandat d'amener.

Si le témoin ainsi contraint par corps refuse de prêter serment ou de déposer, il sera condamné au double du *maximum* de l'amende encourue. — **296.** [192, 196.]

347. Les experts nommés par le tribunal, qui, sans excuse légitime, n'auront pas déposé leur rapport, seront condamnés aux peines portées à l'article 210. Expertises.

S'ils ont seulement manqué à la citation à eux donnée pour confirmer ou développer leur rapport, soit celui fait dans l'instruction, soit celui qui leur a été demandé par le tribunal, il sera procédé, à leur égard, comme à l'égard des témoins non comparants à l'audience. [343.]

Les autres dispositions des articles 337 à 346, ci-dessus, sont applicables aux experts se trouvant dans les cas prévus auxdits articles.—**297.**

348. Les rapports des experts seront joints à la procédure et visés par le Président et par le greffier; leurs observations orales seront résumées comme les dépositions de témoins. — **0.** [215.] Suite.

349. S'il y a plusieurs co-prévenus ou coaccusés, l'ordre dans lequel ils seront soumis aux débats particuliers qui les concernent et où les preuves seront produites à leur égard sera Pluralité d'inculpés : ordre.

déterminé par le Président, après qu'il aura annoncé son intention aux parties en cause et en tenant de leur avis tel compte qu'il jugera à propos.

Le Président pourra toujours modifier cet ordre, en tout ou en partie, s'il le croit nécessaire à la découverte de la vérité.— **299.** [339. — 334.]

Réquisitoire, plaidoiries.

350. Le ministère public, la partie civile, l'inculpé ou son défenseur et les personnes civilement responsables auront successivement la parole.

Nul ne pourra interrompre les parties dans leurs plaidoiries.

Chaque partie pourra répliquer, de façon toutefois que l'inculpé ou son défenseur ait toujours la parole le dernier.— **300.** [386, 474. — 153, 190, 335.]

Abandon des poursuites.

351. L'abandon des poursuites par le ministère public ne dessaisit pas le tribunal, lequel devra toujours statuer au fond.— **301.** [241.]

Incidents.

352. Si, au cours des débats, il s'élève quelque contestation sur la marche de la procédure, le tribunal statuera sur l'incident, le ministère public entendu.

L'appel ou le pourvoi en cassation contre les jugements incidents ne pourra être formé qu'après le jugement du fond.

Le Président devra donner acte à la partie

qui le requierra de toutes protestations et réserves qu'elle croira devoir faire contre la marche de la procédure.— **302.** [566.]

353. Les personnes civilement responsables peuvent intervenir en tout état de cause, même dans les instances de recours, tant dans l'intérêt de l'inculpé que dans le leur. Interventions.

Les mêmes personnes peuvent aussi être appelées en cause par la partie civile pour que le jugement à intervenir leur soit opposable.

Si l'intervention ou la mise en cause est contestée, le tribunal statuera sur l'incident.—**303.** [357.]

354. Lorsque le tribunal prononcera un jugement de condamnation, il le motivera en fait et en droit, séparément, autant que possible. [···— 163.] Motifs des jugements de condamnation.

Les faits reconnus à la charge de l'inculpé y seront qualifiés par leurs caractères constitutifs, tels qu'ils sont déterminés par la loi. [···—195.]

Il sera fait mention de la nature des preuves sur lesquelles les juges ont formé leur conviction. [160.]

Toutefois, s'il s'agit de l'arrêt d'une cour criminelle, les motifs tirés des preuves consisteront seulement dans la mention des déclarations du jury. [452 *q.*]

Le texte de la loi pénale appliquée sera lu à l'audience et transcrit en entier dans la minute du jugement.— **304.** [248.— 163, 195, 369.]

Motifs des jugements d'acquittement.

355. Les jugements ou arrêts d'acquittement porteront, comme motifs de fait et de droit réunis, que l'infraction n'est pas prouvée à la charge de l'inculpé ou qu'il y a preuve de non culpabilité et, s'il s'agit d'une affaire criminelle, que l'accusé a été déclaré "non coupable" par le jury.—**305.** [248, 3e al.]

Cas et motifs de mise hors de poursuite.

356. L'inculpé sera mis hors de poursuites ou absous, dans les cas suivants, dont l'énoncé servira de motifs au jugement :

1° Si le fait incriminé n'est pas puni par la loi;

2° S'il y a prescription acquise contre l'action publique;

3° Si l'infraction a déjà été l'objet d'un jugement;

4° Si le fait a été amnistié;

5° Si l'inculpé se trouve dans un des cas d'excuse absolutoire prévus par la loi. [243.—364.]

Le tout, pourvu que, dans chacun de ces cas, l'exception n'ait pas été déjà rejetée pendant l'instruction par la cour de cassation.—**0.**

Décision sur l'action civile.

357. Par le jugement qui statuera sur l'action publique, le tribunal statuera, en même temps, sur l'action civile intentée par la partie qui se prétend lésée, tant contre l'inculpé que contre les personnes civilement responsables, et sur l'action en indemnité de l'inculpé. [7, 18, 19.—161, 191, 192, 212, 213, 358, 359, 366.]

Toutefois, le tribunal pourra surseoir à statuer

sur les dommages-intérêts respectivement prétendus, s'il est besoin d'une plus ample information.— **306.** [507.]

358. Lorsque l'inculpé sera condamné au fond, le tribunal le condamnera, en outre, d'office, aux frais de justice faits par le ministère public ou remboursés par lui à la partie civile. Condamnation aux frais.

Si l'inculpé n'a été condamné que sur quelques chefs de la poursuite, le tribunal pourra ne mettre à sa charge que les frais relatifs aux chefs sur lesquels il a été condamné.

En cas d'acquittement ou de mise hors de poursuites, les frais de l'action publique resteront à la charge du trésor et de la partie civile, chacun pour ce qu'il a déboursé.

A l'égard des frais de l'action en dommages-intérêts et réparations civiles, la partie qui succombera sera condamnée aux frais, suivant les règles des actions civiles.— **307.** [···—162, 194, 368.]

359. Dans le cas où des objets n'appartenant pas à l'inculpé ont été saisis et ne sont pas sujets à confiscation, le tribunal peut, même au cas d'acquittement, en ordonner la restitution au propriétaire non contesté, lors même qu'il n'en aurait pas fait la demande.— **308.** [···—366, 474.] Restitution des objets saisis.

Dans les mêmes cas, les objets appartenant à l'inculpé lui seront rendus, même après condamnation.

Recours : effet suspensif.

359 bis. Il sera sursis à l'exécution des jugements régulièrement frappés d'opposition, d'appel ou de pourvoi en cassation ; sauf les cas où la loi dispose autrement ou permet aux tribunaux de passer outre. [316, 3e al., 365.]

Il en sera de même jusqu'à l'expiration des délais accordés pour ces divers recours.— **309.** [251, 259, 279, 283, 535.— 173, 203.]

Recours : exercice, mandat.

360. Les recours, par opposition, appel ou pourvoi en cassation, peuvent êrre formés par les parties elles-mêmes ou par leur mandataire, comme il est dit à l'article 297.

Fuite du condamné.

Le défenseur de la partie condamnée pourra aussi former le recours sans mandat spécial.—**0.**

Toutefois, si l'individu condamné à l'emprisonnement ou à une peine plus forte s'est enfui avant le jugement ou depuis, aucun recours ne pourra être formé à son profit, tant qu'il ne se sera pas constitué prisonnier, si ce n'est par le ministère public.— **310.** [526.— 421, 465 s., 473.]

Détenu : recours, liberté provisoire.

361. Le recours d'un individu détenu sera reçu par le directeur de la prison, lequel le transmettra immédiatement au greffier du tribunal dont la décision est attaquée.

Il sera procédé pour le surplus, en la forme ordinaire.

Si ledit individu veut demander la liberté provisoire pendant l'instance de recours, il fera sa demande au tribunal dont la décision est attaquée. [285, 4e al.]

Il en sera de même pour l'individu acquitté ou mis hors de poursuites et contre lequel le ministère public aurait formé appel.

Les articles 230 et suivants seront applicables à ce cas.— **311.**

362. Si une opposition ou un appel sont formés tardivement, le greffier avertira la partie requérante qu'elle est déchue; si elle persiste dans son recours, le greffier devra recevoir sa déclaration, en la forme ordinaire, en mentionnant l'avis qu'il lui a donné.— **0.** [23, 299.] Recours tardif.

363. Le condamné pourra être relevé contre la déchéance résultant de l'expiration des délais fixés pour ses divers recours, s'il justifie qu'il y a eu, pour lui ou pour son représentant, un empêchement d'agir résultant d'une force majeure ou d'un cas fortuit, sans aucune faute de sa part ni de son représentant; dans ce cas, le recours devra être formé dans le délai légal à partir de la cessation de l'empêchement, au moyen d'une requête motivée, avec preuves à l'appui. *Relief* contre la déchéance.

Le ministère public aura le même droit.

Les parties civilement intéressées ne pourront être relevées respectivement contre ladite déchéance que dans le cas et sous les conditions où la loi civile l'autorise.— **312.**

364. Dans les cas prévus aux deux articles précédents, la partie défenderesse au recours Suite.

tardif aura trois jours pour y répondre par un mémoire, à partir de la notification qui lui en aura été faite.

L'affaire sera portée à la juridiction de recours, pour y être statué préalablement, à bref délai, en chambre du conseil, sur la recevabilité du recours, le ministère public entendu.

Si le recours est admis, les parties en seront informées, d'office, par le greffier, et il sera procédé au jugement du fond, à son tour le rôle, en la forme ordinaire.

Si le recours n'est pas admis, le jugement attaqué recevra son exécution, lorsque d'ailleurs celle-ci n'est pas suspendue par une autre cause.

Dans tous les autres cas, le tribunal pourra, soit sur la demande des parties intéressées, soit d'office, déclarer non-recevables les recours tardivement formés.— **313.**

Qualification des jugements.

365. Les jugements des tribunaux de simple police ou correctionnels porteront s'ils sont rendus contradictoirement ou par défaut, en premier ou en dernier ressort ; sans qu'il en résulte d'ailleurs, pour les parties, aucun préjudice au droit d'y former opposition ou appel, ou au droit de contester ces recours. [· · ·—163, 2e al.]

Contestation.

Toutefois, si le jugement est qualifié, soit contradictoire, soit en dernier ressort, l'opposition ou l'appel ne seront pas suspensifs de l'exécution ; sauf, pour la partie opposante ou appelante qui conteste la qualification, le droit de faire statuer, à bref délai, préalablement à l'examen du fond, sur la qualification du jugement et sur la recevabilité de son recours.

Suite. Réciproquement, si le jugement est qualifié par défaut ou en premier ressort, l'exécution sera suspendue par l'opposition ou l'appel et par les délais desdits recours ; sauf à la partie adverse à faire statuer, à bref délai, sur la qualification du jugement et sur la non-recevabilité dudit recours. [··· — C. pr. civ. 457.]

Les deux articles précédents seront applicables au présent cas.— **0.**

Jugement acquis aux parties.

366. Les jugements ou arrêts sont acquis aux parties en cause ou contre elles, tels et aussitôt qu'ils ont été prononcés à l'audience publique ; sauf les recours respectifs.

Si la minute du jugement n'a pas été rédigée par le tribunal avant la prononciation, elle sera rédigée par le greffier, soit à l'audience, séance tenante, soit au greffe, dans les 24 heures qui suivront la prononciation.

Le Président et le greffier signeront la minute, dans le même délai.

Le greffier, dans tous les cas, portera sur la minute les noms des juges présents, des jurés, s'il y a lieu, de l'officier du ministère public et du greffier, ainsi que le lieu et la date de la prononciation.— **314.** [··· — 196, 370.]

Copie du jugement.

367. Les parties intéressées pourront toujours demander au greffe, à leurs frais, une copie ou un extrait du jugement, lesquels devront leur être délivrés dans les 24 heures de leur demande, lorsque le jugement sera encore susceptible de recours.—**315.**

Avertissements au condamné.

368. En cas de condamnation par jugement contradictoire, le Président avertira le condamné de la susdite faculté, ainsi que du droit d'appel ou de pourvoi en cassation qui lui appartient et du délai dans lequel il peut exercer ce recours.

Dans le cas de condamnation par défaut, la notification qui fait courir le délai d'opposition mentionnera la faculté et le délai dudit recours.

Si lesdits avertissement ou mention ont été omis, les délais de recours seront suspendus jusqu'à ce que l'omission ait été dûment réparée. —**316.** [**296, 307, 397, 405, 425, 430.**—296, 297.]

Rectification de la minute.

369. Les erreurs ou omissions, dans la minute rédigée par le greffier, qui seraient découvertes après la signature du Président, mais avant la délivrance d'aucune copie aux parties, pourront être rectifiées, à la suite de la minute, au moyen d'une déclaration spéciale, datée et signée du Président et du greffier.—**0.**

Cahier d'audience : son contenu.

370. Le greffier tiendra note, sommairement, sur un cahier d'audience particulier pour chaque affaire, de tous les faits constituant la procédure orale et spécialement :

1° De la publicité de l'audience, ou du jugement qui a ordonné le huis-clos, avec le motif de cette mesure, conformément à l'article 303;

2° Du retrait des témoins avant le commencement des débats et jusqu'à leur déposition;

3° De l'interrogatoire de l'inculpé et de ses principales réponses;

4° Du serment prêté par les témoins et les experts, ou de la cause pour laquelle ils ne l'ont pas prêté, et de leurs principales déclarations;

5° De la production des autres preuves à charge et à décharge;

6° Des incidents d'audience, des protestations, réserves ou acquiescements auxquels ces incidents ont pu donner lieu, ainsi que des conclusions des parties et des décisions du tribunal aux mêmes sujets;

7° De l'ordre dans lequel ont eu lieu les plaidoiries et de la faculté laissée à l'inculpé de prendre la parole le dernier;

8° De la prononciation du jugement ou de l'arrêt, avec mention que la minute a été rédigée par le tribunal ou laissée à la rédaction du greffier;

9° Enfin, de l'accomplissement de toutes les formalités prescrites à peine de nullité par la loi.— **317.** [···—372.]

371. Le cahier d'audience mentionnera, dans tous les cas, le lieu et la date de l'audience, les noms du juge-Président, de ses assesseurs, s'il y a lieu, de l'officier du ministère public présent et du greffier. Suite.

S'il y a eu plusieurs jours d'audience pour la même affaire, il en sera fait mention, ainsi que de la présence à chaque audience des mêmes juges ou des mêmes jurés.

S'il y a eu lieu d'appeler un des juges ou jurés-suppléants, conformément à l'article 459 ci-après, il en sera fait mention.

L'officier du ministère public et le greffier pourront changer au cours de la procédure orale, mais il en sera fait mention.— **318.** [···—234.]

Suite : clôture.

372. Le cahier d'audience sera clos et signé du greffier et du Président, dans les trois jours après la prononciation du jugement ou de l'arrêt. — **319.**

Le Président s'assurera préalablement de son exactitude et, en cas de désaccord, mentionnera ses observations à la suite.— **0.**

Si la rédaction du cahier d'audience est incorrecte et d'une lecture difficile, le greffier pourra en faire une copie au net, sous sa seule signature, pour être annexée à l'original fait à l'audience.— **0.**

Suite : force probante.

373. La sincérité des mentions portées au cahier d'audience non contredites par le Président, et de celles portées sur la minute, ne pourra être contestée que par une poursuite en faux. [336.]

Rectifications.

Toutefois, si le greffier a omis de mentionner l'accomplissement de formalités prescrites à peine de nullité, la preuve de leur accomplissement, en cas de recours fondé sur la nullité, pourra être faite par la déclaration unanime et signée des juges qui ont assisté aux débats.

S'il s'agit d'un tribunal composé d'un seul juge, il faudra la déclaration conforme du juge et de l'officier du ministère public.

Le même mode de rectification sera observé, s'il s'agit de toute autre erreur de fait involontaire, dans le cahier d'audience ou dans la minute du jugement.— **0.**

374. Le greffier négligent sera condamné à une amende de 2 à 5 *yen*, en matière de simple police, de 3 à 10 *yen*, en matière correctionnelle, de 5 à 20 *yen*, en matière criminelle, dans les cas suivants : Négligences du greffier.

1° S'il a omis de rédiger et signer la minute du jugement, dans les 24 heures de la prononciation;

2° S'il n'a pas délivré les copies ou extraits du jugement, dans les 24 heures de la demande, au cas prévu à l'article 367 ;

3° S'il a omis de clore et signer le cahier d'audience dans les 3 jours ;

4° S'il a fait une des omissions sujettes à rectification d'après l'article précédent.

Le défaut de signature, par le Président, de la minute et du cahier d'audience, dans les délais fixés par la loi, pourra donner lieu contre lui à des peines disciplinaires.— **0.** *Id.* du Président.

375. Les minutes des jugements et arrêts resteront au greffe du tribunal qui les a rendus. Conservation des minutes.

En cas de recours, il en sera délivré des copies, certifiées conformes par le Président et le greffier, lesquelles seront jointes à la procédure de recours.

Les cahiers d'audience seront envoyés en originaux au tribunal de recours et rétablis, après la décision, au greffe ou aux archives du tribunal auquel ils appartiennent.—**320.** [···—380.]

Sommaire.

Art. 301.—416. Rôle et ordre des affaires; pouvoir discrétionnaire du Président.

302.—417. Publicité des audiences; sanction: nullité, au cas de condamnation seulement.

303.—418. Huis clos.—419. Nature de cette mesure.—420. Personnes admissibles malgré le huis clos.—421. Cessation du huis clos.

304.—422. Liberté personnelle de l'inculpé à l'audience.

305.—423. Violences de l'inculpé: son expulsion de l'audience.

306 et 307.—424. Maladie ou folie de l'inculpé au cours des débats: sursis; guérison: reprise des débats.—425. Mêmes cas après la clôture des débats: prononciation du jugement; suspension des délais de recours; guérison: reprise des délais.

308.—426. Inculpé non détenu: citation en forme; jugement par défaut ou par contumace.—427. Pluralité d'inculpés: jugement simultané des comparants et des défaillants.

309.—428. Police de l'audience: pouvoir discrétionnaire du Président.—428 bis. Observations sur les vêtements et costumes des assistants; respect et silence obligés.

310.—429. Evacuation de la salle, au cas de troubles graves et persistants.

311 et 312.—430. Délits d'audience contre le tribunal.—430 bis. Extension de la compétence à raison de la personne; anomalie à l'égard des étrangers.—431. Extension de la compétence à raison du degré de l'infraction et du dernier ressort.

313.— 432. Autres délits d'audience : ressemblances et différences avec les offenses au tribunal.

314.— 433. Crimes commis à l'audience : retour au droit commun.— 433 bis. Anomalie en France.

315.— 434. Limites du pouvoir des juges aux faits dont le tribunal est saisi ; extension aux faits connexes : conditions requises à cet égard.

316.— 435. Exceptions ou fins de non-recevoir contre l'action publique : exceptions péremptoires et dilatoires.— 436. Différences entre les renvois prononcés par la cour de cassation et ceux des tribunaux inférieurs passés en force de chose jugée.

317.— 437. Exception d'incompétence devant la cour criminelle : décision du jury sur les faits ; décision de la cour sur le droit ; recours en cassation : solution finale.

318.— 438. Conflit de deux juridictions de jugement : admission ou refus du sursis.

319, 320 et 321.— 439. Règlement de juges par la juridiction supérieure commune aux deux tribunaux se trouvant en conflit.

322.— 440. Formes de la demande en règlement de juges : nouvelle faculté de sursis.

323 et 324.— 441. Examen du tribunal supérieur ; cas où le sursis est *de droit :* délai de production des mémoires.

325.— 442. Utilité d'un juge rapporteur.

326.— 443. Admission du conflit : détermination du juge qui doit connaître de l'affaire.

327.— 444. Limites du droit d'opposition au règlement de juges.

328.— 445. Absence du droit d'appel : pourvoi en cassation.

329.— 446. Reprise des affaires après le sursis : distinctions.

330.— 447. Récusation des juges et greffiers : admission des personnes civilement responsables à la proposer.

331.— 448. Moment où elle peut être proposée ; cas particulier de l'article 55.

Le Livre IIe a présenté le fonctionnement des juridictions *d'instruction préparatoire* statuant seulement sur *les charges :* le juge d'instruction, la chambre du conseil du tribunal et la cour d'appel.

On va maintenant voir fonctionner les trois juridictions *de jugement,* statuant sur *le fond,* soit après renvoi devant elles par les juridictions d'instruction, soit sur des poursuites directes, sans instruction préalable.

On sait que ces juridictions sont au nombre de trois, une pour chaque degré d'infraction : contraventions délits et crimes.

Pour éviter des redites, la loi a réuni en tête de ce Livre un grand nombre de Dispositions communes aux trois degrés de juridiction. C'est une innovation, par rapport aux usages européens et, notamment, à ceux de France, où la plupart des règles communes se trouvent répétées pour chaque degré de juridiction, et où les autres sont présentées seulement au sujet des cours criminelles ou d'*assises.*

Art. 301.— 416. Il ne fallait pas laisser au Président de chaque tribunal un pouvoir trop étendu et presque discrétionnaire pour le placement des affaires à chaque jour d'audience. La loi a voulu prévenir les abus qui pourraient résulter des sollicitations des parties, demandant, soit une remise, soit un tour de faveur. A cet effet, il est posé en principe que les affaires seront appelées à l'audience suivant l'ordre dans lequel elles ont été inscrites au greffe, soit par suite de renvoi du juge d'instruction, soit par suite de citation directe.

La liste d'inscription est appelée, en France, *rôle*.

Mais, il est naturel de hâter le jugement des affaires dans lesquelles il y a détention préventive, ce qui ne pourra se faire qu'en retardant les autres affaires.

En sens inverse, une partie, détenue ou non, peut avoir un intérêt légitime et majeur à être jugée après son tour de rôle, soit pour raison de maladie ou d'absence, soit pour avoir le temps de faire venir un document ou un témoin essentiel.

Il est donc nécessaire de laisser au Président (*a*) un certain pouvoir d'appréciation qui lui permette de hâter ou de retarder le jugement.

Art. 302.—417. Le principe posé par cet article est d'une importance capitale, c'est la publicité des audiences. Il y a là une garantie considérable pour les intérêts qui se trouvent en jeu, celui de la Société, celui des inculpés et des personnes civilement responsables, enfin, celui de la partie lésée, lorsqu'elle s'est constituée partie civile.

Ce principe est déjà en vigueur au Japon pour les affaires civiles; il a été une conséquence des réformes libérales qui ont suivi la Restauration du pouvoir im-

(*a*) Bien que le tribunal de simple police et le tribunal correctionnel ne soient composés que d'un juge, le texte, à cause des autres juridictions et pour abréger, emploie l'expression de Président; de même, il emploie l'expression de Tribunal quand il s'agit d'une règle commune aux *tribunaux inférieurs* et aux *cours* d'appel ou criminelles.

périal. Il se trouvera désormais inscrit en tête des règles de la procédure orale, pour les matières criminelles (*b*).

L'instruction préparatoire reste secrète vis-à-vis du public et, jusqu'à un certain point, vis-à-vis de l'inculpé lui-même. Le public n'a pas à savoir qui l'on soupçonne d'un crime ou d'un délit: la réputation des citoyens pourrait se trouver compromise par des soupçons qui ensuite se trouveraient mal fondés. Quant à l'inculpé, s'il savait, à chaque instant, à quelles recherches et investigations se livre la justice, il pourrait les contrarier et les déjouer par sa ruse ou par la connivence de ses parents, amis ou complices (voy. p. 285).

Mais, quand les charges ont paru suffisantes pour traduire l'inculpé devant une juridiction de jugement, il n'y a plus de secret à garder; la publicité est utile à tous les points de vue: le fonctionnement de la justice répressive produira le salutaire effet d'intimidation que la société attend de la punition des coupables, et les magistrats, remplissant sous les yeux du public leur office redoutable, seront à l'abri du soupçon de partialité, de complaisance ou de méchanceté.

Si la publicité n'a pas été observée, la sanction de la loi sera la nullité de la condamnation, si elle a eu lieu; c'est dire qu'il n'y aura pas nullité, au cas d'acquittement ou d'absolution.

On pourrait s'attendre à trouver la nullité dans tous les cas, même dans ceux où il n'y a pas condamnation: la nullité serait alors prononcée dans l'intérêt public qui peut avoir été lésé par l'indulgence ou la faiblesse du juge; mais la loi n'a pas permis que l'inculpé acquitté fût exposé à un nouveau procès, pour une faute

(*b*) On a omis, par inadvertance, de signaler dans l'Introduction (No. 4, *in fine*) cette importante innovation du Projet, la publicité des audiences.

qu'il n'avait pas commise et qu'il n'avait pas pu empêcher le juge de commettre. Quand il est condamné, il y a un intéressé de plus à la nullité et c'est celui auquel la loi doit le plus de protection. Cependant, il pourra arriver que la nouvelle condamnation soit plus grave que la première: il eût été plus humain, de considérer la première condamnation comme un *maximum* que la nouvelle condamnation ne pourrait dépasser; mais, c'eût été peu conforme aux principes du droit.

Art. 303.—418. Il pourrait cependant arriver que les avantages précités de la publicité fussent moindres que ses inconvénients. C'est ce qui aurait lieu dans les procès pour crimes ou délits contre la pudeur: dans ces cas, les débats, les témoignages et les autres preuves produites en justice auraient le grave inconvénient d'exciter ou de satisfaire chez les autres une curiosité malsaine et de donner des exemples d'un vice qui est plus contagieux que tous les autres par le mauvais exemple.

La loi n'a admis que ce seul cas et elle le désigne d'une manière qui ne prête pas à extension arbitraire.

La loi française est moins limitative: le Code de procédure civile (art. 87) autorise le *huis clos* (c) en matière civile, "lorsque la discussion publique devrait entraîner ou scandale ou des inconvénients graves," ce qui est trop large, même pour les matières civiles. Une ancienne Constitution politique, celle de 1848 (art. 81), encore applicable à cet égard, est plus large: elle admet le huis clos "lorsque les débats pourraient être "dangereux pour l'*ordre* et les mœurs." Les *mœurs*, ce sont les sentiments de pudeur qu'il importe de respecter dans le public; mais l'*ordre*, l'ordre public, c'est un mot tellement large qu'il serait toujours possible

---

(c) On a dit (p. 65, note) que le mot *huis* veut dire *porte*, dans le vieux français; l'*huis clos* est donc la *porte close, fermée*.

à un tribunal d'ordonner le huis clos, sous prétexte que l'ordre public pourrait être compromis. Ainsi, on pourrait soutenir, dans une accusation d'empoisonnement, qu'il y aurait danger à divulguer la nature des substances employées ; de même, dans une accusation d'avortement obtenu à l'aide de procédés inconnus jusque-là et d'autant plus dangereux pour la société qu'ils seraient plus difficiles à constater.

Sans doute, si le huis clos était un moyen certain d'éviter la propagation funeste de nouveaux moyens d'action criminelle, la loi pourrait et peut-être devrait sacrifier la publicité d'un jour à la sécurité de l'avenir, mais le secret se trouverait tôt ou tard dévoilé par les témoins, par les jurés, peut-être, par les gardes ou autres employés des tribunaux.

419. La mesure qui prescrit le huis clos n'est pas prise par le Président seul, mais, à cause de sa gravité, par le tribunal ou la cour. La question a de l'intérêt, même dans le cas où le tribunal n'est composé que d'un seul juge; en effet, elle n'a pas le caractère d'une mesure de police de l'audience : elle doit être motivée. Du reste, elle peut être prise d'office, aussi bien que sur les conclusions du ministère public. Mais la partie civile ni l'inculpé ne seraient pas admis à poser des conclusions sur ce point.

420. L'exclusion du public n'empêche pas la présence des avocats inscrits au tribunal, parce qu'il est bon que les avocats acquièrent la prudence nécessaire pour plaider convenablement et avec circonspection ces questions de mœurs; les parties intéressées et les témoins après leur déposition, pourront aussi assister aux débats, parce que les faits leur sont déjà plus ou moins connus ; enfin, le tribunal peut admettre aux débats toutes autres personnes dont la présence lui paraîtrait utile, comme un médecin, lors même qu'il ne

serait pas nommé expert. Mais le tribunal manquerait à son devoir, si, tout en ordonnant le huis clos, il tolérait des exceptions non justifiées.

On a agité la question de savoir si un tribunal pourrait, par une sorte de mesure intermédiaire, exclure seulement les femmes et les mineurs de 20 ans. Mais la loi n'a pas admis cette demi-mesure : d'abord, elle aurait présenté des difficultés d'exécution ; il y aurait eu des contestations au sujet de l'âge des auditeurs; ensuite, ce qu'il serait dangereux d'entendre, pour les femmes et les mineurs, ne peut pas être complètement sans danger pour les hommes.

421. Le huis clos cesse d'être nécessaire quand il n'y a plus que le jugement à prononcer : il est toujours facile au tribunal, tout en déterminant dans son jugement les faits incriminés, de le faire avec décence dans les termes.

Si l'affaire est criminelle et soumise au jury, le huis clos cesse pour la lecture de sa déclaration, laquelle consiste dans sa réponse aux questions à lui posées : là encore, tous les mots sont choisis d'avance pour les questions, et la réponse consistera dans un simple *oui* ou *non* à chaque question (voy. art. 502).

En France, le huis clos cesse pour le Résumé du Président (*d*); on ne l'a pas admis au Japon, parce que le résumé doit entrer dans les principaux détails de l'affaire et quelle que soit la prudence du Président, il en résulterait toujours des inconvénients pour la moralité publique; autrement, son résumé pourrait être incomplet ou manquer de précision.

En France encore, si au cours de débats pour lesquels le huis clos a été ordonné, il s'élève des incidents de procédure qui ne présentent pas les mêmes dangers

---

(*d*) Le Résumé du Président vient d'être supprimé en France, par une loi du 19 Juin 1881 (voy. c. i. cr., art. 336, modifié).

que le fond du procès, la jurisprudence établie veut que les portes soient ouvertes pour les débats et le jugement incidents. Le Projet laisse ce point à la prudence des juges, sans leur en faire un devoir; mais le jugement incident devra toujours être rendu portes ouvertes, puisqu'il en est de même du jugement sur le fond.

Les précautions de la loi resteraient inutiles s'il était permis aux journaux judiciaires ou autres, de reproduire les débats qui se sont passés à huis clos et dont ils auraient communication par quelque indiscrétion. La loi n'édicte pas de peine pour cette infraction des journalistes, parce que tout le régime de la presse est l'objet d'une législation spéciale.

Notons, à cette occasion, que dans tous les autres cas où le huis clos n'est pas ordonné, il est bon que les jugements et même les débats soient reproduits dans quelques journaux: c'est une continuation et une extension de la publicité des audiences et les hommes spéciaux qui s'occupent des matières juridiques y trouvent d'utiles renseignements.

Art. 304.—422. La nouvelle législation japonaise a tenu à honneur d'étendre aussi loin que possible les garanties de la défense; sous ce rapport, elle pourra rivaliser avec les législations étrangères les plus généreuses.

La comparution de l'accusé ou du prévenu, sans entraves, c'est-à-dire, sans chaînes ni liens d'aucune sorte, en laissant à son corps toute liberté, semble nécessaire pour que son esprit soit libre également.

Lors même que l'accusé serait en prison, au moment de venir à l'audience, ce qui est la règle en matière criminelle et fréquent en matière correctionnelle; lors même qu'il serait aux fers, dans la prison, à cause de quelque acte grave d'insubordination, il n'en devrait pas moins être libre d'entraves à l'audience.

Mais cela n'exclut pas la présence auprès de lui de gardes qui s'opposeraient à ses tentatives de fuite ou de violences.

Les inculpés qui n'étaient qu'en liberté provisoire seraient aussi retenus par des gardes, parce que leur liberté est suspendue dès qu'ils sont appelés devant la justice.

Mais ceux qui n'ont pas été l'objet d'un mandat de dépôt ou d'arrêt pourraient quitter l'audience et se laisser juger par défaut ou contradictoirement, suivant qu'ils se retireraient avant ou après avoir posé des conclusions pour leur défense.

Au contraire, l'inculpé détenu ne pourrait faire défaut : s'il refusait de se laisser conduire à l'audience, il y serait amené par la force, à moins d'une maladie dûment constatée ou assez évidente pour que les agents de la force publique ou de la prison pussent eux-mêmes la reconnaître.

Bien que la loi ne prévoye que l'excuse de maladie ou de démence, il est dans son esprit d'en admettre d'autres, comme serait, par exemple, un deuil tout récent d'un parent très-proche, ascendant, descendant ou conjoint.

Dans ce cas, un sursis de quelques jours pourrait être accordé par le Président, en vertu de l'article 301.

Art. 305.— 423. Il n'est pas sans exemple que les inculpés, soit par l'effet d'un caractère naturellement exalté, soit par ruse et dans le but d'empêcher le cours de la justice, se livrent à des violences de fait ou de langage que la dignité du tribunal ne peut tolérer et qui peuvent rendre nécessaire leur expulsion de l'auditoire. Toutefois, par égard pour le droit de défense, l'expulsion ne pourra être prononcée qu'après deux avertissements préalables du Président, ce qui suppose trois actes de violence. Comme il y a là une faculté pour le tribunal et non un devoir, rien n'empêcherait qu'il y eût plus de deux avertissements du Président; c'est même, généralement, ce qui aura lieu, quand les violences ne seront pas très-graves ou seront un peu distantes l'une de l'autre.

L'expulsion de l'audience n'est pas ordonnée par le Président seul, s'il s'agit d'un tribunal composé de plusieurs juges ou d'une cour: il faut une délibération motivée du tribunal ou de la cour, soit sur les conclusions du ministère public, soit d'office, sur la demande du Président; sous ce rapport, elle ressemble à la mesure qui ordonne le huis clos ou l'exclusion du public.

Si l'inculpé expulsé de l'auditoire est détenu, il est reconduit en prison; s'il était en liberté, même provisoire, il est simplement mis hors de l'auditoire. Mais bien que les débats continuent ensuite hors la présence de l'inculpé, la procédure suivra la marche ordinaire, et non celle des affaires jugées par défaut ou par contumace et le jugement sera réputé contradictoire, c'est-à-dire qu'il ne sera pas susceptible d'opposition ou de l'anéantissement de plein droit, par l'effet du retour, tel qu'il est admis au cas de contumace (voy. art. 528). D'ailleurs, l'inculpé, n'étant ni défaillant ni contumax, aura conservé son défenseur.

La disposition finale de l'article 305 est encore dans l'intérêt de la défense ; il est dans la nature des hommes violents de se calmer bientôt par la réflexion ; il ne faudrait pas qu'une rébellion d'un jour privât l'inculpé du droit de se représenter à l'audience les jours suivants. Si donc l'affaire n'a pas été terminée le premier jour, l'inculpé sera amené à l'audience le lendemain ou les jours suivants; si même les débats ont été terminés, le tribunal pourrait pousser l'indulgence jusqu'à remettre la décision au lendemain, en laissant à l'inculpé la faculté de présenter pour sa défense les observations qu'il jugera utiles.

Mais, en cas de nouvelle rébellion, la même mesure d'expulsion pourrait être ordonnée.

Art. 306 et 307.— 424. Il devrait être procédé autrement, si l'inculpé, par maladie de corps ou d'esprit, ne pouvait comparaître à l'audience; dans ce cas; il ne devrait être jugé ni contradictoirement, ni par défaut : le tribunal devrait surseoir.

Mais, bien entendu, le tribunal devrait aussi se mettre en garde contre la ruse et la surprise; notamment, contre la folie qui est facile à simuler.

Dans le cas d'un événement autre que ceux prévus par la loi, le tribunal serait juge de la légitimité et de la durée du sursis.

Si l'empêchement est survenu au cours des débats, la loi distingue, au sujet de leur reprise, s'il est provenu de la folie ou d'une autre cause : au cas de folie, les débats doivent absolument être repris, parce que l'inculpé a vraisemblablement oublié ce qui avait déjà été fait et dit; dans les autres cas, pour que les débats doivent être repris, il faut, ou que l'une des parties en cause le requierre, ou que le sursis ait été assez long (trois jours) pour qu'il y ait lieu de craindre quelque oubli, soit des parties, soit du tribunal. Bien entendu, le tribunal pourrait toujours ordonner d'office la reprise des débats, même si le sursis n'avait pas duré trois jours.

425. Lors, au contraire, que les débats étaient clos au moment de la survenance de la maladie, comme la présence de l'inculpé à la délibération n'est pas permise et qu'elle n'est pas utile au moment de la prononciation du jugement, la décision serait prise et prononcée hors de sa présence.

Mais, dans ce cas, la loi complète la protection de l'inculpé malade de corps ou d'esprit, en suspendant les délais de recours pour et contre lui et en prescrivant qu'il lui soit fait, après sa guérison, une notification spéciale de la décision, si elle est défavorable. Les deux derniers alinéas de l'article 307 ont ainsi pour but d'assurer à l'inculpé les garanties que lui donne l'article 368 quand il est présent.

Art. 308.— 426. L'article 304, 2e alinéa, nous a dit que, si l'inculpé est détenu, il peut être amené de force à l'audience. La loi suppose ici qu'il n'a pu être contraint par la force, ce qui indique qu'il n'est pas détenu : celui-là doit être préalablement cité en la forme ordinaire ; toutefois, s'il était en liberté provisoire, un simple avertissement par lettre du greffe suffirait.

Dans le même cas de liberté provisoire, l'inculpé pourrait être contraint par la force, mais ce ne pourrait être qu'en vertu d'une ordonnance du Président du tribunal, lequel ferait, dans ce cas, ce que le juge d'instruction ne peut plus faire, du moment que l'instruction est terminée.

Dans les autres cas, l'inculpé qui ne comparaît pas volontairement est jugé en son absence ; s'il s'agit d'une affaire de simple police ou d'une affaire correctionnelle, le jugement est dit *par défaut*; s'il s'agit d'un crime, le jugement est dit *par contumace*. Déjà, ces deux sortes de jugements ont été annoncées au Livre IIe (art. 252 et suiv.); mais c'est au présent Livre que seront établies les particularités de ces procédures (voy. art. 388 et suiv., 414 et suiv., 518 et suiv.).

427. Le 2e alinéa de cet article fait remarquer qu'au cas de pluralité d'inculpés le défaut ou la contumace des uns n'empêche pas de juger contradictoirement les autres : il pourra arriver que la défense présentée par ces derniers établisse que l'infraction n'a pas eu lieu ou que l'action publique n'est pas recevable, alors

il en résultera l'acquittement ou la mise hors de poursuites de tous; si, au contraire, la défense des inculpés présents n'exclut que leur culpabilité individuelle, les défaillants pourront être condamnés. On examinera ailleurs, au sujet de l'opposition et du retour du contumax, quelle pourrait être l'influence, d'un acquittement du défaillant ou du contumax sur la condamnation prononcée contre les comparants.

Art. 309.—428. Le droit de police de l'audience conféré par la loi au Président du tribunal est aussi nécessaire à la dignité de ses fonctions qu'au libre cours de la justice.

La loi n'a pas eu besoin d'énoncer toutes les mesures que peut prendre le Président en vertu de son droit de police : elle se borne à indiquer les principales.

On a vu, d'ailleurs, que ce n'est pas comme mesure de police que sont ordonnés le huis clos et l'expulsion de l'accusé insoumis, mais comme décision du tribunal sur un point réglé par la loi.

428 bis. Ce n'est pas une précaution inutile de la part de la loi de dire que les assistants ne seront tenus que d'avoir la tête seule découverte: il s'est présenté déjà au Japon des cas où les Présidents ont cru devoir interdire les manteaux et autres vêtements supplémentaires usités aujourd'hui dans les temps froids. Ces vêtements peuvent ne pas être *de cérémonie,* mais ils n'ont rien non plus qui soit irrévérentieux (*e*).

Le contraire pourrait arriver : un européen manquerait, sinon au respect, au moins aux convenances, vis-à-vis de la justice, s'il prétendait assister à l'audience

---

(*e*) Au Japon, la politesse ne permet pas d'aborder quelqu'un, même dans la rue, sans retirer le cache-nez, comme la coiffure : on aurait donc compris que le cache-nez ne fût pas toléré à l'audience d'un tribunal ; mais le Président ne pourra pas en ordonner le retrait.

dans un costume officiel de son pays, réservé aux cérémonies de cour ou à ses fonctions publiques ou religieuses; comme un ministre étranger qui se présenterait à une audience avec ses habits brodés et ses insignes honorifiques de cérémonie, un évêque ou un ministre du culte, avec ses vêtements de cérémonie religieuse, un magistrat avec sa toge, ou un professeur de droit avec sa robe. Nul ne doit se présenter devant la justice dans une tenue officielle qui tendrait à lui donner un rang égal ou supérieur à celui des juges. Au contraire, un ecclésiastique étranger pourrait se présenter dans l'auditoire avec l'habit religieux, d'ailleurs simple et sévère, que sa profession l'oblige à porter; les bonzes japonais pourraient assister aux audiences dans leurs vêtements de ville; il en serait de même pour un officier ou un soldat, soit étranger, soit japonais, parce que le vêtement militaire est le plus convenable à l'officier, même hors de son service, et il est obligatoire pour le soldat en toute circonstance; mais, dans ce cas encore, le militaire, n'étant pas de service devrait avoir la tête découverte.

Le silence est aussi un devoir essentiel pour tout assistant, et même aucune des personnes qui peuvent avoir la parole dans les débats ne peut la prendre ou la garder, sans la permission du Président.

Les exclamations de blâme ou d'approbation, à l'adresse des parties, des témoins ou des juges, sont également interdites et doivent être aussitôt réprimandées et réprimées.

En France, il arrive quelquefois qu'un jugement ou arrêt d'acquittement donne lieu à des applaudissements du public; des murmures de blâme ou d'improbation pourraient se produire en cas de condamnation; mais dans ces cas, comme l'affaire est terminée et l'audience immédiatement levée, la répression se trouve impossible. Souvent, pour prévenir ces manifestations, toujours illégales et quelquefois déplacées, le Président avant la lecture de la déclaration du jury ou du jugement, avertit le public que toute marque d'approbation ou d'improbation est interdite.

Art. 310.— 429. L'évacuation de la salle a de l'analogie avec le huis clos, mais elle n'en est pas moins dans les pouvoirs du Président seul. Il peut d'ailleurs faire cesser la mesure, au cours des débats, dès qu'il croit que les perturbateurs sont éloignés ou revenus à des dispositions plus calmes, ce dont il pourra être informé par les surveillants du dehors.

Art. 311 et 312.— 430. La loi suppose enfin que les perturbateurs se sont rendus coupables de faits assez déterminés pour constituer une infraction prévue et punie par la loi.

Si l'infraction n'est qu'une contravention ou un délit, mais dirigé contre le tribunal ou l'un de ses membres, l'arrestation immédiate est commandée par la loi au Président ; l'ordre d'arrestation sera écrit, pour la conduite de l'inculpé en prison ; cet ordre n'est pas appelé mandat de dépôt, parce qu'il n'est pas précédé d'un interrogatoire ; mais comme il intervient au moment d'une infraction flagrante, il rentre dans les conditions générales de la loi (voy. art. 116).

La seule particularité à signaler, c'est qu'il y aura arrestation, quel que soit le peu de gravité de l'offense ; cette exception se justifie par le besoin de l'exemple et par la nécessité de constater immédiatement l'identité de l'inculpé mêlé à l'auditoire.

Comme l'infraction supposée dans cet article a un caractère d'offense ou d'injure pour le tribunal, il ne la jugera pas séance tenante, pour ne pas juger sous l'impression d'un ressentiment ou, tout au moins, pour ne pas en être soupçonné : il renvoie à l'audience suivante.

L'infraction est constatée séance tenante, comme étant flagrante. Le débat ne pourra raisonnablement porter, le lendemain, que sur le caractère délictueux du fait ou sur l'intention de l'inculpé.

430 bis. Trois dérogations à la compétence ordinaire se présentent ici ; la première seule se trouve dans cet article, les deux autres sont indiquées à l'article suivant.

Quelle que soit la qualité des délinquants, justiciables, par exemple, de tribunaux militaires, le tribunal de droit commun est compétent.

Toutefois, si l'offense était commise par un étranger, la peine ne pourrait lui être infligée que par son consul : quelque choquante que soit cette solution, en raison et en équité, elle est la conséquence forcée du principe suranné dit de *l'exterritorialité*. Au reste, c'est surtout en signalant et en appliquant les mauvaises lois, lorsqu'il y a lieu, qu'on en prépare l'abrogation (*f*).

431. Les deux autres dérogations au droit commun en matière de délits d'audience, sont relatives à la compétence fondée sur le degré de l'infraction et au pouvoir du tribunal de juger en dernier ressort.

Ainsi, 1° le juge de simple police peut juger, non seulement une contravention, mais encore un délit ; dans ce cas seul, il y a lieu à appel.

2° Le juge de simple police et le juge correctionnel jugeront sans appel : le premier toutes les contraventions, le second les délits, et cependant, dans les cas ordinaires, l'appel est presque sans exception au premier cas et tout à fait sans exception au second cas, comme on le verra aux Chapitres Ier et IIe, ci-après.

(*f*) Les légistes seraient bien surpris, en France, s'ils connaissaient mieux les anomalies auxquelles conduit, au Japon, le principe d'*exterritorialité*, lequel fait traiter les étrangers, au point de vue de la juridiction, comme le sont les ambassadeurs et agents diplomatiques seuls, dans les autres pays.

Il est facile de justifier ces trois dérogations à la compétence ordinaire: les offenses faites publiquement aux juges, dans l'exercice de leurs fonctions, demandent une répression prompte, sûre et exemplaire.

En même temps, l'infraction a un caractère plus flagrant que les autres, car elle a pour témoin le juge lui-même, ce qui n'est pas le cas des infractions flagrantes ordinaires. L'erreur est donc difficile à supposer.

Quant à l'objection qu'on pourrait élever contre le système qui donne le jugement à l'offensé lui-même et au danger de partialité de la part du juge, il faut reconnaître que le juge, dans ce cas, doit considérer l'offense comme faite, non à lui-même, personnellement, mais à la justice, à l'autorité dont il est investi et qu'il a le devoir de faire respecter; aussi, ne saurait-il être ici question de récuser le juge, en vertu de l'article 264-4° qui admet la récusation quand le juge a été lésé par l'infraction.

Au reste, le danger de partialité est démenti par l'expérience, dans les pays qui admettent la même disposition: les auteurs d'offenses publiques envers le juge y sont généralement punis avec moins de sévérité que si l'offense avait été commise envers un particulier.

La loi n'exclut pas le pourvoi en cassation: il sera toujours permis.

Art. 313.— 432. Ici, la loi ne suppose plus que l'infraction commise à l'audience l'a été envers la justice; ce pourrait être un vol commis dans le public, une violence entre les auditeurs, une insulte aux agents de la force publique.

Il y aura quelques ressemblances, mais aussi des différences avec les cas qui précèdent.

Comme ressemblances: 1° la qualité des inculpés ne sera pas un obstacle à la compétence ordinaire:

ainsi un militaire serait encore justiciable d'un tribunal ordinaire; 2° le juge de simple police prononcerait sans appel une peine de contravention; 3° il pourrait prononcer une peine de délit, mais à charge d'appel.

Comme différences: 1° le juge correctionnel ne prononcera de peines de délits qu'à charge d'appel; 2° la décision, au lieu d'être renvoyée à l'audience suivante, sera rendue séance tenante.

Art. 314.—433. Jusqu'ici, la loi a supposé que l'infraction commise à l'audience ne constituait qu'une contravention ou un délit; si elle constitue un *crime*, elle ne sera pas jugée de suite et elle sera de la compétence des juges ordinaires: il y aura instruction et renvoi devant la cour criminelle.

Lors même que le crime aurait été commis à l'audience même d'une cour criminelle, cette cour ne serait appelée à le juger qu'après en avoir été régulièrement saisie, et il pourrait arriver qu'au jour où l'affaire viendrait devant elle, ce ne fussent plus les mêmes juges ni les mêmes jurés.

Du moment que le jugement ne peut avoir lieu de suite, il faut relever et conserver les preuves du fait incriminé: le Président en fera dresser acte par le greffier, comme pour un délit flagrant; il entendra les témoins et l'inculpé, et fera rédiger leurs déclarations en la forme ordinaire; puis, le tribunal, après avoir entendu le ministère public, délibérera sur le point de savoir s'il y a lieu de renvoyer le prévenu devant le juge d'instruction, en état de mandat de dépôt.

433 bis. La loi française a suivi ici un système tout différent et que le Projet n'a pas cru devoir imiter.

D'abord, si la juridiction à l'audience de laquelle le crime est commis est une cour (la cour de cassation, une cour d'appel, ou une cour d'assises), elle est compétente pour juger ce crime flagrant, "de suite et sans désemparer" (c. i. cr., art. 507), ce qui entraîne sa compétence contre toute personne et privera quelquefois le coupable de ses "juges naturels" dans les cas les plus graves.

Cette assimilation du crime au délit est encore fâcheuse, parce que la gravité de la peine demanderait un examen de l'état moral et mental de l'accusé, plus appronfondi qu'il ne peut être fait ainsi, *audience tenante,* sans instruction.

Mais ce qui est une regrettable anomalie c'est l'absence de jury pour le jugement d'un crime, même quand le crime a eu lieu à l'audience d'une cour d'assises, en présence d'un jury; la loi paraît avoir cherché à y suppléer en exigeant un nombre de voix plus considérable que la majorité absolue (art. 508); mais on va voir que son but n'est pas souvent atteint.

Si le crime a eu lieu à une audience où siégent huit juges ou plus, il faut, pour la condamnation, les trois quarts des voix; mais ce cas supposerait un crime commis à une audience de la cour de cassation ou d'une cour d'appel jugeant en chambres réunies, ce qui rend bien invraisemblable le cas d'un crime d'audience; mais, théoriquement au moins, il y aurait en ce cas une compensation à l'absence du jury dans le nombre des juges requis pour la condamnation (*g*).

La garantie est déjà moindre, si nous supposons une

(*g*) En France, les chambres de la cour de cassation, composées de 15 membres, jugent à 11 membres, au moins; en cas de décisions à prendre *toutes chambres réunies,* il peut y avoir 45 membres présents, et même 49, en comptant les Présidents de chambres et le Premier président. Les cours d'appel jugent à 5 membres les appels de police correctionnelle et les mises en accusation, et à 7 membres les affaires civiles; en cas d'arrêts à rendre *en chambres réunies,* on ne réunit que deux chambres, quoique souvent les cours d'appel aient plusieurs sections ou chambres civiles: mais on arrive encore à 12 ou 15 membres présents, dont la majorité de trois quarts, requise pour la condamnation, serait de 9 à 12 membres.

cour siégeant à 7 membres, alors 5 voix suffisent pour condamner, et si elle siége à 5 ou 6 membres, il suffit de 4 voix.

Mais, si nous supposons un crime commis à l'audience d'une cour d'assises (ce qui s'est présenté), la cour d'assises n'étant composée que de trois juges, pourra condamner par 2 voix sur trois, ce qui est choquant. Ce résultat, il est vrai, n'était pas dans les intentions du législateur: en effet, à l'époque où le Code d'instruction criminelle a été rédigé (année 1808), les cours d'assises étaient composées de cinq juges (voy. anciens articles 252 et 253) et alors la majorité requise était de 4 voix au cas qui nous occupe; mais, plus tard, une loi du 4 mars 1831, complétée le 21 mars 1855, a réduit à trois le nombre des juges composant la cour d'assises avec le jury (voy. nouveaux art. 252 et 253): on n'a pas songé à l'application de l'article 508 et on n'a même pas exigé pour la condamnation l'unanimité des 3 juges.

Le Projet a fait la seule chose raisonnable, qui était de revenir au droit commun de la compétence criminelle: le coupable d'un crime d'audience sera jugé par un jury après une instruction ordinaire, ce ne sera même pas le jury devant lequel le crime a eu lieu et cela est plus sage, pour éviter le soupçon de partialité.

Au surplus, l'anomalie présentée par la loi française ne s'applique pas *à tous* les crimes commis à l'audience, indistinctement: la loi la limite aux "*voies de fait* qui auraient dégénéré en crimes;" sans doute, parce qu'à ses yeux l'évidence du fait matériel et de l'intention rendent inutile une instruction; mais s'il y avait apparence de faux témoignage à l'audience, les juges ne pourraient qu'ordonner l'arrestation du témoin suspect et procéder aux constatations (voy. c. i. cr., art. 330 et 331; voy. aussi: Projet, ci-après, art. 342).

Si l'inculpé était justiciable d'une juridiction spéciale, elle resterait compétente car les règles ordinaires reprennent ici leur empire.

Art. 315.—434. Cet article reproduit ici un principe fondamental de droit, d'après lequel le tribunal ne peut statuer d'office, mais seulement quand il est régulièrement saisi.

Mais une exception considérable est apportée à cette règle, pour le cas où des faits secondaires ou d'une gravité égale mais non supérieure, et *connexes*, liés à l'affaire principale, sont révélés par les débats. Dans ce cas, le tribunal saisi de l'affaire principale connaîtra des faits connexes, pourvu qu'ils ne soient pas d'une gravité qui les soustrairait à sa compétence: par exemple, un crime connexe à un délit dont serait saisi un tribunal correctionnel, ou un délit connexe à une contravention dont serait saisi un tribunal de simple police. La cour criminelle, au contraire, sera toujours compétente pour les crimes, délits ou contraventions connexes.

Si les nouveaux faits ne sont qu'incomplètement révélés pas les débats, il sera nécessaire que le tribunal procède ou fasse procéder à un supplément d'instruction ce qui donnera lieu à un sursis au jugement du fond.

Art. 316.— 435. Les articles 59 et 60 ont déjà fait ressortir l'importance des diverses sortes de compétence, et les articles 275 et 276 en ont fait la cause de recours contre les ordonnances du juge d'instruction. Il est naturel de les retrouver au sujet du jugement.

L'exception d'incompétence à raison du lieu de l'infraction est la seule fin de non-recevoir contre l'action publique qui doive être proposée au début du procès, avant l'examen du fond (voy. art. 59).

Les trois autres exceptions d'incompétence sont tellement essentielles qu'elles peuvent être proposées pour chaque partie, ou suppléées d'office, en tout état de cause.

Il en est de même des autres fins de non-recevoir contre l'action publique. Les unes ont déjà été présentées, dans l'article 8, comme causes d'extinction de cette action; telles sont la prescription, la chose jugée, l'amnistie. Il y en a d'autres encore, moins fréquentes, qui se trouvent dans le même article 8 des *Dispositions générales ;* ces exceptions sont souvent appelées *péremptoires*, parce qu'elles tendent à faire tomber l'action pour le présent et pour l'avenir. D'autres exceptions tendent plutôt à retarder l'action qu'à la faire entièrement tomber, et on peut les appeler *dilatoires*; telles sont, outre les exceptions d'incompétence, celles dans lesquelles on alléguerait un défaut de forme: par exemple, le défaut de plainte de la partie lésée, le défaut de dénonciation par les autorités étrangères, quand il s'agit d'une infraction commise en pays étranger, le défaut de poursuite du ministère public ou de renvoi d'une juridiction d'instruction, en d'autres termes, le cas où un tribunal procéderait à l'examen d'une affaire sans en être régulièrement saisi.

De telles exceptions au cours des débats, ou même à leur début, constituent des *incidents* ou des "demandes incidentes" et réclament une solution immédiate.

Toutefois, d'après la distinction que fait la loi et qui sera justifiée sous l'article suivant, la solution ne devra être immédiate et préalable au jugement du fond que si l'exception est proposée "devant une juridiction de police, simple ou correctionnelle," et si elle n'avait pas été déjà rejetée par la cour de cassation, statuant sur un recours contre l'instruction; car, dans ce dernier cas, il y a chose jugée irrévocablement sur l'objet de l'incident.

436. On pourrait être porté à assimiler au cas où la cour de cassation a déjà statué sur l'exception, celui où la décision du juge d'instruction n'a été frappée ni d'opposition ni d'appel, celui où la décision de la chambre du conseil rendue sur l'opposition n'a pas été frappée d'appel, et celui où la décision de la cour d'appel n'a pas été frappée de pourvoi en cassation.

Dans ces divers cas, on dit ordinairement que la décision "est passée en force de chose jugée."

Mais la loi n'a pas voulu que la négligence d'une partie intéressée à exercer un recours sur une fin de non-recevoir lui portât plus de préjudice que si elle avait négligé de proposer cette fin de non-recevoir, même une première fois, devant le juge d'instruction, cas où, certainement, personne n'aurait soutenu qu'elle dût être déchue du droit de la faire valoir devant la juridiction de jugement.

Au contraire, quand il y a eu une décision formelle de la cour de cassation rejetant l'exception, l'autorité de la chose jugée a un tout autre fondement que l'abandon présumé d'un recours : elle ne peut donc plus être méconnue par une juridiction inférieure.

Au surplus, cette distinction entre la décision directe de la cour de cassation et celle des juges inférieurs " passée seulement en force de chose jugée," par la négligence des recours, est conforme à ce qui a déjà expliqué sous l'article 56, au sujet des Renvois attributifs de compétence (voy. p. 119).

La loi prévoit ensuite et successivement qu'il y a eu admission ou rejet de l'exception. Au premier cas, le tribunal ordonne le sursis ou la continuation de la procédure, suivant les circonstances et la gravité du cas (pouvoir dont on a déjà vu des exemples dans l'instruction) et, dans ce cas, si le tribunal ordonne la continuation des débats, l'appel et le pourvoi n'auront pas leur effet suspensif ordinaire.

Art. 317.— 437. Les tribunaux criminels présentent ici une anomalie déjà annoncée à l'article 56. Elle est due à la présence du jury.

Le jury ne peut être juge de sa compétence, parce que la compétence est une question *de pur droit* et que le jury n'est, en principe, juge que *des faits* de la cause.

Les magistrats qui siégent en même temps que le jury et qui ont justement pour mission de juger les points de droit, ne pourraient pas non plus déclarer l'incompétence de la cour criminelle, au moins avant les débats, parce que ce serait dessaisir le jury sur lequel ils n'ont pas autorité; il en résulte que, lors même que l'exception d'incompétence serait proposée, elle ne pourrait pas être jugée avant que le jury eût rempli sa mission (voy. p. 119).

Il y aurait encore un autre inconvénient à statuer sur la compétence avant les débats; si la cour se déclarait incompétente et qu'il y eût sursis, puis pourvoi et arrêt de cassation portant que le jury est compétent, il arriverait le plus souvent que le jury serait séparé et qu'il y aurait lieu d'en former un autre, ce qui changerait les conditions légales dans lesquelles l'accusé devait être jugé.

La loi a donc sagement décidé que les débats auront lieu, jusques et y compris la déclaration du jury; si la cour estime que le jury n'est pas compétent, elle ne l'est pas d'avantage, elle-même: elle le déclarera et n'appliquera pas la loi au fond.

Sur le pourvoi, si la cour de cassation casse l'arrêt, elle appliquera elle-même la loi, suivant la déclaration du jury, conformément à l'article 562.

Si l'exception proposée devant la cour criminelle et admise par elle était tirée de la non-recevabilité de l'action publique, la cour aurait prononcé l'absolution de l'accusé ou sa mise hors de poursuite, et en cas de cassation, l'accusé, déclaré coupable par le jury, serait condamné par la cour de cassation, sur le vu de ladite déclaration, conformément au même article 562.

Art. 318.—438. On a déjà rencontré, au Livre IIe (art. 261 à 263), l'hypothèse du conflit positif entre deux juridictions d'instruction saisies de la même affaire ou d'affaires connexes.

La loi suppose ici qu'il y a conflit ou, du moins, qu'il est allégué y avoir conflit entre deux juridictions de jugement.

Et d'abord, si l'exception d'incompétence était recevable devant l'un des tribunaux, elle devrait préalablement y être proposée; ce serait la voie la plus simple et la plus prompte pour remédier au mal; mais il serait possible qu'elle eût déjà été proposée et rejetée, ou qu'étant seulement à raison du lieu, elle ne fût plus recevable pour n'avoir pas été présentée avant la défense au fond.

L'exception d'incompétence n'étant pas recevable, la partie qui soutient qu'il y a conflit posera des conclusions, devant l'un ou l'autre des tribunaux saisis, tendant à ce que ce tribunal ordonne le sursis, jusqu'au règlement de juges; elle devra, naturellement, fournir la preuve du conflit qu'elle allègue.

Le tribunal examinera ces conclusions et prendra celles du ministère public.

S'il ne reconnaît pas l'existence du conflit, parce que les deux affaires pendantes ne lui paraissent pas identiques, ni connexes, il refusera le sursis; mais la partie demanderesse au sursis pourra se pourvoir en règlement de juges devant la juridiction supérieure.

Si le tribunal, au contraire, estime qu'il y a conflit, il accordera le sursis, mais pour qu'il n'en résulte pas un retard abusif à l'issue de l'affaire, il assignera à la partie un délai pour se pourvoir en règlement de juges.

La déclaration de conflit et de sursis, à la différence du refus de sursis, peut être faite d'office, par le tribunal, sans conclusions des parties et sans que le ministère public ait été entendu. C'est une mesure d'ordre public.

Art. 319, 320 et 321.— 439. Ces articles reproduisent avec quelques développements des distinctions hiérarchiques déjà présentées au Livre IIe, chapitre IV (articles 261 à 263), il suffit de s'y reporter.

On remarquera seulement que la compétence de la cour de cassation est, par la force des choses, d'une application très-étendue en cette matière ; car les tribunaux de simple police ou correctionnels en conflit peuvent être tellement éloignés l'un de l'autre qu'ils ne ressortiraient pas à la même cour d'appel, et, dès lors, ils n'ont plus, comme supérieur hiérarchique *commun*, que la cour de cassation.

De même, si un tribunal militaire et un tribunal ordinaire sont en conflit, il n'y a que la cour de cassation qui puisse faire entre eux le règlement de juges.

Art. 322.— 440. Cet article, par cela même qu'il est de pure forme, est et devait être très-précis dans ses détails ; c'est aussi une raison pour qu'il ne demande pas de développements.

Remarquons seulement que le tribunal qui avait refusé de surseoir, sur la demande d'une des parties, pourra être invité de nouveau à le faire, par le ministère public, lorsque la demande en règlement de juges ne sera plus une simple éventualité, mais un fait accompli.

Le tribunal lui-même, pourra trouver plus sage de ne pas continuer une procédure qui est aussi ouvertement contestée.

Les autres tribunaux avec lesquels il est allégué y avoir conflit et devant lesquels la demande de sursis n'avait pas été formée, étant avertis de la demande en règlement de juges, pourront aussi surseoir, soit d'office, soit sur la demande de leur commissaire du Gouvernement.

Art. 323 et 324.— 441. Cet article est aussi très précis dans les diverses hypothèses qu'il a à prévoir et à régler. On remarquera que si la juridiction chargée du règlement de juges, estime, après un premier examen de la requête, qu'il y a apparence de conflit, elle se fait envoyer les pièces des diverses procédures engagées, pour un examen définitif, et, dès ce moment, le sursis est *de droit*, est obligatoire.

Les délais de toute cette procédure ont été réduits autant que possible, de peur que l'inculpé n'y cherchât un moyen frustratoire ou frauduleux de gagner du temps.

Art. 325.— 442. Par respect pour les principes, comme l'incident n'est plus relatif à l'instruction préparatoire, mais à la procédure de jugement, ce n'est plus en chambre du conseil que le tribunal statue, mais à l'audience publique.

Les cas où la loi exige le rapport d'un juge, avant le jugement sont rares; mais on en a déjà vu un exemple dans l'article 289, et on en retrouvera un devant la cour de cassation (art. 554 à 556).

Ici, cette particularité s'explique moins par la difficulté de la question à résoudre que par le besoin d'examiner attentivement plusieurs procédures et de ménager le temps des juges; c'est pourquoi il n'y a lieu au rapport que si le règlement doit être fait par une cour d'appel (*h*).

Art. 326.—443. Si le conflit est reconnu, le règlement de juges consistera dans la détermination du tribunal compétent, et, si plusieurs tribunaux sont compétents, on observera la cause de préférence déterminée au Livre Ier (articles 42 à 46).

Si le conflit n'est pas reconnu, c'est que les affaires ne sont pas identiques ou connexes; dès lors, les divers tribunaux doivent rester saisis. C'est le ministère public du tribunal qui a statué sur le conflit qui transmet la décision aux tribunaux qui avaient sursis, et le greffier de ces tribunaux la notifie aux parties.

Art. 327.—444. Bien que l'article 323 suppose que les parties intéressées ont été mises, par une notification, en demeure d'avoir à fournir leurs défenses au règlement de juges, il serait possible que cette formalité n'eût pas été observée à l'égard de l'une d'elles, il est donc nécessaire que le droit d'opposition au règlement de juges lui soit réservé, comme contre un jugement par défaut. Mais il y a plutôt là une restriction au droit commun qu'il n'y en a une extension, car, dans les cas ordinaires, un jugement par défaut peut être attaqué par une partie qui n'a pas produit ses moyens de défense, même lorsqu'elle avait été invitée à les fournir.

La loi indique suffisamment les formes et délais de cette opposition et la manière dont elle est communiquée aux intéressés.

Art. 328.—445. La loi n'accorde pas le droit d'ap-

(*h*) Lorsqu'un tribunal statue en chambre du conseil sur un conflit, pendant l'instruction, la loi n'exige pas qu'il y ait rapport d'un juge (voy. art. 262), parce qu'il n'y a pas, dans ce cas, plusieurs procédures à examiner.

pel contre le règlement de juges; d'abord, parce qu'il sera très-souvent fait par une cour d'appel, à raison de la hiérarchie sus-énoncée; ensuite parce que, même s'il est fait par un tribunal correctionnel, dans un conflit entre deux tribunaux de simple police, il a déjà le caractère d'un appel contre le refus de sursis de l'un ou de l'autre de ces tribunaux.

Le règlement de juges est, au contraire, susceptible de pourvoi en cassation, comme toute décision judiciaire; mais on verra au Livre IVe, Chapitre II (art. 559), que la cour de cassation peut transformer ce pourvoi en règlement de juges, comme si le règlement lui était demandé directement.

Art. 329.— 446. Lorsque le règlement de juges est définif et qu'un ou plusieurs des tribunaux entre lesquels le conflit était allégué restent saisis, il y a lieu de reprendre les procédures.

La loi pose en principe qu'elles sont reprises dans l'état où elles étaient restées. Mais elle admet plusieurs cas où elles devront être recommencées en entier, pour assurer une plus exacte connaissance de l'affaire : notamment, quand il s'agit d'une affaire soumise au jury et que la suspension a duré plus de trois jours.

La reprise de la procédure à son début peut être demandée aussi par le ministère public et par le défendeur au conflit. Si la loi n'accorde pas le même droit à celui qui a soulevé le conflit, c'est qu'il est en faute d'avoir interrompu la marche du procès, et souvent cette faute a été volontaire.

Il est moins favorisé, à cet égard, que celui dont la maladie aurait suspendu la procédure, et cette différence est très-légitime.

Art. 330.— 447. On retrouve ici la récusation des juges et greffiers, telle qu'elle a été déjà autorisée contre les juges d'instruction et leur greffier; mais avec une cause de plus de récusation et une nouvelle classe de personnes pouvant l'invoquer.

Le juge qui a fait l'instruction ne peut siéger comme juge du fond, soit seul, comme juge correctionnel, soit comme assesseur à la cour criminelle; il ne pourrait non plus siéger comme juge d'appel, si dans l'intervalle entre son ordonnance de renvoi et l'appel porté à la cour (soit contre ladite ordonnance, soit contre le jugement du fond), il avait été nommé membre de ladite cour.

La loi n'a pas admis les personnes civilement responsables à exercer de recours contre les actes d'instruction : elles ne sont pas encore en cause; mais dès que l'affaire est sur le point d'être jugée au fond, elles sont mises en cause ou, si elles ne le sont pas, elles peuvent intervenir, c'est-à-dire prendre d'elles-mêmes fait et cause pour l'inculpé, à raison de la responsabilité qui peut leur incomber s'il est condamné.

On sait que les personnes civilement responsables sont les père, mère, tuteur, instituteurs des élèves, maîtres des domestiques, patrons des ouvriers, préposants ou commettants des employés. C'est la loi civile qui règlera cette responsabilité; mais, quelle qu'elle soit, dans l'avenir, ceux qui y seront sujets auront le droit de récusation (*i*).

Art. 331.—448. La récusation n'est pas fondée sur des motifs d'intérêt général et particulier aussi puissants que les exceptions péremptoires ou dilatoires, telles que celles relatives à la non recevabilité de l'action publique, à l'incompétence ou aux conflits; elle ne peut donc être proposée en tout état de cause,

---

(*i*) Cette matière est aujourd'hui réglée dans le Projet de Code civil (art. 391 et suiv.).

mais seulement au moment où commence l'audition de la cause.

Il y a toutefois deux dérogations à cette règle.

La première est toute naturelle: c'est le cas où la cause de récusation n'est survenue que depuis que les débats sont commencés; il eût même été, dans ce cas, trop rigoureux d'exiger que la récusation fut proposée aussitôt que la cause se serait produite; les parties auraient pu ne pas en connaître le moment précis: elles ont donc la récusation jusqu'au jugement, exclusivement.

Le droit a la même étendue dans le cas de récusation spécial aux juridictions de jugement, celui où le juge qui a fait l'instruction prendrait part à l'examen du fond. Le motif de cette extension du délai est moins impérieux, car l'inculpé ou les autres parties en cause peuvent facilement connaître cette irrégularité de la composition du tribunal; mais on se retrouve ici en face d'un intérêt public majeur, et, en même temps, la cause de récusation est si facile à vérifier qu'il n'y a pas à craindre d'erreur ou de mauvaise foi de la partie qui récuse.

Dans tous les cas, soit que la demande précède l'examen du fond, soit qu'elle survienne au cours des débats, elle entraîne un sursis immédiat ou la suspension de la procédure; ce qui constitue une différence notable avec la récusation du juge d'instruction, comme on l'a vu à l'article 267.

Art. 332.—449. Il est naturel que la circonstance qu'il s'agit ici des juges du fond et non plus du juge d'instruction n'entraîne aucun changement dans la forme de la demande ni dans le jugement de la récusation.

On avait songé, pourtant, à exiger que la demande fût jugée à l'audience publique, au lieu de l'être en la chambre du conseil: la publicité, qui n'a pas lieu pour les actes d'instruction, semblait redevenir une garantie nécessaire quand il s'agit de l'examen du fond; c'eût été la même disposition que pour les conflits et le règlement de juges qui sont jugés à l'audience publique, quand il ne s'agit plus de l'instruction. Mais on a reconnu que les convenances et la dignité du juge récusé ne permettent pas de discuter publiquement la plupart des causes de récusation : la chambre du conseil présente des garanties suffisantes aux intéressés.

Art. 333.— 450. Le mode de remplacement du juge récusé est d'une grande simplicité.

On remarquera seulement qu'en cas de récusation du jude de paix et d'impossibilité de le remplacer par son suppléant, l'affaire est portée au juge de paix le plus voisin; ce qui constitue un cas particulier de compétence qui n'est plus celle du lieu de l'infraction.

Art. 334.— 451. Si la récusation est admise, il est clair que la procédure devra toujours être recommencée, puisqu'elle doit avoir lieu devant un nouveau juge.

Mais si la récusation n'est pas admise, la procédure ayant été suspendue par le sursis, sera reprise en l'état où elle était restée (*j*), ou recommencée en entier, suivant les distinctions portées à l'article 329, pour le cas de conflit.

Les autres cas de suspension auxquels la loi applique les mêmes distinctions sont, par exemple, ceux de maladie du juge, de l'inculpé ou de son avocat, ou le cas de quelque événement local qui obligerait de remettre l'affaire à un autre jour.

Art. 335 et 336.— 452. Les preuves fournies devant le juge d'instruction n'ont eu pour objet que

(*j*) On dit, en France, en pareil cas, que la procédure est reprise "suivant ses derniers errements" (c. pr. civ., art 375).

d'établir s'il y avait ou non des charges suffisantes pour des poursuites au fond. Elles devront être reproduites de nouveau devant la juridiction de jugement, car les nouveaux juges doivent, à leur tour, acquérir, par eux-mêmes, la connaissance des faits et la conviction sur tous les éléments de la culpabilité.

Les mêmes formes seront observées, pour l'interrogatoire de l'inculpé, l'audition des témoins, les rapports d'experts, la représentation des pièces à conviction.

Mais il ne sera fait de visites des lieux que dans des cas très-rares, parce que, le plus souvent, les traces du crime ou du délit auraient disparu: les constatations faites, à cet égard, par le juge d'instruction, gardent toute leur force; il suffit qu'il en soit donné lecture à l'audience, soit sur la demande de l'une des parties en cause, soit d'office, si le Président l'estime utile à la manifestation de la vérité.

Ces constatations, ainsi que celles dressées par les officiers de police judiciaire compétents et suivies ou non d'une instruction préparatoire, ont la valeur de témoignages écrits de ces officiers, pour tout ce qu'ils ont vu ou entendu.

La loi japonaise n'a pas admis que ces constatations fissent, comme en France, "preuve jusqu'à inscription de faux" (c. i. cr., art 154), ce qui rend très-difficile la preuve contraire de ce qui y est porté: cette preuve pourra se faire, au Japon, par tous les moyens possibles, même par témoins.

Du reste, lesdits officiers pourront être appelés eux-mêmes comme témoins, pour confirmer ou expliquer leurs procès-verbaux ; mais comme leurs fonctions ne leur permettraient que difficilement une pareille tâche, il faudrait, pour qu'ils fussent ainsi appelés, qu'une des parties le demandât ou que le tribunal l'estimât nécessaire.

Quant au juge d'instruction, il sera encore moins souvent appelé : les parties ne peuvent requérir sa comparution, le tribunal seul peut la demander ou l'autoriser, et encore, ce ne pourrait être que pour expliquer quelque point obscur de ses procès-verbaux, non pour les confirmer, parce que, lors même qu'ils seraient combattus, la dignité du juge ne permet pas qu'il soit appelé à les défendre.

Art. 337 et 338.—453. Soit qu'il ait déjà été entendu ou non des témoins dans l'instruction, il peut en être cité de nouveaux devant les juges du fond. La loi n'y apporte même pas la limite de nombre portée à l'article 185.

La partie qui a cité des témoins dans l'instruction peut les citer de nouveau à l'audience; c'est une faculté dont elle peut user, ou non, à son gré.

On ne lira les dépositions antérieures des témoins que s'ils ne sont pas cités de nouveau, ou si, étant cités, ils ne comparaissent pas, ou si, comparaissant, ils semblent en désaccord avec leurs premières dépositions ; mais, dans ces trois cas, cette lecture n'est pas de droit, il faut que l'une des parties la requierre : cependant, le Président peut toujours l'ordonner d'office.

La forme et la valeur des témoignages est la même ici que dans l'instruction préparatoire. La loi a cru devoir s'en expliquer, quoique l'article 335 eût déjà posé un principe général en ce sens.

Art. 339.—454. On a déjà signalé, au sujet de l'instruction préparatoire, cette précaution qui empêche les témoins de s'inspirer les uns des autres.

L'ordre dans lequel ils déposent est suffisamment déterminé par les deux derniers alinéas.

Art. 340.—455. Le Président a tout pouvoir pour

interroger l'inculpé et les témoins; les autres juges et le commissaire du Gouvernement peuvent aussi interroger eux-mêmes, mais ils ne peuvent prendre la parole, sans la demander au Président.

Les autres parties ne peuvent même pas demander la parole pour interroger: elles ne peuvent poser de questions à l'inculpé ou aux témoins que par l'organe du Président. Généralement, le Président, pour ménager le temps, invitera le témoin ou l'inculpé à "répondre à la question qu'il vient d'entendre."

455 bis. L'utilité de relever par écrit les dépositions des témoins à l'audience est double: si l'affaire est susceptible d'appel, il ne sera pas nécessaire de citer de nouveau les témoins: la lecture des précédentes dépositions pourra suffire dans bien des cas.

S'il s'agit d'une affaire non susceptible d'appel, mais seulement de pourvoi en cassation, on peut prévoir qu'il y aura cassation et renvoi à un autre tribunal près duquel les anciennes dépositions pourront être lues soit comme éléments de comparaison, soit en cas de mort ou d'empêchement des témoins; enfin, il y a un cas de révision extraordinaire des condamnations, fondé sur le faux témoignage, et, si la déposition n'était pas relevée par écrit au moment où elle est faite, il serait difficile de savoir si le témoignage était vraiment faux ou non.

La loi française, non seulement n'ordonne pas de prendre note des dépositions des témoins, mais elle le défend, à peine de nullité, au moins pour les matières criminelles; sauf le cas où il y a de la part du témoin des variations avec ses précédentes déclarations (c. i. cr. fr., art. 372). Cette prohibition singulière n'a pas été imitée dans le Projet, car elle doit rendre bien difficile la condamnation pour faux témoignage et la révision qui pourrait en être la suite, à moins qu'on ne se trouve dans le cas où la déposition d'un témoin paraît fausse au moment même où elle est faite (voy. ci-après, art. 342 et c. fr. art. 330).

Art. 341.— 456. Cet article nous renvoie encore à l'instruction préparatoire, pour la difficulté résultant des langues étrangères et des infirmités qui demandent un interprète.

La loi n'a pas craint de multiplier ces renvois, pour que les deux procédures fussent complètes séparément, sans cependant que les mêmes dispositions fussent répétées.

Art. 342.— 457. Il s'agit ici d'une mesure très-grave, mais nécessaire, pour réprimer le faux témoignage. Elle se trouve dans la loi française (instr. cr. art. 330), à l'occasion des témoignages en matière criminelle; la loi Japonaise en généralise l'emploi pour tous les degrés de juridiction.

Bien que la loi ne dise pas que le Président, avant de prendre cette mesure, pourra avertir le témoin du danger auquel il s'expose, il est clair qu'il pourra et même devra lui donner cet avertissement; car, ce qui importe surtout, c'est de connaître la vérité, et le témoin, avant de s'exposer à des poursuites pour faux témoignage, se décidera, sans doute, à rectifier immédiatement sa déposition.

On remarquera que l'arrestation du témoin soupçonné de faux témoignage peut être requise, non seulement par le ministère public, mais même par l'une des parties en cause, ce qui est anormal, du moment qu'il s'agit d'une arrestation. Mais, cette exception se justifie aisément: d'abord, il y a apparence d'infraction flagrante; ensuite, le tribunal n'étant pas obligé de faire droit à ces conclusions, elles ne font courir aucun risque illégal à la liberté individuelle; enfin, comme il s'agit d'un cas où le tribunal pourrait ordonner l'arrestation *d'office*, il est naturel que les parties intéressées puissent provoquer cette mesure. Quant au droit même du tribunal, il se justifie encore par la considération que l'infraction paraît flagrante.

Comme il s'agirait d'un crime commis à l'audience, l'article 314 aurait une part d'application ; la rédaction du témoignage suspect devra être faite avec grand soin, conformément aux articles cités au texte, ce qui donnera encore au témoin l'occassion de se rétracter et de corriger sa déposition fausse.

Si l'arrestation est ordonnée, le tribunal est juge de l'influence que cette déposition suspecte peut avoir exercée sur lui-même ou sur le jury ; aussi, le renvoi de l'affaire est-il facultatif.

Art. 343.— 458. L'amende du témoin qui était uniformément de 2 à 10 *yens*, dans l'instruction préparatoire (art. 192), dépend ici de la gravité de l'affaire ; en effet, le préjudice causé à la société et à l'inculpé, par l'absence du témoin est en raison directe de cette gravité, laquelle est maintenant connue, tandis qu'elle ne l'était pas encore lors de l'instruction.

La loi met sur la même ligne le témoin comparant qui refuserait, soit de prêter serment, soit de déposer.

Il a paru raisonnable, au surplus, de ne pas punir le témoin non comparant ou refusant de déposer, lorsqu'il était cité à décharge par un prévenu qui lui-même fait défaut.

La loi met sur la même ligne l'accusé contumace ; mais pour donner application à cet article, il faut supposer que l'accusé s'est enfui après le renvoi devant la cour criminelle et après avoir fait la citation de ses témoins, cas qui sera très-rare. Dans ce cas, le témoin ne sera même pas appelé, car l'affaire sera remise pour qu'il soit procédé à l'accomplissement des formalités prescrites par les articles 254 et suivants.

Art. 344.— 359. Il est habituel à la loi, lorsqu'elle frappe des amendes pour des infractions légères contre les règles de la procédure, de ne pas permettre contre la condamnation les recours ordinaires qui causeraient de nouveaux retards; mais la loi réserve un recours officieux qui a de l'analogie avec l'opposition (voy. art. 193).

La requête par laquelle le témoin demande la remise de l'amende est la forme ordinaire des demandes faites directement aux tribunaux.

Les cours criminelles, ayant un caractère temporaire, ne pourraient plus statuer sur la requête après la clôture de la session: l'amende serait donc irrévocable.

Art. 345.— 460. Il pourrait arriver que le témoignage à charge ou à décharge, ainsi manquant à la cause, fût d'une telle importance qu'une remise avec réassignation du témoin parût nécessaire. Le tribunal sera juge de la nécessité de cette mesure, soit pour l'accorder sur la demande de la partie intéressée, soit pour la prononcer d'office.

Art. 346.— 461. La sanction de l'obligation de comparaître, pour le témoin réassigné, augmente de sévérité à mesure que sa résistance se prolonge : l'amende est alors prononcée au *maximum*, et, s'il y a une nouvelle remise, le témoin sera contraint par corps à venir déposer.

Le dernier refus, soit de déposer, soit de prêter serment, est puni du double de l'amende, audit *maximum*, ainsi qu'il avait déjà été établi pour l'instruction préparatoire (art. 192). Mais cette dernière peine ne pourrait avoir lieu pour refus de comparaître: car il ne peut y avoir une nouvelle réassignation, mais seulement une contrainte effective.

On sait que ces amendes se cumulent, sans qu'il y ait violation du principe ordinaire de la confusion des peines (v. p. 338).

Art. 347 et 348.— 462. Les experts ont, comme on l'a déjà vu au Livre IIe (art. 209 et suiv.), beaucoup d'analogie avec les témoins. Toutefois, lorsqu'ils ont déjà fait un rapport dans l'instruction, le tribunal ne leur en demandera pas un nouveau, il pourra seulement les appeler à le confirmer, à l'expliquer ou à le développer. Si, dans ce cas, ils manquent à l'appel du tribunal, ils sont punissables, comme les témoins qui commettent la même infraction, c'est-à-dire, conformément à l'article 343, d'une peine variable suivant la nature de l'affaire.

Si, au contraire, il n'y a pas eu d'expertise pendant l'instruction et que le tribunal la croye nécessaire, ou s'il y a divergence d'opinions entre les experts, le tribunal pourra nommer de nouveaux experts; dans ce cas, le refus de ceux-ci sera puni comme la même infraction commise pendant l'instruction, c'est-à-dire d'une peine fixe, conformément à l'article 210 qui lui-même renvoie à l'article 192.

L'article 348 complète l'assimilation des experts aux témoins, avec le *visa* du rapport, en plus, par le Président.

Art. 349.— 463. Lorsqu'il y a plusieurs accusés, quelle que puisse être la similitude de leur coopération à l'acte, ils ne peuvent être interrogés en même temps, ni leurs actes examinés tous à la fois; il faut nécessairement donner la priorité aux uns sur les autres.

C'est au Président qu'il appartient de fixer l'ordre dans lequel chacun sera examiné. Il pourra tenir compte des observations du ministère public ou des inculpés eux-mêmes. Généralement, entre co-accusés, il commencera par les auteurs principaux plutôt que par les complices, et, parmi les auteurs, il commencera par ceux dont la co-opération a été la plus active.

Mais comme le Président, dans la conduite des débats, a des pouvoirs très-étendus pour favoriser la découverte de la vérité et que l'ordre dans lequel les faits seront présentés peut en faciliter l'intelligence, il a le droit de le modifier au cours des débats, justement, parce que les faits, et notamment la participation de chaque accusé, peuvent présenter de nouveaux aspects.

Art. 350.— 464. Après la production des preuves, la parole est donnée, d'abord, au ministère public et à la partie civile, comme demandeurs, pour établir le fait incriminé et la responsabilité de l'inculpé; celui-ci a ensuite la parole pour se défendre; les parties civilement responsables l'ont à leur tour, non seulement pour décliner la responsabilité qui leur est imputée, mais même pour contester le fait, s'il y a lieu. La réplique de chacun est de droit et si l'inculpé a la parole le dernier, c'est moins une faveur que l'ordre naturel des choses; car chaque partie devant avoir la parole autant de fois que l'autre et le demandeur devant naturellement commencer, il est clair que le défendeur doit parler le dernier. La seule faveur est qu'il puisse parler encore après les personnes civilement responsables.

La défense d'interrompre les parties dans leurs plaidoiries est une mesure de bon ordre toute naturelle aussi; d'ailleurs, du moment que le droit de réplique existe, les interruptions n'ont pas de raison d'être.

Art. 351.— 465. On aurait pu croire que le ministère public cessant les poursuites, au cours de la procédure, parce qu'il reconnaîtrait que l'inculpation n'est pas fondée, il en devrait résulter un dessaisissement immédiat du tribunal.

Mais il n'en est rien: le ministère public pouvait, à la rigueur, ne pas intenter l'action publique; mais cette action une fois intentée, il ne peut la retirer: le tribunal en est saisi et lui seul peut s'en dessaisir par un jugement; c'est là une grande différence entre l'action publique et l'action privée, laquelle s'éteint par la renonciation de la partie lésée (art. 9, 2e al.); aussi la loi dit-elle, dans l'article 1er, que l'action publique *est exercée* par le ministère public, mais elle ne dit pas que cette action *lui appartient;* tandis qu'elle dit formellement que l'action privée *appartient* à la partie lésée (art. 2).

Il va de soi que le tribunal, dans le cas de désistement du ministère public, peut aussi bien condamner qu'acquitter; seulement, la condamnation sera bien rare et peut-être sans exemple.

Art. 352.—466. Les contestations incidentes que prévoit la loi seraient relatives à l'observation des nombreuses formalités déjà énoncées et à celles qui vont suivre.

Il arrivera quelquefois qu'elles seront fondées; d'autres fois, la partie contestante n'aura d'autre but que d'entraver ou de retarder la procédure, ce qui est un danger. Mais le tribunal doit toujours statuer, s'il en est requis. Sa décision, si elle n'émane pas d'une cour, sera susceptible d'appel, mais seulement avec la décision du fond, ou, tout au moins, si l'appel est interjeté immédiatement, il n'entraînera pas de sursis aux débats, toujours de peur de quelque abus.

Si la partie qui se plaint ne pose pas de conclusions, elle peut demander seulement que le tribunal constate (lui *donne acte*) qu'elle *proteste* ou *fait des réserves;* par ce moyen, elle conserve le droit de critiquer ce qui peut avoir été fait contrairement à la loi ou à ses droits.

Art. 353.—467. Le droit d'intervention accordée aux personnes civilement responsables a pour but et pour effet de les préserver de cette responsabilité même qui pourrait leur être imputée plus tard, alors que les faits, une fois jugés, ne pourraient plus être déniés.

Réciproquement, le droit de la partie civile d'appeler ces personnes en cause a pour but de prévenir la nécessité d'une demande complémentaire qui, après le jugement sur le fond, ne pourrait plus être portée que devant les tribunaux civils.

Art. 354.—468. L'obligation, pour les tribunaux, de motiver leurs décisions, en fait et en droit, est essentielle et présente une double utilité : sans les motifs de fait, on ne saurait pas quelle disposition de loi devait être appliquée et la décision ne pourrait plus être soumise au contrôle de la cour d'appel ou de la cour de cassation ; sans les motifs de droit, la décision semblerait un excès de pouvoir et un empiètement sur la souveraineté ; elle aurait même un caractère arbitraire qui convient moins aux actes de l'autorité judiciaire qu'à toute autre, puisqu'elle est la première gardienne des lois.

La première utilité ne se présente plus quand il s'agit des arrêts de la cour de cassation qui, d'une part, ne statue pas sur les faits, mais les tient pour vrais, tels qu'ils sont reconnus par le tribunal ou la cour d'appel, et qui, d'autre part, n'est soumise à aucun contrôle pour la décision des points de droit. Mais les motifs de droit des arrêts de la cour de cassation, outre qu'ils sont aussi un respect et un hommage rendus à la loi, servent surtout à éclairer les cours et tribunaux, à préparer une bonne et saine interprétation des textes et à fixer la jurisprudence.

Les cours d'appel et les tribunaux doivent appliquer la loi aux faits : il faut donc d'abord qu'ils déterminent les faits tels qu'ils les ont appréciés et reconnus, en exprimant, en outre, à qui ils sont imputés et quelles preuves en ont été fournies; puis, ils indiquent quel texte de loi ils ont entendu appliquer à ces faits.

Chacun de ces points est important à relever séparément.

469. Et d'abord, pour les faits : il ne suffirait pas que le jugement se bornât à les qualifier de leur nom légal, comme vol, meurtre, assassinat, empoisonnement, parricide; il faudrait, comme le veut la loi, en relever les caractères constitutifs, lesquels en sont la définition légale : ainsi le vol serait qualifié: "soustraction, frauduleuse ou à force ouverte, de la chose d'autrui;" le meurtre serait qualifié: "homicide volontaire;" l'assassinat : "homicide volontaire commis avec préméditation;" l'empoisonnement: "homicide volontaire, par l'administration de substances de nature à donner la mort;" le parricide: "homicide volontaire d'un ascendant." Mais cette précaution n'est nécessaire que dans les cas où la loi a cru devoir donner une définition de l'infraction; dans les autres cas, il suffira d'employer le nom simple donné à l'infraction par la loi, par exemple : fabrication ou émission de fausse monnaie, viol, incendie, etc.

S'il y a des circonstances aggravantes ou des excuses, soit absolutoires, soit atténuantes, elles devront être déterminées avec la précision qu'y apporte la loi; au contraire, les circonstances atténuantes ne seront pas spécifiées: il suffira d'employer ce nom consacré par la loi et l'usage et qu'il serait dangereux de chercher à remplacer par des équivalents.

470. En second lieu, le tribunal devra exprimer que lesdits faits sont imputables "à tel inculpé;" il suffira, d'ailleurs, que le jugement le désigne par son nom et son prénom; si l'inculpé est connu sous un

surnom, sous un nom de fantaisie (sobriquet), il sera bon de l'ajouter au nom véritable, si on le connaît; les autres éléments d'identité, la profession, le domicile, l'âge, pourront n'être pas énoncés, si le tribunal n'a pu les connaître avec assez de précision.

On pourrait, à cette occasion, supposer le cas, assez invraisemblable du reste, où, la justice étant certaine d'avoir le coupable entre les mains, parce qu'il aurait été surpris en flagrant délit, ou reconnu par de nombreux témoins, ou même parce qu'il aurait lui-même avoué sa culpabilité, le tribunal pourtant n'aurait pu obtenir le nom de l'inculpé. Dans ce cas, devrait-on contester au tribunal le droit de condamner le coupable ? N'y aurait-il pas dans ce scrupule un encouragement à la ruse? On devra, au contraire, permettre la condamnation: l'individualité ne consiste, ni dans le nom, ni dans la profession ou le domicile, elle consiste dans la personne physique; or, quand la justice a devant elle un individu reconnu auteur d'un fait punissable, présentant les conditions légales de la responsabilité de son acte, elle peut et doit le condamner.

Elle doit pourtant le désigner, pour que l'exécution de la peine ne soit pas infligée à un autre; pour qu'en cas de récidive, il n'y ait point d'incertitude, et pour bien d'autres intérêts; alors, elle le désignera par ses signes extérieurs: taille exacte, âge apparent ou probable, description minutieuse du visage, signes physiques particuliers; un médecin en découvrira toujours, quand un autre n'en trouverait pas.

Quelque singulière que soit cette condamnation, elle est nécessaire; autrement, dès que les criminels sauraient que la justice ne peut les condamner sans connaître leur nom, ils commettraient des crimes, des vols principalement, dans des lieux où ils ne sont pas connus, et en ayant bien soin de ne pas donner leur nom à la justice, ils échapperaient à la punition.

471. Indépendamment de la détermination des faits reconnus et de la désignation du coupable, le tribunal doit encore indiquer par quelles preuves ces deux éléments de la punition lui ont été révélés : sans doute, comme on l'a vu plus haut (art. 160), aucune preuve ne s'impose au juge, et aucune ne pourrait être dite légalement insuffisante : la conviction du juge ne peut être contrôlée par une autorité supérieure ; mais la loi exige qu'il déclare dans quelles preuves il a puisé cette conviction ; c'est le seul moyen d'empêcher les jugements précipités, passionnés ou téméraires.

D'ailleurs, cette partie du jugement n'échapperait pas à tout contrôle, si le tribunal déclarait s'être déterminé par des circonstances qui n'ont pas aux yeux de la loi le caractère de preuves, pas même celui de simples présomptions de fait ou d'indices.

Tel serait le jugement qui fonderait la condamnation uniquement sur les mauvais antécédents de l'inculpé, ou sur ce qu'il avait seul intérêt à commettre le crime, ou, enfin, sur ce qu'il a refusé de s'expliquer sur certains faits.

Le plus souvent, les preuves fournies seront des preuves testimoniales : les juges ne seront pas obligés d'énoncer le nombre de témoins tant à charge qu'à décharge, ni les points spéciaux sur lesquels ont porté les différents témoignages; de même, pour les procès-verbaux, et les expertises; le vœu de la loi sera rempli, si, dans une affaire, il y a eu une ou plusieurs de ces preuves ; mais un tribunal ne pourrait se contenter de dire, comme en France : "attendu qu'il résulte de l'instruction et des débats qu'un tel s'est rendu coupable de" ...... tel ou tel délit.

472. Dans les affaires criminelles, les arrêts présentent, à l'égard des preuves, une notable dérogation à ce qui précède.

On a déjà vu au Livre Ier, Chapitre IV, que le jugement des faits et de l'identité du coupable est confié à un jury de simples citoyens ; les détails du fonctionnement du jury se trouveront au Chapitre III de ce Livre. On y verra que le jury répond à des questions précises qui lui sont posées sur les faits et sur l'identité du coupable. Lorsque la réponse du jury est affirmative sur les faits et contre l'accusé, la cour doit le condamner. Elle n'a donc à motiver son arrêt que par la mention de la déclaration du jury, laquelle ne détermine pas elle-même par quelles preuves le jury a formé sa conviction ; ce point sera justifié en son lieu.

La cour se bornera donc à dire "qu'il résulte de la déclaration du jury qu'*un tel* (désignation de l'accusé) s'est rendu coupable de tel ou tel fait, et que par ces motifs, elle lui applique telle peine, conformément à la loi."

473. La prononciation de la peine est l'objet principal du jugement ou de l'arrêt, elle en est *le dispositif*.

Le texte de la loi pénale appliqué doit être lu à l'audience, en entier, et transcrit dans la minute du jugement. C'est le motif *de droit :* le tribunal n'a pas besoin de dire autrement que le fait est punissable ni comment il est puni par la loi. Mais si, plus tard, il y a pourvoi, c'est sur ce point que le contrôle d'un tribunal supérieur peut s'exercer le plus facilement et le plus sûrement.

La cour de cassation, tenant les faits pour certains et n'ayant aucune recherche à faire, à cet égard, s'assurera :

1° Si le fait est punissable ;

2° Si la peine a été appliquée conformément à la loi, en tenant compte de toutes les circonstances relevées dans le jugement et pouvant motiver une aggravation ou une atténuation de la peine.

Art. 355.— 474. S'il s'agit d'un acquittement, les motifs sont toujours des négations : ou le fait n'est pas prouvé, ou il n'est pas prouvé que l'inculpé en soit l'auteur, ou même il est prouvé que le fait n'a pas eu lieu ou que l'inculpé n'en est pas l'auteur, ou bien que le fait n'est pas illicite, ou que l'auteur n'en est pas responsable ; ces diverses hypothèses rentrent, à la rigueur, dans l'expression très-concise de la loi : "le fait n'est pas prouvé à la charge de l'inculpé." On pourrait douter, au premier abord, que les deux dernières hypothèses y fussent comprises : par exemple, un meurtre a eu lieu en état de légitime défense : le meurtre est avoué et le cas de légitime défense est prouvé par témoins, mais le fait n'est pas illicite, il n'est pas contraire au droit positif, ni au droit naturel, ni même à la morale ; ce n'est pas un des cas d'absolution, tel qu'ils sont prévus à l'article suivant, c'est un cas d'acquittement, où l'on peut dire que le fait *n'est pas à la charge* de l'inculpé.

Il en est de même du cas où l'agent n'a pas été libre, ou n'a pas eu l'intelligence de son acte, ou n'a pas eu l'intention constitutive de la culpabilité ; dans ces divers cas encore, le fait n'est pas à sa charge, il n'en est pas responsable.

Il faut bien remarquer que la loi a séparé, avec intention, deux cas que les lois étrangères confondent trop souvent : celui où le fait n'est pas prouvé à la charge de l'inculpé et celui où il y a preuve de non culpabilité.

Déjà, dans l'instruction, la loi a invité le juge d'instruction à motiver son ordonnance de non lieu de cette manière, quand il y a preuve de non culpabilité (art. 243) : il importe beaucoup, en effet, à la considération de l'inculpé, soupçonné à tort, que son innocence soit proclamée d'une façon directe et formelle, plutôt que de rester l'objet d'un doute pour les esprits malveillants.

Lorsqu'il s'agit d'une affaire criminelle, le jury, dans les hypothèses précitées, aura déclaré l'accusé *non coupable;* en effet, il n'est pas coupable, si le fait n'a pas eu lieu, ou s'il n'en est pas l'auteur, ou si, en étant l'auteur, il l'a accompli à bon droit, ou s'il a été contraint par un ordre légitime ou par une force irrésistible, ou s'il n'a pas eu l'intention de commettre l'infraction.

Dans ces cas, les motifs de l'acquittement se résumeront dans la mention de la déclaration de jury.

Dans tous les cas d'acquittement, on peut dire que les motifs de fait et de droit sont réunis; ou si les motifs *de fait* dominent, le motif de droit est sous-entendu; car le tribunal ne peut raisonnablement exprimer qu'il n'y a point de peine dans la loi pour un innocent.

C'est pourquoi l'article 355 ne fait pas un devoir absolu pour le tribunal de séparer les deux ordres de motifs.

Art. 356.— 475. Voici maintenant des cas, au nombre de cinq, où, bien que l'accusé soit reconnu ou déclaré coupable, il n'est pas punissable et où, dès lors, il est mis hors de poursuite ou absous.

Il est nécessaire de reprendre séparément chacun de ces cas.

Dans le premier cas, le tribunal motivera son jugement en fait, comme dans les cas ordinaires : il constatera les faits existant à la charge de l'inculpé et mentionnera la nature des preuves fournies. Quant au motif de droit, il se trouve très-distinct ; à savoir : la loi ne prévoit ni ne punit l'acte, quoiqu'il puisse être répréhensible (*k*).

(*k*) Il y a un axiôme de droit et de morale qui trouve ici son application : "tout ce que la loi permet, tout ce qu'elle ne défend pas, n'est pas nécessairement honnête : " *non omne quod licet honestum est.*

On pourrait s'étonner que le tribunal doive prendre un pareil soin, dans un cas où la constatation des faits et des preuves ne peut mener à l'application d'une peine ; mais, il ne faut pas oublier que la décision est toujours susceptible de pourvoi et que la cour de cassation, qui n'a pas à examiner les faits, mais à voir si et comment ils sont punissables, doit être entièrement éclairée sur ces faits ; elle aura même à leur appliquer la loi pénale, si le tribunal ou la cour d'appel se sont trompés en les déclarant non punissables.

Dans le second cas, celui de la prescription de l'action publique, outre les faits incriminés, la cause d'absolution présente la réunion d'un élément de fait et d'un élément de droit : le temps écoulé de la prescription est un fait, le bénéfice légal du temps est un effet de droit. Dans ce cas, le tribunal devra indiquer exactement, outre la nature de l'infraction, l'époque à laquelle elle paraît remonter, ou le dernier acte de poursuite dont elle a été l'objet, pour que la cour de cassation puisse connaître quel était le délai légal de la prescription et vérifier s'il était écoulé, sans interruption utile, d'après les articles 13 et suivants.

Dans le troisième cas, il en est de même : l'existence d'un premier jugement, au sujet de la même infraction, est un fait constaté, l'impossibilité légale de prononcer un nouveau jugement est le motif de droit de l'absolution.

Dans le quatrième cas, l'acte du Gouvernement accordant une amnistie est un fait qu'il est facile de constater ; l'application de l'amnistie, au cas dont il s'agit est le motif de droit ; elle peut être très-contestable.

Dans le dernier cas, la cause d'absolution est encore une réunion des motifs de fait et de droit : par exemple, l'inculpé de complot contre la sûreté de l'Etat a dénoncé le complot à l'autorité avant le commencement d'exécution : voilà un fait ; l'excuse accordée par la loi est le point de droit.

Il faut remarquer, sur les quatre derniers cas d'absolution, que le jugement s'étendra moins sans doute que dans le premier cas, sur la détermination des faits incriminés et sur la preuve qui a pu en être fournie contre l'inculpé, parce qu'il paraît encore plus certain qu'aucune peine ne doit être appliquée. Mais, comme la cour de cassation pourrait décider, soit que la prescription n'était pas accomplie, soit que la chose jugée n'était pas applicable, soit que l'infraction ne rentrait pas dans la catégorie des faits amnistiés, soit enfin que la dénonciation n'excluait pas toute pénalité dans le cas ou dans les circonstances où elle a été faite ; comme, d'un autre côté, nous supposons que les motifs de fait n'ont pas été suffisamment déduits, la cour de cassation ne pouvant appliquer elle-même la peine, cassera toute la décision et renverra à un autre tribunal.

La loi reviendra sur l'application de cette théorie de l'absolution dans les Chapitres consacrés à chaque degré d'infraction ; on y verra, notamment, quelques nuances intéressantes entre les affaires criminelles, à raison de leur soumission au jury, et les autres.

Remarquons, en terminant sur l'article 356, que si les moyens d'absolution dont il s'agit avaient déjà été proposés dans l'instruction et finalement rejetés par la cour de cassation, ils ne pourraient plus être accueillis par la juridiction de jugement : il y aurait, à cet égard, *chose jugée*, tout autant que dans le cas inverse où la cour de cassation aurait admis l'exception, cas où certainement la poursuite n'aurait pu être continuée ni reprise.

Art. 357.— 476. On a vu dans les *Dispositions générales* (art. 7) que les tribunaux de répression sont compétents pour statuer sur les réparations civiles réclamées par la partie lésée, tant contre l'inculpé que contre les personnes civilement responsables, et les tribunaux ont ce pouvoir, aussi bien au cas de condamnation qu'au cas d'absolution ou d'acquittement, lesquels n'excluent pas une faute civile ; de même, au cas d'acquittement, le tribunal peut avoir à allouer une indemnité à la partie indûment dénoncée ou inculpée et même, dans des cas exceptionnels, une indemnité pourrait être allouée au condamné (voy. art. 18 et 19).

Cette réunion des deux actions a été justifiée, par une double raison de simplicité et de célérité, produisant en même temps économie de frais. Le tribunal de répression est d'ailleurs composé de juges cumulant les deux juridictions ; enfin, après les débats sur l'affaire pénale, il a les éléments nécessaires pour accorder une juste réparation à qui de droit.

Mais si, pourtant, il lui manquait quelques éclaircissements sur l'étendue du dommage, il ne devrait pas retarder le jugement de l'infraction, il surseoirait seulement à celui de l'action civile.

Art. 358.— 477. La condamnation aux frais de justice n'est pas une peine, mais une espèce particulière de réparation civile due à la partie qui a souffert du procès.

S'il y a condamnation, la faute qui a nécessité le procès ne serait pas entièrement réparée si le trésor public qui a fait les principales avances des frais et la partie civile qui en a fait de son côté n'étaient remboursés par le condamné ; celui-ci supportera, en outre, sans recours, les frais qu'il a faits lui-même pour sa défense.

Le Projet de Code pénal (art. 57) a déjà posé le principe à cet égard ; la loi en fait ici l'application.

On remarquera que la condamnation aux frais rentre dans les devoirs du tribunal : il doit y condamner *d'of-*

fice, indépendamment des conclusions du ministère public ou de la partie civile, à la différence de ce qui a lieu en France. Il ne serait pas juste qu'un oubli de l'ayant-droit lui fît perdre un avantage aussi légitime.

Dans le cas de condamnation sur quelques chefs et d'acquittement sur d'autres, le tribunal divisera les frais entre le condamné et la partie poursuivante; mais, pour cela, il faut supposer que les frais sont distincts pour les divers chefs. Cela aura lieu quelquefois, par exemple, s'il y a eu une expertise, une visite de lieux, des témoins spéciaux pour les chefs sur lesquels il y a acquittement; mais, d'autres fois, les frais seront relatifs à tous les chefs réunis et la division n'aura pas lieu; le condamné supportera tous les frais.

Si, au contraire, le procès pénal tout entier a été fait à tort, les frais doivent rester à la charge de la partie poursuivante. C'est ce qui arrive d'abord au cas d'acquittement, sans aucun doute.

Dans le cas d'absolution, on aurait pu douter, parce qu'il y a eu un fait répréhensible, illicite, lors même qu'il ne serait pas puni par la loi; mais le Code décide encore que les frais restent à la charge de la partie poursuivante, parce que le procès ne pouvant pas aboutir à une condamnation, n'aurait pas dû être intenté.

Les frais de l'action publique, dans le cas d'acquittement ou d'absolution de l'inculpé, ne sont pas exclusivement supportés par le trésor: la partie civile y contribue dans la mesure où elle a dû les avancer; ainsi, elle supporte, non seulement les frais de sa plainte et de sa constitution comme partie civile, lesquels sont plutôt relatifs à l'action civile qu'à l'action publique, mais encore les frais de citation, de voyage et de séjour des témoins à charge cités à sa requête. Au contraire, elle ne supporte pas les frais relatifs à la procédure faite par le ministère public.

Dans le cas de condamnation de l'inculpé, la partie civile ne peut pas être poursuivie pour les frais faits par le trésor.

Ici, la loi japonaise est encore plus juste que la loi française qui, au cas d'acquittement et au cas d'absolution, fait supporter tous les frais à la partie civile et en décharge entièrement le trésor, et même, au cas de condamnation de l'inculpé, permet de la poursuivre personnellement, sauf son recours contre le condamné et les personnes civilement responsables (voy. loi du 18 juin 1811, sur le Tarif des frais de justice criminelle, art. 157 et suiv.) (*l*).

La dernière solution est tout-à-fait choquante : elle rend la victime solidaire du coupable, comme si elle était son complice. C'est un de ces cas nombreux où les lois fiscales méconnaissent les principes les plus élémentaires du droit et de la justice naturelle. Si de pareilles dispositions se trouvaient dans les lois japonaises, on les jugerait sans doute bien sévèrement !

La loi française n'est guère plus justifiable quand elle fait supporter à la partie civile, au cas d'acquittement, la plus grande partie des frais de l'action publique (*m*). Lors même que ce serait sur sa plainte et sa constitution que l'action publique aurait été mise en mouvement, elle ne devrait être responsable tout au plus, que des frais encore assez peu élevés de l'instruction préparatoire ; mais, si le ministère public a conclu au renvoi devant une juridiction de répression,

---

(*l*) Cette dernière rigueur, ayant été supprimée par l'article 368 du Code révisé en 1832, ne s'applique plus qu'aux matières de police simple et correctionnelle.

(*m*) La loi précitée de 1811 (1er Tarif criminel) ne met pas à la charge de la partie civile les frais de transport des magistrats ni des jurés, ni les frais d'exécution ; mais cette dispense n'est pas mise non plus à la charge des accusés, au cas de condamnation. Ce n'est donc pas par égards pour la partie civile que la loi fait cette exception.

si le juge d'instruction a rendu une ordonnance en ce sens, la partie civile devrait être désormais affranchie de la responsabilité des frais ultérieurs.

Assurément, si la partie civile a été téméraire dans sa poursuite, le ministère public l'a été encore davantage dans la sienne, et le trésor doit en supporter la conséquence.

Quant aux frais relatifs à la réparation civile réclamée contre le condamné ou par le prévenu acquitté, ils seront, naturellement aussi, supportés par la partie perdante; mais la loi se borne à renvoyer aux règles générales des actions civiles qui peuvent ou pourront, dans l'avenir, présenter quelques particularités qui ne seraient pas ici à leur place: notamment, il pourra être nécessaire que la partie pose des conclusions tendant à la faire rembourser de ses frais.

Art. 359.— 478. Il y a ici une faveur pour le droit de propriété. Si les objets volés ou détournés sont au greffe, sous la main de la justice, celle-ci n'excède pas ses pouvoirs en en ordonnant la restitution aux propriétaires, s'ils sont connus et si leur droit n'est pas contesté, lors même que ceux-ci ne se seraient pas constitués parties civiles.

S'il y avait contestation sur la propriété, entre deux ou plusieurs personnes autres que l'inculpé, le tribunal de répression devrait renvoyer la question au tribunal civil; mais, si c'était l'inculpé qui se prétendît propriétaire, bien que les questions de propriété soient, en général, de la compétence exclusive des tribunaux civils, comme on pourrait se trouver dans un des cas où l'absence du droit de propriété chez l'inculpé est un élément constitutif de l'infraction, par exemple, dans une inculpation de vol, ce serait évidemment au tribunal de répression à décider sur le droit de propriété. Ce n'est donc pas seulement aux tiers propriétaires que les objets saisis seraient rendus : ils le seraient aussi à l'inculpé lui-même.

La loi, naturellement, exclut de cette restitution d'office les objets sujets à confiscation.

Art. 359 bis.— 479. On a déjà rencontré, au sujet des décisions d'instruction, l'effet suspensif des voies de recours et des délais accordés par la loi pour les former (voy. art. 251, 259, 279 et 283).

Pour n'avoir pas à reproduire, aux trois Chapitres suivants, une même disposition relative à cet objet, la loi l'a placée ici ; mais elle réserve les cas où il serait autrement statué. Ces cas étant limitatifs, sont nécessairement exprimés à leur place, on en a déjà rencontré un à l'article 316, on en rencontrera un autre à l'article 365, 1er alinéa.

Art. 360.— 480. Il n'y a aucune raison d'exiger que le recours soit fait par la partie elle-même : la loi a déjà permis, au sujet de l'instruction, que le recours pût être fait par un mandataire (art. 297) : elle n'a même pas exigé que le mandat fût spécial et authentique : ainsi le mandat *légal* est général ; on pourrait admettre aussi un mandat *conventionnel* général, et il n'y aurait pas de raison sérieuse de refuser à un mandataire général le droit d'exercer un recours en faveur du condamné. La loi ajoute ici le défenseur qui, étant chargé des intérêts de l'inculpé, au point de vue de la défense, doit pouvoir user en faveur de son client de tous les bénéfices de la loi ; la même disposition se trouve déjà dans l'article 297 cité au texte.

Mais la loi montre une juste sévérité à l'égard du condamné fugitif : il serait dérisoire qu'il pût exercer un recours par mandataire, sans se constituer prisonnier : il aurait ainsi tous les avantages du recours, au cas d'acquittement, sans aucun risque à courir, au cas où la condamnation serait confirmée et deviendrait définitive.

Mais le ministère public, agissant toujours au nom de la justice absolue, même en faveur de l'inculpé, s'il y a lieu, pourrait exercer le recours au profit du fugitif, comme au profit de l'intérêt général.

Art. 361.— 481. Lorsqu'il s'agit d'un individu détenu, il y aurait inconvénient à le transférer au greffe, sur sa demande, pour y faire une déclaration de recours: ce serait une perte de temps et une occasion de fuite. Il est naturel qu'il puisse former son recours devant le directeur de la prison, dont l'administration a les caractères d'un greffe spécial. Le recours est ensuite, par les soins du directeur, transmis au greffe du tribunal. Mais, pour l'observation des délais, c'est le recours même qui doit être considéré et non la transmission au greffe.

La demande de liberté pendant les délais de recours se fait au tribunal dont la décision est attaquée, quoiqu'il soit dessaisi, à d'autres égards; mais on peut justifier la loi théoriquement et pratiquement. Théoriquement, si la liberté provisoire n'a pas encore été demandée à ce tribunal, il n'a pas épuisé son pouvoir à cet égard; pratiquement, il a tous les éléments pour apprécier l'opportunité de la mise en liberté ou ses dangers; tandis que le tribunal de recours ne pourrait pas statuer préalablement sur cette demande, mais seulement après avoir déjà apprécié le fond, ce qui ôterait presque tout intérêt à la liberté provisoire.

Le Code français (art. 116) a admis la règle inverse, en principe; mais, par exception, il est arrivé au présent système.

Art. 362.— 482. Les délais de recours sont assez brefs dans ce Code et fussent-ils plus longs, il arriverait toujours que quelques intéressés fussent surpris par le temps.

Pour épargner à la partie déchue des frais inutiles, le greffier, chaque fois qu'il sera certain de la déchéance, en donnera à la partie l'avertissement et, au besoin, la preuve; si la partie conteste la déchéance, il n'appartient pas au greffier de trancher la question; il devra donc recevoir la déclaration en forme. C'est au tribunal appelé à connaître du recours qu'il appartiendra de statuer d'abord sur sa validité.

Art. 363.— 483. Cette disposition, encore relative à la déchéance des recours, est toute de faveur et profitera surtout à l'inculpé ou au condamné, quoique la loi, par esprit d'équité, l'étende, au ministère public.

C'est encore à cause de la brièveté des délais de recours que la loi croit devoir relever l'inculpé de la déchéance encourue; mais à la condition formelle qu'il n'y ait aucune faute, soit de lui-même, soit de son représentant.

L'existence d'un cas fortuit ou d'une force majeure n'exclûrait pas toujours la faute : par exemple, l'inculpé apprendrait que son mandataire pour le recours, son avocat ou son parent, est tombé malade et il ne se serait pas occupé de donner mandat à un autre ou de former son recours lui-même : il y aurait évidemment faute de sa part.

Dans tous les cas, aussitôt que l'empêchement a cessé, le recours devra être formé conjointement avec la demande du *relief*, du relèvement contre la déchéance. Les parties responsables ou intéressées civilement ne sont pas admises ici à faire valoir des causes d'excuses contre la déchéance : c'est le Code de procédure civile qui y pourvoira, s'il y a lieu, pour toutes les affaires civiles, en général.

Art. 364.—484. Comme le recours est suspensif, et comme il pourrait, même étant tardif, n'avoir eu d'autre but que de procurer un délai plus ou moins long au condamné, il est nécessaire qu'une décision spéciale puisse intervenir sur sa recevabilité, avant l'examen du fond.

La partie défenderesse à ce recours pourra donc, dans les trois jours de la notification qu'elle en a reçue, en contester la validité et demander que la déchéance en soit prononcée.

Le défendeur au recours du condamné pourra être le ministère public, il pourrait être aussi la partie civile. Si le recours tardif était du ministère public, ce qui sera plus rare, l'inculpé serait le défendeur.

Le tribunal statue en ce cas, en chambre du conseil, sans plaidoiries, sur le vu des mémoires et des pièces justificatives.

Les 3e et 4e alinéas ne demandent pas de développements sur les deux hypothèses contraires qui y sont prévues.

On remarquera, sur le 5e alinéa, que la déchéance des recours par l'effet du temps est d'ordre public; c'est pourquoi elle peut être prononcée d'office, par le tribunal, au moment où il sera appelé à juger le recours au fond.

Il y a, en effet, intérêt général à ce que des recours périmés ne viennent pas prendre les moments de la justice et retarder les affaires régulièrement introduites.

Dans ce cas, le jugement sera rendu en audience publique, comme jugement de fond. Les recours étant moins fréquents contre les actes d'instruction que contre les décisions du fond, c'est au sujet de ces dernières que la loi a posé les règles relatives aux déchéances, mais elle a dû s'expliquer sur leur application commune aux deux sortes de procédures, et c'est ce qu'a fait l'article 299.

Art. 365.—485. C'est une règle générale de procédure civile, comme de procédure pénale, que les jugements doivent être *qualifiés*, comme rendus par défaut ou contradictoirement, en premier ou en dernier ressort; la qualification se lie à la théorie des recours : si le jugement est bien et dûment qualifié *par défaut*, il est susceptible d'opposition; de même, s'il est exactement qualifié *en premier ressort*, il est susceptible d'appel.

Il va de soi que ce n'est pas la qualification donnée par un tribunal à sa propre décision qui peut en augmenter ou en diminuer l'autorité : un jugement rendu contradictoirement ne sera pas susceptible d'opposition parce qu'il sera *qualifié* "par défaut"; réciproquement, s'il est effectivement rendu par défaut, il ne sera pas moins susceptible d'opposition parce qu'il aura été *qualifié* "contradictoire."

De même, un jugement rendu en premier ressort sera susceptible d'appel, quoiqu'il ait été qualifié "rendu en dernier ressort," et réciproquement, il ne sera pas susceptible d'appel, s'il est en dernier ressort, quoiqu'il ait été qualifié "en premier ressort."

Mais, si la qualification n'a pas pour effet de permettre ou de défendre les recours, elle constitue une présomption légale favorable ou défavorable à la recevabilité des recours, parce que la qualification doit être réputée exacte.

Les conséquences de cette présomption sont déduites avec soin par le présent article.

Si le jugement est qualifié "contradictoire," il y a présomption contre le bien fondé de l'opposition; dès lors, elle ne sera *pas suspensive* de l'exécution; s'il est qualifié, "par défaut," c'est le contraire qui aura lieu; de même, s'il est qualifié "en dernier ressort," l'appel semble mal fondé et n'est pas suspensif; il en est autrement, s'il est qualifié "en premier ressort."

Si la partie défenderesse au recours mal fondé ne fait pas d'objection immédiate audit recours, il sera suspensif et sera examiné *à son tour de rôle* (voy. art. 301), sauf à être écarté, soit sur la demande de la partie intéressée, soit d'office. Mais elle ne manquera pas, en général, de relever cette irrégularité grave, et elle demandera au tribunal, par une requête, de statuer, à bref délai, sur la mauvaise qualification du jugement et sur la non recevabilité du recours.

Si le tribunal adopte ces conclusions, il n'y aura pas à statuer, plus tard, au fond.

En sens inverse, si la partie intéressée veut exercer un recours, malgré la qualification du jugement qui y est contraire, elle doit, après avoir formé son recours et pour lui donner l'effet de suspendre l'exécution, demander au tribunal de statuer, à bref délai, sur la recevabilité du recours et sur la suspension d'exécution; sauf à attendre ensuite que l'affaire arrive à son tour de rôle, pour le jugement du fond.

Le Code d'instruction criminelle français a négligé cette question; mais elle se trouve résolue de la même manière par le Code de procédure civile (art. 457) pour la qualification "en premier ou dernier ressort."

Art. 366.— 486. On voit dans cet article que les jugements, après leur prononciation, sont rédigés en minute par le greffier et que cette rédaction contient des additions essentielles. Un délai très court est accordé au greffier pour cette rédaction, afin qu'aucun oubli ne puisse le fausser et qu'aucune influence ne puisse y faire apporter des additions, suppressions ou modifications mal fondées.

Cette rédaction est destinée à prendre place aux archives du greffe, après l'épuisement des voies de recours; elle sert aussi d'original pour les copies à délivrer aux intéressés.

Cependant, la loi nous apprend que ce n'est pas la rédaction du jugement qui lui donne l'existence, mais bien sa prononciation à l'audience publique: il est, dès ce moment, "acquis aux parties ou contre elles."

Sa force est encore conditionnelle (en droit civil, on dirait que cette condition est, non pas *suspensive,* mais *résolutoire*), tant qu'il est susceptible de recours; mais les délais des recours et les recours formés ne la lui enlèvent pas, ils ne font qu'en suspendre les effets. Pour que le jugement cesse d'avoir autorité, il faut qu'il ait été infirmé sur le recours, et, dans ce cas, un nouveau jugement le remplace, en général.

Quant à la rédaction, elle peut être faite d'avance par le tribunal, pour être lue à l'audience; c'est ce qui arrivera dans les affaires un peu compliquées et quand le tribunal se sera retiré dans la chambre du conseil pour en délibérer, ou aura remis à une autre audience pour *le prononcé* du jugement.

Dans les affaires simples et jugées *sans désemparer* (voy. c. i. cr. fr., art. 181 et 527), le greffier rédige la minute séance tenante ou dans les 24 heures. Il y ajoute les noms de tous les officiers qui y ont concouru ainsi que le lieu et la date.

Il signe avec le Président.

Art. 367.—487. Il est naturel que toute partie en cause puisse obtenir une copie du jugement et qu'elle en paye les frais.

Le délai dans lequel cette copie devra lui être délivrée est très-court, à cause de la brièveté des recours eux-mêmes.

Art. 368.—488. Lorsque le jugement est contradictoire, il n'est pas susceptible d'opposition, mais il peut l'être d'appel et il l'est toujours de pourvoi en cassation: dans ces cas, le délai desdits recours, déjà très-bref, court du jour de la prononciation (art. 397, 405, 425 et 430). Il serait donc à craindre que le condamné ne le laissât écouler par ignorance de la loi et qu'il n'eût même pas songé à demander une expédition dudit jugement.

La loi qui multiplie les mesures de protection en faveur des *inculpés*, n'est pas moins généreuse pour les *condamnés*.

Si le jugement est contradictoire, le Président donnera donc un triple avertissement au condamné : il lui dira : 1° qu'il a le droit de demander une expédition du jugement, à ses frais et qu'il doit l'obtenir dans les 24 heures, 2° qu'il a le droit d'appel ou de pourvoi en cassation, suivant le cas, et 3° que ce recours doit être exercé au greffe dans tel ou tel délai.

Si le jugement a été par défaut, c'est dans la notification que se trouvera un avis analogue au sujet du droit d'opposition et du délai accordé pour la former. Pareille disposition se trouve déjà dans l'article 298, pour les décisions d'instruction.

Si le Président ou le greffier, suivant les cas, omettait ces avertissements, le droit au recours serait conservé au condamné jusqu'à ce que l'omission eût été réparée en bonne forme.

Toutes ces dispositions sont une généreuse innovation de la loi japonaise. On n'en trouve en France que le germe: en matière criminelle seulement, le Président *des assises* avertit le condamné qu'il a trois jours pour se pourvoir en cassation (art. 371); mais l'omission de cet avis ne prolongerait pas le délai et il n'est donné aucun avis dans les affaires correctionnelles ni de police, ni dans les notifications de jugements par défaut.

Art. 369.—489. Ce seront choses rares, probablement, que les erreurs ou omissions dans la rédaction de la minute du jugement; mais la loi a dû les prévoir et en permettre la rectification; car, ainsi qu'on l'a vu, le véritable jugement est celui qui est prononcé à l'audience et tel qu'il a été prononcé : une erreur commise à l'audience dans cette prononciation ne pourrait plus être réparée par le tribunal, car il est dessaisi par sa décision même ; il ne resterait plus que les voies de recours et elles seraient quelquefois impuissantes : le pourvoi en cassation, par exemple, peut subsister seul et il ne permettrait pas de redresser une erreur de fait.

Tant que le Président n'a pas signé la minute, elle peut être rectifiée par un simple renvoi à la marge ou à la suite; si la minute est signée mais qu'aucune expédition n'ait encore été délivrée, la rectification sera encore très-simple: elle sera seulement datée et signée spécialement du Président et du greffier.

Mais, si l'erreur n'est découverte qu'après la délivrance d'une expédition, la rectification deman deplus de précautions, car cette expédition a formé un titre pour la partie qui l'a reçue. La rectification se fera donc en audience publique ; une nouvelle expédition sera délivrée aux frais du greffier négligent et les délais de recours, s'ils étaient expirés, pourront être rouverts, en vertu de l'article 363, si l'erreur a pu influer sur la détermination de la partie qui pouvait recourir.

Art. 370.— 490. La tenue du cahier d'audience est une des obligations les plus importantes du greffier. Ce n'est qu'en y consignant tous les faits et incidents de l'audience et dans l'ordre où ils se sont passés qu'il rendra possible le contrôle des juridictions supérieures, spécialement de la cour de cassation.

L'énumération donnée ici par la loi n'est pas limitative, mais seulement énonciative: la loi n'a voulu indiquer que les principaux faits. Ainsi l'avertissement donné au condamné par le Président, en vertu de l'article 368, devra être mentionné sur le cahier d'audience et il ne rentre dans aucun des neuf cas, pas même dans le dernier, car il ne s'agit pas là d'une "formalité prescrite à peine de nullité."

Chacun des neuf cas énoncés dans cet article ayant été expliqué précédemment et cet article n'étant, en quelque sorte, que le résumé des présentes *Dispositions communes*, il n'y a pas lieu de s'y arrêter de nouveau.

Art. 371.—491. Les mentions portées au cahier d'audience sur le lieu et la date du jugement et sur la composition du tribunal sont les mêmes que celles portées sur la minute dudit jugement: elles serviront au besoin de moyen de contrôle et de vérification.

On remarquera, à ce sujet, la différence considérable entre les juges et les jurés, d'une part, et les officiers du ministère public ou du greffe, d'autre part: ces derniers peuvent changer au cours des débats, sans qu'il en résulte aucune nullité de la procédure, ni aucune nécessité de la recommencer; il suffit de faire mention du changement survenu: on a déjà vu que le ministère public est *un et indivisible* (p. 96), quel que soit l'officier qui en remplit la fonction; l'accusation n'est pas changée parce que l'accusateur change, pas plus que le changement d'avocat pour l'inculpé n'obligerait à recommencer la procédure: chacun, lorsqu'il intervient, prend les choses au point où elles en sont. Au contraire, le juge ou le juré doit avoir assisté de sa personne à tous les débats, car tout ce qui s'y est dit peut modifier sa conviction.

Art. 372.—492. La rédaction du cahier d'audience ayant moins d'importance que la minute du jugement, peut être terminée et close plus tard que la rédaction de celle-ci.

Si le greffier n'est pas assez habile pour faire, de

suite, une rédaction complète ou correcte, il en fera, au greffe, une autre au net, d'après ses notes ou son brouillon d'audience; mais il annexera seulement *la copie au net*, comme accessoire des *notes d'audience:* celles-ci resteront *l'original*.

Art. 373.—493. Bien que le présent Code admette, en général, la contradiction des actes authentiques par les moyens de preuves ordinaires (art. 336), il a fallu donner une plus grande force au cahier d'audience et à la minute des jugements, lorsque ces actes sont fortifiés de l'approbation du Président; autrement, les procès pourraient se perpétuer et l'acte destiné à les terminer en ferait naître de nouveaux.

Il faudrait pour contester de tels actes, les *arguer de faux*, ce qui serait souvent téméraire et exposerait le plaignant à une lourde responsabilité envers le Président et le greffier.

Mais les omissions involontaires que pourrait présenter la feuille d'audience ne sont pas assimilées à une fausse déclaration : il y aurait lieu seulement de réparer ladite omission, en faisant appel aux souvenirs des juges, des jurés ou du ministère public, suivant les distinctions portées au texte.

Art. 374.— 494. Les fautes du greffier négligent, au sujet des obligations qui précèdent, sont punies d'une amende qui varie d'après la nature ou le degré de l'inculpation principale et non d'après la nature de ses propres fautes, car elles sont à peu près de la même importance; l'intervalle entre le *minimum* et le *maximum* de la peine suffirait d'ailleurs à permettre de tenir compte de leurs nuances.

Art. 375.— 375. L'importance des minutes s'oppose à leur déplacement : il n'en est délivré que des copies pour les procédures de recours; mais les cahiers d'audience, plus considérables et moins importants, sont déplacés, puis rétablis au greffe du tribunal où ils ont été rédigés.

CHAPITRE PREMIER.

DU JUGEMENT DES CONTRAVENTIONS.

Art. 376. Le tribunal de simple police est saisi: Modes de saisine du tribunal de simple police.

1° Par la citation donnée par le greffier au prévenu, à la requête du ministère public; [24, 34.— 245.]

2° Par la citation donnée au prévenu et aux personnes civilement responsables, à la requête de la partie lésée se constituant partie civile; [125.— 145.]

3° Par la citation directe du juge de simple police, lorsqu'il a constaté une contravention flagrante, en qualité d'officier de police judiciaire, ou lorsqu'il a reçu une plainte de la partie civile; [229.]

4° Par la comparution volontaire du prévenu, sur simple lettre du greffier, à la demande de la partie poursuivante; [··· — 147.]

5° Par l'ordonnance ou l'arrêt de renvoi, soit du juge d'instruction, soit de l'une ces juridictions appelées à statuer sur l'un des recours réglés au Chapitre IV du Livre IIe; [244, 280, 290.]

6° Par le renvoi après cassation d'un jugement ou arrêt, conformément au Chapitre Ier du Livre IVe; [560, 569.]

7° Par le règlement de juges, conformément

à l'article 326 et au Chapitre III du Livre IVe. [609.]

Dans les trois derniers cas, la citation sera donnée au nom du ministère public ou de la partie civile poursuivante.— **321.**

Citation : mention des faits sanctions.

377. La citation mentionnera sommairement les faits à raison desquels la poursuite est exercée, à peine, contre le greffier négligent, d'une amende de 1 *yen* à 1 *yen* 95 *sen*, laquelle sera prononcée, séance tenante, sans appel, sur les conclusions du commissaire du Gouvernement.

Dans le cas où lesdits faits ne seraient pas mentionnés dans la citation, le prévenu pourra, après en avoir été informé à l'audience, et s'il n'a pas déjà cité de témoins à décharge, demander un délai de trois jours, pour les citer et préparer sa défense.

Dans le même cas, les frais de prolongation de séjour des témoins à charge déjà cités seront supportés par le greffier.— **322.**

Délai pour comparaître.

378. L'intervalle entre la remise de la citation et la comparution en justice sera de trois jours entiers, au moins.— **323.** [··· — 146.]

Constatation des faits dans l'intervalle.

379. S'il y a urgence, le juge pourra, avant le jour de l'audience, sur la réquisition de l'une des parties, constater par lui-même, ou faire constater par experts, les faits allégués comme constituant la contravention ou les dommages qui sont prétendus en résulter. [··· — 148.]

La partie adverse sera appelée par lettre du greffier, pour y être présente; sans toutefois que son absence doive retarder les constatations. — 324.

380. Les témoins à charge et à décharge seront cités à un jour entier d'intervalle, au moins. Témoins cités et non cités.

Le tribunal pourra entendre aussi les témoins qui comparaîtraient volontairement, sans citation, pourvu qu'ils aient remis leur nom au greffier avant que l'audition de la cause soit commencée et pourvu qu'ils n'y aient pas assisté. — 325. [339.]

381. A l'ouverture de l'audience, toutes les causes indiquées pour le jour seront appelées par le greffier. Appel et ordre des causes.

Si quelques uns des prévenus ou des personnes civilement responsables ne sont pas présents ou dûment représentés, il sera sursis à statuer, à leur égard, jusqu'à la fin de l'audience.

Les autres causes seront examinées dans l'ordre de leur inscription.

Toutefois, le juge pourra intervertir ledit ordre, sur la demande, soit du ministère public, soit des parties qui justifieront d'un intérêt légitime. Le juge pourra aussi, d'office, reporter à la fin de l'audience les causes qui lui paraîtront devoir être les plus longues. — **326.** [301, 349.]

382. Au commencement de l'examen de chaque affaire, le juge demandera au prévenu Constatation de l'identité du prévenu.

ses nom, prénom, âge, profession, qualité et domicile.

Procès-verbaux. Les procès-verbaux et rapports des agents de l'autorité, s'il y en a, seront lus par le greffier. [336.— 153, 154.]

Exposé de l'affaire. S'il n'y a pas de procès-verbaux ou rapports, l'affaire sera exposée sommairement par la partie poursuivante.— **327.**

Interrogatoire. **383.** Le juge interrogera ensuite le prévenu sur les faits à lui imputés par la poursuite et lui demandera s'il les reconnaît, en tout ou en partie. [165.]

Mandataire. Si le prévenu comparaît par un mandataire, l'aveu ne sera admis que s'il est présenté dans un écrit signé du prévenu.— **328.** [···— 152.]

Aveu de prévenu. **384.** S'il y a eu aveu complet du prévenu, il n'y aura lieu à la production des autres preuves à charge que si la partie qui poursuit le requiert ou si le tribunal l'ordonne d'office.

Toutefois, l'aveu du prévenu, à l'égard des faits de la contravention, ne dispensera pas la partie lésée de la preuve des dommages qu'elle allègue avoir éprouvés.— **329.**

Production des autres preuves. **385.** S'il n'y pas eu aveu complet, les témoins à charge seront entendus et les autres preuves, s'il y en a, seront produites contre le prévenu.— **329.** [···— 154.]

Ordre des plaidoiries. **386.** Le ministère public, si la poursuite a lieu à sa requête, développera le premier ses conclusions, tant sur l'existence de l'infraction que sur l'application de la loi.

La partie civile aura ensuite la parole, tant pour établir le fait de la contravention que pour soutenir ses conclusions en dommages-intérêts ou réparation.

Les prévenus, les personnes responsables, ou leurs fondés de pouvoir, présenteront leurs moyens de défense.

Si la poursuite a lieu à la requête de la partie civile, le ministère public ne donnera ses conclusions qu'après la défense du prévenu. [360. — 153.]

Dans tous les cas, la partie poursuivante pourra, après la défense, modifier ou abandonner ses conclusions.— **330.** [351.]

387. Le jugement sera prononcé, séance tenante, conformément aux dispositions ci-après; il pourra aussi être renvoyé à l'audience suivante. — **0.** [357.— 153, 7e al.] Jugement.

388. Si le prévenu, dûment cité, n'a pas comparu, soit en personne, soit par un fondé de pouvoir spécial, il sera jugé par défaut, sur les conclusions du ministère public et de la partie civile. [··· — 149.] Jugement par défaut.

Il sera pareillement jugé par défaut, si, ayant comparu, il s'est retiré avant le commencement des débats au fond, lors même qu'il aurait posé des conclusions préjudicielles.— **331.** [308.]

389. Dans le cas de l'article précédent, s'il Suite.

existe des procès-verbaux ou rapports, ils seront lus par le greffier.

Il ne sera nécessaire d'entendre les témoins à charge que si la partie poursuivante le requiert.

Les témoins de la partie civile seront entendus à l'appui de sa demande.

Les témoins à décharge qui seraient présents seront entendus, si le ministère public, la partie civile ou les parties civilement responsables le requièrent, ou si des témoins à charge ont été entendus; le juge pourra aussi les entendre d'office.

Si les personnes civilement responsables n'ont pas comparu, il sera statué par défaut à leur égard.— **331.**

Défaut de la partie civile.

390. Le défaut de comparution de la partie civile à la requête de laquelle le tribunal a été saisi n'empêchera pas de juger l'action publique contradictoirement entre le prévenu et le ministère public. [351.]

Dans ce cas, les procès-verbaux et rapports, s'il y en a, seront seuls admis comme preuves à charge, à moins que le ministère public ne requerre la production des autres preuves ou que le tribunal ne l'ordonne d'office.

Les témoins à décharge seront entendus.

A l'égard de l'action civile, le prévenu et les personnes civilement responsables pourront demander leur renvoi pur et simple de la demande, sauf à être cités de nouveau devant le juge civil.

Ils pourront aussi demander que l'action civile soit jugée au fond, par défaut, et rejetée.— 0. [··· — C. pr. civ. 154.]

391. Le jugement rendu par défaut sera, à la requête et aux diligences de la partie qui l'a obtenu, signifié à la personne ou au domicile de celle qui a succombé. Opposition.

Celle-ci pourra y former opposition, par une déclaration faite, soit sur l'original de la signification, soit au greffe, dans les trois jours de ladite signification.— **332.** [··· —150, 151.]

Dans les deux cas, le greffier citera, d'office, trois jours à l'avance, la partie qui doit défendre à l'opposition, pour le jour auquel l'affaire sera appelée.

L'opposant sera informé du jour de l'audience, un jour à l'avance, par lettre du greffe.— **333.**

392. Sur l'opposition, il sera procédé à l'examen de la cause, en la forme déterminée aux articles 381 à 387. Jugement de l'opposition.

Le nouveau jugement ne sera pas susceptible d'opposition, quelle que soit la partie qui y fera défaut.— **334.** [··· — 165.]

393. Si le fait imputé au prévenu n'est pas établi à sa charge, le juge prononcera son acquittement. [··· — 159.] Acquittement.

Le prévenu sera renvoyé des poursuites, dans les cas prévus à l'article 356.— **335.** Mise hors de poursuites.

394. Si le fait constitue une contravention Condamnation.

et est suffisamment prouvé à la charge du prévenu, le juge prononcera la peine, suivant la loi.— 336. [354.— 161.]

Soupçon de crime ou délit.

395. Si le fait paraît de nature à être puni de peines correctionnelles ou criminelles, le juge, dans cas où il n'est pas saisi par un renvoi attributif de compétence, pourra se déclarer incompétent et renvoyer l'affaire au commissaire du Gouvernement près le tribunal d'arrondissement. [56.— 160.]

Dans les mêmes cas, le juge pourra, soit sur les conclusions du commissaire du Gouvernement, soit d'office, délivrer un ordre d'arrestation, en vertu duquel le prévenu sera conduit devant le juge d'instruction, en état de mandat d'amener.— 337.

Appel: droit des parties.

396. Les jugements rendus par les tribunaux de simple police seront susceptibles d'appel au tribunal correctionnel, sous les distinctions suivantes:

1° De la part du prévenu, s'il a été condamné aux arrêts ou si la confiscation spéciale a été prononcée;

2° De la part du ministère public, si le tribunal n'a pas prononcé les arrêts, ou la confiscation spéciale contrairement à ses conclusions;

3° De la part de la partie civile, du prévenu et des personnes civilement responsables, respectivement, au sujet des dommages-intérêts, toutes les fois que la demande excèdera le taux de la compétence civile du juge de paix en dernier ressort;

4° De la part de toutes les parties en cause, pour incompétence, pour excès de pouvoir et pour toute violation de la loi pénale ou des formes prescrites à peine de nullité dans leur intérêt, lors même que l'appel ne serait pas recevable pour l'une des causes ci-dessus énoncées.— **338.** [424.— 172.]

397. L'appel sera formé par une déclaration au greffe du tribunal qui a rendu le jugement, dans les trois jours de la prononciation du jugement, s'il est contradictoire et dans les cinq jours de la signification à personne ou domicile, s'il est par défaut et que l'opposition n'y ait par été formée.— **339.** [425.— 174.] Suite : formes.

398. L'appel sera notifié par le greffier aux parties contre lesquelles il est formé; toutefois, il n'en sera donné qu'un simple avis du greffe au ministère public.— **339.** Suite.

399. Dans tous les cas, les pièces de la procédure seront transmises par le ministère public au greffe du tribunal qui doit connaître de l'appel. Suite.

Si le ministère public est demandeur ou défendeur à l'appel, il adressera, en outre, ses notes et observations au commissaire du Gouvernement près ledit tribunal.— **340.**

400. L'affaire sera appelée au tribunal Suite.

d'appel, sur l'avis notifié par le greffier dudit tribunal aux parties en cause.

L'intervalle entre la remise de l'avis du greffe et le jour de l'audience sera de deux jours entiers, au moins.

Les témoins, s'il y a lieu, seront cités un jour entier à l'avance.—**341.**

Suite : appel incident.

401. Le demandeur qui aurait limité son appel à certains chefs du jugement pourra toujours, même à l'audience, appeler contre tout ou partie des autres chefs.

Le partie défenderesse pourra elle-même former incidemment appel, en tout état de cause, même à l'audience, contre les dispositions du jugement qui lui seraient contraires. —**342.**

Le ministère public près du tribunal correctionnel soutiendra ou combattra l'appel, au lieu et place du commissaire du Gouvernement près le tribunal dont la décision est attaquée.

Il aura aussi le droit d'appel incident. [286.]

Suite : jugement.

402. L'appel sera jugé en la forme ordinaire des affaires correctionnelles, conformément au Chapitre suivant.—**343.** [···—171.]

Toutefois, les parties ne pourront, sans autorisation du tribunal, citer, même à leurs frais, de nouveaux témoins, ni ceux déjà entendus devant le juge de simple police.

Suite : pouvoir des tribunal.

403. Le tribunal, sur l'appel du prévenu et du ministère public ou du ministère public seul, pourra, soit confirmer ou infirmer le jugement rendu sur l'action publique, soit élever ou abaisser la peine, soit acpuitter le prévenu ou le mettre hors de poursuites.

S'il n'y a appel que du prévenu, le tribunal ne pourra pas élever la peine.

A l'égard de l'action civile, les pouvoirs du tribunal sont les mêmes que ceux réglés pour l'appel en matière civile.— **344.**

404. Les articles 388 et suivants seront applicables au défaut de comparution devant le tribunal d'appel. *Suite: défaut en appel.*

Le jugement rendu par défaut sur l'appel sera susceptible d'opposition dans les trois jours de la signification à personne ou domicile.— **345.**

405. Le pourvoi en cassation sera ouvert à toutes les parties en cause contre les jugements contradictoires rendus en dernier ressort, en matière de simple police, conformément aux dispositions du Chapitre 1er du Livre IV. *Pourvoi en cassation.*

Le délai du pourvoi sera de trois jours, à partir de celui de la prononciation du jugement. — **346.** [···— 177.]

Sommaire.

Art. 376.—496. Sept manières, dont le juge de simple police est saisi.

377.— 497. Mention sommaire, dans la citation, des faits de la prévention ; omission : sanctions.

378.— 498. Délai de la citation.

Art. 376.—496. En vertu du principe général qu'une juridiction ne peut connaître d'une affaire que si elle en est régulièrement saisie, la loi commence par indiquer comment le tribunal de simple police est *saisi*, c'est-à-dire appelé à statuer.

Les cas sont au nombre de sept, sur lesquels il y a peu d'observations à faire.

1er cas.— La citation à la requête du commissaire du Gouvernement, qui est ici un commissaire de police (art. 63), n'est que l'application du droit commun: l'action publique est essentiellement dans les attributions du ministère public.

2e cas.— La citation directe par la partie lésée tient de la règle et de l'exception : de la règle, en ce que l'on sait que la partie lésée peut provoquer des poursuites, en se constituant partie civile (art. 125 et s.) ; de l'exception, en ce qu'elle cite *directement* l'inculpé devant le tribunal, sans instruction préalable; on verra, au contraire, qu'en matière de délit, elle ne peut saisir le tribunal correctionnel, mais seulement le juge d'instruction; à plus forte raison, en matière criminelle.

Cette exception s'explique par l'inutilité d'une instruction préparatoire, en pareil cas, et par le peu d'inconvénient qu'il y a pour l'inculpé à paraître devant le juge de simple police, même quand ce serait indûment: l'indemnité à laquelle serait condamnée la partie civile est un frein suffisant à sa témérité et un remède égal au préjudice causé, lequel est plus matériel que moral.

3e cas.— Il y a ici de l'analogie avec ce qui a lieu pour le juge d'instruction.

On sait qu'au cas de délit ou de crime flagrant, le juge d'instruction peut "se saisir lui-même," par les premiers actes de recherche, s'il a devancé le commissaire du Gouvernement (p. 359). Ici, le juge de simple police, qui est en même temps officier de police judiciaire, a un droit analogue: s'il a constaté, en cette dernière qualité, une contravention flagrante, il n'a pas besoin d'attendre la poursuite du commissaire du Gouvernement ou de la partie lésée : il cite directement le prévenu à son tribunal.

4e cas.— Pour éviter les frais, l'auteur de la contravention peut avoir déclaré à la partie lésée ou au commissaire du Gouvernement qu'il conparaîtrait au tribunal à première demande; dans ce cas, une simple lettre du greffe lui sera adressée; mais le tribunal n'est pas encore saisi, il ne l'est que par la comparution effective du prévenu. Si donc le prévenu ne comparaît pas, sur l'avis qui lui est donné, il faut recourir à la citation en forme.

5e cas.— Il faut supposer ici que le fait avait paru, au premier aspect, constituer un délit, qu'une instruction avait été commencée et qu'elle s'est terminée par un renvoi devant le juge de police : le cas est prévu au Livre IIe (art. 244, 280 et 287).

6e cas.— Le règlement de juges a été traité deux fois par la loi : au sujet de l'instruction (art. 263) et au sujet des juridictions de jugement (art. 319 et suiv.); il n'y a pas à y revenir ici : on le retrouvera, d'ailleurs, une dernière fois, au Livre IVe.

7e cas.— Le renvoi après cassation suppose qu'une première décision de simple police a été cassée pour violation de la loi ; dans ce cas, la cour de cassation, si elle ne doit pas elle-même redresser la décision, ce qu'on verra, au Livre IV, être une de ses attributions, renvoie l'affaire à un autre tribunal de même ordre, lequel se trouve saisi, par cela seul, sans autre formalité.

Bien que le tribunal de police soit saisi par le renvoi même, dans les trois derniers cas, la citation est toujours nécessaire pour faire venir le prévenu à jour fixe, autrement, il courrait risque d'être condamné par défaut.

Art. 377.—497. Il est nécessaire que le défendeur connaisse les faits qui lui sont imputés, afin de pouvoir préparer sa défense et citer ses témoins.

Mais le défaut de cette mention sommaire ne le dispense pas de se présenter, et s'il a déjà cité un ou plusieurs témoins à décharge, il ne sera pas reçu à demander la remise de la cause; dans le cas contraire, il obtiendra, sur sa demande, un délai égal au premier, pour citer ses témoins.

L'amende et les frais mis à la charge du greffier par le dernier alinéa sont une juste punition de sa négligence.

Art. 378.—498. Quoique l'affaire soit de peu d'importance, elle n'est pas urgente par cela même; il devra donc y avoir un intervalle de trois jours entre la remise de la citation et celui de la comparution; ce sont des jours entiers; par conséquent, le jour de la remise et celui de la citation ne sont pas comptés.

Art. 379.—499. Cet article autorise le juge de simple police à faire une sorte d'instruction préparatoire, une visite des lieux, une expertise, pour connaître la nature et l'étendue des dommages causés par la contravention.

Ce n'est par seulement au point de vue du dommage privé que la loi autorise cette information, c'est même surtout au point de vue du dommage public constituant l'infraction.

Pour que cette information puisse, autant que possible, être contradictoire, le prévenu y est appelé. Mais, comme la loi suppose l'urgence, elle n'ordonne pas qu'on attende que le prévenu puisse se rendre à l'appel qui lui est fait. Les actes d'instruction, en effet, ne sont pas moins valables, pour être faits en l'absence du prévenu.

Art. 380.— 500. Les témoins ne sont cités qu'un jour à l'avance. Ce délai peut paraître très-court, mais il est la conséquence du délai de la comparution du prévenu qui n'est que de trois jours depuis la citation: il faut que, dans cet intervalle, il ait le temps d'appeler ses témoins. Le demandeur lui-même ne peut citer les siens avant que le jour d'audience soit fixé au greffe.

Du reste, le juge de simple police étant toujours assez rapproché des justiciables, ce délai est suffisant.

Pour éviter les frais, le plaignant et le prévenu obtiendront souvent de leurs témoins la complaisance de venir volontairement, sans citation. Seulement, dans ce cas, ils doivent, avant que l'examen de l'affaire soit commencé, faire connaître leur intention de déposer, afin qu'on les fasse retirer; autrement, ayant entendu les débats ou les autres dépositions, ils ne pourraient plus déposer qu'à titre de renseignements (voy. art. 339 et 463).

Bien entendu, il n'y aurait pas de condamnation à l'amende contre les témoins qui, ayant promis de comparaître sans citation, ne se présenteraient pas au jour de l'audience.

Art. 381.— 501. L'appel de toutes les causes du jour a deux avantages:

1° Chaque intéressé apprend ainsi à quel moment probable de la journée il sera appelé aux débats: les demandeurs, les prévenus, les témoins, peuvent s'éloigner, sans danger, pendant plus ou moins longtemps;

2° Le juge voit quelles sont les affaires pour lesquelles tout le monde est présent, ou non, et cela lui permet l'interversion du rôle autorisée par le dernier alinéa de l'article.

C'est encore par une disposition favorable que la loi permet de remettre la cause des défaillants à la fin de l'audience.

L'absence d'un témoin peut motiver la même faveur; le témoin est encore plus excusable d'un moment de retard, et si celui qui l'a cité estime que ce témoignage est important pour lui, il fera au juge la demande du sursis jusqu'à la fin de l'audience.

Enfin, si une affaire doit être vraisemblablement plus longue que les autres, il est naturel qu'elle vienne la dernière, pour ne pas faire attendre, sans nécessité, tous les autres justiciables.

Art. 382.— 502. Le juge constate d'abord l'identité du prévenu avec celui qui est dénommé dans la poursuite.

La lecture des procès-verbaux ou rapports sert d'exposé de l'affaire, car, généralement, le juge ne la connaît pas encore. Les actes ont été dressés par les agents de la police locale, soit d'office, quand la contravention était flagrante, soit sur une dénonciation, soit sur la réquisition de la partie intéressée (v. art. 229).

S'il n'y a pas de procès-verbaux, il faut nécessairement que le demandeur, ministère public ou partie civile, expose l'affaire.

Art. 383, 384 et 385.— 503. Vient ensuite l'interrogatoire du prévenu, sur les faits mentionnés aux procès-verbaux ou allégués par le demandeur.

Le résultat le plus désirable de l'interrogatoire de l'inculpé sera son aveu.

On a dit (p. 292) pourquoi l'aveu, même le plus libre et le plus volontaire, n'est pas une preuve certaine et absolue de la vérité du fait avoué; cependant, il ne faudrait pas, par exagération de cette idée, méconnaître la grande valeur probante de l'aveu et c'est surtout dans les inculpations peu graves qu'il n'y aura pas lieu de croire à des supercheries tendant à détourner la justice de la découverte du vrai coupable.

La loi a dû s'expliquer d'abord sur l'aveu, quand le prévenu s'est fait représenter. Il est clair que l'aveu seul du représentant ne pourrait valoir contre le prévenu : le représentant est envoyé, en général, pour contester la demande, non pour y acquiescer ; dans le cas où le prévenu veut avouer, il doit faire lui-même un aveu écrit que le mandataire présentera au tribunal. En réalité, c'est un aveu du prévenu.

L'aveu du prévenu, sur tous les faits allégués, dispensera, en général, de toute autre preuve et simplifiera beaucoup le débat.

Il n'est pas vraisemblable qu'en face d'un aveu complet du prévenu, le demandeur insiste pour faire preuve par témoins, ni que le tribunal ordonne leur audition. Mais la loi a dû admettre ce double droit, en principe, parce qu'elle ne reconnaît pas de preuve légalement impérative pour le juge. L'aveu pourrait, d'ailleurs, être fait par crainte ou par complaisance, ou le demandeur pourrait, au moins, tenir à dissiper tout soupçon de ce genre.

Enfin, l'aveu du fait imputé n'est pas un aveu de l'existence ou de l'étendue des dommages ; la preuve de ces derniers reste toujours à faire.

L'aveu partiel serait toujours utile, mais il ne dispenserait pas de faire les autres preuves à charge; ce ne sera guère que par témoins, puisque les procès-verbaux, s'il y en a, ont été lus.

Art. 386.— 504. Cet article est très-précis sur l'ordre des plaidoiries et ne demande guère de développements.

C'est au demandeur à établir le premier sa prétention.

Si c'est le ministère public qui poursuit et s'il n'a pas changé d'avis, d'après les preuves à décharge, il s'efforcera de démontrer la réalité du fait incriminé, la responsabilité de l'inculpé et la conséquence pénale qui en doit résulter.

La partie civile s'efforcera aussi de prouver les deux premiers points du débat; mais le troisième ne la concerne pas : elle n'a pas à demander la punition de l'inculpé; elle demandera seulement ce qui lui importe : la réparation du dommage à elle causé.

Le prévenu et les personnes responsables s'efforceront de combattre l'existence du fait ou leur responsabilité, ou les conséquences, tant pénales que civiles, qu'on en veut tirer contre eux.

Si la poursuite n'a pas lieu à la requête du ministère public, alors c'est lui "qui parle le dernier;" ce n'est pas une exception à la règle de l'article 350. Ici le ministère public est considéré comme pouvant parler aussi bien *pour* l'inculpé que *contre* lui; il donne son avis sur la poursuite qui n'est pas son œuvre et sur la défense qu'il peut appuyer; c'est le rôle ordinaire du ministère public dans les affaires privées.

Dans les autres cas, le droit pour l'inculpé de parler le dernier (en tout cas, il peut toujours parler après la partie civile) n'empêche pas qu'après sa défense, la partie qui poursuit puisse modifier, même augmenter ses conclusions; ce que la loi interdit, c'est qu'elle puisse développer ses moyens quand la défense est terminée; le tribunal doit rester sous l'impression la plus favorable à l'inculpé; mais des conclusions additionnelles n'influenceront pas le tribunal.

L'abandon complet des conclusions par la partie civile, lorsqu'elle est seule demanderesse, dessaisirait le tribunal immédiatement, dans les cas où une plainte est nécessaire; mais le désistement du ministère public ne dispenserait jamais le tribunal de statuer, conformément à l'article 351.

Art. 387.— 505. Cet article n'a pas besoin de développement : il n'est placé ici que pour compléter la marche, d'ailleurs simple et rapide de cette procédure.

Art. 388 et 389.— 506. Au cas de défaut d'une des parties, la procédure est encore plus simple et plus rapide, mais la loi doit entrer dans des distinctions nouvelles.

Le défaut peut être du côté du défendeur ; c'est le cas le plus fréquent et c'est celui de ces deux articles.

Le défendeur est considéré comme défaillant, non seulement s'il n'a pas comparu, mais si, ayant comparu, il n'a pas conclu, au fond, au rejet de la demande, en tout ou en partie, ou n'y a pas acquiescé.

Par exemple, il a demandé une remise de l'affaire ou il a décliné la compétence du tribunal et, n'ayant pas réussi, il se retire ; dans ce cas, il est défaillant. Le cas est différent de celui où, étant détenu, il est amené de force à l'audience et refuse de se défendre (voy. art. 304).

Comme il faut toujours que l'affaire soit exposée, les procès-verbaux et rapports des agents de l'autorité sont lus, et s'il n'en existait pas, le demandeur devrait exposer le fait et développer ses conclusions, au moins sommairement.

Mais on n'entendra pas les témoins à charge, si la partie poursuivante ne le requiert pas. Elle pourrait avoir intérêt à le requérir, pour profiter de la présence des témoins et se dispenser de les citer de nouveau au cas d'opposition.

D'ailleurs, s'il n'y avait pas de procès-verbaux, et qu'aucun témoin à charge ne fût produit, il est vraisemblable que l'inculpé serait acquitté, même en son absence.

La partie civile pourra faire entendre ses témoins, au sujet des dommages-intérêts dont les procès-verbaux ne diront rien, en général.

Quant aux témoins à décharge, ils seront entendus dans les cas que la loi indique :

1° A la demande du ministère public ou de la partie civile, qui peuvent tenir à s'éclairer et à prouver leur bonne foi ;

2° A la demande des personnes civilement responsables, qui peuvent ne pas être défaillantes et ont intérêt à se défendre, en défendant le prévenu ;

3° Si des témoins à charge ont été entendus : alors c'est par un principe de juste réciprocité ;

4° Si le tribunal le croit utile à la cause.

Les parties civilement responsables peuvent avoir fait défaut, elles-mêmes, soit seules, soit avec le prévenu ; dans ce cas, elles seront jugées par défaut et, n'étant pas entendues, leur cause sera nécessairement défavorable.

Art. 390.— 507. Il sera bien plus rare que la partie civile fasse défaut ; car, si elle reconnaissait qu'elle a eu tort dans sa poursuite, elle aurait encore intérêt à se présenter et à déclarer qu'elle se désiste, pour éviter des frais et des dommages-intérêts. Mais soit qu'elle se désiste, soit qu'elle fasse défaut, le tribunal saisi, même par elle seule, doit statuer sur l'action publique, car cette action est "mise en mouvement" (voy. pp. 22 et 240); sauf, bien-entendu, les cas, déjà réservés, où une plainte est nécessaire pour l'action publique et où le retrait de la plainte fait cesser l'action civile (art. 3 et 8).

Les procès-verbaux et rapports à charge seront toujours lus, afin que le ministère public voye s'il doit se joindre à la poursuite ; il peut aussi demander la déposition des témoins à charge, s'ils sont présents, et le tribunal peut toujours l'ordonner.

Les témoins à décharge sont entendus, à moins que le prévenu ne soit lui-même défaillant.

Quant à l'action civile, le tribunal n'est pas nécessairement obligé de la juger : si le prévenu et les personnes civilement responsables demandent leur renvoi, leur *congé* de la demande, le tribunal doit le leur accorder, lors même que le prévenu serait condamné sur l'action publique, et comme, dans ce cas, l'action civile n'est pas jugée, elle peut être introduite de nouveau.

A l'égard des frais, une distinction est à faire : si le prévenu est condamné sur l'action publique, il supportera les frais de la première demande, et ce sont ceux de la seconde qui seront à la charge de la partie civile, même si elle triomphe plus tard, car, autrement, elle aurait fait supporter doubles frais au prévenu ; si le prévenu est acquitté, les frais de la première demande seront à la charge de la partie civile, et, si elle intente une nouvelle action civile, les frais en seront à la charge de la partie perdante.

Mais le prévenu, acquitté ou non, peut ne pas se soucier de défendre à une seconde action civile, il peut donc requérir le tribunal de juger la demande civile au fond et conclure à ce qu'elle soit rejetée purement et simplement ou à ce qu'elle ne soit admise que dans une certaine mesure.

La loi tranche ainsi une question qui fait grande difficulté, en France, tant dans le cas qui nous occupe que dans celui d'une affaire purement civile où le demandeur fait défaut. Le Code de procédure français (art. 154), sainement interprété, peut conduire à la solution ici adoptée ; mais on paraît ne pas le considérer comme l'autorisant : le Projet la met hors de controverse, pour le Japon.

Art. 391.— 508. Les jugements par défaut sont susceptibles d'une voie de recours spéciale appelée "opposition." On a déjà rencontré ce recours contre les actes d'instruction qui ne sont pas à proprement parler contradictoires (art. 258 et suiv., 271 et s.).

L'opposition est soumise au même délai que celui de la comparution après citation : trois jours, dont le point de départ est la signification du jugement à la partie condamnée. Il est naturel que le point de départ ne soit pas la prononciation du jugement, puisque la partie intéressée n'était pas présente.

La loi indique deux formes de l'opposition qui ne demandent pas de développements.

L'opposition une fois faite, le greffier en informe la partie qui doit y défendre. L'information se fait par une citation contenant l'indication du jour où l'affaire sera appelée; l'intervalle est encore de trois jours, quoique le défendeur à l'opposition n'ait plus à préparer ses moyens; mais il faut qu'il ait le temps de prendre ses dispositions.

L'opposant doit être averti, par lettre du greffe seulement, du jour où son opposition sera examinée. Il n'y a à observer pour lui qu'un intervalle d'un jour.

Art. 392.—509. Le nouveau débat sera semblable à celui qui aurait dû avoir lieu sur la première citation. La loi renvoie aux articles applicables. Elle ajoute qu'il ne pourra y avoir un nouveau jugement par défaut: quelle que soit la partie défaillante, le jugement sera réputé contradictoire à l'égard de toutes. Cette disposition est l'application d'une ancienne maxime de procédure: "opposition sur opposition n'a lieu," reproduite au Code français de procédure civile (art. 165).

Art. 393.—510. La loi qui n'avait fait qu'indiquer la prononciation du jugement, dans l'article 387, y revient, maintenant que le défaut est réglé, parce que le jugement suivra les mêmes règles, soit quand il est contradictoire dès le principe, soit quand il intervient sur une opposition formée.

Il y a "acquittement," quand le fait de l'infraction n'a pas eu lieu, ou quand le prévenu n'en est pas l'auteur ou n'en est pas pénalement responsable : il est alors vraiment jugé "non coupable."

Au contraire, l'expression "d'acquittement" n'est plus employée par la loi, dans les cas qu'elle indique seulement par un renvoi et qu'on a déjà rencontrés à l'article 356, comme Dispositions communes; dans ces cas, le prévenu pourrait être *coupable;* mais l'action publique se trouve non recevable ou éteinte; ce sont les cas qui, en matière criminelle, seront appelés cas *d'absolution*, parce qu'il y a déclaration de culpabilité par le jury et qu'il est impossible alors de prononcer un *acquittement;* on a donc adopté l'expression *d'absolution* qui implique faute mais exemption de peine.

Ici, le tribunal ne prononce pas d'absolution, dans les termes, parce qu'il ne commence pas par déclarer la culpabilité, pour constater ensuite l'impossibilité de punir, il met le prévenu *hors de poursuites.*

C'est la même expression, et la seule possible, si les causes dont il s'agit sont reconnues avant la clôture des débats et en amènent la cessation immédiate; dans ce cas, il est impossible de dire que le prévenu est *coupable;* on ne pourrait pas dire non plus qu'il est *non coupable:* il est *mis hors de poursuites.*

En matière correctionnelle, il en sera de même.

Au contraire, en matière criminelle, les débats devront être conduits jusqu'au bout, et c'est alors que l'accusé pourra être déclaré *coupable* mais *absous.*

Art. 394.—511. Si le fait, au contraire, apparaît avec les caractères d'une contravention, si l'inculpé en est l'auteur et s'il n'est pas dans un des cas d'exemption de peine, alors le juge prononce la condamnation, conformément à la loi.

On sait qu'il peut reconnaître des circonstances atténuantes et abaisser la peine d'un à deux dégrés (Proj. c. pénal, articles 99 et 100); mais il faut qu'il déclare qu'il y a des circonstances atténuantes en faveur de l'inculpé; autrement, l'abaissement ne serait plus motivé et le jugement serait vicié et sujet à cassation.

Art. 394.— 512. Si le fait, reconnu, ou non à la charge de l'inculpé, n'a pas le caractère d'une contravention, mais d'un délit ou d'un crime, le juge de simple police, placé au dernier degré hiérarchique de l'ordre judiciaire, n'est plus compétent *à raison de la matière,* pour en connaître; il pourrait se déclarer incompétent, par un jugement; mais s'il craint de se tromper et s'il estime que l'affaire pourrait lui être renvoyée après instruction, il ne se dessaisit pas et se borne à surseoir, en renvoyant l'affaire au commissaire du Gouvernement de l'arrondissement ou au juge d'instruction, suivant la gravité apparente du fait.

Le juge peut aussi décerner un ordre d'arrestation, en vertu duquel l'inculpé sera conduit devant le juge d'instruction en état de mandat d'amener.

La loi ne permet plus au juge de se déclarer incompétent, s'il est saisi par un renvoi de la cour de cassation, lequel est seul attributif de compétence (art. 56 et 316); il y a alors *chose jugée* souverainement sur la compétence, et il est naturel de croire que, s'il y a erreur sur l'appréciation légale de l'infraction, cette erreur n'est pas du côté de la cour de cassation.

Bien entendu, le juge de simple police recouvrerait le droit de se déclarer incompétent, si des faits nouveaux et connexes, ou des circonstances constitutives d'un délit et non relevées dans la poursuite, se révélaient par la procédure, alors on ne pourrait plus dire qu'il y a chose jugée sur la compétence.

Art. 396.—513. Les jugements de simple police ne sont pas toujours en dernier ressort.

La loi indique avec soin les cas dans lesquels il y a lieu à appel.

1er cas.— Le prévenu peut appeler contre toute condamnation aux arrêts, même d'un jour, ou contre la confiscation prononcée soit seule, soit accessoirement à une autre peine. Il ne peut appeler contre un jugement prononçant une amende seulement, même au cas de récidive.

2e cas.— Le ministère public, en sens inverse, peut appeler, s'il a conclu aux arrêts ou à la confiscation spéciale et que le tribunal n'ait prononcé qu'une amende ou ait acquitté le prévenu ; mais le ministère public ne pourrait pas appeler, si le tribunal avait prononcé la confiscation spéciale pour une importance moindre que celle à laquelle il avait conclu, ou si, le ministère public ayant conclu à l'amende seule, il y avait eu acquittement.

3e cas.— On a vu aux *Dispositions générales* (art. 4), que le juge de simple police peut connaître de l'action civile, lors même qu'elle excéderait le taux ordinaire de la compétence du juge de paix ; les dommages-intérêts, à quelque somme que s'élève la demande, sont un accessoire de la contravention ; or, le juge du principal doit, raisonnablement, être juge de l'accessoire ; mais la décision sera susceptible d'appel, chaque fois que la demande, accordée ou non, se trouvera supérieure au taux de la compétence en dernier ressort du juge de paix. Si la demande est rejetée, c'est la partie civile, dans ce cas, qui peut appeler ; si la demande est admise, ce sont le prévenu ou les personnes civilement responsables qui ont l'appel.

La solution est la même, si le prévenu acquitté a demandé des dommages-intérêts supérieurs au taux de la compétence en dernier ressort du juge de paix (*a*).

La loi française paraît peu logique au sujet qui nous occupe : elle admet bien que le juge de simple police soit compétent pour connaître, en premier ressort, de toute demande en dommages-intérêts fondée sur une contravention, à quelque somme qu'elle s'élève, tandis qu'en matière civile ordinaire la compétence du juge de paix, en premier ressort, n'excède pas, en général, 200 francs; mais, par contre, tandis que le même juge, statuant en matière civile ordinaire, peut juger sans appel, en dernier ressort, une demande n'excédant pas 100 francs, ici, en matière de contraventions, il ne peut statuer sans appel que jusqu'à concurrence de 5 francs, en y comprenant même les restitutions et l'amende (art. 172) ; enfin, comme ce n'est plus *la demande* qui détermine le droit d'appel, mais *la condamnation*, il en résulte cette autre singularité que *le rejet* d'une demande quelconque en dommages-intérêts n'est pas susceptible d'appel.

Le Projet a cherché à mettre plus d'harmonie dans les attributions du même juge.

On pourrait s'étonner qu'en ce qui concerne la confiscation spéciale mentionnée aux deux premiers cas, le texte n'ait pas distingué, pour en régler l'appel, la valeur des choses confisquées, comme il distingue le montant des dommages-intérêts : le motif en est que l'application de la confiscation spéciale aux contraventions est très-délicate et est bien plutôt l'occasion d'une question de droit que d'une question de fait (v. Proj. c. pénal, art. 55). Le prévenu qui se plaint d'une confiscation, comme indûment faite, ou le ministère public

(*a*) Aujourd'hui, toutes les décisions civiles des juges de paix sont susceptibles d'appel ; mais il est vraisemblable que le futur Code de procédure civile ne permettra l'appel qu'au-dessus d'un certain chiffre.

qui se plaint qu'elle ait été indûment refusée, sont généralement plus intéressés au principe même qu'à la valeur qui est en jeu, la solution a presque toujours plus d'importance pour l'avenir que pour le présent; par exemple, dans les contraventions en matière d'industrie ou de profession; aussi, la prononciation ou le refus de la confiscation sera-t-elle aussi souvent l'objet d'un pourvoi en cassation que d'un appel.

4e cas.— On a déjà rencontré (art. 258-4° et p. 416) et on retrouvera encore plus d'une fois des voies de recours fondées sur l'incompétence ou l'excès de pouvoir.

L'incompétence est suffisamment connue par tout ce qui précède.

L'excès de pouvoir est au contraire, d'une application infiniment variée et il serait impossible d'en énumérer tous les cas: quelques exemples suffiront ici et on les variera à chaque occasion.

On pourrait supposer qu'un juge de simple police, statuant sur une contravention industrielle, ordonnerait au contrevenant de supprimer ou de modifier une disposition de ses appareils, lorsque la contravention résulte de leur fonctionnement, sans que pourtant ils soient établis contrairement à la loi; ou bien que, statuant sur une contravention de voisinage, il ordonne au contrevenant de faire certains travaux, tels que clôture ou palissade destinée à prévenir de nouvelles contestations entre les voisins; ou bien, il aurait ordonné la confiscation d'un cheval ou d'une voiture qui ont été l'*occasion* d'une contravention, comme s'ils étaient *les moyens* de l'infraction, ce qui n'est ni dans les termes ni dans l'esprit de la loi.

Ce serait encore un excès de pouvoir que de statuer sur choses non demandées, lors même que le juge aurait pu les accorder sur demande, ou d'accorder plus qu'il n'a été demandé à titre de dommages-intérêts.

La loi reconnaît encore le droit d'appel à toutes parties qui se plaignent que des formes prescrites à peine de nullité ont été violées ; mais chacune ne peut se prévaloir que des formes prescrites dans son intérêt : le ministère public, il est vrai, peut se prévaloir de celles qui sont établies dans l'intérêt de la défense, autant que de celles qui le sont dans l'intérêt de la poursuite, parce que la société, dont il est le représentant devant la justice, a autant d'intérêt à l'acquittement des innocents qu'à la punition des coupables : par exemple, il invoquera pour l'appel, autant que pour le pourvoi en cassation, la composition irrégulière du tribunal ; le prévenu invoquera les mêmes moyens, mais seulement, s'il est condamné ; de même, le défaut de publicité de l'audience ou le défaut de sa convocation à une visite de lieux ; la partie civile se plaindra lorsqu'il n'a pas été statué sur ses conclusions ou qu'il a été statué contre elle sur choses non demandées.

Quant à la violation de la loi pénale proprement dite, elle sera plus rarement un cas d'appel, en dehors des cas qui précèdent ; il faudrait supposer : pour l'inculpé, qu'il a été condamné à une amende plus forte que celle qu'édicte la loi au *maximum;* car s'il y a condamnation aux arrêts, il a l'appel sans distinction, sur le fait, comme sur le droit; pour le ministère public, on pourrait supposer, en sens inverse, que l'amende a été prononcée au-dessous du *minimum* légal, sans admission de circonstances atténuantes.

Le premier cas constituerait, à la rigueur, un excès de pouvoir; mais, on ne pourrait le dire du second cas, où le juge n'a pas fait ce qu'il avait le devoir et par conséquent le pouvoir de faire.

Art. 397 et 398.— 514. Cette forme d'appel au greffe du tribunal même qui a statué est conforme à celle des autres voies de recours; quant au délai, il est aussi court que le délai de la citation devant le premier juge; mais s'il y avait eu lieu à opposition et qu'elle eut été négligée, le délai est un peu plus long : il est presque égal à la réunion des deux délais.

On voit par cet article que celui qui a négligé l'opposition ne perd pas le droit d'appel; on verra, au contraire, que celui qui a négligé l'appel perd le pourvoi en cassation.

La loi n'exige pas que l'appelant énonce ses griefs contre le jugement, c'est-à-dire ses moyens d'appel: il suffira qu'il les fasse connaître à l'audience; d'ailleurs, cette énonciation préalable ne serait pas une garantie contre les appels mal fondés, puisqu'il serait toujours facile d'alléguer, sans les préciser, un excès de pouvoir ou une violation des formes.

L'appel, comme l'opposition, est notifié à la partie qui doit y défendre, à l'exception du cas où c'est contre le ministère public qu'il est formé: auquel cas une simple lettre du greffe suffit, pour éviter les frais.

Art. 399.— 414. Ce n'est pas le greffier qui transmet la procédure devant les juridictions de recours; la loi donne ce soin au ministère public, comme mesure d'administration, qu'il soit demandeur ou défendeur, ou même, lorsqu'il y reste étranger, comme pour les intérêts civils.

Si le ministère public est partie à l'appel, il transmet, en outre, ses observations au ministère public près le tribunal d'appel. On sait que ce tribunal n'est autre que le tribunal correctionel.

Art. 400.—516. Bien que le tribunal d'appel soit saisi par la déclaration même d'appel, il faut encore que les parties en cause soient averties du jour et de l'heure auxquels l'affaire sera appelée; pour cela, le greffier du tribunal d'appel leur donne avis, par une notification en forme, d'avoir à se présenter à l'audience, en désignant l'affaire par son objet et par les noms des parties.

Eu égard à la simplicité de l'affaire, l'intervalle entre la notification et le jour de l'audience est toujours très-court.

Art. 401.— 517. Bien que l'appelant ne soit pas tenu d'énoncer dans sa déclaration d'appel, ses griefs contre le jugement, ni d'indiquer s'il appelle contre tout le jugement ou seulement sur certains chefs, cependant, il peut faire ces indications, ne fût-ce que pour donner à son appel un caractère plus sincère et plus sérieux.

Dans ce cas, il ne doit pas souffrir d'avoir commis quelque omission par l'effet de la précipitation. Il peut donc invoquer de nouveaux griefs à l'audience ou attaquer d'autres chefs.

De son côté, le défendeur à l'appel, qui, peut-être, aurait accepté le jugement tel qu'il était, si l'adversaire ne l'avait pas attaqué, peut, à son tour, attaquer tout ou partie des chefs du jugement qui ne le satisfont pas.

On avait déjà trouvé une faculté analogue au sujet de l'appel contre les décisions d'instruction (voy. art. 286).

Le Ministère public près le tribunal correctionnel soutiendra ou combattra l'appel au lieu et place du commissaire du Gouvernement près le tribunal dont la décision est attaquée : c'est une conséquence naturelle du caractère d'unité et d'invisibilité du ministère public (voy. p. 96).

Il aura aussi le droit d'appel incident (v. art. 286).

Art. 402.— 518. Bien qu'il ne s'agisse que d'une contravention, la procédure à suivre est conforme à celle du tribunal correctionnel, puisque c'est ce tribunal qui est saisi; elle diffère d'ailleurs bien peu de celle du tribunal de simple police.

La disposition qui défend de citer de nouveaux témoins, ni ceux déjà entendus et dont les dépositions ont été conservées, a pour but de prévenir l'augmentation inutile des frais.

Cependant cet article permet au tribunal d'autoriser ces citations, ce qu'il accordera facilement, si des motifs sérieux lui en sont fournis; c'est en vue de ce seul cas que l'article 400 fixe le délai de la citation des témoins.

Art. 403.—519. Cet article a une grande importance. Il règle le pouvoir du tribunal d'appel sur la décision attaquée.

On dit, en général, que "l'appel est *dévolutif*," c'est-à-dire qu'il remet, qu'il *défère* la question, comme entière, au jugement du tribunal d'appel.

Il ne faudrait pas croire cependant que l'appel d'une seule partie remette toute la décision en question et permette de la réformer en tous sens.

Ce pouvoir absolu n'existe que lorsque l'appel provient du ministère public.

En effet, le ministère public, comme on l'a fait déjà remarquer plus d'une fois, agit aussi bien dans l'intérêt du prévenu que dans celui de la société. Il doit chercher avant tout la justice absolue. Il est vrai qu'on le voit bien plus souvent poursuivre l'inculpé que le défendre; mais cela tient à ce qu'il n'entreprend pas de poursuites sans de sérieux motifs, sans des présomptions graves; en outre, l'inculpé prend ordinairement le soin de sa défense; mais le ministère public ne doit pas négliger de relever, en faveur de l'inculpé, les moyens de défense et de réformation que celui-ci aurait omis par ignorance ou par découragement.

D'ailleurs, les débats peuvent l'avoir éclairé et avoir modifié favorablement son opinion.

Donc, sur l'appel du ministère public, la peine pourra être abaissée, aussi bien qu'élevée ; l'acquittement ou la mise hors de poursuite pourront être prononcés, aussi bien que la condamnation; en d'autres termes, le premier jugement pourra être infirmé, confirmé ou modifié dans un sens favorable ou défavorable à l'inculpé.

Sur l'appel du prévenu, au contraire, le jugement ne peut être que confirmé, ou modifié favorablement : la peine ne peut être aggravée; si même, il y avait eu plusieurs peines appliquées, le tribunal d'appel n'aurait pas le droit d'en élever une en abaissant l'autre.

Quant à l'appel de la partie civile ou des personnes civilement responsables, il n'a ici que les effets ordinaire d'un appel civil et la loi n'a pas à s'y arrêter.

On peut indiquer seulement le principe dominant, à savoir que l'appel d'une partie ne remet la cause en question, n'a d'*effet dévolutif* que sur les points où l'appelant attaque le jugement, c'est-à-dire sur les points qui lui sont défavorables. Ainsi, la partie civile se plaignant que ses dommages-intérêts ont été fixés à une somme insuffisante, ne peut la voir réduite ou supprimée sur son appel; réciproquement, l'inculpé ou les personnes civilement responsables, se plaignant d'une trop forte condamnation civile, ne peuvent la voir encore élevée sur leur appel. Pour que le tribunal d'appel eût le pouvoir d'élever et d'abaisser les dommages-intérêts, il faudrait qu'il y eût deux appels, appel *principal* de l'une des parties et appel *incident* de l'autre, ce qui, du reste, sera fréquent.

Tels sont les principes rationnels et généraux de l'appel civil, que certainement on admettra dans le futur Code de procédure civile.

Art. 404.— 520. Il est naturel que la loi prévoie

qu'il puisse y avoir défaut d'une des parties en appel. De là, un droit d'opposition dans les trois jours. Le renvoi aux articles 388 et suivants dispense de rentrer dans les mêmes détails ; on remarquera seulement qu'au lieu d'entendre ou non, les témoins à charge et à décharge, comme il est prévu dans ces articles, ce sont les dépositions antérieures, à charge ou à décharge, qui seront lues ou ne le seront pas, suivant les distinctions de ces articles.

Art. 405.— 521. Quoique la matière des contraventions soit de peu d'importance, la loi n'a pas cru devoir affranchir du contrôle de la cour de cassation les décisions auxquelles elles donnent lieu. Il pourrait s'établir, en cette matière, une jurisprudence vicieuse sur certains points et il serait nécessaire d'y porter remède, et surtout de la prévenir, pour l'avenir, en fixant le sens de la loi.

En France, le pourvoi n'est admis, en pareil cas, que pour incompétence ou excès de pouvoir. Au Japon, on n'a pas voulu admettre de différence entre la gravité des infractions, quant aux ouvertures à cassation : on a pensé que toutes les lois devaient être également observées.

A l'objection tirée du danger des pourvois abusifs et mal fondés on répondra que le peu d'intérêt de ces pourvois, comparé aux frais et embarras qu'ils entraînent pour le demandeur téméraire, est un frein suffisant contre l'abus. Enfin, le pourvoi, à la differece de l'appel, doit être accompagné de l'énoncé des moyens et cette condition est, comme on le verra au Chapitre IV (art. 548 et 553-2°), une occasion d'écarter d'emblée *(de plano)* les pourvois téméraires.

Au surplus, pour qu'un jugement soit susceptible de pourvoi en cassation, il faut qu'il ait été rendu en dernier ressort, soit par le juge de simple police, dans les cas autres que ceux où l'appel est ouvert par l'article 396, soit par le tribunal d'appel; mais le pourvoi serait refusé à celui qui aurait négligé l'appel (art. 631).

Le pourvoi supposant toujours un jugement contradictoire, le délai court du jour de la prononciation du jugement et non de celui de la notification.

Les autres règles du pourvoi en cassation se trouvent au Livre IVe, Chapitre 1er.

CHAPITRE II.

DU JUGEMENT DES DÉLITS.

Modes de saisine du tribunal correctionnel.

Art. 406. Le tribunal correctionnel est saisi :

1° Par la citation directe donnée au prévenu, à la requête du ministère public ; [122-2°.]

2° Par le renvoi, soit du juge d'instruction, soit de l'une des juridictions appelées à statuer sur un des recours réglés au Livre IIe, Chapitre IV ; [245, 280, 290.]

3° Par le renvoi après cassation ; [560, 560.]

4° Par le règlement de juges. [609.]

Dans les trois derniers cas, la citation sera donnée au prévenu au nom du ministère public. — **347.** [376. — 182.]

Citation : mention des faits ; sanction.

407. Dans le cas où la citation ne mentionnera pas les faits à raison desquels a lieu la poursuite, l'amende contre le greffier sera de 2 à 5 *yen*.

L'article 377 sera appliqué audit cas, pour le surplus de ses dispositions. — **348.** [··· — 184.]

Délai de comparution.

408. L'intervalle entre la remise de la citation et le jour de la comparution sera de trois jours, au moins, sauf ce qui est dit, par l'article 226, à l'égard des flagrants délits. — **348.**

409. Dans tous les cas où la prévention peut entraîner l'emprisonnement, la citation contre un prévenu non détenu portera que le prévenu doit comparaître en personne.— **349.** Citation : avis du mode de comparution ; sanction.

A défaut de cette mention et si le prévenu ne comparaît pas, il sera cité de nouveau aux frais du greffier, l'amende portée à l'article 407 sera prononcée contre ce dernier et les autres dispositions de l'article 377 lui seront appliquées. — **0.**

410. Dans le cas où le délit dont il y a prévention n'est punissable que d'une amende, le prévenu pourra se faire représenter par un mandataire spécial ; sauf au tribunal à ordonner sa comparution en personne, s'il l'estime nécessaire ; dans ce cas, le prévenu en sera avisé par une lettre du greffe. [383.— 185.] Ordre de comparaître en personne : sanction.

Si le prévu qui a déjà comparu par un mandataire, n'a pas obtempéré à l'injonction du tribunal de comparaître en personne et s'est laissé condamner par défaut, il supportera les frais du jugement, lors même que sur l'opposition, il serait acquitté ou mis hors de poursuites.— **0.**

La partie civile et les personnes civilement responsables ne seront aussi tenues de comparaître en personne que si le tribnnal l'ordonne. — **349.**

411. Les témoins seront cités à deux jours entiers d'intervalle, au moins.— **350.** [380.] Citation des témoins : délai.

Renvoi.

412. L'article 379 sera applicable, si l'affaire n'a pas été préalablement instruite.— **351.**

Appel des causes : interversion.

413. Les affaires correctionnelles indiquées pour un même jour seront appelées et jugées dans l'ordre de leur inscription au greffe.

Toutefois, le juge pourra intervertir ledit ordre, pour des motifs graves, si le ministère public ne s'y oppose pas.— **0.** [301, 381.]

Procédure orale.

414. Seront observées devant les tribunaux correctionnels, les dispositions des articles 388 et suivants, concernant : l'interrogatoire du prévenu, la production des preuves, les réquisitoires et défenses, les jugements par défaut et l'opposition.— **352 à 355.** [···—186, 189, 190.]

Défaut : délai de l'opposition ; distinctions.

415. L'opposition au jugement par défaut devra être faite dans les trois jours de la signification du jugement à personne ou domicile.

Toutefois, les jugements par défaut portant condamnation à une peine d'emprisonnement seront susceptibles d'opposition, même après les trois jours de la signification et jusqu'à la prescription de la peine ; sauf dans les trois cas suivants :

1° Si le défaillant a proposé une exception préjudicielle avant de faire défaut sur le fond ;

2° Si le jugement a été signifié à sa personne même ;

3° S'il résulte de quelque acte d'exécution

qu'il ait eu connaissance acquise de la condamnation.

Dans les deux derniers cas, les trois jours pour l'opposition ne courront qu'à partir du jour de la connaissance acquise de la condamnation.— **356.** [··· — 187.]

416. Le tribunal pourra toujours, lorsqu'il le croira nécessaire ou utile à la découverte de la vérité, soit quant à l'existence même de l'infraction ou à son imputabilité au prévenu, soit quant à la réalité ou à l'étendue des dommages causés, ordonner, sur la demande de la partie intéressée ou d'office, la citation de nouveaux témoins, se faire représenter tous documents ou pièces à conviction, ordonner une expertise, et même se transporter en tous lieux où il le jugera nécessaire; le tout, dans les formes prescrites aux juges d'instruction. Supplément d'instruction.

Le tribunal pourra aussi, soit qu'il y ait eu, ou non, une instruction préalable, charger le juge d'instruction d'informer sur un ou plusieurs objets déterminés et de lui en faire un rapport.— **357.** [73.]

417. Si le fait ne paraît pas constant, ou n'est pas suffisamment établi à la charge du prévenu, le tribunal prononcera son acquittement. Acquittement, mise hors de poursuite.

Le prévenu sera renvoyé de la poursuite, dans dans les cas prévus à l'article 356.— **358.** [355. — 191.]

Condamnation de simple police.

418. Si le fait établi à la charge du prévenu ne constitue qu'une contravention, le tribunal statuera en dernier ressort, et, si le condamné était en état de détention préventive, elle cessera de droit.—**359.** [···—192.]

Condamnation correctionnelle.

419. Si le fait établi à la charge du prévenu constitue un délit, le tribunal correctionnel appliquera la peine portée par la loi.

Le tribunal pourra, par le même jugement, ou par décision ultérieure rendue en chambre du conseil, accorder, maintenir ou retirer la liberté provisoire, sur les conclusions respectives du condamné ou du ministère public. — **364.** [361.]

Soupçon de crime : distinctions.

420. Si le fait, avant même d'être établi à la charge du prévenu, semble constituer un crime et n'a pas été l'objet d'une instruction préalable, le tribunal pourra, d'office, se déclarer incompétent ou renvoyer le prévenu devant le juge d'instruction, en état de mandat d'amener, s'il n'est déjà placé sous mandat de dépôt.

Le ministère public transmettra les pièces de la procédure audit juge d'instruction.—**360.** [···—193.]

Suite.

421. Dans le même cas, s'il y a eu déjà une instruction préalable, sans que la cour d'appel ait eu à statuer sur le renvoi, le tribunal renverra la procédure devant la section criminelle de ladite cour, laquelle après avoir dûment informé, conformément aux article 288 et 289, prononcera le renvoi du prévenu, soit devant la cour criminelle, soit devant le tribunal correctionnel.— **361.**

422. Si le tribunal a été saisi par renvoi de la cour d'appel et que, cependant, ledit tribunal, sans qu'il y ait eu révélation de faits nouveaux, estime que les faits constituent un crime, il se déclarera incompétent et il y aura lieu à règlement de juges par la cour de cassation, conformément à l'article 604.— **362.** Suite.

423. Dans les cas prévus aux deux articles précédents, le tribunal correctionnel pourra, sur les conclusions du ministère public, et même d'office, ordonner que le prévenu soit placé sous mandat de dépôt et retenu dans la maison de justice près le tribunal, jusqu'à la décision sur la compétence. Suite.

Le tribunal pourra aussi statuer sur la liberté provisoire, d'après les règles établies aux articles 230 et suivants.— **363.**

424. Les décisions rendues par les tribunaux correctionnels, dans le cas de l'article 519, seront susceptibles d'appel devant la section criminelle de la cour d'appel, par les parties en cause, sous les distinctions ci-après : Appel : parties diverses.

1° Par le ministère public, dans tous les cas, soit d'acquittement, soit de mise hors de poursuites, soit de condamnation;

Toutefois, au cas où le tribunal aura jugé que le fait ne constitue qu'une contravention, le ministère public ne pourra appeler que s'il soutient que le fait constitue un délit;

2° Par le prévenu, au cas de condamnation autre que pour contravention;

3° Par la partie civile, le prévenu et les personnes civilement responsables, respectivement, à raison des dommages-intérêts, d'après le taux des demandes, conformément aux règles de la compétence en premier ressort des tribunaux civils;

4° Par toutes les parties ci-dessus dénommées, pour incompétence, pour excès de pouvoir, ou pour violation de la loi pénale ou des formes prescrites à peine de nullité dans leur intérêt. —**365**. [396.—199 s.]

Suite: délai.

425. L'appel contre un jugement contradictoire devra être interjeté dans les cinq jours de la prononciation.

A l'égard d'un jugement par défaut, l'appel devra être interjeté dans les cinq jours de la notification du jugement, si la partie n'y a pas formé opposition.

Toutefois, l'appel contre une condamnation par défaut à l'emprisonnement sera recevable jusqu'à la prescription de la peine, conformément à l'article 415.—**366**. [397.—203.]

Suite: transfert de prévenu.

426. Si l'inculpé est détenu et que l'appel soit formé par lui ou contre lui, contre la décision pénale, il sera transféré dans la maison de justice de la cour d'appel, par les soins du commissaire du Gouvernement.— **367.** [···— 207.]

427. Les dispositons de l'article 401 sur l'appel incident et de l'article 403, sur l'effet dévolutif de l'appel, sont applicables à l'appel en matière correctionnelle.— **368.** Suite: effet dévolutif.

428. Si la cour, sur l'appel du ministère public près le tribunal correctionnel ou sur l'appel incident du Procureur général, estime que le fait constitue un crime, elle commettra un de ses membres pour procéder à un supplément d'instruction et lui en faire un rapport; elle statuera ensuite en chambre du conseil et renverra le prévenu, s'il y a lieu, devant la cour criminelle, conforméuent aux articles 288 à 291.— **369.** [···— 214.] Suite: soupçon de crime.

429. Si l'une des parties fait défaut en appel, il sera procédé au jugement, à son égard, comme dans le cas où elle aurait fait défaut en première instance. Défaut en appel.

Les mêmes règles seront observées pour l'opposition.— **370.** [414, 415.— 208 s.]

430. Le pourvoi en cassation sera ouvert à toutes les parties en cause contre les jugements ou arrêts rendus contradictoirement et en dernier ressort, en matière correctionnelle, con- Pourvoi en cassation.

formément aux dispositions du Livre IVe, Chapitre 1er.

Le délai du pourvoi sera de trois jours, à partir de celui de la prononciation du jugement.— **371.** [296, 405.— 216.]

Sommaire.

Art. 406.— 522. Quatre manières dont le tribunal correctionnel est saisi : exclusion de la citation directe par la partie lésée.

407.— 523. Mêmes règles qu'en matière de simple police pour la citation.

408.— 524. Délai de la comparution.

409 et 410.— 525. Avertissement donné par la citation, au prévenu non détenu de comparaître en personne, au cas où il peut y avoir lieu à emprisonnement; omission : sanction.— 526. Ordre donné par le tribunal de comparaître en personne; sanction, au cas de défaut.

411.— 527. Comparution volontaire des témoins; précaucaution à prendre.

412.— 528. Informations par le tribunal, avant l'audience, s'il n'y a pas eu d'instruction préalable.

413.— 529. Observation à peu près absolue de l'ordre du rôle.

414 et 415.— 530. Renvoi au Chapitre précédent pour la marche de la procédure.— 531. Jugement par défaut condamnant à l'emprisonnement; prolongation du délai d'opposition, jusqu'à la prescription; trois cas exceptés : motifs de la règle et des exceptions.

416.— 532. Production des preuves : commission rogatoire au juge d'instruction.

417.— 533. Acquittement; mise hors de poursuites.

418.— 534. Condamnation à une peine de simple police.

419.— 535. Condamnation à une peine correctionnelle ; décision sur la liberté provisoire.

420, 421 et 422.— 536. Soupçon d'un crime : distinction s'il y a eu instruction préalable, ou non.— 537. Dis-

Art. 406.— 522. La loi commence ici, comme au Chapitre précédent, par déterminer comment le tribunal correctionnel est *saisi* de la connaissance d'un délit.

Les cas sont moins nombreux que pour le tribunal de simple police; on n'y retrouve pas:

1° La citation directe de la partie civile: si elle n'a pas saisi le juge d'instruction, elle ne peut qu'attendre la poursuite du ministère public, pour s'y joindre, ou intenter une action civile. Il en serait de même pour un crime.

On peut s'étonner que la partie civile paraisse avoir moins de droit quand l'infraction est plus grave; mais il y a là une illusion: elle n'a pas moins de droit qu'en matière de contravention, seulement la manière de faire valoir son droit est différente : l'exercice en est soumis au contrôle de l'instruction: il serait dangereux de permettre à un particulier, qui peut être soupçonneux, téméraire, injuste, de traduire une personne, peut-être innocente, devant une juridiction où la seule comparution déconsidère toujours, même quand on en sort acquitté. L'indemnité à laquelle pourrait être condamné le plaideur téméraire ne serait pas toujours un frein suffisant: tantôt le débiteur serait insolvable; tantôt il serait assez riche pour ne pas craindre de satisfaire sa haine ou sa colère, au risque d'une indemnité; en tout cas, l'argent ne répare toujours que très-imparfaitement de pareils dommages.

En France, le droit de citation directe a été accordé par la loi à la partie civile, en matière correctionnelle; mais on a dit (p. 241) que ce droit donne souvent lieu à des abus et que la tendance de la législation est de le supprimer.

Au Japon, on n'a donné qu'au ministère public le droit de citation directe devant le tribunal correctionnel. Si donc une partie se prétend lésée par un crime ou un délit, elle a le choix: ou de saisir le juge d'instruction qui examinera scrupuleusement la gravité des charges et saisira, s'il y a lieu, le tribunal compétent, ou de saisir seulement le tribunal civil, en exposant les faits dont elle est lésée et là, le ministère public, toujours présent, pourra requérir un sursis et procéder aux poursuites.

2° On ne trouve pas non plus ici la citation directe, par le juge correctionnel, à son tribunal, au cas de flagrant délit. Ce n'est que par renvoi du juge d'instruction (art. 245), ou par citation directe du ministère public que le tribunal correctionnel est saisi de la connaissance d'un délit flagrant (art. 226).

Toutefois, on pourrait compter comme anologue et plus frappant encore, le cas du délit d'audience qui est le plus flagrant de tous et qui a été expliqué aux Dispositions communes du présent Livre (art. 311 à 323, pp. 495 et suiv.).

3° On ne trouve pas davantage ici la comparution volontaire du prévenu: outre que le cas serait peu vraisemblable, il ne serait pas convenable que, pour une infraction qualifiée délit, le ministère public s'en rapportât à la bonne foi du délinquant, pour comparaître à l'audience au jour convenu avec lui.

Il reste donc, comme moyen de saisir le tribunal correctionnel, la citation du ministère public et les trois renvois indiqués au présent article et qui figuraient déjà en tête du Chapitre précédent.

La loi a négligé d'indiquer les renvois pour suspicion légitime et pour sûreté publique, objets d'un Chapitre, au Livre IVe ; c'est que ces renvois sont tout-à-fait exceptionnels, surtout en matière de délits.

Art. 407.— 523. Cet article applique à la citation en matière de délits les règles de la citation en matière de contraventions, notamment, l'obligation pour le greffier de mentionner les faits à raison desquels a lieu la poursuite ; il suffit de se reporter à ce qui en a été dit sous l'article 377. On remarquera seulement que l'amende du greffier négligent n'est plus une amende de simple police, mais une amende correctionnelle.

La loi n'exige pas, du reste, de nouvelle citation : si le prévenu se présente et allègue qu'il ignore quels faits lui sont imputés, il en sera informé et obtiendra le délai pour citer ses témoins et préparer sa défense.

Art. 408.— 524. Le délai de la comparution est le même qu'en matière de simple police. On a vu à l'article 226 qu'il peut être abrégé en matière de délit flagrant ; mais, le prévenu pouvant toujours demander un délai de trois jours pour préparer sa défense (art. 227), la différence est plus théorique que pratique.

Art. 409 et 410.— 525. Lorsque le délit n'est pas de nature à entraîner l'emprisonnement, l'inculpé peut ne comparaître que par un mandataire général ou spécial ; mais, dans le cas contraire, il doit venir en personne.

Comme il pourrait ignorer cette obligation, la citation doit l'en avertir.

Le greffier négligent serait, ici encore, responsable, comme à l'article 377 ; mais le renvoi à cet article n'a trait qu'aux frais de séjour des témoins, non à l'amende, car l'amende portée par l'article 377 est remplacée ici par une amende correctionnelle.

La loi aurait pu ne pas exiger une nouvelle citation, car le prévenu, dans le doute, sur la matière de comparaître, devait, au moins, se faire représenter par un mandataire. Mais on a considéré que le prévenu, ne recevant pas d'avertissement direct de son devoir, soit par une citation, soit par le rapport d'un mandataire, aurait évidemment fait défaut au jour auquel l'affaire aurait été renvoyée et le jugement aurait été susceptible d'opposition : il a paru plus sage de prévenir cette cause de frais et de lenteurs inutiles.

Du reste, dans le cas où la comparution par mandataire n'est pas permise, parce qu'il peut y avoir lieu à emprisonnement, le tribunal pourrait décerner un mandat d'amener, pour une prochaine audience, alors il n'y aurait pas lieu à nouvelle citation.

526. Dans le cas où le prévenu a comparu valablement par un mandataire, le tribunal peut encore ordonner sa comparution en personne, pour avoir des éclaircissements plus circonstanciés ; il rend alors un jugement dit "préparatoire" qui fixe le jour de la comparution ; il n'est pas nécessaire que ce jugement soit signifié, parce qu'il est rendu en présence du mandataire ; mais le prévenu en sera encore informé par une lettre du greffe.

Il fallait une sanction à cet ordre de comparaître. On avait d'abord songé à décider qu'au cas de non comparution le jugement à intervenir, au lieu d'être par défaut et susceptible d'opposition, serait contradictoire : on considérait que le prévenu ayant un mandataire ne pouvait ignorer l'ordre de comparaître ; mais cette raison aurait entraîné le législateur à refuser aussi le bénéfice de l'opposition au prévenu qui, ayant comparu pour proposer une exception, se serait ensuite retiré, sans conclure, avant le jugement du fond; cette sévérité eût été contraire aux usages judiciaires; on ne pouvait non plus attacher une importance très-rigoureuse à la circonstance qu'il y avait un ordre direct et formel de comparaître, car c'eût été admettre qu'un pareil ordre pourrait être donné au prévenu proposant une exception préjudicielle, ce qui était également contraire aux traditions. On s'est bonc borné à décider que la peine du défaut après un tel ordre, serait, non la perte du droit d'opposition, mais l'obligation de payer les frais dudit jugement, lors même qu'il serait réformé sur l'opposition.

Art. 411.— 527. La loi ne prévoit pas ici, comme dans l'article 380, la comparution volontaire de témoins; mais il n'y a pas de motif de la refuser, en prenant les mêmes précautions, tendant à ce que les témoins volontaires n'aient pas entendu le commencement de la cause ni les dépositions des autres témoins.

L'intervalle entre la remise de la citation au témoin et sa comparution est augmenté d'un jour, parce que la circonscription du tribunal est plus étendue; ce qui n'exclut pas l'augmentation d'un jour par chaque distance de 10 *ri* (art. 22), dans le cas où le domicile du témoin serait hors de la circonscription.

Art. 412.—528. Il y aura moins souvent lieu aux informations préalables du tribunal, en matière correctionnelle qu'en celle de simple police, parce que l'affaire peut avoir été préalablement mise à l'instruction : il n'y aura pas lieu dans ce cas, aux visites des lieux avant l'audience ou aux expertises prévues au sujet des contraventions, ou, si elles ont lieu, ce ne sera que pour les réparations civiles dont le juge d'instruction n'a pas eu à s'occuper.

Art. 413.— 529. Ici, les affaires du jour ne sont appelées qu'à leur tour de rôle, et il n'est pas remis à statuer à la fin de l'audience sur celles où il y a des défaillants.

L'interversion de l'ordre du rôle n'est qu'exceptionnellement permise et pour des motifs graves ; par exemple, l'absence d'un témoin très-important qu'on peut espérer voir arriver avant la fin de l'audience.

Art. 414 et 415.— 530. La marche de la procédure orale est la même en matière correctionnelle qu'en matière de simple police ; aussi, la loi a-t-elle pu se borner à renvoyer, d'une façon générale, aux dispositions du Chapitre précédent, jusques et y compris les jugements par défaut et l'opposition.

531. Toutefois, il est établi ici une différence considérable entre les deux natures d'affaires, quant au délai de l'opposition : il n'est plus uniformément de trois jours, depuis la signification du jugement, mais il peut se prolonger jusqu'à la prescription de la peine, à l'égard des condamnations à l'emprisonnement ; c'est même le principe général et ce n'est que par exception que l'on rentre dans la limite de trois jours.

L'idée de la loi est que le défaillant peut n'avoir pas été *touché* par la citation originaire, qu'il peut n'avoir même pas connu la condamnation par défaut, quoiqu'elle lui soit notifiée ; mais si, par exception, il y a preuve certaine qu'il a connu la demande ou la condamnation, il n'a plus droit à la prolongation du délai jusqu'à la prescription. Ces exceptions étant une rigueur contre le prévenu sont limitatives ; ainsi, la preuve qu'il connaissait la demande ne résulterait pas de ce que la citation à comparaître lui aurait été remise en personne : il faut qu'il ait effectivement comparu et proposé une exception préjudicielle, après l'insuccès de laquelle il aurait fait défaut. Pour la connaissance de la condamnation, la loi admet qu'elle est hors de doute, si le jugement en a été signifié au prévenu, non à son domicile, mais à sa personne même : on ne peut supposer qu'il ne l'ait pas lue ou ne se la soit pas fait lire. Enfin, il n'y a plus aucune limite dans les autres moyens de preuves qu'il a eu connaissance de la condamnation à l'emprisonnement : par exemple, il aurait été mis en état d'arrestation, ou il aurait soulevé des difficultés sur l'exécution, ou il aurait demandé au commissaire du Gouvernement un délai pour arranger quelques affaires, avant de subir l'emprisonnement, ou il aurait prétexté une maladie réclamant des soins domestiques.

Dans ces trois cas exceptionnels, le droit d'opposition ne va plus jusqu'à la prescription : au premier cas, il reste de trois jours depuis la signification du jugement, même faite au domicile seulement; dans les deux autres, les trois jours courent du moment de la connaissance acquise de la condamnation à l'emprisonnement.

Cette disposition qui prolonge le droit d'opposition jusqu'à la prescription pourrait donner lieu à une objection : on pourrait se demander comment ce cas se concilie avec une autre disposition qui suspend l'exécution des jugements par défaut pendant les délais des recours (art. 359 bis).

La réponse est facile : l'exécution n'est retardée ici que pendant trois jours, délai *normal* de l'opposition; il est clair qu'elle ne peut être suspendue jusqu'à la prescription, ce qui serait attendre pour l'exécution le moment même où elle deviendrait impossible : une fois l'exécution commencée, le condamné, se trouvant dûment averti de la condamnation, a un délai nouveau de trois jours pour former son opposition; l'opposition ainsi formée suspendra tout nouvel acte d'exécution; mais le condamné pourra rester en état de détention préventive, laquelle aurait pu être ordonnée même avant la condamnation et sera encore plus licite après qu'auparavant.

Art. 416.— 532. La loi laisse une grande latitude au juge correctionnel pour ordonner ou permettre la production des preuves à fournir. Lorsqu'il n'y aura pas eu d'instruction préalable, il aura une tâche plus étendue et plus difficile, à cet égard, que dans le cas contraire; et même, lorsqu'il y a eu une instruction, il peut demander au juge d'intruction quelques informations supplémentaires; seulement, comme ce juge est dessaisi par son ordonnance, ce n'est plus que par voie de *commission rogatoire* que ce pouvoir lui est conféré et il n'aura plus à rendre d'*ordonnance*, mais à faire un simple *rapport* sur les points qui lui ont été soumis.

S'il n'y avait pas eu instruction préalable, ce serait encore par voie de commission rogatoire et de rapport que le juge d'instruction éclairerait le tribunal, car il ne pourrait être saisi de l'affaire, sans créer un conflit (voy. art. 261).

Art. 417.— 533. Cet article donne les mêmes solutions pour l'acquittement et la mise hors de poursuites que l'article 393, au Chapitre précédent, sous lequel on a donné les développements suffisants sur ces deux sortes d'issues de l'affaire.

Art. 418.— 534. Le tribunal correctionnel a évidemment les pouvoirs suffisants pour prononcer les peines de contravention, si le fait imputé au prévenu était reconnu n'avoir que cette faible gravité; et, comme le tribunal correctionnel est le juge d'appel en matière de simple police, il est clair que sa décision ici sera sans appel ou en dernier ressort.

Art. 419.— 535. Ici le tribunal est dans sa compétence normale : il reconnaît un délit, l'inculpé est dans les cas de responsabilité pénale, le tribunal lui applique la peine encourue. Comme la décision peut être susceptible d'opposition, d'appel ou de pourvoi en cassation suspensifs de l'exécution, le tribunal pourra, conformément à la disposition générale de l'article 361, accorder la liberté provisoire si le prévenu était détenu, ou la lui retirer s'il était libre, ou confirmer sa situation présente.

Art. 420, 421 et 422.— 536. Il peut arriver que le fait, d'abord considéré comme délit, dans la poursuite, apparaisse, après un premier examen à l'audience, avoir les caractères d'un crime. Dans ce cas, une distinction est à faire: s'il n'y a pas encore eu d'instruction préalable, la fonction du juge d'instruction n'est pas épuisée; le juge correctionnel saisit celui-ci, lequel procède comme il est dit au Livre IIe, Chapitre III ; si déjà l'instruction avait eu lieu, cette voie est fermée ; il faut s'adresser à la cour d'appel, laquelle procède elle-même à une instruction, comme il est dit aux articles 288 et 289; mais en supposant encore que ce ne soit pas elle qui ait ordonné ou confirmé le renvoi devant le tribunal correctionnel; autrement, le cas est réglé ci-après.

537. Si la cour d'appel elle-même a déjà statué sur l'instruction, il n'est plus possible de l'en saisir de nouveau ; d'un autre côté, le tribunal ne peut être forcé de juger comme délit un fait qui lui paraît avoir les

caractères d'un crime; il se déclarera donc incompétent, et, comme le cours de la justice se trouvera arrêté, ce qui est le cas du *conflit négatif*, il faudra un règlement de juges par la cour de cassation (voy. art. 604).

Mais si le tribunal correctionnel avait été saisi par renvoi de la cour de cassation elle-même, statuant sur un recours contre l'instruction, alors ce renvoi étant "attributif de compétence," le tribunal ne pourrait plus se déclarer incompétent, sans se rendre coupable de déni de justice, comme il a été dit au Livre Ier (art. 56). Il devrait donc statuer sur le fait, en lui laissant la qualification de délit qui lui a été attribuée par la cour de cassation, et en citant, dans ses motifs de droit, l'arrêt de cette cour. La loi réserve le cas où devant le juge correctionnel, il se révèlerait des *faits nouveaux* donnant à l'infraction le caractère de crime. Dans ce cas, toutes les limites précédemment posées cesseraient et il pourrait y avoir une nouvelle instruction. Le cas serait analogue à celui qui est réglé par l'article 300 où des charges nouvelles seraient découvertes après une ordonnance de non-lieu.

Art. 423.—538. Quelle que soit la faveur due à la liberté des prévenus, il est établi déjà, par plusieurs dispositions, que l'incompétence réelle ou présumée du juge ne l'empêche pas de s'assurer de la personne de l'inculpé (voy. art. 242). Le présent article ne fait qu'appliquer ce principe dans les cas prévus aux articles 421 et 422, et l'article 420 l'avait déjà fait pour le cas qu'il prévoit.

Art. 424.—539. Les décisions du tribunal correctionnel statuant sur un délit ne sont pas en dernier ressort. Le droit d'appel est ouvert à chacune des parties; mais, naturellement, pour des causes différentes.

1° Le ministère public a le droit d'appel; soit dans l'intérêt public, s'il y a eu absence de condamnation ou condamnation trop faible, soit dans l'intérêt du prévenu, s'il y a eu condamnation indue ou excessive. Le seul cas où le ministère public ne pourrait appeler est celui où le tribunal n'aurait reconnu qu'une contravention et où le ministère public ne contesterait pas ce caractère à l'infraction ; mais, s'il prétendait que le fait est un délit, le droit d'appel lui appartiendrait encore, parce qu'il n'est pas possible que la décision du tribunal échappe à l'appel en changeant la qualification de l'infraction.

2° Le prévenu *acquitté* ne pourrait évidemment appeler, faute d'intérêt, et il ne le voudrait pas non plus.

Quand il est *mis hors de poursuites*, on comprendrait qu'il voulût appeler, pour combattre les motifs du jugement ; car il peut rester contre lui une certaine déconsidération : notamment, si le renvoi des poursuites est motivé par l'absence de pénalité dans la loi, par la prescription, par l'amnistie ou par la chose jugée. Le prévenu, dans ces cas, restera considéré comme auteur des faits à lui imputés et il pourrait prétendre se disculper, en appel, même à ce point de vue. Cependant, la loi ne le permet pas ; l'intérêt purement moral et de réputation lui paraît trop faible ici, et trop peu certain, pour permettre de rouvrir le même débat devant la cour. Mais le prévenu pourrait avoir le pourvoi en cassation, pour violation de la loi (art. 532-14°).

Au cas de condamnation, quelle qu'elle soit, autre que pour contravention, fût-ce à l'amende *minimum* de 2 *yen*, le condamné a l'appel.

3° Les trois parties civilement intéressées, comme demanderesses ou défenderesses respectivement, à savoir, la partie civile, le prévenu et les personnes responsables, peuvent appeler, si leurs demandes ou les demandes formées contre elles excédaient le taux de la compétence en premier ressort du tribunal, d'après les règles de la procédure civile. Ces règles, déjà plus ou moins fixées aujourd'hui, pourront être modifiées sans changer la présente disposition qui les réserve.

4° On connait déjà, par le Chapitre précédent (art. 396), le droit d'appel fondé sur la violation seule de la loi. Sous ce rapport, la cour d'appel semble exercer, par avance, le rôle de la cour de cassation; mais il n'y a rien là que de très-naturel, car il faut épuiser toutes les voies de recours hiérarchiques, pour *le droit* autant que pour *le fait*, avant de recourir à la juridiction suprême. D'ailleurs, l'assimilation n'est pas complète, car si la cour d'appel infirme la décision pour incompétence ou pour violation des formes, elle reprend elle-même l'examen des faits et donne une nouvelle décision au fond, tandis que la cour de cassation, en pareil cas, casserait la décision et renverrait à une autre cour d'appel, pour le jugement du fait et du droit. Ce n'est que dans le cas d'excès de pouvoir ou de violation de la loi pénale que la cour de cassation se bornerait à annuler l'acte illégal et à redresser l'application de la peine (art. 561 et 565).

Art. 425.— 540. Le délai d'appel est ici un peu plus long qu'en matière de simple police, parce que les intéressés peuvent avoir à consulter.

Le point de départ dépend de distinctions nettement posées par la loi : 1° pour un jugement contradictoire, ce n'est pas la signification du jugement, mais sa prononciation qui fait courir le délai : la partie était présente ou représentée, elle n'ignore pas la décision ; 2° pour un jugement par défaut, lors même que la partie a posé des conclusions préjudicielles (exceptions ou fins de non recevoir), quoiqu'elle n'ignore pas qu'il a été statué par le tribunal sur le fond, cependant, comme elle ne peut connaître le dispositif du jugement, il est nécessaire qu'il lui soit signifié, pour faire courir le délai d'appel ; d'ailleurs, le jugement a dû lui être signifié pour faire courir le délai d'opposition : la même signification fait courir le délai de 3 jours (art. 415) et celui de 5 jours pour l'appel.

L'article 425 se termine par une disposition déjà étudiée au sujet de l'opposition (art. 415) : si le prévenu condamné par défaut à l'emprisonnement n'a pas eu connaissance de la condamnation par les moyens prévus audit article, ce n'est pas seulement l'opposition qui lui est conservée jusqu'à la prescription de la peine, c'est aussi l'appel.

Art. 426.— 541. L'appel suspendant l'exécution (art. 359 bis), aussi bien pour l'inculpé qu'à son préjudice, c'est-à-dire, aussi bien pour l'application de la peine que pour la mise en liberté (sauf ce qui a été dit à l'article 419), l'inculpé détenu est transféré au siège de la cour d'appel devant laquelle il est demandeur ou défendeur.

C'est le commissaire du Gouvernement qui fait opérer cette translation.

Lors même que l'inculpé aurait obtenu la liberté provisoire, comme ce ne serait que sous condition de se représenter à la suite de la procédure, il ne serait pas dispensé du voyage.

Le petit nombre des cours d'appel, joint à la difficulté des communications par terre, rendra, pendant quelque temps encore, les appels lents et coûteux ; mais ce n'était pas une raison valable de les supprimer ou de les restreindre.

On ne pouvait pas non plus adopter un système qui a été assez longtemps pratiqué en France, à cause aussi de l'ancienne difficulté des communications, mais qui a disparu depuis, avec sa cause, à savoir, l'appel devant le tribunal le plus voisin (*a*). L'appel perd sa

(*a*) Voir les anciens articles 200 et 201 du Code d'instruction criminelle, modifiés en 1856 seulement.

raison d'être, s'il n'est porté à un tribunal hiérarchiquement supérieur, avec un plus grand nombre de juges et de juges plus anciens en fonctions, par conséquent plus expérimentés.

Art. 427.— 542. Cet article renvoie à deux dispositions de l'appel contre les jugements de simple police, pour les appliquer en matière correctionnelle :

1° A l'article 401, pour autoriser l'appel incident de la partie défenderesse à l'appel principal et l'appel incident du Procureur général à la cour. En France, le Procureur général pourrait même interjeter un appel *principal* (art. 202 et 205), mais ce droit, assez exorbitant, entraîne un ou deux mois de délai avant que le jugement ait acquis force de chose jugée, ce qui n'est pas sans un sérieux inconvénient;

2° A l'article 403, pour l'effet dévolutif de l'appel, sur lequel on a donné les explications nécessaires.

Art. 428.— 543. Cette disposition est analogue à celle des articles 420 et 421, au cas où il y a charges suffisantes de crime, et donne lieu aux mêmes renvois à des dispositions de l'instruction. Il n'y a donc pas à s'y arrêter de nouveau.

On remarquera, toutefois, que la cour ne peut saisir la cour criminelle que dans le cas où elle pourrait augmenter la peine, ce qui fait supposer, avec le texte, qu'elle a été saisie par l'appel principal ou incident du ministère public.

Remarquons encore que si, sur le rapport qui lui est fait, elle ne reconnaît qu'un délit, sa décision est prise à l'audience publique; tandis que, si elle renvoie à la cour criminelle, c'est en chambre du conseil qu'elle statue (art. 289, 2e al.).

Art. 429.— 544. Le défaut en appel ne présente

pas de particularités : il est réglé comme le défaut en première instance, lequel, pour les délits, est réglé lui-même comme le défaut en matière de simple police (voy. 388 et suiv. et 414).

L'opposition serait formée dans les trois jours (art. 391), sauf le cas où elle pourrait se prolonger jusqu'à la prescription, d'après l'article 415.

Art. 430.— 545. Le pourvoi en cassation n'est permis qu'à ceux qui n'ont pas eu le droit d'appel ou qui, l'ayant eu, l'ont exercé, ou contre lesquels il a été exercé, et il est formellement refusé à ceux qui ont négligé l'opposition à l'arrêt d'appel rendu par défaut; c'est ce que la loi exprime brièvement, en limitant le pourvoi aux décisions "contradictoires et en dernier ressort."

On pourrait s'étonner que la loi suppose des jugements correctionnels rendus en dernier ressort, puisque l'appel semble toujours possible, d'après l'article 424; mais il faut l'entendre d'une façon *relative* et non d'une façon *absolue*: un jugement peut être dit *en dernier ressort* pour une partie, parce qu'elle ne peut en appeler, et en premier ressort pour une autre qui a ce droit; on en a des exemples dans les Nos 1 et 2 de l'article 424. On peut encore citer, en ce sens, les parties civilement intéressées, lesquelles n'ont pas toujours le droit d'appel et, dans ce cas, auront le pourvoi en cassation.

Comme les jugements attaquables dont il s'agit sont nécessairement contradictoires, la loi fait courir le délai à partir de la prononciation du jugement, conformément au principe général.

CHAPITRE III.

DU JUGEMENT DES CRIMES.

Modes de saisine de la cour criminelle.

Art. 431. La cour criminelle est saisie;

1° Par l'ordonnance ou l'arrêt de renvoi, soit du juge d'instruction, soit de l'une des juridictions appelées à statuer sur l'un des recours réglés au Chapitre IV du Livre IIe; [258 s.]

2° Par le renvoi de la cour d'appel, dans les cas prévus aux articles 291, 294, 421 et 428;

3° Par le renvoi après cassation;

4° Par le règlement de juges.—**372.** [376, 406.]

Rédaction de l'acte d'accusation.

432. Lorsque le renvoi devant la cour criminelle sera devenu inattaquable, il sera procédé à la rédaction de l'acte d'accusation, par le Procureur général ou par l'un de ses substituts, si la cour criminelle siége au même lieu que la cour d'appel et dans le cas où la cour d'appel a évoqué l'affaire, conformément aux conclusions de son Procureur général.

Si l'affaire a été évoquée, contrairement aux conclusions du Procureur général, l'acte d'accusation sera rédigé par le membre de la cour chargé des fonctions du ministère public, aux termes de l'article 292.

Dans les autres cas, le Procureur général pourra, soit rédiger lui-même l'acte d'accusation, soit en charger l'officier qui devra remplir les fonctions de commissaire du Gouvernement près la cour criminelle, conformément à l'article 87. — **373.** [··· — 241.]

433. L'acte d'accusation contiendra : Contenu dudit acte.

1° L'exposé des faits incriminés et des circonstances qui peuvent aggraver ou atténuer la culpabilité;

2° La désignation précise de l'accusé, de ses co-auteurs ou complices, s'il en a, et, dans ce cas, la nature et le degré de la participation de chacun d'eux au crime;

3° L'énoncé des principales preuves ou des indices recueillis dans l'instruction, soit à charge, soit à décharge.

L'acte d'accusation se terminera par un résumé contenant : la désignation de l'accusé, la qualification légale du fait, la citation des textes de la loi pénale et la mention de l'ordonnance ou de l'arrêt de renvoi devant la cour criminelle.

L'acte d'accusation sera signé par l'officier qui l'aura rédigé. — **374.** [··· — 241.]

434. L'acte d'accusation ne pourra comprendre d'autres faits principaux ou accessoires, ni accuser d'autres inculpés que ceux qui auront été compris dans l'ordonnance ou l'arrêt de renvoi. — **375.** [··· — 272.] Suite.

435. Si plusieurs crimes non connexes sont relevés à la charge du même accusé, dans le Séparation ou réunion des accusations.

même acte de renvoi, le Procureur général pourra en faire l'objet d'actes d'accusation séparés et requérir le Président d'ordonner qu'il sera procédé séparément à l'examen et à la délibération du jury, sur chacun d'eux, pour être ensuite statué par un seul arrêt.

S'il n'a été rédigé qu'un seul acte d'accusation, le Président pourra ordonner la division, si le ministère public ne s'y oppose pas.

En sens inverse, le Président pourra ordonner la réunion de deux actes d'accusation séparés. — **376.** [39.]

Notification de l'acte d'accusation.

436. Copie de l'acte d'accusation sera notifiée à l'accusé, cinq jours au moins avant l'audience où il doit comparaître.

S'il y a plusieurs accusés, il en sera remis une copie à chacun d'eux.— **376.** [··· — 242.]

Interrogatoire de l'accusé.

437. Après vingt-quatre heures de ladite notification, l'accusé sera interrogé sur les faits relevés à sa charge dans l'acte de renvoi, par le Président de la cour criminelle, ou par un de ses assesseurs délégué par lui, assisté du greffier.— **377.** [163 s.— 293.]

Avocat choisi ou désigné d'office.

438. A la suite de l'interrogatoire de l'accusé, le Président lui demandera s'il a fait choix d'un défenseur, lequel pourra être choisi en dehors des avocats.

S'il n'en a pas choisi, le Président lui en désignera un d'office, parmi les avocats inscrits au tribunal du lieu. [··· — 294.]

A défaut d'avocats inscrits, le Président de la cour invitera le Président du tribunal civil le plus voisin à désigner d'office un avocat de son tribunal.

S'il y a plusieurs accusés, ils pourront recevoir le même avocat d'office, s'il n'y a pas d'opposition de leur part ou de l'avocat.

Les accusés ne pourront être soumis à l'examen et aux débats qu'après trois jours depuis la désignation de l'avocat d'office.— **378.** [··· — 295.]

439. En cas d'empêchement survenu au défenseur, ou, si l'accusé demande un nouvel avocat pour cause légitime, il en sera nommé un autre, d'office, comme il est dit ci-dessus, et les débats seront suspendus d'un à trois jours, suivant leur degré d'avancement ; ils pourront même être renvoyés à un autre jury.— **379.** Empêchement du défenseur.

440. Il sera dressé acte, en la forme ordinaire, de l'interrogatoire ainsi que de la formalité relative au choix d'un défenseur. [··· — 296.] Constatation de l'observation de la loi.

S'il y a eu changement de défenseur, au cours des débats, il en sera fait mention sur la feuille d'audience, ainsi que de la suspension qui en aura été la suite.— **380.**

441. La nullité de la condamnation pourra être prononcée, si l'accusé n'a pas été assisté d'un conseil pendant tous les débats. Inobservation de la loi : sanction.

Mais l'inobservation des formalités et des délais prescrits aux articles 436 à 439 sera couverte, si les débats ont été commencés ou repris sans réclamation de l'accusé à cet égard.— **381.** [··· — 294.]

Communications avec l'accusé.

442. Le défenseur pourra, après l'interrogatoire, communiquer librement avec l'accusé et prendre connaissance au greffe de toutes les pièces de la procédure. [··· — 302.]

Il pourra aussi en prendre des copies, sans déplacement desdites pièces. [··· — 305.]

Aucune autre personne ne pourra communiquer avec l'accusé depuis l'ordonnance de renvoi jusqu'à la décision de la cour criminelle, à moins d'une autorisation du Président du tribuual dans le ressort duquel il est détenu.— **382.**

Liste des témoins.

443. Les témoins seront cités à deux jours d'intervalle avant celui de l'audience.— **385.**

La liste des témoins cités à la requête du Procureur géneral et de la partie civile sera notifiée à l'accusé, un jour au moins avant celui de l'audience.

La liste des témoins cités à la requête de l'accusé sera communiquée, dans le même délai, au Procureur général, par les soins du greffier.

Si des témoins ont été cités par l'accusé, au sujet des dommages-intérêts respectivement prétendus, la liste en sera notifiée à la partie civile.— **383.** [··· — 315.]

Suite.

444. Les témoins produits par l'accusé,

ou contre lui, dont les noms n'auront pas été notifiés au temps prescrit, ne pourront être entendus qu'en vertu du pouvoir discrétionnaire du Président, à titre de renseignements et sans prestation de serment, à moins que la partie adverse ne déclare qu'elle ne s'oppose pas à leur audition sous la foi du serment.—**384.** [185.—269, 324.]

445. L'ouverture de la session sera faite solennellement, en audience publique, par le Président assisté des deux juges-assesseurs et en présence du ministère public, au jour et à l'heure fixés dans la convocation faite aux jurés. Ouverture solennelle de la session.

Les vingt jurés-titulaires et les quatre jurés-supplémentaires désignés en vertu des articles 89 et 90 devront être présents.— **0.** Appel des jurés.

Leurs noms seront appelés par le greffier, dans l'ordre de leur sortie au premier tirage.— **0.**

Les accusés ne seront pas présents (*a*).—**386.**

446. Si aucun des jurés-titulaires ne manque à l'appel et si aucun d'eux ne se trouve d'ailleurs dans un des cas d'incapacité ou d'incompatibilité prévus par la loi, la liste de session sera immédiatement arrêtée. Liste de session.

Elle sera signée du Président et du greffier.

(*a*) Le jury ayant été supprimé dans le Code officiel, les articles qui suivent jusqu'à l'article 462 n'y ont plus de correspondance : il en est de même pour le plus grand nombre de ceux qui suivent la clôture des débats (art. 478 à 513).

Les jurés-supplémentaires seront libres de se retirer. [450.]

Juré absent : amende.

447. Si un juré ne répond pas à l'appel de son nom et n'a pas fait parvenir la justification d'une excuse légitime, s'il n'est pas d'ailleurs dans un cas d'incapacité ou d'incompatibilité légale, il sera condamné, audience tenante, sur les conclusions du ministère public, à une amende de 20 à 50 *yen*.

La condamnation portera, en outre, que son nom soit rétabli sur la liste annuelle, pour les tirages ultérieurs des sessions de l'année. [454. — 391, 5e al., 396.]

Suite :

448. Ladite condamnation sera, sans délai, notifiée au juré.

Recours.

Elle ne sera susceptible que de pourvoi en cassation, dans les trois jours, lesquels courront de ladite notification, pour le juré condamné, et du jour de la condamnation, pour le ministère public.

Excuse.

Toutefois, si le juré a été légitimement empêché et a fait parvenir son excuse aussitôt qu'il en a eu la possibilité, la cour pourra, après avoir entendu le ministère public, lui faire remise totale ou partielle de l'amende et rapporter la mesure ordonnée relative aux tirages ultérieurs. [··· — 397.]

Ce droit cessera pour la cour, si l'excuse ne lui est parvenue qu'après la clôture de la session, auquel cas, la demande sera portée à la cour d'appel. [344.]

449. Si un ou plusieurs jurés sont condamnés en vertu de l'article 447, ou sont valablement excusés, ou se trouvent dans un des cas légaux d'incapacité ou d'incompatibilité, il sera procédé, audience tenante, à leur remplacement, par autant de jurés-supplémentaires pris dans l'ordre de la liste spéciale. Remplacement des jurés absents.

Si, après épuisement de la liste des jurés-supplémentaires, le nombre des jurés présents et capables se trouve réduit au-dessous de seize, il sera tiré au sort, audience tenante, sur la liste annuelle des jurés-supplémentaires, un nombre de jurés nécessaire pour compléter le nombre de vingt jurés-titulaires. [··· — 393.] Epuisement des deux listes.

La première audience sera, dans ce cas, prorogée de trois jours, pour la convocation des nouveaux jurés.

La prorogation vaudra convocation pour les jurés présents. Prorogation.

450. Au jour fixé pour la reprise de l'audience solennelle, la liste de session sera définitivement arrêtée en la forme prescrite ci-dessus. [446.] Liste définitive.

451. Copie de la liste définitive de session, contenant les nom, prénom, profession, qualité et domicile de chaque juré, sera remise, par le greffier, à tous les accusés, de manière à ce qu'il Copie de la liste à l'accusé.

s'écoule au moins 24 heures entre ladite remise et leur comparution à l'audience.

Le défaut de ladite remise sera couvert après la formation du jury de jugement, conformément aux dispositions de l'article 458, s'il n'y a pas eu réclamation de l'accusé. [· · · — 395.]

Allocution du Président aux jurés.

452. Le Président fera connaître aux jurés la nature de leur fonction et l'étendue de leurs droits et de leurs devoirs, en leur donnant lecture de l'allocution suivante, laquelle, en outre, leur sera remise, imprimée, à l'issue de l'audience, avec le texte des articles 447, 448, 454 à 458 et 492 à 504 : [· · · — 342.]

Messieurs les jurés,

Caractère de l'institution du jury.

a. "Vous êtes appelés par la Loi à l'exercice d'une magistrature temporaire dont l'importance est considérable: vous allez partager, avec les magistrats ordinaires et permanents, le jugement des affaires criminelles de la session.

La Loi n'a pas voulu que le pouvoir de juger, en ces graves matières, fût réservé à une profession spéciale, à une classe d'officiers publics: pour donner aux décisions de la justice pénale une autorité morale plus considérable et qui s'impose davantage au respect du peuple, elle appelle de simples citoyens à y concourir ; en sorte que les accusés sont jugés par leurs égaux et que les intérêts de la société sont confiés à la sauve-garde du pays lui-même.

b. "Si la fonction de juré est une charge, elle est aussi une véritable distinction ; car le jury est appelé à juger les causes qui mettent en question la liberté de l'homme, quelquefois sa vie, toujours son honneur ; cette délégation temporaire de la justice pénale est la plus haute marque de confiance que la Loi puisse donner à la droiture, à la sagesse et aux lumières des particuliers. Suite.

c. "Vos attributions, il est vrai, se borneront, le plus souvent, à l'appréciation des faits de la cause: la décision des points de droit et l'application de la loi pénale et civile sont réservées aux magistrats que vous assistez. [485, 512.] Rôles différents des jurés et des juges.

d. "Mais votre tâche n'en a, ni moins d'étendue, ni moins d'élévation : vous aurez à examiner non seulement si les faits matériels, objets de l'accusation, ont été commis et si l'accusé en est l'auteur, mais encore, s'il a agi avec la liberté, l'intelligence et l'intention, dont la réunion constitue les éléments moraux et essentiels de la culpabilité. [480, 481.] Points de fait.

e. "Quelquefois même, les questions de droit se trouveront indivisiblement liées aux questions de fait, et alors, c'est à vous qu'il appartiendra de les résoudre les unes et les autres. [483.] Points de droit.

f. "Après la clôture des débats, il vous sera posé, verbalement et par écrit, des questions à Questions aux jurés.

résoudre, tant sur les faits principaux et accessoires imputés à chaque accusé que sur les circonstances prévues par la loi qui peuvent, soit aggraver le fait, soit l'excuser ou le justifier. [478 s.]

Questions résultant des débats.

g. "Le plus souvent, ces quetions ne se rapporteront qu'aux charges relevées dans l'instruction préparatoire; mais, il pourra arriver que les débats présentent les faits sous un jour différent, ou que de nouveaux faits, connexes aux premiers, soient relevés à la charge des accusés: d'autres questions vous seront alors posées et votre compétence se trouvera ainsi étendue. [486, 487.]

Questions subsidiaires.

h. "Quelquefois, l'examen d'une question posée sera subordonné à la manière dont vous aurez résolu préalablement une question antérieure, la seconde question se trouvera ainsi conditionnelle ou subsidiaire. [488.]

Mode de réponse.

i. "Vous n'aurez à répondre que par "oui" ou par "non" aux questions posées; c'est pourquoi les questions complexes, ou comprenant plusieurs objets, seront, autant que possible, divisées; mais, quelquefois, de peur d'un trop grand nombre de questions, une seule interrogation pourra porter sur plusieurs objets semblables, lorsque, d'ailleurs, la pluralité d'objets ne doit pas influer sur la pénalité, mais seulement accentuer davantage la physionomie du fait incriminé; dans ce cas, si vous estimez que la réponse doive être affirmative sur les uns et négative sur les autres, vous pourrez diviser le vote et répondre diversement sur chacun des objets que la question avait réunis. [498.]

Appel du Président.

j. " La Loi a prévu que vous pourriez avoir quelque hésitation, soit sur l'étendue de vos pouvoirs, soit sur le sens ou la nature d'une question ; dans ce cas, elle vous autorise à appeler le Président, pour vous donner les éclaircissements nécessaires, et alors, afin d'assurer le respect des intérêts engagés, la présence de l'accusateur et celle du défenseur de l'accusé seront nécessaires. [495.]

Avertissement des autres devoirs.

k. " Les détails particuliers dans lesquels la Loi a du entrer sur la forme de vos délibérations vous seront d'ailleurs communiqués, au moyen d'un extrait de ses dispositions ; vous y trouverez aussi, avec le présent avertissement, l'énoncé de vos autres devoirs. Il suffit ici de vous avertir que votre présence à chaque jour d'audience est rigoureusement exigée, soit pour le tirage au sort du jury de chaque affaire, soit pour la continuation des affaires commencées. [452, 1er al.]

Exactitude, secret au dehors.

l. " Souvenez-vous aussi que vous ne devez communiquer avec aucune personne étrangère, au sujet des affaires qui vous seront soumises, tant que la cour n'aura pas prononcé son arrêt. Vous pourrez, d'ailleurs, discuter librement entre vous, pour vous éclairer mutuellement sur les faits que vous aurez à apprécier; mais, au moment de vous prononcer, la Loi veut que votre vote soit secret, comme garantie d'une entière indépendance. [453, 477, 497.]

Présidence du jury.

m. "La confiance que vous inspirez est égale, aux yeux de la Loi; c'est donc le sort qui désignera celui d'entre vous qui doit présider vos délibérations dans chaque affaire; mais, si celui que le sort aura désigné préfère décliner cette charge, vous choisirez votre président à la majorité des voix, en énoncant cette circonstance sur la feuille des questions. [496.]

Importance des débats.

n. "Pour vous éclairer dans la recherche, souvent difficile, de la vérité, les débats les plus complets se dérouleront devant vous. Les charges relevées dans l'instruction préparatoire n'auront pour vous de poids qu'autant qu'elles seront, de nouveau, produites aux débats. Vous assisterez à l'interrogatoire de l'accusé, à la lecture des pièces et actes de constatation, à l'audition des témoins, tant à charge qu'à décharge. Vous pourrez même adresser à l'accusé ou aux témoins les questions qui vous sembleront utiles; mais, en ayant grand soin de n'exprimer aucune opinion personnelle. Enfin, la discussion contradictoire, entre l'accusation et la défense, achèvera de vous permettre d'apprécier la valeur de chacune de ces preuves. [468, 469, 474.]

Formation libre de la conviction.

o. "Mais, remarquez bien qu'aucune des preuves fournies aux débats ne s'impose, d'après la Loi, à votre conviction : c'est à votre intelligence seule qu'il appartient de percevoir les faits de la cause et à votre conscience d'en apprécier l'intention et la moralité. [160, 453.]

Simple déclaration.

p. "Aussi la Loi ne vous demande-t-elle pas d'exprimer par quelles preuves votre conviction s'est formée; vous ne lui devez pas l'énoncé des motifs de votre décision: elle ne veut qu'une simple déclaration des faits que vous aurez reconnus et, à ses yeux, ce sera la vérité. [354.]

Circonstances atténuantes: leur but.

q. "De plus, comme la Loi ne peut prétendre faire entrer dans ses prévisions toutes les nuances de la moralité de l'agent et du mal social causé par le crime; comme la culpabilité individuelle varie à l'infini, avec l'âge, l'intelligence et le degré de volonté, avec l'éducation, les exemples et la situation de l'agent, la Loi, qui ne vous permet pas de déclarer des circonstances aggravantes qu'elle n'aurait pas prévues, vous autorise, au contraire, à déclarer, en faveur de l'accusé, l'existence de circonstances atténuantes: vous n'aurez pas d'ailleurs à les déterminer et votre conscience en est encore seule juge. [489, 499.]

Suite: danger à éviter.

r. "Mais, vous manqueriez à votre devoir et vous tromperiez le vœu du législateur, si vous usiez de cette faculté pour combattre les sévérités de la Loi qu'il ne vous appartient pas de juger, ou si vous y puisiez un moyen de transaction entre votre justice et votre pitié, ou, ce qui serait pire encore, si vous y cherchiez un refuge pour votre doute; car, ne l'oubliez pas, votre doute devrait entraîner une réponse favorable à l'accusé.

Souveraineté de la décision du jury.

s. " Enfin, vous devez être d'autant plus scrupuleux dans la recherche de la vérité que si vous êtes restés dans les limites de vos attributions, si vous ne vous êtes pas écartés des règles prescrites à vos délibérations, votre décision sera inattaquable : elle n'aura d'autre contrôle que celui de votre honneur et d'autre juge que votre conscience. [517.]

Confiance de la loi dans les jurés.

t. " La Loi remet sans crainte entre vos mains deux intérêts également sacrés : celui de l'accusé qui doit être jugé sans passion et celui de la société que vous ne pourriez déserter par faiblesse, sans vous sacrifier vous-mêmes.

" Messieurs les jurés, je vais recevoir votre serment, conformément à la Loi."

Serment des jurés.

453. Le Président invitera les jurés à se lever pour la prestation du serment dont il leur lira la formule ainsi conçue : [· · · — 312.]

" Sur mon honneur et ma conscience, je jure " d'examiner, avec la plus scrupuleuse atten- " tion, les charges qui seront portées contre les " accusés traduits devant moi et les moyens " fournis pour leur défense ; de ne sacrifier, ni " les intérêts de la société, ni ceux des accusés ; " de ne communiquer avec personne, au sujet " des affaires qui me seront soumises, jusqu'a- " près le jugement ; de n'écouter ni la haine " ou la méchanceté, ni la crainte ou l'affection ;

"de me décider seulement suivant mon intime "conviction, d'après les preuves qui seront pro- "duites aux débats, soit contre les accusés, soit "en leur faveur, et de répondre aux questions "qui me seront posées, avec l'impartialité et la "fermeté qui conviennent à un juge honnête "et libre."

Chaque juré, à l'appel de son nom, répondra: "Je le jure."

Ensuite les jurés apposeront leur cachet sur la formule écrite du serment, laquelle sera, en outre, datée, signée et scellée par le Président et le greffier, pour être jointe à la liste de session.

454. Au jour fixé pour les débats de chaque affaire, il sera procédé, en audience publique, au tirage au sort du jury de jugement, sur la liste de session, en présence de la cour, du ministère public, de tous les jurés et de l'accusé assisté de son conseil. Tirage du jury de jugement.

A l'appel du nom de chaque juré présent, le greffier déposera dans une urne le numéro d'ordre correspondant à celui que le juré occupe sur la liste. [···— 399.]

Si un juré n'est pas présent et n'a pas fait parvenir la justification d'une cause grave d'excuse, il sera condamné par la cour, sur les conclusions du ministère public, aussitôt après la formation de la liste, à l'amende portée à l'article 447. Juré absent: amende.

La même peine sera encourue par un juré

qui se retirerait au cours des débats, sans excuse légitime admise par la cour. [··· — 398.]

En cas d'une seconde absence, non justifiée, dans la même session, la cour prononcera l'amende au *maximum* et ordonnera que le nom du juré soit rayé de la liste de session et rétabli sur la liste annuelle, pour être soumis aux tirages des autres sessions de l'année.

Les dispositions de l'article 448 seront observées audit cas. [··· — 396, 397.]

Récusations. **455.** Lorsqu'il y aura dans l'urne autant de noms qu'il y a de jurés présents, le Président avertira le ministère public et l'accusé qu'ils pourront chacun récuser cinq jurés, sans motiver leur récusation.

Toutefois, si, par suite d'absences, le nombre des jurés présents se trouvait réduit au-dessous de vingt, les récusations du ministère public seraient seules diminuées; les récusations de l'accusé ne seraient diminuées que si le nombre des jurés se trouvait inférieur à quinze.

Il ne pourra être procédé au jugement, si le nombre des jurés présents se trouve inférieur à dix. [··· — 399 à 401.]

Suite. **456.** A l'appel de chaque nom sorti de l'urne, le ministère public et l'accusé auront successivement la parole pour exercer leurs récusations.

Le conseil de l'accusé peut aussi, après s'être

concerté avec lui, exercer les récusations en son nom.

Le ministère public récusera le premier. [*Ib.*]

457. S'il y a plusieurs accusés, ils seront avertis par le Président d'avoir à se concerter pour exercer leurs récusations par l'organe de leur conseil. Suite.

S'ils ne se concertent pas, le droit de récusation pourra être exercé par chacun indistinctement. [··· — 402, 403.]

458. Lorsqu'il sera sorti de l'urne dix noms sur lesquels il n'y aura pas de récusation, le jury de jugement sera formé. [··· — 399, 5e al.] Suite.

459. Si, d'après la nature d'une accusation, ou d'après le nombre des accusés, le Président estime que les débats pourront durer deux jours ou davantage, il pourra, avant le tirage, ordonner qu'il soit tiré au sort un ou deux jurés-suppléants; auquel cas, les récusations permises au ministère public seront seules diminuées. Jurés-suppléants.

Ces jurés prendront rang à la suite des autres et assisteront à tous les débats; mais il ne participeront à la délibération que si un ou deux des dix premiers jurés n'ont pu suivre tous les débats.

Le remplacement d'un seul juré empêché se fera par le premier suppléant appelé par le sort. [··· — 394.]

Assesseur-suppléant.

Il pourra, dans le même but, être adjoint un assesseur-suppléant, pris dans le tribunal du lieu où siége la cour criminelle. [···—253, *in fine.*]

Liste du jury de jugement.

460. La liste du jury de jugement sera signée immédiatement par le Président et le greffier et jointe à la procédure. [446, 450.]

Prise de séance.

461. Aussitôt le jury constitué, les jurés prendront séance auprès de la cour, dans l'ordre de leur sortie au tirage.

Ils occuperont des siéges séparés du public, des parties et des témoins, en face du banc de l'accusé. [···—309.]

Ouverture des débats.

462. Immédiatement après que la cour aura pris séance, l'examen et les débats seront ouverts. [···—405.]

Questions à l'accusé.

Le Président fera lever l'accusé et lui demandera ses nom, prénom, âge, lieu de naissance, qualité, profession et résidence. [···—310.]

Le défaut de conformité, sur ces points, des déclarations de l'accusé avec ses déclarations dans l'instruction, ne mettra pas obstacle aux débats, si, d'ailleurs, l'identité de l'accusé avec celui que désigne l'acte d'accusation est certaine.— **388.**

Appel des témoins.

463. Le greffier fera l'appel des témoins cités à la requête du ministère public et de toutes les parties en cause.

Les témoins se retireront dans une salle

contiguë à l'auditoire, d'où ils seront appelés successivement, au moment de leur déposition. — **389.** [339.— 316.]

Il en sera de même des personnes qui n'auront pas été citées, mais qu'une partie demandera à faire entendre à titre de renseignements, en vertu du pouvoir discrétionnaire du Président.— **0.** Leur retraite de l'audience.

Le Président pourra toujours faire entendre, en vertu du même pouvoir, toute personne, citée ou non, qui aurait assisté aux débats; mais elle déposera sans serment et à titre de renseignements.— **0.** [··· — 269.]

464. Le Président avertira ensuite l'accusé d'être attentif à la lecture de l'ordonnance ou de l'arrêt de renvoi et de l'acte d'accusation, dont il chargera le greffier.— **390.** [··· — 313.] Lecture de l'acte d'accusation.

465. Après cette lecture achevée, le Président procèdera à l'interrogatoire de l'accusé, tant sur le fait principal que sur les faits secondaires ou connexes. Interrogatoire de l'accusé.

Si, dans le cours de l'instruction, l'accusé a fait des aveux et qu'il ne les confirme pas ou les rétracte, le Président lui demandera de s'expliquer sur ces divergences. Aveux, rétractations.

L'aveu de l'accusé, même complet, ne dispensera pas la cour et le jury de procéder à l'examen entier de l'affaire et au jugement.— **391.** [384, 385.]

Annonce à l'accusé de la marche des preuves.

466. Après l'interrogatoire, le Président annoncera à l'accusé que les preuves vont être produites contre lui et qu'il aura ensuite la parole sur chacune de ces preuves, ainsi que le droit de fournir les preuves contraires qui pourraient exister en sa faveur.— **392.** [···— 319.]

Ordre des témoignages.

467. Les témoins seront ensuite appelés et entendus dans l'ordre suivant:

1° Les témoins cités par le ministère public;

2° Les témoins cités par la partie civile;

3° Les témoins cités par l'accusé et par les personnes civilement responsables. [···— 321.]

Toutefois, les témoins de ces deux dernières classes pourront n'être entendus, à ce moment, que sur les faits relatifs à l'accusation et non sur les réparations civiles.

Questions aux témoins et à l'accusé.

468. Les jurés pourront demander la parole au Président, pour poser des questions, soit aux témoins, soit à l'accusé; mais ils ne devront exprimer ou indiquer aucune opinion personnelle sur les faits. [···— 328.]

Juré laissant connaître son opinion.

469. Si un juré a laissé connaître son opinion, au cours des débats, le ministère public et l'accusé pourront requérir qu'il s'abstienne de siéger; la cour pourra aussi l'ordonner d'office.

Le remplacement du susdit juré ne pourra plus être prononcé, si les débats ont été continués sans réclamation du ministère public ou de l'accusé.

Dans le cas contraire, le juré sera immédiatement remplacé par un juré-suppléant, s'il en a été appelé, en vertu de l'article 459; s'il n'en a pas été appelé, l'affaire sera renvoyée devant un nouveau jury dont ne pourra faire partie le juré qui aura exprimé son opinion, à peine de nullité, en cas de condamnation. Son remplacement.

470. Après l'audition de chaque témoin à charge, le Président demandera à l'accusé s'il a quelque observation à faire, au sujet de ce témoignage.— **393.** Questions à l'accusé.

471. Chaque témoin, après sa déposition, rentrera dans la salle des témoins, à moins que le Président ne lui permette de se retirer. [···— 320.] Nouvelles questions aux témoins.

Les juges-assesseurs, les jurés, le ministère public, l'accusé et la partie civile, pourront demander qu'un témoin soit entendu de nouveau ou confronté avec d'autres témoins.

Le Président pourra toujours l'ordonner d'office.— **394.** [326.]

472. Le Président pourra aussi ordonner, soit d'office, soit sur la demande du ministère public ou de la partie civile, que l'accusé se retire de l'auditoire pendant la déposition d'un témoin, s'il estime qu'en présence de l'accusé, la crainte, la haine ou l'affection pourraient influencer la déposition. Retraite de l'accusé, s'il y a lieu.

Lorsque l'accusé sera ramené dans la salle

d'audience, le Président l'instruira de ce qui aura été dit contre lui ou en sa faveur et lui donnera la parole, s'il y a lieu.—**395.** [··· — 337.]

Présentation des pièces à conviction.

473. Dans le cours des débats, au moment qui lui paraîtra le plus favorable à la découverte de la vérité, le Président fera représenter à l'accusé les pièces à conviction et l'interpellera d'avoir à s'expliquer à leur égard.—**0.** [··· — 329.]

Réquisitoire,

474. Après la production des preuves à charge et à décharge, le Président donnera la parole au ministère public pour son réquisitoire.

Plaidoiries,

La partie civile aura aussi la parole pour l'établissement du fait par lequel elle se prétend lésée.

L'accusé ou son défenseur auront ensuite la parole contre l'action publique.

Répliques,

Le ministère public, la partie civile et l'accusé pourront répliquer respectivement. [350.]

Le Président demandera ensuite à l'accusé s'il a quelque chose à ajouter pour sa défense.

Clôture des débats.

Après quoi, le Président déclarera que les débats sur l'action publique sont terminés.—**396.** [··· — 335.]

Réouverture des débats.

475. Les débats au fond, une fois clos, ne pourront être rouverts qu'avant l'entrée du jury dans la salle de ses délibérations, par un arrêt de la cour, rendu, soit d'office, soit sur la demande du ministère public ou de l'accusé et pour les causes suivantes :

1° S'il s'agit de réparer l'omission d'une formalité prescrite à peine de nullité ou dans l'intérêt de la défense ;

2° S'il s'agit d'entendre un témoin important qui se présenterait tardivement ;

3° Si un témoin ou un expert déjà entendu demande à rectifier sa déclaration ;

4° Si l'accusé demande à faire des révélations ;

5° Si le Président veut poser d'office des questions résultant des débats, sans l'avoir annoncé d'avance, conformément au 2e alinéa de l'article 487. [491.]

476. Le Président résumera l'affaire succinctement. Résumé du Président.

Il devra surtout faire ressortir les principales preuves produites, tant contre l'accusé qu'en sa faveur.

Le tout, avec la plus grande impartialité et sans faire connaître son opinion personnelle.

Il rappellera ensuite aux jurés la nature de la fonction qui leur reste à remplir et le serment qu'ils ont prêté. [··· — Comp. 336 modifié, Loi du 19 juin 1880.]

477. Le jury ne pourra plus se séparer après le résumé du Président, jusqu'à sa déclaration, à peine de nullité, en cas de condamnation. Renvoi du Résumé, s'il y a lieu.

En conséquence, si l'heure est avancée, lors

de la clôture des débats, le Président pourra renvoyer à l'audience suivante son résumé et la position des questions. [···—353.]

Questions au jury.

478. Après son résumé, le Président posera aux jurés les questions qu'ils auront à résoudre à l'égard de chaque accusé, tant sur le fait principal que sur les faits connexes, ainsi que sur les circonstances aggravantes et les excuses, tels que ces faits sont présentés dans l'ordonnance ou l'arrêt de renvoi.

Chacun de ces faits devra être l'objet d'une question distincte. [···—337 à 339.]

Désignation des faits.

479. Les infractions et les circonstances qui peuvent les modifier en plus ou en moins ne seront pas désignées par leur nom légal, mais par leurs caractères constitutifs, tels qu'ils sont définis ou déterminés par la loi.

Question principale de la culpabilité.

480. Il n'y aura pas, en général, de questions distinctes relativement à l'existence du fait matériel, à son imputabilité à l'accusé, ni à la responsabilité morale de celui-ci ; il suffira de poser la question de savoir si l'accusé "est coupable" du fait à lui imputé.

Question de justification ; irresponsabilité.

Toutefois, lorsque l'accusé, tout en reconnaissant l'existence du fait incriminé et sa participation audit fait, aura invoqué une des causes de justification admises par la loi, ou une autre circonstance de fait excluant sa responsabilité, le Président devra poser séparément les questions relatives à l'imputabilité du fait matériel à l'accusé et celles relatives à la cause de justification ou à l'absence de responsabilité.

481. La question de savoir si l'accusé a agi volontairement ou avec intention, sera implicitement comprise dans celle de culpabilité; mais, elle devra être exprimée dans la question générale, chaque fois que la loi exprime elle-même cette condition, comme un des caractères constitutifs de l'infraction. Question de volonté ou d'intention.

Il sera posé une question distincte relative à l'intention, lorsque la loi modifie la pénalité à raison d'une intention particulière chez l'auteur de l'infraction.

482. Lorsque l'accusé sera un mineur de 12 à 16 ans, la Président devra joindre à la question générale celle de savoir "s'il a agi avec discernement." [··· — 340.] Question de discernement.

483. Lorsque la gravité du crime pourra se trouver modifiée, en plus ou en moins, par une condition relative à l'état civil des personnes ou par une autre qualité personnelle, soit dans l'accusé, soit dans la victime, le Président devra en faire l'objet d'une question distincte, quelles que soient d'ailleurs les preuves fournies à cet égard aux débats. Question d'état civil, etc.

Il en sera de même de la circonstance aggravante de récidive, ou de la qualité de fonctionnaire, dans le cas prévu à l'article 109 du Code pénal. Récidive, etc.

Question de prescription.

484. A l'égard de la prescription, le jury ne sera interrogé que s'il y a doute ou contestation sur l'époque à laquelle remonterait le crime; dans ce cas, la question posée sera celle de savoir "si le crime remonte à moins de 10 ans." [10.]

Autres exceptions jugées p. la cour.

485. Les autres exceptions contre la recevabilité de l'action publique seront jugées par la cour, après la déclaration du jury, conformément aux articles 317, 356 et 506. [56.]

Questions nées des débats.

486. Indépendamment des questions relatives à l'accusation, telle qu'elle est portée dans l'ordonnance ou l'arrêt de renvoi, il y aura lieu de poser au jury des questions particulières résultant des débats, dans les cas suivants:

1° Si, au cours des débats, il y a eu révélation, soit d'une ou plusieurs infractions connexes, quel que soit leur degré, soit d'une ou plusieurs circonstances aggravantes ou d'excuses légales non relevées dans l'accusation; [40, 416.—338.]

2° Si les caractères constitutifs de l'infraction, tels qu'ils sont portés dans l'accusation, sont contestés aux débats, de telle sorte que l'accusé puisse être reconnu coupable d'un autre crime de gravité supérieure ou inférieure, ou même d'un simple délit, pourvu que les infractions soient de même nature;

3° Si, l'accusation ayant pour objet un crime manqué ou tenté, il résulte des débats que l'accusé pourrait être coupable du même crime consommé, ou réciproquement;

4° Si, l'accusation ayant porté sur un fait de complicité, les débats permettent de croire que l'accusé pourrait être auteur ou provocateur du crime, ou réciproquement.

487. Les questions résultant des débats seront posées sur la demande, soit du ministère public, soit de l'accusé. Suite.

Le Président pourra aussi les poser d'office, en annonçant son intention avant la clôture des débats.

Le ministère public et l'accusé pourront alors demander, dans l'intérêt de l'accusation ou de la défense, que la clôture des débats soit retardée d'un jour.

Ils pourront aussi demander un supplément d'instruction, par la cour, sur les faits nouveaux. [288, 289.]

Dans ce cas, si la cour admet d'instruction, l'affaire devra être renvoyée à un autre jury, soit de la même session, soit de la session suivante.— **397**.

488. La position des questions résultant des débats ne dispensera pas le Président de poser les questions fondées sur l'acte de renvoi. Questions conditionnelles ou subsidiaires.

Toutefois, si, dans les cas prévus à l'article 486, la gravité de l'accusation principale se trouve modifiée, en plus ou en moins, d'après les débats, les questions les plus défavorables seront posées les premières; celles plus favorables ne seront posées que subsidiairement ou conditionnellement, et pour être résolues seulement si les premières le sont négativement.

Dans ces cas, le Président avertira le jury du caractère conditionnel des questions subsidiaires.

Avertissement sur les circonstances atténuantes.

489. Il ne sera pas posé au jury de questions sur l'existence des circonstances atténuantes.

Toutefois, le Président, après avoir posé toutes les questions, devra avertir le jury que s'il estime, à la majorité des voix, qu'il existe des circonstances atténuantes en faveur d'un ou plusieurs accusés, il devra le déclarer en ces termes : "A la majorité, il y a des circonstances "atténuantes en faveur de l'accusé, ou de tel "accusé."

Sanction.

Le défaut dudit avertissement entraînera la nullité, si le jury, ayant reconnu l'accusé coupable, n'a pas déclaré spontanément l'existence de circonstances atténuantes. [499.—341.]

Rédaction et lecture des questions.

490. Le Président rédigera, par écrit, les questions et les avertissements prescrits aux deux articles précédents et il en donnera lecture à haute voix.

Il demandera au ministère public et à l'accusé s'ils ont quelque observation à faire, soit sur l'admissibilité des questions, soit sur l'ordre où elles sont posées.

S'il y a contestation, la cour statuera.

Cas de réouverture des débats.

491. La réouverture des débats pendant un jour et le supplément d'instruction permis par l'articte 487 pourront être demandés, si le Président n'avait pas averti les parties, avant la clôture des débats, qu'il poserait des questions nouvelles. [475-5°.]

492. La feuille des questions, modifiée, s'il y a lieu, d'après l'article 490, sera signée du Président et du greffier et remise au premier juré sorti au tirage au sort, sans aucune pièce de la procédure. [··· — Comp. 341, 1er al. *in fine*.] Remise au jury des questions seules.

Le jury se retirera immédiatement dans la salle de ses délibérations. [··· — 342, 1er al.]

493. Pendant la délibération du jury, l'audience sera suspendue : la cour, le ministère public et le greffier se retireront dans leurs salles respectives ; l'accusé sera reconduit dans la prison de la cour. Suspension de l'audience.

494. Aucun juré ne pourra sortir de la salle des délibérations avant la réponse du jury ; nul étranger n'y pourra pénétrer, à moins d'une autorisation du Président et pour cause légitime. [··· — 343.] Isolement du jury.

La délibération sera suspendue pendant ce moment.

Le tout, à peine de nullité, en cas de condamnation.

495. Au cours de la délibération, un ou plusieurs des jurés peuvent inviter le Président à se rendre dans leur salle pour leur donner les Appel du Président par le jury.

éclaircissements nécessaires, soit sur le sens ou la nature d'une ou plusieurs questions, soit sur l'étendue de leurs pouvoirs.

Le ministère public et le défenseur devront être présents.

A la reprise de l'audience, le Président rendra compte de l'incident.

S'il y a protestations ou réserves, la cour en donnera acte, et statuera, s'il y a lieu.

Chef du jury : sort ou choix.

496. Le premier juré sorti au tirage au sort sera, de droit, chef du jury et présidera la délibération.

En cas de refus de sa part, les jurés choisiront un autre d'entre eux, à la majorité des voix, pour remplir cet office. [··· — 342, 2e al.]

Ledit changement sera mentionné sur la feuille des questions, pour être lû à l'audience.

Discussion du jury.

497. Les jurés pourront discuter entre eux sur les charges et les moyens de défense, dans leur ensemble, et sur chaque question en particulier.

Il sera procédé au vote sur chacune des questions, après qu'elle aura été lue à haute voix par le chef du jury. [··· — 345.]

Vote secret.

Le vote sera secret ; cependant, le juré qui, par une cause accidentelle, ne pourrait écrire lui-même, fera écrire son bulletin par un autre juré. [L. fr. du 13 mai 1836, art. 1er et 2.]

Vote par *oui* ou *non*.

498. Chaque juré déposera dans une boîte

fermée son vote écrit, portant seulement "Oui" ou "Non." [*Idid.*]

Si la question porte sur plusieurs objets du crime, mais qui ne forment pas des faits constitutifs distincts, un ou plusieurs jurés pourront demander que chacun de ces objets soit l'objet d'un vote séparé, et la réponse finale pourra être affirmative sur les uns et négative sur les autres. Division du vote.

499. Le chef du jury fera voter, en dernier lieu, sur la déclaration des circonstances atténuantes, et, s'il y a plusieurs accusés, il y aura, à cet égard, un scrutin particulier pour chacun d'eux. Vote sur les circonstances atténuantes.

Il ne sera fait mention du vote sur ce point que si les circonstances atténuantes réunissent six voix, au moins. [···—*Ib.* art. 3.]

500. Toute déclaration défavorable à l'accusé devra réunir six voix, au moins, pour être inscrite contre lui. Majorité.

En cas de partage des voix, la réponse sera considérée comme favorable, sauf en ce qui concerne les circonstances atténuantes. [···—347.] Partage.

501. Les bulletins blancs seront comptés en faveur de l'accusé. Bulletins blancs, illisibles, nuls.

S'il y a des bulletins illisibles, équivoques ou irréguliers et que le scrutin ne donne pas de résultat utile avec les autres bulletins, il sera procédé à un autre tour de scrutin.

Après quoi, les bulletins encore jugés défectueux par cinq jurés seront comptés en faveur de l'accusé. [···—*Ib.* 4.]

Inscription du vote.

502. Le vote sur chaque question sera vérifié par le chef du jury, devant les jurés, et le résultat en sera inscrit aussitôt, par lui, à la suite de la question résolue, par les mots "Oui" ou "Non, à la majorité," ou par la mention: "Il y a partage des voix."

Lorsque le chef du jury aura inscrit tous les votes, il en donnera lecture aux jurés, et il datera et signera la feuille des questions.

Les renvois et ratures seront paraphés par lui.

Les bulletins de vote seront immédiatement blûlés. [···—*Ib.*, 5.]

Rentrée du jury à l'audience.

503. Les jurés, après avoir fait avertir le Président que leur délibération est terminée rentreront dans l'auditoire et y reprendront leurs places.

Lecture du verdict à la cour.

504. Le Président invitera le chef du jury à faire connaître la délibération des jurés.

Le chef du jury se lèvera et dira: "Sur mon "honneur et ma conscience, la déclaration du "jury est: Sur la première question," etc.

Il lira ensuite toutes les questions, dans l'ordre où elles ont été posées, avec la réponse du jury faite à chacune d'elles.

Il terminera, s'il y a lieu, par la déclaration des circonstances atténuantes. [···— 348.]

505. Le Président visera la déclaration avec le greffier. Lecture du verdict à l'accusé.

Il ordonnera ensuite de ramener l'accusé, et le greffier donnera lecture à celui-ci de la déclaration du jury. [··· — 349, 357.]

Débat sur l'application de la loi.

506. Si l'accusé est déclaré coupable, sur une ou plusieurs questions, le ministère public aura la parole sur l'application de la loi. [··· 362.]

L' accusé ou son conseil pourra soutenir que le fait n'est pas puni de la peine requise par le ministère public.

Il pourra même soutenir que le fait n'est puni d'aucune peine ou qu'il est couvert par toute autre fin de non-recevoir de l'action publique, comme il est dit aux articles 317 et 356.

Ni le ministère public, ni l'accusé ou son défenseur, ne pourront soutenir aucune allégation contraire à la déclaration du jury. [··· — 342.]

507. La partie civile aura ensuite la parole pour justifier sa demande en dommages-intérêts ; Débat sur les domm.-intérêts.

L'accusé, ou son conseil, et les personnes civilement responsables pourront répondre. [··· — 362, 2e al.]

Le ministère public donnera ses conclusions le dernier. [386, 4e al.]

La cour pourra, toutefois, disjoindre l'examen de l'action civile, comme il est dit à l'article 357, à charge de statuer avant la fin de la session. [··· — 366, 1er al.]

Retraite du jury, pour rectifier sa déclaration.

508. Si, avant la prononciation de l'arrêt, la cour reconnaît que la déclaration du jury est incomplète, équivoque ou contradictoire, elle devra, soit d'office, soit sur la demande du ministère public ou de l'accusé, ordonner que le jury rentre dans la salle de ses délibérations pour avoir à compléter, préciser ou rectifier sa déclaration.

Il en sera de même, s'il y a des irrégularités de forme ; toutefois, l'omission de la date de la déclaration et de la signature du chef du jury pourra être réparée à l'audience même.

Nullité de certaines déclarations.

509. Si le jury a fait des déclarations sur des points qui ne lui étaient pas soumis ou qui, étant subsidiaires, ont cessé d'être en question après les déclarations principales, la cour prononcera qu'elles sont réputées non avenues.

Suite.

510. L'arrêt de la cour qui renverra le jury à délibérer de nouveau mentionnera les vices de la déclaration.

Suite.

511. Il ne pourra être apporté par le Président aucun changement aux questions déjà posées, à moins qu'elles ne soient elles-mêmes irrégulières, ni posé de questions nouvelles, à moins que toutes les questions soulevées par l'ordonnance de renvoi n'aient pas été posées.

Lecture nouvelle.

A la rentrée du jury à l'audience, la lecture de la déclaration sera refaite en entier, en la forme ci-dessus prescrite.

512. Si l'accusé a été déclaré "coupable," la cour appliquera les peines conformément à la loi ou prononcera son absolution, dans les cas prévus à l'article 356.—**400.** [354.— 364, 365.] Condamnation, absolution.

513. Quoique l'accusé n'ait été déclaré coupable que d'un fait qualifié délit par la loi, en vertu de l'article 486-2°, les déclarations sur les circonstances aggravantes ou atténuantes, ou sur les excuses, appartiendront au jury. Délit : pouvoirs du jury.

514. La cour statuera, comme il est dit ci-dessus, soit immédiatement, soit après s'être retirée dans la chambre du conseil, pour en délibérer. [···— 369.] Remise, s'il y a lieu, à l'audience suivante.

Elle pourra aussi remettre à l'audience suivante, au plus tard, la prononciation de son arrêt.

515. Si l'accusé a été déclaré "non coupable," sur toutes les questions, la cour prononcera son acquittement et ordonnera sa mise en liberté immédiate, "s'il n'est détenu pour une autre cause." [···— 358, 1er al.] Acquittement : domm.-intérêts.

La cour statuera ensuite sur les dommages-intérêts respectivement prétendus, comme il est dit ci-dessus.— **401.** [7, 18 s., 357.— 358, 2e al., 359, 366.]

516. Soit que l'accusé ait été condamné ou acquitté, si, au cours des débats, il est résulté des dépositions des témoins, ou des autres preuves fournies, que l'accusé paraissait auteur d'autres Charges de nouveaux crimes ou délits.

crimes ou délits non connexes à ceux dont la cour a été saisie et si le ministère public requiert des poursuites à raison de ces faits, la cour ordonnera que l'inculpé soit renvoyé devant le juge d'instruction compétent, en état de mandat d'amener ou de dépôt, pour être procédé contre lui, dans la forme ordinaire.—**402.** [434, 435, 686-1°.—361.]

Pourvoi en cassation.

517. Le pourvoi en cassation sera ouvert à toutes les parties en cause contre les arrêts rendus contradictoirement par les cours criminelles, conformément aux dispositions et distinctions du Livre IVe, Chapitre 1er, ci-après. —**403.**

Le délai du pourvoi sera de cinq jours, à partir de celui de la prononciation de l'arrêt. [368.—371.]

Jugement des contumax.

518. Après le jugement des affaires où tout ou partie des accusés sont présents, la cour, sans assistance de jurés, procèdera, s'il y a lieu, au jugement des affaires où tous les accusés sont contumax, si les formalités prescrites par l'article 254 ont été observées à leur égard.—**0.**

Suite.

519. Les contumax ne pourront avoir de défenseur.

Justification de l'absence.

Leurs parents ou amis seront seulement admis à fournir la justification de leur éloignement ou de l'impossibilité où ils seraient de se présenter devant la justice.

Si ladite justification est admise, la cour, sur les conclusions du ministère public, ordonnera un sursis et le renvoi à l'une des prochaines sessions.— **270.** [··· — 468, 469.]

Elle pourra aussi lever, pendant ledit sursis, le séquestre établi par ledit article 354.

520. A défaut de justification d'une cause légitime d'empêchement de se présenter, la cour procèdera au jugement, sur la lecture, par le greffier, de l'ordonnance de renvoi, de l'acte d'accusation et des pièces de l'instruction invoquées par le ministère public. Suite : procédure sommaire.

Le Président pourra aussi ordonner, d'office, la lecture de toutes autres pièces de l'instruction qu'il jugera être de nature à éclairer la justice.— **404.** [··· — 470.]

521. Le ministère public donnera ses conclusions sur l'existence de l'infraction et sur l'application de la loi. Suite : plaidoiries.

La partie civile aura la parole pour établir ses dommages-intérêts.

Les personnes civilement responsables présentes pourront combattre les conclusions de la partie civile et même contester les faits incriminés, mais seulement au point de vue de leur responsabilité.

Le ministère public donnera ses conclusions sur l'action civile.— **404.** [··· —*Ibid.*]

522. Si l'instruction n'a pas été régulière, Suite : jugement.

la cour l'annulera et ordonnera qu'elle soit recommencée à partir du plus ancien acte irrégulier, et elle renverra l'affaire au tribunal compétent pour être instruite par un autre juge.

Elle pourra aussi ordonner un supplément d'instruction sur les points qu'elle déterminera. — **0.** [··· — *Ib.*]

Suite.

523. Si l'instruction est conforme à la loi et si les charges établissent contre l'inculpé une infraction de quelque degré que ce soit, la cour appliquera les dispositions de la loi pénale.

La cour pourra reconnaître, en faveur de l'accusé, des excuses légales ou l'existence de circonstances atténuantes.

Elle prononcera la mise hors de poursuites ou l'acquittement, dans les cas prévus aux articles 355 et 356.

La cour statuera, en même temps, sur les réparations réclamées par la partie lésée.— **0.** [··· — *Ib.*]

Suite : séquestre.

524. Dans le cas de condamnation à une peine criminelle, la cour ordonnera que les biens du condamné restent séquestrés conformément à l'article 254. [··· — 471.]

L'exécution de la condamnation aux frais, aux dommages-intérêts et aux amendes sera poursuivie contre le séquestre.

Suite : délit, opposition.

525. Si la cour criminelle ne prononce contre l'accusé qu'une peine correctionnelle, elle lèvera le séquestre.— **0.**

L'arrêt sera susceptible d'opposition devant ladite cour, jusqu'à la prescription de la peine, dans les cas prévus à l'article 415.— **407, 408.**

526. Le pourvoi en cassation contre l'arrêt de condamnation rendu par contumace n'appartiendra qu'au ministère public. Pourvoi.

La partie civile et les personnes civilement responsables pourront seulement se pourvoir en cassation contre la partie de l'arrêt statuant sur leurs conclusions.— **406.** [··· — 473.]

527. Si, parmi les accusés d'un même crime, les uns sont présents et les autres contumax, il sera procédé contre les premiers en la forme ordinaire et contre les contumax en la forme prescrite ci-dessus. Accusés présents, acc. contumax.

Un même arrêt statuera à l'égard de tous. — **271.** [308.— 474, 1er al.]

528. Si le contumax condamné à une peine criminelle se représente et se constitue prisonnier, avant que le temps de la prescription de la peine soit accompli, les condamnations pénale et civile seront de plein droit non avenues et le séquestre levé.— **0.** [··· — 476.] Contumace prisonnier : nullité des condamnations.

529. L'acte d'accusation et l'ordonnance de renvoi seront signifiés de nouveau à l'accusé, sans qu'il puisse y former opposition ou appel. Procédure nouvelle.

L'affaire sera appelée à la plus prochaine session, si elle ne peut être jugée à la session courante ; la partie civile sera appelée et il sera procédé contre l'accusé en la forme ordinaire.

Si d'autres individus avaient déjà été jugés comme co-auteurs ou complices du même crime, il serait donné lecture de leur interrogatoire et des dépositions des témoins concernant l'accusé, soit d'office, soit à la requête d'une des parties en cause. [···— 477.]

Le jugement statuera à nouveau, tant sur l'action publique que sur l'action civile.— **400.**

Suite : frais. **530.** Si l'accusé est acquitté ou absous, les frais de la procédure de contumace pourront être laissés à sa charge, en tout ou en partie.

Amendes. Les amendes payées lui seront restituées.—**0.**

Sommaire.

Art. 431.— 546. Comment la cour criminelle est saisie.

432.— 547. Rédaction de l'acte d'accusation : à qui elle est confiée ; hypothèses diverses.

433.— 548. Suite : Ses principaux objets.— 549. Résumé : formule du renvoi.

434.— 550. Importance capitale de l'ordonnance ou de l'arrêt de renvoi.

435.— 551. Accusations de plusieurs crimes non connexes : réunion ou séparation des débats, suivant les cas.

436.— 552. Notification de l'acte d'accusation à l'accusé.

437.— 553. Interrogatoire du Président, avant les débats : son utilité.

438.— 554. Avocat nommé d'office : ses droits et ses devoirs : conciliation de ses devoirs envers la société avec ceux qu'il a envers l'accusé.—554 bis. Défaut d'avocat dans le ressort.

439.— 555. Empêchement de l'avocat : son remplacement, sursis aux débats ; rôle impartial du ministère public.

présenté dans l'acte d'accusation comme seulement tenté ou manqué, a été consommé, ou réciproquement. — 614. IV. Si l'accusé, au lieu d'être seulement complice du crime, en serait auteur, ou réciproquement.

487.— 615. Contestations sur la position de questions résultant des débats : décisions de la cour, à ce sujet ; supplément d'instruction, ou renvoi de l'affaire à un autre jury, s'il y a lieu.

488.— 616. Questions conditionnelles ou subsidiaires : applications diverses.

489.— 617. Absence de question sur les circonstances atténuantes.— 618. Avertissement du Président, à ce sujet : sanction.

490.— 619. Rédaction et lecture des questions : interpellation du Président au ministère public et à l'accusé ; contestations et décision de la cour, s'il y a lieu.

491.— 620. Cas de réouverture des débats et de supplément d'instruction.

492.— 621. Remise des questions au jury, sans autres pièces de la procédure.

493.— 622. Délibération du jury ; suspension de l'audience.

494.— 623. Isolement du jury.

495.— 624. Appel du Président par le jury, pour éclaircissements : présence du ministère public et du défenseur.

496.— 625. Chef du jury désigné par le sort ou par le choix des jurés.

497.— 626. Discussion au sein du jury ; vote secret.

498.— 627. Vote par *oui* ou par *non*, sur chaque question ; division d'une question, s'il y a lieu.

499.— 628. Vote sur les circonstances atténuantes : cas où il n'y a pas majorité de six voix.

500.— 629. Majorité requise ; partage des voix.

501.— 630. Bulletins blancs, illisibles, équivoques ou irréguliers.

502.— 631. Vérification des scrutins ; inscription et lecture des votes, signature du verdict ; destruction des bulletins.

503, 504 et 505.— 632. Rentrée du jury à l'audience : lecture du verdict par le chef du jury.— 633. Rappel de l'accusé : nouvelle lecture par le greffier.

506.— 634. Accusé déclaré coupable : débat sur l'application de la loi.— 635. Exemples divers de faits odieux non punis et non punissables par la loi.— 636. Renvoi au sujet de la traite des esclaves.— 637. Points de droit déjà réservés à la cour : spécialement, exception d'incompétence.

507.— 638. Débats sur les dommages-intérêts.

508, 509, 510 et 511.— 639. Vice tardivement reconnu de certaines déclarations du jury : rectification des unes à l'audience même ; — 640. Nullité de quelques autres. — 641. Nouvelle délibération sur les dernières : arrêt de la cour à ce sujet. Lecture entière du verdict rectifié

512.— 642. Déclaration de culpabilité : arrêt de condamnation ou d'absolution.

513.— 643. Culpabilité d'un simple délit : compétence du jury.

514.— 644. Décision immédiate ou à l'audience suivante.

515.— 645. Déclaration de non culpabilité : acquittement. Dommages-intérêts.

516.— 646. Infractions non connexes révélées par les débats : renvoi aux juges compétents.

517.— 647. Pourvoi en cassation.

518.— 648. Jugement des contumax ; absence de jury.

519.— 649. Absence de défenseur. Justification d'une cause légitime d'empêchement.

520.— 650. Procédure sommaire : lecture des pièces.

521.— 651. Personnes civilement responsables : moyen de défense admis pour elles.

522.— 652. Renvoi pour un supplément d'instruction, s'il y a lieu.

523.— 653. Condamnation, avec excuses ou circonstances atténuantes, s'il y a lieu ; absolution, mise hors de poursuites, acquittement. Décision sur les dommages-intérêts.

524.— 654. Maintien du séquestre, au cas de condamnation criminelle.

Art. 431.— 546. Cet article, comme chacun de ceux qui commencent les deux précédents Chapitres, nous indique comment la cour criminelle est saisie.

On voit qu'elle n'est saisie que par des renvois ou par le règlement de juges; elle ne l'est jamais par une citation directe, même du ministère public : une instruction préalable est toujours nécessaire, tant dans l'intérêt de la poursuite qui se terminerait par un acquittement, peut-être non mérité, si les preuves n'étaient pas préalablement étudiées avant d'être soumises au jury, que dans l'intérêt de l'inculpé qui, même acquitté, faute de preuves suffisantes, sortirait presque toujours déconsidéré par la comparution en cour criminelle.

On rappellera ici une notable différence, déjà signalée (p. 389), entre la loi française et le Projet japonais, au sujet du renvoi des juridictions d'instruction.

En France, le juge d'instruction, lorsqu'il estime, d'après les charges, que le fait paraît être un crime, ne renvoie pas devant la cour criminelle ou d'assises : il renvoie devant la cour d'appel, chambre des mises en accusation ; cette chambre tire justement son nom de son rôle principal qui est d'examiner s'il y a lieu de renvoyer aux assises, ce qui constitue *la mise en accusation*. Elle remplit, comme la section criminelle de la cour, au Japon, le rôle de juridiction d'appel par rapport à la décision du juge d'instruction ; mais c'est un appel *obligé;* ce second examen des charges est nécessaire. Au Japon, on a laissé à la cour le rôle ordinaire de cour d'appel : elle en est saisie, soit par l'inculpé, soit par le ministère public ; on a pensé que l'inculpé et la société avaient chacun une garantie suffisante dans la faculté d'appel, précédée déjà de la faculté d'opposition devant le tribunal réuni en chambre du conseil, et suivie de la faculté de pourvoi en cassation. Cette innovation a déjà été brièvement justifiée sous l'article 246.

Art. 432.— 547. Cet article commence justement par supposer que le renvoi à la cour criminelle est devenu inattaquable, soit par l'expiration des délais de recours, soit par l'épuisement desdits recours. C'est alors qu'il est procédé à la rédaction d'un document fort important appelé *acte d'accusation,* et dont le contenu est précisé dans l'article suivant.

Ici, la loi nous dit que la rédaction de cet acte est confiée, en principe, au Procureur général près la cour d'appel ; et cela, lors même que le renvoi par le juge d'instruction, ou par la chambre du conseil, n'aurait pas été attaqué devant la cour.

En effet, la procédure est toujours envoyée à ce magistrat, en vertu de l'article 291, pour être par lui transmise à la cour criminelle et pour qu'il ait à soutenir l'accusation ou à la faire soutenir par un de ses substituts.

La rédaction doit nécessairement être faite par le Procureur général ou par l'un de ses substituts, dans deux cas :

1° Lorsque la cour criminelle siége au même lieu que la cour d'appel ;

2° Lorsque l'affaire a été évoquée par la cour et que

le Procureur général a conclu dans le sens de l'évocation (art. 292, 2e al.).

Au contraire, la rédaction de l'acte d'accusation n'appartient plus au Procureur général, quand c'est contrairement à ses conclusions que l'affaire a été évoquée.

Il est naturel que, dans ce cas, un acte de cette importance, qui est le résumé des charges, ne soit pas confié à un magistrat qui a cru que les poursuites n'étaient pas fondées.

Le membre de la cour chargé de la poursuite dans l'instruction rédigera l'acte d'accusation et même le soutiendra devant la cour criminelle (art. 292, 3e al.).

On conçoit aussi que l'accusation à l'audience ne soit pas laissée à l'officier du ministère public près le tribunal où siége la cour criminelle, car il est, hiérarchiquement, sous la direction du Procureur général et, dans le cas qui nous occupe, il ne se trouverait pas dans les conditions nécessaires d'indépendance.

Le droit d'évocation malgré le Procureur général étant donné à la cour, il faut en accepter les conséquences naturelles. C'est d'ailleurs un droit dont les cours useront rarement, surtout contrairement aux conclusions du Procureur général, et celui-ci y résistera d'autant moins qu'il saura que sa résistance ne peut arrêter la cour.

Dans les autres cas, le Procureur général est libre de rédiger l'acte d'accusation lui-même, ou de le confier à un de ses substituts ou au commissaire même du Gouvernement qui doit soutenir l'accusation à la cour criminelle.

Art. 433.— 548. La loi indique ici les objets essentiels de cet acte. Il faut observer qu'une grande latitude est laissée à l'officier pour cette rédaction. Cette pièce, quelle que soit son importance, tire sa valeur des autres pièces de l'instruction, principalement de l'ordonnance ou de l'arrêt de renvoi devant la cour criminelle; aussi la loi ne prononce-t-elle pas la nullité de cette pièce pour les irrégularités qu'elle pourrait présenter; sauf à la cour, si, elle remarquait des omissions graves, au moment de la lecture qui en sera faite, à en demander la réparation, laquelle pourrait être faite immédiatement par le ministère public près la cour, en vertu de l'indivisibilité de cette fonction.

Voici les principaux objets de l'acte d'accusation :

1° L'officier chargé de la rédaction devra surtout s'attacher à faire un récit exact, clair et méthodique des faits; il ne doit pas rechercher l'effet oratoire, la pompe du style; cela convient, tout au plus, au rôle du ministère public dans son réquisitoire à l'audience.

Indépendamment du récit des faits principaux, l'acte d'accusation signalera les circonstances aggravantes qui ont été relevées dans l'instruction, ainsi que les excuses légales; il pourra même indiquer les circonstances atténuantes bien caractérisées qui se présenteraient dans la cause; ce qui est indépendant des circonstances atténuantes que pourrait reconnaître le jury, ou que peut reconnaître un tribunal correctionnel; car ceux-ci n'ont pas à déterminer en quoi consistent ces circonstances atténuantes. L'acte d'accusation manquerait à son caractère précis et aux convenances vis-à-vis du jury, s'il portait que la cause présente des circonstances atténuantes en faveur de l'accusé, sans les déterminer.

2° La désignation de l'accusé, de ses co-auteurs et complices est essentielle, et aussi, comme le veut la loi, la détermination de la nature et du degré de participation de chacun d'eux à l'infraction. Quoique la loi sépare la désignation de l'accusé d'avec l'exposé des faits, ce n'est pas à dire que cette séparation doive être observée dans la rédaction : elle sera, au contraire, difficile et rare; l'exposé des faits obligera presque toujours à mettre l'accusé et les complices en scène.

3° Il ne suffirait pas, pour que l'exposé fût fidèle et pour qu'il répondît au but de la loi, qu'il se bornât à une affirmation des faits et du rôle de chaque accusé; il doit signaler aussi les preuves recueillies dans l'instruction : les témoignages, les constatations faites sur les lieux, les pièces à conviction saisies, les aveux de l'inculpé, les indices et renseignements divers.

Mais, toujours pour être fidèle et complet, l'acte d'accusation doit signaler les preuves ou indices qui pourraient être favorables à l'inculpé.

549. Comme cet acte peut être plus ou moins développé, la loi veut qu'il soit résumé en quelques lignes et que ce résumé contienne la mention la plus essentielle, celle de la loi pénale applicable au crime.

La formule la plus naturelle qu'on puisse adopter au Japon, serait celle usitée en France, ainsi conçue : "En conséquence, *un tel* est accusé d'avoir, *à telle* "*époque*, commis *tel* homicide, *tel* incendie, *tel* vol avec "violences, crime prévu et puni par les articles *tels* et "*tels* du Code pénal, et il est renvoyé, à raison dudit "crime, devant la cour criminelle de ......, par ordon-"nance du juge d'instruction, en date du ......"

Si l'ordonnance a été confirmée par la chambre du conseil du tribunal ou par la cour d'appel, ou maintenue par la cour de cassation, il en sera fait mention ainsi que de la date des décisions.

Si le renvoi a été prononcé par la chambre du conseil, ou par la cour d'appel ou par celle de cassation, sur recours du ministère public, il sera fait mention de la décision qui a ordonné le renvoi et non de la décision infirmée.

Si le renvoi a eu lieu par suite d'une évocation de la cour d'appel, il en sera fait une mention spéciale.

L'acte d'accusation, naturellement, est signé de l'officier qui l'a rédigé.

Art. 434.— 550. En réalité, l'accusation résulte de l'ordonnance ou de l'arrêt de renvoi ; c'est toujours à cet acte qu'il faut se reporter pour savoir quels accusés doivent être traduits devant le jury et quels faits doivent être soumis à son jugement. Tout ce que l'acte d'accusation contiendrait de plus, à cet égard, serait comme non avenu, et tout ce qui pourrait y manquer serait suppléé dans les débats.

Art. 435.— 551. Il peut arriver et il n'est pas rare, que le même individu soit accusé de plusieurs crimes non connexes ; il n'est pas nécessaire de rendre, à cet égard, plusieurs ordonnances de renvoi, ni de dresser plusieurs actes d'accusation ; il est même préférable de réunir ces divers crimes dans une même poursuite, pour la plus facile application de la règle de confusion des peines, en cas de cumul d'infraction, telle qu'elle est établie par l'article 112 du Projet de Code pénal. Mais, il pourrait arriver que les crimes eussent été commis dans des circonstances très-diverses, que leur nature fût diverse également et que le ministère public craignît de trop surcharger l'attention du jury, en les réunissant dans un seul débat. Dans ce cas, il pourra dresser des actes d'accusation séparés, pour être soumis successivement au même jury et non à des jurys différents. Il sera naturel alors de commencer par l'accusation la plus grave.

Si le Procureur général n'a pas cru nécessaire de faire la division, le Président de la cour criminelle peut la proposer et si le ministère public ne s'y oppose pas, il pourra l'ordonner.

Si les crimes étaient connexes, la division serait impossible.

Art. 436.— 552. L'acte d'accusation étant surtout l'exposé des charges portées contre l'accusé, il est juste qu'il en soit donné connaissance à celui-ci, assez longtemps à l'avance pour qu'il puisse préparer sa défense; s'il y a plusieurs accusés, chacun doit recevoir une copie dudit acte. Cette notification est d'autant plus nécessaire que l'instruction a été secrète et que si l'accusé connaît déjà son renvoi à la cour criminelle, il ne connaît pas encore exactement les charges relevées contre lui.

Art. 437.— 553. L'interrogatoire du Président de la cour n'a lieu qu'après que l'accusé a pu prendre connaissance de l'acte d'accusation. Le Président lui-même en a dû prendre connaissance, ainsi que de toute la procédure. Quelques personnes ont douté de l'utilité de ce nouvel interrogatoire ; mais il est facile de le justifier.

Cet interrogatoire du Président, rapproché de ceux qui ont eu lieu dans l'instruction, peut fournir d'utiles renseignements : l'accusé, sous l'influence de la réflexion, du repentir peut-être, pourrait faire des aveux qu'il a retenus jusque-là ; en sens inverse, il pourrait rétracter des aveux antérieurs, ce qui n'en détruit pas nécessairement l'effet, mais formera un nouvel élément d'appréciation pour le jury.

On peut encore ajouter que l'interrogatoire du Président lui sera d'un grand secours pour la direction des débats qui lui est confiée : il connaîtra déjà l'accusé ; il saura sur quels points il doit insister ; quelle est la nature de son esprit, de son caractère ; s'il est doux et disposé à la sincérité et au repentir, ou s'il est violent, irrité, décidé à nier ou à garder le silence ; il peut ainsi ménager le temps du jury et lui épargner des scènes de violences ou la prolongation d'une inertie calculée et systématique.

S'il y a beaucoup d'accusés dans la session, ou si le Président est empêché, il peut déléguer l'interrogatoire d'un ou plusieurs accusés à l'un de ses assesseurs qui lui en rendra compte.

Art. 438.— 554. La nomination d'un avocat d'office, à l'accusé qui n'en a pas choisi un lui-même, est une mesure générale, en Europe, et on n'a pas hésité à l'admettre au Japon, où elle se trouve d'accord avec les autres garanties données à l'accusé pour sa défense.

Le rôle d'avocat d'office ne peut être refusé sans de graves motifs, par les avocats inscrits. Il ne pourrait être refusé sous le prétexte que l'avocat croirait à la culpabilité. Un avocat, même choisi par l'accusé, ne devrait pas non plus refuser pour ce motif; autrement, un accusé qui s'est avoué coupable dans l'instruction ou dans l'interrogatoire du Président ne trouverait pas d'avocat, ce qui ne doit pas être; c'est une grande différence à remarquer entre les matières pénales et les matières civiles où un avocat qui se respecte ne doit accepter que les causes qui lui paraissent justes.

Sans doute, l'avocat qui ne croit pas à l'innocence de l'accusé ne doit pas chercher à égarer le jury; il ne doit surtout pas se proposer d'acquérir la célébrité par l'acquittement d'un accusé dont la culpabilité est certaine pour lui et notoire pour le public; par exemple, dans le cas d'un meurtre, en plaidant l'imprudence, la légitime défense ou la démence: l'avocat, parce qu'il assume des devoirs professionnels ne cesse pas d'avoir ses devoirs généraux envers la société. Mais ce qu'il pourra et devra faire, malgré ses raisons personnelles de croire à la culpabilité, ce sera de rechercher, sincèrement et avec ardeur, s'il n'existe pas en faveur de l'accusé quelque fait justificatif, quelque excuse absolutoire ou atténuante, si toutes les conditions de la responsabilité et de l'imputabilité pénales se rencontrent dans la cause; il devra aussi s'attacher à faire ressortir les simples circonstances atténuantes qui, pour n'être pas déterminées par la loi, n'en doivent pas moins être démontrées au jury, sous peine de n'être plus qu'un moyen banal d'affaiblir la répression; ainsi, il pourra invoquer la misère, pour atténuer la gravité d'un vol avec violence, l'ivresse, dans le cas d'un homicide ou de coups et blessures volontaires, les mauvais exemples, le défaut d'une bonne éducation de famille, dans un crime contre les mœurs, l'entraînement des passions politiques, dans un attentat contre la sûreté de l'Etat. Enfin, l'avocat d'office, même convaincu de la culpabilité, devra discuter avec le ministère public l'application de la peine.

554 bis. L'hypothèse, prévue par la loi, où il n'y aurait pas d'avocat inscrit près du tribunal, n'est pas invraisemblable, surtout pour les premières années qui suivront la promulgation du nouveau Code.

On avait d'abord songé à permettre au Président de confier la défense à une personne notable de la ville, pour éviter un double écueil, celui de laisser l'accusé sans défenseur et celui de requérir un avocat d'une ville voisine, ce qui eût été un retard pour la session.

On ne pouvait songer à donner à un membre du tribunal la défense d'un accusé, comme on lui a donné le rôle du ministère public, en cas d'empêchement (art. 63 et 70); parce que l'avocat pouvant, dans bien des cas, chercher la défense dans la critique des actes même de l'instruction, il n'était pas convenable qu'un pareil rôle fût donné à un juge.

On a dû se décider pour la réquisition d'un avocat du tribunal civil le plus voisin; ce qui n'obligera, en général, qu'à renvoyer l'affaire à la fin de la session.

Au reste, ce qui vraisemblablement arrivera, en fait, tant que les villes où se tiennent les cours criminelles n'auront pas toutes un barreau et des avocats inscrits, c'est que, tous les trois mois, à l'approche des assises, quelques jeunes avocats des villes voisines, encore peu occupés, se rendront au siège de la cour criminelle et se feront inscrire chez le Président pour être nommés d'office. Il sera bon, en pareil cas, qu'ils se fassent préalablement inscrire au barreau de la cour d'appel du ressort.

La loi exige qu'il s'écoule un intervalle de trois jours entre l'interrogatoire et l'ouverture des débats; ce délai rentrera en partie dans les cinq jours prescrits par l'article 436, si l'interrogatoire a eu lieu aussitôt que la loi le permet.

Ce nouveau délai de trois jours est accordé pour que l'accusé puisse conférer avec l'avocat qui lui sera donné et pour que celui-ci puisse prendre connaissance de la procédure et préparer la défense.

Art. 439.— 555. Il pourrait arriver que l'avocat choisi ou nommé d'office, fût empêché, ou tombât malade, au cours des débats, ou même que l'accusé le refusât pour une cause justifiée; dans ces divers cas, il devrait être remédié à l'absence de l'avocat par la désignation d'office d'un autre avocat, et il pourrait en résulter une suspension de l'affaire ou un renvoi à un autre jury. Ce résultat, si fâcheux qu'il soit, a dû être admis, par respect pour le droit de défense des accusés.

On rappelle, à cette occasion, que le ministère public, bien qu'accusateur, en principe, doit, avant tout, chercher la vérité de bonne foi autant que le tribunal (ici la cour et le jury); par conséquent, il est de son devoir de relever tout ce qui lui paraît, non seulement de nature à diminuer ou à détruire les charges, ou une partie d'entre elles, mais même ce qui pourrait donner du doute sur la culpabilité. En cela, il est vrai, il remplit le rôle d'avocat de l'accusé, mais c'est aussi un devoir de justice. Il aura surtout ce devoir lorsque l'avocat de l'accusé aura changé au cours des débats, ou aura montré de l'inexpérience.

Art. 440.— 556. La double formalité de l'interrogatoire, de l'interpellation au sujet du choix d'un avocat et de la désignation d'un avocat d'office, s'il y a lieu, est constatée par le greffier de la cour qui y est présent et signe avec le Président.

L'incident relatif au changement d'avocat, pendant les débats, est constaté sur la feuille d'audience.

Art. 441.— 557. Si l'accusé était amené aux débats avant l'expiration du double délai combiné de cinq ou de trois jours, d'après les articles 436 et 438, il pourrait demander la remise et devrait l'obtenir. Il en serait de même, s'il n'avait pas été interrogé par le Président, ou si la suspension des débats n'avait pas eu lieu dans le cas de l'article 439. Mais le droit de réclamer contre l'anticipation des débats ou leur continuation serait enlevé à l'accusé, s'il les avait laissé commencer ou continuer sans réclamation. Au contraire, le défaut d'avocat pendant une partie quelconque des débats serait une cause de nullité de toute la procédure, en cas de condamnation.

Art. 442.— 558. Pendant l'intervalle, assez court d'ailleurs, qui s'écoule entre la translation de l'accusé dans la maison de justice près la cour et l'interrogatoire du Président, l'accusé se trouve comme *au secret*: il ne communique avec personne, sans l'autorisation du Président, pas même avec l'avocat qu'il aurait choisi. Cette situation se prolongera même jusqu'aux débats inclusivement, pour les personnes étrangères; mais les communications avec l'avocat sont permises aussitôt après l'interrogatoire.

Art. 443 et 444.— 559. Il est nécessaire que l'accusé connaisse les noms des témoins cités contre lui, afin qu'il puisse, s'il y a lieu, s'opposer à leur audition ou se préparer à les contredire. Cette notification lui est faite un jour au moins avant l'audience.

Le ministère public et la partie civile sont également informés des noms des témoins cités à la requête de l'accusé.

Pour l'accusé et pour la partie civile, c'est par une notification en forme que les listes sont portées à leur connaissance; pour le ministère public, une communication du greffe suffit; c'est une simplification de forme déjà rencontrée (art. 277, 281, 398).

560. Le défaut desdites notifications ou communications au temps voulu n'est pas d'ailleurs un obstacle absolu à l'audition des personnes citées : elles sont entendues si le Président l'ordonne ou l'autorise, et à titre de simples renseignements; sauf à la partie adverse à renoncer à son droit de récusation et à admettre le témoin à déposer sous la foi du serment.

Art. 445.— 561. Les dispositions qui précèdent sont, en général, préalables à l'ouverture de la session; cependant, elles pourraient très-valablement s'accomplir après la session ouverte, pourvu que les délais antérieurs aux débats relatifs à chaque accusé fussent observés. Pour ceux qui doivent comparaître pendant les derniers jours, leur transfert et leur interrogatoire peuvent sans inconvénient suivre l'ouverture de la session.

On se rappelle que le Livre 1er, Chapitre IV (art 91), porte que les jurés sortis au sort pour la liste de session sont convoqués aussitôt après le tirage, pour le lieu, le jour et l'heure auxquels doit s'ouvrir la session.

La loi suppose ici que ce jour est arrivé.

Le Président, accompagné des deux assesseurs désignés conformément à l'article 86, fait l'ouverture de la session par la déclaration publique que "la session est ouverte."

Cette première audience est dite par la loi "solennelle," car elle présentera, outre l'appel des jurés et la formation définitive de la liste de session, une allocution du Président qui informe les jurés de leurs devoirs et de leurs droits, et enfin leur serment. Cette solennité de la première audience n'est pas usitée en France: on s'y borne à former la liste de session; le serment des jurés est d'ailleurs requis pour chaque affaire (art. 312), et l'avertissement au jury ne lui est pas adressé par le Président, mais seulement par le chef du jury, pour chaque affaire également et dans la salle de ses délibérations (art. 342); il est, en outre, affiché dans ladite salle; mais, en fait, le plus souvent, il n'est pas lu par le chef du jury et les jurés ne prennent pas toujours la peine de le parcourir.

On a cru au Japon devoir donner plus de solennité à la première audience, en y plaçant l'allocation au jury et le serment, lequel, étant prêté une première fois, par tous, n'a pas besoin d'être renouvelé à chaque affaire. En effet, le serment professionnel des magistrats ne se fait qu'une seule fois pour toute la durée de leurs fonctions; les jurés sont institués magistrats temporaires: leur serment doit donc les lier pour toute la session.

La conséquence de ce changement est que les accusés ne sont pas présents: en effet, ils n'ont pas encore de récusations à exercer et le serment concernant toutes les affaires de la session, ne désigne pas, comme en France, "tel accusé présent." Du reste, les accusés ont, dans le procès-verbal de cette audience, toutes garanties contre l'omission ou l'irrégularité du serment; en outre, leurs avocats y ont leur place officielle.

Cette audience, bien entendu, est publique, comme d'ailleurs la loi prend soin de le dire. Les jurés sont appelés nominativement par le greffier, suivant l'ordre de leur sortie au premier tirage au sort. Cette précaution que la loi garde dans la suite des autres appels nominaux, facilite l'attention des jurés et la rapidité des opérations, chacun remarquant bientôt la place qu'il occupe dans la série des noms.

Art. 446.— 562. La loi suppose d'abord qu'aucun des 20 jurés-titulaires ne manque à l'appel, et qu'il n'y a lieu non plus au remplacement d'aucun d'eux, pour incapacité ou incompatibilité, d'après les dispositions de la loi spéciale [à intervenir] sur le jury; dès lors, la liste de session est immédiatement arrêtée, telle qu'elle avait été formée par le tirage au sort.

Le Président et le greffier la signent. La loi n'exige plus ici la signature de l'officier du ministère public, comme elle l'avait exigée lors du premier tirage (art. 90). C'est parce qu'alors le tirage avait un caractère d'administration générale de la justice, le ministère public n'apparaissait pas encore comme partie en cause. Au moment où l'on est arrivé, le ministère public est en cause, et comme les accusés ne sont pas présents, comme leurs avocats même n'y pourraient encore prendre de conclusions, le ministère public ne doit pas figurer, en nom, dans cette opération.

563. Nous disons que les avocats des accusés, quoiqu'il puissent être présents, ne pourraient pas poser de conclusions, parce que les causes ne sont pas encore appelées. Mais, si quelque irrégularité était commise, comme elle serait facile à prouver plus tard, par le cahier d'audience ou par témoins, les avocats pourraient en faire, s'il y avait lieu, des moyens de pourvoi en cassation et, dans ce but, ils peuvent demander à la

cour de leur *donner acte* d'un fait de l'audience, c'est-à-dire de le constater.

Le ministère public, au contraire, pourrait, en vertu de ses fonctions générales, qui motivent sa présence obligée à l'audience, poser des conclusions tendant à obtenir ou à empêcher une mesure qu'il croirait devoir réclamer ou combattre. L'article suivant en donne un exemple.

Comme la présence de tous les jurés-titulaires fait qu'il n'y a pas lieu à remplacement, les jurés-supplémentaires deviennent inutiles ; ils peuvent donc se retirer : ils ne seront pas rappelés pendant la session qui est finie pour eux.

Toutefois, ils devront attendre pour cela, l'autorisation du Président, et il sera préférable qu'elle ne leur soit donnée qu'à la fin de l'audience, à laquelle il est convenable qu'ils gardent leur siège.

Art. 447 et 448.—564. Il y a dans l'absence non justifiée d'un juré un refus de service public légalement dû et requis. L'amende devait être plus forte que contre un témoin ou un expert commettant la même faute, parce que, indépendamment de l'entrave apportée au fonctionnement régulier de la justice, cette faute aggravera la fatigue des autres jurés qui se trouveront appelés à siéger plus fréquemment pendant la session.

555. Le juré absent est averti aussitôt de la condamnation, afin de pouvoir faire, au plus tôt, parvenir à la cour ses excuses, s'il y a lieu ; auquel cas, il peut obtenir une remise totale ou partielle de l'amende, suivant que l'excuse est plus ou moins fondée.

Après la clôture de la session, cette remise est devenue impossible : la cour est dessaisie, ses pouvoirs sont épuisés. Mais il ne serait pas juste que cette circonstance privât le juré du bénéfice de son excuse : il la fera valoir devant la cour d'appel (*a*).

La mesure ordonnée par la loi, en vertu de laquelle le nom du juré non excusé est rétabli sur la liste annuelle ne devra pas être rapportée, si l'amende n'est remise que partiellement; elle pourrait même être maintenue, quoique la remise de l'amende fût totale, notamment, si l'empêchement du juré paraît ne devoir être que momentané : il ne faut pas que cet empêchement le libère absolument d'une charge qui, par son fait, est retombée sur les autres.

Comme les peines dont il s'agit sont prononcées par une Cour, elles ne sont pas susceptibles d'appel.

Mais le pourvoi en cassation est recevable, tant de la part du juré que du ministère public, pour inobservation de la loi; ce qui se présenterait, si le juré condamné n'avait pas été régulièrement convoqué, ou si l'amende avait été prononcée pour plus de 50 *yen* ou pour moins de 20 *yen*, ou s'il avait été ordonné que le nom d'un juré défaillant dans la dernière session serait reporté sur la liste de l'année suivante. Cette mesure qui semblerait assez juste et qui est admise par le Code français (art. 391) n'est pas autorisée par le Projet, pour ne pas compliquer les opérations de l'année suivante.

Art. 449 et 450.—566. On a vu, à l'article 89, et on vient de rappeler, qu'indépendamment de 20 jurés-titulaires extraits de la liste annuelle pour former la liste de session, il est, en outre, tiré 4 jurés-supplémentaires destinés à remplacer ceux qui manqueraient au premier appel. Ces jurés sont domiciliés dans la ville où se tiennent les assises. On n'a pas recours à

(*a*) L'article 344 a une disposition analogue, au sujet de l'excuse tardive des témoins défaillants. Mais on a omis d'y mentionner le droit de recourir à la cour d'appel : il faut le suppléer, sans hésiter.

ces mêmes jurés pour remplacer ceux qui seraient absents aux audiences ultérieures.

En France, les jurés-supplémentaires ont cette double destination, ce qui les oblige à se présenter, tous les jours, à l'appel des jurés, mais souvent inutilement.

Au Japon, bien qu'ils n'aient à se présenter qu'à la première audience, pour l'appel général, on a maintenu la condition qu'ils fussent dimiciliés dans la ville, parce qu'il eût été déraisonnable de faire venir, de très-loin peut-être, des jurés qui pourraient n'avoir pas à siéger.

S'il manque quatre jurés-titulaires, la liste des jurés-supplémentaires se trouve épuisée; mais le cas sera rare. Il sera encore plus rare qu'il manque plus de quatre jurés-titulaires; mais, si le cas se présentait, le nombre pourrait descendre jusqu'à seize, sans qu'il y ait lieu de faire un nouveau tirage; seulement, le nombre des récusations permises plus loin diminuerait et la charge des audiences reviendrait plus souvent à chaque juré.

567. Mais, s'il manquait plus de huit jurés, et qu'ainsi le nombre de ceux qui restent ne fût pas de seize, il faudrait faire un tirage complémentaire sur la liste annuelle des jurés-supplémentaires, pour revenir au nombre de vingt jurés.

Ce tirage se ferait, audience tenante, à la cour criminelle, qui sera pourvue de cette liste annuelle et fera faire la convocation prescrite à l'article 91.

Comme les nouveaux jurés tirés au sort sont domiciliés dans la ville, la loi n'accorde que trois jours de prorogation de l'audience publique, laquelle aura lieu le 3e jour qui suivra celui de la prorogation.

Il ne sera pas nécessaire de convoquer de nouveau les jurés présents.

568. Le délai de la prorogation étant expiré, l'appel sera de nouveau fait, et la liste de session définiti-

vement arrêtée, par la signature du Président et du greffier.

Art. 451.— 569. Comme les accusés auront le droit de récusation contre un certain nombre de jurés, il est nécessaire que la liste de session leur soit notifiée, et, pour qu'ils puissent, à cet égard, conférer avec leur avocat, la loi veut qu'il s'écoule au moins 24 heures avant l'audience à laquelle ils comparaîtront. Ainsi, le jour de l'audience solennelle, aucune affaire ne pourra être jugée; si même on veut que la première audience de débats puisse avoir lieu le lendemain de l'audience solennelle, il faudra, soit placer celle-ci à une heure un peu matinale, soit retarder un peu l'heure de l'audience suivante. Les autres audiences ne présenteront plus de difficulté à cet égard. On pourrait aussi placer l'audience solennelle un samedi et la première affaire au lundi suivant.

La notification de la liste faite aux accusés ne contiendra pas seulement le nom des jurés, mais une désignation complète de leur identité.

Si la liste n'avait pas été notifiée et que, plus tard, l'accusé eût laissé former, sans réclamation ou protestation, le jury de jugement dont il sera parlé plus loin, cette irrégularité serait couverte et ne pourrait plus fonder un pourvoi en cassation pour violation des droits de la défense.

Art. 452.— 570. Après l'opération qui consiste à former définitivement la liste de session, l'audience solennelle est continuée par une allocution du Président aux jurés qui a pour but de les instruire de leurs devoirs et du caractère de leur mission.

Il y a là une innovation dont l'importance n'échappera à personne.

Le plus souvent, la nature des fonctions du jury

sera ignorée de ceux qui sont appelés à en faire partie, ou, ce qui est pire encore, chacun s'en sera fait une idée inexacte. C'est ce qui arrive, en France, pour ceux qui n'ont pas encore eu l'occasion de remplir cette fonction, et cependant l'institution du jury y fonctionne depuis bientôt un siècle. Il a donc paru nécessaire de confier au Président la tâche de donner aux jurés les éclaircissements nécessaires; mais la loi n'a pas cru devoir, en une matière aussi importante, laisser au Président le fond ni la forme des idées : il pourrait se laisser entraîner par son zèle au delà de la mesure nécessaire, ou rester au-dessous de sa tâche ; il pourrait aussi exprimer quelques idées que, plus tard, les avocats des accusés relèveraient comme des moyens de cassation.

C'est donc la Loi qui va parler par la bouche du Président.

Bien qu'il soit inusité de placer un discours dans un Code, l'exception est motivée par la nature toute particulière de l'institution du jury. En France, l'avertissement que doit lire le chef du jury est déjà un peu long (art. 342) et cependant il est bien loin de contenir tout ce que les jurés doivent savoir; aussi voit-on constamment les avocats, le ministère public et même le Président, dans son Résumé, indiquer aux jurés ce qu'ils peuvent ou doivent faire et ce qui ne leur appartient pas (*b*).

(*b*) Aux Etats-Unis, les Présidents d'assises font une allocution au jury, sous leur propre inspiration ; cependant, il doit y avoir, dans la loi même de certains Etats, des recommandations au jury, car un Président de l'Etat de New-York, dont nous avons recueilli les paroles, il y a quinze ans (ne prévoyant pas, assurément, l'usage que nous en ferions un jour), s'exprimait ainsi : “ Les faits de cette cause lamentable seront affirmés devant vous par des témoins qui n'ont intérêt, ni à cacher la vérité, ni à la défigurer. En examinant ces faits, votre devoir sera de les analyser dans un but unique: celui de faire justice. Vous êtes douze citoyens qui, en vertu du serment sacré que vous avez prêté, représentez, d'une part, les intétêts de la République, de l'autre, les intérêts de l'accusé.

L'Allocution au jury présentée par le Projet est plus longue que l'avertissement français, mais elle est aussi plus complète.

Sa longueur cesse d'être un inconvénient, quand on remarque qu'elle n'est lue qu'une fois, qu'elle prend place dans la première audience et qu'elle en constitue surtout la solennité, avec le serment des jurés.

Sa simplicité fait qu'il n'est pas nécessaire de la développer beaucoup ici. Il suffit d'en faire ressortir les principaux objets.

a. La loi fait remarquer d'abord aux jurés qu'ils sont magistrats pour un temps, pour la session, à côté des magistrats ordinaires ou permanents. La loi n'a pas à donner toutes les raisons qui l'ont déterminée à enlever aux magistrats permanents le jugement du fait; ce n'est pas d'ailleurs par défiance de leurs lumières ni de leur équité; mais, il est certain que des juges qui, par profession, seraient appelés à juger les criminels, seraient exposés à des préventions résultant de cela même que, le plus souvent, les accusés traduits devant eux sont coupables; malgré la présomption *légale* d'innocence, qui doit durer jusqu'à la fin des débats, la présomption *de fait* pourrait être contraire, dans leur esprit. C'est par le même motif que la loi a établi, comme on l'a vu au Livre Ier, la réunion de la justice criminelle à la justice civile, avec *roulement* ou permutation périodique des magistrats dans les deux ordres d'affaires.

Mais le motif principal qui, au Japon comme en Europe, a fait admettre l'institution du jury, c'est celui

---

Vous ne devez avoir de préférence, ni pour une partie, ni pour l'autre. Dans le langage si expressif de la loi : "Vos esprits doivent être comme "une feuille de papier blanc sur laquelle les faits seuls doivent laisser "une empreinte !" (Journal l'*Opinion nationale* du 1er déc. 1866).

Il y a dans ce discours cette élévation de pensée et cette simplicité de forme qui conviennent seules en pareille matière.

que donne la loi : les décisions en matière criminelle auront une plus grande *autorité morale*, le peuple les respectera davantage, quand la justice émanera en quelque sorte de lui-même. Les intérêts de l'accusé sont confiés à des hommes tirés du peuple comme lui ; les intérêts de la société sont confiés aux membres de cette même société. Ces idées déjà soutenues théoriquement, en France, par Montesquieu, au 18e siècle, et pratiquées, de son temps, en Angleterre, sont aujourd'hui le droit commun de l'Europe et de l'Amérique.

Nous pourrions ajouter que, loin d'affaiblir l'autorité des magistrats, l'institution du jury la relève : elle la décharge de la partie la plus pénible et la plus impopulaire de sa tâche et lui en laisse seulement la partie scientifique.

L'utilité de l'institution du jury sera plus grande encore au Japon qu'en aucun autre pays.

Le Japon y trouvera une nouvelle force pour recouvrer la plénitude de juridiction sur les étrangers. N'y eût-il que cette raison d'admettre le jury au Japon, elle serait plus que suffisante : il est certain, pour qui connaît les préjugés, les défiances des Gouvernements étrangers à l'égard de la justice de l'Orient, en général, que le Gouvernement japonais verra ces défiances bien diminuer, sinon cesser entièrement, quand il pourra présenter aux puissances étrangères des Codes aussi sages et aussi doux que les leurs, si même ils ne le sont davantage, et le fonctionnement de la juridiction la plus justement populaire de l'Europe et de l'Amérique.

b. Le deuxième alinéa n'a d'autre but que d'élever l'esprit des jurés à la hauteur de leur fonction, en leur en faisant remarquer la gravité, en même temps que l'élévation et la dignité.

c. Ici se trouve la ligne de démarcation entre les

fonctions des jurés et celle des juges permanents. On dit, en général, pour abréger, que les jurés ne sont que "juges du fait;" mais la loi a dû préciser davantage, en faisant remarquer qu'il ne s'agit pas seulement du fait matériel et de l'identité de l'agent, mais encore du fait moral, c'est-à-dire des conditions, des éléments de la responsabilité pénale, c'est-à-dire de la *culpabilité*.

La loi, sans entrer dans des développements dogmatiques, indique aux jurés que ces élements sont : la liberté, par opposition à la contrainte, l'intelligence ou la raison, opposée à la démence, l'intention, opposée à l'ignorance ou à l'imprudence (*c*).

La loi eût été plus complète encore, si elle eût indiqué qu'il n'y a pas culpabilité sans violation du droit, ce qui eût été une opposition à la légitime défense ou à l'ordre de l'autorité légitime ; mais cette idée, déjà complexe et d'une application plus rare, eût donné à l'allocutien du Président l'apparence d'une leçon doctorale que peut-être on lui trouvera encore.

d. Il n'est pas d'ailleurs rigoureusement exact que le jury reste étranger aux questions *de droit :* ainsi, dans une question de meurtre, si l'accusé a invoqué, pour sa justification, cette même légitime défense, le jury doit apprécier si les conditions de la légitime défense se rencontrent, et, s'il les reconnaît, il déclarera l'accusé "non coupable;" au cas contraire, il le dé-

(*c*) On dit, trop souvent, que l'intention constitutive de la culpabilité est l'intention "de nuire." Il y a là une formule insuffisante : le voleur n'a pas l'intention de nuire, mais celle de s'enrichir par un moyen qu'il a le grave tort de préférer au travail ; il y a bien peu de crimes ou délits dont le mobile direct soit la méchanceté ou intention de nuire : ce motif est presque toujours la recherche d'une satisfaction dont on devrait s'abstenir, assurément, parce qu'elle doit nuire à autrui ; mais ce n'est pas parce qu'elle nuit qu'on la recherche. L'intention vraiment constitutive de l'infraction n'est autre chose que l'intention *de commettre* ladite infraction et c'est ce qu'a eu soin d'exprimer le Projet de Code pénal (art 89) qui exige "l'intention de commettre l'infraction *ou* de nuire en la commettant".

clarera "coupable:" il a certainement tranché une question de droit, en même temps qu'une question de fait.

Si l'on se demande comment le jury peut être en état de résoudre une question de cette nature qui est de pur droit, il faut répondre que l'avocat de l'accusé, après ou avant d'avoir soutenu quelle était la situation de son client, n'aura pas manqué d'exposer les principes de la légitime défense; le ministère public aura probablement admis les mêmes principes théoriques; mais il aura soutenu que l'accusé avait exagéré les droits de la défense légitime ou qu'il avait provoqué l'aggression, ce qui laisse place à la peine seulement diminuée (Proj. c. p., art. 350).

Le jury se trouve donc éclairé sur la question de droit, en même temps que sur la question de fait.

c. Voici d'autres cas où la question de droit est liée à la question de fait et, n'en pouvant être séparée, rentre dans la compétence du jury.

L'accusé est un fonctionnaire que le ministère public soutient être dans un cas d'aggravation de peine, parce qu'il est de la classe de ceux qui ont pour mission de prévenir ou de poursuivre le genre d'infraction dont il s'agit (c. p., art. 109). Assurément, il y a là une question de droit administratif, mais elle ne peut être enlevée au jury, car elle est constitutive de l'aggravation: on ne pourrait la faire décider par un autre tribunal. De même, si l'accusé soutient qu'il a obéi à l'ordre de son supérieur agissant dans ses attributions et si le ministère public conteste que l'ordre fût un de ceux auxquels l'accusé devait hiérarchiquement obéir.

De même encore, dans une question de parricide ou d'un autre crime dans lequel la parenté est un fait constitutif ou une circonstance aggravante, la parenté peut être contestée, non seulement en fait, mais en droit; par exemple, si elle provient d'une adoption dont l'accusé conteste la validité, le jury sera juge de l'adoption, mais seulement au point de vue du crime : les autres intérêts qui pourraient être soulevés au sujet de cette adoption, et le fait lui-même de l'adoption, seraient soumis aux tribunaux civils, comme restés entiers. On pourrait multiplier les exemples.

En voici encore plusieurs assez frappants.

Dans une accusation de fausse monnaie, l'accusé soutient que la monnaie qu'il a contrefaite n'a pas cours *légal* au Japon (Proj. c. p., art. 214) : c'est, évidemment, une question de droit ; pourtant le jury la tranchera.

Dans une accusation de faux en écriture, le ministère public soutient que l'acte falsifié est authentique (c. p. art. 237), ou est un effet de commerce négociable par endossement (c. p. art. 240) ; l'accusé soutient que c'est un acte sous seing privé, un simple engagement civil (c. p. art. 241) : le jury décidera sur les caractères légaux de l'acte falsifié.

On peut encore citer le cas où, dans une accusation d'incendie d'une maison *non habitée* appartenant à autrui, l'accusé soutiendrait que la maison lui appartenait, ce qui diminuerait la peine (c. p. art. 447 et 452): le jury aura à se prononcer sur un droit de propriété immobilière, question de droit toute civile.

Enfin, dans une accusation de vol, l'accusé soutient également que l'objet soustrait lui appartient ; c'est encore une question de propriété ; si le jury reconnaît que l'objet appartient à l'accusé, il le déclarera "non coupable ;" s'il le déclare "coupable," c'est qu'il n'a pas reconnu qu'il fût propriétaire.

Evidemment, l'allocution du Président ne pouvait faire ainsi un cours de droit au jury ; elle se borne à indiquer que souvent le point de droit et le point de fait sont inséparables, indivisibles, et que, dans ces cas, la double décision en appartient au jury.

f. Dans ce paragraphe, le jury est averti qu'il aura à répondre directement à des questions posées verbalement et, en outre, par écrit; que ces questions porteront d'abord sur tous les points principaux et accessoires, objets même de l'accusation; qu'elles comprendront aussi les circonstances particulières qui peuvent modifier l'accusation, en plus ou moins, ou même l'exclure en entier, comme les excuses absolutoires ou les faits pleinement justificatifs.

La loi entrera, plus loin, dans des détails très-précis, au sujet de la manière dont ces questions doivent être posées au jury (art. 478 à 484). Ces dispositions seront, dès lors, à l'adresse du Président et non plus du jury; il suffit donc que les jurés soient prévenus ici qu'ils auront à répondre à ces diverses questions. C'est sous ces articles que l'on en donnera des exemples, avec les développements nécessaires.

g. Les questions distinguées dans le paragraphe précédent en questions *principales* et *accessoires*, sont présentées dans celui-ci sous un autre aspect: questions *résultant de l'acte d'accusation* et questions *résultant des débats*; ces dernières comportent des limites particulières qui ne sont pas sans difficultés: on les retrouvera sous les articles 486 et 487.

h. Une question est subsidiaire ou conditionnelle, comme l'explique le texte, lorsqu'elle ne doit être examinée et résolue "qu'à raison de la manière dont aura été résolue une autre question préalablement posée" (*d*).

On trouvera un exemple de question conditionnelle ou subsidiaire, dans la loi elle-même (art. 482) et il en sera présenté d'autres sous l'article 488.

(*d*) En France, on donne souvent le nom de question *subsidiaires* à celles qui sont posées au jury comme résultant des débats; mais le sens est plus large: une question peut être subsidiaire et résulter de l'acte d'accusation, comme celle de discernement chez un mineur de 16 ans; en sens inverse, une question peut résulter des débats sans être subsidiaire (voy. p. 719 et suiv.).

On ajoutera seulement ici quelques observations qu'il a paru inutile de faire au jury, pour ne pas développe- indéfiniment cette allocution.

Généralement, c'est la solution *affirmative* d'une première question qui fera place à certaines questions subsidiaires, au lieu de les faire tomber. Ainsi, la question de préméditation est subsidiaire à la solution affirmative de celle du meurtre; si donc le jury répondait négativement à la question principale du meurtre, il n'aurait plus à répondre à celle de préméditation qui tombe d'elle-même; il n'aurait pas davantage à répondre sur les circonstances aggravantes, ni sur les excuses.

Mais, quelquefois aussi, c'est la solution *négative* sur la question principale qui fera place aux questions subsidiaires. Ainsi, la question préalable était de savoir si le crime avait été consommé : les questions subsidiaires étaient de savoir si le crime avait été, soit manqué, soit tenté et arrêté dans son exécution par une circonstance indépennante de la volonté de l'accusé. Si le jury répond négativement à la question de crime consommé, les autres questions sont à résoudre par le jury ; mais, s'il y répond affirmativement, il n'y a pas à répondre aux autres.

i. En ne demandant au jury qu'une affirmation ou une négation simple, par *oui* ou par *non*, la loi évite bien des difficultés qui, en France, naissent souvent d'une plus grande latitude laissée au jury. Il arrive quelquefois, en effet, dans ce pays, que le jury ajoute des observations qui modifient son affirmation ou sa négation et amènent ou des obscurités ou des contradictions, quand on les compare les unes avec les autres.

Ce sera donc le devoir des Présidents de ne poser que des questions simples ou ne comprenant qu'un seul objet et, par conséquent, ne comportant qu'une seule réponse. Mais, il ne faudrait pas tomber dans l'exagération : si, par exemple, un individu est accusé du meurtre de plusieurs personnes, comme d'un seul et même crime, ou du vol simultané de plusieurs objets, il ne sera pas absolument nécessaire de faire autant de questions qu'il paraît y avoir de victimes, et surtout autant de questions qu'il paraît y avoir d'objets soustraits : la circonstance de la pluralité de victimes ou d'objets volés étant, dans ce cas, sans influence légale sur la pénalité.

Mais le jury pourrait avoir une opinion affirmative sur un point et négative sur l'autre et il ne serait pas possible de l'obliger à donner une seule réponse : il divisera donc lui-même sa réponse, en disant : sur telle victime, *non ;* sur telle autre, *oui ;* sur tel objet, *oui,* sur tel autre, *non.*

j. La loi a accordé au jury le droit assez considérable d'appeler le Président dans la salle de ses délibérations, pour obtenir de lui quelques éclaircissements nécessaires ; mais ces éclaircissements ne peuvent être demandés ni donnés sur les faits de la cause, ni sur d'autres objets que les deux seuls désignés par la loi : l'étendue des pouvoirs du jury et le sens ou la nature d'une question.

Sur l'étendue des pouvoirs du jury, on pourrait s'étonner qu'il y eût doute pour lui, à cet égard, puisqu'il doit répondre *oui* ou *non* à chaque question. Mais, d'abord, le jury pourrait douter s'il doit absolument répondre, ou s'il peut s'en abstenir ; or, il est certain qu'il doit toujours répondre, sauf le cas où une question, étant sudsidiaire, tombe d'elle-même, à raison de la solution donnée à une question préalable (v. p. 677).

Le jury pourrait encore hésiter sur le point de savoir si, quand il admet la réalité des faits imputés l'accusé, mais ne lui reconnaît pas la liberté d'action, l'intelligence de son acte ou l'intention criminelle, il doit répondre *oui* ou *non*, sur la question de culpabilité; or, il est certain qu'il doit répondre *non*, car l'un des éléments de la culpabilité manque.

Le jury pourrait encore douter de l'étendue de ses pouvoirs, lorsqu'une seule question comprenant deux faits constitutifs de l'infraction, le jury est disposé à répondre *oui* sur l'un de ces faits et *non* sur l'autre : il peut alors hésiter s'il doit répondre *non*, absolument, ou s'il est dans un cas où il doive diviser la question. Or, c'est un cas où il a le choix, ou de répondre *non* à la question complexe, ou de la diviser avec deux réponses différentes; dans les deux cas, le résultat sera favorable à l'accusé.

On peut citer le cas de fabrication et d'émission de fausse monnaie : si la question a, d'après l'acte d'accusation, embrassé la fabrication et l'émission, ce qui entraîne les travaux forcés à perpétuité (Proj. c. p., art. 214) et que le jury croie à la fabrication sans émission, ou à l'émission sans fabrication, ce qui produit un abaissement de la peine (*Ib.*, art. 219), il est nécessaire qu'il divise la question : il en a le droit et le devoir; mais il pourrait en douter et le Président lèvera ses doutes. Le Président réparera, en même temps, sa faute, car il aurait dû diviser lui-même la question, ou en placer une subsidiaire à l'autre.

Il peut y avoir doute sur le sens d'une question. Ici, il n'y a pas besoin d'exemples; l'obscurité de la question ne tenant plus aux difficultés de la matière, mais à l'inattention ou à l'inhabileté du Président.

Enfin, le doute du jury peut porter sur la nature d'une question. Ceci a trait aux questions qui ont ou peuvent avoir un caractère subsidiaire et conditionnel. Dans une accusation d'incendie de maison *non habitée*, dont la gravité est considérablement augmentée si la maison n'appartenait pas à l'accusé (Pr. c. p., art. 447 et 452), si la question a été décomposée en deux parties, l'une sur le fait même de l'incendie volontaire par l'accusé, l'autre sur le droit de propriété d'autrui, le jury, étant disposé à répondre *non*, sur le fait de l'incendie volontaire, doit croire qu'il n'y a plus lieu d'examiner et de résoudre la question de propriété, et cela est certain, si la question d'incendie par imprudence n'a pas été subsidiairement posée ; car alors, que la réponse soit résolue dans le sens de la propriété d'autrui ou dans le sens de la propriété de l'accusé, celui-ci ne peut encourir aucune peine, n'étant pas coupable de l'incendie volontaire, seul objet de la question posée.

Voilà donc d'assez nombreux cas où le jury peut demander au Président des éclaircissements qu'il croit nécessaires.

La loi française n'a pas cette disposition, mais la jurisprudence l'a fait admettre ; seulement, pour répondre à quelques critiques assez fondées dont cette jurisprudence avait été l'objet, le Projet japonais veut que les éclaircissements demandés au Président soient donnés en présence du ministère public et du défenseur de l'accusé et qu'à la reprise de l'audience le Président rende publiquement compte de l'incident.

k, l. La loi ne pouvait mettre dans l'Allocution du Président tous les détails relatifs à la délibération du jury ; les jurés sont seulement avertis que ces détails leur seront donnés, imprimés, avec la présente allocution. Déjà, la première disposition de notre article 452 a annoncé cette communication et désigné les articles mêmes dont le texte sera mis sous les yeux des jurés.

Le Président indique cependant aux jurés deux de leurs devoirs essentiels qu'ils doivent connaître immédiatement : l'exactitude aux audiences et la réserve la plus absolue au dehors, au sujet des affaires qui leur seront soumises. Ce dernier point est si important qu'il figure dans le serment même des jurés (art. 453).

Bien que le vote des jurés doive être secret, cela ne met pas obstacle à ce qu'ils s'éclairent mutuellement, par la discussion des charges et des moyens de défense. Dans cette discussion, il est à peu près inévitable que ceux qui y prennent part laissent connaître leurs doutes ou leurs convictions; mais, au moment du vote, nul ne doit savoir si le premier sentiment persiste ou s'il est modifié.

m. Quoiqu'il puisse se trouver dans le jury des personnes de conditions différentes, aucune d'elles ne doit avoir, en cette qualité, la prééminence sur les autres, pour la présidence; les dignités honorifiques, le rang (s'il y a des fonctionnaires dont la fonction ne soit pas incompatible avec celle de juré), ne doivent avoir ici aucune influence.

L'âge seul aurait pu motiver la présidence, comme il arrive en d'autres circonstances; mais il pourrait être difficile de constater l'âge respectif des jurés et ce système eût pu donner lieu à des erreurs et, par suite, à des recours abusifs des condamnés.

C'est le sort qui décidera, en principe, de la présidence; sauf aux jurés à faire un choix différent et en le déclarant, comme il est dit à l'article 496.

n. Dans cet alinéa, le Président annonce aux jurés les principaux objets de la procédure et les preuves qui se produiront devant eux. Il leur dit, à cette occasion, que s'ils ont le droit de poser des questions à l'accusé ou aux témoins, ils doivent bien se garder de faire connaître ou pressentir leur opinion. On verra, plus loin, l'article 469 qui, dans ce cas, veut que la procédure soit immédiatement arrêtée et l'affaire renvoyée à un autre jury, si le renvoi est demandé.

o, p. Cet alinéa fait connaître aux jurés un principe fondamental du droit pénal, en matière de preuves, principe déjà posé par la loi, au sujet du juge d'instruction (art. 160), c'est qu'aucune preuve n'a de force légale *impérative :* le juré, comme le juge ordinaire, peut se contenter d'indices, comme il peut n'être pas convaincu par la preuve la plus forte en apparence, par l'aveu de l'accusé.

La distinction que fait le texte, entre l'INTELLIGENCE qui perçoit (découvre) les *faits* et la CONSCIENCE qui en apprécie l'*intention* et la *moralité*, est exacte en philosophie : on a été heureux de l'emprunter à un illustre criminaliste français (*e*).

La loi accorde même au jury un privilége dont ne jouissent pas les juges ordinaires (art. 354), c'est celui de ne pas donner les motifs de leur décision, par conséquent, de ne pas énoncer les preuves ou indices qui les ont convaincus, et, si la question de fait était liée à une question de droit, de ne pas dire par quelles considérations ils se sont décidés sur le point de droit. Si la loi avait exigé des jurés l'indication des motifs, il aurait pu arriver qu'une décision, excellente au fond, fût mal motivée et annulée et qu'ainsi le bénéfice en fût perdu pour la société ou pour l'accusé.

Leur réponse se trouve alors réduite, comme il a été dit, à une affirmation ou à une négation pure et simple sur les questions posées.

q, r. L'introduction au Japon du système des circontsances atténuantes est justifiée avec développements dans le Commentaire du Projet de Code pénal (art. 99 et 100) *(f)*. Il n'est pas nécessaire d'y revenir ici.

Les jurés ne pourraient pas déclarer des circonstances aggravantes, si la question ne leur en était pas posée ; mais ils peuvent, au contraire, spontanément et sans qu'il doive ni puisse même leur être posé de ques-

(*e*) M. FAUSTIN HÉLIE, *Traité de l'instr. crim.*, *t.* VII, p. 108, n° 3137.

(*f*) Ce Commentaire est actuellement *sous presse.*

tion à cet égard, déclarer qu'il existe des circonstances atténuantes en faveur de l'accusé. Là encore, ils n'ont pas de motifs à énoncer ; ils gardent le secret de leur appréciation.

La loi leur dit, par l'organe du Président, quelles sont les principales considérations dans lesquelles ils pourraient puiser ce principe d'atténuation de la pénalité; mais l'énumération de la loi n'est qu'à titre d'exemples, elle n'est pas limitative.

Cependant, il ne faudrait pas que cette faculté devînt un abus, comme on l'a vu souvent en d'autres pays : le danger serait que les jurés, se préoccupant des conséquences pénales de leur réponse affirmative sur la culpabilité, n'accordassent les circonstances atténuantes dans le seul but de faire abaisser une peine qui leur paraît trop sévère. Comme le dit le Président, il n'appartient pas au jury de juger la Loi et d'en combattre les dispositions ; c'est donc dans les seuls faits de la cause qu'ils doivent chercher s'il existe des circonstances atténuantes.

Il ne devraient pas non plus les accorder par pure pitié, car ce sentiment ne doit pas prendre la place de la justice; autrement, ils sacrifieraient l'intérêt de la société à celui de l'accusé.

Enfin, ils feraient des circonstances atténuantes un usage plus condamnable encore que les deux précédents, s'ils les considéraient comme un moyen pour eux d'échapper à la difficulté naissant du doute où les débats les auraient laissés. Ce serait l'erreur la plus funeste que de déclarer coupable, avec des circonstances atténuantes, celui dont la culpabilité ne serait pas plus certaine que l'innocence : la loi ne craint pas de dire aux jurés qu'en pareil cas, ils doivent se décider en faveur de l'accusé. S'il s'agissait d'excuses, ils devraient, dans le doute, répondre *oui;* s'il s'agissait de circonstances aggravantes, ils devraient répondre *non;*

s'il s'agissait du fait principal, ils devraient également répondre *non*, et ce serait l'acquittement de l'accusé.

s. Le Président termine, en avertissant le jury qu'il doit mettre d'autant plus de soin et de scrupules dans la recherche de la vérité que sa décision est inattaquable, à moins qu'il n'ait excédé ses pouvoirs, par exemple, en déclarant des excuses ou des circonstances aggravantes non prévues par la loi, ou qu'il n'ait manqué à l'observation des règles de forme auxquelles ses délibérations sont soumises : par exemple, en communiquant avec d'autres personnes, au sujet de l'affaire, avant le jugement, ou en rapportant une décision qui ne réunirait pas le nombre de voix nécessaire.

t. L'idée exprimée dans cet alinéa final est comme un résumé des devoirs du jury : tenir la balance exacte entre les droits de l'accusé et ceux de la société.

Art. 453.— 571. La formule du serment ne parle plus au jury de ses droits et de ses attributions, mais seulement de ses devoirs.

Venant immédiatement après l'Allocution du Président qui a déjà dû élever l'esprit des jurés, le serment achèvera de les mettre à la hauteur où la loi a voulu les placer.

On ne pouvait, au Japon, renoncer à cette solennité, quoique le serment n'y soit pas généralement usité. Le serment est lié si indisolublement à l'institution du jury que le nom même de *juré*, en France et dans toute l'Europe, exprime celui qui a prêté serment. L'origine du mot et celle de l'institution même sont toutes romaines : un juré est un "juge assermenté" *(judex juratus)*.

Comme pour le serment des témoins, la formule n'a pas un caractère religieux mais purement civil ; le Projet, en cela, se conforme aux traditions générales du pays qui séparent habituellement les institutions religieuses des institutions civiles. Il n'a pas paru nécessaire que les jurés appelassent sur leur tête la punition du ciel, pour le cas où ils manqueraint à leur serment : il a paru suffisant, dans un pays où l'honneur a toujours été un grand mobile pour les bonnes actions et un frein pour les mauvaises, de placer la sincérité des jurés sous cette garantie ; la perte de l'honneur aux yeux de leurs concitoyens et les reproches de leur conscience sont une menace suffisante que se font les jurés à eux-mêmes, pour le cas où ils manqueraient volontairement à leur devoir.

Il existe d'ailleurs des peines plus graves, au Code pénal, pour le juré qui manquerait à son devoir, non plus par haine ou par méchanceté, par crainte ou par affection (ce qui serait considéré comme impossible à prouver), mais par corruption, c'est-à-dire, par intérêt, par l'acceptation de dons ou promesses (Proj. c. p., art. 320–321).

Sauf le caractère religieux, la formule du serment ici proposée a beaucoup de ressemblance avec celle du Code français qui a aussi de l'élévation et de la simplicité (c. p. fr. art. 212).

Le juré en disant: "*je le jure,*" étendra la main devant la cour, parce que c'est devant elle que le serment est fait; en France, il lève plutôt la main vers le ciel, parce qu'il jure "*devant Dieu et devant les hommes,*" en même temps que "sur son honneur et sa conscience" (*g*).

En France, les jurés ne signent pas leur serment; au Japon, on a admis la signature, comme ajoutant à la force de l'engagement des jurés; en même temps, l'acte du serment prend une forme matérielle et peut être joint à la procédure.

(*g*) Il existe, en ce moment, en France, un Projet de loi tendant à retirer au serment des jurés son caractère religieux : on ne jurerait plus, comme au Japon, que "sur l'honneur et la conscience."

Art. 454.— 572. Le première affaire ne sera appelée que vingt-quatre heures après la formation de la liste de session, comme il a été dit à l'article 451.

La première opération sera la formation du jury de jugement. Elle se fait à l'audience publique.

En France, la loi n'exigeant pas la publicité (art. 399), l'opération se fait ordinairement dans la chambre du conseil ou dans une salle où le public n'a pas accès; c'est une mauvaise pratique.

Tous les jurés de la session devront être présents, ainsi que la cour, le ministère public, le greffier et l'accusé ou les coaccusés, assistés de leur conseil.

Bien que la loi ne dise pas que le Président s'assurera de l'identité des accusés présents, il va sans dire qu'il leur demandera leurs noms et verra s'ils sont conformes à la liste des accusés inscrits pour ce jour.

573. L'appel des jurés peut donner lieu de constater des absences et d'appliquer de nouveau l'amende portée à l'article 447.

Le juré absent n'est pas remplacé et la charge du service de la journée retombera nécessairement sur un des jurés présents.

Comme un juré pourrait, sans excuse, manquer plusieurs fois à l'appel de son nom, la loi ne veut pas qu'il soit indéfiniment condamné, ce qui dénoterait autant son impuissance que le mauvais vouloir du juré: en cas de récidive, l'amende est prononcée au *maximum* (50 *yen*) et, après deux condamnations, le juré est rayé de la liste de session.

Art. 455, 456 et 457.— 574. Le droit de récusation des jurés n'est pas, comme la récusation des juges, limité à des cas déterminés, il est entièrement libre. Ainsi, l'accusé peut récuser un juré qui se trouve avoir la même profession que lui et qui pourrait, par un sentiment de dignité pour sa profession, porter un esprit de sévérité exagérée dans son jugement.

Le ministère public pourrait avoir la crainte inverse, celle que le juré de la même profession ne jugeât l'accusé avec indulgence.

Il pourrait arriver aussi qu'un juré fût de la même profession que la victime du crime et parût à l'accusé un juge prévenu contre lui : par exemple, il s'agit d'un faux en écriture de commerce dont la victime est un banquier et, dans le jury, il se trouve un banquier : l'accusé sera porté à le récuser, sur le conseil de son avocat.

Du reste, quelle que soit la cause qui dicte la récusation, elle ne doit pas être exprimée : la loi a craint que les récusations ne fussent quelquefois motivées d'une façon injurieuse pour le juré récusé, et cela, dans une situation où l'injure ne pourrait guère être punie.

Le ministère public et l'accusé peuvent récuser chacun cinq jurés. S'ils usaient chacun de tout leur droit, ce qui sera rare, et qu'il n'y eût aucun juré manquant, il resterait 10 noms dans l'urne, pour le jury de jugement.

S'il y a un ou plusieurs absents, le droit de récusation du ministère public est seul diminué ; celui de l'accusé reste entier, à moins qu'il ne reste moins de 15 jurés. Mais il n'y a guère à craindre plus de cinq absences depuis l'audience publique. Encore moins a-t-on à craindre qu'il manque plus de 10 jurés et qu'on ne puisse procéder au jugement.

Le Président avertit les intéressés de leur droit de récusation, sans que d'ailleurs la nullité soit attachée à l'omission de cette formalité.

575. Les récusations doivent se faire aussitôt que chaque nom est sorti de l'urne ; le Président laissera un temps moral (raisonnable) pour que chaque partie ayant le droit de récuser puisse se prononcer. Comme

la liste est connue depuis 24 heures, les récusations doivent être résolues d'avance et se faire rapidement. Une fois qu'un nom nouveau est appelé, le nom sorti précédemment est acquis à l'affaire et ne peut plus être récusé.

En France, c'est l'accusé qui récuse le premier (c. i. cr., art. 599); on a admis l'inverse, au Japon, dans l'intérêt de l'accusé; car si, par hasard, le même juré était sujet à récusation, dans l'intention des deux parties, le ministère public, en épuisant son droit, laisse ainsi à l'accusé une plus grande latitude pour exercer le sien.

Généralement, ce sera l'avocat qui exercera les récusations de l'accusé : cela est plus convenable.

576. Le cas où il y a plusieurs accusés rend plus difficile l'exercice du droit de récusation. Il est clair que le droit ne peut être étendu au delà de cinq jurés pour tous. Il ne peut être question non plus de le diviser entre eux, car s'ils sont deux, la division ne peut être exacte, et s'ils sont plus de cinq, chacun ne pourrait avoir le droit entier à une seule récusation. En France, si les accusés ne se concertent pas, il se fait un tirage au sort entre eux, pour fixer l'ordre dans lequel chacun sera appelé à récuser (art. 402, 403, 404). C'est une opération bien longue et compliquée, quand il y a un grand nombre d'accusés. On a admis au Japon un système plus simple : si les accusés ne se concertent pas pour charger l'un d'eux ou l'un de leurs conseils de récuser, chacun, indistinctement, peut récuser ; c'est-à-dire que celui qui, le premier, déclarera récuser le juré sortant, le récusera valablement et épuisera d'autant le droit des autres ; un seul pourrait ainsi arriver à exercer les cinq récusations ; mais le cas sera rare et si, d'ailleurs, les autres n'ont pas récusé les jurés sortant, c'est qu'ils n'y avaient pas intérêt.

Art. 458.— 577. Il n'y a pas ici de difficulté. Le

jury de jugement est formé, quand 10 noms sont sortis sans être récusés. Les autres jurés sont libres pour la journée.

Si plusieurs affaires devaient être jugées le même jour, on devrait faire, au commencement de l'audience, les divers tirages nécessaires, ceux des jurés qui ne seraient sortis à aucun tirage seraient libres.

Art. 459.— 578. Il s'agit ici d'une mesure de précaution qui a pour but de n'avoir pas à recommencer les débats, si un ou plusieurs jurés venaient à être malades pendant leur durée. Cette mesure n'est nécessaire que lorsqu'il y a lieu de croire que les débats dureront plus d'un jour.

La loi a soin de dire que les jurés-suppléants n'auront pas à prendre part à la délibération, si aucun des titulaires n'est empêché au cours des débats.

Les jurés-suppléants ainsi appelés en vertu du pouvoir discrétionnaire du Président sont pris au sort sur les 20 jurés et sujets à récusation comme les autres; mais comme le nombre des récusations ne peut être augmenté, ils contribueront même à le faire diminuer, car il ne reste plus que 9 ou 8 jurés susceptibles d'être récusés.

Dans le même cas où les débats seraient de nature à pouvoir se prolonger, le Président appellerait un assesseur-suppléant, comme il est prévu au même article: il n'aurait également à délibérer, soit sur les incidents des débats, soit sur l'application de la peine, que si l'un des magistrats titulaires venait à manquer.

Bien que les jurés et l'assesseur suppléants ne soient appelés à délibérer qu'éventuellement, ils peuvent adresser des questions à l'accusé ou aux témoins, comme les autres jurés.

La loi n'a pas cru utile de prévoir le cas où le Président serait lui-même empêché de continuer la présidence. Il va sans dire qu'il serait remplacé par l'un des assesseurs, et par le plus âgé d'après la règle ordinaire sur la présidence momentanée des tribunaux. Il pourrait arriver que le Président ne fût pas empêché d'assister aux débats, mais seulement de les présider, par exemple, s'il était pris d'une extinction de voix (d'une aphonie). Dans ce cas, il cèderait la présidence et tous les droits qui y sont attachés.

Cette demie abstention du Président serait encore bien préférable à une abstention complète, s'il n'avait pas été nommé d'assesseur-suppléant; autrement, il faudrait renvoyer l'affaire à un autre jour et recommencer les débats; car, bien que les assesseurs ne jugent pas les faits formellement, ils ont encore à les apprécier pour l'application de la peine et pour la graduer suivant les cas.

Art. 460.— 579. La liste du jury de jugement se trouvant définitivement formée est signée du Président et du greffier et elle reste au dossier.

Art. 461.— 580. Toute cette opération est faite en séance publique, en vertu de l'article 454. Le jury n'a donc qu'à occuper immédiatement les places qui lui sont assignées.

Il est d'usage que le jury, la cour et les accusés occupent trois côtés d'un carré, la cour au milieu, le jury à droite, les accusés à gauche; le quatrième côté est libre et sert à faire avancer, devant la cour, les témoins et les experts. S'il y a des pièces à conviction, elles sont déposées sur une table dans le même espace libre.

Les accusés se trouvent en face du jury et l'on doit, autant que la disposition des lieux le permet, placer les accusés en pleine lumière, afin que les jurés puissent observer leur physionomie. Il vaudrait mieux, s'il était nécessaire, pour obtenir ce résultat, placer le jury à gauche de la cour et les accusés à droite. Le siège du ministère public doit se trouver à l'extrémité du banc de la cour, près du jury. Celui du greffier occupe le côté opposé et se trouve ainsi rapproché du banc des accusés. Généralement, l'estrade de la cour est demi-circulaire, de sorte que le ministère public peut facilement s'adresser à la cour en même temps qu'au jury.

Les sièges des jurés sont sur deux rangs, de 5 ou 6 chacun, suivant qu'il y a, ou non, des jurés-suppléants. Le deuxième rang doit être assez élevé pour que les premiers jurés ne gênent pas la vue de ceux qui sont derrière eux. Le premier juré sorti, celui qui sera le chef du jury, dans les délibérations, sera en tête du premier banc, près de la cour, les autres à la suite. Les avocats des accusés seront placés assez près de ceux-ci, pour pouvoir leur adresser la parole, à voix basse, s'il y a lieu; ils seront devant eux, sans empêcher le jury de les voir; dans ce but, le banc des accusés sera un peu plus élevé que celui des avocats.

Ces dispositions ne sont pas indifférentes: elles sont faciles à adopter une fois pour toutes, et comme règle générale.

Dans un bâtiment spécialement construit pour une cour d'assises, on placera derrière les juges une salle pour les délibérations de la cour; plus loin, un cabinet spécial pour le ministère public et un autre pour le greffier; derrière le jury, la salle de ses délibérations; derrière les accusés, une salle de gardes. Deux salles seront encore nécessaires: une salle de témoins, du côté des jurés, et une salle de réunion des avocats, du côté des accusés. Le public occupera la partie restée libre de la salle d'audience, en face de la cour. L'entrée principale du public sera derrière celui-ci et fera face aussi à la cour. Il serait facile d'adopter un plan uniforme, au moins pour les villes chef-lieux de cours d'appel.

Art. 462.—581. Le Président constate d'abord l'identité de l'accusé présent. La loi prévoit qu'il pourrait y avoir désaccord entre les désignations données à l'accusé par la procédure et celles qu'il se donne à l'audience. Ce pourrait être, de la part de l'accusé, une fraude pour embarrasser la justice; mais, ce ne doit pas être un obstacle aux débats, pourvu, dit la loi, que l'identité soit certaine.

Ainsi, le Président, qui a déjà interrogé l'accusé dans la prison et qui a reconnu son identité avec l'accusé désigné dans la procédure préparatoire, n'aura aucun doute.

L'avocat ne se prêtera pas non plus à une fraude de l'accusé.

Art. 463.—582. On a déjà rencontré, dans les Dispositions communes de ce Livre, la mesure d'après laquelle les témoins ne doivent pas assister aux débats, de peur d'y recevoir involontairement des impressions qui pourraient altérer l'exactitude de leurs souvenirs (art. 339). Si la loi reproduit ici cette disposition, ce n'est plus comme principe, mais comme application, afin que la marche de cette importante procédure soit présentée complétement et qu'aucune irrégularité ou omission ne la vicie.

Il ne fallait pas, du reste, que la précaution imposée par la loi fût un empêchement à l'audition, à titre de renseignements, de personnes qui, n'étant pas citées, auraient été présentes dans l'auditoire jusqu'au moment où leur audition serait jugée utile.

Art. 464.—583. Les débats s'ouvrent par la lecture de l'ordonnance ou de l'arrêt de renvoi qui a saisi la cour criminelle: on sait que c'est l'ordonnance du juge d'instruction, quand il n'y a pas eu de recours contre elle; dans le cas contraire, c'est une ordonnance de la chambre du conseil, et si cette ordonnance a été infirmée, c'est un arrêt de la cour d'appel; il en est de même, quand la cour a évoqué l'affaire; enfin, ce pourrait être un arrêt de cassation, si la cour de cassation avait cassé l'arrêt d'appel, ou dans le cas exceptionnel où elle a elle-même fait l'instruction, conformément aux articles 51 et 53 (Disp. comm. du Livre Ier). Dans le cas où la cour d'appel aurait confirmé l'ordonnance ou la cour de cassation rejeté le pourvoi, c'est l'ordonnance du juge qui serait lue, comme ayant saisi la cour criminelle: il serait seulement fait mention des recours et de leur rejet.

Aussitôt après vient la lecture de l'acte d'accusation dont le caractère et l'utilité ont été exposés sous les articles 432 et suivants.

Art. 465.— 584. Vient ensuite l'interrogatoire de l'accusé. Le Président qui a pris connaissance des interrogatoires faits pendant l'instruction et qui, déjà, en a fait lui-même un autre dans la prison, aura soin de faire porter ce dernier interrogatoire sur les faits les plus importants.

S'il y a eu des aveux complets ou partiels de l'accusé, il n'en posera pas moins les questions sur les points avoués, et s'ils sont démentis, il en fera la remarque et provoquera de l'accusé des explications sur ces rétractations; il pourra, en terminant, faire remarquer, suivant l'usage français, que *"MM[rs] les jurés apprécieront."* Lors même que l'accusé avouerait que tous les faits relevés à sa charge sont exacts, les débats n'en devraient pas moins continuer et les autres preuves recueillies être fournies. Il pourra seulement être passé outre à l'audition des témoins les moins importants, si la partie qui les a cités renonce à les faire entendre. On sait que l'aveu, bien qu'il soit fait en toute liberté, n'est pas toujours une preuve certaine: on a fait remarquer plus haut (p. 283) qu'il peut avoir pour but de détourner du vrai coupable les recherches de la justice; il peut être aussi l'effet du dévouement particulier d'un parent, d'un ami, surtout en matière politique. Il est donc nécessaire d'examiner les autres preuves, s'il y en a.

Art. 466.— 595. Bien que l'accusé ait un conseil, il est bon qu'il soit averti qu'il peut démentir chacune des preuves fournies contre lui; c'est le système général de la loi, qu'il ne puisse y avoir aucune surprise contre l'accusé.

Art. 467.— 586. L'ordre dans lequel les témoins sont entendus est tout naturel: l'accusation vient surtout du ministère public; ce sont donc les témoins à charge, cités à sa requête, qui sont entendus les premiers; viennent ensuite les témoins de la partie civile qui n'est ici que partie jointe, lors même que sa plainte aurait précédé les premières poursuites, et quand même ce serait elle qui aurait saisi le juge d'instruction, en se constituant partie civile. Au reste, la plupart des témoins que la partie a pu désigner dans l'instruction, comme pouvant donner des éclaircissements sont maintenant cités à la requête du ministère public: elle n'aura guère à faire entendre de témoins que sur ses intérêts civils et, dans ce cas, leur audition peut être différée ou limitée aux faits mêmes de l'accusation.

Les témoins à décharge sont nécessairement entendus les derniers, comme tout ce qui constitue la défense, et parmi les témoins à décharge figurent ceux des personnes civilement responsables.

Art. 468.— 587. Cet article pose un des principes qui ont été mentionnés dans l'Allocution du Président au jury, à savoir, que les jurés, tout en demandant des explications sur les faits, doivent s'abstenir d'exprimer leur opinion personnelle, à peine de ne plus pouvoir siéger aux débats.

Aussi, est-ce toujours avec une véritable crainte que le Président des assises, en France, voit un juré demander à interroger l'accusé ou les témoins: il redoute justement que ce principe ne soit violé, par oubli ou par maladresse, et que l'affaire ne soit arrêtée, s'il n'y a pas un juré-suppléant.

C'est avec grande raison, d'ailleurs, que la loi désire que les jurés ne forment leur opinion personnelle que sur l'ensemble des débats; plus tôt, cette opinion serait prématurée, et comme il est toujours difficile de revenir sur une opinion formée, la loi ne trouve plus l'impartialité nécessaire dans le juré qui s'est ainsi prononcé prématurément.

De plus, et c'est là une considération plus forte encore, l'opinion de ce juré pourrait influer celle des autres; or, à l'audience, ce n'est que des débats qu'ils doivent s'inspirer et non des impressions particulières que chacun des autres pourrait en recevoir. C'est seulement dans leur salle des délibérations que les jurés peuvent s'éclairer les uns les autres et, toujours d'après les débats, s'ils restent fidèles à l'ordre de la loi.

Il va de soi, au surplus, qu'un juré peut échanger quelques mots, à voix basse, avec son voisin; nul n'a le droit de s'enquérir de la parole échangée.

Art. 469.— 588. Bien que le remplacement du juré fautif puisse être prononcé sur la demande, soit du ministère public, soit de l'accusé et même d'office, ce qui prouve qu'il est d'ordre public, néanmoins, comme la faute du juré peut être très-légère, en ce sens que le fait sur lequel il a exprimé son opinion aurait très-peu d'importance, ou même que cette opinion du juré pourrait être incomplètement manifestée, la loi veut que la réclamation soit faite immédiatement. La continuation des débats, sans que l'exclusion du juré soit demandée ni ordonnée par la cour, couvre ce vice de procédure.

Mais, si l'exclusion a été prononcée et que, faute de présence d'un juré-suppléant, il y ait eu renvoi à un autre jury, dans ce cas, la présence dans le nouveau jury, du juré exclu, vicierait la condamnation, même s'il n'y avait pas eu protestation; parce que la première exclusion prouve que la faute du juré était suffisante pour que son impartialité ne fût plus entière.

Ce n'est qu'au cas d'acquittement ou d'absolution que la décision serait inattaquable, malgré ce vice de composition du nouveau jury.

Art. 470.—589. Lorsqu'il s'agit d'un témoin à charge, le Président demande à l'accusé s'il a quelque observation à faire.

Généralement, l'observation de l'accusé sera une dénégation pure et simple; ce pourrait être aussi un aveu de l'exactitude du fait. En cas de dénégation, le Président pourra faire remarquer à l'accusé que le témoin n'a aucun intérêt à fausser la vérité. La loi s'en rapporte à sa sagesse et à son expérience pour tirer parti de ces interpellations, dans l'intérêt de la vérité, sans qu'il faille d'ailleurs les faire dégénérer en nouveaux interrogatoires.

La loi n'attache aucune sanction à l'observation de cette formalité: elle n'est pas assez importante pour entraîner la nullité de la procédure, même au cas de condamnation. Pour qui il y eût nullité, il faudrait, non seulement que le Président eût omis l'interpellation, mais encore qu'il eût refusé la parole à l'accusé après un témoignage à charge, et que l'accusé eût protesté (voy. art. 532-6°).

Aucune interpellation n'est faite à l'accusé ni au ministère public, après un témoignage à décharge.

Art. 471.— 590. Le témoin, bien qu'il ait déposé, n'est pas libre de se retirer; il faut que le Président le lui permette. Il devra même, s'il n'est pas autorisé à se retirer, rentrer dans la salle des témoins, parce qu'il pourrait, à raison des divergences entre les divers témoignages, être appelé à donner de nouvelles explications. Il pourra encore y avoir lieu de rappeler un témoin si, à raison de la division du débat, à l'égard des divers accusés, la déposition d'un ou plusieurs témoins a été divisée également. Enfin, toutes les personnes désignées par l'article pouvant demander de nouveau l'audition du témoin, il sera rare que le Président lui permette de se retirer.

Art. 472.— 591. C'est ici une dérogation assez grave, mais nécessaire, au principe que la procédure orale se passe toute entière en présence de l'accusé. On a dû admettre cette dérogation, parce que certains témoins pourraient se trouver influencés par la présence de l'accusé. Quelquefois le témoin est la victime elle-même du crime, et s'il s'agit d'une tentative d'homicide, celle-ci peut être sous l'empire du ressentiment, ou de la crainte d'une vengeance ; s'il y a eu homicide consommé, le témoin peut être le fils ou la veuve de la victime et éprouver pour l'accusé une légitime horreur; d'autres fois, ce pourrait être un parent de l'accusé qui témoigne pour ou contre lui, mais pourrait être influencé par son affection ou par les pleurs de l'accusé.

Les témoins jurent pourtant de déposer sans haine, sans crainte et sans complaisance (art. 195); mais un témoin peut n'être pas maître de ses impressions.

La retraite momentanée de l'accusé rendra au témoin le calme et l'assurance. Aussitôt la déposition terminée, l'accusé est ramené et le Président doit l'informer des principaux objets de la déposition, en lui permettant de s'expliquer sur ces faits, s'il le désire.

Art. 473.— 592. Il n'y a pas de moment déterminé pour la présentation à l'accusé des pièces de conviction. La loi laisse au Président l'appréciation du moment le plus opportun. Généralement, ce sera après les dépositions des témoins, ou au cours même des dépositions: lorsqu'elles ont eu lieu, en tout ou en partie, les faits sont déjà plus ou moins connus et la reconnaissance des pièces à conviction par l'accusé, ou ses dénégations, à cet égard, auront plus de portée auprès du jury.

Le greffier notera les réponses de l'accusé à ce sujet.

La loi ne dit pas, comme le Code français (art. 385) que les pièces à conviction pourront être également présentées aux témoins ; mais cette mesure est toute naturelle et rentre dans les pouvoirs généraux du Président, si souvent rappelés. Ainsi, nul doute que le Président ne puisse faire présenter à la partie lésée les objets qui pourraient lui avoir été soustraits, les instruments dont elle peut avoir été frappée; aux parents de la victime d'un meurtre on représentera des vêtements ensanglantés pouvant avoir appartenu à celle-ci.

Art. 474.— 593. Les preuves étant maintenant fournies, tant contre l'accusé qu'en sa faveur, il reste à entendre : le réquisitoire du ministère public, la partie civile, en ses conclusions tendant à établir les faits qui lui ont causé préjudice, et l'accusé ou son conseil, dans la défense. Le ministère public et la partie civile, peuvent répliquer à l'accusé, et celui-ci ou le conseil peut répondre à la réplique, en sorte que la défense a parole en dernier lieu, comme le veut l'article 350.

En outre, comme, généralement, ce sera le conseil de l'accusé qui présentera la défense, le Président devra demander à l'accusé lui-même, "s'il a quelque chose à ajouter pour sa défense."

L'omission de cette formalité n'entraînerait pas nécessairement nullité de la procédure au cas de condamnation : d'abord, il pourrait arriver que l'accusé eût lui-même répliqué au lieu de son conseil; alors il semble peu nécessaire que le Président lui demande "s'il a dit tout ce qu'il avait à dire;" ensuite, il y a des cas où les débats se sont assez prolongés, où il y a eu des redites assez fréquentes, pour qu'il n'y ait pas à croire que des arguments de quelque importance aient été oubliés.

Le mieux est toujours que le Président fasse l'observation; mais la cour de cassation ne pourrait voir dans son omission une cause de nullité, pour inobservation des formes prescrites dans l'intérêt de la défense, que si l'accusé avait demandé la parole, qu'elle lui eût été refusée et qu'il eût protesté (art. 532-6°).

Après les plaidoiries, les débats sont déclarés clos ou terminés.

Art. 475.— 594. Il n'y a aucune raison de défendre la réouverture des débats, tant que le jury n'est pas entré dans la salle de ses délibérations.

Ainsi d'abord, il pourrait y avoir un débat spécia sur la position des questions qui suivra le Résumé du Président (art. 490). Mais ce ne serait pas un débat sur le fond, celui que la loi permet ici.

Toutefois, ce doit être une mesure exceptionnelle et dont on doit éviter l'abus.

La loi prend, à cet égard, une double précaution : la réouverture des débats ne peut avoir lieu qu'en vertu d'un arrêt de la cour, rendu sur la demande du ministère public ou de l'accusé, ou même d'office; les causes de réouverture des débats sont limitativement déterminées. Elles sont au nombre de cinq.

Le premier cas est celui qui pourra se présenter le plus souvent; c'est aussi celui où l'usage de cette faculté de la cour est le plus désirable, car, en permettant de réparer une omission, il tend à éviter un pourvoi en cassation; tel serait, par exemple, le cas où l'accusé n'aura pas eu la parole le dernier. Dans les trois autres cas, il y a des chances sérieuses, en rouvrant les débats, d'arriver à une plus complète manifestation de la vérité.

Le dernier cas sera fourni par l'article 491 et c'est là qu'il sera justifié.

Art. 476.— 595. Le Résumé prescrit au Président a pour but de remettre en la mémoire des jurés les principaux faits de la cause, les preuves fournies en sens contraire, et les arguments principaux tant de l'accusation que de la défense.

Il est évident que l'impartialité doit être le premier mérite de ce résumé; il doit aussi être rapide, clair et méthodique, sous peine de fatiguer les jurés et de les gêner, au lieu de les aider dans leurs souvenirs et de raviver leurs impressions.

La loi n'a pas prononcé la nullité en cas d'omission du résumé. Assurément, ce serait une faute grave du Président d'y manquer et il n'y en aura, sans doute, pas d'exemples au Japon; les assesseurs, ou le ministère public rappelleraient au besoin cette importante obligation au Président; mais la loi n'a pas prononcé expressément la nullité parce que, en cas d'omission, il serait toujours possible de soutenir que cette mesure, par cela seul qu'elle doit être impartiale, est prescrite autant dans l'intérêt de la défense que de l'accusation et, de ce chef, il pourrait y avoir cassation, si l'accusé ou son conseil avaient protesté contre l'omision. On devrait même admettre la cassation, quoiqu'il n'y ait pas eu protestation, parce qu'à ce moment, les débats sont clos et qu'on ne peut regarder le silence de l'accusé ou de son conseil comme une adhésion à ce qui se passe.

En France, l'omission du résumé a donné lieu à cassation au cas de condamnation, quoique la nullité ne fût pas prononcée par l'article 326.

On a dit (p. 487, *p*) que le Résumé du Président a été supprimé, en France, par une loi du 19 juin 1881. Plusieurs fois, des Présidents, méconnaissant l'esprit et même les termes de la loi (ancien art. 336) se laissaient entraîner, par l'improvisation, à une sorte de nouveau réquisitoire contre l'accusé. On a peut-être eu tort de supprimer tout-à-fait une formalité utile, au lieu de chercher à en corriger les abus.

Il y a des affaires très-compliquées par le nombre des accusés, par la multiplicité des faits incriminés, par celle de témoignages en sens divers : dans ces cas, un Résumé clair et méthodique, rattachant chaque preuve à chaque accusé ou à chaque fait, doit être d'un grand secours pour les jurés. L'impartialité ne doit pas être si difficile à un magistrat qui comprend la hauteur de sa mission.

Le Président n'a pas à résumer les fonctions des jurés; il suffira, surtout lorsqu'ils ont déjà siégé plusieurs fois, qu'il reporte leur esprit sur le fait même de l'allocution qu'ils ont entendue et sur le document qui leur a été remis; mais il fera sagement de leur rappeler "qu'ils n'ont à répondre que par *oui* ou par *non* aux "questions qui leur sont posées, et surtout que l'observation de leurs devoirs est placée sous la garantie de "leur serment."

Art. 477.— 596. Une fois que le Résumé du Président est fait, il ne faut pas qu'aucune distraction puisse détourner le jury des impressions que les débats ont dû lui laisser; en conséquence, il ne peut plus se séparer avant d'avoir rendu sa déclaration. Mais quelquefois les plaidoiries se seront prolongées plus qu'on ne l'avait prévu; l'heure peut être trop avancée pour demander raisonnablement au jury une plus longue fatigue; alors, le Président, après avoir pris l'avis du jury et celui de la cour, fera sagement de renvoyer au lendemain son résumé et la position des questions.

Si, après le résumé du Président, le jury se trouvait trop fatigué pour délibérer, ou si un seul membre ne pouvait continuer à siéger et qu'il n'y eût pas de juré-suppléant pour le remplacer, l'audience devrait encore être renvoyée au lendemain; mais alors, le Président devrait refaire son résumé, pour observer la loi et éviter la nullité prononcée ici formellement, pour le cas de condamnation.

On développera au Livre IVe, Chapitre Ier, article 532, les règles concernant les divers cas de nullité.

Art. 478.—597. La position des Questions au jury est une des tâches les plus difficiles du Président. Le Projet est entré ici dans beaucoup plus de détails que les autres Codes; il y a apporté un soin extrême; néanmoins, la nature du sujet laissera encore beaucoup à la sagacité et à l'expérience du Président.

Le principe qui domine cette matière est que toutes les accusations portées par l'acte de renvoi (ordonnance ou arrêt), doivent être *purgées*, c'est-à-dire qu'elles doivent être l'objet de questions et que ces questions doivent être vidées, résolues par le jury. Si un ou plusieurs chefs d'accusation n'étaient pas soumis au jury, la cour en resterait saisie et il y aurait lieu de les faire juger, soit par le même jury, soit par un autre.

Il pourrait même arriver que l'omission de statuer sur quelques-uns des chefs d'accusation entraînât la nullité de la solution des autres questions ; c'est ce qui arriverait si les chefs d'accusation étaient indivisibles : par exemple, en cas d'accusation de parricide, si on avait omis de poser la question de parenté ; en cas d'assassinat, la question de préméditation ; en cas d'incendie, la nature habitée ou inhabitée de la maison incendiée, en cas de vol à force ouverte, la question de violence. Dans ces divers cas, l'omission porte sur un fait constitutif du crime. Il faudrait décider de même pour des circonstances aggravantes ou des faits d'excuses qui auraient été omis dans les questions, parce qu'il serait ici impossible de soumettre à un nouveau jury les questions accessoires omises, sans lui soumettre en même temps les questions principales. Mais si l'erreur était reconnue avant la séparation du jury, elle pourrait être facilement réparée : il suffirait de le renvoyer dans la salle de ses délibérations avec les nouvelles questions ; mais en posant de nouveau les premières qui seraient considérées comme non résolues.

Il en serait autrement des questions relatives à des infractions connexes et dont la solution serait indépendante du fait principal ; dans ce cas, les questions omises pourraient être résolues séparément par un autre jury ; tels seraient le cas de vol avec violence accompagné de viol, le cas d'incendie accompagné de vol, le cas d'insurrection accompagné de vol ou d'incendie. Dans ces cas, et tous autres semblables où la connexité n'existerait que par rapport au temps ou au lieu de l'infraction, et n'entraînerait pas aggravation du fait principal, les accusations n'auront été réunies que pour appliquer plus facilement la règle du non-cumul des peines, au cas de concours d'infraction (Projet de Code pénal, art. 112 et suiv.); il n'y aura donc aucun inconvément sérieux à les faire résoudre séparément. Il en serait de même si la connexité était plus étroite que par le rapport d'unité de temps et de lieu et si l'un des crimes avait eu pour but de favoriser l'autre, ou d'assurer l'impunité du coupable, pourvu qu'on ne fût pas dans un des cas où cette circonstance est constitutive d'un crime spécial, comme le meurtre ayant eu pour but de favoriser un autre crime ou d'en assurer l'impunité (voy. Proj. C. p., art. 330).

Remarquons, en terminant, que la loi veut que les questions soient doublement divisées: 1° quant à chaque accusé; 2° quant à chaque fait incriminé ou pouvant modifier l'incrimination en plus ou en moins.

Il est clair que si la même question concernait plusieurs accusés, le jury ne serait plus libre de répondre par *oui* ou par *non*, puisqu'il pourrait avoir à répondre *oui* pour un accusé et *non* pour un autre. Il en est de même pour les faits, sauf ce qui est dit à l'article 498.

Art. 479.— 598. Il est très-important que les faits incriminés soient désignés, dans les questions, d'une manière qui n'exige pas de la part du jury les connaissances juridiques spéciales qu'on ne peut attendre que des magistrats.

Ainsi, on ne devra pas leur demander si l'accusé est coupable d'avoir commis "*tel meurtre, tel vol, tel faux*" (quoique le Code français ait adopté cette formule, dans l'article 337, ce qui ne s'observe pas en pratique et avec raison); mais on leur demandera, s'il a commis "tel homicide volontaire," ou mieux encore, s'il est coupable "d'avoir volontairement donné la mort "à telle personne; d'avoir soustrait frauduleusement tel "objet ou telle somme ne lui appartenant pas; d'avoir "commis un faux par altération, substitution, sup-"pression des dispositions d'un acte, soit authentique, "soit privé, et d'en avoir fait usage."

Dans ces cas, la question substitue au *nom légal* de l'infraction *la définition* qui en est donnée par la loi.

Le plus souvent, le Code pénal japonais, plus prévoyant, en cela, que le Code français, donne une définition légale de l'infraction dans la disposition qui la punit. Lorsque cette définition n'est pas dans la loi, la question posée au jury emploiera seulement le nom légal du crime; c'est que, dans ces cas, la loi a pensé qu'il n'y avait aucun doute possible; par exemple: pour les coups ou blessures, pour les menaces de mort, d'incendie ou d'autre entreprise contre les personnes ou les biens, aucune définition légale n'a parû nécessaire.

La même précaution devra être prise dans les questions, au sujet des circonstances aggravantes résultant dela récidive, ou de la qualité de fonctionnaire: il ne faudrait pas demander au jury si l'accusé est *récidiviste* mais "s'il a déjà été condamné à telle ou telle "peine devenue irrévocable;" ou "s'il était, au moment "de l'action, fonctionnaire de telle ou telle qualité;" au cas d'excuse de l'âge, "s'il avait moins de vingt "ans, ou moins de seize ans; ou même moins de douze "ans," ce qui devient un cas d'exemption de peine; au cas de l'excuse du meurtre par l'effet de la provocation, il faudra demander au jury "si l'accusé a été "provoqué immédiatement par des violences graves." Le mot *provoqué* ou *provocation* peut et doit se trouver dans la question, mais il y est accompagné de la désignation du moyen de provocation.

Art. 480.—599. En France, dans les premières années du fonctionnement du jury, on décomposait la question avec excès: par exemple, au cas de meurtre ou de vol, on demandait: "Telle personne a-t-elle "été homicidée? Telle soustraction a-t-elle eu lieu? "Un tel en est-il l'auteur? En est-il coupable ou res-"ponsable?" Il en résultait, dans les accusations compliquées et dirigées contre plusieurs accusés, un nombre énorme de questions qui embarrassait le jury et donnait quelquefois lieu à des réponses contradictoires.

Plus tard, lors de la rédaction du Code actuellement en vigueur, on a adopté le principe d'une seule question pour le fait principal et par chaque accusé: "Un tel est-il *coupable* d'avoir, &c......" Cette question est complexe, malgré le principe qui veut l'unité de question : elle se décompose ainsi : "Tel fait a-t-il "eu lieu? Un tel en est-il l'auteur? En est-il pé-"nalement responsable?" Et lorsque le jury répond *oui*, c'est comme s'il avait répondu affirmativement aux trois questions. Mais lorsque le jury répond *non*, on ne peut savoir, s'il a entendu dire que le fait n'avait pas eu lieu, ce qui équivaut à *non* sur les deux autres questions, ou que l'accusé n'en était pas l'auteur, ce qui implique *oui* sur la première question et *non* sur la troisième, ou s'il a entendu dire seulement que l'auteur n'en était pas responsable, ce qui implique *oui* sur les deux premières questions.

Cette incertitude sur une partie de la pensée du jury a une conséquence importante, c'est que lorsque le jury a répondu que l'accusé "n'est pas coupable," la cour peut encore le condamner à des réparations civiles; c'est alors la cour qui puise dans les débats la conviction: 1° que le fait a eu lieu, 2° que l'accusé en est l'auteur, et 3° que le fait constitue une faute civile.

On a quelquefois critiqué la singularité de ce résultat, mais elle est plus apparente que réelle et déjà dans les Dispositions générales (art. 7), le Projet japonais l'a déclaré possible.

600. Toutefois, le Projet s'écarte de la loi française sur un point très-important, comme on le voit au 2e alinéa.

L'accusé, tout en reconnaissant le fait matériel et sa participation audit fait, peut alléguer qu'il "n'est pas coupable," soit parce qu'il a exercé son droit, soit parce qu'il a accompli son devoir: par exemple, dans une accusation de meurtre, qu'il a agi en état de défense légitime et nécessaire de soi-même ou d'autrui, ou qu'il a obéi à la loi ou à son supérieur hiérarchique.

Dans ces cas, en France, la question n'est pas décomposée et ne porte pas sur ces *faits justificatifs :* si le jury les admet, il déclarera l'accusé *non coupable.*

Au Japon, le Président devra poser la question divisée: "Un tel est il auteur de tel homicide volon-"taire? L'a-t-il commis en état de légitime défense de "lui-même ou d'autrui? L'a-t-il commis par ordre de la "loi?" ou "Par ordre de son supérieur hiérarchique, "l'ordonnant dans l'exercice de ses attributions?"

Le dédoublement de la question sera plutôt favorable que nuisible à l'accusé; car si le fait principal et la participation de l'accusé audit fait sont avoués, le jury pourrait hésiter à répondre négativement sur la question générale de culpabilité; au contraire, avec deux questions, il répondra affirmativement sur la première et négativement sur la seconde. Il en serait de même pour la démence, si, le fait et l'imputabilité matérielle à l'accusé étant hors de doute, l'accusé ou son conseil a invoqué la démence: le jury aura à se prononcer sur la question de savoir "si l'accusé était en état de "démence au moment de l'action." De même pour la contrainte à laquelle il n'aurait pu résister.

Art. 481.—601. On sait que la volonté ou intention de commettre l'infraction est une condition essentielle de la culpabilité. On peut avoir donné la mort à autrui par imprudence: c'est un homicide involontaire, ce n'est pas un "meurtre;" on peut avoir pris possession d'un objet appartenant à autrui, par mégarde, ou pour l'examiner, ou par plaisanterie: ce n'est pas un "vol," parce qu'il n'y a pas eu intention de s'approprier l'objet.

Dans ces cas et autres semblables, la question de volonté ou d'intention sera forcément posée dans la question principale même, de meurtre ou de vol, parce que, comme on l'a dit plus haut, la question doit contenir la définition légale du crime.

Dans d'autres cas, où la définition ne contient pas l'élément essentiel de volonté, on distinguera si cette volonté est formellement exigée par la loi pénale ou si elle est sous-entendue comme allant de soi; au premier cas, il faudra que la question d'intention soit posée séparément; au second cas, elle sera implicitement comprise dans la formule ordinaire: " l'accusé est-il coupable ?"

Ainsi les crimes sontre la sûreté intérieure de l'Etat, prévus au Livre IIe du Code pénal, tirent plutôt leur gravité du but que se proposent les coupables que du fait même de guerre civile; il faudra donc que ce but soit l'objet d'une question spéciale ou, tout au moins, qu'il soit exprimé dans la question principale (v. Proj. c. p., art. 134 et 135).

Ainsi encore, l'article 161 prononce la réclusion contre ceux qui ont détruit ou dégradé un phare *dans l'intention de nuire à la navigation :* la question d'intention devra donc être posée expressément.

Il en est de même dans le cas de l'article 332 qui suppose qu'un individu, "*dans l'intention* de causer la mort "d'une personne, lui a frauduleusement donné le conseil "de faire un acte qui a effectivement causé sa mort."

Quelquefois, la loi attache une aggravation à l'intention; par exemple, à la préméditation dans les coups et blessures volontaires. La préméditation (qui n'est autre chose qu'une intention antérieure et prolongée) devient même, dans le meurtre, un caractère constitutif d'un crime spécial, de l'assassinat (v. p. 710, note *h*). Il faut alors en faire l'objet d'une question distincte, c'est ce que veulent le 2e alinéa de notre article et l'article 478.

D'un autre côté, dans les coups et blessures volontaires ayant occasionné la mort, la loi fait varier la peine, suivant que le coupable a eu ou non l'intention de donner la mort. Il faut alors que le jury se prononce sur deux intentions, celle de porter des coups ou blessures et celle de donner la mort.

Lors donc que la loi exprime spécialement la condition de volonté ou d'intention, ou lorsqu'elle exige que l'acte ait été fait *sciemment*, le jury doit être interrogé sur ce caractère constitutif de l'infraction, et les cas en sont très-nombreux dans le nouveau Code pénal.

Les Présidents, ayant sous les yeux le texte de la loi pénale en vertu duquel la poursuite a lieu, ne rencontreront aucune difficulté dans l'observation de la règle qui nous occupe. Lorsqu'au contraire, la loi n'exprime pas la condition de volonté de commettre le crime, ce qui n'empêche pas que cette volonté soit nécessaire, la question conservera la généralité des termes de la loi. Ainsi, pour le crime de fausse monnaie, la loi n'a pas eu besoin d'exprimer la condition de la volonté ou intention, parce que ce n'est pas un acte qui puisse se commettre involontairement; de même pour la séquestration de personne, pour le viol, pour le vol à force ouverte, etc.

Art. 482.— 602. La loi suppose ici que la minorité de 12 à 16 ans n'est pas contestée; autrement, il faudrait la faire résoudre par le jury, comme il sera dit à l'article suivant; mais il faut résoudre alors la question de discernement; c'est-à-dire que le jury doit déclarer si l'accusé a eu l'intelligence de son acte, s'il s'est rendu compte du mal moral et du mal social de cet acte. Or, il peut très-bien arriver que le peu de développement intellectuel de l'accusé, son manque d'instruction, les mauvais exemples qu'il a eus sous les yeux aient obscurci chez lui la notion du bien et du mal. Le Projet de Code pénal nous apprend (art. 92) que, dans le cas où le mineur a agi sans discernement, il n'est pas punissable : il est assimilé à l'individu en démence (sauf un emprisonnement dit *de garde*) ; si même, il a agi avec discernement, ce n'est toujours qu'un discernement très-imparfait et la peine est diminuée de deux à trois degrés.

Au contraire, s'il a plus de seize ans et moins de vingt, il n'y a plus à poser au jury la question de discernement, il est réputé avoir assez d'intelligence pour être responsable de ses actes ; mais comme ce n'est encore qu'une intelligence imparfaite, la responsabilité n'est pas entière et la peine est diminuée d'un à deux degrés : il y a excuse légale.

La question de discernement chez le mineur de 12 à 16 ans est de celles qu'on a déjà signalées, au sujet de l'Allocution (voy. p. 676), comme ayant un caractère subsidiaire ou conditionnel, et ce qui est à remarquer, c'est qu'au lieu d'être subordonnée, comme il arrive le plus souvent en pareil cas, à une solution *négative* de la question principale, c'est à la solution *affirmative* qu'elle est subordonnée : c'est, quand l'accusé est reconnu *coupable*, ou, au moins *auteur* des faits à lui imputés, qu'il reste à savoir "s'il a agi avec discernement."

Art. 483.—603. On aurait pu croire que les questions relatives à l'état civil des personnes, étant des questions de droit autant que de fait, n'étaient pas soumises au jury ; mais, dans les cas prévus ici, elles sont, soit des circonstances constitutives, comme dans le parricide, soit des circonstances aggravantes, comme dans le viol (*h*) ; elles appartiennent donc au jugement des jurés.

(*h*) On ne doit pas s'étonner que la parenté directe soit *constitutive* du premier de ces crimes, tandis qu'elle n'est qu'aggravante du second : la raison de cette différence est bien simple : on ne concevrait pas un parricide, si le coupable n'était pas le fils même de la victime ; au contraire,

En sens inverse, l'état civil peut fournir une excuse générale, comme la minorité qui atténue la peine dans tous les cas, ou une excuse *spéciale*, comme la qualité de mari, dans le cas de meurtre de la femme adultère ou de son complice.

Le jury seul peut déclarer l'existence des excuses.

Il se trouve, ainsi dans ces cas, juge de véritables questions de droit : de la preuve d'une paternité naturelle, de la validité d'une adoption, ou de la légitimité d'un mariage (voy. p. 674-675).

604. Il en serait de même pour la déclaration de l'état de récidive, ou de la qualité de fonctionnaire, dans les cas où elle est une circonstance aggravante.

Il y a dans ces deux questions un mélange du fait et du droit. Au premier cas : l'accusé a-t-il déjà été condamné à une peine criminelle ? La condamnation était-elle irrévocable ?

L'accusé peut avoir, pendant les débats, contesté son identité avec le précédent condamné ; c'est là une question de pur fait. Il peut aussi nier que la condamnation fût devenue irrévocable ; c'est une question de droit. Si l'on pouvait décomposer la question en deux parties, la seconde ne serait pas soumise au jury ; mais on sait que la loi n'admet pas cette division des questions qui les rendrait innombrables ; en outre, elle veut que tous les éléments de la culpabilité soient ap-

la parenté n'est, dans le crime de viol, qu'une circonstance heureusement exceptionnelle. C'est par un autre motif que la préméditation est constitutive de l'assassinat, tandis qu'elle n'est qu'une circonstance aggravante des coups et blessures ; en effet, le meurtre peut, tout aussi bien que les coups et blessures, se concevoir sans préméditation qu'avec préméditation : ici, le motif est que le meurtre avec préméditation change de qualification légale (assassinat) et entraîne la peine de mort, laquelle n'est pas une aggravation des travaux forcés à perpétuité, mais une peine exceptionnelle et incomparable aux autres (incommensurable) par sa gravité même ; au contraire, la circonstance que les coups et blessures ont été prémédités n'en charge ni le nom légal, ni la pénalité, quant à sa nature : elle en change seulement le degré et, spécialement, la durée.

préciés par le jury. Le jury répondra donc à la seule question de savoir "si l'accusé est en état de récidive," ou, plus exactement, "s'il a déjà été condamné à une "peine criminelle devenue irrévocable," ce qui est la définition légale de la récidive.

En France, la circonstance aggravante de récidive n'est pas soumise au jury (*i*). La loi ne s'en est pas formellement expliquée et la jurisprudence l'a ainsi décidé, sous le prétexte, très-peu solide, qu'il y a là un fait étranger à l'infraction nouvelle. Mais c'est une erreur évidente : dans la récidive, la loi ne revient pas sur l'ancienne infraction pour la punir encore, ce qui serait contraire au principe fondamental de droit pénal qu'il ne faut pas juger deux fois le même acte (*non bis in idem*) ; c'est la nouvelle infraction seule que la loi punit, et elle la punit plus sévèrement, parçe que l'avertissement de la première condamnation a été méprisé.

Cette théorie se trouve développée au Commentaire du Code pénal (art. 101 et suiv.).

605. Pour la qualité de fonctionnaire public, la question pourrait également se décomposer : L'accusé était-il fonctionnaire public au moment de l'action ? Etait-il de ceux qui sont chargés de prévenir ou de poursuivre les crimes ?

La première question est de fait : il s'agit de savoir si, au moment du crime, l'accusé avait été l'objet d'une nomination à un emploi public et si ledit emploi ne lui avait pas été retiré.

La seconde question est évidemment une question de droit public et administratif, et, comme telle, elle semblerait soustraite au jury ; mais, comme il n'est pas admissible que la condamnation soit aggravée en vertu d'une qualité personnelle sur laquelle le jury ne se

(*i*) Le Code des Délits et des Peines, de l'an IV (1795), voulait que la question de récidive fût posée au jury (art. 375).

serait pas prononcé affirmativement, cette question lui sera posée.

La difficulté pour le jury sera d'ailleurs bien moindre qu'on ne le croit au premier abord : il est clair que la qualité de l'accusé, soit de récidiviste, soit de fonctionnaire, aura été discutée dans les débats, entre le ministère public et le conseil de l'accusé ; rarement, elle sera niée par l'accusé, parce que ces deux circonstances aggravantes sont justement fondées sur des preuves écrites et difficiles à contester, et s'il y a contestation, le jury aura tous les éléments pour se prononcer exactement.

Il ne pourrait guère y avoir de doute que sur les deux points de droit indiqués plus haut, l'irrévocabilité de la première condamnation, la nature des fonctions de l'accusé ; mais, là encore, les débats jetteront assez de lumière pour éclairer le jury.

Art. 484 et 485.— 606. La loi suppose ici que des exceptions ou fins de non-recevoir ont été soulevées contre l'action publique. Ces exceptions, on les a déjà rencontrées devant les autres tribunaux ; elles consistent principalement: 1° dans l'incompétence, 2° dans l'inobservation des conditions préalables auxquelles est soumise l'action publique, 3° dans les causes d'extinction de ladite action.

L'emploi de ces exceptions devant la cour criminelle présente une difficulté particulière dont les législations étrangères paraissent ne pas s'être rendu compte, ce qui fait que la plupart d'entre elles sont restées muettes à ce sujet, notamment le Code français, et que la jurisprudence s'est jetée dans des systèmes équivoques ou contradictoires.

La règle adoptée par le Projet japonais est celle-ci : le jury n'étant pas juge des questions de droit, lorsqu'elles ne sont pas indivisiblement liées au fait, ne sera pas juge de sa compétence, ni de la recevabilité de l'action publique. La cour garde seule le jugement de ces questions de droit; mais d'un autre côté, elle n'a pas pouvoir pour dessaisir le jury sur lequel elle n'a pas de suprématie.

L'action publique sera donc conduite jusqu'au bout: les débats seront entiers devant le jury et il donnera sa déclaration, laquelle sera acquise pour ou contre l'accusé, si l'action publique est jugée recevable, et sera non avenue, dans le cas contraire; et, comme le dernier mot sur ces questions de droit appartient à la cour de cassation, la réponse du jury reste, pour servir, s'il y a lieu.

Cette nouvelle conséquence du principe de la séparation des attributions entre le jury et la magistrature de la cour criminelle est très-remarquable; on l'a déjà signalée sous les articles 56 et 317 (pp. 118 et 504.) le Projet japonais l'a, le premier peut-être, mise en relief.

On va reprendre rapidement les trois sortes d'exceptions qui pourraient être proposées devant la cour criminelle et jugées par elle sans le concours du jury.

607.— I. *Incompétence.* On sait qu'il y a, en tout, cinq sortes de compétences: 1° celle à raison du lieu de l'infraction, remplacée quelquefois par le lieu de l'arrestation; 2° celle à raison du degré de l'infraction (crime, délit, contravention); 3° celle à raison de la nature spéciale de l'infraction; 4° celle à raison de la qualité des personnes; enfin, 5° celle à raison du pouvoir du tribunal, de juger avec ou sans appel.

La dernière compétence ne présentera pas de difficulté ici: les décisions du jury sont assurément en dernier ressort et ne comportent que le pourvoi en cassation (art. 517); en tout cas, si la prétention au droit d'appel se produisait, ce ne serait qu'après la décision et elle ne donnerait pas lieu à une exception préalable.

La première incompétence: celle à raison du lieu, ne peut être utilement opposée devant la cour d'assises: elle est couverte par le fait que l'accusé ne l'aura pas fait valoir dans l'instruction, au moyen d'un des trois recours qui lui appartiennent (opposition, appel, pourvoi); ou bien, s'il a épuisé ces recours et succombé, il y a chose jugée à cet égard (art. 59, 2e al.)

Les trois autres incompétences sont, à un plus haut degré que les autres, d'ordre public, et leur inobservation entraînerait la nullité, non seulement d'une condamnation, mais même d'une absolution (Livre Ier, Dispositions communes, art. 60, et Livre IVe, Chapitre Ier, art. 532-3°).

L'incompétence à raison du degré de l'infraction serait la plus grave; c'est celle où un tribunal de simple police prétendrait juger un délit, ou un tribunal correctionnel, un crime.

Mais, si le jury saisi d'une accusation criminelle a déclaré qu'il n'y avait qu'un délit ou qu'une simple contravention, il n'est point sorti de sa compétence qui, étant la plus élevée et la plus générale, comprend les infractions les plus faibles: la cour n'appliquera d'ailleurs que la peine de l'infraction déclarée. On en verra des exemples sous l'article 486, ci-après.

Au contraire, le jury serait incompétent et son incompétence entraînerait nullité de la décision, même favorable, si un accusé de crime contre la sûreté de l'Etat était traduit devant une cour criminelle, quoique la Haute cour eût été convoquée: la cour criminelle serait incompétente pour juger l'ensemble de l'insurrection ou du complot.

De même, si un haut fonctionnaire justiciable de la Haute cour était traduit devant les assises, après que la Haute cour aurait été convoquée pour le juger.

De même encore, s'il s'agissait d'un accusé justiciable des tribunaux militaires ou maritimes, qui aurait été traduit devant la juridiction criminelle de droit commun (voy. art. 60 et p. 122).

Dans tous ces cas, le jury ne pourrait, comme on l'a déjà dit, ni se dessaisir lui-même, n'étant pas juge des questions de pur droit, ni être dessaisi par la cour qui n'a pas autorité sur lui en cette matière. La cour recevra donc la déclaration du jury, sauf à statuer comme il va être dit plus loin (art. 506).

608.— II. *Exceptions fondées sur l'inobservation des conditions de recevabilité de l'action publique.*

Ces conditions ne sont pas très-nombreuses dans les lois japonaises, surtout pour les poursuites criminelles; elles ne le seraient pas d'avantage en France : ainsi, il n'y a pas besoin, quant à présent, au Japon, d'autorisation pour poursuivre les fonctionnaires, même les plus élevés et lors même que le crime serait commis dans l'exercice de leurs fonctions; cette autorisation qui était nécessaire en France, depuis le 1er Empire (*j*), y a été supprimée en 1870 (19 septembre).

On pourrait citer, au Japon, comme condition de forme préalable à l'action publique, la dénonciation par l'autorité étrangère, dans le cas de crime commis en pays étranger (Proj. c. p., art. 5-4°) ; la dénonciation de la partie lésée, dans le cas de crime de viol (*ib.*, art. 390). S'il s'agissait de délits soumis accessoirement au jury, les cas où la plainte est nécessaire seraient plus fréquents (voy. *ib.*, art. 383, 390, 393 et 403).

La loi n'ayant pas dit, ni voulu que le défaut de plainte préalable se trouvât couvert par la défense au fond, la non-recevabilité de l'action subsisterait tant

---

(*j*) Elle était même déjà exigée par la célèbre Constitution de l'an VIII (1799), organique du Consulat.

qu'elle n'aurait pas été jugée dans l'instruction par la cour de cassation, c'est-à-dire irrévocablement ; mais, là encore, la cour criminelle ne pourrait statuer qu'après la déclaration du jury.

Le seul cas où l'on pourrait admettre que la cour pût dessaisir le jury, en se dessaisissant elle-même, pour inobservation des conditions prescrites, serait celui où l'ordonnance ou arrêt de renvoi serait irrégulier ou incomplet ; ce cas sera bien rare ; mais alors il y a plutôt une application de la règle qu'il n'y a dérogation ; car la cour et le jury n'étaient véritablement pas saisis de l'affaire, par une procédure irrégulière; la cour, en réalité, ne dessaisira ni elle, ni le jury : elle constatera que ni l'un ni l'autre n'est saisi.

609.— III. *Extinction de l'action publique.* Il ne faut pas parler ici de la mort de l'accusé, puisqu'il est présent, et, s'il était non présent, cas où sa mort pourrait être alléguée par ses parents ou amis (art. 519), ce serait un cas de jugement par contumace, où le jury n'intervient pas.

Mais il reste l'amnistie, la chose jugée et la prescription.

Nous écartons d'abord le cas où ces exceptions auraient été proposées dans l'instruction et rejetées; il y aurait alors chose jugée : la cour ne pourrait plus les admettre ; mais, pour cela, faut-il encore supposer que la cour de cassation aurait été appelée à se prononcer contre l'exception; car la cour d'assises, hiérarchiquement égale à la cour d'appel, ne se trouverait pas liée par la décision de celle-ci et la négligence des intéressés à se pourvoir en cassation n'équivaudrait pas à un arrêt de rejet de la cour de cassation (voy. ci-dessus, art. 317 et p. 503).

A plus forte raison, le droit de la cour d'assises d'admettre l'exception est-il entier, si cette exception n'a pas été proposée dans l'instruction, ni par voie de recours.

Ainsi, l'accusé est déclaré coupable par le jury, mais il a invoqué une amnistie ou un jugement antérieur passé en force de chose jugée; la cour n'est pas obligée d'appliquer une peine qu'elle croit inapplicable, elle peut même d'office suppléer l'exception.

Dans ces cas, elle prononcera l'*absolution* de l'accusé, car elle ne peut *acquitter* un individu déclaré *coupable*.

Si, plus tard, son arrêt est attaqué par le ministère public, parce qu'elle aurait à tort admis l'exception d'amnistie ou de chose jugée, et que l'arrêt soit cassé, la déclaration du jury demeure valable et il ne reste plus que la peine à appliquer, sans renvoi devant un autre jury.

Jusqu'ici, on voit que le jury n'a pas eu à se prononcer sur l'exception, parce qu'elle ne soulevait qu'une question de pur droit.

Mais, à l'égard de la prescription, il y a une particularité : le jury peut avoir une question de fait à résoudre.

La prescription, en effet, repose, avant tout, sur un fait : le laps de temps écoulé entre l'infraction et la poursuite. Si donc l'accusé allègue que l'infraction remontait à plus de dix ans, au moment où les poursuites ont été commencées, la date du crime est une pure question de fait qui doit être soumise au jury, et le texte de l'article 484 s'en explique formellement.

Au contraire, si le ministère public soutient que la prescription a été interrompue par des actes de poursuites et que l'accusé, sans nier ces actes, conteste qu'ils aient le caractère d'actes interruptifs de prescription, ou conteste leur validité en la forme (art. 15), c'est là une question de pur droit qu'il ne peut appartenir qu'à la cour de résoudre.

Art. 486.— 610. La loi a supposé jusqu'ici que les questions posées au jury étaient relatives aux faits imputés à l'accusé dans l'ordonnance ou l'arrêt de renvoi et, tout à la fois, développés et résumés dans l'acte d'accusation.

Elle passe ici à une autre série de questions qui sont relatives à des faits nouveaux ou à des aspects différents des premiers faits et révélés par les débats.

Or, ces faits nouveaux, ou ces caractères imprévus des premiers faits, pouvant être favorables ou défavorables à l'accusé, il est nécessaire que le jury soit appelé à se prononcer à leur égard ; autrement, et si son pouvoir était limité aux faits, tels qu'ils sont relevés dans l'accusation, la raison et la justice courraient inévitablement le risque d'être sacrifiés : la raison, quand les nouveaux faits, non soumis au jury, seraient défavorables à l'accusé, ce qui le soustrairait à une partie de la répression ; la justice, au cas où les nouveaux faits lui seraient favorables, et où il en perdrait ainsi le bénéfice.

Comme il eût été impossible de réunir dans une même formule toutes les modifications possibles des faits, sans omettre des distinctions ou des nuances essentielles, la loi les a énumérées séparément.

Dans chacun des quatre alinéas de cet article, on peut remarquer que la loi prévoit tour à tour des modifications défavorables et d'autres favorables à l'accusé.

611.—*1er al.* Les débats ont révélé des infractions nouvelles. Pour que le jury soit admis à se prononcer à leur égard, il faut qu'elles soient *connexes* aux faits portés dans l'accusation (on sait que la connexité est définie dans l'article 40).

S'il s'agissait d'infractions comprises dans l'ordonnance de renvoi, la connexité ne serait pas nécessaire ;

sauf au Président à diviser les débats, conformément à l'article 435; mais lorsqu'il s'agit d'infractions révélées par les débats, le jury n'a aucun droit d'apprécier celles qui ne sont pas connexes: d'abord, il n'en est pas saisi; ensuite, elles ne modifient pas le caractère du fait principal. La connexité même des infractions, lorsqu'elle résulte de la seule circonstance qu'elles auraient été commises par la même personne et dans le même temps, ne suffit pas pour donner compétence au jury, lorsque le fait principal ne s'en trouve pas modifié. Ainsi la circonstance qu'un viol a été accompagné d'un vol avec violence ne constitue pas deux crimes connexes; et la simultanéité de ces crimes n'aggraverait légalement ni l'un ni l'autre; il en serait de même de l'incendie accompagné de vol et de la plupart des cas où deux crimes seraient commis simultanément : il y aurait là un cumul d'infractions, pouvant donner lieu à plusieurs poursuites, ou à une seule (suivant ce que le Procureur général aura préféré), et entraînant prononciation de la peine la plus forte.

Mais quelquefois la seule concomitance de deux infractions étendra la compétence du jury au delà des faits contenus dans l'acte de renvoi; c'est lorsque la loi fait de l'une des infractions une circonstance aggravante ou une transformation de l'autre, comme : dans la séquestration de personnes, les mauvais traitements infligés à la victime (Proj. c. p., art. 361); dans le crime de fausse monnaie, l'émission jointe à la fabrication (art. *ib.*, 214); on peut même observer que, dans ce dernier cas, il n'y a pas nécessité de concomitance; même elle est impossible : les deux faits ne sont liés que par le rapport du moyen au but; le but est l'émission, le moyen est la fabrication.

Dans les cas ordinaires, la connexité étendra la compétence du jury, toutes les fois que l'une des infractions aura eu pour but de faciliter l'exécution de l'autre, d'en assurer les effets, ou d'en favoriser l'impunité: parce qu'aussi, dans la plupart de ces cas, la peine d'une infraction sera augmentée par la connexité de l'autre.

Ainsi, un vol aggrave un meurtre, lorsque le meurtre aura eu pour but d'en assurer l'exécution ou d'en favoriser l'impunité, en en supprimant le témoin ou la victime (*ib.*, art. 330).

La plupart des crimes ou délits précédés, accompagnés ou suivis de meurtre, sont connexes au meurtre et l'aggravent, parce que le meurtre a eu pour but de les faciliter ou d'en assurer l'impunité.

S'il était certain, au contraire, que le meurtre avait été commis par colère ou par vengeance, sans projet de vol, et que le vol n'a été commis que par l'occasion du meurtre, il y aurait bien connexité légale, d'après l'article 40, mais sans extension de compétence du jury.

Cette théorie est moins rigoureuse que celle du Code pénal français qui se contente de la concomitance des deux crimes, sans exiger le lien de *causalité* de l'un à l'égard de l'autre (art. 304).

Les faits nouvellement révélés, au lieu de constituer des infractions distinctes, peuvent n'être que des circonstances aggravantes du fait principal; le jury doit donc les apprécier, comme celles qui auraient déjà été relevées par l'accusation.

Ainsi: la préméditation dans les coups et blessures volontaires (on sait que dans le meurtre, la préméditation serait une circonstance *constitutive* du crime d'assassinat); dans le vol à force ouverte, la pluralité d'auteurs, ou la circonstance que le lieu du crime est un chemin public (Proj. c. p., art. 425).

En sens inverse, les excuses générales ou spéciales qui auraient pu être alléguées au cours des débats rentrent dans la compétence du jury. Ces excuses sont bien connues; ce sont : la minorité, la dénonciation spontanée, comme excuses générales; la provocation violente, le flagrant délit d'adultère, la violation de domicile par escalade, dans le cas de coups, blessures ou homicide volontaires.

612.—*2e al.* Il ne faut pas confondre, au moins en théorie, les caractères constitutifs avec les circonstances aggravantes, quoique souvent le crime variera, suivant qu'il réunira, ou non, tout ou partie de ces caractères.

Dans le parricide, la parenté directe entre le meurtrier et la victime est constitutive et non aggravante; dans l'assassinat, la préméditation a le même caractère (voy. p. 710, *h*); dans l'empoisonnement, l'emploi des substances toxiques ou vénéneuses est constitutif et n'est pas une circonstance aggravante.

Cette différence étant très-délicate dans l'application, et ayant jeté de grands embarras dans les législations étrangères et dans la jurisprudence, notamment en France, on s'est efforcé, au Japon, dans les deux Codes de droit criminel, de lui ôter presque tout intérêt pratique, afin de préserver les jugements des nullités qui pourraient en résulter.

C'est ainsi qu'on a dit plus haut (art. 478) que les faits constitutifs qui donnent à l'infraction une gravité particulière doivent, en général, être l'objet de questions spéciales; autrement, le jury qui serait disposé à répondre *oui* sur certains faits constitutifs et *non* sur d'autres, ne pouvant diviser sa réponse, en donnerait une qui, favorable ou défavorable, ne répondrait pas à sa conviction entière.

Le 2e alinéa suppose que les débats ont pu donner des doutes sur certaines circonstances constitutives de l'infraction, soit en plus, soit en moins; c'est-à-dire que le ministère public a pu soutenir que certaines circonstances constitutives, non relevées dans l'accusation, se rencontraient et donnaient au crime un caractère plus grave; ou, réciproquement, c'est l'accusé qui, soit qu'il avoue, ou non, une partie des faits à lui imputés, leur a contesté tel ou tel caractère qui leur était attribué.

Le crime, ainsi modifié, ne sera plus le même, il pourra même avoir un autre nom légal; mais s'il doit être encore *de même nature*, quoique d'une gravité différente, il reste dans les pouvoirs du jury de l'apprécier: le renvoi à un autre jury n'est pas nécessaire, mais seulement possible, comme on le verra plus loin (art. 487).

Quelques exemples le feront comprendre.

Un individu est poursuivi pour meurtre simple, et il résulte des débats qu'il pourrait être le fils de la victime, ou qu'il a agi avec préméditation, ou qu'il a eu recours à l'emploi de substances de nature à donner la mort (les coups et blessures relevées dans l'accusation pouvant n'avoir eu d'autre but que de détourner du soupçon d'empoisonnement); dans ces divers cas, le fait constitutif change; la gravité du crime en est tellement augmentée que la peine de mort en est la conséquence, ce qu'aucune circonstance aggravante proprement dite ne suffirait à produire (voy. Proj., c. p., art. 79); mais c'est toujours une infraction, un crime, *de la même nature*, à savoir, un homicide volontaire.

Un individu est poursuivi pour incendie volontaire d'une maison inhabitée. Au cours des débats, il est révélé des circonstances qui permettraient de considérer la maison comme habitée; le fait constitutif est différent: la loi n'a pas édicté une peine normale pour l'incendie d'un édifice, avec aggravation si l'édifice est habité: elle a prévu et puni séparément deux crimes différents. Leur caractère constitutif commun est triple; l'incendie volontaire d'édifices implique: 1° une *destruction de bâtiment*, c'est-à-dire d'un objet d'une valeur toujours assez considérable et d'une grande importance économique; 2° l'emploi d'un *moyen* particulièrement dangereux, par sa force et son expansion, le feu; 3° la *volonté*, c'est-à-dire l'opposé de l'imprudence; mais, outre ces trois éléments constitutifs, il y en a encore un autre à rechercher: l'édifice était-il *habité*, ou *non habité?* Et la conséquence est encore que la peine sera celle de mort, au premier cas, et n'est plus que la peine des travaux forcés, dans le second (voy. Proj. c. p., art. 445 à 447); cette différence ne pourrait résulter de l'existence ou de la non existence d'une circonstance aggravante.

Enfin, un individu est poursuivi pour crime politique, consistant dans l'emploi de *moyens* insurrectionnels, dans le *but* de résister à une mesure politique ou administrative. Le moyen et le but sont constitutifs d'un crime prévu par l'article 135 du Projet de Code pénal. Au cours des débats, il apparaît que l'accusé avait eu un but plus grave, constituant le crime prévu à l'article 134; la peine serait plus forte; mais c'est toujours un crime contre la sûreté intérieure de l'Etat.

Le Projet japonais s'écarte considérablement, sur ce point, sinon du texte du Code français, qui n'est pas formel (art. 338), au moins de la jurisprudence de ce pays, laquelle admet bien que le jury puisse écarter une ou plusieurs circonstances constitutives de l'accusation, mais non pas en déclarer de nouvelles.

On n'a pas trouvé, au Japon, de raison suffisante pour limiter ainsi les pouvoirs du jury.

L'objection que les nouveaux caractères constitutifs n'ont pas été l'objet d'une instruction préalable ne peut guère être invoquée par l'accusé ou en sa faveur: elle serait mieux comprise de la part du ministère public; car l'instruction a pour but de rassembler plutôt les preuves à charge que les preuves à décharge.

Toutefois, la loi, pour concilier tous les droits, permet, dans l'article suivant, de faire procéder à un supplément d'instruction, avec renvoi de l'affaire à un autre jury.

Dans tous les exemples qui précèdent, la réciproque serait possible et la loi la suppose. Les nouveaux faits constitutifs pourraient être favorables à l'inculpé. Il suffit de renverser les hypothèses et de supposer que les faits moins graves qui, tout-à-l'heure, étaient supposés seuls compris dans l'accusation, sont, au contraire, ressortis des débats ; tandis que ceux qu'on avait supposés ressortis des débats ont été, au contraire, les seuls objets de l'accusation.

Le même alinéa suppose encore que, par suite des débats, le fait pourrait avoir perdu les caractères constitutifs d'un crime et ne plus constituer qu'un délit, toujours *de même nature.*

Dans ce cas, le jury pourrait répondre négativement sur l'accusation, et s'il ne lui était pas posé de question sur le délit, il resterait à juger la nouvelle infraction devant un tribunal correctionnel. Mais la loi n'hésite pas à étendre la compétence du jury au délit, d'après le principe que le juge compétent pour une infraction peut toujours en juger une moins grave.

Ce système est admis en France.

Quelques exemples feront comprendre cette nouvelle hypothèse.

L'accusé était poursuivi pour meurtre ou homicide volontaire. Au cours des débats, il a été fourni des preuves, des indices ou des arguments qui pourraient donner des doutes sérieux, non seulement sur l'intention de donner la mort, mais même sur la volonté de porter des coups et blessures, de sorte qu'il pourrait n'y avoir eu que délit d'homicide par imprudence.

Dans une accusation de viol, l'accusé a nié et réfuté le crime même, mais il n'a pas nié ou au moins il n'a pas réfuté un délit voisin de ce crime, l'attentat à la pudeur avec violence (Proj. c. p., art. 386).

Le jury a, dans ces deux cas et autres semblables, la compétence pour juger le délit, et il a, en même temps, dans les débats, tous les éléments pour en faire une saine appréciation.

613.—*3e al.* Le Code pénal, Livre Ier, Chapitre IX, établit des peines graduées pour les crimes *non consommés* qui peuvent avoir été seulement *résolus, préparés, tentés* ou *manqués*.

Ce n'est pas ici le lieu de s'arrêter sur la nature de ces nuances et sur les motifs pour lesquels la peine varie avec le degré de culpabilité auquel l'auteur est arrivé (voy. le Commentaire du Projet).

Mais on comprend que, là encore, les débats peuvent avoir changé, en plus ou en moins, les charges qui pesaient sur l'accusé.

Il était poursuivi pour un meurtre simplement tenté ou manqué et il apparaît qu'il pourrait l'avoir consommé : ainsi, il avait été vu frappant sa victime, le témoin menacé s'est enfui et n'a pas connu la suite de la tentative de meurtre. La victime n'ayant pas été retrouvée, étant restée inconnue, l'accusation n'a eu pour objet qu'une tentative de meurtre; au cours des débats, un autre témoin déclare qu'il a vu l'accusé jeter un cadavre à la rivière : l'accusé paraît désormais coupable de meurtre consommé. Le jury pourra résoudre cette question, sans excéder ses pouvoirs; c'est toujours le même fait à juger, seulement son caractère constitutif est plus grave.

La réciproque est prévue par la loi. L'hypothèse est facile; il suffit de renverser la précédente : l'accusé était poursuivi pour crime consommé, parce que, dans l'instruction, un témoin avait déclaré avoir vu l'accusé frapper la victime et ensuite la jeter à la rivière; le corps n'avait pas été retrouvé et, la victime n'ayant pas reparu à son domicile, tout permettait de la supposer morte. Au cours des débats, on apprend qu'elle a été sauvée, à une assez grande distance, mais que ses blessures l'ont empêchée de se faire transporter à son domicile : son existence est incontestable.

Le jury aura à déclarer si l'accusé, qui ne peut plus être reconnu coupable de meurtre, ne peut pas être reconnu coupable de *tentative* de meurtre, ou même de crime *manqué*, en exprimant, bien entendu, d'après la définition légale, que "ladite tentative a été manifestée par un commencement d'exécution qui n'a été "arrêtée ou qui n'a manqué son effet que par une circonstance indépendante de la volonté de l'accusé."

614.—*4e al.* Enfin, un accusé pouvait avoir été poursuivi comme complice d'un crime, avec la définition légale de la complicité, c'est-à-dire, avec la désignation des moyens employés pour favoriser le crime (Proj. c. p., art. 122). Au cours des débats, il apparaît que l'accusé aurait pu être co-auteur ou instigateur; comme il s'agit toujours du même fait, bien que d'un degré supérieur de gravité, le jury reste compétent.

La réciproque serait le cas où l'accusation aurait pour objet la participation directe à l'acte et où, au cours des débats, il serait produit des preuves ou indices d'une simple complicité.

Art. 487.— 615. Si les questions résultant des débats sont requises par le ministère public ou par l'accusé, le Président les posera, en général ; il peut aussi refuser de faire droit à ces réquisitions ; en sens inverse, il peut poser d'office lesdites questions.

Mais, comme il ne peut dépendre du Président de limiter, de sa propre autorité, le pouvoir du jury, dans le premier cas, ni de l'augmenter abusivement, dans le second cas, il peut y avoir contestation à ce sujet, et c'est à la cour à statuer, comme sur tout autre incident de la procédure.

Pour qu'il n'y ait pas de surprise, le Président doit, avant la clôture des débats, avertir les intéressés de son intention, afin que les contestations puissent se produire en temps utile.

Il sera bon même que, dans l'usage, le ministère public et le conseil de l'accusé s'avertissent réciproquement de leurs intentions, au même sujet, dès que les débats leur suggéreront la pensée de demander la position de nouvelles questions.

Le Président pourra aussi interpeller les parties, au sujet de leurs intentions, lorsqu'il ne sera pas décidé à poser lui-même ces questions d'office et lorsqu'il prévoira qu'elles pourraient se réserver le droit de les requérir.

Si ces avertissements réciproques n'ont pas eu lieu assez tôt pour que les questions nouvelles soient discutées dans le réquisitoire et les plaidoiries, mais que cependant les débats ne soient pas encore clos, chaque partie intéressée peut demander un sursis à la clôture, si, ne contestant pas la position des questions, elle a seulement besoin d'un peu de temps pour préparer ses arguments à l'appui ou en contradiction des faits nouveaux allégués comme résultant des débats.

Il pourrait même arriver que les faits nouveaux fussent environnés d'obscurité et qu'un supplément d'instruction parût nécessaire. Le sursis à la clôture des débats serait alors accordé par le Président. Il ne pourrait être que d'un jour, parce que la loi a craint qu'un plus long délai n'affaiblît les souvenirs des jurés.

Le supplément d'instruction ne peut être accordé que par la cour; car la conséquence inévitable en est, si elle ne le trouve pas abusif, un renvoi de l'affaire à un autre jury, et même, si la session est sur le point de finir, un renvoi à une autre session.

L'article 491 prévoit le cas où, la position des questions nouvelles n'ayant été annoncée qu'après la clôture des débats, il peut y avoir lieu de les rouvrir.

Art. 488.— 616. Quelle que soit la nature des nouvelles questions à poser, qu'elles augmentent ou diminuent la gravité du crime, elles ne dispensent pas le Président de poser les questions relatives à l'accusation principale, laquelle, suivant l'expression consacrée, doit être *purgée*.

Mais, la loi prend soin d'exiger que les questions les plus défavorables à l'accusé soient posées les premières ; à l'égard de celles qui diminuent la gravité de l'accusation, la raison et la loi veulent qu'elles soient posées en dernier lieu, et "subsidiairement," c'est-à-dire avec un caractère conditionnel, pour être examinées et résolues, dans le cas seulement où les premières le seraient en faveur de l'accusé, c'est-à-dire *négativement* (voy. ci-dess., p. 676).

Il est clair, en effet, pour rappeler quelques-uns de nos exemples, que si l'accusé est déclaré coupable de *meurtre*, il n'y a plus lieu d'examiner la question d'*homicide par imprudence;* de même s'il est reconnu coupable de crime *consommé*, il n'y a plus place à la question de crime *tenté ou manqué ;* de même, encore, pour la question de *complicité*, qui n'est plus utile, si l'accusé a été déclaré *auteur* ou provocateur du crime (p. 677).

La loi dit que les questions qui modifient favorablement l'accusation sont posées subsidiairement pour le cas où la question principale et plus grave serait résolue *négativement ;* la contre-partie est que les faits constitutifs qui modifieraient conditionnellement l'accusation dans le sens de l'aggravation du crime, ainsi que les circonstances aggravantes proprement dites, sont l'objet de questions subordonnées à la réponse *affirmative* sur la question principale.

Ainsi, dans une accusation de parricide, la question d'homicide volontaire devra être posée d'abord et celle de filiation ou de paternité subsidiairement et en second lieu ; dans une accusation d'assassinat ou d'empoisonnement, la question d'homicide volontaire précèdera également; puis viendra celle de préméditation ou d'emploi de substances vénéneuses ou toxiques.

Il est évident que, dans ces cas, si la première question était résolue *négativement*, il n'y aurait pas lieu à examiner la question subsidiaire, ou qu'elle devrait toujours être résolue négativement elle-même.

La disposition finale de cet article est ce qu'on peut appeler une mesure de précaution, tendant à donner aux questions résultant des débats leur véritable caractère aux yeux des jurés et à les avertir d'y apporter d'autant plus de soins que l'instruction première ne les avait pas révélées.

Lors même que les questions subsidiaires ne résulteraient pas des débats, mais de l'acte d'accusation lui-même, l'avertissement du Président aurait au moins la première de ces utilités.

L'avertissement sera donné verbalement au moment de la lecture des questions, et il devra être reproduit par écrit sur la feuille remise au jury (art. 490).

La loi n'attache aucune sanction à sa disposition; mais si un Président omettait cette formalité, il pourrait, pour ce fait, recevoir une réprimande.

Art. 489.— 617. Le pouvoir accordé au jury, par le Code pénal (Proj., art. 99), de déclarer des circonstances atténuantes en faveur de l'accusé, a été apprécié au sujet de l'allocution du Président (pp. 682 et 683) Il n'y a pas à revenir ici sur ses avantages. Mais on sait aussi que cette faculté pourrait devenir un danger, par la trop grande facilité avec laquelle en userait le jury. La loi a donc voulu qu'il ne lui fût pas posé de question à cet égard et que sa déclaration fût *spontanée;* ce caractère est une garantie qu'elle vient d'une conviction ferme et non de la faiblesse. La loi qui connaît le cœur humain et ses bons instincts autant que ses mauvais, a craint que si le jury était forcé, par une question, de se prononcer sur les circonstances atténuantes, il ne fut entraîné au delà de ses véritables convictions à répondre favorablement. Il en résulte aussi une conséquence remarquable, quant au nombre de voix nécessaire pour faire cette déclaration : si une question était posée au jury sur les circonstances atténuantes, le jury aurait à répondre *oui* ou *non*; or, comme pour la réponse négative ou défavorable, il faudrait la majorité absolue, soit six voix, il en résulterait qu'au cas de partage, n'étant pas refusées, elles se trouveraient admises de droit, virtuellement.

Au contraire, dès qu'il n'est pas posé de question, il faut que l'initiative soit prise par le jury; il est donc nécessaire qu'il se trouve une majorité favorable à cette initiative.

On peut faire valoir une autre considération, et, cette fois, favorable à l'accusé: s'il était posé au jury une question sur les circonstances atténuantes et que la réponse fut négative ou défavorable, ce serait une aggravation indirecte de la position de l'accusé, au moins quand la peine, n'étant pas perpétuelle, serait divisible : la cour serait en quelque sorte avertie par là de ne pas user de son droit de réduire la peine au-dessous du *maximum*.

618. La loi a encore pris une précaution dans l'intérêt de l'accusé : pour que le jury ne soit pas exposé à l'oubli de la faculté qui lui appartient, le Président doit l'en avertir, et même lui indiquer la formule de sa déclaration.

La loi exige enfin que cet avertissement soit reproduit par écrit à la suite des questions remises aux jurés (art. 490).

Le jury ne pourra oublier une faculté si considérable dont il a d'ailleurs été averti dans l'allocution du Président et qui lui est ainsi rappelée dans chaque affaire.

L'avertissement prescrit ici est ordonné à peine de nullité, mais seulement au cas de condamnation, car c'est évidemment dans le seul intérêt de la défense que cette nullité existe; le condamné même ne pourrait pas l'invoquer, si le jury, malgré le défaut d'avertissement, avait déclaré les circonstances atténuantes : il n'aurait plus d'intérêt légitime à la nullité ; son but, en la demandant, serait d'échapper aux autres déclarations qui lui sont contraires ; ce serait une prétention évidemment insoutenable.

On verra, sous l'article 499, que le chef du jury doit provoquer un vote sur les circonstances atténuantes, sans que cette obligation détruise les conséquences du principe qu'il n'est pas posé de question à ce sujet par le Président.

Art. 490.— 619. Il ne suffirait évidemment pas que les questions fussent lues au jury et qu'il eût à y répondre de mémoire : elles lui sont remises écrites. D'ailleurs, il doit y répondre lui-même par écrit. La pièce la plus importante de la procédure se trouve ainsi au dossier, pour être soumise au contrôle de la cour de cassation, s'il y a lieu.

Les deux avertissements exigés par les articles 488 et 489 sur les questions subsidiaires et sur les circonstanstances atténuantes sont, en même temps, reproduits sur la feuille des questions comme on l'a déjà annoncé.

Si la rédaction des questions est nécessaire, comme il vient d'être dit, la lecture à haute voix de ces mêmes questions, à l'audience, ne l'est pas moins, parce qu'elles peuvent donner lieu à des observations du ministère public ou de l'accusé.

La loi veut même que le Président s'assure, par une interpellation aux parties intéressées qu'elles n'ont aucune observation à faire au sujet des questions; mais la négligence de cette formalité ne vicierait pas la procédure.

On a déjà dit, par anticipation, sur l'article 487, que le Président n'a pas un pouvoir discrétionnaire à l'égard des questions résultant des débats, pas plus, du reste, qu'à l'égard des questions résultant de l'ordonnance de renvoi. Des difficultés et des objections peuvent s'élever, soit contre la position elle-même des questions, soit sur l'ordre à leur assigner. C'est à la cour à trancher le différend. La décision de la cour elle-même ne serait pas souveraine: elle rentrerait, avec l'ensemble de la procédure, sous le contrôle de la cour de cassation.

Art. 491.—620. Quand les observations des parties sont limitées à la nature, à la forme ou à l'ordre des questions, elles peuvent se faire sans qu'il y ait lieu de rouvrir les débats sur le fond.

Mais si le Président posait des questions comme résultant des débats, sans en avoir averti les parties avant la clôture, les débats pourraient être rouverts (v. art. 475-5°).

En effet, les questions annoncées comme résultant des débats peuvent paraître à l'une des parties inattendues ou mal fondées, comme, à l'autre partie, elles peuvent paraître tout-à-fait nécessaires; or, puisque l'article 487 a permis de retarder d'un jour la clôture des débats, lorsque l'annonce a été faite par le Président en temps utile, il est juste qu'à défaut de cette précaution, les débats soient rouverts, pour que les parties puissent, suivant leur intérêt, établir ou contester les faits auxquels se réfèreront les nouvelles questions.

Les parties pourront, de même, réclamer le supplément d'instruction permis par l'article 487, ce qui entraînera renvoi de l'affaire à un autre jury.

Art. 492.— 621. La loi n'autorise la remise aux jurés d'aucune pièce de la procédure autre que la feuille des questions.

La loi française (art. 341) veut qu'il soit fait remise aux jurés de l'acte d'accusation, des actes de constatations et des autres pièces de la procédure. Le Projet japonais s'écarte, par deux raisons, de cette disposition.

D'abord, il a pu arriver que ces actes aient été combattus dans les débats et il ne convient pas de les présenter au jury comme ayant la même force qu'avant les débats. Ensuite, le Code français s'écarte en cela de son sage système d'après lequel la parole appartient à l'accusé en dernier lieu: comme il est impossible de donner aux jurés un résumé des plaidoiries de la défense, il n'est pas juste de lui donner les pièces principales de l'accusation.

Art. 493.— 622. Cet article ne présente aucune difficulté. L'audience est suspendue et la cour se retire, car il ne serait pas convenable qu'elle restât en séance à attendre la réponse du jury.

L'accusé est reconduit dans la prison attenante aux bâtiments du tribunal.

Le public peut rester dans la salle d'audience, parce que sa sortie et sa rentrée causeraient du trouble et une perte de temps.

Remarquons seulement que l'audience étant suspendue, il ne peut y avoir, en ce moment, de délit *d'audience* proprement dit, quoiqu'un délit puisse être commis dans la salle. Ce délit serait jugé d'après le droit commun et non d'après les articles 311 à 314.

Art. 494.— 623. La loi qui n'a pu empêcher que les jurés communiquassent avec le dehors, pendant les intervalles d'une audience à l'autre, prend ici une précaution nécessaire. Le moment suprême est arrivé. Les jurés doivent se recueillir, soit dans le silence, soit dans une délibération sage et digne. Toute influence étrangère doit être rigoureusement évitée.

Pour qu'un étranger pût pénétrer dans la salle du jury, il faudrait une autorisation du Président. Elle ne serait accordée que pour quelque accident, comme si un juré se trouvait subitement indisposé.

La délibération devrait nécessairement être suspendue pendant ce moment; c'est au chef du jury à y veiller.

Si ces précautions n'avaient pas été observées, la délibération serait sujette à nullité, pour ce seul fait; mais seulement dans l'intérêt de l'accusé, c'est-à-dire en cas de condamnation, car il ne doit pas souffrir d'une faute à laquelle il est étranger et dont il n'est pas certain que la délibération ait été réellement influencée.

Il sera toujours mis quelques aliments à la disposition des jurés, soit dans leur salle même, soit dans une pièce contiguë, pour le cas où la longueur de l'audience et la durée de la délibération qui suit le rendrait nécessaire.

Art. 495.— 624. La faculté accordée aux jurés d'appeler le Président dans la salle de leurs délibérations est justifiée par les limites mêmes où elle est enfermée, ce ne peut être que pour demander des éclaircissements sur le sens d'une ou plusieurs questions, ou sur le point de savoir s'ils ont, ou non, telle ou telle attribution. On a donné quelques développements sur cet incident, au sujet de l'Allocution au jury (voy. pp. 678 à 680).

Aux exemples déjà donnés de cas où cet appel du Président serait utile, nous ajouterons celui de la déclaration des circonstances atténuantes. Bien entendu, le jury ne peut demander au Président s'il y a lieu de les admettre; mais il pourrait hésiter, s'il peut en admettre à l'égard du parricide, de l'empoisonneur, de l'incendiaire ou de l'accusé en faveur duquel il admettrait déjà des excuses légales ou à la charge duquel il déclarerait des circonstances aggravantes (ce que la loi pénale permet formellement,—Proj. c.p., art. 99); il pourrait aussi hésiter, s'il y a lieu de déclarer les circonstances atténuantes, dans le cas où le fait ne serait reconnu par lui qu'avec les caractères constitutifs d'un délit. Cependant l'avertissement du Président, par cela seul qu'il n'aura porté aucune restriction, devrait déjà être considéré comme reconnaissant au jury le pouvoir illimité qui, en effet, lui appartient dans tous ces cas; mais il vaut mieux, si le jury éprouve un doute, que ce doute soit promptement dissipé.

Il va sans dire que le Président devrait refuser de donner aux jurés des explications sur d'autres points, notamment, sur les faits de la cause ou même sur des dispositions de la loi; par exemple, sur le point de savoir si telle ou telle déposition vaut comme témoignage ou comme renseignement.

Il va de soi aussi qu'en présence du magistrat, la délibération est suspendue et que celui-ci devrait s'abstenir de toute discussion avec les jurés.

Il n'est pas nécessaire que l'appel du Président soit demandé par tous les jurés, ni par la majorité: la demande d'un seul juré suffit.

La présence du ministère public et du défenseur de l'accusé est une disposition très-sage qu'on ne trouve pas dans la loi française. Cette précaution ne dispense pas le Président de rendre compte à l'audience de cet incident; c'est une conséquence de la publicité des débats. Il devra donc dire quelles explications lui ont été demandées et quelles réponses il a faites.

La loi ne dit pas qu'un débat puisse s'élever à ce sujet; le ministère public ou le conseil de l'accusé pourraient seulement faire des réserves, pour les faire valoir devant la cour de cassation, s'il y avait eu excès de pouvoir ou violation des règles qui précèdent.

La loi ne prononce pas ici la nullité pour omission de la présence du ministère public ou du défenseur; la nullité ne pourrait donc avoir lieu que dans l'intérêt de l'accusé, c'est-à-dire au cas de condamnation, et s'il avait fait des protestations ou réserves.

Art. 496.— 625. Il fallait aux jurés un Président, que la loi appelle "Chef du jury," pour éviter une confusion avec le Président de la cour et pour qu'il n'y ait pas deux Présidents dans un même tribunal.

En principe, c'est le sort qui désigne ce chef et c'est le tirage de la liste de jugement qui est ici en vue. Mais, il y a des personnes qui, par timidité ou par une juste défiance d'elles-mêmes, pourraient décliner cette charge; alors, en cas de refus de leur part, un autre chef est choisi parmi les autres jurés à la majorité des voix.

Bien que les jurés ne se connaissent généralement que par les premières opérations, ils peuvent cependant se faire aisément une opinion sur l'aptitude de tel ou tel d'entre eux à les présider; ils peuvent aussi se déterminer par l'âge ou par la profession de l'un d'entre eux. Il va sans dire que ni la majorité ni l'unanimité des jurés ne pourrait élire un autre chef du jury que celui désigné par le sort, si ce dernier n'avait d'abord décliné cette charge.

Comme le Président a remis la feuille des questions au premier juré sorti au sort, il est nécessaire qu'à la rentrée du jury, la cour, les intéressés et l'auditoire soient prévenus qu'un changement de personne a été fait en vertu de la permission de la loi (v. p. 681).

Art. 497.— 626. Il est naturel que les jurés puissent discuter entre eux, s'éclairer les uns les autres, comme les membres de tout tribunal peuvent le faire. L'avis d'un juré sage et expérimenté aura souvent une légitime influence sur l'esprit des autres: la loi ne peut ni ne doit l'empêcher.

Les jurés voteront ensuite sur chaque question, séparément, dans l'ordre où elles sont posées. La loi ordonne que la question soit lue préalablement.

Le vote est secret, et ce secret n'est pas compromis par la discussion qui a précédé; car chaque juré peut, jusqu'au dernier moment, avoir changé d'avis ou fixé ses doutes dans un sens ou dans l'autre (v. p. 681).

Le vote ne cesse pas d'être suffisamment secret, parce qu'un juré aura fait écrire son bulletin par un de ses collègues; mais il aura dû le faire secrètement.

La loi suppose que l'impossibilité d'écrire est accidentelle; car si un juré ne savait pas écrire, il n'aurait pas été porté sur la liste générale du jury qui, sans doute, ne pourra pas porter de personnes illettrées.

Art. 498.— 627. On a déjà eu plusieurs fois l'occasion de dire que le vote se fait simplement par *oui* ou par *non*, comme réponse à chaque question (v. pp. 677-678 et 704-706).

Le système français (art. 348 et loi du 13 mai 1836), semble vouloir enfermer le jury dans des limites aussi étroites et aussi précises que le Projet japonais, mais les jurés ne s'y conforment pas toujours et, souvent, ils font à la solution affirmative ou négative des additions qui rendent équivoque ou contradictoire l'ensemble de leurs réponses.

Quant au cas où il y aurait lieu de diviser la question, il a été expliqué aux mêmes lieux.

Art. 499.— 628. En France, quoiqu'il ne soit pas posé de question au jury, par le Président, à l'égard des circonstances atténuantes (art. 341), il a été ordonné par une loi spéciale sur le jury, de 1836, précitée, que le chef des jurés devrait toujours faire voter sur ce point, ce qui n'est pas la contradiction du Code, comme on l'a établi sous l'article 489.

Le Projet japonais exigeait d'abord que l'initiative vînt d'un juré demandant le vote sur les circonstances atténuantes; mais on est revenu au système français qui est plus favorable aux accusés.

Du moment que la question est posée par le chef du jury, le vote se fera, ici encore, par *oui*, ou par *non*.

Si le scrutin ne donne pas six voix favorables, les circonstances atténuantes ne seront pas admises et il ne devra être fait aucune mention du vote, ni sur la feuille des questions, ni verbalement, à l'audience.

On pourra dire alors, comme c'est l'usage, en France, dans les journaux judiciaires, que " le jury a été *muet* sur les circonstances atténuantes ;" ce qui est moins nuisible à l'accusé que ne le serait une réponse négative, si la question était posée.

Art. 500.— 629. Il est naturel que la majorité absolue (6 voix sur 10) soit nécessaire pour qu'une réponse soit inscrite comme défavorable à l'accusé; cette règle s'appliquera 1° à toutes les réponses *affirmatives* de la culpabilité et des circonstances constitutives ou aggravantes du crime ; 2° aux réponses *négatives* sur les excuses générales ou spéciale.

S'il y a partage de voix, il serait inexact d'inscrire

oui, ou *non*, puisqu'il faudrait plutôt inscrire *oui* ET *non*, on inscrira les mots "il y a *partage*" et c'est à la cour de considérer la réponse comme favorable. Mais à l'égard des circonstances atténuantes, si elles ne réunissent pas six voix, le vote ne sera pas inscrit, d'après l'article 499 et il ne sera pas dit qu'il y a partage, s'il existe.

Art. 501.— 630. Par application du principe que, dans le doute, on décide en faveur de l'accusé, les bulletins *blancs*, c'est-à-dire ceux qui ne portent ni *oui*, ni *non*, seront comptés comme favorables à l'accusé, même sur les circonstances atténuantes.

Un bulletin pourrait être *illisible*, si l'émotion d'un juré ou une maladie nerveuse faisait trembler sa main.

Il sera rare qu'un bulletin soit *équivoque*, surtout à raison de ce que les deux mots japonais qui expriment *oui* ou *non* diffèrent plus que dans les langues européennes; cependant, le cas pourrait arriver: les mots *oui* ou *non* ne sont pas prescrits à peine de nullité, et c'est quand un juré aura employé un autre mot, ou une forme moins simple d'affirmation ou de négation, que le doute, l'équivoque seront possibles (*k*).

Un bulletin ne serait *irrégulier* que si le juré, ayant écrit *oui* ou *non* ou un autre mot, avait ajouté ou "qu'il trouve la loi trop sévère ou qu'il doute, ou que l'accusé est fou;" le premier vote est évidemment irrégulier et illégal, le second pourrait équivaloir à un bulletin blanc et le troisième, à un bulletin portant *non;* mais dans les trois cas, le scrutin devra être refait, s'il n'y a pas, avec les autres bulletins, ce que la loi appelle "un résultat utile," c'est-à-dire six voix *contre*

(*k*) Les mots japonais: *shikari* 然 (oui), *ina* 否 (non) diffèrent trop pour que l'écriture, même la plus mauvaise, permette de les confondre. Peut-être, en réponse à la question principale: "L'accusé est-il coupable?" quelques jurés écriront-ils: *û-zaï* 有 罪 (coupable) ou *mu-zaï* 無 罪 (non-coupable); mais, là encore, il n'y aura aucun danger réel d'équivoque.

l'accusé ou cinq voix *pour* lui. Il est clair, en effet, que s'il y a déjà six voix contre l'accusé, celui-ci ne peut profiter d'un nouveau scrutin, et réciproquement, s'il y a déjà cinq voix en sa faveur, le nouveau scrutin ne peut plus lui nuire : il constituerait, tout ou plus, un partage de voix qui, d'après l'article précédent, serait favorable à l'accusé. Mais s'il y avait cinq voix contre l'accusé, quatre voix favorables et un bulletin nul, comme le nouveau scrutin pourrait être favorable ou défavorable à l'accusé, suivant le côté où se porterait le vote rectifié, le scrutin sera recommencé.

Comme les scrutins ne peuvent être indéfinis, si le bulletin défectueux est reproduit avec le même vice, ou avec un autre, ce bulletin sera compté comme bulletin blanc ou favorable.

Art. 502.— 631. C'est le chef du jury qui dépouille ou recense les scrutins, mais en présence et sous le contrôle des autres jurés. Il inscrit les réponses à la suite de chaque question ; ensuite, il en donne la lecture au jury, dans leur ensemble ; enfin, il date et signe.

En France, la signature du chef du jury est donnée à l'audience même, après la lecture publique de la déclaration (art. 349).

Dans le Projet japonais, il a paru plus naturel que la pièce fût signée d'abord ; car, après la lecture, la réponse est acquise à l'accusé et au ministère public : elle doit donc se trouver parfaite à ce moment.

La destruction des bulletins peut se faire pour tous les votes à la fois; mais, il sera plus sage de les brûler après chaque vote, ou au moins, de les séparer avec soin, pour éviter des confusions.

Art. 503, 504 et 505.— 632. Lorsque les jurés reprennent leurs places à l'audience et que le chef du jury a été changé, il n'est pas nécessaire que celui qui a été choisi prenne la place du chef remplacé; il est même préférable que chacun garde la place qu'il avait pendant les débats: la circonstance que le chef de jury ne se trouvera plus en tête du premier banc fera déjà remarquer qu'il y a eu changement de personne et cela assurera l'observation de la disposition de la loi qui veut que ce changement soit mentionné sur la feuille des questions et lu à l'audience (art. 496, 3e al.).

La lecture de la déclaration du jury présente une solennité qui rappelle et complète celle du premier serment prêté par les jurés. Le chef du jury ne jure plus pour l'avenir, mais pour un fait maintenant accompli et dont il témoigne devant la cour, devant l'accusé et devant le public. La présence des autres jurés et leur silence prouvent d'ailleurs qu'il parle en leur nom autant qu'au sien propre.

633. On sait que l'accusé avait été emmené de l'auditoire pendant la délibération du jury (art. 493); il n'est ramené qu'après la lecture de la délibération, laquelle lui est faite à haute voix par le greffier.

On pourrait s'étonner de cette absence de l'accusé au moment de la première lecture, ce qui en nécessite une seconde. Le motif de cette mesure est que l'accusé pourrait, à la première lecture de la délibération, pousser des cris de désespoir, des clameurs ou des imprécations qui troubleraient le chef du jury et pourraient rendre difficile l'achèvement de la lecture.

La déclaration, une fois lue, est acquise pour et contre l'accusé; sauf le cas exceptionnel où il y aurait lieu de renvoyer le jury pour rectifier ou compléter ses réponses, ainsi qu'on le verra plus loin (art 508).

Art. 506.— 634. Maintenant que les faits sont jugés, avec leurs éléments matériels et moraux, si le jury a reconnu à la charge de l'accusé tout ou partie de ceux qui lui étaient imputés par l'accusation, il reste à appliquer la loi pénale, sur les réquisitions du ministère public.

Un court débat peut s'ouvrir sur ce point. L'accusé ou son conseil peuvent soutenir, soit que le fait reconnu à la charge de l'accusé, quel que puisse être son caractère répréhensible, ne rentre pas dans les prévisions de la loi, soit qu'il n'est pas punissable de la peine requise par le ministère public. La première allégation sera rarement fondée, parce que la loi est tellement impérative à l'égard de la défense faite aux tribunaux de punir des faits qui ne sont pas expressément prévus par ses dispositions (Proj. c. p., art. 2), que, vraisemblablement, les poursuites n'auraient pas été poussées jusqu'au renvoi à la cour criminelle, si le fait ne rentrait pas dans les termes de la loi.

635. On en pourrait cependant citer quelques cas qui ne manquent pas de vraisemblance et qui même se sont présentés en France. Un individu avait été poursuivi pour homicide volontaire, parce qu'ayant vu un enfant se noyer dans un fossé d'où il pouvait le tirer avec la main, il l'avait froidement laissé périr. Le fait, quoique odieux, ne pouvait être, à aucun titre, assimilé à l'homicide volontaire, pas même à l'homicide par imprudence, car il n'y avait qu'*omission* d'accomplir un devoir moral et social que la loi n'a pas prévu ni sanctionné. Et ce n'est pas, de la part de la loi, un oubli, ou une erreur. Elle ne pourrait sanctionner pénalement de pareilles omissions, parce qu'ici les limites respectives des devoirs moraux et des devoirs légaux seraient impossibles à déterminer avec une précision suffisante : il y a des degrés infinis dans les difficultés de sauvetage des personnes en péril, depuis le point où le sauveteur n'a, en quelque sorte, qu'à dire une

parole ou à tendre la main, jusqu'au cas où il aurait à exposer sa vie pour sauver celle d'autrui.

Un autre cas s'est présenté. Un malade était gardé par une personne qui avait intérêt à le voir mourir; le médecin avait prescrit un médicament qui, d'après lui, devait sauver le malade, le garde-malade jeta secrètement le médicament et le malade mourut le lendemain, à la grande surprise du médecin. Les soupçons ne purent être suffisamment justifiés; mais l'eussent-ils été, la poursuite et la punition étaient impossibles et la loi ne pouvait les autoriser, parce que, en admettant le fait et l'intention odieuse dont il s'agit (par exemple, s'il y avait eu une confidence susprise), il n'aurait jamais été possible d'arriver à la certitude que ce fait était la cause déterminante de la mort du malade.

636. On peut citer, pour le Japon, un crime que le Projet de Code pénal ne punit pas, malgré les vives instances de la minorité de la Commission, la traite des esclaves. Un sujet japonais aurait acheté des noirs ou des enfants chinois, même des enfants japonais vendus par leurs parents, et il les aurait revendus en pays étranger comme esclaves; ce fait, si odieux qu'il soit, n'est pas puni actuellement par le Projet de Code pénal, ni par les anciennes lois japonaises. Si le ministère public l'avait poursuivi et avait obtenu un renvoi à la cour criminelle, si le jury avait déclaré l'accusé coupable, il n'y aurait cependant pas lieu à l'application d'une peine, si, d'ailleurs, le fait ne se compliquait pas d'un autre crime ou délit, comme la séquestration, le rapt, le détournement de mineurs.

Du moment qu'à l'avenir le renvoi devra citer le texte de loi en vertu duquel la poursuite est intentée, le cas d'une poursuite menée aussi loin, jusqu'à la cour criminelle, n'est vraisemblable que si le fait s'est présenté d'abord dans l'accusation avec des caractères légalement punissables qui ont paru ensuite modifiés au cours des débats.

Cette première sorte de contestation sur l'application de la peine est donc plutôt admise par égard pour la théorie que pour la véritable utilité pratique.

637. Mais il y aura bien plus souvent contestation sur la nature et l'étendue de la peine applicable ; sur ce point, les dissentiments sont faciles à supposer. Quelque soin qu'ait pris la loi pénale de déterminer les degrés de pénalité, d'après les degrés de culpabilité et suivant la variété des faits constitutifs, il est naturel qu'entre le ministère public et le conseil de l'accusé il y ait désaccord. La cour en décidera.

L'accusé ou son conseil pourra aussi soutenir que l'action publique n'était pas recevable; il pourra même plaider l'incompétence de la cour et du jury.

On a expliqué plus haut (pp. 118 et 504) et on a eu occasion de répéter (pp. 713-716) pourquoi le jury n'est pas juge de sa compétence et pourquoi la cour elle-même ne peut le dessaisir, ni pour le motif d'incompétence, ni pour une autre fin de non-recevoir de l'action publique. Mais, au moment de l'application de la peine, quand la réponse du jury est donnée, la question peut être discutée et il est certain que si la cour était convaincue de l'incompétence du jury, en même temps que de la sienne propre, elle ne serait pas tenue de pousser jusqu'au bout l'irrégularité dans laquelle on est entré. La cour pourra donc se déclarer incompétente ou déclarer l'action publique non recevable ou éteinte, suivant la nature de la fin de non-recevoir qui aura été proposée ; elle pourra même prendre ces décisions d'office. Le tout, en supposant toujours que ces questions n'ont pas encore été l'objet de décisions de la cour de cassation.

L'article 506 se termine par la condition imposée

aux parties de ne pas plaider contre la déclaration du jury : ce serait remettre la cause en question. Si la décision du jury est attaquable ce n'est pas devant la cour criminelle elle-même, mais devant la cour de cassation.

Art. 507.— 638. Le débat sur les dommages intérêts suivra immédiatement, si la cour ne juge pas à propos de le disjoindre, comme il est permis par l'article 357 rappelé ici.

Dans ce débat on voit figurer comme défenderesses, à côté de l'accusé, les personnes civilement responsables. On doit supposer ou qu'elles ont été mises en cause par la partie civile, ou qu'elles sont intervenues spontanément, comme la loi le leur permet (art. 353).

Le ministère public, n'étant ici ni demandeur ni défendeur, donne ses conclusions le dernier, dans le seul intérêt général de la justice, comme en toute matière civile (voy. art. 386, 4e al.) *(l)*. Il peut déclarer s'en rapporter à la sagesse de la cour : ce sont des conclusions suffisantes en pareil cas.

Art. 508, 509, 510 et 511.— 639. On a annoncé plus haut (art. 505) que la déclaration du jury n'était acquise à l'accusé ou contre lui qu'autant qu'il n'y aurait pas lieu de renvoyer le jury dans la salle de ses délibérations pour les causes déterminées par la loi.

La loi suppose ici cet incident qui n'est pas rare. Il se produit même, en général, aussitôt après la lecture de la déclaration du jury ; par exemple, le défaut de date de la déclaration ou le défaut de signature du chef du jury. Ces irrégularités peuvent d'ail-

---

(*l*) Au Japon, le ministère public ne figure pas encore dans les matières civiles ordinaires. Ce passage suppose l'admission ultérieure du système français ; mais, tant que la règle générale ne sera pas admise, et peut-être ne le sera-t-elle pas, cette disposition ne devra pas être appliquée.

leurs se corriger à l'audience même, comme le dit le texte; mais il pourrait arriver que des irrégularités plus graves de la déclaration, mais moins saillantes, ne fussent reconnues qu'au moment, pour la cour, de faire l'application de la loi; c'est pourquoi la disposition présente a été reportée jusqu'ici.

Ainsi le jury pourrait n'avoir pas résolu toutes les questions ou n'avoir pas mentionné la majorité ou le partage des voix, c'est la déclaration *incomplète;* il pourrait avoir donné une réponse *équivoque* sur un point, ce sera rare et même impossible, s'il s'est borné à dire *oui*, ou *non ;* mais, si, par l'effet d'une question mal posée, contenant une alternative, il a répondu "oui," ou "non," on ne saura pas si la réponse s'applique à l'une ou à l'autre hypothèse. Par exemple, on aurait demandé au jury si l'accusé *a eu, ou non*, l'intention de donner la mort, s'il y *a eu, ou non*, préméditation, s'il *était, ou non*, en état de démence, s'il a agi *avec* ou *sans* discernement. Ici, la première faute serait du Président; il n'y aurait pas moins une équivoque qu'il serait nécessaire de faire cesser. En effet, si le jury a répondu *oui* aux trois premières questions, on peut bien croire qu'il a appliqué l'affirmation à la première partie de la question qui elle-même était affirmative; mais cela n'est pas absolument certain; quant à la dernière question, la réponse affirmative est absolument équivoque.

Les réponses seraient *contradictoires*, si, l'accusé ayant été déclaré *coupable* d'homicide volontaire, le jury avait résolu affirmativement une question posée sur la légitime défense, sur la démence ou sur la contrainte; ou, si, même sans être questionné sur ces cas d'exemption de peine, il avait déclaré *oui*, sur la culpabilité, en ajoutant que "l'accusé était en état de légitime défense ou en état de démence ou qu'il avait cédé "à la contrainte," cas qui, tous, excluent la culpabilité.

Comme *irrégularités de formes*, autres que le défaut de date et de signature, on pourrait citer le cas où le jury n'aurait pas répondu par *oui* ou par *non*, ni par d'autres expressions aussi précises; mais où, par exemple, il aurait réuni plusieurs questions dans une même réponse, ou, ayant à statuer sur plusieurs accusés, il aurait dit que la réponse était "la même pour l'un que pour l'autre."

640. La réponse ne serait pas sujette à rectification, mais serait nulle, purement et simplement, si le jury s'était prononcé sur des points qui ne lui avaient pas été soumis; par exemple, s'il avait déclaré spontanément un fait d'excuse légale qui n'était pas l'objet d'une question. Si, en pareil cas, il n'y avait pas eu déclaration de circonstances atténuantes, il serait juste de renvoyer le jury à délibérer, pour lui donner la faculté de substituer cette déclaration à celle de l'excuse; mais si les circonstances atténuantes étaient en même temps déclarées, il faudrait annuler purement et simplement la déclaration d'excuse indûment faite et ne tenir compte que des circonstances atténuantes.

La rectification de la déclaration du jury pourra être demandée par le ministère public ou par l'accusé, ou ordonnée d'office par la cour.

S'il y a contestation, c'est à la cour à statuer.

641. En renvoyant le jury à délibérer, la cour désignera les vices de la déclaration, pour qu'il soit facile au jury de les réparer. Mais il ne fallait pas qu'il fut possible au Président de changer les éléments de la délibération. Les questions devront donc être les mêmes; au moins, en principe. Toutefois, si le vice de la première déclaration était causé par l'irrégularité des questions, elles devraient nécessairement être rectifiées; de même, si toutes les questions résultant de

l'ordonnance de renvoi n'avaient pas été posées, cette lacune devrait être comblée.

Bien entendu, le Président ne pourrait plus, à ce moment, poser de nouvelles questions comme résultant des débats. Cette faculté considérable doit être exercée avant l'entrée du jury dans la salle de ses délibérations, alors qu'elles peuvent encore être débattues entre l'accusation et la défense.

Lors même que la déclaration du jury ne serait rectifiée que sur un point ou deux, la lecture du *verdict* (m) devrait être refaite en entier.

Art. 512.— 642. Cet article, quoiqu'il soit le plus important par son résultat, puisqu'il conduit au but que poursuivait cette longue procédure, est celui qui demande le moins de développements, après tout ce qui a été dit jusqu'ici.

L'accusé a été déclaré coupable: si le fait est punissable, si l'action n'est ni éteinte, ni non recevable, la cour appliquera la peine édictée par la loi; elle l'abaissera, s'il y a des excuses ou des circonstances atténuantes; elle l'élèvera, s'il y a des circonstances aggravantes; s'il y a tout à la fois des causes d'aggravation et d'abaissement, elle fera le calcul assez délicat dont le Code pénal lui donne les règles (voy. Proj., art. 111).

La cour prononcera l'absolution, si le fait n'est pas puni par la loi, ou si le jury a reconnu en faveur de l'accusé une des excuses dites "absolutoires," parce qu'elles entraînent exemption de peine. Elle prononcera sa "mise hors de poursuites," dans les autres cas prévus à l'article 356 auquel renvoie le présent article.

(m) On n'a pas employé jusqu'ici le mot de *verdict* pour désigner la déclaration du jury; ce mot, très-usité, en France, dans le langage des journaux judiciaires, n'est pas employé par la loi française: il est anglais, mais d'étymologie latine: *vere dictum*, "chose dite avec vérité."

Art. 513.— 643. On a vu que, par suite des questions subsidiaires résultant des débats, l'accusé peut n'être déclaré coupable que d'un délit.

On pourrait croire que cette compétence exceptionnelle du jury s'arrête à la déclaration du fait même, mais qu'il n'appartient pas au jury d'en déterminer les caractères aggravants ou atténuants. En France, on a admis, en jurisprudence, sans des raisons bien convaincantes, que le jury ne pouvait pas déclarer les circonstances atténuantes de ce délit et que ce droit ne pouvait appartenir qu'à la cour; il y aurait plus de difficultés pour les circonstances aggravantes du délit.

On n'a pas hésité, au Japon, à donner au jury une pleine compétence, en ce qui concerne le délit, soit pour les unes soit pour les autres circonstances: la division de son pouvoir a paru illogique.

Art. 514.— 644. Il y a des affaires qui, malgré leur gravité pénale, ne présentent pas de difficultés juridiques; la cour pourra donc prononcer son jugement immédiatement, sans suspendre l'audience; quelquefois, elle se retirera dans la salle de ses délibérations pour rédiger la sentence; enfin, si le cas est difficile, ou s'il y a plusieurs accusés ou beaucoup de questions, la cour fera sagement de renvoyer à l'audience suivante, pour avoir le temps de préparer son arrêt.

Les jurés devront assister à la prononciation de l'arrêt, car il pourrait y avoir lieu à leur demander une nouvelle délibération, pour quelques unes des irrégularités prévues à l'article 508, bien que le cas doive être regrettable, après un jour d'intervalle.

Art. 515.— 645. La loi suppose maintenant que l'accusé a été déclaré "non coupable" sur toutes les questions. Il ne peut qu'être *acquitté*. Cet acquittement est si nécessaire qu'en France il est prononcé par le Président, sans qu'il ait à consulter la cour.

Au Japon, on a préféré qu'il y eût *arrêt* d'acquittement. C'est une pure question de forme: mais la cour étant saisie, il a semblé, avec raison, que toute décision qui la dessaisit doit émaner d'elle-même.

La cour ordonne en même temps la mise en liberté de l'accusé, en réservant le cas où il serait détenu pour une autre cause.

C'est à raison de cette réserve que l'accusé ne sort pas par la porte de l'auditoire, ce qui eût été bon, en la forme; mais il faut qu'il soit reconduit dans la prison, qu'il soit vérifié au greffe de ladite prison, s'il n'y a pas d'autres causes de détention et enfin que sa sortie soit consignée sur le registre d'écrou.

La cour, dans le cas d'acquittement, peut avoir à statuer sur deux sortes de réclamations civiles; sur celle de la partie lésée qui, malgré l'acquittement, peut obtenir des dommages-intérêts pour faute civile, et celle de la partie acquittée qui peut se plaindre de la mauvaise foi ou de la faute de ses dénonciateurs.

Art. 516.— 646. On a vu, sous l'article 486-1° que le jury et la cour ne sont pas compétents pour statuer sur les infractions non connexes révélées par les débats; en pareil cas, la cour ne peut que prendre les mesures nécessaires pour en assurer l'instruction, et encore faut-il que le ministère public l'en requierre.

Art. 517.— 647. La décision de la cour, comme la déclaration du jury, est, comme on l'a déjà dit, en dernier ressort: elle n'est pas susceptible d'appel; mais elle est, et devait être, évidemment, susceptible de pourvoi en cassation; mais il n'est ouvert à chacune des parties en cause que sous des distinctions qu'on verra au Livre IVe, Chapitre 1er, art. 537 et 538.

Le délai est de cinq jours pour le condamné, pour le ministère public, la partie civile et les personnes civilement responsables.

Le délai court pour tous les ayant-droit du jour du jugement; le condamné est averti de la durée et du point de départ du délai, conformément à l'article 368.

Art. 518.—648. On a vu au Livre IIe, Chapitre IV (art. 252 et suiv.), que la loi prend des précautions spéciales pour assurer la procédure contradictoire à l'égard des inculpés défaillants ou contumaces. On suppose ici que ces mesures n'ont pas réussi et que les accusés n'ont pu être placés ou retenus sous la main de la justice.

La loi règle d'abord le cas où, dans une accusation, le seul accusé ou tous les co-accusés sont contumax. Plus loin (art. 527), elle statuera sur le cas où, dans une même affaire, il y a des accusés présents et des accusés contumax.

La première différence entre le jugement contradictoire et le jugement par contumace est que ce dernier est rendu par la cour seule, pour le fait et pour le droit, c'est-à-dire, sans assistance de jurés.

Il y a là une rigueur, assurément; mais elle est facile à justifier: le jugement sera rendu exclusivement sur la procédure ou instruction écrite; il n'y a pas d'audition de témoins, pas de plaidoiries; l'intervention du jury ne serait pas motivée.

En outre, comme on le verra plus loin, la condamnation, si elle a lieu, doit tomber de plein droit, par la représentation du condamné; ce qui ne serait guèrre admissible si le jury était intervenu.

La loi place le jugement des contumax après le jugement des affaires contradictoires, pour ne pas retenir le jury plus qu'il n'est nécessaire; mais rien n'empêcherait la cour de consacrer un jour au jugement des affaires par contumace, au cours de la session, si le jury avait besoin d'un jour de repos.

Art. 519.— 649. La seconde rigueur de la loi, à l'égard des contumax, est qu'ils n'ont pas de défenseur, ni d'office, ni choisi par eux.

La loi permet seulement à leurs parents ou amis de présenter à la cour la justification de leur éloignement, ce qui n'est pas une défense au fond.

Si la justification est admise par la cour, le sursis est accordé. La cour peut aussi lever, pendant ledit sursis, le séquestre établi sur les biens du condamné en vertu de l'article 254. Cette main-levée ne devra être accordée qu'avec une grande réserve, parce que l'accusé pourrait réaliser sa fortune et ne pas reparaître. Mais il est juste que la cour puisse suspendre une mesure de rigueur qui n'avait été prise que parce que, jusque-là, l'absence de l'accusé n'avait pas été justifiée.

Art. 520.— 650. S'il n'y a pas de justification suffisante de l'absence de l'accusé contumax, le jugement a lieu, sur la seule lecture des actes énoncés en cet article et sur les conclusions du ministère public et de la partie civile.

Art. 521.— 651. On remarque que l'absence de l'accusé ne nuit pas entièrement aux personnes civilement responsables, en ce sens qu'elles peuvent, au moins, contester l'étendue de leur responsabilité.

Il faudrait même les admettre, dans ce but, à contester, tant l'existence des faits incriminés eux-mêmes que leur imputabilité à l'accusé, quoiqu'elles paraissent, à cet égard, prendre le rôle de défenseur de celui-ci, ce que la loi ne permet pas; mais elles ne doivent pas souffrir de la contumace et perdre le droit de se défendre parce que l'accusé l'a perdu.

Art. 522.— 652. Quelle que soit la sévérité de la loi, à l'égard des contumax, elle ne pouvait certes pas admettre qu'ils fussent jugés d'après une instruction irrégulière ou incomplète. Il pourra donc y avoir, soit un supplément d'instruction, soit une instruction nouvelle, pour le tout ou pour partie.

Art. 523.— 653. Une fois terminé le rapide examen qui précède, la cour procède au double jugement du fait et du droit : elle déclare la culpabilité, s'il y a lieu ; elle admet les excuses ou les circonstances atténuantes ; puis elle applique la peine.

Elle prononce l'acquittement, si les charges ne sont pas suffisantes, et l'absolution dans les cas où la loi l'autorise.

Enfin, elle statue sur les dommages-intérêts de la partie civile.

Art. 524.— 654. Quoique la condamnation ne soit pas irrévocable, le séquestre est maintenu : il est même encore plus motivé qu'auparavant ; mais seulement si la peine prononcée est criminelle.

Le futur Code contiendra des règles relatives à l'administration des biens des personnes absentes, c'est-à-dire de celles dont l'existence est incertaine ; ces règles seront observées à l'égard du séquestre des biens des contumax.

Il est clair que, malgré le caractère provisoire du jugement, il est exécutoire quant aux condamnations pécuniaires, sauf réformation, au cas de retour du condamné.

L'exécution sur les biens se poursuit contre le séquestre.

Art. 525.— 655. Les biens de ceux qui ne sont condamnés qu'à une peine correctionnelle ne sont pas séquestrés, pas plus que ceux des inculpés condamnés par défaut en matière purement correctionnelle ; la loi n'a pas voulu que les condamnés souffrissent ici de ce que l'accusation avait été exagérée dans le principe.

S'ils reviennent, c'est par une opposition qu'ils procèderont, pour faire tomber la condamnation considérée comme étant simplement *par défaut*.

L'article 415 qui prolonge le droit d'opposition, dans plusieurs cas, jusqu'à la prescription, serait applicable à ce cas.

Art. 526.— 656. Il est naturel que le condamné ne puisse pas se pourvoir en cassation ; ce n'est pas une rigueur nouvelle : c'est la conséquence de deux règles du pourvoi en cassation :

1° Le condammé ne peut se pourvoir qu'en se constituant prisonnier ;

2° Le pourvoi n'est admis que contre les décisions irrévocables ; or, la représentation du condamné fait tomber la condamnation.

Au contraire, le ministère public et les personnes intéressées civilement, n'ayant pas d'autre voie pour attaquer la décision, ont le pourvoi en cassation dans les formes et délais ordinaires.

Art. 527.— 657. Il est naturel que la contumace d'un ou plusieurs accusés ne retarde pas le jugement de ceux qui sont présents. Il n'y aura pas deux procédures séparées ; mais les contumax seront toujours privés de défenseurs et du bénéfice du jury ; les questions posées au jury ne concerneront pas les contumax, à moins qu'il n'y ait indivisibilité des faits.

Si la pluralité d'auteurs devait être une circonstance aggravante et que cette pluralité ne pût exister que par la participation des contumax, le jury devrait se prononcer sur ce point, dans l'intérêt des accusés présents.

La loi française est muette sur toutes ces difficultés et la jurisprudence y est fort discutable.

Art. 528 et 529.— 658. Le retour volontaire ou forcé du condamné et son arrestation font tomber de plein droit la condamnation criminelle et les condamnations civiles.

659. Le condamné est traduit devant un jury de la plus prochaine session.

La seule différence qui reste entre sa situation et celle d'un accusé ordinaire, c'est qu'il ne peut attaquer l'ordonnance de renvoi.

Si l'accusé a eu des co-auteurs ou complices déjà condamnés, ils ne seront pas nécessairement entendus en personne; mais leur interrogatoire pourra être lu à l'audience, ainsi que les dépositions des témoins qui les concernent.

La partie civile doit être appelée, car elle ignorerait le nouveau procès.

Art. 530.— 660. L'acquittement n'entraînera pas nécessairement la décharge des frais du premier procès: le tribunal prendra en considération, à cet égard, les causes de l'absence de l'accusé.

En cas d'absolution, les frais resteront toujours à la charge de l'accusé; le silence de la loi et la raison le demandent.

Mais les amendes, dans les deux cas, seront restituées, comme indûment payées.

Pour les réparations civiles, elles pourront être maintenues, modifiées ou anéanties, suivant les règles ordinaires.

LIVRE IV.

DES ATTRIBUTIONS DE LA COUR DE CASSATION.

Sommaire.

661. Objet de ce Livre.

661. Ce Livre est le développement, en quatre Chapitres, de la Compétence ou des Attributions de la Cour de cassation déjà énoncées à l'article 94, au Livre Ier.

La loi ne pouvait intituler ce Livre d'une manière qui pût indiquer, d'un seul mot, la nature des attributions de cette cour.

Ainsi on ne pouvait l'intituler *Des Recours en cassation;* car les deux premières attributions de cette cour sont bien de juger des recours et des recours qu'on peut appeler *extraordinaires;* mais les deux autres sont des règlements de compétence dont le premier, le Règlement de juges, peut être demandé par voie de recours contre la décision d'un tribunal inférieur, mais peut aussi être demandé, d'emblée, *de plano,* sans qu'il y ait de décision antérieure; l'expression de *Recours* serait donc impropre; elle le serait encore plus pour le cas de Renvoi pour sûreté publique ou pour suspicion légitime qui n'est jamais demandé par voie de recours, mais toujours *de plano.* Il a donc fallu donner à ce Livre un titre aussi large et général que celui de Compétence. Le mot français "Attributions" et le mot japonais *Shokou-mou* ont ce sens général.

On a suffisamment justifié, au Livre Ier, l'utilité, la nécessité, d'une Cour régulatrice qui maintienne la saine interprétation de la loi, en cassant les décisions qui s'en écartent et même en les corrigeant, dans certains cas. Les trois autres attributions, quoique d'une importance moins considérable, ne pouvaient être données qu'au corps judiciaire le plus élevé.

CHAPITRE PREMIER.

DU POURVOI EN CASSATION.

Art. 531. Les décisions des juridictions d'instruction et de jugement qui ne seront susceptibles d'aucun des recours prévus et réglés aux Livres IIe et IIIe pourront être attaquées par le pourvoi en cassation, pour violation de la loi ou des formes, dans les cas et suivant les distinctions de personnes ci-après déterminées. Décisions attaquables par le Pourvoi ordinaire.

Les décisions à l'égard desquelles l'opposition ou l'appel auraient été négligées ne seront susceptibles que du pourvoi extraordinaire autorisé par les articles 540, 541 et 542.—**0.** [295, 405, 430.— 407, 408.] Renvoi pour le Pourvoi extraordinaire.

532. Il y a ouverture à cassation dans les cas ci-après : Ouvertures à cassation.

1° S'il y a eu rejet, contrairement à la loi, d'une cause de récusation d'un juge ou du greffier ; [264 s., 330 s.]

2° Si la juridiction était irrégulièrement composée; [55, 61 s., 66 s., 75 s., 83 s., 445 s., 454 s.]

3° Si les juges qui ont statué ou ceux devant lesquels l'affaire a été renvoyée étaient incompétents, ou si, en sens inverse, des juges compétents se sont déclarés incompétents ; [39 s., 59, 60.]

4° Si l'existence d'un conflit positif a été indûment admise ou déniée, ou si le règlement de juges a été fait contrairement à la loi ; [261 s., 318.]

5° Si les formes prescrites à peine de nullité par la loi, dans l'intérêt général, n'ont pas été observées ; [5, 25, 35, 55, 129, 145, 302, 441, 489.— 408.]

6° Si les règles prescrites dans l'intérêt de la défense n'ont pas été observées, lors même que la loi n'a pas prononcé la nullité, pourvu qu'il ait eu protestation de l'inculpé; [352, 441, 469. — 408, 413.]

7° Si l'action publique a été déclarée à tort recevable ou non recevable ; [243, 316, 317, 356, 485.]

8° Si le ministère public n'a pas donné ses conclusions, dans le cas où elles sont exigées par la loi et s'il n'y a pas eu rapport d'un juge commis, dans les cas où la loi l'ordonne ; [34, 129, 142, 230, 238 s., 260, 266, 289, 323, 325, 428.]

9° Si le tribunal a omis de statuer sur les conclusions d'une des parties en cause, ou a statué sur des choses non demandées, hors les cas où la loi lui permet de statuer d'office; [···— 412.]

10° Si les débats n'ont pas eu lieu publiquement, quand le huis clos n'a pas été régulièrement ordonné et, dans tous les cas, si le jugement n'a pas été prononcé publiquement; [302, 303.]

11° S'il y a insuffisance ou contrariété des

motifs de fait donnés à l'appui du jugement; [354 à 356.]

12° S'il y a contrariété de dispositions d'un même jugement ou de jugements différents;

13° S'il y a eu prononciation d'une peine autre que celle édictée par la loi, ou omission de prononcer celle que la loi édicte; [··· — 410, 1er al.]

14° S'il y a eu absolution, dans un cas où l'acquittement devait être prononcé d'après la loi, ou acquittement, dans un cas où la loi n'admet que l'absolution; [356, 393, 417, 515, 523. — 410, 2e al.]

15° S'il y a eu un excès de pouvoir autre que ceux prévus aux alinéas précédents. — **410.**

533. Il n'y a pas ouverture à cassation des jugements qui ont seulement donné une fausse qualification aux faits reconnus à la charge de l'inculpé, si, d'ailleurs, la peine a été appliquée conformément à la loi. Refus de pourvoi.

Il en est de même si l'infraction a été punie en vertu d'un texte autre que celui qui lui est appliqué par la loi; pourvu que les peines édictées dans l'un et l'autre texte aient la même nature et la même étendue légales. — **0.** [··· — 411.]

534. La partie défenderesse au pourvoi peut se pourvoir incidemment, en tout état de cause, par les moyens qui peuvent lui appartenir, lors même qu'elle aurait négligé de se pourvoir dans le délai légal. Pourvois incidents.

Le demandeur peut aussi soumettre à la cour de nouveaux moyens de cassation.

Le tout, en observant les distinctions portées aux articles 537 à 539.

Le Procureur général à ladite cour peut proposer incidemment les moyens de cassation qui appartiendraient au ministère public près le tribunal dont la décision est attaquée, pourvu que le délai normal ne soit pas expiré, sauf ce qui est dit du pourvoi extraordinaire aux articles 540 à 542.— **413.** [277 bis, 286, 401.]

Effet suspensif du pourvoi.

535. Le pourvoi formé contre les jugements ou arrêts statuant, soit sur l'instruction, soit sur le fond, est suspensif de l'exécution, sauf en ce qui concerne la mise en liberté accordée ou refusée.— **415.** [251, 259, 279, 283, 359 bis.]

Pourvoi contre les jugements incidents.

536. Les jugements ou arrêts rendus sur les incidents de procédure ne peuvent être attaqués devant la cour de cassation qu'après la décision sur le fond.

Toutefois, les arrêts statuant sur la composition du tribunal ou du jury ou rejettant le déclinatoire pour incompétence, ou toute autre exception proposée contre la recevabilité de l'action publique, sont susceptibles de pourvoi aussitôt après leur prononciation.

Dans ce cas, le pourvoi n'est pas suspensif, de droit; mais le tribunal ou la cour peut ordonner qu'il sera sursis aux débats, soit sur les conclusions du demandeur ou du défeudeur au pourvoi, soit sur celles du ministère public, soit même d'office.— **0.**

537. Les parties en cause ne peuvent se pourvoir contre les décisions du fond sur l'action publique que sous les distinctions ci-après: Personnes admises à se pourvoir.

1° Au cas de condamnation, le condamné et le ministère public près le tribunal dont la décision est attaquée, pour toutes les causes énoncées à l'article 532; toutefois, le condamné ne peut fonder son pourvoi sur la fausse application de la loi pénale, lorsqu'il lui a été appliqué une peine plus faible que celle édictée par la loi, si elle est de la même nature;— **0.**

2° Aux cas d'absolution ou de renvoi des poursuites, l'inculpé, pour la cause énoncée au 14e alinéa de l'article 532, et le ministère public, pour les causes énoncées aux alinéas 2e, 3e, 7e, 12e, 13e et 14e dudit article;— **0.** [···—410, 2e al.]

3° Au cas d'acquittement, le minsitère public seul, pour les causes énoncées aux 2e, 3e, 12e, 13e et 14e alinéas précités.—**411.** [···—409, 413, 2e al.]

538. Les décisions rendues sur l'action civile ne peuvent être attaquées au moyen du pourvoi en cassation, par la partie civile et les personnes civilement responsables, que pour les causes autorisées par la loi civile.— **412.** Pourvoi contre le jugement civil.

Il en est de même à l'égard du condamné qui voudrait se pourvoir contre la décision civile seulement.— **0.**

Le pourvoi du condamné, s'il n'est pas restreint à la condamnation pénale, est présumé formé, en même temps, contre les chefs du jugement relatifs aux intérêts civils;— **0.**

Le pourvoi du ministère public ne peut jamais s'appliquer qu'aux chefs du jugement concernant l'action publique.— **0.** [34.]

Pourvoi contre les décisions d'instruction.

539. Les décisions rendues en matière d'instruction ne sont susceptibles de pourvoi en cassation que suivant les distinctions ci-après :

1° Au cas de renvoi devant la cour criminelle, par l'accusé et le ministère public, pour les causes prévues aux alinéas 1er à 9e et 15e de l'article 532;

3° Au cas de mise hors de poursuites, par le ministère public et la partie civile, pour les causes prévues aux alinéas 1er à 5e, 7e à 9e et 15e.— **0.**

Pourvoi extraordinaire.

540. Le Procureur général près la cour de cassation peut, à toute époque, soit d'office, soit sur l'ordre du Ministre de la justice, déférer à la cour de cassation, par un pourvoi extraordinaire, les jugements ou arrêts qui porteraient une condamnation non autorisée par la loi, eu égard aux faits reconnus par le jugement et que, ni le condamné, ni le ministère public près le tribunal qui a statué, n'auraient attaqués dans le délai prescrit.

Dans ce cas, la cour cassera le jugement ou l'arrêt et elle appliquera elle-même la loi, conformément à l'article 561 ci-après.— **435.** [··· — 442.]

541. Il y a encore lieu au pourvoi extraordinaire contre les jugements ou arrêts, soit d'acquittement, soit de mise hors de poursuites, soit de condamnation plus faible que celle qui est édictée par la loi, dans les cas suivants : Suite.

1° S'il y a eu corruption des juges ou des jurés ;

2° S'il y a eu des violences ou menaces graves exercées contre les mêmes personnes ;

3° S'il y a eu de fausses déclarations à décharge, obtenues à l'aide des mêmes moyens, soit des témoins, experts ou interprètes, soit des officiers publics chargés des constatations.

Toutefois, le pourvoi ne sera recevable, dans ces trois cas, que si l'inculpé a été condamné comme auteur, provocateur ou complice desdits actes de corruption, violence ou menaces.

Dans le cas du présent article, si la cour reconnaît que le jugement a été vicié quant à la déclaration des faits, elle cassera le tout et renverra l'affaire à un autre tribunal, conformément à l'article 590 ci-après, pour être statué de nouveau au fond.

S'il y a eu seulement condamnation trop faible, eu égard aux faits régulièrement établis, elle appliquera la peine conformément à la loi. — 0.

542. Le Procureur général peut aussi déférer à la cour de cassation, par un pourvoi extraordinaire, les jugements qui donnaient ouverture à cassation, en vertu du 12e alinéa Suite.

de l'article 532 et dont l'exécution se trouverait arrêtée ;

Dans ce cas, la cour statuera comme il est dit à l'article 564 ci-après.—**0.**

Imputation des peines subies.

543. Dans les cas prévus aux trois articles précédents, les peines privatives de liberté, subies en vertu de la condamnation annulée, s'imputeront sur la nouvelle peine prononcée, suivant les distinctions ci-après :

1° Jour pour jour, si les deux peines sont de même nature, quant à l'obligation au travail, ou si la première était plus douce que la seconde, dans les cas des articles 540 et 542 ;

2° Avec un quart en moins, dans le cas de l'article 541, si la première peine était plus douce que la seconde ;

3° Avec un quart en plus, dans tous les cas, si la première peine était plus dure que la seconde.— **0.**

Délais du pourvoi.

544. Le pourvoi appartenant aux personnes désignées aux articles 537, 538 et 539, sera formé dans le délai prescrit au Livre IIe (article 296) et au Livre IIIe (articles 405, 430 et 517), par une déclaration au greffe du tribunal ou de la cour qui a rendu le jugement ou l'arrêt attaqué.

Relief contre la déchéance.

Les articles 363 et 364, déterminant les cas et les formes dans lesquels les parties peuvent être relevées de la déchéance, sont applicables au pourvoi en cassation.— **416.**

545. Le pourvoi sera formé, soit par la partie elle-même, soit par un mandataire, ou par le défenseur, conformément à l'article 360. Formes du pourvoi.

Il sera signé du greffier et de celui qui aura fait la déclaration, ou mention sera faite de l'impossibilité de signer. [··· — 417.]

L'article 297 relatif à l'élection de domicile est applicable au pourvoi en cassation. — **0.**

546. Les condamnés en matière criminelle ne pourront se pourvoir, et nul ne pourra se pourvoir pour eux, à l'exception du ministère public, que s'ils sont constitués prisonniers. Suite.

Il en sera de même des condamnés à l'emprisonnement correctionnel ; à moins que la liberté provisoire ne leur ait été accordée ou maintenue, soit par l'arrêt de condamnation, soit par une ordonnance ultérieure. [285, 4e al., 361.]

Le pourvoi du condamné détenu sera reçu par le directeur de la prison, conformément à l'article 361. — **0.** [··· — 421.]

547. Le pourvoi sera, au nom du demandeur, notifié, d'office, par le greffier, dans les 24 heures de sa formation, à la partie qui doit y défendre. [··· — 418.] Suite.

Toutefois, si le ministère public y est défendeur, il suffira au greffier de lui en donner avis.

548. Dans les cinq jours de son pourvoi, le demandeur en cassation déposera au greffe une requête signée de lui ou de son fondé de Suite : requête.

pouvoir, adressée à la cour de cassation et contenant l'énonciation et la justification de ses moyens de cassation.

Ladite requête sera, dans les 24 heures du dépôt, transmise par le greffier au défendeur qui lui en donnera récépissé.

La copie du jugement ou de l'arrêt attaqué sera, en outre, signifiée au défendeur autre que le ministère public.—417. [···—422.]

Suite: défense.

549. Le défendeur au pourvoi aura dix jours, après la réception de la requête du demandeur et de la copie du jugement, pour présenter ses moyens de défense, en la même forme de requête.

Ladite requête sera transmise au demandeur, par le greffier, dans les 24 heures du dépôt fait au greffe.—418.

Suite: double original.

550. Les requêtes déposées par le ministère public, comme demandeur ou défendeur, seront en double original.

Il en sera de même de celles présentées par l'une des parties contre la décision relative aux intérêts civils.

Le second original sera toujours transmis au Procureur général à la cour de cassation.—419.

Suite: envoi des pièces.

551. Après l'expiration de tous les délais qui précèdent, le greffier remettra au commissaire du Gouvernement près le tribunal dont la décision est attaquée toutes les pièces de la procédure originaire et celles relatives au pourvoi.

Cet officier expédiera lesdites pièces, avec ses observations, s'il y a lieu, dans le délai de cinq jours, au Procureur général à la cour de cassation, lequel saisira ladite cour, en requérant le Premier Président de mettre l'affaire au rôle général de la chambre criminelle.— **420.**

Avocat d'office.

Si le condamné en matière criminelle, demandeur ou défendeur contre le ministère public, n'a pas constitué un avocat, il lui en sera nommé un d'office par le Président, au moment où l'affaire sera inscrite au rôle, parmi les avocats attachés à la cour de cassation.

Il en sera de même à l'égard du condamné à l'emprisonnement correctionnel qui n'aurait pas obtenu la liberté provisoire.— **421.**

Décision sur la recevabilité du pourvoi.

552. Si le Procureur général, après l'examen des pièces, estime que le pourvoi n'est pas recevable, pour une des causes déterminées à l'article suivant, il provoquera, sans délai, une décision de la cour sur la recevabilité dudit pourvoi.

Le demandeur, autre que le ministère public, sera sommé d'avoir à répondre à la fin de non-recevoir, soit par un mémoire justificatif, soit par des explications orales, à l'audience, par le ministère d'un avocat, ou par lui-même, si la cour l'y autorise.

La sommation sera donnée au demandeur, trois jours avant celui où l'affaire sera entendue.

Le défendeur ne sera pas appelé.— 0. [··· — 426.]

Suite : cas de non-recevabilité.

553. La cour déclarera le pourvoi non recevable et ordonnera qu'il soit rayé du rôle, dans les cas suivants :

1° S'il a été formé après les délais légaux, et que le demandeur n'ait pas été relevé de la déchéance, conformément à l'article 363 ;

2° S'il n'a pas été accompagné ou suivi d'une requête déterminant les moyens de cassation à l'appui ;

3° Si le condamné demandeur ne s'est pas constitué prisonnier, dans le cas où cette condition est exigée par l'article 546 ;

4° Si le demandeur, autre que le ministère public, s'est désisté de son pourvoi, par une déclaration expresse adressée, soit à la cour, soit au défendeur audit pourvoi.— 0. [241, 351.]

Pourvoi admis : juge-rapporteur.

554. Si le pourvoi a été déclaré recevable, ou si la déchéance du demandeur n'a pas été proposée, le Premier Président nommera, sans délai, un juge-rapporteur appartenant à la chambre criminelle.

Ce juge prendra communication tant des pièces de la procédure attaquée que du pourvoi et rédigera son rapport, sans exprimer son opinion personnelle.— 422.

Mémoires ampliatifs.

555. Les parties demanderesses ou défenderesses pourront produire des mémoires ampliatifs de leurs moyens de cassation, et même de nouveaux moyens, conformément à l'article 534, par la voie du greffe de la cour, jusqu'au dépôt du rapport.

Les mémoires parvenus tardivement et que le rapporteur n'aura pu examiner seront déposés sur le bureau de la cour, laquelle pourra en prendre connaissance ou inviter la partie, ou son avocat, à les développer oralement.— **423.**

Les parties seront averties trois jours à l'avance, par la voie du greffe, du jour auquel l'affaire sera appelée à l'audience.— **424.**

556. Au jour indiqué pour l'audition de la cause, le juge rapporteur lira son rapport. Audition de la cause.

Les avocats des parties, ou les parties elles-mêmes, si elles y sont autorisées par la cour, développeront ou résumeront leurs moyens ; le Procureur général soutiendra ou combattra le pourvoi dans lequel le ministère public est demandeur ou défendeur.

Dans les pourvois contre les décisions sur les intérêts civils, le Procureur général donnera ses conclusions le dernier.— **425.** [350, 386, 507.]

557. La cour délibérera en la chambre du conseil; elle pourra, soit rendre son arrêt immédiatement, soit le renvoyer à un jour ultérieur. Audience publique.

Les débats et la prononciation de l'arrêt auront toujours lieu en audience publique.

Les arrêts et le cahier d'audience seront rédigés en la forme ordinaire.— **0.** [370 s.]

Rejet du pourvoi.

558. Si la cour ne trouve admissible aucun des moyens de cassation proposés par l'une ou l'autre des parties, elle rejettera le pourvoi. — **427.**

Transformation du pourvoi en règlement de juges.

559. Si la cour est saisie d'un pourvoi contre un arrêt par lequel un tribunal s'est déclaré compétent ou incompétent ou contre un jugement ou arrêt portant règlement de juges, et si elle n'a pas les éléments nécessaires pour déterminer la compétence, elle transformera le pourvoi en règlement de juges et elle procèdera comme il est dit à l'article 609, 2e alinéa.— **0.**

Cassation avec renvoi.

560. Si la cour admet un ou plusieurs des moyens de cassation contre une décision, soit d'instruction, soit du fond, la décision attaquée sera cassée en entier, avec renvoi à un autre tribunal, sauf les exceptions ci-après.— **428.**

Cassation sans renvoi.

561. Si le jugement est cassé pour fausse application de la loi aux faits dont l'inculpé est reconnu coupable, la cour de cassation fera elle-même l'application de la loi, sans renvoi.— **429.** [· · · — 435, 1er al.]

Matières criminelles.

562. La cour fera également l'application de la peine édictée par la loi, sans renvoi, si une cour d'assises, après la déclaration de culpabilité par le jury, a admis à tort une exception contre la recevabilité de l'action publique et prononcé l'absolution de l'accusé.—**429.** [317, 485.]

Si le même moyen de cassation est proposé contre la décision d'une juridiction correctionnelle ou de simple police, la cour cassera et renverra l'affaire à un autre tribunal de même ordre.— 0. Matières correctionnelles et de simple police.

563. Si le moyen de cassation est le défaut de publicité concernant seulement la prononciation d'un arrêt de cour criminelle, lorsque la déclaration du jury a eu lieu après des débats publics et en bonne forme, la cour cassera l'arrêt et rendra publiquement un arrêt de condamnation, d'absolution ou d'acquittement, conformément à la déclaration du jury. Défaut de publicité.

Si, dans le même cas, l'arrêt attaqué contient des condamnations civiles et si la partie intéressée s'est pourvue, à cet égard, pour défaut de publicité du jugement, la cour cassera l'arrêt sur ces chefs et renverra à la section civile de la cour d'appel, pour statuer au fond sur les intérêts civils.

S'il s'agit d'une décision rendue sans publicité par un tribunal ou une cour d'appel, en matière correctionnelle ou de simple police, même après des débats publics, la cour cassera le tout et renverra l'affaire à une autre cour ou tribunal.— 0.

564. S'il y a contrariété de jugements sur la même affaire et qu'un seul de ces jugements soit passé en force de chose jugée, la cour cassera l'autre, par voie de retranchement, et Contrariété de jugements.

ordonnera que celui qui est devenu inattaquable reçoive son plein et entier effet.

Si tous deux sont passés en force de chose jugée et qu'il y ait pourvoi extraordinaire, conformément à l'article 542, la cour cassera celui qui a acquis le dernier l'autorité de la chose jugée et ordonnera l'exécution du premier.— **0.** [46.]

Excès de pouvoir.

565. Si le pourvoi a été admis à cause d'un excès de pouvoir dans une procédure orale, le jugement ne sera cassé et le renvoi prononcé que si la procédure a été viciée, en tout ou partie, par ledit excès de pouvoir.

Si une instruction a été viciée par un excès de pouvoir ou une nullité de formes, la cour annulera l'acte attaqué et tout ce qui a suivi et renverra devant une autre juridiction pour l'instruction être reprise à partir du plus ancien acte annulé. [· · · — 434, 2e al.]

Si l'acte argué de nullité ou d'excès de pouvoir n'a exercé aucune influence sur ce qui a suivi, la cour annulera seulement l'acte attaqué, sans renvoi.— **430.**

Cassation du jugement incident.

566. Pareillement, si un jugement incident est sujet à cassation, pour l'une des causes énoncées à l'article 532, et s'il a pu exercer une influence sur tout ou partie du jugement définitif, au préjudice de la partie demanderesse, le jugement définitif sera cassé en même temps. — **0.** [352.]

567. Si le jugement ou l'arrêt attaqué n'est vicié que sur certains chefs du dispositif et que ces chefs soient indépendants des autres, le jugement ne sera cassé ou réformé par la cour, pour l'application de la loi, que sur les chefs sujets à cassation.— **431.** [· · · — 334, 3e al.]

Cassation sur quelques chefs.

568. S'il y a plusieurs individus condamnés, absous, mis hors de poursuite ou acquittés par le jugement attaqué, et que le pourvoi n'ait été exercé que par ou contre un ou plusieurs d'entre eux, sans que les autres aient été mis en cause ou y soient intervenus incidemment, la cassation ne profitera ou ne préjudiciera qu'à ceux qui ont été parties au pourvoi.

Plusieurs consorts: pourvoi par ou contre quelques-uns.

Toutefois, si l'infraction n'était punissable qu'autant qu'elle aurait été commise par deux ou plusieurs individus, ou si elle devait prendre un caractère particulier du concours des autres condamnés, la cassation obtenue à la demande d'un seul profiterait aux autres.

Il en sera de même, dans tous les cas de renvoi de plusieurs individus devant une juridiction de jugement à raison du même fait: la cassation du renvoi profitera à tous.— **0.**

569. Lorsque la cour de cassation devra renvoyer à une autre juridiction, pour un nouvel examen des faits, elle désignera, par l'arrêt de cassation, une juridiction de même ordre et degré que celle dont la décision est cassée.

Renvoi à une juridiction de même ordre et degré.

Le tribunal ou la cour de renvoi seront pris

parmi les trois plus proches de celui qui a statué, à moins que la cour n'estime qu'il y a lieu de désigner un tribunal plus éloigné, pour raison d'ordre public ou de suspicion légitime, conformément au Chapitre IV, ci-après.—**433.** [···—427 s.]

Chose jugée sur les points de droit.

570. Les points de droit sur lesquels la cour de cassation se sera prononcée auront force de chose jugée.

Le tribunal ou la cour de renvoi ne pourra, sans se rendre coupable de déni de justice, se déclarer incompétent pour la cause sur laquelle la cour de cassation a statué, ni admettre aucune exception contre la recevabilité de l'action publique qui aurait été rejetée par ladite cour. [56, 316, 317.]

Il sera procédé, pour le surplus, en la forme ordinaire.

Le jugement mentionnera, en tête de ses motifs, l'arrêt de renvoi en vertu duquel il est saisi.—**434.**

Nouveau jugement.

571. Si le nouveau jugement ou arrêt admet tout ou partie des faits déjà reconnus et manque à se conformer, dans ses dispositions de droit, à la décision donnée par la cour de cassation, il sera cassé, en vertu de l'article précédent, pour excès de pouvoir.—**0.**

Il pourra, en outre, être attaqué pour les autres causes énoncées en l'article 532.

La cour de cassation statuera en la forme ordinaire sur le nouveau pourvoi.—**434.**

572. Dans tous les cas où la cour réforme elle-même le jugement attaqué, elle délègue, pour l'exécution de son arrêt, soit le tribunal même qui a rendu la décision cassée, soit tout autre tribunal.— **432.**

Délégation pour l'exécution.

573. Les arrêts de la cour de cassation, quoique rendus par défaut, ne pourront être attaqués par la voie de l'opposition; mais la cour ne statuera contre une partie défaillante que sur le vu des significations régulièrement faites, en vertu des articles 548, 552 et 555, et en les mentionnant dans son arrêt.— **426.**

Moyens de prévenir les arrêts par défaut.

Si la signification prescrite par l'article 548 n'a pas été faite au défendeur par le greffier du tribunal dont la décision est attaquée, le Procureur général à la cour de cassation la lui fera faire à sa requête.

L'affaire ne sera appelée à l'audience qu'après un délai de dix jours, augmenté du double des délais légaux de distance et sur le vu de l'original de la signification effectuée.— **0.**

574. Si le défendeur auquel le pourvoi et la requête du demandeur ont été dûment notifiés à l'origine, n'a pas déposé sa requête en défense, dans le délai prescrit par l'article 549, ou, au plus tard, avant le jour de la nomination du juge-rapporteur, il sera sommé par le Procureur général, en la forme prescrite à l'article 552, d'avoir à les produire dans le délai de cinq jours, avec avertissement que, faute de ce

Suite : refus d'opposition.

faire, le pourvoi sera jugé et l'arrêt réputé contradictoire à son égard.— 0.

Avertissement, réprimande, censure.

575. Dans tous les cas où il y aura cassation d'un jugement ou arrêt, en vertu des dispositions des articles 532, 540, 541 et 542, si la cour reconnaît qu'il y a eu faute lourde ou négligence grave d'un ou plusieurs membres déterminés du tribunal ou de la cour, elle pourra prononcer contre eux, sur les réquisitions de son Procureur général, l'avertissement, la réprimande ou la censure, suivant la gravité des cas; sans préjudice de peines plus graves, s'il y a lieu, dans les cas de l'article 541.

La cour aura le même droit, lorsque les délais du pourvoi étant expirés et la cassation étant devenue impossible, son Procureur général lui déférera des actes ou jugements entachés des mêmes vices.— 0. [··· — 439, 441.]

Suite.

576. La délibération autorisée par l'article précédent sera prise en chambre du conseil.

Elle sera transmise au Ministre de la justice et notifiée, par ses ordres, aux officiers qui en sont l'objet.

Dans tous les cas, les arrêts de la cour de cassation seront mentionnés en marge de la décision cassée.— 0.

Requête respectueuse.

577. Les arrêts de la cour de cassation sont susceptibles de requête respectueuse devant ladite cour elle-même, par la partie intéressée, dans les cas suivants :

1° Si la cour n'a pas observé les formes à elle imposées par les dispositions précédentes;— **436.**

2° Si elle a omis de prononcer sur un ou plusieurs moyens de cassation proposés;— ***Ib.***

3° Si elle a cassé en vertu de moyens qui ne lui ont pas été proposés;— **0.**

4° Si le ministère public n'a pas été entendu; — **0.**

5° S'il y a contrariété entre deux arrêts de la cour de cassation sur la même affaire, ou entre deux dispositions d'un même arrêt;— **436.**

6° Si la cour a jugé sur des pièces reconnues, depuis son arrêt, fausses ou entachées d'erreur matérielle.— **0.** [150, 150 bis.— 438.]

578. Ladite requête devra être déposée au greffe dans un délai de trois jours qui courront du jour de la prononciation de l'arrêt attaqué, pour les cinq premiers cas de l'article précédent, et du jour de la découverte du faux ou de l'erreur, dans le sixième cas. Suite : formes.

La requête devra être signée d'un avocat inscrit à la cour de cassation.

Elle sera notifiée, dans les trois jours, à la partie qui doit y défendre; celle-ci aura le même délai pour y répondre.

L'exécution de la décision sera suspendue pendant les trois jours depuis l'arrêt et pendant la nouvelle procédure, s'il y a lieu.

La cour procèdera, en la forme ordinaire, à l'examen de la recevabilité de la requête, et, s'il y a lieu, à la réformation de son arrêt.— **437.**

Récusations. **579.** Les causes de récusation des juges et des greffiers, énoncées à l'article 55 et aux articles 269 et 271 sont applicables aux membres de la cour de cassation et à son greffier.

La cour statuera sur la récusation en chambre du conseil.

L'article 272 sera applicable au Procureur général et à son substitut qui proposeront de se récuser.

Frais. **580.** La partie qui succombera devant la cour de cassation sera condamnée aux frais, suivant les distinctions portées à l'article 358.— **0.** [··· — 436.]

Sommaire.

Art. 531.— 662. Cet article indique quelles décisions sont susceptibles de pourvoi en cassation.

Le principe dominant, c'est que le pourvoi est une voie de recours extraordinaire dont on ne peut user qu'à défaut d'autre voie et quand les autres voies n'ont pas été négligées.

Par application de ce principe, on peut se pourvoir en cassation : 1° contre un jugement rendu dans la limite du dernier ressort d'un tribunal, c'est-à-dire, non susceptible d'appel ; 2° contre un jugement rendu sur l'appel d'une décision d'un tribunal inférieur.

Dans les deux cas, il faut supposer un jugement contradictoire, ou non susceptible d'opposition, au moins du côté de la partie qui prétend former le pourvoi.

Remarquons, à cette occasion, que lorsque, dans un procès, l'une des parties comparaît quand l'autre fait défaut, le jugement est considéré comme contradictoire pour la première : elle a été entendue, elle ne peut former opposition ; mais elle a la ressource de l'appel et du pourvoi en cassation.

Comme conséquence inverse ou *contre-partie* du principe, ne sont pas susceptibles de pourvoi :

1° Les jugements ou arrêts rendus par défaut qui n'ont pas été frappés d'opposition ;

2° Les jugements ou arrêts rendus en premier ressort qui n'ont pas été frappés d'appel.

Mais ces deux sortes de jugement restent susceptibles d'un pourvoi extraordinaire pour des causes déterminées plus loin ; parce que la loi n'a pas voulu que certaines violations graves de la loi se trouvassent sanctionnées et, en quelque sorte, couvertes par la négligence momentanée, à les relever, de la part des intéressés.

Indépendamment de cette première limite du droit de se pourvoir en cassation, le présent article en indique encore deux autres: l'une relative aux causes de pourvoi, qui doivent être des violations de la loi, au fond, ou des formes de procéder; l'autre relative aux personnes qui peuvent exercer le pourvoi.

L'article suivant détermine les causes et les articles 537 à 539 les personnes dont il s'agit.

Art. 532.— 663. Cet article indique quinze causes ou ouvertures au pourvoi en cassation.

Leur caractère commun est, comme l'annonce l'article précédent, la violation de la loi au fond ou des formes légales de procédure.

Ainsi, le pourvoi en cassation ne pourrait être fondé sur le prétexte qu'un tribunal aurait mal jugé *les faits*. Le but même de l'institution de la cour de cassation ne comporte pas une pareille attribution: il n'y a pas à rechercher l'uniformité dans le jugement des faits, lesquels ne se présentent jamais avec une complète similitude.

Si la cour de cassation était appelée à juger de nouveau les faits, elle serait une véritable cour d'appel et quand elle aurait à apprécier les décisions d'une cour d'assises, il faudrait lui adjoindre un nouveau jury.

Les seuls cas où la cour de cassation examine les faits, et encore dans une mesure très-limitée, sont ceux du pourvoi en révision, qui n'est pas de même nature et n'a pas le même but que le pourvoi en cassation, comme on le verra au Chapitre II.

La cour de cassation tient donc les faits pour vrais, tels qu'ils sont reconnus et déclarés par le tribunal jugeant en dernier ressort, par la cour d'appel ou par la cour d'assises, et elle vérifie : 1° si ces faits ont été examinés et débattus dans les formes et conditions prescrites par la loi, 2° si la loi a été sainement appliquée à ces faits, non seulement dans ses termes, mais surtout dans son esprit.

On va maintenant expliquer successivement les quinze ouvertures à cassation en matière pénale.

On examinera, en terminant, si et jusqu'à quel point cette énumération est limitative.

664. Remarquons, tout d'abord, que, si, d'après l'article 531, le pourvoi en cassation s'applique aux décisions d'instruction comme à celles de jugement ou du fond, ce n'est pas à dire, pour cela, que les quinze ouvertures à cassation de l'article 532 soient toutes communes aux deux sortes de décisions ; cela est vrai du plus grand nombre, assurément, mais il en est qui, par leur nature, sont évidemment propres aux décisions du fond ; ainsi les pourvois permis pour défaut de publicité des débats et du jugement, pour condamnation ou absolution illégale, supposent une décision du fond. Ce sont les article 537 à 539 qui, en faisant à chacune des parties sa part dans les causes de pourvoi réunies ici, distingueront plus précisement chaque nature de décision.

665.—1er cas. Ce serait en vain que la loi aurait déterminé, dans les articles 55, 264 et 330 les causes de récusation des juges et greffiers, si l'inobservation de ses dispositions laissait subsister la décision prise par un juge ou constatée par un greffier que la loi permet de récuser.

Déjà l'article 268 avait réservé le droit d'appel et le pourvoi en cassation contre la décision qui aurait rejeté la récusation, dans l'instruction.

Le présent alinéa reprend et généralise la disposition, en l'appliquant, en même temps, aux décisions du fond.

Bien entendu, il faut supposer que la récusation réjetée avait été demandée en temps utile, c'est-à-dire avant l'ordonnance de clôture, s'il s'agissait d'une instruction et avant l'examen du fond, s'il s'agissait de la procédure du fond (art. 331).

On remarquera, sur ce 1er alinéa, que le pourvoi n'est admis que pour rejet d'une cause de récusation et non pour admission d'une cause qui aurait pu être écartée.

En effet, lors même que la récusation n'était pas ordonnée par la loi, le juge récusé a pu, par convenance et par dignité, faire droit à la demande et, lors même que ce serait la cour d'appel qui aurait ordonné la récusation, en dehors des cas prévus par la loi, le ministère public ou l'accusé qui aurait contesté la récusation ne pourrait alléguer raisonnablement qu'il éprouve un préjudice de ce que le jugement n'a pas été rendu par le juge récusé; une partie peut alléguer qu'elle a le droit de n'être pas jugée par tel ou tel juge; mais elle ne peut prétendre un droit à être jugée par tel ou tel autre, puisque toute autre cause que la récusation peut mettre obstacle à ce que le juge remplisse sa fonction. Ce n'est qu'à l'égard du jury de session ou de jugement qu'une pareille prétention pourrait être élevée à cause du caractère spécial de cette juridiction; mais elle rentre dans l'alinéa suivant.

666.—2e cas. S'il est une condition essentielle pour

la validité des décisions judiciaires, c'est assurément que le tribunal soit composé régulièrement ou en conformité avec la loi. Cela s'applique au nombre des juges ou jurés et à leur aptitude à siéger. Ainsi un juge révoqué, déplacé ou suspendu, vicierait, par sa présence, la décision à laquelle il aurait pris part. A l'égard du jury, on pourrait citer le cas d'un juré qui aurait cessé de remplir les conditions légales d'aptitude ou qui aurait été nommé à des fonctions incompatibles avec la qualité de juré.

667.—3e cas. On a vu aux articles 38 et suivants et dans plusieurs parties de ce Code (art. 242 et p. 714), qu'il y a cinq sortes de compétences à observer :

1° A raison du dégré de l'infraction : ce ne sont pas les mêmes tribunaux qui jugent les crimes, les délits et les contraventions ; seulement, le tribunal peut juger les infractions du degré inférieur à celles pour lesquelles il est institué, tandis qu'il ne peut pas juger celles du degré supérieur. 2° A raison de la nature de l'infraction : les crimes politiques graves sont de la compétence de la Haute cour. 3° A raison de la qualité des personnes : certaines personnes, à cause de leur rang élevé ou de leurs fonctions sont justiciables de la Haute cour ou de la cour de cassation, même pour crimes et délits communs et les militaires et les marins sont justiciables des tribunaux militaires et maritimes. 4° A raison du lieu de l'infraction, sauf quelques exceptions. 5° A raison du pouvoir de juger en premier ou en dernier ressort.

Les trois premières compétences sont si importantes, à la fois pour la garantie de la société et pour celle des inculpés, que si le tribunal est incompétent à l'un de ces trois points de vue, sa décision doit toujours être cassée, même quand elle est favorable à l'inculpé; au contraire, la compétence à raison du lieu est moins essentielle; le défaut de cette compétence, dans le le tribunal, serait couvert par la discussion du fond, à l'égard de la partie qui n'aurait pas proposé préalablement l'exception d'incompétence, et même le ministère public qui aurait opposé cette incompétence et aurait succombé ne pourrait se pourvoir en cassation contre un jugement favorable à l'inculpé.

Ces différences ont été développées sous l'article 60; il n'est pas nécessaire d'y revenir.

Quant à la compétence de premier ou dernier ressort, pour qu'il y ait décision par un tribunal incompétent, donnant lieu à pourvoi, il faut supposer qu'un appel aurait été admis quand il devait être rejeté.

La loi suppose qu'en sens inverse un tribunal qui était compétent s'est déclaré incompétent. Dans ce cas, il n'a pas statué au fond. Si la cour casse la décision, elle attribuera la compétence au tribunal qui s'est dessaisi. Cette situation a quelque inconvénient, car il semble qu'on ne puisse attendre une aussi bonne justice d'un tribunal qui a douté et doute peut-être encore de sa compétence; mais la loi ne pouvait permettre, non plus, qu'un tribunal pût se soustraire à son devoir de juger, par l'effet de son erreur ou peut-être de son mauvais vouloir.

On sait que si le tribunal qui s'est déclaré incompétent avait été déjà saisi de l'affaire par un renvoi de la cour de cassation elle-même, le quel est attributif de compétence, il serait en même temps coupable de déni de justice (art. 56, 2e al.).

668.—4e cas. La loi a déterminé dans quels cas il y a conflit positif (art. 261 et 318) et comment il y est mis fin au moyen du règlement de juges (art. 319 à 329). Il était naturel que les décisions des tribunaux, à cet égard, ne fussent pas souveraines et qu'elles tombassent sous le contrôle de la cour de cassation, soit que les tribunaux eussent reconnu ou non le conflit; mais dans l'un et l'autre cas, il faut supposer qu'il y a eu règlement de juges; car si ce recours a été négligé par l'une ou l'autre des parties, le pourvoi n'est pas recevable, en vertu de la disposition de l'article 531 qui ne permet le pourvoi en cassation que comme un recours extrême.

Mais alors, il pourra y avoir pourvoi, en vertu du 12e alinéa de notre article et de l'article 564, pour contrariété de jugements.

La loi ne parle pas ici du conflit négatif qui est un cas de règlement de juges, par la cour de cassation (art. 604).

669.—5e et 6e cas. Il y a dans les diverses parties du présent Code un grand nombre de formalités établies, soit dans l'intérêt général ou de la société, soit dans celui de la défense de l'inculpé.

Ces formalités n'ont pas toutes assez d'importance pour que leur inobservation entraîne la cassation du jugement.

A cet égard, les deux alinéas ici réunis font une distinction qu'il importe de bien remarquer :

Si la loi a prononcé la nullité, la cassation est encourue pour la seule inobservation de la formalité; dès lors, il n'y a pas à distinguer si la formalité est prescrite dans l'intérêt général ou dans l'intérêt de l'inculpé.

Si la loi n'a pas prononcé la nullité et qu'il ne s'agisse pas d'une formalité dans l'intérêt de la défense, la cassation n'est pas possible.

Si même il s'agit de la défense, l'inobservation de la formalité n'entraîne cassation que si l'inculpé a réclamé ou protesté contre cette inobservation : la loi a ainsi tranché une difficulté sérieuse; car il était exagéré d'admettre la cassation dans tous les cas, sous prétexte de l'intérêt de la défense : dans les cas graves, la loi prononce la nullité; dans les autres, elle exige que l'inculpé ait manifesté par ses protestations l'intérêt qu'il attache à la formalité omise.

Ainsi, par exemple, l'accusé n'a pas eu un conseil pendant toute la durée des débats, il y aura toujours cassation, parce que la loi prononce la nullité (art. 441) ; l'accusé n'a pas eu la parole le dernier, la nullité ne sera prononcée que s'il a demandé la parole et ne l'a pas obtenue, ou si, sans la demander, il a protesté (art. 350 et 474, 5e al.).

En France, la condition d'une protestation n'est pas exigée, il en résulte que lorsque la loi n'a pas prononcé la nullité, c'est à la cour de cassation à apprécier la gravité du cas; or, comme il s'agit, le plus souvent, de faits d'audience, l'appréciation en est souvent difficile par une juridiction qui n'était pas présente.

670.— 7e cas. On a vu aux *Dispositions générales* (art. 3) que l'action publique est quelquefois subordonnée à une plainte de la partie lésée; on y a vu aussi qu'elle s'éteint par plusieurs causes déterminées (art. 8). Les articles 243, 316, 356, 485 supposent que la non-recevabilité de l'action a été opposée devant la juridiction d'instruction ou de jugement.

Si un tribunal avait admis l'action publique, contrairement à ces dispositions, sa décision, tant sur l'admission elle-même que sur le fond, serait sujette à cassation, et réciproquement, s'il avait déclaré l'action non-recevable, lorsqu'elle était valablement intentée.

L'ordre public est également intéressé à ce que l'action publique ne soit, indûment, ni reçue, ni rejetée.

671.—8e cas. Les "conclusions" du ministère public dont il s'agit ici ne sont pas celles qui constituent la poursuite originaire, qu'on nomme plutôt "réquisitions," et qui sont généralement une condition essentielle de la recevabilité de l'action publique, c'est pourquoi, de ce chef, leur absence donnerait ouverture à cassation, en vertu du précédent alinéa.

Les conclusions dont la loi prévoit ici l'omission sont celles que la loi exige du ministère public, soit pour la validité d'un acte d'instruction, soit sur un incident de la procédure de jugement, soit sur le fond même de l'affaire.

Les cas où la loi exige les conclusions du ministère public sont si nombreux qu'il n'est pas nécessaire d'en citer d'exemples ici; on les a rencontrés dans toutes les parties de ce Code.

Remarquons seulement qu'il n'y a pas ouverture à cassation pour défaut de conclusions du ministère public, quand il s'agit d'une mesure que le tribunal peut prendre, soit sur les conclusions du ministère public, soit sur celles de l'inculpé, soit d'office: on ne peut pas dire que, dans ce cas, "la loi *exige* les conclusions du ministère public."

Observons encore que, le plus souvent, le ministère public peut déclarer "s'en rapporter à la sagesse du tribunal;" ce sont des conclusions suffisantes; le ministère public, généralement, se bornera à de semblables conclusions au sujet de l'action civile.

Le présent alinéa ne donne pas ouverture au pourvoi en cassation pour défaut de conclusions de l'inculpé ou de la partie civile.

On ne peut donner pour raison de cette omission que ces conclusions ne seraient jamais exigées par la loi; au contraire, elles le sont quelquefois.

Ainsi, d'après l'article 230, la liberté provisoire ne peut être accordée que sur la demande de l'inculpé, de même, les dommages-intérêts, soit du prévenu acquitté, soit de la partie lésée, ne peuvent être accordés d'office, mais seulement sur les conclusions de la partie intéressée (art. 357).

Mais, dans ces deux cas et autres analogues, le pourvoi en cassation serait ouvert, soit en vertu de l'alinéa suivant, soit pour excès de pouvoir, en vertu du 15° et dernier alinéa du présent article.

672. La loi donne encore ici ouverture à cassation pour défaut de rapport d'un juge commis, dans les cas où la loi exige ce rapport.

Ces cas ne sont pas nombreux ; on n'en peut guère citer que trois, qu'on a vus aux articles 289, 325 et 428. Il est vrai que, devant la cour de cassation elle-même, il y a presque toujours rapport d'un juge commis; mais évidemment l'omission de ce rapport ne donnerait pas lieu à cassation, ce serait tout au plus un cas de requête respectueuse devant la cour elle-même, en vertu de l'article 577.

673.— 9° cas. Les deux dispositions de cet alinéa sont relatives aux conclusions prises par les parties et elles supposent la violation de deux principes corrélatifs l'un à l'autre: le premier, c'est que les tribunaux doivent toujours statuer sur les conclusions prises devant eux, soit pour les admettre, soit pour les rejeter, en tout ou en partie: autrement, ils commettent un déni de justice; le second, c'est que les tribunaux ne peuvent pas statuer sans conclusions prises devant eux : ils ne sont juges que des questions qui leur sont soumises; autrement, ils commettent un excès de pouvoir.

Le premier principe ne reçoit pas d'exception, au moins, quand les conclusions sont valablement prises en la forme et quelle que soit leur illégalité au fond; car le rejet peut toujours être considéré comme donnant satisfaction à la loi.

Si les conclusions étaient prises après la clôture des débats, alors elles ne seraient plus valables en la forme et le tribunal les écarterait par ce seul motif.

Le second principe, au contraire, reçoit de nombreuses exceptions ; ce sont les cas où les tribunaux peuvent statuer *d'office* sur la marche de la procédure ; on les rencontre, chemin faisant, dans la loi.

On pourrait se demander si les cas ainsi énoncés dans la loi, au sujet du pouvoir du tribunal de statuer d'office, sont rigoureusement limitatifs. Il serait dangereux, à la vérité, de donner aux tribunaux un pouvoir illimité à cet égard ; mais il est raisonnable d'admettre que, les incidents de procédure pouvant offrir une variété infinie, le pouvoir du tribunal puisse s'étendre à des cas imprévus.

Cependant, il serait plus sage aux tribunaux, d'inviter les parties et le ministère public à poser des conclusions sur ces incidents non prévus par la loi.

674.— 10e cas. La publicité des audiences a déjà été justifiée, sous l'article 302, et l'on a fait remarquer qu'elle est une garantie, tout à la fois, de la société et des accusés : l'impartialité des juges et la liberté de la défense sont plus assurés quand les débats se déroulent sous les yeux du public.

La loi a dû excepter (art. 303) les cas où la publicité serait dangereuse pour les bonnes mœurs ; dans ces cas, un jugement a pu ordonner le huis clos ; mais hors ces cas, le défaut de publicité entraînerait cassation.

Lors même que le huis clos aurait été ordonné, il pourrait encore y avoir cassation, s'il avait été ordonné contrairement à la loi, c'est-à-dire pour une cause ne concernant pas la morale publique, puisque, à la différence de la loi française, le huis clos ne pourrait être ordonné dans l'intérêt de l'ordre public, en général, ce qui serait dangereux par la trop grande latitude laissée aux tribunaux.

Enfin, même au cas d'un huis clos régulièrement ordonné, si le jugement n'avait pas été prononcé portes ouvertes, il y aurait encore lieu à cassation.

Pratiquement, l'inconvénient est peut-être nul; car les garanties dont on a parlé sont utiles aux débats et ne paraissent plus l'être au jugement; mais la cassation est ordonnée ici pour le respect du principe de la publicité qui doit reparaître lorsque ses dangers ont cessé.

675.—11e cas. Les jugements doivent être motivés en fait et en droit, aux termes de l'article 354. Mais les motifs de fait sont bien plus nécessaires que les motifs de droit. Les premiers sont essentiels, car si les faits ne sont pas complètement et précisément décrits, la décision manque de base, elle semble arbitraire, il n'est plus possible de vérifier si la loi pénale a été sainement appliquée aux faits. Au contraire, les motifs de droit peuvent être considérés comme suffisants, lorsque la loi pénale est visée; à plus forte raison, si elle est transcrite en entier, comme le veut l'article 354 précité, lequel d'ailleurs ne prononce pas la nullité pour inobservation de cette condition.

On conçoit, d'ailleurs que l'énoncé des motifs *de droit* soit, au fond, de peu d'importance, car si, les faits étant bien déterminés, la loi pénale a été exactement appliquée par des motifs de droit mal déduits, il ne se rencontre aucun préjudice, ni pour la société, ni pour le condamné et la cassation du jugement ne pourrait pas donner lieu à l'application d'une autre loi ou disposition de loi.

Le respect de la loi exige-t-il la cassation? Il ne faut pas, sans doute, que le jugement paraisse prononcer une peine arbitraire, et c'est ce qui arrive, lorsque le texte de la loi appliquée n'est pas cité; mais serait-il bien digne de la cour suprême de casser une décision, pour en donner, à son tour, une autre exactement semblable (car on verra bientôt que lorsque *les faits* sont régulièrement établis, c'est la cour de cassation qui corrige elle-même le jugement au point de vue *du droit*) ? On ne l'a pas pensé et le pourvoi n'est pas admis pour défaut ou vices des motifs de droit.

En outre, on verra, sous l'article suivant, que le pourvoi n'est pas admis quand il n'y a pas d'intérêt; or, ici il n'y en a aucun.

676.—12e cas. Il peut arriver qu'il intervienne deux jugements sur la même affaire, dans les cas où plusieurs tribunaux se trouvent compétents. Par exemple, si l'infraction a été commise en différents lieux, ou si une affaire connexe a été, d'un côté, jointe à une affaire principale et, d'un autre côté, jugée séparément.

Pour que cette irrégularité ait de la vraisemblance il faut supposer que l'une des deux décisions a été rendue par défaut ou par contumace; autrement, l'inculpé n'aurait pas négligé de signaler l'existence d'un conflit pour obtenir un règlement de juges, si les deux affaires étaient pendantes en même temps, ou de faire valoir l'exception de chose jugée, si l'une des affaires était déjà terminée.

Il est encore plus facile de comprendre deux jugements sur la même affaire, si l'on suppose que l'un des tribunaux était incompétent à raison du lieu et que l'exception d'incompétence n'a pas été proposée.

Si les deux décisions étaient conformes, il n'y aurait guère d'intérêt à casser l'un d'eux; aussi la loi suppose-t-elle qu'il y a contrariété entre eux. Cependant, si deux condamnations semblables avaient été prononcées pour une même infraction, comme une seule devrait exécutée, il pourrait y avoir quelque difficulté à ce sujet. Généralement, elle sera levée par le ministère public chargé de l'exécution ; s'il y a conflit entre les commissaires du Gouvernement de deux tribunaux différents du même ressort de cour d'appel, ce sera le Procureur général qui leur fera les injonctions nécessaires;

s'ils sont de différents ressorts, ce sera le Ministre de la justice qui leur donnera les instructions ; s'il y a contestation l'affaire deviendra une *difficulté d'exécution* et elle se trouvera régie par l'article 632, avec application au besoin des articles 542 et 564.

Mais il est clair que, s'il y a une différence entre les deux décisions, si légère qu'elle soit, elle motivera la cassation.

Il sera moins rare peut-être qu'il y ait contrariété entre diverses dispositions d'un même jugement. Cela supposerait, il est vrai, une fâcheuse négligence du tribunal ; mais, comme le jugement n'a lieu qu'après les débats et que rien ne peut faire prévoir qu'il y aura contradiction entre les dispositions de ce jugement, on ne rencontre pas les mêmes moyens préventifs que ceux qui viennent d'être signalés.

Ce n'est que s'il s'agissait de réponses contradictoires d'une déclaration du jury qu'on trouverait un correctif préalable au pourvoi en cassation, ce serait le renvoi du jury à une nouvelle délibération (voy. art. 508).

677.—13e cas. Le cas le plus important d'ouverture à cassation est, lorsque la loi pénale a été mal appliquée, soit défavorablement, soit favorablement à l'inculpé ; ce qui comprend même le cas où la peine encourue n'aurait pas du tout été appliquée.

L'erreur des juges a pu porter sur *la nature* ou *l'étendue* de la peine.

Il y aurait erreur sur la nature de la peine, si le juge avait prononcé une peine politique au lieu d'une peine de droit commun : par exemple, la détention, au lieu de la réclusion, la déportation temporaire, au lieu des travaux forcés à temps, ou réciproquement ; l'emprisonnement avec travail, au lieu de l'emprisonnement simple, ou réciproquement.

Il y aurait erreur sur l'étendue de la peine, si le juge avait appliqué la détention ou la réclusion mineure, au lieu de la même peine majeure, ou réciproquement; ou un emprisonnement plus élevé ou moins élevé que la loi ne le permet ou ne l'ordonne. Il en serait de même, si le juge avait à tort prononcé ou omis de prononcer une peine accessoire.

678.—14e cas. On a vu, aux articles 356, 393, 417 et 512, que l'absolution est prononcée quand l'inculpé a été déclaré coupable, mais qu'aucune peine ne peut lui être appliquée.

La loi ne suppose pas ici qu'il y ait eu absolution dans un cas où il y avait lieu à condamnation (ce cas de cassation rentrerait dans le précédent alinéa); mais, il y avait lieu à acquittement et le tribunal a prononcé l'absolution, ou, réciproquement, il y a eu acquittement, dans un cas où il n'aurait dû y avoir qu'absolution.

On pourrait croire que, dans ces deux cas, le pourvoi est refusé à l'inculpé et au ministère public, faute d'intérêt; mais l'inculpé a un grand intérêt moral à n'être pas seulement *absous* quand il est déclaré "non coupable" et le ministère public, au nom de la société, a intérêt à ce que celui qui a été déclaré "coupable" ne soit pas *acquitté*.

Ces pourvois n'auront peut-être pas toujours lieu quand ils seraient recevables; mais la loi devait les ouvrir aux parties.

679.—15e cas. On peut dire que, dans la plupart des cas d'ouverture à cassation précédemment cités, il y a excès de pouvoir, soit que le tribunal ait fait ce qu'il ne devait pas faire, soit qu'il ait agi sans observer les formes prescrites. Ces cas ont été spécialement prévus, autant à cause de leur gravité qu'à cause de leur fréquence possible.

Mais il peut y avoir une infinité d'autres excès de

pouvoir, notamment, en matière d'instruction, et si les jugements rendus sur les recours contre lesdits actes ont maintenu l'excès de pouvoir, ou sils l'ont commis eux-mêmes, le pourvoi est nécessaire et justifié.

Tel serait le cas de délivrance d'un mandat privatif de la liberté, dans un cas où l'infraction ne comporterait pas emprisonnement, ou bien la prolongation indue du mandat de dépôt; tel seraient encore les actes d'instruction commencés sans que le juge fût régulièrement saisi, hors le cas de flagrant délit.

Dans les décisions sur le fond, on pourrait citer: le cas où un jury aurait été interrogé sur des faits non connexes et non compris dans l'arrêt de renvoi, quoique résultant des débats, ou sur des faits connexes non compris dans l'arrêt de renvoi et ne résultant pas des débats (voy. art. 486-1° et 516); dans ces cas, il y aurait excès de pouvoir de la cour plus encore que du jury, car elle ne devait pas poser ces questions et, les ayant posées, elle ne devait pas tenir compte des réponses qui y avaient été faites.

Il y aurait encore excès de pouvoir, si la cour criminelle avait appliqué une aggravation de peine pour récidive ou pour une autre circonstance aggravante sur laquelle le jury n'aurait pas été interrogé, ou réciproquement, si, elle avait abaissé la peine pour des excuses ou des circonstances atténuantes que le jury n'aurait pas déclarées.

En matière correctionnelle, on pourrait citer, comme excès de pouvoir, le cas ou le tribunal d'appel aurait admis un appel tardif ou déclaré non-recevable un appel formé en temps utile; ce cas, d'ailleurs, pourrait, à la rigueur, rentrer dans le 7e alinéa; mais il constitue certainement un excès de pouvoir.

680. Pour terminer ce qui concerne les ouvertures à cassation, nous examinerons le point de savoir si la

loi doit être considérée comme limitative, dans les quinze cas qu'elle énumère.

Nous croyons qu'elle n'est qu'énonciative. Il serait impossible au législateur de prévoir toutes les violations de la loi qui pourront se présenter. Sans dotue, les cas qui sont énoncés sont déjà larges dans leurs dispositions et chacun d'eux peut s'appliquer à un grand nombre de cas particuliers; mais il serait dangereux de fermer le recours en cassation au condamné et même au ministère public, en face d'une violation grave de la loi qui ne paraîtrait rentrer dans aucun des quinze cas.

Il faut remarquer, à ce sujet, que la formule par laquelle commence l'article est plutôt énonciative que limitative: elle ne dit pas "Les seules ouvertures à cassation sont......;" mais: "Il y a ouverture à cassation dans les cas suivants......"

Du reste, presque toujours, il sera possible de faire rentrer dans *l'excès de pouvoir* les cas non formellement prévus dans les quatorze premiers alinéas et où la raison demanderait que le pourvoi fût permis. Ainsi la difficulté disparaîtra.

Art. 533.— 681. Cet article consacre, par deux applications, le principe de raison qu'il n'y a pas lieu au pourvoi, s'il n'y a un intérêt pour le demandeur, et il faut qu'il ait un intérêt légitime.

On a déjà invoqué ce principe, dans l'explication du 11° alinéa de l'article précédent.

Ici, dans la première application du principe, la loi suppose que le fait a été mal qualifié dans le jugement, d'après les circonstances qui y sont relevées. Ainsi un *abus de confiance* a été qualifié "vol;" ou bien, un vol *avec effraction* a été qualifié "vol avec violences," quoiqu'il n'y ait eu aucune violence ou menaces contre les personnes; mais, dans les deux cas, la peine a été appliquée telle qu'elle est édictée pour l'abus de confiance ou pour le vol clandestin. Il y a là une erreur de droit et une inconséquence; mais l'inconséquence a ramené à l'observation de la loi; le pourvoi n'a pas d'intérêt, car il ne produirait pas une autre solution du procès.

Dans la seconde hypothèse, le fait a été bien qualifié, mais le texte de loi qui y a été appliqué n'est pas celui que la loi a édicté pour ce cas; seulement, par hasard, le texte appliqué a donné le même résultat que le texte régulièrement applicable; la peine édictée dans les deux cas avait la même nature et les mêmes limites de *maximum* et de *minimum :* il n'y a pas d'intérêt à redresser l'erreur.

Remarquons seulement qu'il ne suffirait pas que la peine prononcée pût se trouver permise par les deux textes, grâce à l'écart du *minimum* et du *maximum ;* il faut encore que les limites soient identiques : ainsi, si l'une des peines était de deux mois à deux ans et l'autre de trois mois à trois ans, et que le tribunal eût prononcé deux ans, en vertu de la première, quand la seconde peine était applicable, le jugement devrait être cassé, parce que le tribunal n'a pas connu l'étendue de son pouvoir et que s'il l'avait sû il aurait peut-être porté la peine à trois ans. Réciproquement, s'il avait prononcé trois mois en vertu de la seconde peine, le jugement serait cassé, car ayant crû prononcer le *minimum* de la peine applicable, il serait peut-être descendu au *minimum* de deux mois que lui permettait la peine réellement applicable.

Cette disposition de la loi est d'une grande sagesse et très-prévoyante ; dans les autres pays, on ne trouve rien de semblable : la jurisprudence est obligée d'y suppléer et il n'est pas certain qu'elle l'ait toujours fait dans le même sens.

Le principe qu'il faut un intérêt pour se pourvoir en

cassation a encore été appliqué, par l'article 489, 2e alinéa, au cas où un Président d'assises aurait omis d'avertir les jurés qu'ils peuvent reconnaître des circonstances atténuantes en faveur de l'accusé et où le jury aurait spontanément déclaré ces circonstances atténuantes : évidemment, la négligence du Président n'a pas nui à l'accusé; le pourvoi ne lui est pas ouvert, faute d'intérêt (voy. p. 732).

Il en serait de même si une question avait été illégalement posée au jury, mais qu'elle eût été résolue en faveur de l'accusé; dans ces cas, quelqu'autre intérêt que le condamné eût à faire tomber la condamnation, comme son intérêt ne viendrait pas de ce que la loi a été violée, il n'aurait pas le pourvoi, au moins de ce chef.

Art. 534.— 682. On retrouve ici une faculté analogue à celle qui s'est présentée en appel (voy. art. 286, 401, 428). Il peut se faire qu'une partie n'ait pas exercé un recours auquel elle croyait avoir droit, parce que les décisions de la justice ne sont pas toujours telles qu'on les espère et que souvent on pourrait regretter de n'avoir pas accepté une solution donnée, quoiqu'on n'en fût qu'à demi satisfait.

Mais si la partie adverse n'accepte pas elle-même la décision dont on pourrait aussi se plaindre contre elle, alors rien n'est plus légitime que de l'attaquer soi-même.

En appel, ce procédé se nomme "appel incident," c'est l'appel du défendeur, l'appel de l'*intimé;* ici, on rencontre de même le pourvoi du défendeur, le pourvoi incident.

Et ce droit est si respectable que la loi le reconnaît même en faveur de celui qui a laissé écouler le délai du pourvoi; en effet, une fois la cour saisie d'une affaire, on ne verrait pas de raison pour l'empêcher de l'examiner sous toutes ses faces : elle peut donc être saisie du pourvoi incident, du *contre-pourvoi,* pour ainsi dire, jusqu'à sa décision définitive ; c'est ce que la loi exprime par les mots : "en tout état de cause."

La partie elle-même qui a saisi la cour de cassation par la présentation de moyens de pourvoi déterminés, n'a pas perdu, pour cela, le droit d'en faire valoir de nouveaux, bien que le délai normal fût expiré : elle a souvent dû se presser dans son pourvoi, pour observer ce même délai. Mais ce pourvoi incident n'appartient, en principe, qu'aux parties qui se trouvent déjà engagées dans la procédure du pourvoi.

Ainsi le commissaire de Gouvernement, près la cour de cassation, le Procureur général, ne pourrait se joindre au pourvoi, lorsque le ministère public du tribunal qui a statué n'y est ni demandeur, ni défendeur ; par exemple, lorsque le pourvoi ne concerne que l'action civile, lors même que le jugement présenterait une des ouvertures à cassation fondées sur un intérêt d'ordre public, telles qu'elles sont prévues par la plupart des alinéas de l'article 532 ; mais, il le pourrait, si le délai légal n'était pas encore expiré, à cause de l'unité du ministère public ; il le pourrait aussi, même après l'expiration des délais, dans les cas où le pourvoi extraordinaire lui est permis.

Art. 535.— 683. Quoique le pourvoi en cassation ne soit pas suspensif de l'exécution en matière purement civile, il est suspensif en matière pénale, même à l'égard des décisions civiles accessoires (*a*).

(*a*) Le Projet de Code de procédure civile n'admettra sans doute qu'avec un tempérament le principe français que le pourvoi en matière civile n'est pas suspensif de l'exécution (Décr. 16 août 1790, art. 16) : il est vraisemblable qu'on autorisera le tribunal à subordonner l'exécution à un cautionnement garantissant les restitutions éventuelles et les dommages-intérêts.

Le principe a eu bien certainement pour origine, en France et ailleurs, la nature irréparable de la peine de mort, dont l'emploi était, autrefois, infiniment plus fréquent qu'aujourd'hui. Il y avait même d'autres peines irréparables : la marque, le pilori ou carcan, appelé plus tard "exposition publique," mais abolies aujourd'hui, à peu près partout, en Europe, comme démoralisantes et faisant un obstacle presque insurmontable au retour du condamné à de bons sentiments.

Bien que les peines simplement privatives de la liberté ne fussent pas au même degré irréparables, le pourvoi en suspendait également l'exécution ; il a toujours conservé cet effet et on l'a adopté, sans hésiter, dans le Projet.

C'est surtout dans le cas d'emprisonnement de courte durée que la suspension est nécessaire : autrement, la peine se trouverait, le plus souvent, subie en entier, avant que la cour de cassation ait statué, et le dommage serait irréparable.

La condamnation à l'amende, quoique plus facilement réparable que la privation de la liberté, est restée soumise au principe de la suspension d'exécution.

684. Quant aux condamnations civiles, la logique paraîtrait demander quelques distinctions : celles prononcées contre l'inculpé condamné pénalement, étant des accessoires d'une peine qui ne peut encore être exécutée, ne doivent pas l'être plus tôt : l'effet accessoire ne peut raisonnablement devancer l'effet principal ; mais s'il y a eu acquittement ou absolution, avec simple réparation civile, la logique ne demande plus la suspension ; on en pourrait dire autant des condamnations purement civiles prononcées contre les personnes civilement responsables ; enfin, si, c'est l'inculpé acquitté qui a obtenu une condamnation civile contre le plaignant ou contre ses dénonciateurs, la suspension d'exé-

cution n'a guère plus de raison d'être : la seule possibilité que la condamnation soit réformée après cassation ne suffit pas, puisqu'elle motiverait alors la suspension d'exécution en matière purement civile.

C'est donc dans un but de simplicité (*b*) que le Projet japonais, imitant en cela la jurisprudence française, a adopté le principe général de la suspension d'exécution par le pourvoi en cassation, pour toutes les condamnations prononcées à l'occasion d'une infraction.

685. Une double exception a dû être admise au principe que le pourvoi suspend l'exécution : elle a été déjà rencontrée au sujet des autres voies de recours (voir les articles cités au texte). C'est le cas de la mise en liberté, soit provisoire, soit pure et simple, et de sa contre-partie : le refus de liberté provisoire, la détention préventive ou la prise de corps. Ces diverses mesures, lorsqu'elles sont ordonnées pendant l'instruction ne sont pas suspendues, s'il y a pourvoi en cassation ; il en est de même si elles sont l'objet ou l'effet du jugement du fond, lequel, prononçant un acquittement ou une mise hors de poursuites, ordonne la mise en liberté, ou, prononçant une condamnation privative de la liberté, entraîne, pendant les recours, le maintien de la détention, au moins préventive, et l'arrestation immédiate, si elle n'avait pas encore eu lieu.

Ainsi, un arrêt d'appel statuant sur une décision d'instruction a ordonné ou confirmé la mise en liberté provisoire, le pourvoi du ministère public n'en suspendra pas l'exécution ; s'il l'a refusée ou l'a fait cesser (par exemple, dans le cas de renvoi à la cour criminelle), le pourvoi de l'inculpé ne suspendra pas son

(*b*) C'est un ancien axiôme des Romains que "la simplicité est amie des lois" *(simplicitas amica legibus)*; on aurait dû dire plutôt que "les lois sont amies de la simplicité." Cependant, en réalité, les lois ne peuvent être justes et rationnelles qu'en tenant compte d'une foule de nuances tout à fait opposées à la simplicité.

arrestation préventive ou sa prise de corps. Ainsi encore, un arrêt, statuant sur l'appel d'un jugement correctionnel, a confirmé ou prononcé l'acquittement du prévenu : le pourvoi du ministère public n'empêchera pas qu'il soit mis en liberté, s'il était détenu, et qu'il y demeure, s'il était resté en liberté, et, s'il n'était qu'en liberté provisoire sous caution, le cautionnement cessera, nonobstant le pourvoi. Même solution, si l'arrêt d'une cour criminelle prononce l'acquittement ou la mise hors de poursuites. En sens inverse, un arrêt d'appel ou un arrêt de cour criminelle a prononcé une condamnation entraînant privation de la liberté, le pourvoi du condamné ne suspendra pas son arrestation ou son maintien en état d'arrestation.

Dans le premier cas, la solution se justifie suffisamment par "la faveur de la liberté," dans le second, elle se justifie par "le danger de fuite de l'inculpé."

Dans les deux cas, on peut dire encore que la loi présume le *bien jugé* de la première décision et l'improbabilité d'une réformation sur le recours en cassation.

Art. 536.— 686. Si les décisions rendues sur des incidents de procédure étaient susceptibles d'un pourvoi immédiat et suspensif, il y aurait à craindre de grands abus. Les inculpés soulèveraient des difficultés imaginaires et en attaqueraient la décision pour gagner du temps.

Le présent article pose en principe que les jugements sur les incidents ne sont susceptibles de pourvoi qu'en même temps que les jugements sur le fond.

Mais il y a des incidents d'une gravité telle qu'il serait fâcheux de ne pas pouvoir en soumettre la décision à un pourvoi immédiat ; autrement on suivrait jusqu'au bout une affaire mal engagée et on exposerait le tout à une cassation certaine. Ces cas sont énoncés au présent article.

D'abord, celui où l'une des parties contesterait la composition du tribunal, soit quant au nombre des juges, soit quant à leur qualité.

La composition du jury, surtout, étant plus compliquée, pourra souvent présenter des irrégularités et il serait fâcheux que le pourvoi ne pût être formé de suite contre le jugement qui aurait rejeté l'exception élevée à cet égard.

Il en est de même de l'exception d'incompétence, dans ses diverses applications, et de celles qui tendraient à faire déclarer l'action publique non recerable, soit comme intentée en dehors des cas où elle est admise soit comme intentée après qu'elle est légalement éteinte.

Dans ces mêmes cas, si le pourvoi est immédiatement permis, il n'est pas nécessairement suspensif; parce qu'il pourrait encore être abusif; c'est au tribunal à apprécier si l'exception est présentée de bonne foi et si le cas est assez douteux pour que le pourvoi puisse paraître sérieux et qu'il soit prudent de surseoir; dans le cas contraire, le tribunal pourra passer outre.

Rappelons qu'en matière criminelle cette exception d'incompétence et les fins de non-recevoir contre l'action publique ne peuvent être jugées par la cour d'assises avant la décision du jury.

Le Code français a admis, à cet égard, un système tout autre et assez compliqué (art. 296 à 301) qu'on a peut-être trop tardé à exposer ici. Lorsqu'un inculpé a été mis en accusation par la cour d'appel et renvoyé devant la cour d'assises, il a cinq jours depuis un avertissement que doit lui donner le Président des assises pour se pourvoir, devant la cour de cassation, *en nullité* de l'arrêt de renvoi. S'il se pourvoit dans ce délai, le pourvoi est suspensif des débats. S'il néglige son droit, il ne le perd pas entièrement; mais les débats et le jugement ne sont pas suspendus et le pourvoi en nullité ne peut plus avoir lieu qu'après l'arrêt définitif.

Art. 537.— 687. Cet article reprend les ouvertures à cassation déterminées à l'article 532 et il en distribue l'emploi aux diverses parties en cause, suivant des distinctions qui ne pouvaient prendre place dans ledit article, sans le surcharger. Il ne concerne, ainsi que l'article suivant, que les décisions sur le fond; l'article 539 s'appliquera aux décisions sur l'instruction.

D'abord la loi distingue trois cas: condamnation, absolution, acquittement.

688. 1° Au cas de condamnation, il est clair que le condamné peut faire valoir toutes les ouvertures à cassation portées à l'article 532, non seulement celles qui sont fondées spécialement sur ses droits de défense, mais aussi celles qui sont fondées sur l'intérêt général; car cet intérêt général, lors même qu'il ne lui est pas exclusivement favorable, ne lui est pas non plus contraire; c'est toujours l'intérêt de la vérité, l'intérêt d'une bonne justice.

Une seule restriction est apportée à cette généralité de l'application de l'article 532 au condamné, elle est relative au 13e alinéa. Le condamné ne peut se pourvoir contre la fausse application de la loi pénale, lorsque l'erreur lui est favorable, parce qu'il n'a pas un intérêt légitime au redressement de cette erreur.

On ne comprend même pas, au premier abord, comment il pourrait venir à l'esprit d'un condamné de se pourvoir pour un tel motif, surtout au Japon, où la cassation de la condamnation pénale seule ne donnera pas lieu au renvoi devant une autre cour, avec nouveaux débats sur les faits, mais à une nouvelle décision de la cour de cassation elle-même sur le point de droit seulement. Mais ce pourrait être, pour lui, un moyen de gagner du temps et de chercher à fuir avant son transport définitif, ou de conserver un peu plus longtemps la disposition de ses biens, dont la peine lui enlèvera l'administration.

Du reste, si la peine prononcée, tout en étant plus faible, *légalement*, que celle que le condamné prétend avoir encourue, était d'une *autre nature*, le condamné aurait le pourvoi en cassation.

Ainsi la peine prononcée est la réclusion mineure ou la réclusion majeure et le condamné prétend qu'il devait être condamné à la détention majeure, au premier cas, ou à la déportation temporaire, au second cas. Ces peines, quoique plus *longues* et, par cela seul, légalement plus graves que celle qui a été prononcée, étant politiques et d'une nature plus douce dans leur régime, pourraient être réclamées par le condamné (voy. Proj. c. p., art. 25 à 30).

Le ministère public a le même droit que l'accusé. Ici encore, on trouve qu'il est tout à la fois le défenseur de l'intérêt public et de l'intérêt du condamné : il pourrait se pourvoir aussi bien pour l'inobservation des règles établies en faveur de la défense que de celles qui sont établies dans un intérêt général; il pourrait se pourvoir contre l'application d'une peine trop forte autant que contre celle d'une peine trop faible.

Bien entendu, le ministère public dont il s'agit ici est celui qui est attaché au tribunal qui a prononcé la condamnation; quant au droit particulièrement accordé au Procureur général près la cour de cassation elle-même, il est indiqué plus loin (art. 540 à 542).

689.— 2° On a vu au Livre III° (art. 356) qu'il y a mise hors de poursuites ou absolution, lorsque le fait incriminé n'est pas punissable par la loi ou que l'action publique n'est pas recevable, par suite d'extinction ou pour une autre cause.

L'absolution suppose qu'il y a eu une déclaration de culpabilité préalable à la décision du fond.

Cette déclaration sera rare en matière correctionnelle, parce que la juridiction correctionnelle, n'étant pas, comme la cour d'assises, composée de deux éléments distincts, n'a pas de raison sérieuse de proclamer la culpabilité, lorsqu'elle sait ne pouvoir prononcer aucune peine. Le plus souvent, l'incupé aura opposé et discuté la fin de non-recevoir contre l'action publique et ce n'est que subsidiairement, et pour le cas où le tribunal ne ferait pas droit à l'exception, qu'il aura plaidé la non-culpabilité; le tribunal fera donc mieux, s'il admet l'exception, de prononcer la *mise hors de poursuites*, ce qui laisse indécise, comme il convient, la question de savoir si l'inculpé était coupable ou non. Les seuls cas où il devrait prononcer l'absolution sont: 1° Celui où il y aurait déjà eu jugement passé en force de chose jugée et portant condamnation; 2° Celui où l'accusé serait reconnu coupable, mais serait dans un cas d'excuse absolutoire.

Au contraire, dans les affaires criminelles, l'absolution sera fréquente. Comme ce n'est pas au jury à statuer sur la recevabilité de l'action publique et que la cour ne peut le faire qu'après la déclaration du jury (voy. art. 56, 317, 485 et 512), on pourra donc avoir une déclaration de culpabilité mettant obstacle à un acquittement, mais laissant place à l'absolution dans les cas prévus à l'article 356.

Dans ces cas d'absolution ou de renvoi des poursuites, l'inculpé ne peut, en général, se pourvoir, quoiqu'il puisse avoir un intérêt moral ou de réputation à faire tomber le jugement, pour arriver à un véritable acquittement. Ainsi, l'inculpé ne pourrait se pourvoir pour violation des formes ou des droits de la défense, ni pour les autres causes énoncées à l'article 532, sauf celle prévue au 14e alinéa : la loi n'a pas pensé que son intérêt fût suffisant pour ouvrir un pourvoi; car il pourrait arriver aussi qu'une nouvelle décision, loin d'être favorable à l'inculpé, se tournât contre lui. Mais si l'inculpé prétendait qu'au lieu de l'absolution, il y avait lieu à acquittement; notamment, parce qu'il a été déclaré non coupable, alors le pourvoi serait recevable.

Le ministère public, au contraire, a le pourvoi dans le seul intérêt de l'action publique: il peut soutenir qu'elle était recevable, qu'elle n'était pas éteinte, que le fait est punissable par la loi, qu'en conséquence l'absolution ou le renvoi des poursuites ont été indûment prononcés. Il peut, en outre, se pourvoir pour composition illégale du tribunal, pour incompétence, et pour contrariété de jugements ou de dispositions d'un même jugement. Dans ces divers cas, l'absolution est viciée elle-même et ne peut être acquise à l'inculpé contre la société.

690.— 3° Au cas d'*acquittement*, qui suppose que les charges ne sont pas établies ou sont insuffisantes, en d'autres termes, que l'inculpé est déclaré non coupable, il est clair que celui-ci n'a pas le pourvoi, faute d'aucun intérêt, quelles que soient d'ailleurs les irrégularités commises.

Mais il n'en est pas de même du ministère public. L'acquittement s'il n'est pas valablement prononcé, ne peut constituer un droit acquis pour l'inculpé. Toutefois, la loi n'accorde pas le pourvoi au ministère public pour toute irrégularité: son droit se limite aux cas de composition illégale du tribunal, d'incompétence, de contrariété de jugements ou de dispositions d'un même jugement, et, au cas où la base de l'acquittement manque, l'inculpé ayant été reconnu coupable sur un ou plusieurs chefs. Du reste, il sera bien rare, qu'un individu déclaré coupable par le jury soit acquitté, quand il devait être condamné; mais il pourra arriver qu'il soit *acquitté* dans le cas où il ne devait qu'être *absous*.

Ce dernier cas de pourvoi paraît, au premier aspect, rentrer dans la contrariété de dispositions d'un même jugement, mais cela n'est vrai que pour les décisions de simple police ou de police correctionnelle; car s'il s'agissait d'une déclaration de culpabilité faite par le jury et suivie d'acquittement, ce ne serait ni une contrariété de divers jugements proprement dits, ni surtout une contrariété de dispositions d'un même jugement.

Art. 538.— 691. A l'égard des intérêts civils, la décision rendue peut être frappée de pourvoi par les trois parties qui peuvent y être intéressées : l'inculpé et la partie civile, qu'ils soient demandeurs ou défendeurs, et les personnes civilement responsables, toujours défenderesses.

Le ministère public ne peut se pourvoir ici, faute d'intérêt.

Les causes ou ouvertures de pourvoi contre la décision civile ne sont pas indiquées ici ; la loi se réfère aux règles du pourvoi en matière civile.

Mais à l'égard de l'inculpé, il y a pour lui un avantage particulier : lors même que, dans sa reqnête, il ne critiquerait le jugement que quant aux chefs relatifs à l'action publique et au jugement qu'elle a reçu, il est présumé avoir implicitement attaqué la décision de l'action civile et en avoir demandé la cassation par voie de conséquence.

Si donc il y avait eu, sur son pourvoi, cassation d'un jugement portant, en même temps, condamnation pénale et condamnation civile, et que la cour de cassation dût renvoyer, pour l'examen *des faits*, à une autre juridiction, la condamnation civile devrait être cassée en même temps, et sans qu'il y ait eu besoin de conclusions formelles de l'inculpé à cet égard.

La solution serait la même, si la condamnation civile avait été prononcée par un jugement postérieur du même tribunal, comme la loi le permet (art. 357 et 507).

Dans ces deux cas, la condamnation civile est un accessoire du jugement des faits, et s'ils ont été jugés dans des conditions contraires à la loi qui ne donnent pas de suffisantes garanties d'exactitude, la condamnation civile se trouve viciée par cela même. En vain, on objecterait que le condamné n'ayant pas fait porter son pourvoi sur la condamnation civile est présumé y avoir acquiescé. Ce serait une interprétation abusive de son silence; quand le condamné se pourvoit, c'est la peine qui seule attire son attention et motive son pourvoi; le reste est, à ses yeux, un accessoire entaché des mêmes vices et moins important à critiquer.

La solution devrait être la même si, le pourvoi ayant été formé par le ministère public, l'inculpé avait formé un pourvoi incident et qu'il y eût de même cassation avec renvoi.

Mais il faut admettre aussi, par réciprocité, que si l'inculpé condamné avait été exempté de réparations civiles, ou, ayant été acquitté, en avait obtenu de la partie civile, la cassation du jugement avec renvoi lui ferait perdre le bénéfice du jugement sur l'action civile.

Le 1er alinéa du présent article, supposant un pourvoi direct et spécial contre la condamnation civile, s'applique naturellement à la partie civile et aux parties civilement responsables.

A l'égard de l'inculpé, pour supposer un pourvoi direct sur les intérêts civils, il faut supposer aussi ou qu'il n'y a pas eu condamnation pénale ou qu'en l'attaquant, il a prévu qu'elle pourrait être maintenue.

A ce point de vue, l'inculpé fera sagement de se pourvoir contre les deux condamnations, car, son pourvoi pouvant toujours être rejeté, contre ses prévisions, la condamnation civile qui n'aurait pas été attaquée expressément serait nécessairement maintenue.

Le 1er alinéa ne renvoie aux règles du pourvoi en matière civile que pour les *ouvertures* à cassation; mais non pour les *délais*, lesquels, dans tous les cas, restent fixés tels qu'ils sont portés au Livre IIIe, pour la condamation pénale (art. 405, 430, 587).

Art. 539.— 692. La loi distribue ici les ouvertures à cassation en matière d'instruction.

Elle distingue d'abord la nature de la décision laquelle peut être un renvoi devant une juridiction de jugement ou une mise hors de poursuites; puis, elle fait la part de chaque partie intéressée.

1° S'il y a eu renvoi devant une juridiction de jugement, ce n'est que contre le renvoi à la cour criminelle qu'il y a lieu au pourvoi, parce que dans les autres cas, il n'y a pas un intérêt suffisant pour l'inculpé et pour le ministère public à arrêter la procédure dans son cours.

En effet, supposons un renvoi au tribunal correctionnel et que l'inculpé prétende que le fait à lui imputé n'est qu'une contravention; en ce sens, il fera valoir sa prétention comme exception d'incompétence, devant le tribunal même où il est renvoyé et, s'il n'est pas satisfait de la décision, il aura le double recours de l'appel et du pourvoi en cassation.

Même solution s'il y a eu renvoi devant le tribunal de simple police et que l'inculpé veuille soutenir que le fait à lui imputé ne constitue pas même une contravention; dans ce cas même, il n'opposera pas l'incompétence, il soutiendra qu'il n'a pas commis de contravention.

Si, au contraire, il y a eu renvoi devant une cour criminelle, comme l'exception contre l'action publique ne peut être jugée qu'après la déclaration du jury et qu'il est toujours pénible de comparaître devant une cour criminelle, le pourvoi est immédiatement recevable contre la décision de renvoi et on a vu (art. 536) que la cour d'appel peut, après avoir ordonné ou confirmé ledit renvoi, accorder la sursis jusqu'à l'expiration des délais du pourvoi et la décision sur ledit pouvoi.

Dans ce cas, le pourvoi appartient autant au ministère public qu'à l'accusé, mais non à la partie civile qui n'y a pas d'intérêt, car elle peut obtenir son idemnité devant une juridiction autant que devant l'autre.

Quant aux causes de pourvoi, ce sont les neuf premières de l'article 532 et la dernière, l'excès de pouvoir, qui, par sa généralité, peut toujours se rencontrer dans toutes les phases de la procédure.

2° S'il y a mise hors de poursuites, ce n'est évidemment pas l'inculpé qui pourra se pourvoir; il y a pour lui défaut d'intérêt; mais ce recours appartient au ministère public et à la partie civile.

Ce sont les mêmes causes que pour l'inculpé, dans le cas de renvoi qui précède, moins, tout naturellement, au moins pour la partie civile, l'inobservation des droits de la défense, prévue au 6e alinéa.

Art. 540, 541 et 542.— 693. Il s'agit, dans ces trois articles d'un pourvoi dit *extaordinaire* qui peut rappeler, au premier abord, celui qu'en France on nomme pourvoi *dans l'intérêt de la loi*, mais qui en diffère sur plusieurs points essentiels qu'on verra plus loin.

L'idée dominante de ces trois articles est qu'il y a certaines violations de la loi qui constitueraient une telle injustice qu'il serait choquant de leur laisser acquérir l'irrévocabilité, par le seul fait que le très-court délai du pourvoi serait expiré sans que la décision ait été attaquée.

La loi permet donc que le pourvoi soit intenté *à toute*

époque; mais ce ne sera que par le Procureur général à la cour de cassation, agissant, soit de son propre mouvement, soit par ordre du Ministre de la justice.

En France, le pourvoi "dans l'intérêt de la loi" est admissible dans tous les cas de violation de la loi, au lieu de ne l'être que dans deux cas, comme ici; le jugement est sujet à cassation aussi; mais il n'est ni redressé, ni corrigé, la cassation ne profite ni ne nuit aux intéressés (art. 441 et 442).

Cette singulière disposition du droit francais n'a qu'un effet utile, c'est de ne pas laisser la force et l'autorité morale d'un précédent judiciaire à une décision qui contrevient à la loi.

Au Japon, on a compris tout autrement ce pourvoi extraordinaire, on ne l'a permis que dans trois cas, mais la cassation profitera au condamné, dans le premier cas, elle lui nuira dans le second, et aura l'un ou l'autre effet dans le troisième.

694.—I. Le premier cas est clairement indiqué dans l'article 540; il est dans l'intérêt du condamné d'abord et aussi dans celui de la justice absolue. Il serait contraire à toute justice et à toute raison qu'une condamnation plus forte que celle que la loi autorise à raison des faits constatés, fût irrévocable, parce que l'accusé et l'accusateur l'auraient laissée passer sans l'attaquer. Ce serait donner une force à l'acquiescement de l'accusé, dans une matière ou sa volonté n'est ni requise, ni utile. La cour cassera donc la partie de l'arrêt portant cette condamnation, et elle prononcera la peine légale, comme dans le cas où le pourvoi aurait été formé en temps utile, conformément à l'article 567.

695.—II. Le deuxième cas de pourvoi extraordinaire est institué contre l'accusé; mais sa nécessité est aussi évidente que dans le cas précédent. Ce n'est pas simplement le cas inverse du précédent, à savoir celui où le tribunal aurait prononcé une peine trop faible, ou un acquittement illégal, à la suite, par exemple, d'une déclaration de culpabilité, ou une absolution ou mise hors de poursuites irrégulières ; dans ces cas, l'acquittement, l'absolution ou la condamnation trop faible qui auraient pu fonder un pourvoi utile du ministère public dans les délais légaux, deviennent irrévocables, lorsque ces délais sont expirés sans ce pourvoi.

Mais la loi suppose ici que lesdites décisions favorables sont le résultat d'une corruption exercée sur les juges ou les jurés, de violences ou de menaces graves employées contre eux, ou de fausses déclarations obtenues par les mêmes moyens, soit des témoins à décharge, des experts ou des interprètes, soit des officiers rédacteurs des actes de constatations. En outre, et c'est là la condition essentielle, il faut que l'inculpé soit auteur, provocateur ou complice desdits actes de corruption, de menaces ou de violences.

Cette disposition a de l'analogie, mais en sens inverse, avec les deux derniers cas de révision établis en faveur des condamnés, par les 4e et 5e alinéas de l'article 581, au Chapitre suivant.

Dans le cas de notre article, comme la décision peut être viciée quant au jugement du fait, autant et plus souvent que quant à l'application de la loi, la cour de cassation aura le plus souvent à casser le tout et à renvoyer à un autre tribunal pour un nouveau jugement; c'est ce qui arrivera lorsqu'il y aura eu faux témoignage et autre fausse déclaration des faits par les personnes désignées au 3e alinéa; de même, lorsqu'il y aura eu menaces ou corruption exercées sur un juré ou sur un juge de fait; mais si, dans une affaire soumise au jury, la corruption ou les menaces avaient été exercées contre un membre de la cour, comme ce magistrat n'a pas à apprécier les faits, le résultat des moyens coupables employés à son égard ne pourrait être qu'une fausse application de la loi pénale et alors la cour ne casserait que cette partie de la décision et appliquerait elle-même la peine édictée par la loi.

696.—III. La contrariété de jugements irrévocables ou de dispositions d'un même jugement est un obstacle absolu à l'exécution. Les autorités chargées de l'exécution ne sont pas juges des décisions de la justice et ne pourraient valablement déterminer la préférence due à l'une d'elles. Ce droit ne peut appartenir qu'à la cour de cassation. Elle l'exerce conformément à l'article 564 ci-après. On a vu même (p. 795) que la pluralité de jugements semblables, sur la même affaire n'est pas non plus sans difficultés.

Art. 543.—697. La substitution d'une peine à une autre, lorsqu'il y a déjà eu exécution partielle donne toujours lieu à imputation : le Code pénal en donne deux applications : l'imputation de la détention préventive sur la peine proprement dite (art. 63) et l'imputation d'une peine plus faible prononcée d'abord, sur la peine plus forte prononcée ensuite, au cas de concours d'infractions et de non-cumul de peines (art. 114).

Le système suivi ici n'est pas tout à fait le même que dans les deux exemples précités, parce qu'il y a des nuances dans les situations.

La détention préventive n'étant pas une peine et ne pouvant équivaloir qu'à l'emprisonnement sans travail ou simple, ne peut s'imputer jour pour jour sur des peines à régime plus dur; elle ne peut les diminuer que dans une proportion plus ou moins faible.

Dans le cas de cumul d'infraction, lorsqu'une première peine a déjà été prononcée, elle ne peut cesser que pour faire place à une peine plus forte et c'est une générosité de la loi d'imputer *jour pour jour* une peine plus faible sur une peine plus forte.

Ici, il y a une autre distinction à faire : la faute commise dans l'application de la peine peut être le résultat de la fraude de l'inculpé, comme il est prévu à l'article 541 ; l'imputation ne doit alors se faire que dans la mesure de la peine effectivement subie : la loi n'a pas ici à être généreuse avec le coupable.

De là, trois solutions, suivant les cas :

1° L'imputation se fait *jour pour jour*, dans le cas des trois articles 540 à 542, si la peine déjà subie et la peine à subir sont de même nature, quant à l'obligation au travail. Celle solution est d'une évidente justice, sans qu'il y ait à distinguer si le condamné a usé de fraude ou non.

Elle se fait encore *jour pour jour*, quoique la peine subie fût plus douce que la peine encourue; mais alors, c'est une faveur de la loi et elle n'est accordée qu'aux cas des articles 540 et 542, où le condamné n'a commis aucune fraude pour échapper à la peine encourue.

2° L'imputation ne se fait qu'*avec un quart en moins*, si la première peine était plus douce que la peine encourue, lorsque le coupable était auteur d'une fraude ou d'une faute plus grave, dans les cas prévus à l'article 541. En pareil cas, l'imputation jour pour jour serait un scandale.

3° Enfin, l'imputation se fait avec *un quart en plus*, si la peine déjà subie avait été plus dure que celle encourue.

Ici, comme dans le premier cas, il n'y a pas à distinguer si le coupable est en faute, ou non, quant à l'erreur commise. Il sera bien rare, d'ailleurs, que la première peine obtenue par corruption ou menace soit plus dure que la peine encourue ; cependant, ce pourrait être un emprisonnement avec travail au lieu de la détention ou de la déportation temporaire qui n'entraînent pas le travail.

Les amendes s'imputent naturellement l'une sur

l'autre et ce qui excède, de la plus forte sur la plus faible, est restitué au condamné ou dû par lui.

Art. 544.— 698. Cet article et les suivants règlent les formes et conditions du pourvoi.

La première formalité est une déclaration au greffe du tribunal dont la décision est attaquée. C'est la même forme que pour l'appel : comme les délais d'appel et de pourvoi sont courts, il ne pouvait être question d'exiger que le demandeur s'adressât au tribunal près duquel il exerce son recours, puisque ce tribunal est presque toujours éloigné.

Le bénéfice des articles 363 et 364, sur le *relief* ou relèvement de la déchéance, ne demande plus de justification (voy. pp. 537-538).

Art. 545.— 699. Le pourvoi n'exige pas l'intervention de l'intéressé lui-même; un mandataire peut faire la déclaration nécessaire, et comme il s'agit ici de matières pénales, la loi admet le défenseur à former le pourvoi, même sans mandat spécial : elle considère comme suffisant le mandat général de défendre qui lui a été donné une première fois.

La signature du pourvoi suit les règles ordinaires.

Art. 546.— 700. Le condamné par défaut ou par contumace n'a pas le droit de se pourvoir, comme il a été expliqué, sous l'article 531, et il serait déraisonnable de permettre le pourvoi à celui qui, ayant été condamné contradictoirement, a réussi à s'échapper. En pareil cas, le condamné se jouerait de la justice; il userait du recours avec tout avantage : celui d'un redressement du jugement, s'il y a eu erreur, et celui de se soustraire à la condamnation, si le jugement est reconnu valable.

En matière criminelle, il n'y a pas de liberté provisoire dès que le renvoi à la cour criminelle est prononcé (art. 246 et 291); à plus forte raison, quand il y a eu condamnation.

Au contraire, en matière correctionnelle, la liberté provisoire peut être maintenue jusqu'au jugement et même postérieurement, surtout quand la condamnation est peu grave. Celui donc qui sera en liberté provisoire pourra valablement se pourvoir en cassation, sans se constituer prisonnier (c).

Le condamné correctionnellement pourrait même demander la liberté provisoire pendant l'instance du pourvoi, en s'adressant au tribunal qui l'a condamné, conformément à l'article 361.

Pour éviter le déplacement des prisonniers, toujours dangereux, le pourvoi des détenus est reçu par le greffier ou le directeur de la prison et celui-ci le transmet au greffe du tribunal qui a statué.

La loi n'exprime pas que c'est ici la date du pourvoi lui-même qui sera considérée, pour savoir si le pourvoi est fait en temps utile, et non celle de la transmission au greffe; mais il est clair que la négligence du directeur ou du greffier de la prison ne pourrait nuire au condamné.

Art. 547.— 701. Il faut que celui contre lequel le pourvoi est formé puisse y défendre et, par conséquent, il doit en être informé: le greffier a 24 heures seulement pour le notifier, soit à l'accusé, soit à la partie civile, soit aux personnes civilement responsables.

Mais comme les relations du ministère public avec le greffe sont faciles et constantes, la loi, pour diminuer le travail du greffier et les frais, permet ici, comme pour l'appel et les autres recours, que le ministère

(c) Le Code français, pour exprimer que le condamné en matière criminelle ne peut se pourvoir que s'il *est constitué prisonnier*, emploie la singulière expression "être *en état*" (art. 421).

public soit prévenu par une simple lettre ou avis du greffe.

Art. 548.— 702. Le délai du pourvoi étant très-court, la loi ne pouvait exiger que le mémoire à l'appui fût déposé dans le même délai. Elle donne un nouveau délai de cinq jours pour déposer ce mémoire adressé à la cour de cassation en forme de requête.

Mais on verra par l'article 552 que le dépôt de la requête dans ce délai n'est pas nécessaire à la validité du pourvoi, pourvu qu'il ait été effectué avant que la cour ait à statuer sur l'admissibilité du pourvoi conformément à l'article 553.

Cette requête doit être transmise au défendeur, pour qu'il puisse y répondre; le greffier n'a encore que 24 heures pour cette transmission : elle n'exige que peu d'écritures, car la requête lui est remise en double original, comme il est dit plus loin (art. 550); il suffira donc d'une remise à personne ou domicile, avec une notification constatant ladite remise. Mais il faut aussi que le greffier notifie copie du jugement ou de l'arrêt attaqué; le délai de 24 heures est peut-être trop court.

Toutefois, il n'est pas nécessaire de signifier le jugement au ministère public défendeur, puisque c'est lui qui a obtenu ce jugement et qu'il doit en connaître la teneur; il peut d'ailleurs en faire prendre copie au greffe par un de ses subordonnés.

Art. 549.—703. Il fallait laisser au défendeur au pourvoi un temps suffisant pour présenter sa défense. C'est encore une requête à la cour de cassation déposée au greffe du tribunal dont la décision est attaquée.

Le greffier a 24 heures pour en faire la transmission au demandeur.

Art. 550.— 704. C'est encore pour diminuer le

travail du greffier que la loi veut qu'il soit remis au greffe deux exemplaires ou deux originaux des requêtes. L'un est destiné à l'adversaire, l'autre à la cour de cassation. Bien entendu, celui qui fait la requête se réserve une copie pour lui-même : cela d'ailleurs le regarde seul.

Le double original est dû par le ministère public : l'un est pour l'accusé, l'autre est mis au dossier et transmis à la cour de cassation ; mais le double exemplaire n'est pas dû au ministère public, par le condamné demandeur ou défendeur, parce que l'officier du ministère public près le tribunal, n'ayant pas à défendre le pourvoi devant la cour de cassation, transmettra à ladite cour l'original unique qu'il a reçu, avec ses observations.

Le double original, au contraire, est dû à la partie civile par le condamné, par les personnes civilement responsables et par la partie civile à ceux-ci, parce qu'ils doivent conserver un original pour le contredire au besoin et qu'un autre original est toujours nécessaire à la cour de cassation.

Art. 551.—705. C'est la charge du ministère public près le tribunal dont la décision est attaquée, qu'il soit demandeur ou défendeur, ou non, comme dans les questions civiles, de transmettre à la cour de cassation toutes les pièces de la procédure attaquée.

Il fait l'envoi au Procureur général qui est son supérieur hiérarchique et, en même temps, l'officier chargé de saisir la cour de cassation.

En France, les pièces des pourvois sont transmises par le ministère public au Ministre de la justice, lequel les adresse à la cour de cassation (art. 423 et 424). On a cru devoir, au Japon, prendre une voie plus directe : la voie du *parquet*. C'est d'ailleurs la même voie qui est suivie pour l'appel (voy. ci-dessus, art. 285).

706. Le Procureur général requiert le Premier Président de mettre l'affaire au *rôle général* de la chambre criminelle. On entend par "rôle général" la liste de toutes les affaires portées à la chambre. Les affaires y sont inscrites à leur tour, c'est-à-dire au fur et à mesure qu'elles arrivent.

Il y a, en outre, le *rôle des audiences*, qui comprend les affaires *en état*, c'est-à-dire les affaires instruites et prêtes à être plaidées et jugées (*d*). On comprend que, suivant que les affaires sont plus ou moins urgentes et plus ou moins compliquées, elles *sortent* plus ou moins vîte du rôle général pour entrer dans le rôle des audiences.

707. Pour que le temps de la cour de cassation ne soit pas employé inutilement par les observations ou les développements superflus de personnes inexpérimentées, la loi ne permet pas, en principe, que les parties figurent elles-mêmes et en personne dans cette dernière phase du procès pénal, où d'ailleurs les questions à résoudre portent, non plus sur le fait, mais sur le droit, et exigent des connaissances spéciales.

Les parties doivent donc faire choix d'un avocat pour soutenir leurs moyens de pourvoi ou de défense. A défaut de ce choix, leur pourvoi ou leur défense au pourvoi n'est pas sans effet; leurs requêtes et mémoires seront admis; mais ce ne sera pas une raison pour la cour de les admettre à plaider elles-mêmes.

L'avocat doit demeurer dans la ville où siège la cour de cassation (voy. art. 297), parce que c'est à lui que les notifications ou sommations seront faites pendant la procédure; à moins toutefois que la partie qui l'a constitué ne demeure elle-même en ladite ville ou n'y élise domicile.

(*d*) Ici l'expression *en état* est plus justifiée que celle relevée dans le Code français (voy p. 820, *c*).

La constitution de l'avocat doit être faite dans le pourvoi ou dans la requête qui le suit.

Le condamné, demandeur ou défendeur aux intérêts civils, suit cette règle comme la partie civile; mais si le condamné n'est demandeur ou défendeur que contre le ministère public et n'a pas constitué un avocat, comme il est dit ci-dessus, il lui en est donné un, d'office, par le Président.

Les avocats choisis par les parties peuvent n'être pas attachés spécialement à la cour de cassation: la loi laisse ici une grande latitude de choix aux parties; mais l'avocat nommé d'office doit être pris parmi ceux qui, plaidant habituellement devant la cour de cassation et étant inscrits près d'elle, sont connus du Président et de la cour elle-même.

Art. 552.— 708. Les pourvois en matière criminelle ne sont pas soumis nécessairement à un examen préalable de la cour et à un arrêt d'admission; mais comme il peut arriver que, dans bien des cas, le pourvoi soit irrégulier ou manifestement non-recevable, il est inutile d'en charger le rôle général et de laisser le jugement être suspendu dans son exécution.

A cet effet, le Procureur général examine le dossier et les moyens du pourvoi et aussi vérifie si les conditions de validité en sont remplies, et s'il trouve, par cet examen, que le pourvoi n'est pas recevable, il demande à la cour de statuer préalablement sur la recevabilité.

La loi détermine à l'article suivant, les cas dans lesquels le pourvoi n'est pas recevable.

Si le pourvoi à été formé par le commissaire du Gouvernement près le tribunal ou la cour qui a statué, le Procureur général ne le met pas en cause, à raison de "l'unité et de l'indivisibilité du ministère public" (voy. p. 96). S'il est formé par le condamné ou par une des parties civilement intéressées, le Procureur général fait sommation à cette partie d'avoir à répondre aux objections élevées contre son pourvoi, lesquelles sont sommairement indiquées.

La réponse peut être faite de trois manières: par un mémoire, par l'organe de l'avocat constitué, ou par le défendeur lui-même.

La sommation est donnée, trois jours à l'avance, au demandeur ou à son avocat. S'il n'a pas rempli la condition prescrite par l'article précédent, il est prévenu par une affiche, à ses risques et périls, conformément à l'article 297.

La loi n'exige ni n'autorise que le défendeur au pourvoi soit appelé: ses intérêts sont suffisamment sauvegardés, quant à présent, par le Procureur général.

Art. 553.— 709. Cet article indique quatre cas dans lesquels la fin de non-recevoir élevée par le Procureur général est fondée.

On voit, à l'examen de ces cas, qu'il ne s'agit pas encore de discuter si le pourvoi est, ou non, valable au fond, soit quant aux moyens, soit quant aux personnes; mais uniquement de faire respecter les conditions de formes.

Ainsi, lors même que le moyen de cassation ne rentrerait dans aucun des cas énoncés à l'article 532, le pourvoi ne pourrait être, pour ce seul fait, déclaré non recevable. On a dit, d'ailleurs, que ces cas ne sont pas limitatifs, puisque le demandeur au pourvoi peut toujours alléguer un excès de pouvoir.

Dans le cas du 1er alinéa, le pourvoi a été formé trop tard et le demandeur n'était pas dans un des cas d'excuses prévus par la loi (art. 363, 364 et 544, 2e al.)

Dans le cas du 2e alinéa, le demandeur n'a pas indiqué ses griefs contre le jugement, il n'a pas produit ses moyens de pourvoi : la cour ne peut examiner son pourvoi, et il est trop tard pour les produire.

Dans le 3e alinéa, le demandeur n'a pas rempli la condition essentielle qui est de se soumettre à la décision de la justice, en se mettant à sa disposition, c'est-à-dire en se constituant prisonnier, dans les cas de condamnation à une peine privative de la liberté.

Dans le 4e cas, il a renoncé à son pourvoi. On pourrait s'étonner que dans ce cas, le demandeur soit appelé à se défendre contre la fin de non-recevoir qui est son œuvre directe ; mais la raison est qu'il pourrait nier son désistement, en contester l'existence ou la portée.

La loi n'admet pas le désistement du ministère public, pour plusieurs raisons : d'abord, on ne pourrait l'admettre de la part du ministère public près du tribunal dont le jugement est attaqué : il semble être dessaisi de son pourvoi par la transmission qu'il en a faite au Procureur général près la cour de cassation ; ce ne pourrait être, non plus, de ce dernier magistrat, qui est chargé par la loi de soutenir le pourvoi et qui n'est pas juge de son bien fondé ; enfin, c'est un principe général que, si l'action publique *est exercée* par les officiers du ministère public, elle ne *leur appartient pas*, comme l'action civile *appartient* à la partie lésée.

Ce principe a déjà été appliqué par l'article 351.

Art. 554.— 710. Quand la non-recevabilité a été rejetée ou n'a pas été demandée, le pourvoi doit suivre son cours régulier.

A cet effet, le Premier Président nomme un juge-rapporteur pris dans la chambre criminelle. Ce juge examine la procédure attaquée et les moyens du pourvoi ainsi que les moyens de défense et il fait son rapport à la chambre criminelle.

Ce moyen d'éclairer la cour n'est pas employé près

des autres tribunaux, parce que la plus grande partie de leur tâche consiste examiner des faits et qu'ils sont mieux éclairés par des témoignages, par des débats et des plaidoiries (*e*) ; mais devant la cour de cassation, il ne s'agit que de questions de droit pour lesquelles l'examen attentif du procès et des mémoires par un juge est déjà d'un grand secours pour les autres.

La loi désire que le juge n'exprime pas son opinion personnelle dans son rapport. C'est plutôt une recommandation qu'une prohibition; car il est assez difficile que le juge fasse un exposé de ce qu'il croit la vérité d'un côté et l'erreur de l'autre, sans laisser pressentir son opinion. Cependant, un légiste de quelque expérience peut exposer avec lucidité et impartialité les raisons qui peuvent être données pour et contre une solution de droit.

La loi francaise a toujours eu une semblable disposition (L. du 2 brum. an IV, art. 19; Règl. du 30 mars 1808, art. 35; Ord. du 15 janv. 1826, art. 40).

Art. 555.—711. Bien que la loi ait exigé, pour la recevabilité du pourvoi, que les moyens en soient indiqués en même temps que le pourvoi ou dans les cinq jours qui suivent, une fois cette condition remplie, les moyens peuvent être développés ultérieurement et même de nouveaux moyens proposés.

Cette faculté qui devait absolument être accordée au défendeur, pour lequel il n'y a pas de déchéance possible, ne pouvait sans injustice être refusée au demandeur.

Cependant, il doit y avoir une limite à cette faculté, la loi la place au dépôt du rapport du juge ; sauf à permettre la remise des mémoires tardifs sur le bureau de la cour qui peut en prendre connaissance, et

(*e*) En France, les appels des jugements de police correctionnelle sont jugés sur le rapport d'un membre de la cour d'appel (art. 209).

autoriser les parties ou leur avocat à les développer sommairement.

Art. 556.— 712. Le rapport du juge ouvre l'audience.

Le Procureur général soutient le pourvoi, s'il a été formé par le ministère public; si le pourvoi émane du condamné et est dirigé contre la partie pénale du jugement, l'avocat du condamné le soutient, le Procureur général le combat ou, au moins, a qualité pour le combattre.

La partie civile n'est pas entendue sur cette portion du jugement qui peut être cassée sans préjudicier à ses droits.

Si le pourvoi est formé par le condamné ou contre lui, au sujet seulement des intérêts civils, le Procureur général, n'étant plus demandeur ni défendeur, donne ses conclusions le dernier, comme en toute autre matière civile.

Il sera rare que la cour admette les parties à faire elles-mêmes quelques observations: dans des questions de pur droit, elles seront moins utiles à la cause que leurs avocats. La loi a seulement voulu qu'il n'y eût pas un obstacle absolu à leur audition.

Art. 557.— 713. Rarement l'affaire sera assez simple pour que la cour ne préfère pas se retirer dans sa chambre du conseil pour délibérer sur la cause. Il faudrait pour cela supposer un cas de cassation indiscutable, comme une nullité édictée par la loi, et dont la preuve est au cahier d'audience, ou, en sens inverse, un pourvoi fondé sur un moyen complétement étranger au texte et à l'esprit de l'article 532, comme serait l'allégation d'une erreur de fait. Le plus souvent, la cour renverra à une autre audience pour la prononciation de l'arrêt. Ces arrêts doivent toujours être fortement motivés, soit qu'ils cassent, soit qu'ils rejettent le pourvoi, parce qu'ils sont appelés à exercer une utile influence sur la jurisprudence des tribunaux.

Les débats doivent toujours être publics; on ne comprendrait même pas l'exception qui permet le huis clos dans l'intérêt de la morale publique, parce que les faits ne seront désignés que tels qu'ils le sont dans le jugement attaqué; or le jugement, même dans les affaires plaidées à huis clos, est toujours présumé pouvoir être, sans danger, lu en audience publique.

Le greffier rédige le cahier d'audience; mais il a peu de choses à y consigner, puisqu'il n'y a pas d'interrogatoire ni d'audition de témoins; les incidents qui pourraient se produire et la décision à laquelle ils pourraient donner lieu seront notés; mais, ici encore, l'intérêt de cette constatation est moindre que devant les tribunaux inférieurs puisqu'il ne peut y avoir de recours, si ce n'est devant la cour de cassation elle-même et très-exceptionnellement, comme on le verra, en terminant (art. 577).

L'arrêt sera, en général, rédigé par le juge-rapporteur comme connaissant le mieux l'affaire.

Art. 558.— 714. Cet article et les suivants prévoient les diverses décisions que peut prendre la cour de cassation.

La loi suppose d'abord le rejet du pourvoi, parce qu'il n'était fondé sur aucun des moyens prévus par l'article 532, ni sur aucun autre moyen qui rentrerait dans le pouvoir général de contrôle de la cour de cassation. Il n'y a pas de difficulté : l'affaire se trouve ainsi terminée, sauf le recours par requête respectueuse devant la cour de cassation elle-même (art. 577).

Art. 559.— 715. Il n'y a pas de différence au fond, entre le pourvoi en cassation sur une question de compétence et la demande en règlement de juges : l'objet est toujours un règlement de compétence; seulement le pourvoi en cassation suppose, en général, qu'un seul tribunal est saisi, tandis que le règlement de juges suppose un conflit entre deux tribunaux. Le jugement du pourvoi en cassation peut donc, sans inconvénient, être transformé en règlement de juges.

L'article 609 auquel renvoie cet article sera expliqué en son lieu.

Art. 560.—716. La loi suppose maintenant qu'un ou plusieurs des moyens de cassation sont admis par la cour. En principe, elle doit casser la décision en entier, tant sur les faits que sur le droit, et renvoyer à un autre tribunal de même ordre et degré.

Telle est la disposition de notre article. Mais il annonce des exceptions à la règle et elles sont assez nombreuses.

Art. 561.—717. L'exception la plus importante est relative à l'application de la loi pénale.

Lorsqu'il n'y a eu aucun vice dans la procédure donnant lieu de craindre une fausse appréciation des faits, lorsqu'à ces faits, régulièrement constatés par le jugement, le tribunal a appliqué une peine plus forte, plus faible, ou autre que la loi ne le permet ou ne l'ordonne, c'est la cour de cassation elle-même qui, après avoir cassé la décision, quant au point de droit, donne la décision pénale conformément à la loi.

En France, la cour renvoie à un autre tribunal de même ordre et degré.

Mais on y fait une différence profonde entre les matières criminelles et celle de police, simple ou correctionnelle (*f*). S'il s'agit d'une affaire criminelle,

---

(*f*) Pour abréger cette distinction, on dit quelquefois, en France: "les matières de *grand et petit criminel.*"

dans laquelle le jury a régulièrement examiné et déclaré les faits, la cour ne casse que l'arrêt de la cour d'assises, sans atteindre la déclaration du jury, et la nouvelle cour d'assises statue sans assistance de jurés et sur la précédente déclaration du jury (art. 434). Au contraire, lorsqu'il s'agit d'une décision en matière de police, simple ou correctionnelle, bien qu'il n'y ait eu que violation de la loi pénale applicable aux faits reconnus, la cour casse la décision en entier, et le nouveau tribunal ou la cour à laquelle l'affaire est renvoyée rejuge le fait comme le droit.

On n'a pas pensé devoir adopter ce système au Japon. Puisque le dernier mot sur la loi pénale appartient à la cour de cassation, il est préfésable qu'elle prononce de suite.

Ainsi, un tribunal correctionnel a constaté, dans son jugement, des coups et blessures ayant occasionné une incapacité de travail de plus de vingt jours et il a prononcé un emprisonnement de cinq ans, ce qui est la peine des coups et blessures ayant occasionné une infirmité perpétuelle ; ou, en sens inverse, il a prononcé, dans le même cas, un emprisonnement de moins d'un an, ce qui est la peine des blessures ayant occasionné une incapacité de travail de moins de vingt jours (voy. Proj. c. p., art. 335 et 336). Dans ces cas, la cour tiendra les faits pour vrais ou bien jugés, elle cassera seulement cette condamnation illégale et appliquera une peine d'un an à trois ans et une amende de dix à 30 *yen*, conformément à la loi.

Il en sera de même, si, sur une déclaration de culpabilité par le jury, la cour criminelle a prononcé une peine trop faible ou trop forte: la cour de cassation prononcera la peine légale.

Quant à la prononciation d'une peine de nature autre que celle que la loi édicte, il suffit de supposer qu'un tribunal criminel aurait prononcé une peine politique au lieu d'une peine de droit commun, ou réciproquement, et qu'un tribunal correctionnel aurait prononcé l'emprisonnement sans travail au lieu de l'emprisonnement avec travail, ou réciproquement, ou qu'il aurait prononcé l'emprisonnement au lieu de l'amende, ou, enfin, l'amende au lieu de l'emprisonnement.

718. On pourrait faire une objection au système du Projet qui donne à la cour de cassation le droit d'appliquer la peine à des faits qui n'ont pas été débattus et établis devant elle: en effet, dans tous les cas où la peine à prononcer est divisible, lorsqu'elle présente un *minimum* et un *maximum*, et lorsqu'il y a lieu d'élever ou d'abaisser la peine d'un ou plusieurs degrés suivant l'appréciation des juges, il semble que la cour de cassation ne puisse raisonnablement fixer l'étendue ou le degré de la peine, sans avoir pu connaître par les débats toutes les circonstances qui constituent les nuances de la culpabilité individuelle.

L'objection n'est pas sans force; mais d'abord, elle pourrait être faite également au système français, puisque, dans le cas de l'article 534, la peine peut être appliquée par une cour d'assises qui n'a pas assisté aux débats, sur le vu d'un verdict qui ne peut mentionner les nuances dont il s'agit; en outre, l'objection est moins fondée au Japon, car le cahier d'audience, contrairement à ce qui se fait en France (i. cr. art. 372), mentionnera les réponses de l'accusé à l'interrogatoire, les principales dépositions des témoins et les principales preuves produites aux débats. Ce sont là des éléments suffisants pour apprécier les nuances de culpabilité. Ce qui manquera à la cour c'est la vue de l'attitude de l'inculpé; mais c'est assurément l'élément d'appréciation qui doit avoir le moins d'influence, car c'est celui qui peut le plus induire les juges dans l'erreur.

Art. 562.— 719. Le cas de cet article est différent, mais c'est toujours sur le droit seulement que le jugement rendu est erroné. Un accusé a été déclaré coupable par le jury, suivant une procédure régulière : la cour criminelle n'avait plus qu'à appliquer la peine ; mais l'accusé a proposé, soit au cours des débats, soit au moment de l'application de la loi, une fin de non-recevoir tendant à faire déclarer l'action publique non recevable ou éteinte. La cour a admis cette exception à tort, et comme il y avait déclaration de culpabilité, elle n'a pas pu prononcer l'acquittement: elle a donc prononcé l'absolution. La cour de cassation casse alors la décision et prononce elle-même la peine encourue.

Mais si la décision attaquée pour absolution ou mise hors de poursuites illégale émane d'une juridiction correctionnelle ou de simple police, comme il n'y a pas, dans ce cas, une déclaration séparée sur les faits et sur le droit, l'une sur la culpabilité et l'autre sur la recevabilité de l'action, comme le tout est indivisible, la cour ne peut plus casser séparément la mise hors de poursuites; elle n'a plus les éléments de fait nécessaires pour prononcer la peine ; dès lors, elle casse la décision toute entière et renvoie à une autre juridiction de même ordre pour statuer à nouveau sur le fait et sur le droit.

La cassation serait encore entière, lors même que le tribunal aurait, contre l'usage, déclaré séparément la culpabilité. Dans ce cas, comme la déclaration de culpabilité a été faite sous l'influence de l'idée qu'il n'y avait lieu d'appliquer aucune peine, il est à craindre que le tribunal n'ait pas apporté une aussi rigoureuse attention au jugement des faits, et il ne serait pas d'une bonne justice de tenir ces faits pour certains et de les prendre pour base d'une condamnation. L'affaire sera donc portée, comme entière, à un autre tribunal. Mais il y a un point sur lequel le tribunal de renvoi n'a plus sa liberté de décision, c'est le point de droit que la cour de cassation a tranché, à savoir, la recevabilité de l'action publique (voy. art. 570).

Art. 563.—720. La publicité des débats est, on le sait, une garantie essentielle d'une bonne justice. Si les débats avaient eu lieu à huis clos, hors des cas où la loi l'autorise, la cour casserait la décision toute entière et renverrait à un autre tribunal ; c'est l'application du principe général de l'article 302 et de l'article 532-10°.

La publicité du jugement lui-même semblerait moins importante, parce que le jugement n'échappera pas, plus tard, à la notoriété et à cette sorte de contrôle de l'opinion publique que la loi paraît désirer ; cependant, la loi ne peut tolérer une telle violation de ses dispositions essentielles et la décision rendue sans publicité doit être cassée, au moins au cas de condamnation.

Mais on retrouve ici l'influence de l'intervention du jury et de la division du jugement qui en résulte : si, les débats ayant eu lieu publiquement, le jury a répondu aux questions à lui posées, soit affirmativement, soit négativement; cette réponse est acquise à l'accusé ou à la société et le défaut de publicité du jugement ne peut la faire casser. La cassation n'atteindra donc que la décision de droit consistant, soit dans une condamnation, soit dans une absolution ou un acquittement. Dès lors, la décision appartient à la cour de cassation qui pourra rendre un arrêt semblable ou différent, mais le fera publiquement.

Au contraire, si la séparation du fait et du droit n'est pas possible (ce qui se présente : 1° dans le cas où le tribunal criminel a statué sur les intérêts civils respectivement prétendus, 2° dans le cas d'une poursuite correctionnelle ou de simple police), le défaut de publicité du jugement entraîne la cassation totale, comme le défaut de publicité des débats.

Cette violation de la loi, au surplus, sera bien rare; car un tribunal ne pourrait volontairement commettre une pareille faute, et il ne la commettra guère par négligence, car le ministère public, les parties ou le greffier ne manqueraient pas de faire remarquer que les portes ne sont pas ouvertes pour le jugement.

Art. 564.— 721. Le respect de la chose jugée s'oppose à ce que la même affaire soit jugée plusieurs fois, si ce n'est sur un recours légalement formé; l'existence d'un jugement antérieur est donc une fin de non-recevoir contre l'action publique et il en a été déjà souvent question.

Mais si, à l'insu du tribunal et du ministère public, une affaire déjà jugée était de nouveau portée à un tribunal et que la décision fût intervenue, le pourvoi aurait pour résultat nécessaire la cassation entière de la nouvelle décision, sans renvoi et sans même que la cour ait à faire autre chose que de proclamer l'effet plein et entier de la première décision.

Ce moyen de cassation n'est pas de ceux qui doivent être produits dans le délai ordinaire qui est très-court, c'est un cas de pourvoi extraordinaire (art. 542) et, à toute époque, il devra y avoir cassation de la seconde décision. Il est certain, en effet, qu'à quelque époque que la question soit soulevée, deux jugements sur la même affaire, si peu différents qu'ils soient, ne peuvent être exécutés. La nullité du second jugement ne pourrait d'ailleurs être obtenue du tribunal qui l'a rendu, même par voie d'interprétation et d'incident sur l'exécution; car le tribunal, une fois dessaisi de l'affaire par le jugement qu'il a rendu, ne pourrait l'annuler, sans commettre un excès de pouvoir.

Art. 565.— 722. On a vu, aux IIe et IIIe Livres, que quelques-uns des actes de l'instruction ou de la procédure orale peuvent être nuls pour vices de forme; un plus grand nombre pourraient être nuls pour excès de pouvoir.

Ces actes doivent toujours être annulés, si la demande en est faite; c'est un moyen d'assurer pour l'avenir un plus grand respect de la loi par les magistrats.

L'acte peut n'avoir eu aucune influence sur le reste de l'instruction ou de la procédure: par exemple, en cas de nullité fondée sur l'absence du greffier à un acte d'instruction, si cet acte n'avait relevé aucune charge contre l'inculpé, et, en cas d'excès de pouvoir, celui d'un mandat de dépôt ou d'arrêt délivré, avant l'interrogatoire du prévenu, ce qui n'a pas nui aux droits ultérieurs de la défense, ou, en sens inverse, le cas de la liberté provisoire accordée sans engagement au greffe de se représenter à première réquisition, ou sans les conclusions du ministère public, ce qui n'a pas empêché la continuation et la régularité des poursuites; dans ces cas, l'acte vicié est seul annulé.

Mais si l'acte a eu des conséquences préjudiciables à la suite de l'instruction ou de la procédure, toute l'instruction ou toute la procédure qui a suivi ledit acte sera annulée: par exemple, en cas de nullité fondée sur l'absence du greffier à un acte d'instruction où des charges plus ou moins considérables auraient été relevées contre l'inculpé, et, en cas d'excès de pouvoir, celui où l'inculpé aurait été mis au secret jusqu'à la fin de l'instruction, sans pouvoir communiquer avec son avocat; ou bien, ayant été expulsé une première fois de l'audience, pour violences ou menaces, il n'y aurait pas été ramené le lendemain, alors que les débats n'étaient pas terminés, et lorsque, finalement, il aurait été condamné.

On remarquera, en terminant, que les fautes d'une instruction suivie d'une procédure orale régulière ne vicieraient pas cette dernière, parce que l'instruction a ses voies de recours propres et, une fois celles-ci périmées par le défaut d'emploi, ses vices sont couverts, sauf les cas de pourvoi extraordinaire prévus aux articles 539 à 542.

Art. 566.— 723. On a vu à l'article 352 que les jugements incidents, c'est-à-dire rendus sur des difficultés élevées au cours de la procédure ne peuvent être attaqués par le pourvoi en cassation qu'après et avec le jugement définitif.

La loi suppose ici un pourvoi contre un de ces jugements.

Elle fait une distinction semblable à celle qui se trouve à l'article précédent : il peut arriver que le jugement incident, quel que soit, d'ailleurs, son irrégularité, n'ait causé aucun préjudice à la partie demanderesse. Par exemple, le jugement aurait, dans une affaire criminelle, admis la position d'une question au jury, comme résultant des débats, en dehors des conditions portées à l'article 486, ou, sans observer les formes prescrites aux articles 487 et 488; mais la question objet de l'incident n'aurait pas été résolue, comme étant subsidiaire et se trouvant sans objet par suite de la solution donnée à la question principale (voy. p. 728).

Par exemple encore, dans une accusation de meurtre, le Président aurait posé, comme résultant de débats, la question de filiation ou de paternité constitutive du parricide, sans avoir informé les parties de son intention avant la clôture des débats et, sur un incident élevé à ce sujet par l'accusé ou parle ministère public, la cour aurait admis la position de la question, par la raison que la filiation aurait été suffisamment discutée pendant les débats ; le jury ayant résolu négativement la question principale n'a pas eu à statuer sur la question de parenté directe. Ou bien encore, dans une affaire criminelle quelconque, la question de discernement aurait été posée comme résultant des débats, parce que ce n'aurait été qu'au cours des débats que la minorité de 16 ans chez l'accusé aurait été prétendue par la défense; un arrêt aurait admis la position de la question; mais le jury ayant résolu négativement la question principale n'aurait pas eu à résoudre la question subsidiaire.

Dans ces trois cas, le jugement incident n'a eu aucune influence sur la décision principale.

Au cas contraire, lorsque la question subsidiaire ainsi illégalement posée aura été résolue, dans un sens ou dans un autre, le pourvoi sera recevable de la part, soit de l'accusé, soit du ministère public.

On pourrait prendre aussi bien pour exemple des questions posées comme résultant de l'acte d'accusation, auxquelles une des parties contesterait ce caractère et que la cour aurait admises comme telles: ou, en sens inverse, des questions que le Président aurait été autorisé par la cour à ne pas poser comme telles: ici, la solution de ces questions influerait nécessairement sur la décision principale. Même solution si le jugement incident a admis ou refusé la position de questions dont le caractère connexe était contestable, ou de questions sur les circonstances aggravantes ou sur les excuses.

Il en est de même si le jugement incident a été rendu sur la compétence, au cours des débats, ce qui suppose que l'affaire était correctionnelle (v. art. 317 et 485): dans ce cas, si le tribunal s'est déclaré compétent, sa décision aura forcément exercé une influence sur le jugement définitif.

Il y aura donc lieu à cassation entière, si le tribunal était incompétent.

Art. 567.—724. C'est un point toujours délicat que

celui d'apprécier si et jusqu'à quel point les diverses parties d'un jugement sont indépendantes les unes des autres; cependant, on en aura des exemples dans les cas où il y aura plusieurs inculpations réunies, soit quant aux faits, soit quant aux personnes. De même, au sujet des circonstances aggravantes ou des excuses.

Il est difficile de poser ici des règles suivant lesquelles cette indépendance des chefs serait admissible ou non. Cependant, si les faits imputés au même individu ne sont pas connexes, il y aura généralement indépendance; réciproquement, la connexité produira, en général, une dépendance respective des divers chefs du jugement.

La dépendance est encore plus évidente dans les circonstances aggravantes et les excuses.

La cour de cassation devra avoir grand soin d'examiner, dans chaque cas particulier, jusqu'à quel point il y a divisibilité des chefs, et, dans le doute, elle devra plutôt considérer l'indivisibilité comme la règle.

Un moyen de vérification qui paraît assez sûr, au sujet de l'indivisibilité des chefs d'un même jugement, serait d'examiner si, en supposant successivement chacun des chefs résolu en sens contraire de ce qu'il est, les autres pourraient être résolus comme ils le sont. On peut dire, dans ce cas, qu'ils sont indépendants, et qu'ils sont dépendants dans le cas contraire.

Art. 568.— 725. Cet article fait l'application directe du principe posé par l'article précédent.

S'il s'agit de connexité quant aux personnes, les chefs du jugement relatifs aux divers co-auteurs ou complices seront généralement considérés comme indépendants les uns des autres et divisibles, en ce sens que certains co-auteurs ou complices pourront obtenir la cassation, ou qu'elle pourra être obtenue contre eux, sans que les autres en profitent ou en souffrent.

On pourrait hésiter à admettre la division dans le cas où, le jugement ayant condamné un auteur et un complice, le pourvoi a été formé et la cassation obtenue par l'auteur principal seul et négligé par le complice: il semblerait que le rôle accessoire du complice doive le faire toujours profiter de la cassation obtenue par l'auteur principal. Mais l'objection ne serait pas fondée: rien ne s'oppose à ce que l'auteur principal soit acquitté et le complice condamné, car les conditions de la responsabilité pénale peuvent se rencontrer chez l'un et non chez l'autre.

Il y a encore moins à hésiter, si le pourvoi de l'auteur principal ne donnait pas lieu à renvoi devant un autre tribunal, mais seulement au redressement de la peine par la cour de cassation elle-même.

Même solution si, l'auteur principal et le complice ayant été acquittés ou absous, le pourvoi n'avait été exercé par le ministère public que contre l'un des deux.

726. Mais, quelquefois, pour les co-auteurs, il en sera autrement, et la cassation devra être totale et profiter à tous; c'est lorsque la pluralité d'auteurs sera une circonstance constitutive ou aggravante et que la pluralité n'existerait plus avec une cassation partielle.

Ainsi deux individus ont été condamnés pour vol à force ouverte, avec la circonstance aggravante de pluralité d'auteurs (Proj. c. p., art. 425). L'un d'eux s'est pourvu en cassation, l'autre ne l'a pas fait. Celui qui s'est pourvu a triomphé: la cassation profitera à l'autre, parce que, devant le nouveau tribunal, le premier doit pouvoir plaider la cause toute entière, même la non-pluralité d'auteurs, ce qu'il ne pourrait pas faire si la condamnation de son consort restait irrévocable (*g*).

(*g*) L'expression de *consorts* est très-usitée en France, à cause de sa généralité; en effet, on ne peut pas toujours dire *co-auteurs*, puisque quelques-uns des co-accusés peuvent n'être que *complices*; d'ailleurs, ap-

Il pourrait arriver même que celui qui aurait obtenu la cassation, fût acquitté, et, si l'autre ne bénéficiait pas du pourvoi et du renvoi, il resterait injustement atteint par la circonstance aggravante de pluralité d'auteurs.

La réciproque ne serait pas applicable. Si tous deux ayant été acquittés, ou absous, ou trop faiblement condamnés, le pourvoi avait été dirigé contre un seul par le ministère public et que celui-ci eût triomphé, l'autre ne perdrait pas le bénéfice du jugement: il ne pourrait pas être remis en cause et être exposé à y perdre le bénéfice de son acquittement ou à subir une condamnation plus forte; la loi permet bien que le pourvoi profite à ceux qui n'y ont pas été parties; mais elle ne permet pas qu'ils en souffrent.

S'il s'agissait d'un délit d'adultère, où la dualité des délinquants est constitutive, le succès du pourvoi de l'un des condamnés ferait remettre l'autre en cause; en sens inverse, s'ils étaient acquittés, le pourvoi ne pourrait être utilement dirigé contre un seul.

727. Le dernier alinéa du présent article donne une solution particulière pour le cas de pourvoi contre une ordonnance ou un arrêt de renvoi devant une juridiction de jugement; dans ce cas, sans distinguer si la pluralité d'auteurs doit avoir de l'influence ou non sur la pénalité, la cassation obtenue par un seul des prévenus ou accusés profitera aux autres, quoiqu'ils ne se soient pas pourvus. Dans ce cas, le procès oral est à faire en

---

peler les accusés *auteurs* c'est préjuger leur culpabilité; l'expression de *co-accusés*, elle-même, n'est plus exacte après le jugement; celle de *consorts* semble, à son tour, impropre, car elle exprimerait que les co-accusés ont eu *le même sort*, ce qui est loin d'être toujours vrai, après le jugement; mais ils ont été associés dans la procédure, à un titre suffisant pour être appelés "consorts."

L'expression "consorts" s'emploie encore plus souvent en matière civile, pour exprimer les parties qui ont le même intérêt.

En Japonais, on pourrait peut-être dire: *dô-loui*, 同類.

entier : il doit être fait contre tous. Mais si quelques-uns des prévenus avaient été mis hors de prorsuites, le pourvoi du ministère public contre un d'eux ne nuirait pas aux autres.

Art. 569.— 728. Cet article ne présente pas de difficulté.

Quand il y a lieu de juger les faits à nouveau, pour les causes sus-énoncées, c'est une juridiction de même ordre et degré qui doit être désignée.

Par même *ordre*, il faut entendre une juridiction, soit de droit commun, comme une cour d'appel ou une cour criminelle, soit spéciale, comme une juridiction militaire ou maritime, suivant les cas; par même *degré*, on entend un tribunal de simple police, correctionnel ou criminel, suivant les cas.

Pour ne pas imposer aux témoins un trop grand déplacement, la loi veut, en principe, que le nouveau tribunal désigné soit un des trois plus voisins de celui qui a décidé la première fois.

La loi, en terminant, fait allusion au cas exceptionnel de renvoi pour raison d'ordre public ou de suspicion légitime qui seront expliqués plus loin, Chapitre IVe.

Art. 570 et 571.— 729. Toutes les décisions de droit rendues dans la cause par la cour de cassation lient le tribunal de renvoi. On a déjà vu plusieurs fois que la compétence réglée par cette cour ne peut être déclinée (art. 56, 2e al., 318 et 317) ; de même, toutes les fins de non-recevoir que ladite cour aurait rejetées le sont irrévocablement et ne pourraient être accueillies par le tribunal de renvoi ; enfin, les autres points de droit résolus par la cour ont force de chose jugée dans la cause.

Par exemple, la cassation a été prononcée parce qu'une question résultant de l'acte d'accusation n'avait pas été posée; ou, en sens inverse, une question avait été indûment posée comme résultant des débats, quoiqu'elle ne fût pas connexe: si les diverses questions étaient indivisibles, la cassation aura été totale; mais la nouvelle cour criminelle devra se conformer à l'arrêt de cassation pour la position des questions, si les débats n'ont pas changé l'apparence des faits.

La mention de l'arrêt de renvoi, en tête des motifs, a pour but de justifier la compétence exceptionnelle du nouveau tribunal.

La solution ici donnée par le texte ne serait pas admise en France, au moins dans les mêmes conditions: pour que la juridiction de renvoi fût liée par l'arrêt de la cour de cassation, il faudrait qu'il y eût eu deux cassations et deux renvois fondés sur les mêmes moyens, entre les mêmes parties. A cet égard, la législation a subi plusieurs modifications et ce n'est qu'après divers essais, peu satisfaisants, qu'une loi du 1er avril 1837 a décidé que le second pourvoi, dans la même affaire, fondé sur les mêmes moyens, serait jugé par les trois chambres réunies (*h*) et que la cour ou le tribunal de renvoi serait alors tenu "de se conformer "à la décision de la cour de cassation sur le point de "droit jugé par cette cour."

On a dit plus haut que cette autorité de la cour de cassation n'avait lieu que dans la même affaire; par conséquent, lors même que des questions tout à fait semblables s'élèveraient dans d'autres affaires, la cour ou le tribunal aurait le droit de décider suivant son sentiment, sauf le pourvoi. On a vu souvent, en France,

(*h*) En France, la cour de cassation a trois chambres: une chambre criminelle et deux chambres civiles dont l'une, dite "chambre *des requêtes*," examine préalablement la recevabilité du pourvoi. Cet examen préalable n'a jamais lieu en matière criminelle; au moins, il n'est jamais *nécessaire* (L. du 27 Ventôse, an VIII, art. 60). On a vu qu'au Japon, il pourra être requis par le Procureur général (art. 552 et 553).

des résistances motivées des cours d'appel amener un changement de jurisprudence de la cour de casration.

730. L'article 571 établit la sanction de la disposition précédente.

Si la cour ou le tribunal de renvoi décidait autrement qu'il n'a été décidé par la cour de cassation, il y aurait lieu, de ce chef, à un nouveau pourvoi et à cassation pour excès de pourvoir, avec redressement par la cour de cessation elle-même. Au cas de refus de juger, pour incompétence, il y aurait poursuites pour déni de justice.

Art. 572.—731. Le système établi aux articles 561, 562 et 563 produit encore un résultat inconnu en France, à savoir que la cour de cassation rend des arrêts directement exécutoires contre les personnes, puisqu'elle prononce elle-même, dans ces cas, la peine édictée par la loi.

Il fallait, dès lors, régler cette matière de façon à ne pas surcharger la cour. Comme il peut se présenter des difficultés d'exécution, et comme, dans tous les cas, celle-ci doit se faire aux poursuites et diligences d'un commissaire du Gouvernement et sous l'autorité d'un tribunal, la cour désigne un tribunal pour cette exécution; il n'y a pas d'obstacle à ce qu'elle désigne le tribunal même dont la décision est cassée; car il était, en général, compétent dans le principe, et il ne faut pas craindre, outre mesure, qu'il mette du mauvais vouloir à l'exécution d'une sentence qui réforme la sienne, en tout ou partie; d'ailleurs, comme il a bien jugé les faits (puisqu'il n'y a cassation que pour le droit), il sera moins blessé dans son amour propre. Enfin, la cour peut désigner, pour l'exécution, tout autre tribunal de même ordre, ou même d'ordre inférieur. S'il s'agissait, par exemple, de la décision d'une cour criminelle, l'exécution pourrait être confiée à un tribunal de *ken*. La cour criminelle, du moment que le jury n'en fait plus partie, n'est plus, en général, qu'un tribunal de département, avec un Président temporaire venu de la cour d'appel et qui, le plus souvent, sera retourné à son poste.

Art. 573 et 574.—732. En principe, il n'est pas permis de faire défaut devant la cour de cassation; pour le demandeur, cela va sans dire: le défaut équivaudrait à un désistement, s'il ne s'agissait que d'intérêts civils; si c'était un pourvoi du condamné, son avocat, surtout s'il était nommé d'office, ne pourrait pas faire défaut, sans manquer à son devoir professionnel, lors même que l'inculpé l'y inviterait; dans ce cas, le pourvoi serait toujours jugé, sur les conclusions du ministère public; mais la décision ne serait pas susceptible d'opposition.

De la part du défendeur, le défaut ne serait excusable que si la notification du pourvoi ou de la requête du demandeur ne lui avait pas été faite; mais ce serait une faute rare du greffier.

Dans le cas cependant où l'absence au dossier d'un original de ladite notification donnerait lieu de croire que cette faute a été commise, elle pourrait encore être réparée par les soins du Procureur général qui, par une notification spéciale, préviendrait les inconvénients d'un jugement par défaut.

Le défendeur aura le délai de dix jours qui lui est accordé par l'article 549, pour préparer sa défense; la loi y ajoute le double du délai de distance, pour que l'ordre de notification ait le temps d'être donné au greffier du domicile du défendeur et pour que le mémoire puisse revenir; lors même que la loi ne se serait pas expliquée sur ce point, il aurait pu y être suppléé par l'article 22, 3e al. Mais l'application de cet article étant assez rare dans la loi, il a paru bon de le rappeler ici.

En fait même, le Procureur général agira sagement en ne faisant pas appeler l'affaire avant un délai supplémentaire proportionné à l'éloignement, pour le cas où il y aurait eu un retard imprévu.

733. L'article 574 prend encore une autre précaution pour éviter un jugement par défaut: le défendeur n'a peut-être pas reçu la notification originaire du pourvoi formé, bien qu'elle ait été faite à son domicile: s'il n'a pas notifié ses moyens de défense, on peut croire à quelque empêchement exceptionnel; le Procureur général lui fait alors sommation d'avoir à les produire dans les cinq jours, sans autre augmentation de délai que celui des distances; faute de quoi le jugement sera réputé contradictoire à son égard.

Art. 575 et 576.—734. Cet article présente encore une innovation considérable mais facile à justifier.

La cassation peut avoir été prononcée pour une faute qu'il était facile d'éviter et qui, dès lors, motive une mesure disciplinaire.

Entre l'avertissement, la réprimande et la censure, il y a des nuances de gravité qui ne peuvent se déterminer rigoureusement : ce sont trois degrés de blâme, répondant à trois degrés de faute, dont la plus grave, la plus lourde, ne constituerait cependant pas un délit; autrement, il ne s'agirait plus du pouvoir disciplinaire de la cour de cassation, mais de la répression ordinaire devant les tribunaux, avec la compétence spéciale établie par les articles 49 à 52 ; de là, le renvoi à l'article 541, pour des peines plus graves, s'il y a lieu.

C'est à la cour à apprécier équitablement les divers degrés de fautes commises.

La loi ne permet pas que le blâme soit adressé à un

tribunal entier, lorsqu'il est composé de plusieurs juges, parce qu'il est toujours possible qu'un ou plusieurs d'entre eux ait été d'un avis contraire à celui qui a prévalu. Il faut donc que la faute commise soit imputable à un ou plusieurs juges déterminés. Par exemple, lorsqu'il s'agira d'un acte entaché d'excès de pouvoir, du juge d'instruction ou d'un juge unique ; ou lorsqu'il s'agira d'une mesure prise illégament par le Président d'un tribunal, d'une nullité de procédure qu'il lui était facile d'éviter, ou d'une erreur lourde dans l'application de la loi pénale par un seul juge. On n'ajoute pas ici le cas où la décision illégale serait prise à l'unanimité, par un tribunal, parce que la loi n'exige nulle part cette unanimité, ni sa constatation, quand elle a eu lieu.

Les mêmes mesures disciplinaires pourraient être prononcées contre un officier du ministère public ou contre un greffier: ils rentrent dans l'expression générale de "membres d'un tribunal," employée par la loi.

735. Si les mesures disciplinaires n'avaient pu être prises qu'au cas de cassation prononcée, il aurait pu y avoir un grand nombre de cas où des actes répréhensibles auraient échappé au blâme, parce que les intéressés auraient laissé écouler les délais sans se pourvoir. Pour obvier à cet inconvénient, la loi permet au Procureur général de déférer, à toute époque, à la cour de cassation, des actes ou des jugements entachés des vices dont il s'agit. Il ne faut pas confondre ce droit avec le pourvoi extraordinaire prévu aux articles 540 à 542, lequel peut mener à une cassation effective.

736. La publicité n'est ni nécessaire ni convenable à la délibération dont il s'agit; elle est donc prise en chambre du conseil.

C'est au Ministre de la justice qu'il appartient de notifier le blâme disciplinaire.

La mention des délibérations de la cour de cassation sur les registres du tribunal dont la décision est cassée ne s'applique pas aux mesures disciplinaires qui ont toujours un caractère individuel.

Au contraire, la mention de la cassation sur les registres du tribunal tend à empêcher que la décision cassée ne se reproduise et ne fasse jurisprudence.

Art. 577.— 737. Il ne peut être question de déférer les décisions de la cour de cassation à une juridiction supérieure; car il ne resterait que la Haute cour; or, à part le haut jury, elle est composée elle-même de membres de la cour de cassation, et elle n'a, d'ailleurs, qu'une compétence spéciale.

Mais comme la cour de cassation n'est pas infaillible, il a paru sage de permettre aux parties de lui soumettre, *à elle-même,* le contrôle de ses propres décisions, lorsqu'il y aurait lieu de croire à une irrégularité de forme ou à une erreur matérielle.

La voie de recours adoptée au Japon est une application nouvelle d'un moyen usité, en France, à l'égard des juridictions de dernier ressort. Il ne l'a pas encore été à l'égard de la cour de cassation; mais c'est une omission fâcheuse, sinon pour la pratique, au moins pour le principe.

Ce moyen a reçu, en France, le nom de "requête civile" (c. proc. art. 480 et suiv.). Le nom de "civile" appliqué à cette requête n'est pas pris par opposition aux matières *pénales;* autrement, il n'aurait pu être adopté ici : il signifie, comme on l'a déjà fait remarquer (pp. 117, *i,* et 199, *d),* requête *polie* ou respectueuse; elle doit l'être, en effet, plus encore que les autres : elle doit être presque humble et *précative* (en forme de prière) : c'est le sens consacré.

Elle n'est admise ici que dans six cas, qui sont assurément limitatifs.

Il paraît inutile de développer chacun de ces cas qui sont clairs en eux-mêmes. Les cinq premiers seront bien rares et sont admis plutôt pour le principe théorique que pour l'application, car ils supposeraient, de la part de la cour de cassation elle-même, une faute de la nature de celles qu'elle est appeler à réprimer. Mais le sixième cas suppose un faux ou une erreur dans les actes produits devant la cour de cassation : elle n'est pas plus à l'abri de pareilles surprises que les autres tribunaux et il serait regrettable pour les parties qu'il n'y eût pas de remède à un pareil mal. En France, où ce recours n'est pas consacré par la loi, il a été admis, dans ce cas, par la cour de cassation elle-même, comme une nécessité de justice et de raison.

Il va sans dire que ladite requête ne serait pas admise pour une prétendue erreur de droit de la cour de cassation.

738. Le délai de trois jours est suffisant pour que la partie intéressée vérifie s'il y a quelque irrégularité dans la procédure ou le jugement. Les trois jours courent, non dequis la signification du jugement, mais depuis sa prononciation; c'est encore la règle générale pour les recours contre les jugements contradictoires en matière criminelle.

Seulement, dans le sixième cas, celui de pièces fausses ou erronées, il est de toute justice que le délai ne courre qu'après la découverte de l'erreur ou du faux; autrement, autant vaudrait supprimer le recours dans ce cas.

La signature d'un avocat inscrit à la cour de cassation est une garantie contre les requêtes abusives et mal fondées.

Le délai de trois jours pendant lequel la requête respectueuse est possible devait être suspensif de l'exécution. A plus forte raison, la procédure elle-même estelle suspensive.

Il peut y avoir un premier arrêt sur la recevabilité de la requête ; dans le 1er cas de l'article 577, la recevabilité et le fond pourront être jugés en même temps ; dans les cinq autres cas, il pourrait y avoir lieu, après avoir statué sur la recevabilité contestée, de renvoyer le fond à son tour de rôle.

Art. 579.— 739. Il est clair que les garanties d'une bonne justice, cherchées dans la récusation, sont encore plus nécessaires quand il s'agit de la dernière juridiction.

On trouve ici un cas où la cour de cassation est juge du fait en même temps que du droit, tandis que, si elle avait à statuer sur la récusation de juges inférieurs, elle tiendrait pour vrais les faits constatés et n'aurait qu'à vérifier s'ils sont, ou non, d'après la loi, des cas de récusation.

Art. 580.— 740. La loi ne frappe pas d'une amende, comme en France (art. 436), la partie civile qui a formé un pourvoi mal fondé : on n'a pas pensé que l'exercice d'un recours, présenté par la loi comme un droit, pût être punissable, même quand il y a eu erreur ou même abus ; mais la condamnation aux frais n'est pas une peine, c'est la réparation d'un préjudice causé à tort, soit au trésor public, soit à la partie lésée.

CHAPITRE II.

DU POURVOI EN RÉVISION.

Art. 581. La révision des condamnations criminelles ou des condamnations à l'emprisonnement correctionnel pourra être demandée et obtenue, pour erreur de fait, quelle que soit la juridiction qui a statué, dans les cas et sous les conditions déterminés aux articles suivants. Condamnations susceptibles de révision.

Elle ne pourra être demandée que contre les décisions devenues irrévocables. — **439.** [··· — 443 à 447.] (*a*).

582. La révision ne peut avoir lieu que dans les cas suivants : Cinq cas de révision :

1° Si une condamnation a été prononcée pour homicide et qu'il y ait preuve de l'existence de la personne prétendue homicidée, au moment où la condamnation a été prononcée, ou de sa mort antérieurement à l'acte incriminé ; Ier cas.

2° Si deux ou plusieurs individus ont été condamnés séparément à raison du même fait, sans qu'il y ait lieu d'induire de l'une des condamna- IIe cas.

(*a*) La matière de la Révision est tellement spéciale qu'il n'y a guère lieu à renvoi à d'autres parties du Projet ; on pourrait seulement renvoyer à quelques articles du Chapitre précédent ; mais ils seront faciles à retrouver.

Quant Code français, on renvoie en bloc (*in globo*) aux cinq articles qui y règlent, trop brièvement, cette difficile matière.

tions la possibilité d'aucune participation commune ou de complicité entre les condamnés;

IIIe cas. 3° Si, un individu ayant été condamné pour un crime ou un délit commis dans un lieu et dans un temps déterminés, il est ensuite prouvé, par un acte authentique dressé au même temps et dans un autre lieu, que ledit individu était présent audit acte, et si, d'ailleurs, ce lieu est est assez éloigné de celui de l'infraction pour que le condamné n'ait pu vraisemblablemnt être l'auteur de ladite infraction;

IVe cas. 4° Si un ou plusieurs des juges ou jurés qui ont participé au jugement ont été condamnés pour corruption, à l'occasion de l'affaire dans laquelle la condamnation a été prononcée; sauf le cas où la corruption aurait été exercée par le condamné lui-même;

Ve cas. 5° Si un témoin, un expert ou un interprète qui avait déposé ou fait des déclarations, soit à l'audience, soit dans l'instruction et lues à l'audience, à la charge de l'inculpé, a été, depuis le jugement, condamné pour faux témoignage ou fausse déclaration; il en sera de même, si un officier public a été condamné pour faux dans un rapport ou un procès-verbal relatant ou constatant des faits à la charge de l'inculpé, lorsque cette pièce a été lue à l'audience.— **439.**

Personnes pouvant la demander. **583.** Le droit de demander la révision appartient:

1° Au ministère public près le tribunal qui a prononcé la condamnation attaquée;

2° Au Procureur général près la cour d'appel dans le ressort de laquelle la condamnation a été prononcée ;

3° Au Procureur général à la cour de cassation agissant, soit d'office, soit sur l'ordre du Ministre de la justice ;

4° Au condamné, si, la peine n'étant pas encore éteinte, il est constitué prisonnier ;

5° En cas de décès du condamné, même défaillant ou contumax, à son conjoint légitime, à ses parents ou alliés de la qualité désignée à l'article 197, à ses héritiers légitimes ou testamentaires, à toute personne à laquelle il en aurait donné la mission expresse et à son défenseur.— **440.**

584. Dans le premier cas de révision porté à l'article 582, la révision pourra être demandée, par toutes les personnes désignées à l'article précédent, à toute époque, même après que la peine aura été subie, ou éteinte par la prescription, par la grâce ou la réhabilitation. Délai de la demande.

Le ministère public aura le même droit dans les quatre autres cas de révision.

Dans ces quatre derniers cas, la révision ne pourra être demandée par les parties intéressées que dans le délai de 3 ans, à partir du moment où le droit à la révision a été ouvert, même après l'extinction de la peine.— **441.**

585. La demande en révision sera formée par un mémoire en forme de requête adressée à Forme de la demande.

la cour de cassation, avec copie du jugement attaqué et des pièces à l'appui.

Le requérant y joindra tous les renseignements qu'il croira utiles.— **442.**

Suite : transmission.

586. Si la requête émane du condamné ou de son représentant, elle sera déposée au greffe du tribunal qui a rendu le jugement attaqué, ou, s'il est détenu, au directeur de la prison qui devra la transmettre sans délai au même greffe.

Le commissaire du Gouvernement transmettra ladite requête, avec son avis, au Procureur général près la cour d'appel, comme aussi sa propre requête, si la demande en révision est faite par lui.

Le Procureur général près la cour d'appel adressera sa propre requête, comme celles qui lui sont transmises en vertu des dispositions précédentes, au greffe de la cour de cassation.

Il y joindra son avis, quand elle n'émanera pas de lui.— **442.**

Examen préalable de la recevabilité.

587. La chambre criminelle de la cour de cassation, sur la convocation de son Président, se réunira en chambre du conseil, toutes affaires cessantes, et elle statuera sur la recevabilité du pourvoi en révision, préalablement à l'examen du fond.

Le Procureur général donnera ses conclusions, dans tous les cas où la demande n'émanera pas de lui.— **444, 445.**

588. La demande sera rejetée, comme non recevable : Suite : cas de rejet.

1° Si la cause de révision invoquée n'est pas une de celles comprises dans l'article 582 ;

2° Si la demande n'est pas formée par une des personnes ayant qualité pour la faire, en vertu de l'article 583 ;

3° Si le délai prescrit par l'article 584 est expiré ;

4° Si les pièces exigées par l'article 585 ne sont pas produites ; toutefois, dans ce dernier cas, la cour pourra surseoir au rejet et accorder un délai au requérant pour compléter sa production.— **0.**

589. Si la demande est régulière, la cour la déclarera admise et ordonnera, par le même arrêt, qu'il soit sursis à l'exécution des condamnation attaquées ou de celles qui sont inconciliables ; seulement, les détenus garderont prison au lieu où ils se trouvent. Suite : admission ; sursis à l'exécution.

L'arrêt d'admission du pourvoi sera transmis sans délai au Ministre de la justice qui en assurera l'effet.— **0.**

590. La cour procèdera ensuite, à bref délai, à l'examen de la demande au fond, en audience publique, au rapport d'un de ses membres, après avoir entendu son Procureur général.— **443.** Examen du fond : rejet.

Dans le premier cas de l'article 582, elle constatera par elle-même ou fera constater par des commissions rogatoires l'existence de la personne prétendue homicidée, aux époques prévues audit article ;

Dans le deuxième cas, elle vérifiera si les différentes condamnations prononcées à raison du même fait sont inconciliables et s'il en résulte la preuve de l'innocence d'un ou plusieurs des condamnés ;

Dans les trois derniers cas, elle examinera si les preuves des causes de révision sont fournies conformément à la loi.

La demande sera rejetée, si aucun des cinq cas de révision ne se trouve justifié.— 0.

Suite : admission ; renvoi pour la révision.

591. Si les causes de révision invoquées se trouvent justes et vérifiées, et sauf les exceptions ci-après déterminées, la cour ordonnera la révision des condamnations prononcées au criminel et au civil et renverra les condamnés, en état de prévention ou d'accusation, devant une juridiction autre que celle qui avait déjà prononcé, mais de même ordre et degré; toutefois, si la condamnation attaquée est correctionnelle, le renvoi sera toujours fait à une cour d'appel.— **445.**

Dans le cas de condamnations inconciliables, si les juridictions antérieures étaient de degrés différents, le renvoi sera fait au degré le plus élevé ; si elles étaient d'ordre différent, le renvoi sera fait à la juridiction de droit commun.— **0.**

Si un ou plusieurs des condamnés, même par défaut ou par contumace, sont décédés, la cour nommera un curateur à leur mémoire parmi leurs parents ou amis.— **0.**

592. La juridiction à laquelle les affaires seront renvoyées pour la révision procèdera comme dans le cas de renvoi après cassation. — **445.** Procédure nouvelle.

Si, parmi les prévenus ou accusés non décédés, il y a des défaillants ou des contumax, il sera procédé, à leur égard, comme en matière ordinaire.—***Ib.***

Le curateur à la mémoire exercera tous les droits de défense accordés aux prévenus ou aux accusés présents.— **0.**

593. Si un ou plusieurs des inculpés survivants sont reconnus non coupables, ils seront acquittés. Jugement nouveau.

Si la culpabilité d'un ou plusieurs est reconnue, les peines encourues seront prononcées conformément à la loi.

Dans les deux cas, il sera statué à nouveau sur les réparations civiles respectivement prétendues.

Il en sera de même à l'égard des inculpés décédés.— **0.**

594. Les nouveaux jugements ou arrêts seront immédiatement transmis à la cour de cassation par le commissaire du Gouvernement. Suite : transmission ; arrêt définitif.

La cour de cassation statuera définitivement, en audience publique, après avoir entendu le juge-rapporteur, sur les conclusions des parties et du Procureur général, conformément aux dispositions ci-après.— **0.**

Cassation, au cas d'acquittement et de décès.

595. Si les nouvelles décisions portent acquittement d'un ou plusieurs des inculpés survivants, la cour cassera les premiers jugements ou arrêts, en ce qui les concerne, et déchargera les condamnés des peines portées contre eux par lesdits jugements ou arrêts.— **0.**

Si, parmi ceux au nom desquels la révision a été obtenue il en est qui soient décédés, la cour cassera également leur condamnation, comme s'ils avaient été déclarés non coupables, et déclarera leur mémoire réhabilitée.— **0.**

L'arrêt de cassation sera publié et affiché en tels lieux et par telle voie que la cour l'ordonnera.— **447.**

Confusion des peines, au cas de condamnation.

596. Si un ou plusieurs des inculpés ont été de nouveau condamnés, mais à une peine moindre, la cour cassera la première décision et ordonnera l'exécution de la seconde, sous la déduction du temps qui a déjà été subi, conformément à l'article 543.

Si la nouvelle condamnation est égale ou supérieure à la première, la cour ordonnera que la première produira seule son plein et entier effet.

Les mêmes dispositions seront appliquées aux condamnations civiles.— **0.**

Cassation sans renvoi, au cas de décès.

597. Si tous les condamnés au nom desquels la révision est demandée sont décédés, et que la cour de cassation, sur l'examen prescrit à l'article 590, reconnaisse que la demande en révision est justifiée, elle ne prononcera pas de renvoi ; elle cassera les condamnations et déchargera la mémoire des morts ; elle ordonnera, en outre, la restitution des frais et amendes aux ayant-droit.— **446.**

Les parties civilement intéressées pourront, s'il y a lieu, faire valoir leurs réclamations devant les tribunaux civils.— **0.**

597 bis. Les décisions de la cour de cassation sur les demandes en révision ne seront attaquables que devant elle-même, par la requête respectueuse, dans les formes et conditions prescrites aux articles 577 et 578.— **0.** Requête respectueuse.

597 ter. Après l'expiration du délai fixé pour ladite requête ou son rejet, s'il y a lieu, les arrêts déclarant la demande en révision non recevable, soit en la forme, soit au fond, ceux portant renvoi à une autre juridiction pour un nouvel examen, ainsi que ceux portant cassation des condamnations antérieures, seront, sans délai, transmis en extraits par le Procureur général au Ministre de la justice qui en assurera l'exécution.— **0.** [576, 2ᵉal., 589, 601, 613, 620.] Transmission des arrêts au Ministre de la justice.

Sommaire.

Art. 581.— 741. Le recours dont il s'agit ici est un moyen tout-à-fait extraordinaire, bien plus encore que le précédent, de faire réformer les décisions de la justice et réparer ses erreurs.

On peut signaler immédiatement trois particularités qui le séparent du pourvoi en cassation:

1° La cour de cassation y est, dans une certaine mesure, juge *des faits* et non plus seulement des questions *de droit ;* ce pouvoir ne lui appartient que dans un autre cas, exceptionnel aussi, celui où elle juge les contraventions de ses membres et les délits tant de ses membres que des hauts personnages dont les crimes seraient justiciables de la Haute cour (art. 53 et 98). Ici, la qualité des personnes est indifférente; ce sont les causes de révision qui seules sont à considérer.

2° Il n'est pas nécessaire que toutes les autres voies de recours aient été épuisées; il suffit qu'aucune de ces voies ne soit plus ouverte.

3° Le délai du recours est très-long ; il est de trois ans, en général, et même dans un cas, il n'y a pas de déchéance par l'effet du temps.

Mais la loi met aussi trois restrictions à l'exercice de ce droit :

1° Il faut qu'il s'agisse de condamnation criminelle, ou à l'emprisonnement correctionnel; donc, la condamnation aux arrêts ou à l'amende, soit correctionnelle, soit de simple police, ne donnerait pas lieu à révision. L'acquittement ou l'absolution n'y donnerait lieu, ni de la part du ministère public, ni de la part de la partie absoute ;

2° Il faut que l'erreur judiciaire rentre dans l'un des cinq cas prévus limitativement par la loi;

3° Il faut, comme on l'a vu plus haut, qu'aucune autre voie ordinaire ou extraordinaire ne reste ouverte. Cela ne fait pas allusion au recours en grâce, lequel est toujours ouvert, mais n'est pas un recours judiciaire.

Art. 582.— 742. Tandis que la loi française n'admet que trois cas de révision, et dans des limites assez étroites, la loi japonaise, plus généreuse et plus prévoyante, en admet cinq, et elle élargit encore l'application des trois cas admis par le Code français (*b*).

Mais il eût été dangereux d'aller plus loin; car il fallait se garder avec soin d'ouvrir la voie à des fraudes faciles, à des témoignages dûs à la faiblesse, à la pitié ou à mauvaise foi.

743.—Ier cas. Le premier cas de révision est le plus grave et celui qui demandait le plus impérieusement ce recours. Il sera rare sans doute, mais il n'est pas improbable: il s'est présenté en France.

Un individu avait été vu en frappant un autre; après l'avoir réduit à être sans mouvements, il l'avait jeté à la rivière; le corps fut emporté par le courant et la nuit empêcha de savoir ce qu'il était devenu. Un témoin avait vu le crime et il l'avait dénoncé. Le corps n'avait pas été retrouvé, mais la victime n'avait pas été revue, ni à son domicile, ni ailleurs.

Le coupable avoua son crime: il le croyait lui-même consommé. Quoique le corps n'eût pas été retrouvé, quoique le décès n'eût pas été authentiquement constaté, il n'y avait pas là d'obstacle absolu à la condamnation pour meurtre; d'abord, on sait que la conviction du jury n'est assujéttie à aucune condition particulière, quant au mode de preuve qui puisse la déterminer; en

---

(*b*) La Révision était réglée par le Code d'instruction criminelle de 1808, elle n'avait pas reçu de chengements en 1832; mais une loi du 29 Juin 1867, insérée audit Code, a amélioré cette partie de la législation.

outre, en France, le crime tenté ou manqué entraînant la peine du crime consommé (c. p. art. 2), il y avait lieu à l'application de la peine du meurtre; mais, soit qu'il n'y eût pas preuve de préméditation ou d'un autre crime connexe, ou parce qu'il y eut admission de circonstances atténuantes, l'accusé ne fut pas condamné à mort.

Plus tard, il fut reconnu que la victime avait été recueillie, que ses blessures avaient été guéries et que c'était par crainte de vengeance de son assassin qu'elle ne s'était pas représentée à son domicile; d'ailleurs, son identité n'avait pas été connue lors du crime qui avait été commis, parce qu'elle était en voyage, ce qui explique qu'on eût ignoré long-temps, à son domicile, qu'elle avait été sauvée (*c*).

La présence de la personne prétendue homicidée est une preuve visible et palpable de l'erreur judiciaire. Il en serait de même s'il était prouvé qu'elle est morte postérieurement à la condamnation, quand même il y aurait lieu de croire qu'elle est morte des suites du crime; il n'y en a pas moins eu erreur de fait; sauf à rechercher, dans un nouveau procès, si la victime est vraiment morte des suites directes du crime.

La loi prévoit un cas plus rare encore, celui où la prétendue victime était décédée avant le prétendu crime, ce qui prouve que, s'il y a eu une victime, ce n'est pas celle désignée dans l'accusation.

Ce sont là deux extensions de la loi française dont l'insuffisance pourrait créer de sérieux embarras à la jurisprudence, si les cas se présentaient.

Dans les trois cas, ci-dessus indiqués, d'existence actuelle de la prétendue victime, ou de son décès, soit

---

(*c*) Cet exemple, un peu modifié (p. 726), nous a fourni une application de questions résultant des débats, spécialement de questions de crime seulement *manqué* ou *tenté*, lorsque l'accusation portait sur un crime *consommé*.

postérieurement, soit antérieurement au crime prétendu, il pourrait y avoir eu condamnation, non pour homicide volontaire, mais pour ce crime manqué ou tenté. Ainsi, dans l'exemple où un témoin a vu frapper la victime et l'a vu jeter inanimée dans la rivière, il serait infiniment plus sage au ministère public de ne poursuivre, et au jury, de ne déclarer la culpabilité, que pour crime manqué ou tenté; car il n'est pas absolument sûr que la victime soit morte (l'aveu même de l'accusé ne pourrait porter que sur *son intention* homicide et sur *sa croyance* à la mort); mais il est certain qu'il y a eu commencement d'exécution du crime d'homicide volontaire et même accomplissement entier (autant, au moins, qu'il était au pouvoir du coupable) de tous les actes qui devaient assurer le meurtre.

Dans ce cas, la preuve de l'existence actuelle de la personne qui a été l'objet de la tentative de crime ou du crime manqué ne ferait pas tomber la condamnation. Il en serait de même, s'il était prouvé qu'elle est morte postérieurement au crime tenté ou manqué. La condamnation n'étant pas fondée sur un homicide consommé, les preuves de la survie au crime ne prouveraient pas l'erreur du jury.

Mais, dans le 3e cas, celui où victime était morte antérieurement, il y a évidemment erreur des témoins et, par suite, du jury, sur l'identité de la victime; ou bien si cette erreur n'a pas eu lieu, si le condamné a frappé, lacéré, noyé ou brûlé *un cadavre,* c'est le cas du crime *impossible* qui n'est pas punissable (voy. Commentaire du Proj. c. p., sous l'art. 128).

Une autre différence entre le Projet japonais et la loi française est relative à la preuvre de l'existence de la personne prétendue homicidée: la loi française se contente "qu'il y en ait des *indices suffisants:*" la loi japonaise en veut *la preuve,* c'est-à-dire la preuve complète; on peut se contenter d'indices pour surseoir à l'exécution, surtout si c'était une condamnation à mort; mais pour procéder à la révision, il est préférable d'avoir la preuve complète. Au surplus, la différence est moindre au fond qu'en apparence, car la loi japonaise compte les *indices* au nombre des *preuves* (art. 160).

Observons, en terminant, sur ce premier cas de révision, qu'il est écrit pour tout homicide et non pas seulement pour l'homicide volontaire ou meurtre; ainsi, l'homicide par imprudence qui aurait été puni d'emprisonnement simple serait sujet à révision, au cas d'erreur telle qu'elle est ici prévue.

744.—IIe cas. Ici la nature du crime ou du délit n'est pas limitée : l'erreur est induite de l'existence de deux ou plusieurs condamnations séparées, applicables à divers individus dont chacun a été considéré comme étant seul auteur du fait; autrement, si les divers condamnés avaient été considérés comme co-auteurs ou complices du même fait, il n'y aurait pas lieu à révision, parce qu'il n'y aurait pas preuve d'une erreur judiciaire dans le seul fait de la pluralité de condamnations.

La loi française, sans préciser autant que le Projet japonais, se borne à supposer que les deux condamnations "sont inconciliables et que chacune d'elles est la preuve de l innocence de l'un ou de l'autre des condamnés (art. 443-2°) ;" cette formule est exacte, mais elle oblige à rechercher les cas dans lesquels les condamnations séparées sont inconciliables; or, on ne conçoit cette inconciliabilité que si les condamnés ne sont pas prétendus complices ou co-auteurs ; dès lors, il a paru plus simple et plus clair de l'indiquer dans la loi elle-même.

745.—IIIe cas. Le cas prévu par le 3e alinéa de notre article n'est pas dans la loi française; mais il est d'une équité manifeste : l'erreur de fait n'y est pas moins évidente que dans les cas précédents.

Un des moyens de défense les plus efficaces pour un accusé est ce qu'on appelle l'*alibi*, la preuve qu'il était *ailleurs*. Les efforts des accusés et de leurs avocats pour prouver l'*alibi* sont fréquents, et ne réussissent pas toujours. Il y a, du reste, des crimes ou délits qui n'étant pas de nature à se rattacher à un lieu plus qu'à un autre, comme le faux, ne donneront pas occasion à ce moyen de défense ni à ce cas de révision ; mais l'homicide, le vol, l'incendie, le crime d'insurrection et une foule d'autres, étant commis matériellement dans un lieu déterminé, ce lieu figure dans les circonstances relevées dans l'accusation. Si donc l'accusé prouvait qu'au jour du crime il était dans un autre lieu que celui qui est déterminé dans l'accusation, il est clair que, ne pouvant être l'auteur du fait incriminé, il devrait être acquitté.

Supposons maintenant, soit que l'accusé n'a pas invoqué l'*alibi*, par ignorance de son droit, par oubli de la coïncidence du jour où il était absent, ou par un orgueil déraisonnable qui le détermine à ne pas se défendre, soit qu'il n'a pu justifier cet *alibi*, faute de témoins ou d'autres preuves ; plus tard, la preuve de son *alibi* est trouvée : elle résulte non de témoignages qui pourraient être complaisants, mais de pièces authentiques constatant sa présence, le même jour, dans un autre lieu ; c'est, en même temps, la preuve de son innocence. La loi ajoute, avec raison, qu'il faut que ce lieu soit assez éloigné du lieu de l'infraction pour que le condamné n'ait pu être l'auteur de l'infraction. Si le jour et l'heure du crime et le jour et l'heure de la présence du condamné dans l'autre lieu sont connues, il sera encore plus facile de vérifier cette impossibilité d'après la distance. Il y a là une question de fait, plus ou moins facile à apprécier.

Si les deux lieux se trouvent dans la même ville, ou à une distance qui puisse être franchie en un jour, eu égard aux moyens possibles de transport, il sera nécessaire de connaître exactement l'heure du crime et celle de la présence du condamné hors de ce lieu pour qu'il soit admis au bénéfice de la révision; si, au contraire, la distance ne peut être franchie en un jour, il suffira que l'*alibi* au jour du crime soit constaté.

Il pourrait même se faire que, sans connaître exactement le jour de l'infraction, on le connût approximativement: on sait, par exemple, qu'elle ne pouvait pas remonter au delà d'un certain jour ni être postérieure à un autre jour, ce qui donne une période qu'on peut appeler *suspecte* (*d*); dans ce cas, il suffit que l'*alibi* coïncide avec un jour de la même période, si la distance est telle que le condamné n'ait pu la franchir pendant la partie de cette période qui a précédé ledit jour, ni pendant celle qui a suivi.

Un exemple fera comprendre cette dernière hypothèse qui est délicate.

Un meurtre commis à Tôkio a été découvert le 25 janvier; on n'en connaît pas exactement le jour, mais on sait qu'il ne remonte pas au delà de cinq jours avant la découverte du crime, parce que la victime a été vue le 20 janvier; d'un autre côté, l'état du cadavre prouve que la mort remonte à deux jours, au moins, au 23 janvier ou au delà. La période suspecte est donc de quatre jours (23, 22, 21 et 20 janvier). Le condamné prouve, trop tard, qu'il était à Nagasaki le 22 janvier; si le crime a eu lieu le 20 (l'époque la plus éloignée possible), le condamné n'a pu, du 20 au 22, arriver de Tôkio à Nagasaki; si le crime a eu lieu le 23 (l'époque

(*d*) L'expression de "temps *suspect*" est déjà consacrée, en matière de faillite, pour indiquer la période pendant laquelle les actes du failli sont exposés à être annulés comme faits en fraude de ses créanciers (voy. C. comm., art. 446 à 449).

la plus rapprochée), le condamné n'a pu, du 22 au 23, venir de Nagasaki à Tôkio.

Cet exemple prouve que l'un des jours peut n'être pas exactement connu, sans que pour cela le bénéfice de l'*alibi* soit empêché.

S'il s'agissait d'un *accusé* invoquant l'*alibi*, dans les débats, le raisonnement serait le même.

Vraisemblablement, ce sera le jour de l'infraction qui ne sera pas exactement connu; car, du moment qu'on exige la constatation authentique de la présence du condamné dans un lieu déterminé, le même acte devra mentionner le jour si non l'heure de cette présence.

Comme exemple de ces constatations, nous citerons un acte administratif signé devant le maire ou devant le préfet, un acte de procédure signé au greffe par la partie, ou une notification remise par le greffier à sa personne même.

La constatation de la présence dans une administration publique où la personne était employée pourrait avoir la même force, si l'usage de cette administration était de constater les présences très-régulièrement et d'une façon qui ne permît pas la fraude.

On remarquera que la loi exige que l'acte ait été dressé dans un lieu autre que celui de l'infraction, dans le même temps, et en présence du condamné. Sa présence n'est donc pas constatée par témoins, mais *de visu*, par les yeux mêmes de l'officier public, et il ne serait pas permis de fonder la demande en révision sur un acte qui serait dressé après coup, même si l'officier déclarait, de souvenir, que le condamné était devant lui, tel jour, parce que ce souvenir pourrait être erroné ou complaisant; ce ne serait plus qu'un témoignage ordinaire avec ses dangers : la loi ne l'admet pas.

746.—IVe cas. Ce cas de révision n'est pas non plus dans la loi française. S'il se présentait, il n'y aurait d'autre ressource que la grâce pour faire tomber la condamnation.

Il sera sans application, il faut l'espérer; mais puisque la corruption des juges ou des jurés est prévue et punie par le Code pénal, il appartient au Code de procédure criminelle d'en indiquer les conséquences sur le jugement.

Ce qui sera plus rare encore c'est que la corruption ait eu pour objet de faire condamner l'inculpé. Un pareil acte, déjà criminel en lui-même, lorsqu'il tend à faire acquitter un coupable, le devient bien davantage, quand il tend à faire condamner un innocent ou à aggraver la condition d'un coupable.

Pour rester dans la vraisemblance, on pourrait supposer une vengeance ou le désir de perdre un rival.

Enfin, la loi enlève au condamné le bénéfice de la révision lorsqu'il est prouvé que c'est lui-même qui a exercé cette corruption.

Le cas peut paraître singulier, au premier abord. Evidemment, l'inculpé n'avait pas donné des présents aux juges ou jurés pour être condamné; mais, malgré ses actes de corruption, il a été condamné, soit par les autres juges ou jurés, soit par ceux mêmes qu'il avait espéré corrompre en sa faveur. Dans ce cas, il ne peut demander la révision. On peut dire que la condamnation a ici d'autant plus de force qu'elle a triomphé des moyens coupables employés pour l'empêcher.

747.—V^{e} cas. Ce cas est dans la loi française, où il ne comprend que le faux témoignage. La loi japonaise y ajoute toutes les fausses déclarations faites à la charge de l'inculpé, par les autres personnes qui peuvent être entendues dans l'instruction orale, c'est-à-dire à l'audience, tels qu'experts ou interprètes.

Les mêmes déclarations mensongères faites dans l'instruction écrite, dans les procès-verbaux, ou devant le juge d'instruction ne donnent lieu à révision que si elles ont été lues à l'audience; si la lecture n'en a pas été donnée à l'audience, bien quelles soient punissables par la loi pénale, elle ne donnent pas lieu à révision, parce que leur influence sur la condamnation ne peut être qu'indirecte et incertaine.

La loi ne distingue pas ici si la fausse déclaration provient de la corruption ou d'une autre cause; ce peut être la haine, la vengeance, la méchanceté ou l'intérêt. Dès lors, on ne retrouve pas l'exception relative au cas où le condammé aurait corrompu le témoin : ce serait sortir des vraisemblances.

747 bis. On a examiné avec grand soin, lors de la rédaction de cette partie du Projet, s'il serait possible et juste d'admettre dans la loi d'autres causes de révision. On avait pensé, notamment, au cas où, un individu ayant été condamné pour vol, les objets prétendus volés étaient ensuite retrouvés, égarés dans les autres biens de la personne volée. Le fait ici serait peut-être le plus vraisemblable de tous ceux qu'on pourrait supposer. On peut avoir prêté un objet, l'oublier et accuser de vol un serviteur, ou un étranger venu dans la maison; on peut avoir employé une somme d'argent à payer une dette ou à faire un prêt, l'avoir oublié et croire qu'elle a été détournée.

Mais on s'est arrêté dans cette voie, plus dangereuse que sûre, en considérant que, souvent, lorsque le vol aurait été véritable, le plaignant pourrait venir, touché de pitié, soutenir qu'il a retrouvé les objets chez lui ou qu'il en a reconnu l'emploi par lui-même et ainsi tromper la justice. Il pourrait même y avoir une fraude plus grave encore: le voleur ferait replacer secrètement l'objet volé dans les biens de la victime et se prévaudrait ensuite d'une prétendue erreur du propriétaire.

Le cas d'une erreur véritable est possible, assurément, et peut même n'être pas très-rare; mais il reste la grâce qui y suffit.

Art 583.— 748. Il s'agit dans cet article des personnes qui peuvent demander la révision : la loi leur consacre cinq alinéas, sans rapports, d'ailleurs, avec les cinq cas de révision qui précédent.

1er al. On a vu souvent que le ministère public, bien que chargé, en principe, de poursuivre la répression, peut et doit aussi veiller à l'intérêt de l'inculpé. Ici, il s'agit d'une condamnation qui paraît erronée ou injuste; le ministère public a le devoir de demander la révision, dès qu'il a la certitude du fait.

2e al. Le précédent alinéa s'applique au ministère public près du tribunal qui a prononcé la condamnation. Ici le droit est donné au Procureur général près le tribunal d'appel dans le ressort duquel a été prononcée la condamnation: il y a là une mesure d'administration de la justice dans son ressort dont il peut et doit prendre l'initiative.

3e al. Le Procureur général à la cour de cassation a le droit de provoquer la révision, parce qu'elle appartient à ladite cour: il peut agir d'office; il le peut aussi, par ordre du Ministre de la justice.

Dans les affaires attribuées à la cour de cassation, cet ordre du Ministre de la justice, rencontré déjà une fois (art. 540) se retrouvera encore plusieurs fois (art. 605 et 614).

4e al. Le condamné ne peut demander la révision sans se constituer prisonnier, s'il n'a pas encore subi sa peine en entier; c'est une disposition analogue à celle de l'article 546, pour le pourvoi en cassation : le condamné doit donner, en se constituant prisonnier, une preuve que l'emploi de ce recours extraordinaire n'est pas pour lui un moyen frustratoire de retarder l'exécution du jugement.

5° al. Si le condamné est mort, même sans avoir fait sa soumission à loi, le droit de demander la révision passe à ses proches parents, tels qu'ils sont déterminés par la loi ; il peut aussi avoir donné un mandat ou procuration, dans le but spécial de poursuivre la révision après sa mort; dans ce cas, le mandataire aurait la préférence sur les parents, comme connaissant mieux les intentions et les moyens de preuve du condamné.

On remarquera, sur ce dernier alinéa, que le droit peut appartenir aux parents du condamné décédé, dans des cas où, s'il vivait, le droit ne lui appartiendrait pas à lui-même. Ainsi un condamné par défaut ou par contumace n'a pas le droit de demander lui-même la révision : il doit d'abord faire opposition ou purger sa contumace ; mais quand, il est mort, ses parents qui n'ont pas un tel droit, ont celui de demander la révision ; car, bien que le jugement ne puisse plus recevoir son exécution, il n'en subsisterait pas moins contre la mémoire du condamné.

Art. 584.— 749. Il s'agit ici du délai pendant lequel la révision peut être demandée. Le premier cas de révision est celui où la preuve de l'erreur peut être le plus manifeste ; aussi le droit au recours est-il illimité quant au temps, pour toutes les personnes désignées à l'article précédent ; dans les quatre autres cas de révision, la loi n'impose non plus aucune limite de temps au ministère public, ce qui comprend les officiers de cette qualité aux trois degrés de juridiction sus-indiquée : tribunal de première instance, cour d'appel, cour de cassation.

Au contraire, dans les mêmes cas, les autres personnes désignées à l'article précédent ne peuvent agir que dans les trois ans qui suivent l'ouverture du droit à la révision ; à savoir : au 2° et au 3° cas, le moment où la condamnation est devenue inattaquable par les voies ordinaires; au 4e cas et au 5e, la condamnation pour corruption ou pour faux, devenue également inattaquable: c'est, en même temps, le moment où la cause de révision, peut-être difficile à découvrir, a été légalement connue.

On remarquera, en effet, que la loi ne dit pas que les trois ans courent à partir du moment ou les intéressés *ont connu* leur droit, mais à partir du moment où il est ouvert. Ils ont donc trois ans pour le connaître et pour en user. Il eût été dangereux de prendre un point de départ aussi incertain et aussi difficile à prouver que la connaissance par les intéressés des faits dont il s'agit.

Quant à la différence faite entre le ministère public et les intéressés, elle se justifie par la considération que les officiers du ministère public ne seront pas suspects de chercher à entraver le cours de la justice par un recours téméraire ou mal fondé. Il ne faut pas d'ailleurs voir une rigueur dans le refus fait aux intéressés d'agir après trois ans; mais, bien plutôt, une faveur pour eux, dans le droit ouvert au ministère public, après ce délai.

La révision, comme le dit notre article, peut être demandée, même après que la condamnation a été subie ou autrement éteinte. Il semble que le recours n'ait plus d'intérêt, puisque le mal de la peine est consommé; mais il est encore réparable, quant à la réputation du condamné, et il est juste que ce qui est le résultat d'une erreur ne reste pas acquis contre lui comme une vérité.

Quoique cette disposition de la loi ne soit écrite qu'au sujet du 1er cas de révision, elle s'étend à tous les autres, bien qu'avec une application plus rare; cependant, il pourrait se faire que le droit à la révision, qui ne dure dans ces cas que trois ans, s'ouvrît assez tard pour que la peine fût déjà éteinte ou sur le point de l'être.

Art. 585.— 750. La forme de la demande en révision ne présente aucune particularité. La requête expose les faits; elle contient la demande en révision, en démontrant que le cas est un de ceux prévus par la loi; elle est accompagnée des pièces justificatives.

Art. 586.— 751. Cet article indique la voie hiérarchique par laquelle la requête arrive à la cour de cassation.

Il n'y a que le Procureur général à la cour d'appel qui puisse faire parvenir directement sa requête à la cour de cassation: les autres requêtes arrivent à ladite cour accompagnées de l'avis de ce magistrat et de celui du commissaire du Gouvernement près le tribunal qui a prononcé la condamnation.

Si cette voie n'avait pas été suivie, il aurait fallu que la cour de cassation demandât ultérieurement ces avis, ce qui eût été une perte de temps inutile; mais on conçoit qu'une mesure aussi grave que celle de réformer un jugement irrévocable ne pouvait être prise sans que le ministère public aux deux degrés fût entendu.

Il va de soi que si la décision attaquée est un jugement de la cour d'appel ou de la cour criminelle siégeant au chef-lieu de la cour d'appel, il n'y a pas lieu à l'entremise du commissaire du Gouvernement près du tribunal de département.

Art. 587.— 752. Il y a de plus puissants motifs d'un examen préalable de la recevabilité de la demande en révision que lorsqu'il s'agit du pourvoi en cassation: non seulement, il ne faut pas laisser surcharger le rôle de la cour de cassation d'affaires irrégulièrement introduites, mais encore il y a urgence de surseoir à l'exécution, car le pourvoi en révision, à la différence du pourvoi en cassation, n'est pas, par lui même, suspensif de l'exécution; or, le sursis ne peut être ordonné que si la demande paraît vraisemblablement fondée, en fait et en droit. L'examen de la recevabilité a donc lieu *de droit* et sans qu'il soit besoin de réquisition spéciale du Procureur général, comme lorsqu'il s'agit du pourvoi en cassation.

Bien entendu, ce magistrat donne ses conclusions.

Art. 588.—753. La loi indique ici les cas où, sans examiner le fond, la cour peut rejeter la demande, comme non recevable.

Ces cas sont relatifs : aux causes de la révision, aux personnes qui peuvent la demander, au délai expiré et à la production des pièces.

C'est une disposition sage et favorable que celle qui permet à la cour de cassation d'accorder un délai au requérant pour la production des pièces nécessaires. Cela est d'autant plus juste, que le plus souvent, cela ne fera pas excéder le délai du recours et ainsi le requérant ne perdra pas son droit pour l'avoir exercé trop tôt.

Il va sans dire que si la demande a été rejetée pour l'un des deux premiers motifs : défaut de cause et défaut de qualité dans la personne, elle pourra être représentée de nouveau, soit pour une des causes valables, soit par une personne compétente, pourvu, bien-entendu, que le délai ne soit pas expiré.

Art. 589.—754. C'est, comme on l'a dit plus haut, la principale utilité de l'examen préalable que de permettre à la cour de suspendre l'exécution des condamnations. La détention seule est maintenue comme mesure préventive contre la fuite.

On remarquera que si la révision était fondée sur la deuxième cause mentionnée à l'article 582, sur l'existence de deux ou plusieurs condamnations inconciliables, ce n'est pas seulement celle portée contre le demandeur en révision qui serait suspendue: toutes devraient l'être.

En effet, cette situation n'est plus celle prévue au n° 12 de l'article 532, pour le pourvoi en cassation, où la loi suppose plusieurs jugements sur la même affaire concernant le même inculpé (cas dans lequel la première décision conservera seule la force de chose jugée): ici, comme il y a des condamnés différents, aucun jugement n'a la préférence sur l'autre et, bien qu'un seul peut-être soit attaqué, ils n'en seront pas moins révisés tous deux, dans une même procédure; car la contrariété fait soupçonner une erreur, aussi bien d'un côté que de l'autre.

C'est le Ministre de la justice qui, sur le vû de l'arrêt d'admission, ordonnera le sursis à l'exécution: il y a ici plutôt une mesure d'administration proprement dite qu'une mesure judiciaire.

Art. 590.—755. La cour de cassation, en admettant la recevabilité de la demande en révision, n'a statué, en quelque sorte, que sur sa forme, sur sa régularité; mais elle n'a pas jugé, ni même préjugé sa valeur au fond.

Cet examen reste à faire et, s'il est favorable à la demande, il y aura lieu à renvoi à une autre juridiction, puis au retour devant la cour de cassation pour une décision définitive, ce qui ne fera pas moins de *quatre procédures*.

Tel est l'objet des derniers articles de ce Chapitre.

Mais, avant de les aborder, il est nécessaire de déterminer quelle est celle de cas quatre procédures qui est, à proprement parler, la Révision.

On ne peut songer à apppeler déjà "révision" le premier examen de "recevabilité" que fait la cour de cassation; mais on est facilement porté à croire que le second examen, par cette cour, des "causes de révision," est la révision elle-même.

En lisant les dispositions du Code français sur cette matière (art. 443 à 447), on reste sérieusement embarrassé. Ce n'est qu'en recourant aux travaux législatifs qui ont précédé le vote de la loi du 29 juin 1867 (insérée audit Code) que l'on arrive à une certitude complète que la révision n'est pas l'examen des vices de la première sentence, mais le nouvel examen des faits incriminés auquel il sera procédé; l'article 445, 2e alinéa, se prête d'ailleurs à l'adoption de ce sens.

Au Japon, comme en France, cet examen pourra, suivant les cas, appartenir à une cour d'appel, à une cour criminelle ou à la cour de cassation elle-même; les deux premières décisions que cette cour rend sur la demande, l'une, sur sa recevabilité en la forme, l'autre, sur sa recevabilité au fond, n'ont, en général, qu'un caractère préparatoire: elles ne constituent pas encore une nouvelle sentence substituée à l'ancienne, elles ne font qu'ouvrir la voie à la révision. Ce n'est qu'exceptionnellement, et dans trois hypothèses seulement, que la décision de la cour de cassation constituera par elle-même la révision, parce qu'elle ne sera suivie d'aucun renvoi et mettra fin à toute la procédure.

On va mettre en évidence l'application du principe général et des exceptions, en reprenant rapidement les cinq cas de révision indiqués à l'article 583.

756. Dans le 1er cas, la cour de cassation constatera par elle-même ou fera constater, au moyen de commissions rogatoires, l'existence de la personne prétendue homicidée, soit présentement, soit au jour où la condamnation a été prononcée. Elle ferait pareillement constater, s'il y a lieu, le décès antérieur au fait incriminé.

Mais dans ces cas, elle ne pourra se borner à annuler la condamnation : il faut que l'accusation primitive soit entièrement purgée. Il n'y a pas eu homicide consommé, cela est prouvé maintenant; mais il peut y avoir eu tentative de meurtre, ou au moins coups et blessures, peut-être seulement menaces; la nécessité d'un nouveau jugement est donc évidente.

Il sera souvent nécessaire d'annuler même l'instruction, si les poursuites ne concernaient qu'un homicide consommé: alors, il y aura renvoi à un juge d'instruction; si les poursuites comprenaient, subsidiairement, la tentative de meurtre ou des coups ou blessures graves, il y aurait encore renvoi à une cour d'assises, car la condamnation ayant été prononcée pour homicide consommé, les questions subsidiaires n'ont pas été résolues.

Il en serait autrement, s'il était prouvé que la personne prétendue homicidée était morte, soit de maladie, soit de quelque accident, avant l'acte incriminé. Dans ce cas, l'innocence entière du condamné se trouverait prouvée par cela seul: il ne resterait place à aucune accusation, par conséquent, à aucun renvoi: la cour casserait non seulement la condamnation, mais toute l'instruction et aucune poursuite ne pourrait plus être recommencée à raison de ce fait.

Le premier cas nous donne donc, successivemment et suivant les hypothèses, l'application du principe et de l'exception, c'est-à-dire, la révision par un tribunal de renvoi et la révision par la cour de cassation seule.

Dans le 2ᵉ cas de révision, la cour de cassation constate la contrariété de jugements, laquelle prouve bien l'innocence de l'un ou de l'autre des condamnés; mais il reste à savoir quel est le vrai coupable. Un renvoi est nécessaire et il comprendra les divers accusés ou prévenus, lesquels figureront dans un seul et même débat contradictoire. Ici c'est le principe général qui est seul appliqué.

Le 3ᵉ cas est uniquement un cas d'exception, c'est-à-dire qu'il n'y a pas de renvoi: la cour de cassation fait seule la révision et termine la procédure.

En effet, si la cour a reconnu l'*alibi* du condamné, elle a reconnu l'impossibilité matérielle et absolue qu'il fût l'auteur du crime ou du délit à lui imputé : elle casse donc la décision et toute l'instruction qui a précédé et il ne reste place à aucune poursuite. Pour qu'on pût concevoir de nouvelles poursuites, il faudrait que le même individu eût été incriminé pour provocation ou pour complicité dudit fait, ce qui n'exigeait pas qu'il fût présent au lieu et au temps du crime. Mais ceci est une autre hypothèse que celle du cas de révision prévu à l'article 582-3°, où l'on suppose que le condamné l'a été comme auteur direct du fait incriminé.

S'il n'y avait pas encore prescription acquise contre l'action publique, elle pourrait être intentée pour provocation ou complicité, mais alors, par une procédure ordinaire.

Ce cas de révision n'étant pas admis en France, il n'y a pas à s'occuper de la manière dont les choses se passeraient, à cet égard, en ce pays.

Dans le 4e et le 5e cas, la cour de cassation constatera la condamnation des juges ou jurés pour corruption, des témoins, experts ou interprètes, pour fausse déclaration à charge, et elle renverra toujours à une autre juridiction pour juger le fond, c'est-à-dire pour la révision, car la corruption ou la fausse déclaration n'implique pas nécessairement l'innocence du condamné.

L'instruction sera maintenue et l'affaire sera jugée sur l'acte de renvoi primitif, car la loi n'admet ici la révision que pour corruption des juges du fond et fausse déclaration faite ou lue "à l'audience."

Il reste un cas où la cour de cassation ne renvoie pas à un autre tribunal, c'est celui où tous les individus dans l'intérêt desquels est demandée la révision sont décédés : ce cas forme l'objet de l'article 597 ; si de plusieurs condamnés pour un même fait quelques uns seulement était décédés, le renvoi devrait avoir lieu du chef des survivants: les décédés seraient représentés comme il est dit à l'article suivant.

757. La loi suppose, en terminant cet article, qu'aucun des cas de révision limitativement déterminés par l'article 582 ne se trouve justifié; il en résulte le rejet de la demande au fond.

Le texte ne statue pas sur la possibillité d'une nouvelle demande: il faudrait lui appliquer les principes généraux de la chose jugée: les causes de révision qui n'auraient pas été proposées pourraient encore l'être; celles déjà jugées ne le pourraient pas. Un seul cas pourrait faire doute, c'est celui du 1er cas de révision, au sujet d'une personne prétendue homicidée, dont l'existence n'aurait pas été reconnue une première fois, mais pourrait être établie plus tard par des preuves nouvelles: il semble nécessaire d'admettre dans ce cas une nouvelle demande.

Art. 591.— 758. Le présent article consacre, en commençant le principe général, exposé plus haut, que la révision appartient à une nouvelle juridiction à laquelle l'affaire doit être renvoyée. Pour cela, il faut que la cour ait trouvé *justes* les causes de révisions invoquées dans la demande et qu'elles aient été *vérifiées*, c'est-à-dire reconnues exactes en fait. La loi réserve les exceptions déjà annoncées, mais elle les détermine plus loin.

Il est naturel que la cour, lorsquelle ordonne la révision au criminel, l'ordonne aussi au civil, bien que la requête puisse n'avoir pas fait mention de la condamnation civile; c'est la solution déjà donnée au sujet du pourvoi en cassation (art. 538, 3e al.).

Il allait de soi aussi, mais la loi l'exprime, que le renvoi ne pût être fait à la juridiction même qui a statué.

On remarquera que s'il s'agit d'une condamnation correctionnelle qui n'aurait pas été frappée d'appel, c'est cependant à une cour d'appel que l'affaire est renvoyée, pour qu'il n'y ait pas lieu à appel contre la nouvel décision.

Le deuxième alinéa du présent article est facile à justifier de la même manière, dans la préférence qu'il donne à la juridiction la plus élevée : ainsi, s'il y avait eu une condamnation pour contravention et une autre pour délit, inconciliables entre elles, le renvoi aurait lieu à une cour d'appel ; si la contrariété existait entre une condamnation correctionnelle et une condamnation criminelle, le renvoi aurait lieu à une cour criminelle ; ce n'est pas à dire qu'elle soit, hiérarchiquement, plus élevée que la cour d'appel, mais elle a une juridiction plus étendue quant à la pénalité (voy. p. 903, *a*).

Enfin, en cas de juridiction de différents ordres, il est naturel que la préférence soit donnée à la juridiction de droit commun, d'après le principe déjà exposé, sous l'article 45, que cette juridiction est applicable, comme juridiction naturelle, chaque fois que la juridiction exceptionnelle rencontre un obstacle.

On observera ici que la Haute cour est une juridiction de droit commun, quant à sa composition et que, comme elle occupe, en même temps, le degré le plus élevé, elle aurait toujours, en cas de concours, la priorité sur les autres.

759. Le dernier alinéa consacre une nouvelle différence très-notable du Projet japonais avec le Code francais.

En France, dans le cas où un seul des condamnés est décédé ou contumace, c'est la cour de cassation qui procède à la révision, sous le prétexte, assez peu satisfaisant, qu'il ne peut y avoir de débat oral et contradictoire (art. 445 et 446) ; alors, il n'y a plus de jury, même pour les accusés vivants et présents, c'est une singularité injustifiable. D'ailleurs, il pourrait toujours y avoir débat oral et contradictoire entre les accusés présents et le ministère public, d'une part, et le curateur à la mémoire, d'autre part. Ce débat est si bien possible qu'il a lieu devant la cour de cassation.

On a maintenu au Japon la procédure ordinaire; les décédés y seront représentés par un curateur qui veillera à défendre leur mémoire.

On précisera, sous l'article suivant, le rôle exact de ce curateur à la mémoire et les décisions qui peuvent intervenir à l'égard des décédés.

Art. 592.—760. Cet article consacre l'application de la procédure ordinaire.

Observons d'abord que bien que les premières condamnations ne soient pas encore cassées, ceux qui en ont été l'objet comparaissent devant la juridiction de renvoi, comme *accusés* ou *prévenus :* ils ne pourraient y comparaître comme condamnés.

Les accusés présents se défendront par eux-mêmes ou par leur avocat; les contumax n'auront pas de défenseur et ne jouiront pas du jugement par jurés, à moins que certains chefs de l'accusation portée contre eux ne concernent aussi les accusés présents (v. p. 755).

761. Quant aux anciens condamnés qui seraient décédés, ils seront défendus par le curateur à leur mémoire.

Mais il faut remarquer qu'en réalité ils ne sont plus accusés, qu'aucune question ne peut être posée au jury en ce qui les concerne; ils ne peuvent plus être déclarés coupables ou non coupables; l'action publique se trouve éteinte à leur égard, comme elle s'éteindrait s'ils étaient morts pendant la première procédure; le ministère public ne pourrait plus soutenir l'accusation contre eux.

Le rôle du curateur à la mémoire se bornera donc à combattre les imputations qui pourraient être dirigées contre le défunt par les autres accusés, dans l'intérêt de leur défense; il pourrait même fournir des preuves à la charge des accusés présents, car il importe à la mémoire de celui qu'il représente de dissiper tous les soupçons que la première condamnation aurait pu laisser dans les esprits. Enfin, il défendra le défunt à l'égard des réparations civiles, car l'action civile n'est pas éteinte par la mort de l'inculpé.

Art. 593.—762. On vient de faire remarquer qu'il n'y aura lieu de statuer sur la culpabilité qu'à l'égard des inculpés survivants.

La loi suppose successivement qu'ils sont déclarés coupables ou non-coupables.

Dans tous les cas, il doit être statué de nouveau sur les réparations civiles, qu'il y ait déclaration de culpabilité ou de non culpabilité et que les inculpés soient vivants ou décédés.

763. Bien que le principe de la révision soit d'effacer et de réparer, autant qu'il est possible, les conséquences de l'erreur judiciaire, à l'égard des accusés ou prévenus reconnus innocents, la loi ne prononce aucune indemnité en faveur des parties acquittées, à la charge du ministère public, des juges, des jurés ou des témoins qui se sont trompés, parce que leur erreur sera due vraisemblablement à des circonstances fortuites qui, souvent, déroutent toute prudence humaine. Déjà l'article 20 a posé le même principe. Il serait, d'ailleurs, impossible de déterminer la part de chacun dans cette responsabilité d'une erreur commune.

Enfin, si les juges, jurés ou témoins, étaient exposés à payer une indemnité, en cas de révision, leur liberté et leur indépendance, lors du jugement, ne seraient plus entières: les avocats en feraient une menace perpétuelle, à leur adresse, au moins par voie d'insinuation.

Il en serait autrement dans les derniers cas de révision prévus à l'article 582: comme il y eu corruption des juges, jurés ou témoins, laquelle constitue non seulement une faute grave, mais un crime ou un délit, la réparation civile est de droit à leur charge.

Art. 594.—764. La révision étant terminée, il faut que l'affaire retourne à la cour de cassation, car celle-ci n'a pas encore cassé les condamnations attaquées.

C'est le commissaire du Gouvernement près du tribunal de renvoi qui en transmet la décision à la cour de cassation, laquelle procède en la forme indiquée ici et statue comme il est dit ci-après, en distinguant successivement les diverses hypothèses.

Art. 595.—765. S'il y a eu acquittement des inculpés survivants, la cour casse les premières condamnations et en décharge définivement les condamnés, ce qui comprend la restitution des amendes et des frais, comme il est dit à l'article 597, pour un cas analogue.

La loi suppose ensuite que parmi ceux par qui ou au nom desquels la révision a été demandée et obtenue, il en est qui sont décédés; le résultat est le même que s'ils avaient été déclarés non coupables, puisqu'il n'a pu être statué de nouveau à leur égard et leur mémoire est déclarée réhabilitée.

La publicité donnée à l'arrêt de cassation a ici un caractère de réparation; elle fait une sorte de compensation à l'affiche de l'arrêt de condamnation prescrit par le Code pénal (v. Proj. c. p., art. 56). La partie intéressée pourra elle-même, à ses frais, donner à l'arrêt toute la publicité qu'elle croira utile à sa réputation.

Art. 596.—766. La révision, étant une faveur, ne

doit jamais se retourner contre celui qui l'a demandée, ni même contre celui qui s'y trouve compris par voie de conséquence, en cas de contrariété de jugements.

Il ne peut donc en résulter qu'une suppression ou un abaissement de peine ou, tout au plus, un maintien de la peine antérieure; jamais une aggravation.

Mais comme la nouvelle peine pourrait être d'une nature autre que la première, il y aura lieu à une imputation, pour laquelle la loi se réfère à la situation analogue résultant du renvoi après cassation.

Si la nouvelle peine prononcée est identique à la première ou supérieure, il n'y a pas lieu de l'appliquer, c'est alors la première qui doit être maintenue: la cour de cassation se borne à ordonner que le jugement primitif produira (sortira) son plein et entier effet; elle ne casse même pas la seconde condamnation, car celle-ci peut ne présenter en elle-même aucun vice. La cour pourra seulement ordonner qu'elle se confondra avec la première.

Remarquons, à cette occasion, que la nouvelle sentence aurait pu être sujette à cassation et avoir été l'objet d'un pourvoi, comme dans les cas ordinaires. Les solutions qui précèdent supposent, soit qu'il n'y a pas eu pourvoi en cassation, soit qu'il a été rejeté.

Les condamnations civiles suivent les mêmes règles: elles pourront être diminuées, elles ne pourront être augmentées.

Art. 597.— 767. Cet article présente la dernière hypothèse, qui est aussi le dernier cas exceptionnel où la cour de cassation termine sans renvoi la procédure de révision.

Tous les condamnés sont décédés et l'une des causes de révision est justifiée par l'une des personnes qui ont qualité pour demander la révision, d'après l'article 583; dans ce cas, la cour casse les condamnations et, comme il ne peut plus y avoir de jugement contradictoire, comme l'action publique se trouve éteinte, il faut nécessairement décharger la mémoire des morts, comme dans le cas où il y avait des condamnés survivant et des condamnés décédés.

L'action civile reste possible, mais alors elle ne peut plus être portée qu'aux tribunaux civils.

768. En France, il suffit qu'un seul des condamnés soit mort, ou défaillant, ou contumace, pour que la révision appartienne à la cour de cassation (art. 446).

Il se produit alors ce singulier résultat qu'elle juge aussi les survivants et, s'il s'agit d'un crime, elle prononce sur leur culpabilité sans assistance de jurés, ce qui est injustifiable, comme on l'a dit plus haut.

Elle juge même les morts, puisqu'elle nomme un curateur à leur mémoire, et il peut arriver qu'un mort, mal défendu par son curateur, reste sous le deshonneur de la condamnation.

La loi japonaise sera plus logique et plus juste : elle laisse au jury sa compétence à l'égard de ceux qui sont vivants et présents, aux juges leur compétence à l'égard des vivants contumax ou défaillants ; à l'égard des morts, elle leur donne tout le bénéfice de leur triste situation : la condamnation, étant manifestement entachée d'erreur, est annulée avec toutes ses conséquences, et la mort est un obstacle à toute reprise de l'action publique.

Art. 597 bis.— 769. Il n'y avait pas de raison d'affranchir les arrêts de la cour le cassation rendus en matière de révision de la seule voie de recours qu'ils comportent : la loi admet ici encore la requête respectueuse réglée déjà au Chapitre précédent.

Art. 597 ter.— 770. Toutes les décisions de la cour de cassation, en matière de révision, à l'exception de celle qui ordonne le sursis à l'exécution (art. 589), ont un caractère de juridiction et non d'administration générale de la justice; néanmoins, à cause de leur caractère tout exceptionnel, la loi veut que le Ministre de la justice en soit informé par le Procureur général. Cette information n'empêchera pas la notification directe aux parties qu'elles concernent et aux cours intéressées dans la révision; mais elle donne occasion au Ministre de la justice de faire surveiller particulièrement l'exécution desdits arrêts et de prendre telles mesures qu'il jugera utiles pour prévenir de nouvelles erreurs judiciaires.

CHAPITRE III.

DES RÈGLEMENTS DE JUGES.

Conflit positif : conditions du règl. de juges.

Art. 598. Lorsque deux ou plusieurs juridictions, soit d'instruction, soit de jugement, se trouvent saisies simultanément de la même affaire ou d'affaires connexes, il y a lieu, pour chacune des parties en cause, de demander le règlement de juges à la cour de cassation, sous les conditions suivantes :— **448.** [... — C. i. cr. fr., 525 à 541; C. pr. civ. fr., 363 s.]

1° Que l'exception d'incompétence ne soit recevable devant aucun des tribunaux en conflit;

2° Que, si l'exception d'incompétence a été proposée, elle ait été rejetée et que, s'il y avait lieu à appel, la voie de l'appel ait été épuisée ou négligée ;

3° Que les juridictions en conflit ne relèvent pas d'une même juridiction supérieure ou que le conflit existe entre deux ou plusieurs cours;

4° Que, si elles relèvent d'une même juridiction, le règlement de juges ait été demandé à cette juridiction, conformément à l'article 263 et aux articles 319 et 320, et que l'une des parties n'ait pas accepté le règlement.— **0.**

Formes de la demande.

599. La demande en règlement de juges sera déposée au greffe de l'une des juridictions saisies, en forme de requête à la cour le cassation, avec preuves à l'appui.— **449.**

Elle sera déposée en autant d'originaux qu'il y a de parties en cause ayant un intérêt contraire.

Elle sera communiquée par le greffier aux parties procédant devant le même tribunal et qui peuvent y défendre ; celles-ci auront trois jours pour déposer au greffe leur requête en défense, laquelle sera en double original.— **0.**

600. Le ministère public transmettra immédiatement lesdites pièces à la cour de cassation, et s'il n'est ni demandeur, ni défendeur, il y joindra son avis motivé. Transmission.

Il informera en même temps de la demande le ministère public près des autres juridictions saisies, lesquelles pourront surseoir ou passer outre.— **0.**

601. La cour de cassation, sur la réquisition de son Procureur général, réunie en chambre du conseil, toutes affaires cessantes, autres que les demandes en révision, examinera, préalablement au règlement de juges, si la demande est recevable conformément à l'article 598. Décision préalable sur la recevabilité.

Elle rejettera celles qui ne rempliront pas les conditions prescrites audit article.

Si la cour estime que la demande est recevable, elle ordonnera que les pièces desdites procédures lui soient transmises sans délai par chacun des tribunaux saisis.

Son arrêt sera immédiatement adressé au Ministre de la justice qui en assurera l'exécution.— **0.**

Sursis, avertissement.

602. Aussitôt que la notification de l'arrêt sera parvenue au greffe des tribunaux saisis, le sursis sera de droit, sauf qu'il pourra toujours être procédé aux mesures conservatoires et urgentes.

Les parties intéressées et le ministère public qui n'ont pas encore donné leurs conclusions sur le conflit seront averties d'avoir à les fournir au greffe de leur tribunal, en la forme et dans les délais prescrits à l'article 324.— **0.**

Décision au fond.

603. Après la réception desdites pièces et conclusions, la cour procédera au règlement de juges, en audience publique, sur le rapport d'un de ses membres, le ministère public entendu. — **450.**

Les parties pourront se faire représenter par un avocat à la cour de cassation.

Si la cour ne reconnaît pas l'existence du conflit allégué, elle rejettera la demande et ordonnera que les procédures soient reprises en l'état où elle sont été laissées.

Si elle reconnaît le conflit, elle donnera ou maintiendra la connaissance de l'affaire à celui des tribunaux qui est compétent d'après la loi, conformément aux dispositions communes du Livre Ier.— **0.**

604. Il y aura encore lieu au règlement de juges par la cour de cassation, si un ou plusieurs juges ou tribunaux, de quelque ordre et degré que ce soit, s'étant déclarés incompétents, il y a conflit négatif, ou s'ils se trouvent empêchés de connaître d'une affaire, soit pour cause de récusation, soit par un événement de force majeure, et qu'aucun tribunal ne puisse être saisi d'après les règles ordinaires, en sorte que le cours de la justice se trouve interrompu. — **448.** Conflit négatif.

605. Dans les cas prévus à l'article précédent, la demande sera portée directement à la cour de cassation, soit par les parties intéressées et les officiers du ministère public, soit par le Procureur général à ladite cour, agissant d'office ou sur l'ordre du Ministre de la justice.— **0.** Formes de la demande.

606. Si la demande est faite par le ministère public de l'un des tribunaux qui se sont déclarés incompétents ou se sont récusés, ou par l'une des parties antérieurement en cause, elle sera communiquée aux parties qui peuvent avoir à y défendre, lesquelles auront trois jours pour produire leurs mémoires au greffe du tribunal qui leur a fait la communication. Communication, transmission.

Lesdits mémoires seront transmis à la cour de cassation, avec la demande et la procédure.— **0.**

607. Si la demande est formée par le Procureur général à la cour de cassation, elle sera Suite.

communiquée aux parties, par l'intermédiaire du ministère public désigné à l'article précédent, pour être procédé comme il y est dit.

Avocat d'office.

S'il y a un ou plusieurs inculpés détenus, il leur sera donné un avocat d'office par la cour.—**0.**

Décision au fond.

608. La cour, après avoir entendu le rapport d'un de ses membres, les observations des avocats des parties intéressées et les conclusions de son Procureur général, statuera sur le règlement de juges en audience publique.— **450.**

Saisine directe ; renvoi.

609. Si les éléments du fait incriminé sont assez déterminés par les pièces et documents fournis, pour que la cour puisse apprécier quel est le tribunal compétent, d'après la qualité de l'inculpé, d'après le lieu, la nature et le degré de l'infraction, elle attribuera la connaissance de l'affaire au tribunal compétent d'après la loi, lors même qu'il serait un de ceux qui se sont déclarés incompétents.

Si la cour n'a pas les éléments suffisants pour fixer la compétence, elle renverra l'affaire à une cour d'appel, pour être par elle procédé à l'instruction et au renvoi devant une cour criminelle, s'il s'agit d'un crime, au jugement direct, s'il s'agit d'un délit, ou au renvoi à un tribunal correctionnel, s'il s'agit d'une contravention ; sans préjudicier aux recours ordinaires contre l'instruction et le jugement.— **0.** [559.]

Cas de force majeure.

610. Si la suspension du cours de la justice

provient d'une cause de force majeure, la cour désignera un des trois tribunaux les plus proches de celui qui est empêché.— **0.** [569.]

611. Le règlement de juges relatif aux deux sortes de conflits pourra être attaqué au moyen d'une opposition, devant la cour de cassation elle-même, par les parties intéressées autres que le ministère public, lorsqu'elles n'auront pas reçu les communications prescrites par les articles 599, 606 et 607. Opposition.

L'opposition devra être formée dans les trois jours de la connaissance qui aura été donnée aux parties de l'arrêt de renvoi.

Elle se fera au greffe du tribunal qui aura fait ladite notification.

Elle sera transmise à la cour de cassation par le ministère public dudit tribunal.

La cour statuera sur l'opposition, en la forme indiquée à l'article 608, sans rapport.— **0.**

612. Les autres règles établies pour le pourvoi en cassation seront observées pour les demandes en règlement de juges, en tout ce qui n'est pas contraire aux dispositions précédentes. Autres règles.

Il en sera de même du recours par requête respectueuse devant la cour elle-même.— **0.** Recours.

613. Tous arrêts statuant définitivement sur les demandes en règlement de juges seront transmis, sans délai, avec les pièces et toutes les procédures soumises à la cour, au Ministre Transmission au Ministre de la justice.

de la justice qui les portera à la connaissance des tribunaux saisis et dessaisis, et en assurera l'exécution.— 0. [576, 2e al., 589, 597 ter, 691, 620.]

Sommaire.

Art. 598.—771. La théorie des règlements de juges a déjà figuré deux fois dans les dispositions antérieures.

On l'a trouvée au Livre IIe (art. 262 et 263), au sujet du conflit des juridictions d'instruction, et au Livre IIIe (art. 318 et suiv.), au sujet du conflit des juridictions de jugement.

Elle peut se présenter devant la cour de cassation, soit par voie de recours, soit d'emblée (*de plano*), sans avoir pu être portée devant une juridiction inférieure.

Il faut d'abord remarquer qu'il y a deux sortes de conflits et, par conséquent, deux cas où le réglement de juges est nécessaire :

1° Celui où plusieurs juridictions sont saisies de la même affaire et se sont déclarées compétentes, ce qui fait craindre la contrariété de jugements ; c'est le conflit *positif*, le seul qu'on ait rencontré jusqu'ici ;

2° Celui où aucune juridiction n'est saisie et semble ne pouvoir l'être valablement, ou bien si une ou plusieurs juridictions ont été saisies, elles se sont déclarées incompétentes, ce qui arrête le cours de la justice ; c'est le conflit *négatif*.

Le présent article 598 et les suivants règlent la première sorte de conflit.

Les articles 604 et suivants règlent la seconde.

La demande en règlement de juges pour conflit positif ne doit être employée devant la cour de cassation que comme moyen extrême de faire cesser ledit conflit et, par conséquent, si les autres moyens manquent ou ont été épuisés.

772. Par application de ce principe, la loi subordonne ce pourvoi en règlement de juges à quatre conditions ou limites qu'il est facile de comprendre, d'après tout ce qui a été dit, à ce sujet, aux Livres IIe et IIIe.

On les reprend ici sous une forme un peu différente de celle du texte :

1° Si l'un des tribunaux en conflit était incompétent et que l'exception d'incompétence fût encore opposable, il faudrait y recourir;

2° Si l'exception avait été proposée et rejetée, il faudrait que la voie d'appel ne fût plus ouverte, soit parce qu'elle aurait été employée sans succès, soit parce qu'elle aurait été négligée.

On ne trouve pas ici la même rigueur qu'en matière de pourvoi en cassation, lequel n'est pas recevable de la part de celui qui a négligé l'appel: la différence tient à ce que le but de la loi étant uniquement d'éviter la contrariété de jugement, et cette difficulté étant une des causes de pourvoi en cassation, il vaut mieux la prévenir que chercher à la réparer;

3° Si les juridictions en conflit relèvent d'une même juridiction qui leur est hiérarchiquement supérieure, on a dû s'adresser à celle-ci pour faire cesser le conflit; mais si le conflit existe entre deux juges de simple police trop éloignés pour relever du même tribunal et de la même cour d'appel, ou entre deux tribunaux correctionnels ne ressortissant pas non plus à la même cour d'appel, ou enfin entre deux cours d'appel ou deux cours criminelles, ce sont des cas où l'on s'adresse *de plano* à la cour de cassation;

4° Si la juridiction hiérarchiquement supérieure à l'une et à l'autre a été saisie de la demande en règlement de juges et a statué d'une façon qui ne satisfasse pas tous les intéressés, il n'y a pas lieu à appel, lors même que la décision émanerait d'un tribunal correctionnel : la cour de cassation est appelée à statuer, de suite, pour le redressement de l'application de la loi (art. 328).

Dans ce cas, les deux attributions de cette cour, celle de casser la décision irrégulière et celle de faire le règlement de juges, se réunissent et se confondent : si la décision attaquée est bonne, la cour rejettera la demande et le règlement de juges déjà opéré produira son effet.

Si la décision attaquée a contrevenu à la loi, la cour la cassera et la corrigera elle-même, en règlant la compétence conformément à la loi.

Art. 599.— 773. La forme de la demande en règlement de juges a beaucoup d'analogie avec le pourvoi en cassation.

La demande n'est pas déposée au greffe de la cour de cassation, parce que la distance pourrait être telle que, dans l'intervalle, les décisions contraires même que l'on redoute fussent rendues : elle est déposée au greffe de l'un des tribunaux entre lesquels il est allégué y avoir conflit.

La requête sera en double ou triple original, suivant le nombre des parties en cause qui ont des intérêts opposés. Chaque partie intéressée comme défenderesse recevra communication d'un des originaux de la requête.

Il ne s'agit ici que des parties procédant devant le tribunal qu'il est question de dessaisir et non de celles qui peuvent procéder devant l'autre juridiction.

Chaque défendeur ne dépose sa requête qu'en double original, dont l'un est destiné au demandeur, l'autre à la cour de cassation.

Art. 600.— 774. Le ministère public du tribunal qui a statué est, le plus souvent, demandeur ou défendeur au règlement de juges, parce que c'est, en général, au sujet de l'action publique que le conflit est allégué ; dans ce cas, il a signé l'une ou l'autre des requêtes ; mais si le conflit n'est allégué qu'au sujet de l'action civile, alors, le ministère public n'est ni demandeur ni défendeur et il donne seulement son avis sur les requêtes, en les transmettant à la cour de cassation.

Comme la loi n'ordonne pas qu'il les adresse au Procureur général à ladite cour, il lui suffira de les adresser au greffe.

La loi n'exige que l'envoi des requêtes, et non celui des pièces de la procédure commencée ; c'est à la cour de cassation à les demander, si elle déclare la demande recevable : il est inutile de déplacer les dossiers sans nécessité.

En outre, pour que les autres juridictions saisies puissent, suivant les circonstances, surseoir ou passer outre, le commissaire du Gouvernement leur donne avis, par l'entremise de leur ministère public, de la demande formée devant la cour de cassation.

Art. 601.— 775. On trouve encore ici l'examen préalable de la recevabilité de la demande. Il n'est semblable, ni à celui du pourvoi en cassation, ni à celui du pourvoi en révision : il tient en quelque sorte le milieu entre chacun.

L'examen de la recevabilité du pourvoi en cassation n'a lieu que si le Procureur général *le requiert,* parce que le pourvoi lui paraît mal fondé et frustratoire (art. 552) ; dans le cas de pourvoi en révision, au contraire, outre que le danger d'une demande téméraire est moins à craindre, il y a surtout celui de consommer ou de prolonger une exécution injuste de la peine; l'examen préalable tend donc à suspendre au plus tôt l'exécution ; aussi a-t-il lieu *de droit,* sans réquisitions spéciales du Procureur général (art. 587).

Dans le cas de conflit positif, il est urgent aussi de faire cesser au plus tôt les procédures qui peuvent conduire à des jugements contraires : il faudra, il est vrai, la réquisition du Procureur général; la cour ne pourrait en prendre l'initiative ; mais le Procureur général *doit* faire ces réquisitions.

L'examen préalable de la recevabilité de la demande

en règlement de juges a lieu en chambre du conseil, parce qu'un débat public serait sans utilité réelle et demanderait un temps plus long.

Il doit primer toutes autres affaires, parce qu'il y a urgence; toutefois, les demandes en révision sont considérées comme encore plus urgentes; mais la priorité de la révision ne s'applique qu'à l'examen de sa recevabilité, non à l'examen du fond qui cesse d'être aussi urgent, du moment que le sursis est prononcé et l'exécution suspendue.

Si la demande en règlement de juges est déclarée recevable, c'est que le conflit paraît exister réellement; dès lors, il doit y avoir sursis des différentes affaires engagées devant chacun des tribunaux entre lesquels le conflit est allégué, et la cour doit avoir sous les yeux les pièces des diverses procédures commencées.

C'est au Ministre de la justice, comme chargé de veiller à l'administration de la justice, qu'il appartient d'assurer l'effet de l'arrêt de la cour, en en transmettant copie aux tribunaux intéressés.

Art. 602.— 776. La cour de cassation ne prononce pas, à proprement parler, le sursis; mais il est *de droit*, du moment qu'elle ordonne que toutes les procédures lui soient transmises.

Le sursis laisse les choses en l'état où elles se trouvent; la détention préventive, si elle a lieu, continue donc. Si elle n'avait pas été ordonnée, elle peut l'être comme mesure urgente (art. 131, 132, 242).

La loi donne au ministère public et aux parties intéressées procédant devant les tribunaux autres que celui près duquel le conflit a été élevé, la faculté de donner leur avis et de fournir leurs mémoires à l'appui de la demande ou contre elle.

Art. 603.— 777. Pour le jugement du fond, la

cour procède en audience publique et sur le rapport d'un juge.

Si elle estime qu'il n'y a pas conflit, ce qui suppose que les affaires portées devant des tribunaux différents ne sont pas identiques, elle rejete la demande: les sursis cessent de plein droit et les procédures sont reprises en l'état où elles étaient (sur leurs derniers errements); la loi dit que la cour en ordonnera ainsi: c'est ce qui aura lieu naturellement; mais, à la rigueur, le rejet de la demande et le renvoi des procédures aux divers tribunaux aurait, d'emblée, le même effet.

Si la cour reconnaît l'existence du conflit, elle déterminera quel tribunal restera seul saisi, et ici elle n'aura pas un certain pouvoir discrétionnaire, comme lorsqu'elle renvoie après cassation ou après révision; elle devra déterminer le tribunal qui se trouve compétent d'après les règles générales du Livre Ier.

Art. 604.—778. Cet article règle le second cas de conflit, dit conflit *négatif* et défini plus haut.

Ici, la cour de cassation est seule chargée du règlement de juges; elle est donc saisie *de plano*, sans qu'il y ait lieu de s'adresser préalablement à une juridiction inférieure. Cette différence tient à la nature même de ce conflit.

Aucune juridiction n'a été saisie, ou si une ou plusieurs l'ont été, elles ont été récusées valablement: elles se sont déclarées incompétentes, et l'incompétence a été maintenue sur l'appel, ou l'appel a été négligé; on n'a donc pu demander à ces juridictions de statuer sur la difficulté que faisait naître leur dessaisissement; on ne peut s'adresser non plus à la juridiction immédiatement supérieure, comme au cas de conflit positif; car, le tribunal inférieur n'étant plus en cause, son supérieur n'a pas de raison d'intervenir.

La loi suppose aussi qu'un événement de force

majeure a rendu impossible de saisir le tribunal compétent, comme serait une insurrection dans une province, une occupation étrangère en temps de guerre, une interruption des communications par la peste; tous ces cas sont heureusement rares, mais non sans exemples, en tout pays; la loi doit donc les prévoir. Si la cour de cassation n'intervenait pas, "le cours de la justice serait interrompu," suivant l'expression introduite dans la loi, comme justification frappante et consacrée de cette procédure.

Art. 605.— 779. La demande en règlement de juges appartient à toute personne intéressée à ce que le cours de la justice soit rétabli.

Le ministère public et la partie civile seront généralement les seuls intéressés comme demandeurs; on ne comprendrait guère qu'il fût ici question de l'inculpé: puisqu'aucun tribunal n'est saisi, il semble qu'il n'y ait point d'inculpé; mais, si un tribunal s'était déclaré incompétent et avait maintenu la détention préventive, (art. 232), l'inculpé serait intéressé. Sans doute, le ministère public ne laisserait pas se prolonger une telle détention, sans provoquer lui-même le règlement de juges; mais, s'il tardait, l'inculpé pourrait former la demande.

Le Procureur général à la cour de cassation peut aussi provoquer le règlement de juges, soit d'office, soit sur l'ordre du Ministre de la justice.

Art. 606 et 607.— 780. La loi suppose ici qu'il est intervenu une décision par laquelle un tribunal s'est dessaisi; alors, quand bien même la décision serait susceptible de recours, il n'est pas nécessaire que la partie contre laquelle la décision est rendue emploie cette voie de recours: elle peut, même, sans en laisser écouler le délai, porter directement une demande en réglement de juges à la cour de cassation.

Il ne faut pas s'étonner de cette faculté de négliger les voies de recours : la partie qui a succombé devant le tribunal accepte la décision et, par cela même qu'elle l'accepte, il se trouve qu'aucun tribunal n'est saisi et ne semble pouvoir l'être ; le règlement de juges est donc nécessaire.

Dans le cas où la demande est ainsi faite par une des parties antérieurement en cause, en comprenant le ministère public parmi ces personnes, ladite demande est communiquée aux parties qui sont appelées ou intéressées à la contredire.

La loi ne répète pas que la demande doive être faite en autant d'originaux qu'il y a de parties défenderesses, mais il faut le sous-entendre; d'ailleurs, comme il n'y a ici aucun délai emportant déchéance, le demandeur pourra toujours se conformer à cette condition.

Les défendeurs répondent, dans les trois jours, par un mémoire déposé au greffe. Ils peuvent aussi présenter leurs observations devant la cour de cassation elle-même, par le ministère d'un avocat, même non inscrit à ladite cour.

L'article 607 complète le précédent, quant à la forme de la demande, et n'a besoin d'aucune explication.

L'hypothèse où il y a un inculpé détenu a déjà été signalée plus haut.

Art. 608.— 781. La manière dont statue la cour sur le conflit négatif est la même que celle réglée à l'article 603 pour le conflit positif. On remarquera seulement qu'il n'y a pas d'examen préalable de la recevabilité : aucun abus, aucune demande téméraire ne semblent à craindre ici.

Art. 609.— 782. La cour de cassation ne peut évidemment déterminer la compétence que si les faits de la cause à juger sont suffisamment connus ; or, comme la compétence varie suivant le lieu, la nature ou le degré de l'infraction et suivant la qualité de l'inculpé, il faudra que chacun de ces éléments du fait soit révélé par les pièces, documents et mémoires fournis.

Munie de ces renseignements, la cour attribuera la compétence à qui de droit, c'est-à-dire, telle qu'elle est déterminée par la loi. Elle pourra même l'attribuer à une juridiction qui aurait déjà décliné sa compétence, quelque inconvénient qu'il y ait à imposer à un tribunal la connaissance d'une affaire qu'il a déjà écartée : il ne faudrait pas qu'un tribunal pût se soustraire à son devoir par mauvaise volonté, ou qu'il perdît son droit par erreur.

783. Mais, si la cour manquait d'un des éléments nécessaires pour déterminer elle-même la compétence, elle chargerait une cour d'appel d'instruire l'affaire, et de renvoyer à une cour criminelle, s'il s'agit d'un crime, ou de juger elle-même, s'il s'agit d'un délit, enfin, de renvoyer à un tribunal correctionnel, s'il s'agit d'une contravention : on évite ainsi que l'affaire ne revienne en appel (*a*).

(*a*) On fera une observation importante, au sujet de ce renvoi à une juridiction qui statuera, tout à la fois, en premier et en dernier ressort et dont on a déjà eu un exemple à l'article 591, 2e alinéa.

Il existe, même parmi les légistes de profession, un préjugé d'après lequel un plaideur, en matière pénale ou civile, ne doit pas être privé du double degré de juridiction, ni par son adversaire, ni même par la loi.

Sans doute, s'il s'agissait d'enlever le droit d'appel, l'objection serait fondée ; mais quand la demande est jugée *de plano* par la juridiction d'appel, quel préjudice éprouve le plaideur à n'avoir pas passé par le degré inférieur ? On lui a épargné, au contraire, une perte de temps et des frais : la juridiction à laquelle appartenait le dernier mot dans l'affaire, l'a dit immédiatement.

Les cas où la loi française supprime ainsi le premier degré de juridiction sont nombreux (voy. c. pr. civ., art. 464 et 473 ; c. i. cr., art. 359, 479 et s.) ; ils le sont surtout en matière administrative.

Si la loi ne donne pas aux plaideurs le droit de s'affranchir, à leur gré, du premier degré de juridiction, c'est que les tribunaux d'appel seraient

La loi réserve les voies ordinaires de recours, tant contre l'instruction que contre le jugement, parce qu'on aurait pu croire que la cour d'appel, agissant en vertu d'une délégation spéciale, avait plein pouvoir, au moins pour fixer la compétence, sans recours, comme aurait pu le faire la cour de cassation. Mais, il ne faut pas perdre de vue que, si la cour de cassation n'a pas déterminé la compétence, c'est qu'elle n'avait pas les éléments nécessaires; la cour d'appel, arrivant à connaître ces éléments de la compétence, doit y appliquer la loi et subir le contrôle ordinaire de la cour de cassation.

Bien que le présent article soit rattaché par la loi au conflit *négatif*, il s'appliquerait aussi au cas de conflit *positif*; seulement, dans ce cas où les affaires sont plus avancées, il sera assez rare que la cour n'ait pas les éléments suffisants pour une décision immédiate.

784. La disposition qui nous occupe peut recevoir une application encore plus étendue que dans les deux cas de conflit.

On a vu, en effet, sous l'article 559, que la cour de cassation, lorsqu'elle est appelée à statuer sur un pourvoi contre une décision au sujet de la compétence, peut rencontrer une difficulté analogue à la précédente, parce que l'affaire n'est pas suffisamment instruite pour déterminer la compétence; elle transforme alors le pourvoi en règlement de juges.

Il y a seulement à noter une différence entre le cas où la décision attaquée avait décliné la compétence du tribunal et le cas où elle l'avait admise : au premier cas, il n'y a pas besoin de casser la décision attaquée, car, étant négative de la compétence, elle dessaisissait le tribunal, elle ne préparait pas un conflit positif; au

---

surchargés, quand les tribunaux inférieurs resteraient oisifs : ce serait un renversement des rôles et, dès lors, une nouvelle organisation judiciaire à créer. Mais il n'est pas douteux que l'avenir y tendra progressivement.

second cas, au contraire, comme un tribunal ou une cour d'appel a déclaré sa compétence, il ne peut y avoir renvoi à une autre cour d'appel qu'après cassation de la première décision. La cour de cassation ne pourra donc renvoyer à une autre cour d'appel, à raison du défaut pour elle-même d'éléments de décision, que si elle a, au moins, la certitude que l'arrêt ou le jugement attaqué s'est trompé sur sa prétendue compétence, et après l'avoir cassé.

Art. 610.—785. Si le cours de la justice se trouve arrêté par une cause extérieure qui ne tient pas à une erreur à redresser, la cour de cassation fait alors un acte d'administration plus que de justice et, en vertu du pouvoir discrétionnaire que la loi lui confère, elle désigne un des trois tribunaux les plus proches de celui qui aurait dû connaître de l'affaire.

Bien entendu, si l'empêchement existait aussi à l'égard des tribunaux les plus proches, la cour prendrait, plus loin, parmi les plus proches de ceux qui restent empêchés.

Art. 611.— 786. En général, les décisions de la cour de cassation ne sont pas susceptibles d'opposition: elles sont réputées contradictoires à l'égard de toutes les parties qui ont été avisées de la demande et mises par là en demeure de fournir leurs moyens. Ce principe a été appliqué à l'égard du pourvoi en cassation (art. 573) et il est applicable ici, dans les mêmes conditions.

Mais si les notifications prescrites aux articles 599, 606 et 607 n'ont pas été faites et si elles n'ont pas été suppléées extraordinairement, les parties doivent être alors traitées comme des défaillants ordinaires et avoir le droit d'opposition. Il ne serait pas toujours possible, d'ailleurs, de procéder à des notifications tardives, comme le prescrivent les articles 573 et 574 ci-dessus.

Le délai de l'opposition est de trois jours depuis que les parties ont été informées de la décision par le tribunal auquel l'affaire aura été renvoyée.

La loi détermine avec assez de détails la forme de l'opposition et la manière dont elle sera jugée.

Art. 612.— 787. Malgré la différence qu'il y a, au fond, entre le pourvoi en cassation et la demande en règlement de juges, il y a beaucoup de règles de procédure qui restent identiques; la loi se borne à un renvoi général au Chapitre Ier du présent Livre, pour tout ce qui n'est pas réglé spécialement ici.

On peut citer comme communs aux deux matières les articles 554 à 557 et 583.

La requête respectueuse elle-même serait permise dans les mêmes cas qu'au Chapitre Ier et en la même forme (art. 577 à 579).

Art. 613.— 788. Cet article rappelle ce qui a été dit déjà dans trois articles des Chapitres précédents (art. 576, 589 et 597 ter) : c'est au Ministre de la justice qu'il appartient d'assurer l'exécution de ces décisions extraordinaires de la justice supérieure.

CHAPITRE IV.

DES RENVOIS POUR SÛRETÉ PUBLIQUE ET POUR SUSPICION LÉGITIME.

Art. 614. Lorsque la nature d'une infraction, le nombre ou la qualité des inculpés, l'exaltation des passions locales ou d'autres circonstances graves, donneront lieu de craindre des désordres ou des entreprises contre le libre cours de la justice, il pourra y avoir lieu à renvoi de l'instruction et du jugement, pour cause de Sûreté publique, à une autre juridiction de même ordre et de même degré que celle qui devait en connaître.— **451.** [562.— 542 à 552.] Renvoi pour Sûreté publique.

Le renvoi ne pourra être demandé qu'à la cour de cassation, par son Procureur général, agissant sur l'ordre du Ministre de la justice.— **452.** Par qui demandé.

615. La cour statuera, en chambre du conseil, sans qu'il soit nécessaire d'entendre les parties en cause.—**453.** Arrêt en ch. du conseil, sans recours.

L'arrêt, soit qu'il refuse, soit qu'il prononce le renvoi, ne sera susceptible ni d'opposition, ni de requête respectueuse.

616. La cour de cassation peut encore ordonner le renvoi d'une affaire, pour cause de Suspicion légitime, à un autre tribunal que celui qui devait en connaître, lorsque les circonstan- Renvois pour Suspicion légitime.

ces de la cause, la qualité des inculpés, ou les passions locales peuvent faire craindre que l'indépendance ou l'impartialité des juges ne soient pas entières.— **454.**

Par qui demandé.

617. La demande en renvoi pour cause de suspicion légitime pourra être formée par le ministère public du tribunal compétent, par les inculpés et par les autres parties intéressées, jusqu'au jugement du fond.

Limites du délai.

Toutefois, la demande ne pourra plus être faite par les parties civiles qui auront procédé volontairement devant le tribunal sujet à suspicion, ni par les inculpés qui auront accepté le débat à l'audience, avant de demander le renvoi, à moins que, dans l'un et l'autre cas, il ne se soit produit des faits nouveaux donnant lieu à suspicion.— **455.**

Formes de la demande.

618. La demande en renvoi pour suspicion légitime sera faite par requête, en la même forme que celle en Règlement de juges.

Le demandeur y joindra un mémoire justificatif des causes de suspicion.

La communication en sera faite aux parties intéressées qui pourront y contredire.— **456.**

Les autres règles et formes de procéder établies par les articles 599 à 603, pour les règlements de juges, seront observées.— **457.**

Sursis aux débats.

619. Lorsque la demande en renvoi pour cause de suspicion légitime sera faite par le ministère public, elle entraînera, de droit, sursis aux débats.

Lorsqu'elle sera faite par l'une des autres parties en cause, le tribunal pourra passer outre ou surseoir.— **458.**

620. Les arrêts de la cour de cassation rendus sur les demandes en renvoi seront transmis immédiatement au Ministre de la justice qui en assurera l'exécution, si le renvoi a été prononcé.— **0.** Transmission de l'arrêt.

Sommaire.

789. Caractère de ces deux renvois.

Art. 614.— 790. Raisons du renvoi pour Sûreté publique : Désignation d'un tribunal autre que celui qui est compétent d'après la loi.

615.— 791. Décision en chambre de conseil ; absence d'aucun recours.

616.— 792. Raisons du renvoi pour Suspicion légitime.

617.— 793. Limites du droit de faire la demande.

618 et 619.— 794. Analogie avec les formes de la demande en Règlement de juges.

620.— 795. Transmission au Ministre de la justice déjà justifiée.— 795 bis. Observation au sujet des tribunaux militaires et maritimes.

789. Ce dernier Chapitre a encore rapport à la compétence dont l'importance se fait sentir dans toutes les parties de ce Code.

Ici, il ne s'agit plus de confier à la cour de cassation un pouvoir supérieur d'interprétation de la loi, ni de faire redresser des erreurs judiciaires de fait, plus dangereures encore peut-être que les erreurs de droit, parce qu'elles sont plus difficiles à découvrir : c'est, comme au cas de l'article 610, un véritable pouvoir d'administration de la justice qui appartient à cette cour, avec quelque chose de discrétionnaire, comme il convient, le plus souvent, en matière d'administration. Il s'agit, en d'autres termes, de changer la compétence ordinaire et légale pour des raisons exceptionnelles, et, dès lors, la loi confie à la plus haute juridiction le soin de choisir le tribunal qui connaîtra de l'affaire.

Deux cas sont indiqués dans l'intitulé de ce Chapitre et ils sont désignés par la cause qui motive cette exception au droit commun.

Art. 614.— 790. Le premier motif de renvoi est la Sûreté publique il peut arriver qu'un crime ou un délit soit commis dans un lieu où l'inculpé a d'ardents partisans ou de puissants ennemis. Par exemple, il s'agira d'un crime politique qu'il serait dangereux de juger au lieu même où il a été commis et où les passions sont encore exaltées; il y aura, le plus souvent, un grand nombre d'inculpés; ils auront conservé des amis plus nombreux encore, ou bien le parti de l'ordre et, de la loi est violemment irrité contre les perturbateurs; on peut craindre des violences, soit, d'un côté, pour délivrer les coupables, soit, d'un autre, pour hâter et aggraver leur châtiment. Il est du devoir du Gouvernement d'assurer à la justice une entière sécurité, une pleine liberté d'action, une complète indépendance à l'égard de l'opinion publique.

La cour de cassation pourra, dans ce cas, être saisie d'une demande en renvoi par son Procureur général seul, agissant sur l'ordre du Ministre de la justice.

Le choix confié à la cour de cassation n'est pas illimité: elle doit désigner un tribunal de même ordre et de même degré, un tribunal de droit commun ou un tribunal militaire, un tribunal correctionnel ou un tribunal criminel, suivant les cas; en somme, elle n'a la liberté du choix que *quant au lieu*.

Art. 615.— 791. Ici, comme il ne s'agit plus d'appliquer la loi commune; mais de prendre une mesure d'autorité, il ne peut être question d'audience publique, de plaidoiries, ni de mémoires.

Il ne peut non plus être question de recours, toujours par le même motif.

On comprendrait toutefois, à la rigueur, qu'il y eût requête respectueuse devant la cour elle-même : justement, si elle avait contrevenu à la disposition de la loi qui veut qu'elle renvoie devant un tribunal de même ordre et degré.

Mais la loi ne l'a pas permis, parce que le cas est peu vraisemblable, et si la requête respectueuse était permise, elle nécessiterait un délai, dont le point de départ ne pourrait être que la communication aux intéressés, ce qui entraînerait des lenteurs tout-à-fait inconciliables avec le but que se propose la loi.

Cependant, si le cas se présentait il ne serait pas sans remède: après le jugement, il pourrait toujours y avoir pourvoi en cassation pour les causes ordinaires et rien n'empêcherait de joindre au pourvoi une requête respectueuse relative à l'erreur prétendue commise par la cour de cassation elle-même.

Il va sans dire que le tribunal de renvoi ne pourrait, même dans ce cas, se décdarer incompétent: les renvois de la cour de cassation sont toujours attributifs de compétence.

Art. 616.— 792. Le deuxième cas de renvoi, celui pour Suspicion légitime, est plus fréquent: il comprend d'abord le même cas de passions locales, mais sans supposer qu'elles fassent craindre des désordres publics : elles pourraient seulement amener des entreprises contre l'*indépendance des juges*, par voie de menaces ou d'influences coupables; on peut encore, avec la loi, redouter le même danger de la qualité des inculpés, qui peuvent être de hauts fonctionnaires, des membres élevés de l'ordre religieux, de puissants industriels, de grands commerçants ou de riches propriétaires fonciers; il peut se faire enfin que le danger vienne de la nature des intérêts engagés dans le procès; ainsi, il s'agirait de poursuites pour manœuvres frauduleuses tendant à faire artificiellement la hausse ou la baisse sur les denrées de première nécessisé déterminées à l'article 303 du Code pénal, et la population locale, ayant beaucoup souffert de ces variations des prix, serait très-hostile aux prévenus; ou bien, un banquier aurait fait une banqueroute frauduleuse dans laquelle un grand nombre de familles locales auraient été ruinées.

Dans tous ces cas, il y a soupçon raisonnable, *suspicion légitime*, que les juges pourront être influencés, même à leur insû, par les circonstances; le soupçon sera encore plus fondé, s'il s'agit d'une affaire qui doit être soumise au jury, parce que le jury, étant nécessairement tiré de la population locale, en partage involontairement les sentiments ou les impressions, les préventions ou les sympathies.

Art. 617.— 793. Ici, à la différence du cas précédent, ce n'est pas le ministère public près la cour de cassation qui peut demander le renvoi, il n'est pas placé, pas plus que le Ministre de la justice, dans une situation qui lui permette d'apprécier spontanément le danger auquel il s'agit de porter remède. Au contraire, le ministère public près du tribunal compétent, l'inculpé, la partie civile, même les personnes civilement responsables, peuvent former la demande, parce qu'elles ont un intérêt direct à une justice libre et impartiale.

Mais la loi apporte une limite à ce droit pour les parties civilement intéressées et pour l'accusé.

Il ne faudrait pas qu'ils pussent abusivement retarder ou interrompre les débats, en élevant des soupçons contre le tribunal, par le seul motif secret qu'ils craindraient une décision défavorable. Dès que ces personnes ont tacitement consenti à l'engagement du procès, en y procédant comme demanderesses ou défenderesses, elles ne peuvent plus proposer cette sorte de récusation entière du tribunal. Leur droit ne renaîtrait que si des causes nouvelles de suspicion se produisaient au cours des débats.

Quant à la demande du ministère public, elle est toujours recevable jusqu'au jugement, parce qu'elle n'est pas suspecte de mauvaise foi.

Personne ne peut soulever la question après le jugement. Elle pourrait seulement être soulevée devant la juridiction d'appel, s'il y avait lieu.

Art. 618 et 619.— 794. La forme de procéder, dans le cas de renvoi pour suspicion légitime, a tant d'analogie avec la demande en règlement de juges que la loi a pu y renvoyer d'une manière générale.

L'article 619 présente une nouvelle différence qui se justifie d'elle même, entre la demande en renvoi du ministère public, toujours présumée impartiale et celle des intéressés qui peut être influencée par leur intérêt même.

Le sursis sera toujours l'effet de la demande du ministère public ; dans les autres cas, il sera apprécié par le tribunal.

Art. 620.—795. Cet article, rapproché des articles 576, 589, 597 *ter* et 613, ne demande aucune explication : la transmission des arrêts de renvoi au Ministre de la justice est déjà motivée.

795 bis. En terminant cette matière, on fera remarquer que cette attribution de la cour de cassation

est générale et lui permet de prononcer le renvoi pour sûreté publique ou pour suspicion légitime, lors même qu'il s'agirait de dessaisir une juridiction militaire ou maritime, pour en saisir une autre.

En effet, non seulement le texte ne fait aucune distinction entre ces divers ordres de juridiction, mais il n'en devait pas faire : les juridictions militaires ou maritimes relèvent de la cour de cassation, à certains égards : notamment, au sujet de la compétence, et, lors même que les futurs Codes militaire et maritime du Japon refuseraient, comme en France, aux militaires et aux marins, le pourvoi en cassation contre les condamnations prononcées par les tribunaux dont ils relèvent, la cour de cassation n'en devrait pas moins avoir, au Japon, comme en France aussi, le droit de faire entre ces tribunaux spéciaux les Règlements de juges et les Renvois pour sûreté publique et suspicion légitime, parce qu'elle seule a qualité pour fixer la compétence des juridictions de répression de tout l'Empire.

LIVRE V.

DE L'EXÉCUTION DES JUGEMENTS, DE LA RÉHABILITATION ET DE LA GRÂCE.

Sommaire.

796. Objet de ce Livre.

796. Ce Livre Ve et dernier pourrait être intitulé "de l'Exécution des jugements et de certaines causes de cessation des peines;" mais il a paru préférable d'indiquer ces causes par leur nom.

Ces deux causes, la Réhabilitation et la Grâce, sont les seules qui figurent ici, parce que, seules aussi, elles exigent une procédure : autrement, lorsque la peine finit, soit parce qu'elle a été subie en entier, soit parce qu'elle a été prescrite, il n'y a plus qu'à mettre le condamné en liberté, dans le premier cas, et à l'y laisser, dans le second cas, ce qui ne comporte pas de règlementation.

L'amnistie, qui met également fin à la peine (voy. Proj. c. p., art. 68), ne figure pas non plus ici, toujours parce qu'elle ne comporte aucune procédure; elle a cependant un effet encore plus complet que les autres causes d'extinction des peines, car elle opère, par elle-même, la réhabititation (*ibid.*, art. 76); on sait aussi qu'elle efface tellement la peine qu'elle ne laisse même pas place à l'aggravation pour récidive, en cas de nouvelle infraction (v. p. 45).

CHAPITRE PREMIER.

DE L'EXÉCUTION DES JUGEMENTS.

Suspension de l'exécution jusqu'à l'irrévocabilité de la condamnation.

Art. 621. Aucun jugement ou arrêt portant condamnation à une peine criminelle, correctionnelle ou de simple police, ne peut être exécuté avant que la condamnation soit devenue irrévocable, sauf l'exception portée aux articles 415, 425 et 525.— **459.**

Détention préventive.

Pendant les délais accordés par la loi pour la formation des recours contre ladite condamnation et pendant l'examen desdits recours, les condamnés à l'emprisonnement ou à une peine plus forte garderont prison, s'ils ne sont admis à la liberté provisoire.

Règles particulières à la cond. à mort.

622. En cas de condamnation à mort, s'il n'y a pas eu de pourvoi en cassation, soit du condamné, soit du ministère public, et qu'il y ait, ou non, recours en grâce, le commissaire du Gouvernement près le tribunal qui a statué transmettra, sans délai, au Ministre de la justice les pièces de la procédure.— **460.**

Suite.

623. S'il n'y a pas eu recours en grâce et que le Ministre de la justice ne croye pas devoir proposer à l'Empereur la grâce ou une commutation de peine, comme il est prévu au Chapitre IIIe, ci-après, il renverra les pièces, dans les dix jours, audit commissaire du Gouvernement, avec l'ordre d'exécution, laquelle aura lieu dans les trois jours.— **0.**

624. L'exécution des autres condamnations aura lieu dans les trois jours, après que la condamnation sera devenue irrévocable par l'expiration des délais du pourvoi en cassation, sans qu'il ait été formé.— **461.** [··· — 375.] Autres condamnations.

625. S'il y a eu pourvoi et qu'il ait été rejeté, ou que la cour ait prononcé elle-même la peine prescrite par la loi, l'exécution aura lieu dans les trois jours après que la transmission de l'arrêt de ladite cour, par le Ministre de la justice, sera parvenue au tribunal qui a statué ou qui a été chargé de l'exécution. Irrévocabilité: exécution dans les 3 jours.

S'il s'agit de condamnation à mort, les articles 622 et 623 seront toujours applicables.

626. Les condamnations pénales seront exécutées, aux poursuites et diligences du commissaire du Gouvernement près le tribunal qui a statué ou qui a été délégué pour l'exécution. [··· — 376.] Rôle du commissaire du Gouvernement.

Néanmoins, les amendes, les frais dûs au Trésor public et les objets confisqués dont la destruction n'est pas ordonnée, seront perçus par le receveur des finances du département, sur un mandat du commissaire du Gouvernement, accompagné d'un extrait du jugement.

Les objets confisqués qui devront être détruits le seront sous la surveillance du commissaire du Gouvernement.—**462.**

Constatation de l'exécution.

627. Il sera dressé acte de l'exécution de la peine capitale par le greffier du tribunal; ledit acte sera signé de l'officier du ministère public qui aura assisté à l'exécution et de deux des témoins appelés conformément au Règlement général sur l'exécution des peines. [···—378.]

A l'égard des condamnations privatives de la liberté, l'exécution de la peine sera prouvée par la mention du nom du condamné sur le registre d'entrée de l'établissement pénitentiaire qui lui est assigné.

Pour les frais, amendes et confiscations, la quittance du receveur des finances fera preuve de l'exécution.

Les autres formalités relatives à l'exécution sont déterminées par ledit Règlement général des peines.—**463.**

Direction et surveillance des prisons.

628. Les prisons et autres établissements pénitentiaires situés dans l'intérieur du Japon sont dans les attributions du Ministre de l'intérieur, sauf ce qui est réglé à l'égard des établissements militaires.

Les établissements pénitentiaires situés dans les îles seront placés, s'il y a lieu, dans les attributions du Ministre de la marine.—**0.** [···—603 s.]

Notices individuelles des condamnés.

629. Lorsque les condamnations contradictoires ou par défaut seront devenues irrévocables, ou lorsqu'elles seront par contumace, les greffiers des tribunaux correctionnels, des cours d'appel et des cours criminelles qui ont prononcé lesdites condamnations dresseront, pour chaque condamné, une notice individuelle contenant :

1° Les noms, prénom et, autant que possible, l'âge, la profession, le domicile et le lieu de naissance du condamné;

2° La qualification légale de l'infraction;

3° La désignation précise de la peine prononcée ;

4° La mention des excuses ou des circonstances atténuantes qui ont pu être admises;

5° La circonstance de récidive et les autres circonstances aggravantes, s'il y a lieu;

6° La date du jugement ou de l'arrêt;

7° La mention que le jugement est contradictoire, par défaut ou par contumace.— **464.** [··· — 600 à 602.]

630. La notice sera faite en triple original dont un restera au greffe du tribunal ou de la cour qui a condamné; un autre sera adressé au greffe du lieu de naissance du condamné; le troisième sera envoyé au ministère de la justice. Suite.

Si une condamnation est prononcée par la cour de cassation, dans le cas où elle réforme une décision attaquée pour fausse application de la loi pénale, la notice sera dressée par le greffier du tribunal chargé de l'exécution, aux termes de l'article 572.

Les greffiers des tribunaux de simple police ne feront que deux originaux de la notice individuelle: l'un restera au greffe, l'autre sera envoyé au ministère de la justice.—**465.**

Statistique judiciaire.

631. Les autres obligations des greffiers, établies dans l'intérêt de l'administration et de la statistique judiciaire, sont déterminées par des dispositions spéciales.— **0.**

Interprétation des jugements.

632. Les contestations relatives à l'interprétation des jugements et à leur exécution, soit quant à la détermination des individus qui en sont l'objet, soit quant à la nature, à l'étendue ou à la durée des peines, sont jugées par les tribunaux qui ont prononcé lesdits jugements.— **466.**

Toutefois, les tribunaux ne pourront déterminer une nature de peine autre que celle qui est nommément assignée à l'infraction dans le texte de loi cité au jugement, et si l'étendue ou la durée de la peine est variable d'après la loi, le *minimum* seul pourra lui être assigné par l'interprétation (*a*).

Limites des pouvoirs du tribunal.

633. En cas de fuite et d'arrestation ultérieure d'un condamné, s'il conteste son identité avec l'individu qui a été l'objet du jugement, il sera conduit, pour être reconnu, devant le tribunal ou la cour qui a statué sur la culpabilité.

(*a*) Cet alinéa a été ajouté à l'impression.

Si les juges ont des doutes sur l'identité, ils pourront appeler, à titre de renseignements, outre les directeurs et gardiens de la prison ou les conducteurs du prisonnier, les témoins qui ont déposé à charge ou à décharge, les juges qui auraient cessé d'appartenir au tribunal, l'officier du ministère public, les jurés ou le greffier.— **467.**

634. Les jugements rendus en vertu des deux articles précédents seront prononcés à l'audience publique, sur les conclusions du commissaire du Gouvernement et contradictoirement avec les prétendus condamnés. Reconnaissance des condamnés fugitifs et repris.

Ils ne seront pas susceptibles d'appel ; ils seront susceptibles de pourvoi en cassation, mais seulement pour excès de pouvoir ou pour incompétence. Procédure et recours à ce sujet.

Si la cour casse la décision attaquée, elle pourra statuer elle-même ou renvoyer l'affaire à un autre tribunal, pour être statué suivant les règles ordinaires.— **468.**

635. L'exécution des condamnations aux réparations civiles et aux frais dûs aux parties en cause sera poursuivie par les parties qui auront obtenu lesdites condamnations. Répar. civiles et frais.

Les règles générales sur l'exécution des jugements civils leur seront applicables.— **469.**

Sommaire.

Art. 621.— 797. Suspension de l'Exécution des condamnations, jusqu'à ce qu'elles soient devenues irrévocables.

Art. 621.— 797. En matière civile, le recours par voie d'opposition contre un jugement par défaut et le recours par voie d'appel contre un jugement en premier ressort sont suspensifs de l'exécution, au moins, en règle générale; mais un jugement peut être exécuté provisoirement, c'est-à-dire nonobstant la faculté de recours ouverte à la partie condamnée et même nonobstant le recours exercé et pendant.

Cette exécution provisoire, nonobstant opposition ou appel, a lieu lorsqu'il y a "urgence ou péril en la demeure." Les articles 135 et 155 du Code de procédure civile français en donnent les principales applications; probablement, le futur Code de procédure civile japonais adoptera, en tout ou en partie, la même théorie, qui est très-justifiable.

En matière civile encore, le pourvoi en cassation n'est pas suspensif de l'exécution, et là, ce n'est plus par exception, c'est la règle et une règle absolue. On peut le regretter, parce que, bien souvent, le pourvoi triomphe et l'exécution anticipée peut être irréparable. On a déjà songé au Japon à une réforme qui serait très-sage : le pourvoi serait suspensif, quand il aurait été déclaré recevable après un premier examen d'admissibilité, tel qu'il est fait, en France, par la chambre des requêtes, ou tel qu'il est consacré par le présent Code pour les matières criminelles (art. 552).

Quoi qu'il en soit, la loi a dû adopter un autre principe en matière criminelle : les condamnations pénales étant, par leur nature, moins réparables encore que les condamnations civiles, il était nécessaire de n'en permettre l'exécution que lorsqu'elles sont devenues irrévocables, soit par l'épuisement des voies de recours, soit par l'expiration des délais pendant lesquels ils peuvent être formés.

La suspension de l'exécution jusqu'à l'irrévocabilité de la condamnation n'empêche pas que la détention préventive soit maintenue, si la condamnation a pour objet une peine privative de la liberté, à moins que la liberté provisoire n'ait été accordée.

Remarquons enfin que la suspension de l'exécution ne s'applique qu'aux jugements portant condamnation et non à ceux qui statuent sur des exceptions préjudicielles ou sur des incidents de procédure ; à l'égard de ces jugements, il y a des cas où la loi a déclaré spécialement que l'appel ou le pourvoi ne seraient pas suspensifs (voy. art. 259, 279 et 283) ; l'exécution en est donc immédiate.

Art 622 et 623.— 798. La condamnation à mort présente ici une dérogation au droit commun en faveur du condamné, à raison de son caractère absolument irréparable : l'exécution n'aura pas lieu aussitôt après le rejet du pourvoi en cassation, ni après l'expiration du délai du pourvoi dont il n'aurait pas été usé.

Le ministère public près le tribunal qui a statué doit envoyer toutes les pièces de la procédure au Ministre de la justice, lequel l'examinera et verra s'il y a lieu de proposer à l'Empereur la grâce ou la commutation de peine dont il est traité au Chapitre III. Si le Ministre ne propose pas la grâce ni la commutation, il renverra les pièces dans les dix jours, avec l'ordre d'exécution, conformément au Code pénal (Proj. c. p., art. 18). L'exécution doit avoir lieu dans les trois jours de l'arrivée de cet ordre.

La nécessité de cet ordre spécial du Ministre de la justice est facile à justifier : si l'exécution, au lieu d'être retardée jusqu'à l'arrivée d'un ordre spécial, était, en sens inverse, impérative pour les officiers qui en sont chargés, à défaut d'un ordre de sursis, il pourrait arriver (et le cas s'est présenté malheureusement dans plus d'un pays) que l'ordre de sursis, quoiqu'envoyé, ne fût pas parvenu et qu'ainsi un malheur irréparable fût consommé.

Art. 624 et 625.—799. Pour les autres condamnations, cet envoi de la procédure n'a lieu que s'il y a pourvoi en grâce (art. 646).

Ces condamnations sont exécutoires dans les trois jours qui suivent l'expiration du délai de pourvoi en cassation sans qu'il ait été usé de ce recours.

Si le pourvoi a eu lieu et qu'il n'y ait pas renvoi devant une autre juridiction, soit parce que le pourvoi a été rejeté, soit parce que la cour de cassation a elle-même appliqué la loi pénale, l'exécution a lieu dans le même délai de trois jours après que la décision est parvenue au tribunal chargé de l'éxécution.

Mais, pour les condamnations à mort, les articles 622

et 623 restent applicables; dès lors, le Procureur général à la cour de cassation transmettra toute la procédure au Ministre de la justice lequel observera les dispositions prescrites à l'article 623.

Art. 626.— 800. En principe, c'est au commissaire du Gouvernement à faire exécuter les peines, comme c'est lui qui en a poursuivi l'application.

Ce principe s'applique aux peines corporelles et aux peines privatives de droits, ainsi qu'à la surveillance de la police.

Il n'y a exception que pour les peines pécuniaires qui sont exécutées aux poursuites et diligences des agents du Trésor public. C'est encore le commissaire du Gouvernement qui leur délivre un mandat à cet effet, accompagné d'un extrait du jugement.

Art. 627.— 801. L'exécution de la peine capitale doit être constatée avec plus de solennité que celle des autres peines: la loi veut un procès-verbal signé du greffier du tribunal, de l'officier du ministère public et de deux témoins. La loi renvoie à un Règlement général sur l'exécution des peines qui accompagnera sans doute, la promulgation du Code pénal (*a*).

Il faut se garder de croire que ce procès-verbal tiendra lieu de l'acte de décès dressé par l'officier de l'état civil. La loi civile ne manquera pas, sans doute, de dire qu'une copie en sera adressée audit officier et que, sur cette copie, l'acte de décès sera dressé, avec la seule mention du jour et du lieu du décès, sans aucune indication du supplice: il est inutile à la société et il serait douloureux pour les familles de laisser subsister éternellement le souvenir de ce triste événement.

(*a*) Ce Règlement a été fait depuis que ces lignes ont été écrites: il porte la date des 19e jour, 9e mois, 14e année de *Meiji* (19 sept. 1881).

La constatation de l'exécution des autres peines est plus simple: les détails que donne la loi sont suffisants.

Remarquons, toutefois, qu'il y a des peines dont l'exécution échappe à la constatation: telles sont la surveillance de la police et la privation des droits civiques.

Art. 628.— 802. Une fois la peine privative de la liberté en cours d'exécution, le rôle de la justice cesse: la surveillance des prisons et des autres établissements pénitentiaires appartient au ministère de l'intérieur.

Les attributions faites aux ministères de la guerre et de la marine n'ont pas besoin de justification (*b*).

Art. 629, 630 et 631.— 803. Ces trois articles prescrivent des mesures qui tendent à assurer l'application de l'aggravation pour récidive et à préparer une statistique criminelle exacte.

Les greffiers sont chargés de dresser une notice individuelle pour chaque condamné. Les mentions de cette notice sont au nombre de sept et d'une utilité facile à reconnaître; elles concernent la désignation: de l'individu condamné, du fait pour lequel il a été condamné, de la peine prononcée, des excuses ou circonstances atténuantes admises en sa faveur, de l'aggravation pour récidive, si elle a eu lieu, de la date de la condamnation (ce qui comprend aussi le lieu) enfin, du caractère du jugement résultant de la présence ou de l'absence du condamné.

(*b*) Le Japon étant un archipel, il peut paraître singulier que le texte distingue si les prisons sont situées *dans l'intérieur* ou *dans les îles*; mais l'usage est de considérer la plus grande île, le Nippon proprement dit, *Tchou-goku*, comme une sorte de *continent* ou *terre ferme* et de ne donner le nom d'*îles* qu'à *Shikoku*, *Kioushou* et *Yéso* et autres îles moins étendues. Du reste, les prisons de l'île de Yéso, où se trouvent surtout les condamnés à perpétuité, sont restées jusqu'ici comme les autres, dans les attributions du ministère de l'intérieur.

804. Le triple exemplaire de cette notice est aisé à justifier: celui qui reste au greffe est un document qui appartient naturellement au tribunal qui a rendu la décision, qui a rédigé la notice elle-même et qui peut avoir souvent besoin d'y recourir; celui qui est adressé au lieu de la naissance servira chaque fois qu'il sera nécessaire de connaître les antécédents d'un individu suspect et aussi pour savoir si un inculpé est récidiviste; enfin, celui qui est adressé au Ministère de la justice sert à la statistique criminelle, et, au cas de perte des autres, il servirait même à les rétablir.

Le second alinéa de l'article 630 prévoit un cas particulier. Lorsque la cour de cassation, réformant l'application de la loi pénale, prononce elle-même une peine, ce n'est pas le greffier de cette cour qui dresse la notice de la condamnation prononcée, c'est le greffier du tribunal chargé de l'exécution auquel la cour a renvoyé la connaissance de l'exécution (art. 572).

Mais, quand la cour de cassation ou la Haute cour prononcent des condamnations comme juges de fait (art. 53 et 98), leur greffier en rédige la notice, par application du premier alinéa de l'article 629 qui pose la règle.

Les greffiers des juges de simple police ne font que deux notices : l'une reste à leur greffe, l'autre est adressée au Ministère de la justice pour la statistique. Il n'en est pas adressé au tribunal du lieu de naissance, parce qu'il n'est tenu compte de la récidive en matière de contravention, que si elle a lieu dans la même circonscription judiciaire et dans la même année, ce qui la rend facile à connaître (voy. Proj. c. p., art. 108).

805. Il est vraisemblable que les greffiers auront d'autres travaux à exécuter pour la formation de la statistique dressée au ministère de la justice. Si le ministère devait faire lui-même le travail, dans tout

son ensemble, cela demanderait un temps énorme et la statistique d'une année ne paraîtrait que plusieurs années après son expiration, ce qui en diminuerait beaucoup l'utilité et l'intérêt.

On devra demander aux greffiers de chaque tribunal d'envoyer, à la fin de l'année, un classement méthodique des affaires jugées par leur tribunal, même de celles où il y aura acquittement; ce travail joint aux états bi-mensuels, trimestriels et semestriels fournis par les commissaires du Gouvernement (v. art. 64, 74, 81, 92 et 97), rendra plus facile et plus prompte la statistique criminelle de tout l'Empire.

Art. 632 et 633.—806. Bien qu'il ne s'agisse désormais que de condamnations devenues irrévocables, il peut encore s'élever, au sujet des mêmes affaires, des contestations que les tribunaux auront à résoudre; ce sont celles relatives à l'interprétation des jugements et à leur exécution même: si la contestation s'élève au sujet des individus désignés dans le jugement, ce peut être aussi bien au cas d'acquittement qu'au cas de condamnation; si elle concerne la nature, l'étendue, la durée de la peine, c'est nécessairement au cas de condamnation.

L'attribution de compétence au tribunal qui a statué est toute naturelle: c'est lui qui peut le mieux déterminer la portée de son jugement; on ne distinguera pas si le personnel du tribunal a subi des modifications; ces changements peuvent, il est vrai, diminuer pour le tribunal la facilité de donner l'interprétation dont il s'agit, mais ils ne sauraient attribuer compétence à une autre juridiction qui n'aurait aucun titre à s'occuper de l'affaire. Du reste, les cas où il y aurait doute sur le sens et la portée d'une comdamnation seront assez rares; on pourrait cependant citer ceux où une condamnation porterait l'emprisonnement, sans mentionner s'il doit être avec travail ou simple, où elle prononcerait la surveillance de la police ou la suspension des droits civiques, sans en indiquer la durée, ou une amende, sans en fixer le chiffre, une confiscation, sans en déterminer exactement l'objet.

Mais il ne faudrait pas qu'à l'occasion ou sous le prétexte d'une interprétation, le tribunal changeât son jugement, surtout dans le sens de la rigueur: la loi prend, à cet égard, certaines précautions.

Sur la nature de la peine, soit criminelle, soit correctionnelle, comme il faut supposer que le texte de la loi pénale a été cité (autrement, le jugement aurait été sujet à cassation), il n'y aura qu'à appliquer la peine qui y est énoncée.

Si la peine a un *minimum* et un *maximum*, le tribunal ne pourra suppléer dans le jugement que le *minimum*.

Quant à la détermination de la personne, la loi ne s'y est pas arrêtée, parce qu'il ne pourrait y avoir, vraisemblablement, que quelque défaut de similitude de l'orthographe du nom dans les diverses pièces de la procédure, sans aucun doute possible et sérieux sur l'identité de l'individu objet du jugement.

807. La difficulté d'exécution résultant de doutes sur l'identité d'un condamné qui s'est échappé et qui a été repris sera également tranchée par le tribunal qui a statué.

La faculté d'appeler, à titre de renseignements, les personnes mentionnées à l'article est une nécessité de la situation. La loi n'a pas exigé que ces personnes prêtassent serment comme des témoins ordinaires: il ne faudrait pas que l'affaire se transformât en un nouveau procès pénal.

Art. 634.— 808. Le caractère tout spécial des décisions rendues sur l'interprétation et l'exécution ne permettait pas de leur faire parcourir la série ordinaire des recours hiérarchiques. Elles ne seront donc pas susceptibles d'appel, mais seulement de pourvoi en cassation et seulement pour les deux causes les plus graves, celles qui ne peuvent, dans une législation sage et prudente, échapper au contrôle de la justice supérieure : l'incompétence et l'excès de pouvoir.

La loi prévoit et règle l'issue possible du pourvoi : au cas d'incompétence, la cour renverrait au tribunal compétent; au cas d'excès de pouvoir, elle annulerait la décision et y substituerait l'application exacte de la loi.

Quant à l'opposition, elle ne serait pas possible, car le condamné, demandeur ou défendeur, devra être présent et contradicteur à la décision ; s'il était encore en fuite, il n'y aurait pas lieu de statuer sur son identité ni sur l'exécution de la peine : il n'y aurait lieu qu'à le rechercher.

Art. 635.— 809. Tout ce qui concerne l'exécution des condamnations civiles et des frais suit les règles ordinaires du droit civil et ne présente ici aucune particularité.

Parmi ces règles de droit commun, il faut compter celle que les frais sont liquidés par le tribunal même devant lequel ils ont été faits.

CHAPITRE II.

DE LA RÉHABILITATION.

Art. 636. Toute demande en réhabilitation, faite en conformité aux délais exigés par l'article 75 du Code pénal, pour faire cesser la privation des droits civiques et la surveillance de la police, sera adressée, en forme de pétition, au Ministre de la justice, par le condamné. Forme de la demande.

Elle sera remise, signée de lui, au commissaire du Gouvernement près le tribunal de département dans la circonscription duquel le demandeur a son domicile actuel.— **470.** [···—619 s.]

637. Le condamné joindra à sa demande : Pièces à l'appui.

1° Une copie authentique du jugement ;

2° Les pièces établissant qu'il a subi la peine principale ou qu'elle a été éteinte par la grâce ou par la presription ;

3° La quittance de l'amende, des frais dûs au Trésor public et à la partie civile, ainsi que celle des réparations civiles ou toute autre preuve de sa libération desdites obligations ;

4° L'indication des lieux où il a résidé depuis sa libération ou depuis sa condamnation, s'il s'agit d'une condamnation à la surveillance seulement ou d'une condamnation prescrite ;

5° L'indication de ses moyens d'existence passés et présents.— **471.**

Rôle du commissaire du Gouvernement.

638. Le commissaire du Gouvernement se fera délivrer :

1° Un certificat du greffier, visé par le Président de chaque tribunal de département dans le ressort duquel le condamné a résidé, portant qu'il n'a subi aucune condamnation criminelle ou correctionnelle à l'emprisonnement pendant qu'il y a résidé ;

Si le condamné a résidé en pays étranger, le certificat sera demandé aux agents consulaires du Japon ou aux autorités locales ;

2° Une attestation du commissaire de police des même lieux, portant qu'il est de bonne vie et mœurs et indiquant ses moyens d'existence connus.

Le commissaire du Gouvernement pourra prendre, en outre, tels autres renseignements qu'il jugera à propos.

Il transmettra ensuite la demande et les pièces, avec son avis, au Procureur général à la cour d'appel ; sauf le cas où la condition prescrite par le 1er alinéa du présent article ne serait pas remplie.— **472.**

Rôle du Proc. général.

639. Le Procureur général pourra prendre de nouvelles informations et transmettra lesdites pièces au Ministre de la justice avec son avis. — **473.**

640. Le Ministre de la justice examinera les pièces et fera prendre de nouvelles informations, s'il le croit nécessaire. Rôle du Ministre de la justice.

Si les pièces exigées par les articles précédents sont régulières et si l'avis du Ministre est favorable à la réhabilitation, il fera sur la demande un rapport à l'Empereur.— 474.

641. Si la demande est écartée, soit par le Ministre de la justice, soit par l'Empereur, il en sera donné avis au Procureur général, lequel le transmettra au commissaire du Gouvernement qui a fait parvenir la demande. Rejet de la demande.

Le demande ne pourra être renouvelée qu'après un délai égal à la moitié du délai exigé par l'article 75 du Code pénal. [··· — 639.] Demande nouvelle.

Les mêmes formalités seront observées pour le dépôt et l'examen de la nouvelle demande. — 475.

642. Si la réhabilitation est accordée, les lettres impériales de réhabilitation seront transmises par le Ministre de la justice au Procureur général à la cour d'appel et, par celui-ci, au commissaire du Gouvernement près le tribunal de la résidence du réhabilité. Admission de la demande: solennité.

Lecture sera donnée des lettres impériales à l'audience publique dudit tribunal, sur les réquisitions du commissaire du Gouvernement.

Il sera remis au réhabilité une copie authentique desdites lettres.

Le Commissaire du Gouvernement en transmettra une autre copie au tribunal qui a prononcé la condamnation, pour être transcrite en marge de ladite condamnation.— **476.** [···— 632, 633.]

Publicité. **643.** Le tribunal de la résidence du réhabilité pourra aussi autoriser celui-ci, sur sa demande, à faire imprimer et afficher les lettres impériales, à ses frais, aux lieux où la condamnation avait été affichée et à celui où il a sa résidence actuelle.— **0.**

Récidive. **644.** L'individu qui, après sa réhabilitation, serait condamné pour un crime ou un délit, ne pourra plus obtenir le bénéfice d'une nouvelle réhabilitation.— **0.** [···— 634.]

Sommaire.

810. Objet et caractère de la Réhabilitation.

Art. 636.— 811. Remarque sur le délai *avant* lequel la demande ne peut être faite.—812. Forme de la demande.

637.— 813. Justifications à fournir : remarque sur le cas de prescription de la peine.

638.— 814. Vérification par le commissaire du Gouvernement des conditions requises : transmission de la demande, s'il y a lieu.— 815. Cas de plusieurs condamnations : distinctions à faire.

639.— 816. Rôle du Procureur général à la cour d'appel.

640.— 817. Rôle du Ministre de la Justice.

641.— 818. Rejet de la demande : délai d'une demande nouvelle.

642.— 819. Cas où la réhabilitation est accordée.

643.— 820. Publicité laissée à la décision du tribunal.

644.— 821. Récidive après la réhabilitation.

810. La Réhabilitation est un bienfait de la loi et de l'Empereur, dont l'objet est de rendre au condamné qui a subi la peine corporelle et pécuniaire la pleine capacité qu'il a perdue: elle le *rend habile* (de là son nom) à exercer les droits politiques, civiques et civils dont la peine l'avait privé. Elle a aussi pour but de faire cesser la surveillance de la police.

Il ne faudrait pas croire cependant que l'effet de la réhabilitation aille jusqu'à effacer toute trace légale de la condamnation : elle laisserait place à l'aggravation pour récidive, si le condamné commettait une nouvelle infraction : sous ce rapport, elle a moins d'effet que l'amnistie et elle ressemble à la grâce (voy. p. 915).

Le Code pénal (Proj., art. 75) a indiqué les effets de la réhabilitation; on ne trouve ici que la procédure suivant laquelle elle est demandée et obtenue.

Art. 636.—811. L'article 75 du Code pénal fixe les délais à partir desquels la réhabilitation peut être demandée : contrairement aux délais ordinaires, ce ne sont pas des délais *après* lesquels il y aurait déchéance; ce sont, au contraire, des délais *avant* lesquels la demande n'est pas recevable.

La loi veut que le condamné, après avoir subi la peine principale, ait donné, pendant un certain temps, des preuves d'amendement et des garanties pour l'avenir.

812. La demande en réhabilitation est adressée, en forme de *pétition*, au Ministre de la justice et non aux tribunaux, parce qu'il s'agit d'une mesure plutôt administrative que judiciaire. Mais, c'est par l'intermédiaire du commissaire du Gouvernement qu'elle est adressée au Ministre. Ce n'est pas ici le commissaire du Gouvernement près le tribunal qui a statué, mais celui du domicile actuel du condamné; ce magistrat aura, en effet, à prendre des informations et à donner

son avis sur la conduite du condamné: il est le mieux placé pour cet objet.

Art. 637.— 813. Chacune des pièces à produire est facile à justifier.

La copie du jugement servira à vérifier si la peine subie est celle à laquelle le jugement a condamné le réquérant. La preuve que la peine principale est éteinte n'est pas moins nécessaire, parce que la réhabilitation n'a pas pour but de la faire cesser. Cette peine peut être éteinte, sans avoir été effectivement subie : il peut y avoir eu grâce ou prescription. Cela prouve, en passant, que la grâce n'opère pas par elle-même la réhabilitation, comme, du reste, le Code pénal a eu soin de le dire (Proj. art. 76); cela prouve aussi que la prescription n'est pas un obstacle à ce bienfait de la loi. On a pu hésiter à permettre la réhabilitation en faveur de celui qui ne s'est pas soumis à la loi et à la justice ; mais on a pensé qu'il ne fallait pas décourager d'un retour au bien celui qui, par crainte du châtiment, s'y est soustrait. Sans doute, il obtiendra plus difficilement la réhabilitation que celui qui a loyalement subi sa peine : comme elle ne vient pas d'un droit acquis, mais d'un bienfait, elle peut être retardée longtemps, même refusée toujours à celui qui a prescrit sa peine ; au moins, la prescription n'y est pas un obstacle invincible.

Les obligations pécuniaires nées de l'infraction doivent aussi avoir été acquittées, ou éteintes par remise, par transaction ou par prescription.

Les deux dernières indications que doit fournir le condamné ont pour but de faciliter les recherches sur sa conduite depuis qu'il a cessé d'être détenu.

Art. 638.— 814. Le commissaire du Gouvernement doit s'assurer, comme il est dit à cet article, que le requérant n'a subi aucune condamnation à l'emprisonnement ou à une peine plus grave, dans les diverses résidences qu'il a occupées.

Pour plus de sûreté, il fera sagement aussi de s'adresser au tribunal du lieu de naissance, pour s'assurer qu'aucune condamnation de cette nature n'a a été portée ailleurs contre lui ; ce sera une des utilités du casier judiciaire à établir au lieu de naissance, en vertu de l'article 630. Si le commissaire du Gouvernement n'a pas pris cette précaution, il y sera facilement suppléé au ministère de la justice où se trouvera un exemplaire des notices individuelles.

L'attestation du commissaire de police requise par le 2e alinéa, sera sans doute la suite d'informations prises près des maires, agents plus rapprochés du requérant que le commissaire de police ; mais il est conforme à la hiérarchie que le commissaire du Gouvernement laisse au commissaire de police le soin de prendre ces renseignements locaux.

La loi laisse d'ailleurs au commissaire du Gouvernement le soin de prendre toutes autres informations qui lui paraîtront nécessaires ou utiles.

Le commissaire du Gouvernement transmet la demande avec son avis, à son supérieur hiérarchique, au Procureur général ; mais, si le requérant a subi une des condamnations prévues au 1er alinéa de l'article précédent, comme, dans ce cas, la réhabilitation ne pourrait être accordée, il peut ne pas transmettre la demande.

815. Toutefois, il ne faut pas en conclure que le récidiviste ne puisse pas être réhabilité, comme cela a lieu dans la loi française (art. 634, 3e al.) : ce qui n'est pas permis, c'est que le requérant obtienne la réhabilitation contre une condamnation déclarée par lui, quand il en a subi d'autres dont il ne fait pas mention et qu'il cherche à dissimuler ; mais si le récidiviste,

ayant depuis sa dernière condamnation subie, mené une bonne conduite, demande la réhabilitation contre toutes les conséquences civiques de ses condamnations il peut y être admis. Sous ce rapport, la loi japonaise sera plus généreuse et on peut dire plus sage que la loi française.

Du reste, il ne faut pas confondre celui qui a été récidiviste avant la demande en réhabilitation et celui qui l'est après y avoir été admis : la position de ce dernier est beaucoup plus mauvaise (art. 644).

Si le certificat sur la bonne vie et la moralité du requérant ou sur ses moyens d'existence n'est pas satisfaisant, il est vraisemblable que la réhabilitation ne sera pas accordée; mais comme il s'agit là d'une condition moins précise que la première, comme il peut y avoir des nuances à apprécier, la loi ne permet pas au commissaire du Gouvernement de s'abstenir de la transmission au Procureur général.

Art. 639.— 816. Le commissaire du Gouvernement ne pouvant correspondre directement avec le Ministre de la justice, au moins, en règle générale, c'est par le Procureur général à la cour d'appel que la demande et les pièces parviendront au Ministre.

Le Procureur général ne pourrait, de son plein gré, refuser de faire cette transmission; toutefois, il lui reste encore un triple droit qui est aussi un devoir: d'abord, si le commissaire du Gouvernement lui avait, à tort, transmis une demande pour un individu ayant subi une condamnation postérieure à celle pour laquelle la demande est faite, le Procureur général ne devrait pas la transmettre au Ministre. En outre, le Procureur général prend de nouvelles informations; enfin, il donne son avis sur la demande.

Art. 640.— 817. Le Ministre de la justice ne fera

de rapport et de proposition à l'Empereur que s'il est favorable à la réhabilitation : à cet égard, il a un pouvoir discrétionnaire beaucoup plus étendu que ses subordonnés. Il n'est pas lié par l'avis du Procureur général; mais, en fait, cet avis aura pour lui un grand poids, comme celui du commissaire du Gouvernement en aura eu, naturellement, pour le Procureur général, et comme celui du commissaire de police en aura eu pour le commissaire du Gouvernement et peut-être celui des maires pour le commissaire de police : il est naturel que l'officier qui se trouve le plus rapproché du requérant et qui est le mieux en situation d'apprécier sa conduite ait aussi le plus d'influence sur la décision à intervenir. Mais ces officiers en doivent apporter d'autant plus de scrupules dans l'accomplissement de leur tâche : ils doivent se garder, tout à la fois, d'un excès de sévérité et d'un excès de bienveillance : ils doivent se pénétrer de l'esprit de la loi qui est de rendre à la société un homme réellement amendé, mais non celui qui l'exposerait à de nouveaux dangers.

Art. 641.—818. Si la demande n'est pas accueillie par le Ministrede la justice, ou si l'Empereur n'adhère pas à la proposition du Ministre (ce qui sera rare, pour le motif indiqué plus haut), une nouvelle demande n'est pas interdite pour l'avenir. La loi a voulu laisser toujours au condamné un intérêt à se bien conduire.

Toutefois, il ne fallait pas que la demande pût être renouvelée trop tôt : elle ne pourra l'être qu'après un temps égal à la moitié du délai légal ordinaire.

Art. 642.—889. Les formalités prescrites pour le cas où la réhabilitation est accordée, sont d'une sagesse évidente.

On y remarquera la transmission, par voie hiérarchique, des lettres impériales (*a*), leur lecture solennelle et leur transcription en marge la condamnation.

La remise au réhabilité d'une copie desdites lettres sera pour lui et sa famille une juste récompense de ses efforts pour revenir au bien.

Art. 643.— 820. La publication des lettres de réhabilitation n'est pas un droit absolu, comme celle du jugement de révision, parce qu'il n'y a pas ici une erreur judiciaire à réparer. Mais si elle n'a pas lieu *de droit*, elle doit être demandée et obtenue. Le tribunal l'autorisera, en général; mais il pourrait la refuser, s'il craignait que le réhabilité n'y cherchât un moyen de célébrité et de popularité déplacées.

Art. 644.— 821. Il ne faut pas voir dans cet article une contradiction avec ce qui est dit plus haut au sujet de la récidive. Un récidiviste peut être réhabilité contre les effets de ses diverses condamnations réunies; mais si, ayant obtenu une fois la réhabilitation, il est ensuite récidiviste, alors, il n'y a plus aucune garantie de sa bonne conduite pour l'avenir: il s'est montré à jamais indigne du bienfait de la loi et de la clémence de l'Empereur.

(*a*) Le pluriel employé ici est consacré par l'ancien langage du droit français: on a toujours dit "*lettres* de grâce:" c'est la traduction du latin où le pluriel seul *(litteræ)* s'employait pour désigner une simple *lettre missive*.

CHAPITRE III.

DE LA GRÂCE ET DE LA COMMUTATION DE PEINE.

Art. 645. Le recours en grâce ou en commutation de peine peut être formé : Délai du recours.

1° Dans les trois jours de la condamnation, par les juges ou les jurés qui y ont participé;

2° A toute époque, par le commissaire du Gouvernement près du tribunal ou de la cour qui a prononcé la condamnation et par le chef de l'établissement pénitentiaire où le condamné subit sa peine.

Le Ministre de la justice peut toujours proposer spontanément à l'Empereur la grâce ou la commutation de peine, soit dans le cas prévu à l'article 622, soit dans tout autre cas. — **477, 478.**

646. Dans les deux premiers cas de l'article précédent, la demande est adressée, en forme de pétition, au Ministre de la justice et à lui transmise par le commissaire du Gouvernement, lequel donne son avis, lorsqu'il ne fait pas lui-même la demande. Formes du recours.

Il y joint les pièces de la procédure et les documents de toute nature qui peuvent justifier ou combattre le recours. — **0.**

Rôle du Ministre de la justice.

647. Si la demande est faite dans les conditions prescrites aux deux articles précédents, le Ministre de la justice en fait un rapport à l'Empereur, en donnant son avis.— **478.**

Suspension de l'exécution de la peine de mort.

648. Le recours en grâce n'est pas suspensif de l'exécution de la peine, si ce n'est pour la condamnation à mort.—***Ib.***

Rejet du recours.

649. Si la demande est rejetée, il en est donné avis par le Ministre de la justice au commissaire du Gouvernement qui a fait ou transmis la demande.— **479.**

Grâce ou commutation accordée.

650. Les lettres impériales qui accordent la grâce ou la commutation sont adressées par le Ministre de la justice au commissaire du Gouvernement près le tribunal ou la cour qui a rendu le jugement, et il est procédé, pour le surplus, en la forme déterminée par l'article 642 pour les lettres de réhabilitation, sauf en ce qui concerne l'impression et l'affiche, lesquelles n'ont pas lieu.

Le commissaire du Gouvernement pourvoit à l'exécution des lettres de grâce et de commutation.— **480.**

Sommaire.

822. Caractère du droit impérial de Grâce et de Commutation de peine.

Art. 645.— 823. Par qui peut être formé le recours en grâce ou en commutation.

646.— 824. Mode de transmission du recours.

822. On a vu à l'article 77 du Projet de Code pénal que la Grâce et la Commutation de peine ne peuvent être accordées que par l'Empereur, et on a justifié au Commentaire ces deux mesures de clémence qui, au premier aspect, sont une atteinte à l'autorité de la chose jugée. Il n'y a pas à revenir ici sur la réfutation de cette fausse idée.

On dit quelquefois que la commutation est une grâce partielle, en ce sens qu'elle fait remise d'une peine, en plaçant le condamné sous une peine moindre ; c'est une formule qui peut être employée sans grand inconvénient ; cependant, il ne faut pas la prendre trop à la lettre : le Chef de l'Etat peut bien remettre la peine en entier ; mais il ne peut prononcer aucune peine, même la plus légère ; il ne peut se substituer à la Justice répressive, pas plus qu'à la justice civile : bien qu'elle statue au nom de l'Empereur, elle a sous ce rapport, un mandat en quelque sorte constitutionnel qui se rattache à la séparation des pouvoirs publics.

Le droit de commutation des peines et surtout le droit de grâce ont été de tout temps, en Europe, le plus bel apanage des souverains, "le plus beau fleuron de leur couronne."

Il n'a pas été inusité dans l'ancien Japon : il était même exercé, pendant le régime féodal, par les *Shogoun* et les *Kokoushi-Daimio* où il était la conséquence naturelle de leur droit de punir.

Art. 645.— 823. La loi nous indique ici quand

et par qui la grâce ou la commutation peut être demandée.

On remarquera d'abord que la loi ne permet pas au condamné de demander lui-même sa grâce. En effet, cette demande peut naturellement être sous-entendue, et si on permettait qu'elle fût formée expressément, elle aurait presque toujours lieu aussitôt après la condamnation dont elle retarderait abusivement l'exécution. Le seul cas où le recours en grâce du condamné aurait pu être admis était celui de la condamnation à mort; mais comme aucune condamnation à mort ne peut avoir lieu sans un ordre formel du Ministre de la justice, précédé d'un examen de la procédure, une demande formelle en grâce ou en commutation n'ajouterait rien aux précautions que prend la loi pour éviter les exécutions imméritées ou précipitées.

Au contraire, la loi permet aux juges et aux jurés de signer une demande en grâce, dans les trois jours de la condamnation. Dans ce cas, la grâce, si elle est accordée ne le sera pas, évidemment, à raison de l'amendement du condamné, mais à raison de ce que le condamné peut s'être trouvé dans une situation qui, tout en permettant la condamnation, la fait paraître trop rigoureuse. Lors même que les juges ou jurés auraient épuisé tous les moyens d'adoucissement que la loi leur accorde, il peut leur sembler que le châtiment est encore trop sévère; enfin, s'il n'y a pas encore amendement appréciable, il peut y avoir déjà des preuves non équivoques de repentir donnant lieu d'espérer cet amendement dans l'avenir.

Il arrive souvent, en France, que des juges ou des jurés signent un pareil recours et, le plus souvent, peut-être toujours, il en est tenu compte, parce que le sentiment qui les fait agir est évidemment juste et louable.

Cette demande ne retarde pas l'exécution, laquelle

se trouve déjà retardée, autant et souvent plus longtemps, par les délais du pourvoi en cassation.

Plus tard, la demande ne peut plus être faite que par le ministère public près le tribunal qui a condamné, par le chef de l'établissement pénitentiaire où la peine est subie, enfin par le Ministre de la justice. Ce sera presque toujours en matière politique que le Ministre prendra l'initiative d'une demande en grâce ou en commutation: la clémence, en ces matières, est souvent un moyen d'apaisement des esprits. En France, il est rare que les condamnations politiques soient subies en entier.

Dans ces derniers cas, la demande est souvent fondée sur l'amendement du condamné.

Art. 646.— 824. C'est au Ministre de la justice que la demande est adressée, en la forme : elle lui est transmise par le commissaire du Gouvernement.

Si le Ministre ne fait pas la demande lui-même, il donne son avis.

Bien que, en général, le commissaire du Gouvernement ne communique pas directement avec le Ministre de la justice, il le fera ici : il ne recourra pas à l'intermédiaire du Procureur général à la cour d'appel : parce que celui-ci n'étant pas en position de connaître les circonstances qui peuvent favoriser ou combattre la demande, n'aurait pas à donner un avis motivé. En outre, il peut y avoir urgence.

Au surplus, quand il s'agit d'affaires correctionnelles jugées en appel, ou d'affaires criminelles jugées au chef-lieu de la cour d'appel, comme le Procureur général ou l'un de ses substituts a occupé le siége du ministère public, c'est alors le Procureur général qui fait ou transmet le recours.

Art. 647.— 825. Ici, à la différence de la réhabilitation, le Ministre ne peut écarter la demande que pour inobservation des conditions légales prescrites plus haut : par exemple, si la demande était faite par une personne n'ayant pas qualité, ou si le délai fixé pour les juges ou jurés était expiré, ou si les pièces nécessaires n'étaient pas jointes ; ce n'est pas là le pouvoir en quelque sorte discrétionnaire que garde le Ministre, en matière de réhabilitation.

La raison de cette différence tient, d'une part, à la qualité des pétitionnaires qui n'agissent jamais dans un intérêt personnel ; d'autre part, à ce que la loi n'ayant mis aucune condition de fond pour l'obtention de la grâce ou de la commutation, a, par là même, laissé à la clémence du Souverain tout pouvoir de décider; or, ce pouvoir ne pouvait être subordonné à l'admission préalable du Ministre. Ce que celui-ci peut faire et c'est encore, en fait, un pouvoir considérable, c'est proposer, dans son rapport à l'Empereur, l'admission ou le rejet de la grâce ou de la commutation.

Toute demande en grâce sera donc l'objet d'un rapport à l'Empereur par le Ministre de la justice.

Art. 648.— 826. On comprend que le recours en grâce ou en commutation ne suspende que l'exécution d'une seule peine, de celle qui est irréparable, de la peine de mort.

Art. 649.— 827. La loi ne dit rien de la possibilité d'une nouvelle demande, en cas de rejet de la première : il n'est pas douteux qu'elle puisse être renouvelée indéfiniment : quand on songe qu'elle n'est permise qu'à des officiers publics, il n'y a pas à craindre d'abus à cet égard.

Art. 650.— 828. En cas d'admission de la grâce ou de la commutation, le condamné ne peut obtenir la publication officielle des lettres impériales qui la lui accordent, parce qu'elle ne lui est pas accordée en vertu d'un droit, comme la révision, ni en vertu de ses mérites vérifiés, comme la réhabilitation : elle est un pur bienfait dû à la clémence seule du Souverain.

FIN.

ADDITIONS ET CORRECTIONS.

Page 4, ligne 11, ajouter : " C'en est une (innovation), plus grande encore, que la publicité des audiences."
P. 9, sous l'art. 7, citer l'art. 224 du Code officiel.
P. 13, sous — 20, citer l'art. 358 du Code français.
Ibid., sous — 22, 3e al., citer l'art. 573 du Projet.
P. 77, sous — 33, citer les art. 63, 70, 78, 87, 93 et 103 du Projet.
P. 79, 83 et 84, aux art. 39, 52 et 53, au lieu de *tribunaux* criminels, lire : " Cours criminelles."
P. 80, sous l'art. 41, au lieu de l'art. 41, citer l'art. 40 du Code officiel.
P. 86, sous l'art. 58, citer l'art. 5 du C. officiel.
P. 135, sous l'art. 74, citer l'art. 257 du Projet.
P. 147, à la fin du 1er alinéa, ajouter : " Ces trois nouvelles cours d'appel sont aujourd'hui créées."
P. 205, sous l'art. 107, citer l'art. 275 du Code français.
P. 256, — — 144, — — 247 du Projet.
Ibid., — — 145, au lieu de 536-6°, lire : 532-6°.
P. 313, — — 197, citer l'art. 323 du Code français.
P. 375, — — 242, au lieu du renvoi aux art. 130 et 131 du Projet, lire : 131 et 132.
P. 377, — — 247, citer l'art. 134 du C. français.
P. 379, — — 251, — — 135, 8e al. du C. français.
P. 405, — — 285, — — 361, 3e al. du Projet.
P. 406, — — 289, — — 428 du C. français.
P. 409, — — 295, — — 414 du Code officiel.
P. 448, — — 304, — — 310 du C. français.
P. 462, — — 340, — — 468 du Projet.
P. 463, — — 343, — — 157 du C. français.
P. 464, — — 344, 2e al., citer l'art. 158 du C. français.
Ibid., — — 344, 3e al. ajouter : " auquel cas, la demande sera portée à la cour d'appel."
P. 465, — — 345, citer les art. 354 à 356 du C. français.
P. 467, — — 354, 4e al., au lieu de 452 *q*, lire : 452 *p*.
P. 471, — — 361, citer l'art. 419 Projet.
P. 477, — — 374, — — 174 du C. français.
P. 518, art. 344, au lieu de n° 359, lire : n° 459.
P. 551, sous l'art. 386, citer l'art. 127 du Projet.
P. 571, au lieu de : art. 394, lire : art. 395.
P. 576, art. 399, au lieu de n° 414, lire n° 515.
P. 585, sous l'art. 415, citer l'art. 425 du Projet.
P. 613, — — 449, 1er al., citer l'art. 89 du Projet.

P. 617, *l* (à la manchette), placer le mot "Exactitude" en regard de la fin de l'alinéa *k*.

P. 624, sous l'art. 459, citer l'art. 387 du Code officiel.

P. 626, — — 468, citer l'art. 340 du Projet.

P. 627, — — 471, lire, comme étant du Code français, l'art. 326 cité comme étant du Projet.

P. 639, sous l'art. 506, citer l'art. 398 du Code officiel.

Ibid., — — 507, — — 399 du Code officiel.

P. 642, — — 517, 1er al., citer l'art. 414 du Code officiel.

P. 646, — — 529, 2e al., citer l'art. 409 du Code officiel.

P. 767, — — 546, 2e al., citer l'art. 360 du Projet.

P. 779, — — 579, 4e al., citer l'art. 438 du Code officiel.

TABLE DE CONCORDANCE

DU CODE OFFICIEL ET DU PROJET.

Code officiel.	Projet.	Code officiel.	Projet.
Art. 1er	Art. 1er.	Art. 21..	Art. 126, 257.
— 2......	2.	— 22......	24.
— 3......	3.	— 23......	25.
— 4......	4.	— 24......	26.
— 5......	29, 58.	— 25......	27.
— 6......	5.	— 26......	28.
— 7......	6.	— 27......	29.
— 8......	7.	— 28......	30.
— 9......	8.	— 29......	31.
— 10......	9.	— 30......	0.
— 11......	10.	— 31......	31.
— 12......	11.	— 32......	32.
— 13......	13.	— 33......	33.
— 14......	14, 16.	— 34......	35.
— 15......	15.	— 35......	35.
— 16......	18.	— 36......	36.
— 17......	20.	— 37......	37.
— 18......	21.	— 38......	39.
— 19......	22.	— 39......	40.
— 20......	23.	— 40......	41.

(*a*) Cette Table est la contre-partie de la Concordance déjà établie sous chaque article du Projet avec le Code officiel (voir la note de la page 7).

Il va de soi, au surplus, que le rapprochement des deux textes n'implique pas leur similitude : ils présentent, au contraire, de profondes différences qu'on reconnaîtra facilement.

Code officiel.	Projet.
Art. 41......	Art. 42.
— 42......	43.
— 43......	44.
— 44......	45.
— 45......	47.
— 46......	48.
— 47......	55.
— 48......	56.
— 49......	61.
— 50......	62.
— 51......	63.
— 52......	64.
— 53......	65.
— 54......	66.
— 55......	67.
— 56......	68.
— 57......	69.
— 58......	70.
— 59......	71.
— 60......	72.
— 61......	73.
— 62......	74.
— 63......	75.
— 64......	76.
— 65......	77.
— 66......	78.
— 67......	79.
— 68......	81.
— 69......	82.
— 70......	83.
Art. 71......	Art. 84.
— 72......	85.
— 73......	86.
— 74......	87.
— 75......	88.
— 76......	92.
— 77......	93, 94.
— 78......	95.
— 79......	93, 95.
— 80......	96.
— 81......	96 bis.
— 82......	97.
— 83......	98.
— 84......	99.
— 85......	101.
— 86......	102.
— 87......	103.
— 88......	104.
— 89......	105 bis.
— 90......	0.
— 91......	0.
— 92......	106.
— 93......	107.
— 94......	108.
— 95......	106.
— 96......	110.
— 97......	111.
— 98......	112.
— 99......	113.
— 100......	114.

Code officiel.	Projet.
Art. 101......	Art. 115.
— 102......	116.
— 103......	117.
— 104......	112.
— 105......	119.
— 106......	120.
— 107......	122.
— 108......	123.
— 109......	124.
— 110......	125.
— 111......	127.
— 112......	128.
— 113......	129.
— 114......	130.
— 115......	131.
— 116......	132.
— 117......	238.
— 118......	133.
— 119......	134.
— 120......	135.
— 121......	135.
— 122......	136.
— 123......	137.
— 124......	138.
— 125......	139.
— 126......	140.
— 127......	141.
— 128......	142.
— 129......	143.
— 130......	144.
Art. 131......	Art. 146.
— 132......	147.
— 133......	148.
— 134......	148.
— 135......	148.
— 136......	149.
— 137......	150.
— 138......	151.
— 139......	152.
— 140......	153.
— 141......	154.
— 142......	155.
— 143......	156.
— 144......	157.
— 145......	158.
— 146......	160.
— 147......	161.
— 148......	162.
— 149......	163.
— 150......	164.
— 151......	166.
— 152......	167.
— 153......	168.
— 154......	169.
— 155......	170.
— 156......	171.
— 157......	172, 172 bis.
— 158......	173.
— 159......	174.
— 160......	175.

Code officiel.	Projet.	Code officiel.	Projet.
Art. 161......	Art. 176.	Art. 190......	Art. 209.
— 162......	177.	— 191......	209.
— 163......	178.	— 192......	210.
— 164......	179.	— 193......	211.
— 165......	180.	— 194......	211.
— 166......	181.	— 195......	212.
— 167......	182.	— 196......	213.
— 168......	183.	— 197......	214.
— 169......	184.	— 198......	215.
— 170......	185.	— 199......	216.
— 171......	186.	— 200......	217.
— 172......	187.		
— 173......	188.	— 201......	218.
— 174......	190.	— 202......	219.
— 175......	191.	— 203......	220, 222.
— 176......	192.	— 204......	221.
— 177......	193.	— 205......	222.
— 178......	194.	— 206......	223.
— 179......	199.	— 207......	224.
— 180......	195.	— 208......	225.
		— 209......	226.
— 181......	197.	— 210......	230.
— 182......	198.	— 211......	231.
— 183......	196, 201.	— 212......	232.
— 184......	202.	— 213......	233.
— 185......	203.	— 214......	234.
— 186......	204.	— 215......	235.
— 187......	205.	— 216......	237.
— 188......	206.	— 217......	236.
— 189......	207.	— 218......	237 (b).

(b) Il faut rectifier ainsi, dans le texte du Projet, les renvois au Code officiel: sous l'art. 236, citer "art. 217" et sous l'article 237, "art 116 et 218.

Code officiel.	Projet.
Art. 219	Art. 0.
— 220	239, 240.
— 221	240.
— 222	241.
— 223	242.
— 224	7, 243.
— 225	244.
— 226	245.
— 227	246.
— 228	248.
— 229	247.
— 230	250.
— 231	252.
— 232	254.
— 233	257.
— 234	258.
— 235	259.
— 236	260.
— 237	264.
— 238	265.
— 239	266.
— 240	267.
— 241	268.
— 242	269.
— 243	270.
— 244	271.
— 245	272.
— 246	274 à 276.
— 247	277.
Art. 248	Art. 278.
— 249	278 bis.
— 250	279.
— 251	280.
— 252	280, 290.
— 253	288.
— 254	278 bis.
— 255	289.
— 256	281.
— 257	295.
— 258	298.
— 259	299.
— 260	291.
— 261	300.
— 262	301.
— 263	302.
— 264	303.
— 265	304.
— 266	438.
— 267	305.
— 268	306.
— 269	308.
— 270	519.
— 271	308, 527.
— 272	309.
— 273	311, 313.
— 274	312.
— 275	314.
— 276	315.
— 277	316.

Code officiel.	Projet.	Code officiel.	Projet.
Art. 278......	Art. 316.	Art. 308......	Art. 359.
— 279......	330.	— 309......	359 bis.
— 280......	331.	— 310......	360.
		— 311......	361.
— 281......	332.	— 312......	363.
— 282......	334.	— 313......	364.
— 283......	335.	— 314......	364.
— 284......	336.	— 315......	367.
— 285......	336.	— 316......	368.
— 286......	337.	— 317......	370.
— 287......	338.	— 318......	371.
— 288......	339.	— 319......	372.
— 289......	339.	— 320......	375.
— 290......	340.		
— 291......	340.	— 321......	376.
— 292......	342.	— 322......	377.
— 293......	343.	— 323......	378.
— 294......	344.	— 324......	379.
— 295......	345.	— 325......	380.
— 296......	346.	— 326......	381.
— 297......	347.	— 327......	382.
— 298......	341.	— 328......	383.
— 299......	349.	— 329......	384, 385.
— 300......	350.	— 330......	389.
		— 331......	388, 389.
— 302......	351.	— 332......	391.
— 203......	353.	— 333......	391.
— 304......	354.	— 334......	392.
— 305......	355.	— 335......	393.
— 306......	357.	— 336......	394.
— 307......	358.	— 337......	395.

CODE OFFICIEL.	PROJET.
Art. 338	Art. 396.
— 339	397.
— 340	399.
— 341	400.
— 342	401.
— 343	402.
— 344	403.
— 345	404.
— 346	405.
— 347	406.
— 348	408, 409.
— 349	409, 410.
— 350	411.
— 351	412.
— 352	414.
— 353	*ibib.*
— 354	*ib.*
— 355	*ib.*
— 356	415.
— 357	416.
— 358	417.
— 359	418.
— 360	420.
— 361	421.
— 362	422.
— 363	423.
— 364	419.
— 365	424.
— 366	425.

CODE OFFICIEL.	PROJET.
Art. 367	Art. 426.
— 368	427.
— 369	428.
— 370	429.
— 371	430.
— 372	431.
— 373	432.
— 374	433.
— 375	434.
— 376	435, 436.
— 377	437.
— 378	438.
— 379	439.
— 380	440.
— 381	441.
— 382	442.
— 383	443.
— 384	444.
— 385	443.
— 386	445.
— 387	459.
— 388	462.
— 389	463.
— 390	464.
— 391	465.
— 392	466.
— 393	470.
— 394	471.
— 395	472.
— 396	474.

Code officiel.	Projet.	Code officiel.	Projet.
Art. 397......	Art. 477.	Art. 426......	Art. 573.
— 398......	506.	— 427......	558.
— 399......	507.	— 428......	560.
— 400......	512, 529.	— 429......	561, 562.
		— 430......	565.
— 401......	515.	— 431......	567.
— 402......	516.	— 432......	572.
— 403......	517.	— 433......	569.
— 404......	520, 521.	— 434......	570, 571.
— 405......	0.	— 435......	540.
— 406......	526.	— 436......	577.
— 407......	525.	— 437......	578.
— 408......	525.	— 438......	578.
— 409......	529.	— 439......	581, 582.
— 410......	532.	— 440......	583.
— 411......	60, 537.		
— 412......	538.	— 441......	584.
— 413......	534.	— 442......	585, 586.
— 414...	296, 405, 430, 517.	— 443......	590.
— 415......	535.	— 444......	587.
— 416......	544.	— 445......	587.
— 417......	548.	— 446......	597.
— 418......	549.	— 447......	895.
— 419......	361, 550.	— 448......	504, 604.
— 420......	550.	— 449......	599.
		— 450......	608.
— 421......	551.	— 451......	614.
— 422......	554.	— 452......	614.
— 423......	555.	— 453......	615.
— 424......	555.	— 454......	616.
— 425......	556.	— 455......	617.

CODE OFFICIEL.	PROJET.
Art. 456......	Art. 618.
— 457......	618.
— 458......	619.
— 459......	621.
— 460......	622.
— 461......	624.
— 462......	626.
— 463......	627.
— 464......	629.
— 465......	640.
— 466......	639.
— 467......	633.

CODE OFFICIEL.	PROJET.
Art. 468......	Art. 634.
— 469......	635.
— 470......	636.
— 471......	637.
— 472......	638.
— 473......	639.
— 474......	640.
— 475......	641.
— 476......	642.
— 477......	645.
— 478.	645, 647, 648.
— 479......	649.
— 480......	650.

TABLE
ALPHABÉTIQUE ET ANALYTIQUE
DES MATIÈRES (a).

(a) La plupart des Mots composant cette Table sont tirés du Texte; mais, il va sans dire qu'ils se retrouvent dans le Commentaire, avec les développements qu'ils comportent, sous l'article correspondant qu'on peut facilement y retrouver.

TABLE DES DIVISIONS.

BIBLIOTHÈQUE NATIONALE R.F. IMPRIMÉS

www.ingramcontent.com/pod-product-compliance
Lightning Source LLC
LaVergne TN
LVHW020952300926
849160LV00007B/125